【传世经典 文白对照】

资治通鉴

三

汉纪

〔宋〕司马光　　编撰

沈志华　张宏儒　主编

中华书局

卷第三十七　汉纪二十九

起己巳(9)尽甲戌(14)凡六年

王莽中
始建国元年(己巳,9)

1　春,正月,朔,莽帅公侯卿士奉皇太后玺韍上太皇太后,顺符命,去汉号焉。

初,莽娶故丞相王诉孙宜春侯咸女为妻,立以为皇后。生四男,宇、获前诛死,安颇荒忽,乃以临为皇太子,安为新嘉辟。封宇子六人皆为公。大赦天下。

莽乃策命孺子为定安公,封以万户,地方百里;立汉祖宗之庙于其国,与周后并行其正朔、服色;以孝平皇后为定安太后。读策毕,莽亲执孺子手,流涕歔欷曰:"昔周公摄位,终得复子明辟;今予独迫皇天威命,不得如意!"哀叹良久。中傅将孺子下殿,北面而称臣。百僚陪位,莫不感动。

又按金匮封拜辅臣:以太傅、左辅王舜为太师,封安新公;大司徒平晏为太傅,就新公;少阿、羲和刘秀为国师,嘉新公;广汉梓潼哀章为国将,美新公;是为四辅,位上公。太保、后承甄邯为大司马,承新公;丕进侯王寻为大司徒,章新公;步兵将军王邑为大司空,隆新公;是为三公。太阿、右拂、大司空甄丰为更始将军,广新公;京兆王兴为卫将军,奉新公;轻车将军孙建为立国将军,成新公;京兆王盛为前将军,崇新公;是为四将。凡十一公。王兴者,故城门令史;王盛者,卖饼;莽按符命求得此姓名十馀人,两人容貌应卜相,径从布衣登用,以示神焉。

王莽中
王莽始建国元年(己巳,公元9年)

1 春季,正月朔(初一),王莽率领公侯卿士捧着新制的皇太后御玺,呈上太皇太后,遵从上天的符命,去掉汉朝的名号。

当初,王莽娶了原丞相王䜣的孙子宜春侯王咸的女儿为妻,如今立她做皇后。生有四个儿子,王宇、王获早些时候已被处死,王安又很有点糊里糊涂的样子,便把王临立为皇太子,把王安封为新嘉辟。赐封王宇的儿子六人都为公。大赦天下。

王莽下策书命孺子为定安公,把居民一万户,方圆一百里土地赐封给他;在封国里建立汉朝祖宗的祠庙,与周朝的后代一视同仁,可以采用自己的历法、车马和服饰;把孝平皇后立为定安太后。宣读策书完毕,王莽亲自握着孺子的手,流着眼泪抽泣道:"从前周公代理王位,最后能够把明君的权力归还周成王;现在我偏偏迫于上天威严的命令,不能够如自己的意!"悲伤叹息很久。中傅带着孺子下了宫殿,向着北面自称臣下。百官陪在旁边,没有人不受感动。

王莽又按照金匮图书的说明,对辅政大臣举行授任仪式:任命太傅、左辅王舜为太师,赐封安新公;大司徒平晏为太傅,赐封就新公;少阿、羲和刘秀为国师,赐封嘉新公;广汉郡梓潼县人哀章为国将,赐封美新公;这是四辅,位列上公。太保、后承甄邯为大司马,赐封承新公;丕进侯王寻为大司徒,赐封章新公;步兵将军王邑为大司空,赐封隆新公;这是三公。太阿、右拂、大司空甄丰为更始将军,赐封广新公;京兆王兴为卫将军,赐封奉新公;轻车将军孙建为立国将军,赐封成新公;京兆王盛为前将军,赐封崇新公;这是四将。总共十一公。王兴原是城门令史,王盛是卖饼的;王莽按照符命,找到十多个有这样姓名的人,而这两人的相貌符合占卜和看相的要求,便直接从平民起用,以显示神奇。

是日，封拜卿大夫、侍中、尚书官凡数百人，诸刘为郡守者皆徙为谏大夫。改明光宫为定安馆，定安太后居之；以大鸿胪府为定安公第，皆置门卫使者监领。敕阿乳母不得与婴语，常在四壁中，至于长大，不能名六畜，后莽以女孙宇子妻之。

莽策命群司各以其职，如典诰之文。置大司马司允、大司徒司直、大司空司若，位皆孤卿。更名大司农曰羲和，后更为纳言；大理曰作士；太常曰秩宗；大鸿胪曰典乐；少府曰共工；水衡都尉曰予虞；与三公司卿分属三公。置二十七大夫、八十一元士，分主中都官诸职。又更光禄勋等名为六监，皆上卿。改郡太守曰大尹，都尉曰大尉，县令、长曰宰；长乐宫曰常乐室，长安曰常安；其馀百官、宫室、郡县尽易其名，不可胜纪。

封王氏齐缞之属为侯，大功为伯，小功为子，缌麻为男；其女皆为任。男以"睦"，女以"隆"为号焉。

又曰："汉氏诸侯或称王，至于四夷亦如之，违于古典，缪于一统。其定诸侯王之号皆称公，及四夷僭号称王者皆更为侯。"于是汉诸侯王三十二人皆降为公，王子侯者百八十一人皆降为子，其后皆夺爵焉。

2　莽又封黄帝、少昊、颛顼、帝喾、尧、舜、夏、商、周及皋陶、伊尹之后皆为公、侯，使各奉其祭祀。

3　莽因汉承平之业，府库百官之富，百蛮宾服，天下晏然。莽一朝有之，其心意未满，狭小汉家制度，欲更为疏阔。乃自谓黄帝、虞舜之后，至齐王建孙济北王安失国，齐人谓之王家，因以为氏。故以黄帝为初祖，虞帝为始祖。追尊陈胡公为陈胡王，田敬仲为田敬王，济北王安为济北愍王。立祖庙五，

这一天,授任卿大夫、侍中、尚书官职总共几百人,各刘姓皇族担任郡太守的,都调任谏大夫。王莽把明光宫改为定安馆,让定安太后住在那里;把大鸿胪官署作为定安公住宅,都设置门卫、使者监护管理。告诫保育人员和奶妈不准跟定安公谈话,让他常在四壁合围的小屋子里,一直到长大,定安公还不能叫出六畜的名称,后来王莽把孙女王宇的女儿嫁给了他。

王莽颁发策书规定百官的职责,犹如典谟训诰的文章一样。设置大司马司允、大司徒司直、大司空司若,职位都是孤卿。将大司农改名叫羲和,后来又改为纳言;大理改名叫作士;太常改名叫秩宗;大鸿胪改名叫典乐;少府改名叫共工;水衡都尉改名叫予虞:加上三公司卿,分别归三公管辖。设置二十七大夫、八十一元士,分别主管京师各官府的所有职务。又把光禄勋等改名为六监,职位都是上卿。将郡太守改名叫大尹,都尉改名叫大尉,县令、县长改名叫宰;长乐宫改名叫常乐室,长安改名叫常安;其馀百官、宫室、郡县都改了名,不能一一记录了。

赐封王氏丧服为齐缞的亲属为侯爵,丧服为大功的亲属为伯爵,丧服为小功的亲属为子爵,丧服为缌麻的亲属为男爵;他们的女亲属都为任爵。男的用“睦”字作称号,女的用“隆”字作称号。

王莽又说道:“汉朝有的诸侯称王,以至四方的夷民也仿效这样的称呼,这违反了古代制度,背离了一统的原则。如今确定诸侯王的名号都称为公,四方夷民冒用帝王尊号的都改为侯。”于是汉诸侯王三十二人的名号都降为公,诸侯王的子弟名号为侯的一百八十一人都降为子,他们在后来都被剥夺了爵号。

2 王莽又赐封黄帝、少昊、颛顼、帝喾、尧、舜、夏、商、周及皋陶、伊尹的后代都为公、侯,使他们各自奉行对自己祖先的祭祀。

3 王莽承受了汉王朝盛世的庞大基业,以及官府仓库和文武百官资产的丰厚,众多蛮族归附顺从,天下一派升平。王莽一时攫为己有,他的心意仍不满足,认为汉王朝的制度格局太小,打算恢复古代的恢宏气概。于是,自称是黄帝、虞舜的后裔,一直传到齐王国五任王田建的孙儿济北王田安,才失去政权,残留在齐国的皇族,人们称为“王家”,就索性姓“王”。所以,王姓的初祖应是黄帝轩辕氏,始祖应是虞舜帝。王莽下诏,追封陈胡公为陈胡王,田敬仲为田敬王,济北王田安为济北愍王。他又建造五座祖宗祭庙,

亲庙四。天下姚、妫、陈、田、王五姓皆为宗室，世世复，无所与。封陈崇、田丰为侯，以奉胡王、敬王后。

天下牧、守皆以前有翟义、赵朋等作乱，领州郡，怀忠孝。封牧为男，守为附城。

以汉高庙为文祖庙。汉氏园寝庙在京师者，勿罢，祠荐如故。诸刘勿解其复，各终厥身；州牧数存问，勿令有侵冤。

4 莽以刘之为字"卯、金、刀"也，诏正月刚卯、金刀之利皆不得行。乃罢错刀、契刀及五铢钱，更作小钱，径六分，重一铢，文曰"小钱直一"，与前"大钱五十"者为二品，并行。欲防民盗铸，乃禁不得挟铜、炭。

5 夏，四月，徐乡侯刘快结党数千人起兵于其国。快兄殷，故汉胶东王，时为扶崇公。快举兵攻即墨，殷闭城门，自系狱。吏民距快，快败走，至长广死。莽赦殷，益其国满万户，地方百里。

6 莽曰："古者一夫田百亩，什一而税，则国给民富而颂声作。秦坏圣制，废井田，是以兼并起，贪鄙生，强者规田以千数，弱者曾无立锥之居。又置奴婢之市，与牛马同阑，制于民臣，颛断其命，缪于'天地之性人为贵'之义。减轻田租，三十而税一，常有更赋，罢癃咸出；而豪民侵陵，分田劫假。厥名三十税一，实什税五也。故富者犬马馀菽粟，骄而为邪；贫者不厌糟糠，穷而为奸。俱陷于辜，刑用不错。今更名天下田曰'王田'，奴婢曰'私属'，皆不得卖买。其男口不盈八而田过一井者，

四座皇族祭庙。天下姚姓、妫姓、陈姓、田姓、王姓,都是皇族。世世代代,不纳税,不服役,不负担义务。赐封陈崇、田丰二人侯爵,使他们分别作陈胡王妫满、田敬王田完的后裔。

全国州牧、郡守,在翟义、赵朋等人起事时,都坚守岗位,忠于新朝。王莽把所有州牧都封男爵,郡守都封附城。

王莽尊称汉高庙为文祖庙。在京师的刘姓皇帝陵园中的宗庙,仍维持原状,祭祀同原来一样。刘姓皇族继续免缴赋税,免服差役,直到去世;各州州牧不断慰问安抚,不要让他们遭受冤枉和迫害。

4 王莽认为"刘"字由"卯、金、刀"拼成,因而下诏,正月刚卯和金刀,都不准再通行。于是,废除错刀币、契刀币以及五铢钱,改铸小钱,直径六分,重量一铢,上面铸有"小钱值一"的字样,加上以前的"大钱五十"的货币为两类,同时发行。为了防止民间私自铸造,便下禁令不准挟带铜、炭。

5 夏季,四月间,徐乡侯刘快集结党羽几千人,在他的封国里起兵。刘快的哥哥刘殷,是原汉朝的胶东王,这时已经改为扶崇公。刘快集结兵力,进攻即墨城,刘殷关闭城门,自投监狱。官民抵抗刘快,刘快失败逃跑,退到长广县死了。王莽下令赦免刘殷,增加他的封国达一万户人家,面积方圆一百里。

6 王莽下诏:"古代一夫一妇分田一百亩,按十分之一交租税,就能够国家丰裕,百姓富足,于是歌颂的舆论兴起来了。秦王朝毁坏圣人制度,废除井田,因此并吞土地的现象出现了,贪婪卑鄙的行为发生了,强者占田成千上万亩,贫者竟没有立锥之地。又设置买卖奴婢的市场,与牛马一同关闭在栅栏之内,被地方官吏控制,专横地裁决他们的命运,违背了天地之间的生命,人类最宝贵的原则。汉朝减轻土地税,按三十分之一征税,但是经常有代役税,衰老病残而丧失劳力的都要出;加以土豪劣绅侵犯欺压,利用租佃关系掠夺财物。于是名义上按三十分之一征税,实际上征收了十分之五的税。所以富人的家畜有吃不完的粮食,因骄奢而作邪恶的事;穷人却吃不饱酒渣糠皮,因贫困而作邪恶的事。他们都陷于犯罪,刑罚因此不能搁置不用。现在把全国的田改名叫'王田',奴婢叫'私属',都不准买卖。那些家庭人口男性不满八人,而占有田亩超过一井的,

分馀田予九族、邻里、乡党。故无田、今当受田者,如制度。敢有非井田圣制、无法惑众者,投诸四裔,以御魑魅,如皇始祖考虞帝故事!"

7 秋,遣五威将王奇等十二人班符命四十二篇于天下:德祥五事,符命二十五,福应十二。五威将奉符命,赍印绶,王侯以下及吏官名更者,外及匈奴、西域、徼外蛮夷,皆即授新室印绶,因收故汉印绶。大赦天下。

五威将乘乾文车,驾坤六马,背负鷩鸟之毛,服饰甚伟。每一将各置五帅,将持节,帅持幢。其东出者至玄菟、乐浪、高句骊、夫馀;南出者逾徼外,历益州,改句町王为侯;西出至西域,尽改其王为侯;北出至匈奴庭,授单于印,改汉印文,去玺言章。

8 冬,雷,桐华。

9 以统睦侯陈崇为司命,主司察上公以下。又以说符侯崔发等为中城、四关将军,主十二城门及绕雷、羊头、肴黾、汧陇之固,皆以五威冠其号。

10 又遣谏大夫五十人分铸钱于郡国。

11 是岁,真定、常山大雨雹。

二年(庚午,10)

1 春,二月,赦天下。

2 五威将帅七十二人还奏事,汉诸侯王为公者悉上玺绶为民,无违命者。独故广阳王嘉以献符命,鲁王闵以献神书,中山王成都以献书言莽德,皆封列侯。

　　班固论曰:昔周封国八百,同姓五十有馀,所以亲亲贤贤,关诸盛衰,深根固本,为不可拔者也。故盛则周、召相其治,致刑错;衰则五伯扶其弱,与共守;天下谓之共主,

把多馀的田亩分给亲属、邻居和同乡亲友。原来没有田、现在应当分得田的,按照规定办。敢有反对井田这种圣人首创的制度、无视法律惑乱民众的,把他们流放到四方极远的地方,去抵御妖怪鬼神,如同我的始祖虞舜帝惩罚四凶的成例!"

7 秋季,王莽派遣五威将王奇等十二人颁所谓符命四十二篇到全国:其中德祥类五篇,符命类二十五篇,福应类十二篇。五威将恭敬地捧着符命,带着印信,凡是王侯以下和官吏更改名称的,以及边境匈奴、西域和远方的蛮夷,都就地授予新朝的印信,并收缴原来汉朝的印信。大赦天下。

五威将坐着绘有天文图象的车子,套着六匹母马,背上插着锦鸡的羽毛,服装佩饰很威武。每一位五威将下面各设置五个元帅,五威将手执符节,五帅举着旗幡。东方到玄菟、乐浪、高句骊、夫馀;南方到边塞之外,经过益州郡,把句町王改为句町侯;西方到西域,把各国国王,都改封侯爵;北方到匈奴王庭,授予单于印信,更改了汉朝印信的文字,去掉了玺改叫章。

8 冬季,响雷,桐树开花。

9 任命统睦侯陈崇为司命,负责监视除皇帝外所有朝廷官员。又任命说符侯崔发等为中城、四关将军,分别负责京师十二城门以及绕霤、羊头、肴黾、汧陇四处防务,官衔前都加"五威"二字。

10 王莽派遣谏大夫五十人,分别到各郡、各封国铸钱。

11 这一年,真定、常山天降大冰雹。

王莽始建国二年(庚午,公元10年)

1 春季,二月,大赦天下。

2 五威将帅七十二人回来奏报,汉朝的诸侯王去掉王号改称为公的,全部缴上印信作平民,没有违抗命令的。只有原广阳王刘嘉因向王莽呈献过符命,鲁王刘闳因向王莽呈献过神书,中山王刘成都因向王莽呈书歌颂功德,都改封侯爵。

　　　　班固评论说:从前,周王朝分封诸侯国八百个,其中同姓家族就有五十馀个,这正是为了友爱亲属,尊重贤才,它关系到政权的兴衰,根深植,本坚固,外人就无法动摇了。所以强盛的时候,周公、召公共同治理,使刑罚停止;衰弱之时,五霸在下扶助,共同维持社会秩序;天下认为周王是共主,

强大弗之敢倾。历载八百馀年，数极德尽，降为庶人，用天年终。秦诮笑三代，窃自号为皇帝，而子弟为匹夫，内无骨肉本根之辅，外无尺土藩翼之卫，陈、吴奋其白梃，刘、项随而毙之。故曰，周过其历，秦不及期，国势然也。

汉兴之初，惩戒亡秦孤立之败，于是尊王子弟，大启九国。自雁门以东尽辽阳，为燕、代；常山以南，太行左转，渡河、济，渐于海，为齐、赵；谷、泗以往，奄有龟、蒙，为梁、楚；东带江、湖，薄会稽，为荆、吴；北界淮濒，略庐、衡，为淮南；波汉之阳，亘九嶷，为长沙。诸侯比境，周匝三垂，外接胡、越。天子自有三河、东郡、颍川、南阳。自江陵以西至巴、蜀，北自云中至陇西，与京师、内史，凡十五郡；公主、列侯颇邑其中。而藩国大者夸州兼郡，连城数十，宫室、百官同制京师，可谓矫枉过其正矣。虽然，高祖创业，日不暇给，孝惠享国又浅，高后女主摄位，而海内晏如，亡狂狡之忧。卒折诸吕之难，成太宗之业者，亦赖之于诸侯也。

然诸侯原本以大末，流滥以致溢。小者淫荒越法，大者暌孤横逆以害身丧国，故文帝分齐、赵，景帝削吴、楚，武帝下推恩之令而藩国自析。自此以来，齐分为七，赵分为六，梁分为五，淮南分为三。皇子始立者，大国不过十馀城。长沙、燕、代虽有旧名，皆亡南北边矣。景遭七国之难，抑损诸侯，减黜其官。武有衡山、淮南之谋，

诸侯国的力量再强大，也不敢倾灭周。历时八百馀年，虽天意所定，恩德已尽，被降为平民，但仍终其天年。秦王朝讥笑三代君王，竟然自称"皇帝"，而让子弟当平民，这个政权内没有骨肉至亲辅佐，外没有藩属封国护卫，一旦陈胜、吴广揭竿而起，刘邦、项羽随之而进，也就覆亡了。所以说，周王朝的统治能够超过占卜期限，秦王朝则短到二世而亡，这是国家形势造成的结局。

汉王朝建立的初期，警觉到秦王朝覆亡的原因，是皇族的孤立，所以大封皇族子弟为王，建立封国。从雁门郡以东到辽阳，是燕国、代国；常山以南，太行山以东，渡过黄河、济水，直到黄海、渤海，是齐国、赵国；谷水、泗水以南，龟山、蒙山一带，是梁国、楚国；东边围绕长江、太湖，迫近会稽郡，是荆国、吴国；北边与淮河附近接界，庐山、衡山一带，是淮南国；顺着汉水而下，九嶷山一带，是长沙国。各封国边界相接，环绕着东方、北方、南方三面边疆，北跟匈奴接壤，南跟南越国接壤。皇帝直接控制的地区，有三河（河东郡、河南郡、河内郡）、东郡、颍川、南阳。东起江陵，西到巴郡、蜀郡；北起云中，南到陇西，加上京师、内史，共十五个郡；而公主和列侯的食邑，大都分布在十五郡之内。当时，大的封国面积有几个州、几个郡那么大，数十个城镇相连，宫殿、百官制度几乎与朝廷完全相同，对秦王朝来说，可称是矫枉过正。高祖创立大业，事务繁多，没有空闲，惠帝在位时间又短，高后吕雉代理皇位，临朝执政，而全国却一派升平，没有叛乱的忧患。后来终于摧毁吕姓家族的篡权阴谋，出现太宗的盛世，也依赖于这些封国。

然而，封国国君本是皇族的末流，末流太滥，就会满溢出来，造成灾害。小者荒淫无耻，触犯国家法律，大者谋反叛逆，结果自己断送性命，封国也被撤除，所以文帝分割齐国、越国，景帝削减吴国、楚国，武帝更颁布推恩令，使封国自己分解。从此以后，齐国剖分成七国，赵国剖分成六国，梁国剖分成五国，淮南国剖分成三国。皇子封亲王之后，大的封国不过十多个城镇。长沙国、燕国、代国，虽然仍是旧名，已不再紧邻南北边塞。景帝遭遇七国之乱，更贬抑诸侯王地位，减少封国官员编制。武帝时衡山王刘赐、淮南王刘安图谋不轨，

作左官之律，设附益之法；诸侯惟得衣食税租，不与政事。至于哀、平之际，皆继体苗裔，亲属疏远，生于帷墙之中，不为士民所尊，势与富室亡异。而本朝短祚，国统三绝。是故王莽知汉中外殚微，本末俱弱，无所忌惮，生其奸心，因母后之权，假伊、周之称，颛作威福庙堂之上，不降阶序而运天下。诈谋既成，遂据南面之尊，分遣五威之吏，驰传天下，班行符命。汉诸侯王厥角稽首，奉上玺韨，惟恐在后，或乃称美颂德以求容媚，岂不哀哉！

3 国师公刘秀言："周有泉府之官，收不售，与欲得，即《易》所谓'理财正辞，禁民为非'者也。"莽乃下诏曰："《周礼》有赊贷，《乐语》有五均，传记各有筦焉。今开赊贷、张五均、设诸筦者，所以齐众庶，抑并兼也。"遂于长安及洛阳、邯郸、临淄、宛、成都立五均司市、钱府官。司市常以四时仲月定物上中下之贾，各为其市平。民卖五谷、布帛、丝绵之物不售者，均官考检厥实，用其本贾取之；物贵过平一钱，则以平贾卖与民；贱减平者，听民自相与市。又民有乏绝欲赊贷者，钱府予之，每月百钱收息三钱。

又以《周官》税民，凡田不耕为不殖，出三夫之税；城郭中宅不树艺者为不毛，出三夫之布；民浮游无事，出夫布一匹；其不能出布者冗作，县官衣食之。诸取金、银、连、锡、鸟、兽、鱼、鳖于山林、水泽及畜牧者，嫔妇桑蚕、织纴、纺绩、补缝，工匠、医、巫、卜、祝及他方技，商贩、贾人，皆各自占所为于其所之，县官除其本，计其利十分之，而以其一为贡；敢不自占、自占不以实者，尽没入所采取而作县官一岁。

于是颁布左官律,制定附益法;封国国君只能得到供穿衣吃饭的租税,不参与政事。到了哀帝、平帝时代,封国国君都是后代苗裔,跟皇帝的血缘和亲情越加疏远,生长在封闭的王宫之中,受不到人民的尊敬,事实上与当地一个富翁没有什么不同。尤其是君王在位的时间都那么短促,又一连三代没有后嗣。因此王莽知道汉家宫廷内外已尽瘫痪,无论根本或末梢都同样脆弱,所以才毫无顾虑胆大妄为,并生邪恶之心,依靠太皇太后的权势,假托伊尹、周公的美名,在朝廷上作威作福,用不着走下台阶就把汉王朝政权全部夺取。诈谋完成之后,王莽正式称帝,分别派遣五威将之类的官员,驾驿站车马急行全国,颁示符命。汉王朝封国国君叩头至地,双手呈上印信,唯恐落于人后。有些更歌功颂德,奉承献媚,以取得王莽的欢心,岂不令人哀痛!

3　国师公刘秀奏称:"周王朝有泉府之官,收购民间卖不出去的产品,供应民间缺乏的货物,也就是《易经》说的'治理财富,端正言行,禁止人民为非作歹'。"于是王莽下诏说:"《周礼》上有由官府办理信贷的记载,《乐语》上有五均的设立,各有管辖。现在,设立泉府、五均,分派各地,目的在于帮助众多的平民,遏止富豪侵吞兼并。"于是在京师以及洛阳、邯郸、临淄、宛、成都设立五均司市、钱府官。司市于每季的第二个月,对货物定出上、中、下三等价钱,保持市价的稳定。民间卖不出去的五谷、麻布、丝绸、棉絮等,均官经过调查,认为确实之后,依照成本收购;一旦物价上涨,超过平价一钱,均官将所藏货物以平价卖给百姓;一些次要商品如物价比市价低时,则听凭买卖双方自由交易。百姓如果缺乏资金需要赊贷,则钱府可以借钱,每月利息百分之三。

同时,新朝朝廷依照古书《周礼》,规定:凡有田不耕种,任凭荒芜,称为不殖,要处罚三个人缴纳的赋税;城市中房宅不种树的称为不毛,处罚三个人缴纳的布匹;平民游手好闲,无所事事,处罚布四一匹;穷苦缴纳不出布匹的,则应为官府做工,由地方官府给他衣食。凡是在山林水泽开采金矿、银矿、铅矿、锡矿的工人,捕捉鸟兽的猎人,捞取鱼鳖的渔夫,以及从事畜牧业的牧民,养蚕、种桑、纺织、缝纫的妇女,工匠、医生、巫师、算卦、祭祀及有其他技能的人等和小贩、商人,全都要自己申报营利所得的总额,由地方官府除去其成本,在纯利中征收十分之一作为贡税;拒绝申报、申报不实的,把全部资产没收,并处罚为官府服役一年。

羲和鲁匡复奏请榷酒酤,莽从之。又禁民不得挟弩、铠,犯者徙西海。

4 初,莽既班四条于匈奴,后护乌桓使者告乌桓民,毋得复与匈奴皮布税。匈奴遣使者责税,收乌桓酋豪,缚,倒悬之。酋豪兄弟怒,共杀匈奴使。单于闻之,发左贤王兵入乌桓,攻击之,颇杀人民,驱妇女弱小且千人去,置左地,告乌桓曰:"持马畜皮布来赎之!"乌桓持财畜往赎,匈奴受,留不遣。

及五威将王骏等六人至匈奴,重遗单于金帛,谕晓以受命代汉状,因易单于故印。故印文曰"匈奴单于玺",莽更曰"新匈奴单于章"。将率既至,授单于印绶,诏令上故印绶。单于再拜受诏。译前,欲解取故印绶,单于举掖授之。左姑夕侯苏从旁谓单于曰:"未见新印文,宜且勿与。"单于止,不肯与。请使者坐穹庐,单于欲前为寿。五威将曰:"故印绶当以时上。"单于曰:"诺。"复举掖授译,苏复曰:"未见印文,且勿与。"单于曰:"印文何由变更!"遂解故印绶奉上将帅,受著新绶,不解视印。饮食至夜,乃罢。右帅陈饶谓诸将帅曰:"向者姑夕侯疑印文,几令单于不与人。如令视印,见其变改,必求故印,此非辞说所能距也。既得而复失之,辱命莫大焉!不如椎破故印以绝祸根。"将帅犹与,莫有应者。饶,燕士,果悍,即引斧椎坏之。明日,单于果遣右骨都侯当白将帅曰:"汉单于印言'玺'不言'章',又无'汉'字;诸王已下乃有'汉',言'章'。今去'玺'加'新',与臣下无别。愿得故印。"

羲和鲁匡奏请酒类由官府专卖,王莽批准。又下令禁止民间挟带弩弓和铠甲,违犯者流放到西海郡。

4　最初,王莽给匈奴颁布了关于处理降人的四项条例,后来护乌桓使者通告乌桓各部落,不要再向匈奴进贡兽皮布匹。匈奴派人催促乌桓进贡,并逮捕乌桓部落酋长豪帅,捆绑起来,倒着悬挂。酋长豪帅的兄弟勃然大怒,共同击杀匈奴使节。匈奴单于听说了这件事,征发左贤王的属兵进入乌桓,展开攻击,杀戮百姓,掳掠妇女儿童一千人而去,留置左地,告诉乌桓:“拿牛马、兽皮和布匹来赎!”乌桓部落如数把牛马兽皮布匹送去,匈奴照单全收但却不遣返俘虏。

稍后,五威将王骏等六人抵达匈奴,致送单于黄金、丝绸等厚重礼物,说明新王朝接受天命取代汉王朝事件,表示前来更换单于印信。原来的印文是“匈奴单于玺”,王莽更改后的印文是“新匈奴单于章”。已经到达的五威将交给单于新印信,宣读诏书要求交回汉王朝旧印。单于再次拜谢,接受诏书。翻译官上前,打算从单于身上解取旧印信,单于抬起手臂交印。左姑夕侯苏从旁对单于说:“没有看到新印的印文,应该暂且不交旧印。”单于放下手臂,不准翻译官解绶带。只是请使节坐在穹庐里,单于打算上奉酒祝寿。五威将说:“旧印信应当按时交上。”单于说:“好。”再抬起手臂,让翻译官解带。左姑夕侯苏再次提醒说:“我们没有看见印文,暂且不要给他们。”单于说:“印文怎么会变更!”于是把旧印呈交五威将帅,而接收新印。新印包在华丽的装潢之中,没有立刻打开审视。然后杯盘交错,开怀畅饮,至午夜乃散。五威将的右帅陈饶对大家说:“刚才姑夕侯怀疑印文,几乎使单于不予交出。现在他们回去看印,发现印文变改,必然要求旧印,这不是解释所能阻挡的。旧印已经到手而又失去,是对我们的使命最大的侮辱! 不如击破旧印,以断绝祸根。”五威将帅们犹豫不决,没有响应的。陈饶是故燕王国壮士,果断而勇悍,立即举起斧锥把旧印劈坏。第二天,单于果然派遣右骨都侯当对五威将帅说:“汉王朝发给我们的印信是‘玺’,不是‘章’,而且没有‘汉’字;各王爵以下的官员,才有‘汉’字,用‘章’。而今,不但把‘玺’改成‘章’,而且又加上‘新’字,使单于与臣属之间没有分别。希望得到旧印。”

将帅示以故印,谓曰:"新室顺天制作,故印随将帅所自为破坏。单于宜承天命,奉新室之制!"当还白,单于知已无可奈何,又多得赂遗,即遣弟右贤王舆奉马牛随将帅入谢,因上书求故印。将帅还左犁污王咸所居地,见乌桓民多,以问咸,咸具言状。将帅曰:"前封四条,不得受乌桓降者。亟还之!"咸曰:"请密与单于相闻,得语,归之。"单于使咸报曰:"当从塞内还之邪,从塞外还之邪?"将帅不敢颛决,以闻。诏报:"从塞外还之。"莽悉封五威将为子,帅为男;独陈饶以破玺之功,封威德子。

单于始用夏侯藩求地,有拒汉语,后以求税乌桓不得,因寇掠其人民,衅由是生,重以印文改易,故怨恨。乃遣右大且渠蒲呼卢訾等十馀人将兵众万骑,以护送乌桓为名,勒兵朔方塞下,朔方太守以闻。莽以广新公甄丰为右伯,当出西域。车师后王须置离闻之,惮于供给烦费,谋亡入匈奴;都护但钦召置离,斩之。置离兄辅国侯狐兰支将置离众二千馀人,亡降匈奴;单于受之,遣兵与狐兰支共入寇,击车师,杀后城长,伤都护司马,及狐兰兵复还入匈奴。

时戊己校尉刁护病,史陈良、终带、司马丞韩玄、右曲候任商相与谋曰:"西域诸国颇背叛,匈奴大侵,要死,可杀校尉,帅人众降匈奴。"遂杀护及其子男、昆弟,尽胁略戊己校尉吏士男女二千馀人入匈奴。单于号良、带曰乌贲都尉。

五威将帅把已损坏了的旧印拿给他看,解释说:"新朝顺应天命,制定新的印信。旧印自交还后,在我们这里,没有人动它,它却自行损毁。单于应该接受上天旨意,奉行新朝制度!"当回去报告单于,单于知道事已如此,无可奈何,而且又得到很多新朝的赏赐,只好立即派他的弟弟右贤王舆带着进贡的马牛,随五威将帅前往新朝致谢。但仍上书新朝,要求重用旧印。五威将帅回国途中,经过左犁污王咸管辖的地区,看到乌桓人多,询问咸,咸详细报告了事件的过程。五威将帅说:"从前,中国对匈奴有四项约束,其中一项是不可以接受逃亡投降的乌桓人。请从速送他们回去!"咸说:"请允许我跟单于秘密交换意见,得到单于指示,就让他们回去。"单于教咸询问:"应当从塞内遣回他们,还是从塞外遣回他们?"五威将帅不敢决定,请求指示。王莽下诏:"就从塞外遣返。"王莽把出使匈奴的五威将一律封子爵,五威帅一律封男爵;只有五威右帅陈饶因为有毁坏匈奴印文的功劳,赐封威德子。

　　匈奴单于栾提知,从前曾拒绝夏侯藩割地的要求,后来因为向乌桓索取贡品而没有得到,攻击劫掠乌桓,中国和匈奴从此产生裂痕,加以印文改换,所以对中国怨恨。于是派右大且渠蒲呼卢訾等十馀人,率领一万多骑兵,以护送乌桓俘虏回国的名义,屯军于朔方郡边塞之外,朔方太守奏报朝廷。王莽任命广新公甄丰做右伯,准备取道西域出兵。车师后王国国王须置离听到这个信息,对于送往迎来的庞大开支感到害怕,谋划逃入匈奴;西域都护但钦召唤须置离,诛杀了他。须置离的哥哥辅国侯狐兰支,率领须置离部众二千馀人,逃入匈奴;匈奴单于受降,派兵与狐兰支联合攻击车师,斩杀车师后王国后城长,击伤西域都护司马,然后撤回匈奴。

　　当时,戊己校尉刁护有病,史陈良、终带、司马丞韩玄、右曲侯任商共同密谋说:"西域各国多有背叛,匈奴不断侵袭,我们面临死亡的危险,可以杀掉校尉,率领众人投降匈奴。"于是,斩杀刁护跟他的儿子、兄弟,裹胁戊己校尉全部文武官员,及眷属男女,约二千馀人,投奔匈奴。匈奴单于任命陈良、终带同为乌贲都尉。

5 冬,十一月,立国将军孙建奏:"九月辛巳,陈良、终带自称废汉大将军,亡入匈奴。又今月癸酉,不知何一男子遮臣建车前,自称'汉氏刘子舆,成帝下妻子也。刘氏当复,趣空宫!'收系男子,即常安姓武字仲。皆逆天违命,大逆无道。汉氏宗庙不当在常安城中,及诸刘当与汉俱废。陛下至仁,久未定。前故安众侯刘崇等更聚众谋反,令狂狡之虏复依托亡汉,至犯夷灭连未止者,此圣恩不蚤绝其萌芽故也。臣请汉氏诸庙在京师者皆罢;诸刘为吏者皆待除于家。"莽曰:"可。嘉新公、国师以符命为予四辅,明德侯刘龚、率礼侯刘嘉等凡三十二人,皆知天命,或献天符,或贡昌言,或捕告反虏,厥功茂焉。诸刘与三十二人同宗共祖者,勿罢,赐姓曰王。"唯国师公以女配莽子,故不赐姓。

6 定安公太后自刘氏之废,常称疾不朝会。时年未二十,莽敬惮伤哀,欲嫁之,乃更号曰黄皇室主,欲绝之于汉。令孙建世子盛饰,将医往问疾。后大怒,鞭笞其傍侍御,因发病,不肯起。莽遂不复强也。

7 十二月,雷。

8 莽恃府库之富,欲立威匈奴,乃更名匈奴单于曰"降奴服于",下诏遣立国将军孙建等率十二将分道并出:五威将军苗䜣、虎贲将军王况出五原;厌难将军陈钦、震狄将军王巡出云中;振武将军王嘉、平狄将军王萌出代郡;相威将军李棽、镇远将军李翁出西河;诛貉将军杨俊、讨秽将军严尤出渔阳;奋武将军王骏、定胡将军王晏出张掖;及偏裨以下百八十人,募天下囚徒、丁男、甲卒三十万人,转输衣裘、兵器、粮食,自负海江、

5 冬季,十一月,立国将军孙建奏称:"九月辛巳,陈良、终带自称废汉大将军,逃入匈奴。此外,本月癸酉(十二日),不知道从什么地方闯出一个男子,拦着我的车队,自己说:'我是汉王朝皇族刘子舆,成帝小妻的儿子。刘家就要重登宝座,快去把宫殿腾出来。'当时把该男子逮捕,原来是常安人,姓武,名仲。这些人都逆天行事,违背符命,大逆不道。汉王朝宗庙不应当在常安城里,而刘姓家族为官者应该跟汉王朝同时废弃。陛下最仁慈,一直不忍心早下决定。以前原安众侯刘崇等人聚集军队,图谋反叛,使一些狂妄狡猾的家伙,又依托已经灭亡的汉王朝,以至犯夷族灭家大罪的事接连不断发生,这就是由于您一味开恩不及早杜绝他们的奢望萌芽的缘故。我建议:汉朝君王在京师的祠庙,全部废除;而刘姓在朝中当官的,都予以罢免,在家里等待授予新官职。"王莽说:"可以。嘉新公、国师刘秀应符命为我的四辅,明德侯刘龚、率礼侯刘嘉等三十二人都懂得天命,有的进献天符,有的提出好意见,有的拘捕、告发反贼,他们的功劳巨大。各刘姓皇族跟这三十二人同宗共祖的不罢免,赏赐他们姓王。"只有国师公把女儿配给了王莽的儿子,所以不赐姓。

6 定安太后自从汉朝灭亡,时常称病,不去朝见。当时她还不满二十岁,王莽对她既尊敬害怕,又忧伤哀怜,打算让她改嫁,于是取消定安太后称号,改称黄皇室主,表示跟汉王朝一刀两断。命孙建的儿子刻意装扮,陪同御医,前往请安问病。定安太后知道来意后,不禁大怒,鞭打她左右侍女,因生气动怒而真的患病,不肯起床。王莽于是不再勉强她。

7 十二月,响雷。

8 王莽仗恃国库储藏丰富,打算在匈奴显示国威,于是把匈奴单于改称"降奴服于",下诏讨伐,派立国将军孙建率领十二位将领,分道并进:五威将军苗䜣、虎贲将军王况从五原出击;厌难将军陈钦、震狄将军王巡从云中出击;振武将军王嘉、平狄将军王萌从代郡出击;相威将军李棽、镇远将军李翁从西河出击;诛貉将军杨俊、讨秽将军严尤从渔阳出击;奋武将军王骏、定胡将军王晏从张掖出击;还有偏裨将领一百八十人,募集天下囚犯、青年、兵士,约三十万人,传令各郡转运军服皮衣、兵器和粮食,从沿海、长江、

淮至北边，使者驰传督趣，以军兴法从事。先至者屯边郡，须毕具乃同时出；穷追匈奴，内之丁令。分其国土人民以为十五，立呼韩邪子孙十五人皆为单于。

9 莽以钱币讫不行，复下书曰："宝货皆重则小用不给，皆轻则僦载烦费；轻重大小各有差品，则用便而民乐。"于是更作金、银、龟、贝、钱、布之品，名曰宝货。钱货六品，金货一品，银货二品，龟货四品，贝货五品，布货十品，凡宝货五物、六名、二十八品。铸作钱布，皆用铜，殽以连、锡。百姓溃乱，其货不行。莽知民愁，乃但行小钱直一与大钱五十，二品并行；龟、贝、布属且寝。盗铸钱者不可禁，乃重其法，一家铸钱，五家坐之，没入为奴婢。吏民出入持钱，以副符传，不持者厨传勿舍，关津苛留，公卿皆持以入宫殿门，欲以重而行之。是时百姓便安汉五铢钱，以莽钱大小两行，难知，又数变改，不信，皆私以五铢钱市买。讹言大钱当罢，莫肯挟。莽患之，复下书："诸挟五铢钱、言大钱当罢者，比非井田制，投四裔！"及坐卖买田宅、奴婢、铸钱，自诸侯、卿大夫至于庶民，抵罪者不可胜数。于是农商失业，食货俱废，民人至涕泣于市道。

10 莽之谋篡也，吏民争为符命，皆得封侯。其不为者相戏曰："独无天帝除书乎？"司命陈崇白莽曰："此开奸臣作福之路而乱天命，宜绝其原。"莽亦厌之，遂使尚书大夫赵并验治，非五威将帅所班，皆下狱。

淮河流域到北部边郡,使者乘坐快车监督催促,按战时法令办事。先到达的部队在边郡驻扎,要等全部到齐才同时出击;目标是穷追匈奴,直追到丁令部落。把匈奴国土百姓分成十五个部分,物色呼韩邪单于的子孙十五人,分别做那里的单于。

9 王莽因为钱币一直不能流通,又下诏说:"钱币都是大面额,则不能应付小额交易;钱币都是小面额,则运输装载就麻烦费事。轻重大小各有等级,那么使用方便,百姓就欢迎。"于是,更铸宝币六种:金币、银币、龟币、贝币、钱币、布币。其中钱币六种,金币一种,银币二种,龟币四种,贝币五种,布币十种,总计货币共有五类、六种、二十八个等级。钱币、布币都用铜铸作,其中混杂铅锡。因为货币的种类太多,百姓生活陷于混乱,货币不能流通。王莽了解人民的怨愁,于是下令只值一钱的小钱和值五十的大钱两种通行;龟币、贝币、布币全部停止。私自铸钱的无法禁止,便加重那方面的刑罚,一家铸钱,邻居五家连坐,将这些人送到官府作奴婢。官吏和平民外出要携带钱币作为通行副证,不携带的人,不得住店,关卡和渡口要盘问留难,公卿大臣都要携带它才能进入宫殿,想要用这样的办法提高它的身价从而得以流通。当时,百姓认为汉五铢钱方便适用,而王莽钱有大有小,同时发行,不易分辨,并且不断变化,百姓不信任它,都私下用五铢钱在市场上购买商品。一时谣言纷起,说大钱会废除,没有人肯携带。王莽深感烦恼,再下诏书:"凡是携带五铢钱,说大钱要废除的人,比照'诽谤井田制'罪状,放逐到边远地区!"后来被指控买卖田宅、买卖奴婢、盗铸钱币的人,从封国国君、朝廷官员到平民,犯法入狱,流放远方的,不计其数。于是农民、商人失业,全国经济崩溃,百姓在道路旁边哭泣。

10 王莽篡夺汉王朝政权时,官吏小民争先恐后地呈献符命,都被封侯爵。有些没有干这种勾当的人,互相开玩笑说:"你独独没有接到天帝的任命状吗?"司命陈崇奏称:"这将为奸臣开辟追求利禄之路,混乱天命,应该根绝其源。"王莽对这些符命也感到厌倦,于是派尚书大夫赵并负责审查,凡不属于五威将帅所颁布的符命,自行制造者一律逮捕入狱。

初,甄丰、刘秀、王舜为莽腹心,唱导在位,褒扬功德。安汉、宰衡之号及封莽母、两子、兄子,皆丰等所共谋,而丰、舜、秀亦受其赐,并富贵矣,非复欲令莽居摄也。居摄之萌,出于泉陵侯刘庆、前辉光谢嚣、长安令田终术。莽羽翼已成,意欲称摄,丰等承顺其意,莽辄复封舜、秀、丰等子孙以报之。丰等爵位已盛,心意既满,又实畏汉宗室、天下豪桀。而疏远欲进者并作符命,莽遂据以即真,舜、秀内惧而已。丰素刚强,莽觉其不说,故托符命文,徙丰为更始将军,与卖饼儿王盛同列,丰父子默默。时子寻为侍中、京兆大尹、茂德侯,即作符命:新室当分陕,立二伯,以丰为右伯,太傅平晏为左伯,如周、召故事。莽即从之,拜丰为右伯。当述职西出,未行,寻复作符命,言故汉氏平帝后黄皇室主为寻之妻。莽以诈立,心疑大臣怨谤,欲震威以惧下,因是发怒曰:“黄皇室主天下母,此何谓也!”收捕寻。寻亡,丰自杀。寻随方士入华山,岁馀,捕得,辞连国师公秀子隆威侯棻、棻弟右曹、长水校尉、伐虏侯泳、大司空邑弟左关将军、掌威侯奇及秀门人侍中、骑都尉丁隆等,牵引公卿党、亲、列侯以下,死者数百人。乃流棻于幽州,放寻于三危,殛隆于羽山,皆驿车传致其尸云。

11　是岁,莽始兴神仙事,以方士苏乐言,起八风台,台成万金;又种五粱禾于殿中,先以宝玉渍种,计粟斛成一金。

当初,甄丰、刘秀、王舜都是王莽的心腹死党,首先提议让王莽据有高位大权,赞美表彰他的功德。安汉公和宰衡的称号以及赐封王莽的母亲、两个儿子和侄儿,都是甄丰等人所共同策划的,而甄丰、王舜和刘秀也得到恩惠,都名利双收了,没有再想要王莽居位摄政。居位摄政的发端,来自泉陵侯刘庆、前辉光谢嚣和长安令田终术。王莽的羽毛已经丰满,内心想要代掌政权。甄丰等人便顺从他的意图,王莽就再封赏王舜和刘秀的两个儿子以及甄丰的孙子来回报他们。甄丰等人爵位已经尊显,欲望已经满足,又实在害怕汉朝的皇族和天下豪杰。而那些王莽疏远的人想要向上爬,便纷纷制作符命,王莽就是依靠这些势力正式登上皇位的,王舜和刘秀内心恐惧而已。甄丰一向刚强,王莽察觉他不高兴,所以假借符命文辞,把他调任更始将军,与卖饼儿王盛处于同等地位,甄丰父子默不吭声。这时甄丰的儿子甄寻任职侍中、京兆大尹,封爵茂德侯,便制作符命:新朝应当把京师附近地区以陕县为界分开治理,设立两个地区长官,任命甄丰做右伯,太傅平晏做左伯,仿照周公、召公的成例。王莽就照着这样办了,授任甄丰做右伯。当甄丰述职后准备西行时,还没有起行,甄寻又制作了一道符命,说原汉朝平帝的皇后黄皇室主是甄寻的妻子。王莽靠骗术登上皇位,心里怀疑大臣怨恨诽谤,正想要显示威严来慑服臣下,因此发怒说:"黄皇室主是国母,这是什么话!"便下命令拘捕甄寻。甄寻逃跑了,甄丰自杀。甄寻跟着江湖术士躲进了华山,过了一年多以后被捉,他的供词牵涉到国师公刘秀的儿子隆威侯刘棻、刘棻的弟弟右曹、长水校尉、伐虏侯刘泳,大司空王邑的弟弟左关将军、掌威侯王奇以及刘秀的学生侍中、骑都尉丁隆等人,牵连公卿、亲族、列侯及以下,死的有几百人。于是把刘棻流放到幽州,把甄寻驱逐到三危,把丁隆杀死在羽山,死者的尸体都是用驿车装载递送的。

11 本年,王莽开始崇拜神仙,听信方士苏乐的建议,兴建八风台,用费达黄金万两;又在宫殿上种植五色秫粟,播种之前,先用煮玉的水泡养,计算起来,一斛粟米成本要黄金一两。

三年(辛未,11)

1　遣田禾将军赵并发戍卒屯田五原、北假,以助军粮。

2　莽遣中郎将蔺苞、副校尉戴级将兵万骑,多赍珍宝至云中塞下,招诱呼韩邪诸子,欲以次拜为十五单于。苞、级使译出塞,诱呼左犁污王咸、咸子登、助三人至。至则胁拜咸为孝单于,助为顺单于,皆厚加赏赐;传送助、登长安。莽封苞为宣威公,拜为虎牙将军;封级为扬威公,拜为虎贲将军。单于闻之,怒曰:"先单于受汉宣帝恩,不可负也。今天子非宣帝子孙,何以得立!"遣左骨都侯、右伊秩訾王呼卢訾及左贤王乐将兵入云中益寿塞,大杀吏民。是后,单于历告左右部都尉、诸边王入塞寇盗,大辈万馀,中辈数千,少者数百,杀雁门、朔方太守、郡尉,略吏民畜产,不可胜数,缘边虚耗。

是时诸将在边,以大众未集,未敢出击匈奴。讨涉将军严尤谏曰:"臣闻匈奴为害,所从来久矣,未闻上世有必征之者也。后世三家周、秦、汉征之,然皆未有得上策者也。周得中策,汉得下策,秦无策焉。当周宣王时,猃狁内侵,至于泾阳,命将征之,尽境而还。其视戎狄之侵,譬犹蚊虻,驱之而已,故天下称明,是为中策。汉武帝选将练兵,约赍轻粮,深入远戍,虽有克获之功,胡辄报之。兵连祸结三十馀年,中国罢耗,匈奴亦创艾,而天下称武,是为下策。秦始皇不忍小耻而轻民力,筑长城之固,延袤万里,转输之行,起于负海,疆境既完,中国内竭,以丧社稷,是为无策。今天下遭阳九之厄,比年饥馑,

王莽始建国三年(辛未,公元 11 年)

1　新朝朝廷派田禾将军赵并,征发边防兵士在五原、北假一带,开荒屯垦,帮助军粮的筹集。

2　王莽派中郎将蔺苞、副校尉戴级率领一万多骑兵,携带大量金银财宝前往云中边塞,招致引诱匈奴呼韩邪单于的儿子,打算依照顺序封他们当十五个单于。蔺苞、戴级派翻译出塞,将左犁污王栾提咸、栾提咸的儿子栾提登、栾提助等三人,诱骗到云中塞下。然后用威胁的手段,封栾提咸为孝单于,栾提助为顺单于,都给予厚重的赏赐;用朝廷驿车把栾提登、栾提助送到京师长安。王莽封蔺苞为宣威公、虎牙将军;封戴级为扬威公、虎贲将军。匈奴单于栾提知听到上述消息,勃然大怒,说:"先单于所受汉宣帝的恩惠,不能辜负。现在中国皇帝并不是宣帝子孙,凭什么坐上宝座!"于是派左骨都侯、右伊秩訾王栾提呼卢訾、左贤王栾提乐,率军进攻云中郡益寿要塞,大肆屠杀中国官吏和平民。从这以后,匈奴单于栾提知逐个地告诉左右部都尉、各沿边亲王,对中国边塞发动攻掠,规模大时有一万馀人,中等规模也有数千人,规模最小时则只数百人,他们击杀雁门太守、朔方太守,及这两郡的都尉,掳掠官吏、百姓、牲畜,不可胜数,中国沿边一带郡县,顿时衰败。

这时,在北方边塞的各将军因兵马集结没有完成,不敢主动出击匈奴。讨濊将军严尤上书建议说:"我听说匈奴侵害中国,为时已久,没有听说上古之世有非征伐不可的事。后来,周、秦、汉三代王朝才用武力攻击,然而所用的全不是上等策略。周朝用的是中策,汉朝用的是下策,秦王朝则根本没有策略。周宣王时代,猃狁部落侵扰中原,前锋直抵泾阳,周朝派军出击,把他们逐出境外,即行班师。宣王看诸外族的侵扰,犹如蚊子、虱子,扫除掉也就算了,所以天下称颂英明,这是中等策略。汉武帝挑选将领,训练军队,携带轻装备和粮草,深入遥远的敌人心脏地带,虽然有克敌制胜和获得战利品的功勋,但匈奴反攻,以致兵连祸结三十馀年,中国疲惫亏损,匈奴也受到创伤,从而天下人称之为'武帝',这是下等策略。秦始皇忍不住小的耻辱,轻率地浪费民力,修筑长城,坚固结实,长达万里,运输调动,从海滨开始,虽然保持版图完整,中国内部却告枯竭,终于丧失政权,应是没有策略。而今,国家正遭受灾荒,连年饥馑,

西北边尤甚。发三十万众，具三百日粮，东援海、代，南取江、淮，然后乃备。计其道里，一年尚未集合。兵先至者聚居暴露，师老械弊，势不可用，此一难也。边既空虚，不能奉军粮，内调郡国，不相及属，此二难也。计一人三百日食，用糒十八斛，非牛力不能胜；牛又自当赍食，加二十斛，重矣；胡地沙卤，多乏水草，以往事揆之，军出未满百日，牛必物故且尽，馀粮尚多，人不能负，此三难也。胡地秋冬甚寒，春夏甚风，多赍釜镶、薪炭，重不可胜，食糒饮水，以历四时，师有疾疫之忧，是故前世伐胡不过百日，非不欲久，势力不能，此四难也。辎重自随，则轻锐者少，不得疾行，虏徐遁逃，势不能及。幸而逢虏，又累辎重；如遇险阻，衔尾相随，虏要遮前后，危殆不测，此五难也。大用民力，功不可必立，臣伏忧之！今既发兵，宜纵先至者，令臣尤等深入霆击，且以创艾胡虏。"莽不听尤言，转兵谷如故，天下骚动。

咸既受莽孝单于之号，驰出塞归庭，具以见胁状白单于；单于更以为於栗置支侯，匈奴贱官也。后助病死，莽以登代助为顺单于。

吏士屯边者所在放纵，而内郡愁于征发，民弃城郭，始流亡为盗贼，并州、平州尤甚。莽令七公、六卿号皆兼称将军，遣著武将军逯并等镇名都，中郎将、绣衣执法各五十五人，分镇缘边大郡，督大奸猾擅弄兵者。皆乘便为奸于外，挠乱州郡，

西北边陲,尤其严重。而朝廷却动员大军三十万人,供给三百天口粮,东方搜刮到海滨、岱山,南方搜刮到长江、淮河,然后才齐备。计算道路,迄今一年,兵马还不能集合完成。先到边塞的军队扎营露天之外,士气已衰,武器已钝,在气势上已不可以作战,这是困难之一。边塞已经空虚,无法供应粮秣,从内地各郡各封国征集运送,而又远水不解近渴,这是困难之二。总计一个士兵三百天所用干粮,就要十八斛,不用牛力运输,是不能胜任的;而牛本身也要饲养,再加二十斛,负担就更重了;匈奴境内,都是沙漠碱地,缺乏水草,拿以往的事揣度,大军出发不满一百天,牛一定全部倒毙,剩下的粮秣还很多,士兵却无法搬运携带,这是困难之三。匈奴秋冬之季天气苦寒,而春夏又有暴风,大队人马行军要多带炊具、木柴、炭火,都是沉重负担,吃干粮饮水,一年四季如此,军队里有发生疾病瘟疫的可能,令人担忧,因此从前讨伐匈奴的军事行动,不超过一百天,并不是不想持久,而是力量不够,这是困难之四。大军随身携带物资补给品,则轻装的精锐部队很少,不能快速推进,即使敌人慢慢撤退,也无法追及。幸而追及,又被物资等拖累;如果遇到险要而难于通行的地方,大军鱼贯而进,后面马头紧接前面马尾,敌人前后夹攻,危险不能测度,这是困难之五。大量使用民力,功业又未必能够建立,所以我深深地忧虑!而今既然已经征调军队,应该让先到边塞的部队发动攻击。命令臣严尤等,以雷霆万钧之势,给匈奴一个重创。"王莽不听严尤的建议,仍与从前一样,把战士跟粮秣输往边塞,于是天下动乱不安。

被王莽封为孝单于的栾提咸,乘防卫不备,纵马飞驰出边塞,回归匈奴王庭,向单于栾提知报告了自己被胁迫的经过;栾提知单于封他为於粟置支侯,这是匈奴低贱的侯爵称号。不久,被朝廷封为顺单于的栾提助去世,王莽让栾提登继任顺单于。

在边塞集结即将进攻匈奴的部队不循常轨,放任扰民,而内地各郡,征兵催税,苛刻迫急,百姓不堪愁苦,纷纷抛弃家园,开始流浪逃亡,沦落成为盗贼,并州、平州尤其严重。王莽下令七公、六卿都兼任将军,于是,派著武将军逯并等,分别镇守各大名城,另派中郎将、绣衣执法各五十五人,分别镇守沿边大郡,监察擅动干戈兴兵作乱的习徒。而这些人都利用镇守之便在外地干坏事,扰乱州郡,

货赂为市,侵渔百姓。莽下书切责之曰:"自今以来,敢犯此者,辄捕系,以名闻!"然犹放纵自若。北边自宣帝以来,数世不见烟火之警,人民炽盛,牛马布野;及莽挠乱匈奴,与之构难,边民死亡系获,数年之间,北边虚空,野有暴骨矣。

3　太师王舜自莽篡位后,病悸浸剧,死。

4　莽为太子置师、友各四人,秩以大夫。以故大司徒马宫等为师疑、傅丞、阿辅、保拂,是为四师;故尚书令唐林等为胥附、奔走、先后、御侮,是为四友。又置师友、侍中、谏议、六经祭酒各一人,凡九祭酒,秩皆上卿。

遣使者奉玺书、印绶、安车、驷马迎龚胜,即拜为师友祭酒。使者与郡太守、县长吏、三老、官属、行义、诸生千人以上入胜里致诏。使者欲令胜起迎,久立门外。胜称病笃,为床室中户西、南牖下,东首加朝服拖绅。使者付玺书,奉印绶,内安车、驷马,进谓胜曰:"圣朝未尝忘君,制作未定,待君为政;思闻所欲施行,以安海内。"胜对曰:"素愚,加以年老被病,命在朝夕,随使君上道,必死道路,无益万分!"使者要说,至以印绶就加胜身,胜辄推不受。使者上言:"方盛夏暑热,胜病少气,可须秋凉乃发。"有诏许之。使者五日壹与太守俱问起居,为胜两子及门人高晖等言:"朝廷虚心待君以茅土之封,虽疾病,宜移动至传舍,示有行意;必为子孙遗大业。"晖等白使者语,胜自知不见听,即谓晖等:"吾受汉家厚恩,无以报;今年老矣,旦暮入地,谊岂以一身事二姓,下见故主哉!"

贿赂像做买卖一样公开交易,掠夺百姓的财物。王莽下诏书斥责:"自今以后,胆敢再犯这类罪行的,就逮捕监禁,把名字报上来!"然而还是照样胡作非为。北部边疆,自从汉宣帝以来,百姓已数代看不见烽火的告警,人口繁殖,牛马遍野;到王莽扰乱匈奴,与匈奴结成仇怨,沿边百姓或死亡,或被捕,只几年的工夫,北方边疆一片荒凉,野外已有无人掩埋的白骨。

3 太师王舜自王莽篡夺皇位后,所患心悸病,渐渐加剧,终于病故。

4 王莽为太子设置师和友各四人,俸禄按照大夫发给。任命前大司徒马宫等为师疑、傅丞、阿辅、保拂,称为四师;任命前尚书令唐林等为胥附、奔走、先后、御侮,称为四友。又设置师友祭酒和侍中祭酒、谏议祭酒以及六经祭酒各一人,共九个祭酒,俸禄按照上卿发给。

王莽派使者带着诏书、印信、驾着四匹马的安车迎接龚胜,任其为师友祭酒。使者与郡太守、县长县吏、县府官员、三老、官属、行义、学生约千人以上,拥到龚胜住的街巷宣读诏书。使者想让龚胜站起来迎接,久立门外。龚胜声称病情严重,把床放到卧室门西侧、南窗之下,头向东方,身穿官服,将大带扎在腰间。使者把皇帝诏书、印信交给他,把四匹马驾的安车拉到院子里。向龚胜致意说:"圣明的新王朝没有一天忘记先生,制度的厘定还没有完成,等待先生主持;请教您,我们怎么做,才能使国家太平?"龚胜回答:"我向来愚昧,加上年纪老迈,而又身染重病,命在旦夕,如果随阁下上道,一定死在途中,实在是极端无益的事情!"使者为了讨他欢心,要把印信佩戴到他身上,龚胜坚决推辞。使者只好奏报:"现在正值盛夏,天气酷热,龚胜有病,缺少气力,是不是可以等到秋季凉爽时再动身?"王莽下诏允许。使者每隔五天,就与郡太守一同去问候龚胜起居饮食,并告诉龚胜的两个儿子和学生高晖等说:"朝廷虚心地对龚先生用尊贵的封号,他虽然身患疾病,但应该移住在驿站官舍,表示确有应征进京的诚意;这样做将为子孙后代留下庞大的家产。"高晖把使者的话转告龚胜,龚胜知道已不可能逃避,对高晖等人说:"我接受汉王朝的厚恩,无法报答;现在年纪已大,随时都会埋入地下,岂可以一身而侍奉两姓君王,将来如何面对故主?"

胜因敕以棺敛丧事:"衣周于身,棺周于衣。勿随俗动吾冢、种柏、作祠堂!"语毕,遂不复开口饮食。积十四日死。死时,七十九矣。

是时清名之士,又有琅邪纪逡、齐薛方、太原郇越、郇相、沛唐林、唐尊,皆以明经饬行显名于世。纪逡、两唐皆仕莽,封侯,贵重,历公卿位。唐林数上疏谏正,有忠直节。唐尊衣敝、履空,被虚伪名。郇相为莽太子四友,病死,莽太子遣使祷以衣衾,其子攀棺不听,曰:"死父遗言:'师友之送,勿有所受!'今于皇太子得托友官,故不受也。"京师称之。莽以安车迎薛方,方因使者辞谢曰:"尧、舜在上,下有巢、由。今明主方隆唐、虞之德,小臣欲守箕山之节。"使者以闻。莽说其言,不强致。

初,隃麋郭钦为南郡太守,杜陵蒋诩为兖州刺史,亦以廉直为名。莽居摄,钦、诩皆以病免官,归乡里,卧不出户,卒于家。哀、平之际,沛国陈咸以律令为尚书。莽辅政,多改汉制,咸心非之;及何武、鲍宣死,咸叹曰:"《易》称'见几而作,不俟终日。'吾可以逝矣!"即乞骸骨去职。及莽篡位,召咸为掌寇大夫;咸谢病不肯应。时三子参、钦、丰皆在位,咸悉令解官归乡里,闭门不出入,犹用汉家祖腊。人问其故,咸曰:"我先人岂知王氏腊乎!"悉收敛其家律令、书文,壁藏之。又,齐栗融、北海禽庆、苏章、山阳曹竟,皆儒生,去官,不仕于莽。

吩咐他们准备后事,说:"衣服只要能包住身体就够了,棺材只要能包住衣服就够了。不要随时下流行的风俗一样,在墓上封土、种植松柏、在墓旁起祠堂。"说完,就不再喝水吃饭。历时十四日而死。终年七十九岁。

这时的知名人士,还有琅邪纪逡、齐郡薛方、太原郇越和郇相、沛郡唐林和唐尊,都以深明儒家经典,行为谨慎,闻名当世。纪逡、唐林、唐尊都在新朝做官,被封侯爵,受到重视,得以尊贵,历任三公、九卿等高官。唐林多次上书直言规劝,纠正过失,有忠诚正直的品质。唐尊则身着破衣服、脚穿磨破了鞋底的鞋子,假冒俭朴,享受虚名。郇相是王莽太子王临的四友之一,他去世后,王临派人送去成殓时的丧衣,郇相的儿子手攀棺木拒绝,说:"父亲死时,留下遗言:'对教师或宾友们的馈赠,不可接受!'而今,皇太子自称是我父亲的朋友,所以不能例外。"从而受到京师儒生的称道。王莽派出四匹马拉的安车迎接薛方,薛方通过使者推辞说:"唐尧、虞舜在上,民间准许有巢父、许由。而今,圣明的主上正在尊崇唐尧、虞舜的美德,小臣我愿隐居箕山,不再入世。"使者奏报。王莽喜欢听这番话,不再勉强。

当初,隃麋郭钦任南郡太守,杜陵蒋诩任兖州刺史,都以廉洁正直闻名。王莽摄政时,二人都以患病为由被免去官职,回到故乡,闭门不出,在家去世。哀帝、平帝在位期间,沛郡陈咸由于通晓律令,担任尚书。王莽辅政,大量更改汉朝制度,陈咸心里反对;到何武、鲍宣被诛杀,陈咸叹息说:"《易经》说:'抓住时机,立即行动,不要等到天晚。'我可以走了!"即提出辞呈。等到王莽篡夺帝位,征召陈咸当掌寇大夫;陈咸声称有病不肯接受。当时,他的三个儿子陈参、陈钦、陈丰都在新朝当官,陈咸让他们全都辞职回家,闭门不出,不跟外界来往,年终祭祀路神,仍用汉王朝规定的日子。人们问他这样做的缘故,陈咸说:"我祖先怎么知道新王朝祭祀的日子?"把家中所有有关法令的书籍都藏到墙壁之中。另有齐郡人栗融,北海郡人禽庆、苏章,山阳人曹竟,都是儒生,辞去官位,不在新朝任职。

　　班固赞曰：春秋列国卿大夫及至汉兴将相名臣，耽宠以失其世者多矣，是故清节之士，于是为贵；然大率多能自治而不能治人。王、贡之材，优于龚、鲍。守死善道，胜实蹈焉。贞而不谅，薛方近之。郭钦、蒋诩，好遁不污，绝纪、唐矣。

5　是岁，濒河郡蝗生。

6　河决魏郡，泛清河以东数郡。先是，莽恐河决为元城冢墓害；及决东去，元城不忧水，故遂不堤塞。

四年(壬申，12)

1　春，二月，赦天下。

2　厌难将军陈钦、震狄将军王巡上言："捕得虏生口验问，言虏犯边者皆孝单于咸子角所为。"莽乃会诸夷，斩咸子登于长安市。

3　大司马甄邯死。

4　莽至明堂，下书："以洛阳为东都，常安为西都。邦畿连体，各有采、任。州从《禹贡》为九；爵从周氏为五。诸侯之员千有八百，附城之数亦如之，以俟有功。诸公一同，有众万户；其馀以是为差。今已受封者，公侯以下凡七百九十六人，附城千五百五十一人；以图簿未定，未授国邑，且令受奉都内，月钱数千。"诸侯皆困乏，至有佣作者。

5　莽性躁扰，不能无为，每有所兴造，动欲慕古，不度时宜，制度又不定；吏缘为奸，天下警警，陷刑者众。莽知民愁怨，乃下诏："诸食王田，皆得卖之，勿拘以法。犯私买卖庶人者，且一切勿治。"然他政悖乱，刑罚深刻，赋敛重数，犹如故焉。

班固评论说：从春秋时代各封国卿、大夫，到汉王朝的丞相、将军、名臣，为了保护自己的荣华富贵而丧失了立身处世原则的多不胜数，因此，节操纯洁的人士尤为可贵；然而，大多数只能约束自己，不能影响别人。王商、贡禹的才能，强于龚胜、鲍宣。但以死来坚持原则，龚胜付出了实际行动。薛方的行迹相近于用诡诈言语达到忠贞目的。郭钦、蒋诩，逃出污秽，与纪逡、唐林、唐尊完全不同。

5　本年，濒临黄河的各郡，发生蝗虫灾害。

6　黄河在魏郡决口，在清河以东数郡泛滥成灾。最初，王莽深恐黄河之水淹没元城王姓皇族祖宗坟墓。到黄河决口，水向东泛滥，元城没有水患，所以决定不加堵塞。

王莽始建国四年(壬申，公元 12 年)

1　春季，二月，大赦天下。

2　厌难将军陈钦、震狄将军王巡上书说："在边塞捕得匈奴人审问，供称匈奴屡次侵犯边塞，都是孝单于栾提咸的儿子栾提角担任主谋。"王莽于是召集各族驻在京师的使节，在大家面前把栾提咸的儿子顺单于栾提登斩首。

3　大司马甄邯去世。

4　王莽到明堂，下诏："把洛阳定为东都，常安定为西都。国家疆域联合一体，男女各得其所。遵从《禹贡》的记载，全国划为九州；依照周王朝制度，分为五等爵位。共一千八百个封国，附城的数量也是如此，以等待有功之士。凡是公爵，一律平等，封一万户人家；其他爵位，等差而下。现在已经受封的，公侯以下共七百九十六人，附城一千五百五十一人；只因户籍地簿还没有调查测量完，无法指定采邑，所以特别规定，暂时向属于大司农的都内专领薪俸，每月钱数千。"诸侯都贫困，有的甚至受雇为人做工。

5　王莽性格浮躁，不能安静下来，让老百姓得到休养生息的机会，每干一件事情，总是模拟古代，不管是否适合现实社会，而制度始终不能确定；贪官污吏乘机为非作歹，天下一片悲愁，大批人触犯法律，身陷监狱。王莽知道老百姓忧愁怨恨，下诏："凡是持有国家土地的，都可以自由变卖，不受法律限制。凡私自买卖平民的，不再处罚。"然而其他政令荒谬混乱，刑罚残酷，捐税沉重而频繁，依然如故。

6　初，五威将帅出西南夷，改句町王为侯，王邯怨怒不附。莽讽牂柯大尹周歆诈杀邯。邯弟承起兵杀歆，州郡击之，不能服。莽又发高句骊兵击匈奴，高句骊不欲行，郡强迫，皆亡出塞，因犯法为寇。辽西大尹田谭追击之，为所杀。州郡归咎于高句骊侯驺，严尤奏言："貉人犯法，不从驺起，正有他心，宜令州郡且尉安之。今猥被以大罪，恐其遂畔，夫馀之属必有和者。匈奴未克，夫馀、涉貉复起，此大忧也。"莽不尉安，涉貉遂反；诏尤击之。尤诱高句骊侯驺至而斩焉，传首长安。莽大说，更名高句骊为下句骊。于是貉人愈犯边，东、北与西南夷皆乱。莽志方盛，以为四夷不足吞灭，专念稽古之事，复下书："以此年二月东巡狩，具礼仪调度。"既而以文母太后体不安，且止待后。

7　初，莽为安汉公时，欲谄太皇太后，以斩郅支功奏尊元帝庙为高宗，太后晏驾后，当以礼配食云。及莽改号太后为新室文母，绝之于汉，不令得体元帝，堕坏孝元庙，更为文母太后起庙；独置孝元庙故殿以为文母篹食堂，既成，名曰长寿宫，以太后在，故未谓之庙。莽置酒长寿宫，请太后。既至，见孝元庙废彻涂地，太后惊泣曰："此汉家宗庙，皆有神灵，与何治而坏之！且使鬼神无知，又何用庙为！如令有知，我乃人之妃妾，岂宜辱帝之堂以陈馈食哉！"私谓左右曰："此人慢神多矣，能久得祐乎！"饮酒不乐而罢。

6　当初，五威将帅出使西南夷，把句町王改为侯，句町王邯怨恨愤怒，不愿服从。王莽示意牂柯郡大尹周歆采用欺骗手段杀死了邯。邯的弟弟承起兵杀死周歆，王莽下令州郡官府发兵讨伐，不能征服。王莽又调动高句骊的军队进攻匈奴，他们不想去，受到郡府强迫，就都逃出边界，于是触犯法律，抢劫杀人。辽西郡大尹田谭追击他们，被他们杀死了。州郡长官把罪责归在高句骊侯骓的身上，严尤报告说："貉人犯法，不是从骓起始的，假使他们有别的用心，应当命令州郡权且安抚他们。现在多加给重大罪名，恐怕他们因此叛乱，而夫馀部族一定会有附和的。匈奴没有打败，夫馀和涉貉又起来，这是大忧患啊！"王莽不加安抚，涉貉于是反叛；王莽下诏命严尤进击。严尤引诱高句骊侯骓到来就把他杀了，传递首级到长安。王莽非常高兴，把高句骊改名下句骊。于是貉人更加侵犯边境，东部、北部和西南的各蛮夷族都乱起来了。王莽正在志得意满，认为四方蛮夷各族用不着费多大力气就能够加以吞并、消灭，一味想凭借古代典籍行事，又下诏书说："在本年二月，我要到东方巡行视察，有关部门要把礼仪程序开列出来。"随后因为文母皇太后身体有病，下令暂缓出发。

7　当初，王莽做安汉公时，打算谄媚太皇太后，借口斩杀郅支单于的功劳，报告尊称汉元帝的祭庙为高宗，待太皇太后去世后，牌位就送到高宗祭庙，跟丈夫分享祭祀香火。新朝建立后，王莽改太后号为"新室文母"，表示跟汉王朝的关系一刀两断，为了不让她跟元帝一体享受汉王朝的祭祀，下令把高宗祭庙摧毁，而另给文母太后盖一座祭庙；只保留高宗祭庙的一个殿作为文母的膳堂。落成之后，名叫长寿宫，只因王政君仍在人世，不便称庙。王莽在长寿宫摆设酒席，宴请太皇太后。太皇太后到了之后，看见孝元祭庙被彻底废弃，无法收拾，不禁惊骇悲伤，哭着说："这是汉王朝的祭庙，都有神灵保佑，什么地方得罪了你，非把它摧毁不可！假使没有鬼神，何必盖庙？假使有鬼神，我是他的妻子，难道应该羞辱元帝，把他的庙堂改成我的膳堂！"她悄悄对侍从说："这个人得罪神灵的地方太多了，能够长久得到神灵的保佑吗？"这次饮酒在不愉快中结束。

自莽篡位后，知太后怨恨，求所以媚太后者无不为，然愈不说。莽更汉家黑貂著黄貂；又改汉正朔、伏腊日。太后令其官属黑貂；至汉家正、腊日，独与其左右相对饮食。

五年(癸酉, 13)

1　春，二月，文母皇太后崩，年八十四；葬渭陵，与元帝合，而沟绝之。新室世世献祭其庙；元帝配食，坐于床下。莽为太后服丧三年。

2　乌孙大、小昆弥遣使贡献。莽以乌孙国人多亲附小昆弥，见匈奴诸边并侵，意欲得乌孙心，乃遣使者引小昆弥使坐大昆弥使上。师友祭酒满昌劾奏使者曰："夷狄以中国有礼谊，故诎而服从。大昆弥，君也。今序臣使于君使之上，非所以有夷狄也。奉使大不敬！"莽怒，免昌官。

3　西域诸国以莽积失恩信，焉耆先叛，杀都护但钦；西域遂瓦解。

4　十一月，彗星出，二十馀日，不见。

5　是岁，以挟铜炭者多，除其法。

6　匈奴乌珠留单于死，用事大臣右骨都侯须卜当，即王昭君女伊墨居次云之婿也。云常欲与中国和亲，又素与伊栗置支侯咸厚善，见咸前后为莽所拜，故遂立咸为乌累若鞮单于。乌累单于咸立，以弟舆为右谷蠡王。乌珠留单于子苏屠胡本为左贤王，后更谓之护于，欲传以国。咸怨乌珠留单于贬己号，乃贬护于为左屠耆王。

王莽篡权之后,知道太皇太后怨恨,所以凡是可以取悦讨好她的手段,全部使用,然而太皇太后更不高兴。汉王朝的宫廷服装,都用黑色貂皮,王莽下令改穿黄色貂皮;汉朝以正月一日作为元旦,王莽改十二月一日作为元旦,汉朝每年十二月祭祀天地神灵,王莽改在九月祭祀天地神灵。太皇太后教她的侍从仍穿汉朝的黑色貂皮;在汉朝元旦和祭祀天地神灵之日,独自与左右聚餐。

王莽始建国五年(癸酉,公元13年)

1 春季,二月,文母皇太后驾崩,终年八十四岁;安葬在渭陵,与元帝合葬一处,中间开了一条沟把它们隔开来。在常安设立祠庙,规定新朝要世世代代祭祀;元帝配享,神主安放在太后神主的龛架下面。王莽为太后戴孝三年,表示哀悼。

2 乌孙国的大昆弥和小昆弥派遣使者来进贡。王莽因为乌孙国的人多亲近归附小昆弥,又看到匈奴从它与新朝之间的所有边界上一齐侵掠,心里要博得乌孙人的欢心,便派使者带领小昆弥的使节坐在大昆弥使节的上位。师友祭酒满昌上奏章弹劾使者道:"夷狄因为中国讲究礼仪,所以委屈服从。大昆弥是国君。现在安排臣子的使节坐在国君的使节的上位,这不是统治夷狄的办法。被派遣担任招待的使者大不敬!"王莽大怒,罢免了满昌的官职。

3 西域各国由于王莽长期没有恩惠和信用,焉耆国首先背叛,杀死了西域都护但钦;于是,西域各国与内地关系崩溃解体。

4 十一月间,彗星出现,经过二十多天,消失。

5 这一年,由于私藏铜炭的人太多,废除了该项法令。

6 匈奴乌珠留若鞮单于去世,当权大臣右骨都侯须卜当,正是王昭君的女儿伊墨居次栾提云的丈夫。栾提云时常打算跟中国和亲,又一向与伊栗置支侯栾提咸友善,看到栾提咸曾经被王莽封作孝单于,于是拥立栾提咸继位,是为乌累若鞮单于。乌累单于栾提咸即位后,封弟弟栾提舆为右谷蠡王。乌留珠单于的儿子栾提苏屠胡,本封左贤王,后来把左贤王改称护于,打算把单于的宝座传给他。栾提咸怨恨乌留珠单于贬低自己的称号,就把护于栾提苏屠胡贬作左屠耆王。

天凤元年(甲戌,14)

1　春,正月,赦天下。

2　莽下诏:"将以是岁四仲月遍行巡狩之礼,太官赍糒、乾肉,内者行张坐卧,所过毋得有所给。俟毕北巡狩之礼,即于土中居洛阳之都。"群公奏言:"皇帝至孝,新遭文母之丧,颜色未复,饮食损少,今一岁四巡,道路万里,春秋尊,非糒、乾肉之所能堪。且无巡狩,须阕大服,以安圣体。"莽从之,要期以天凤七年巡狩,厥明年,即土之中,遣太傅平晏、大司空王邑之洛阳营相宅兆,图起宗庙、社稷、郊兆云。

3　三月壬申晦,日有食之。大赦天下。以灾异策大司马逯并就侯氏朝位,太傅平晏勿领尚书事。以利苗男䜣为大司马。莽即真,尤备大臣,抑夺下权,朝臣有言其过失者,辄拔擢。孔仁、赵博、费兴等以敢击大臣,故见信任,择名官而居之。国将哀章颇不清,莽为选置和叔,敕曰:"非但保国将闺门,当保亲属在西州者。"诸公皆轻贱,而章尤甚。

4　夏,四月,陨霜杀草木,海濒尤甚。六月,黄雾四塞。秋,七月,大风拔树,飞北阙直城门屋瓦。雨雹,杀牛羊。

5　莽以《周官》、《王制》之文,置卒正、连率、大尹,职如太守;又置州牧、部监二十五人。分长安城旁六乡,置帅各一人。分三辅为六尉郡;河内、河东、弘农、河南、颍川、南阳为六队郡。更名河南大尹曰保忠信卿。益河南属县满三十,置六郊州长各一人,人主五县。及他官名悉改。大郡至分为五,合百二十有五郡。九州之内,县二千二百有三。又仿古六服为惟城、惟宁、惟翰、惟屏、惟垣、惟藩,各以其方为称,总为万国焉。其后,岁复变更,一郡至五易名,而还复其故。吏民不能纪,每下诏书,辄系其故名云。

王莽天凤元年(甲戌,公元 14 年)

1　春季,正月,大赦天下。

2　王莽下诏:"兹定于本年每个季节的仲月周游全国,巡行视察,太官携带干粮干肉,内者令在途中陈设床席被帐,所经过的地方不要有什么供给。等结束北方的巡视活动之后,就在全国的中心洛阳奠定都城。"众大臣奏报:"皇帝最孝顺,而又适逢文母的丧事,容颜没有恢复,饮食减少。现在要一年四次出巡,路程上万里,年岁这样高,不是干粮干肉所能适应得了。暂时不要去巡行视察,等待国丧期满,从而保养圣体。"王莽听从了这个建议,改到天凤七年巡行视察,再过一年,前往全国的中心洛阳城,于是便派遣太傅平晏和大司空王邑前往洛阳,选择基地,打算兴建皇家祠庙、土谷神社和祭祀天地的坛址。

3　三月壬申(三十日),出现日食。大赦天下。因日食天象变异之故,王莽下诏,大司马逯并以侯爵就朝位,免去太傅平晏所兼领尚书事职务。任命利苗人王祈担任大司马。王莽正式登上皇位以后,特别防备大臣,限制、削弱大臣的权力,有指责大臣错误的朝官,总是受到提拔。孔仁、赵博、费兴等人因为敢于抨击大臣,所以获得信任,选择好官职让他们担任。国将哀章行为很不端正,王莽为他选择设置了和叔的官位,告诫道:"不仅要在公府里帮助国将本人,还应当帮助他在西州的亲属。"这些人都被人瞧不起,而以哀章为甚。

4　夏季,四月间,降了霜,冻死了草木,沿海尤其厉害。六月间,黄雾弥漫。秋季七月间,大风吹倒了树木,刮走了北阙直城门屋上的瓦。落了冰雹,打死了牛羊。

5　王莽按照《周官》和《王制》的经文,设置卒正、连率、大尹,职务像太守一样;又设置州牧、部监二十五人。把长安郊区划分为六乡,每乡设置乡帅一人。把三辅地区划分为六尉郡;把河内郡、河东郡、弘农郡、河南郡、颍川郡、南阳郡作为六队郡。把河南郡大尹改名叫保忠信卿。增加河南郡属县达三十个。设置六郊州长各一人,每人管辖五县。其他官名全都改定。还把一个大郡划分为五个郡,合计共一百二十五个郡。九州的范围里,有二千二百零三县。又模仿古代的六服,把国土划分为惟城、惟宁、惟翰、惟屏、惟垣、惟藩,各以其方位称呼,总计是一万封国。这以后,每年都有变动,一郡甚至改了五次名称,终于恢复原来的名称。官吏和平民,无法记住,每次下诏书,总要在新名之下附记旧称。

6　匈奴右骨都侯须卜当、伊墨居次云劝单于和亲,遣人之西虎猛制虏塞下,告塞吏云:“欲见和亲侯。”和亲侯者,王昭君兄子歙也。中部都尉以闻,莽遣歙、歙弟骑都尉、展德侯飒使匈奴,贺单于初立,赐黄金、衣被、缯帛;绐言侍子登在,因购求陈良、终带等。单于尽收陈良等二十七人,皆械槛付使者,遣厨唯姑夕王富等四十人送歙、飒。莽作焚如之刑,烧杀陈良等。

7　缘边大饥,人相食。谏大夫如普行边兵还,言:“军士久屯寒苦,边郡无以相赡。今单于新和,宜因是罢兵。”校尉韩威进曰:“以新室之威而吞胡虏,无异口中蚤虱。臣愿得勇敢之士五千人,不赍斗粮,饥食虏肉,渴饮其血,可以横行!”莽壮其言,以威为将军。然采普言,征还诸将在边者,免陈钦等十八人,又罢四关镇都尉诸屯兵。

单于贪莽赂遗,故外不失汉故事,然内利寇掠;又使还,知子登前死,怨恨,寇虏从左地入不绝。使者问单于,辄曰:“乌桓与匈奴无状黠民共为寇入塞,譬如中国有盗贼耳!咸初立持国,威信尚浅,尽力禁止,不敢有二心!”莽复发军屯。

8　益州蛮夷愁扰,尽反,复杀益州大尹程降。莽遣平蛮将军冯茂发巴、蜀、犍为吏士,赋敛取足于民,以击之。

6 匈奴右骨都侯须卜当、伊墨居次云,建议单于栾提咸与中国结亲而和平相处。栾提咸同意,派人到西河郡虎猛县制虏塞,告诉边塞的官吏:"匈奴单于想见和亲侯。"和亲侯就是王昭君哥哥的儿子王歙。中部都尉奏报朝廷,王莽派遣王歙与王歙的弟弟骑都尉、展德侯王飒出使匈奴,祝贺匈奴单于栾提咸登极,赏赐黄金、衣服、被褥、丝织品;欺哄说作为人质的单于的儿子栾提登还在人间,并趁机要求引渡陈良和终带等人。单于便把陈良等二十七人逮捕,全部带上脚镣手铐,装进囚车,交付中国使节,派厨唯姑夕王栾提富等四十余人护送王歙、王飒回国。王莽特别制定一种烧杀刑,把陈良等人活活烧死。

7 北方边境地区发生严重饥馑,出现了人吃人的现象。谏大夫如普巡视边境驻军,回来说:"士兵长期驻扎边界,生活很苦,边郡没有东西供应。现在单于刚刚与我们和好,应该趁此机会退兵。"校尉韩威建议说:"凭新朝的威力去吞并匈奴,就好像吃掉口里的跳蚤虱子一样。我愿意求得勇敢的士兵五千人,不要携带一斗粮食,饿了就吃敌人的肉,渴了就喝他们的血,可以在匈奴境内横冲直撞!"王莽认为他的话很豪壮,任命韩威作将军。然而采纳如普的意见,调回驻扎在边境的各将领,免去陈钦等十八人的将军职务,又撤回了四关镇都尉各部的屯兵。

匈奴乌累若鞮单于栾提咸贪图王莽的厚重礼物,所以表面上仍保持汉朝时代与中国和睦的成例,事实上却不断侵扰劫掠;同时,匈奴使节从中国回去后,证实单于的儿子栾提登已被处死,怨恨更深,不断从东部边境一带攻击侵袭。中国使节向单于栾提咸诘问,栾提咸每次都回答:"乌桓跟匈奴的一些奸猾无赖,合伙干出这种坏事,就像中国的强盗匪徒一样!我刚刚即位管理国家,威信还不高,但我当尽全力禁止,决不敢有二心!"王莽再次派遣军队进驻北方边塞,一面戍守,一面屯田。

8 益州蛮夷因忧愁而骚扰,同时叛乱,击杀益州大尹程隆。王莽派遣平蛮将军冯茂调发巴郡、蜀郡、犍为郡等地方官兵,粮秣军饷直接向百姓征收,大力进击益州郡叛乱民众。

9　莽复申下金、银、龟、贝之货，颇增减其贾直，而罢大、小钱，改作货布、货泉二品并行。又以大钱行久，罢之恐民挟不止，乃令民且独行大钱，尽六年，毋得复挟大钱矣。每一易钱，民用破业而大陷刑。

9 王莽又下令恢复金币、银币、龟币、贝币,对价值略加调整,取消大钱、小钱,改由新发行的货布、货泉二种钱币代替。但是,因为大钱流通已久,一旦废除,恐怕无法禁绝人们携带,于是特准大钱仍可通用,以六年为期,六年后完全禁绝。每改变一次币制,百姓随着破产一次,往往因此陷于刑网。

卷第三十八　汉纪三十

起乙亥(15)尽壬午(22)凡八年

王莽下
天凤二年(乙亥,15)

1　春,二月,大赦天下。

2　民讹言黄龙堕死黄山宫中,百姓奔走往观者有万数。莽恶之,捕系,问所从起;不能得。

3　单于咸既和亲,求其子登尸。莽欲遣使送致,恐咸怨恨,害使者,乃收前言当诛侍子者故将军陈钦,以他罪杀之。莽选辩士济南王咸为大使。夏,五月,莽复遣和亲侯歙与咸等送右厨唯姑夕王,因奉归前所斩侍子登及诸贵人从者丧;单于遣云、当子男大且渠奢等至塞迎之。咸到单于庭,陈莽威德,莽亦多遗单于金珍,因谕说改其号,号匈奴曰"恭奴",单于曰"善于",赐印绶,封骨都侯当为后安公,当子男奢为后安侯。单于贪莽金币,故曲听之;然寇盗如故。

4　莽意以为制定则天下自平,故锐思于地理,制礼,作乐,讲合《六经》之说。公卿旦入暮出,论议连年不决,不暇省狱讼冤结,民之急务。县宰缺者数年守兼,一切贪残日甚。中郎将、绣衣执法在郡国者,并乘权势,传相举奏。又十一公士分布,

王莽下
王莽天凤二年(乙亥,公元 15 年)

1 春季,二月,大赦天下。

2 民间谣传有黄龙摔死在黄山宫中,老百姓前往看热闹的有一万人之多。王莽讨厌这件事,拘捕了一些人讯问谣言从哪里传起,没能找到。

3 匈奴单于栾提咸既已跟中国和好,便向新朝索取他儿子栾提登的尸体。王莽想要派遣使者送去,恐怕栾提咸怨恨,伤害使者,便逮捕从前提议要处死栾提咸儿子的原将军陈钦,用别的罪名处死。王莽挑选擅长交涉对答的儒生济南郡人王咸作特使。夏季,五月,再加派和亲侯王歙,与王咸等护送右厨唯姑夕王,一并归还从前所斩首的侍子栾提登和他的侍从贵族们的棺材。匈奴单于派栾提云、右骨都侯须卜当的儿子大且渠须卜奢等到边境上迎接。王咸到了单于的王庭,陈述王莽的声威德行,加上王莽又致送栾提咸无数金银珍宝,顺势吩咐他改变称号,改匈奴为“恭奴”,单于为“善于”,赐予新朝颁发的印信,封骨都侯须卜当为后安公,须卜当之子须卜奢为后安侯。单于栾提咸贪图王莽的金银珍宝,所以勉强听从;但对边塞的攻击掳掠依然如故。

4 王莽认为制度一经确定,那么天下自然太平,所以精心思考划分地域,制定礼法,创作乐教,都讲求符合《六经》的说法。公卿大臣早晨上朝,傍晚出朝,议论连年,不能够作出决断,没有时间处理诉讼等百姓迫切需要解决的问题。县宰缺额往往好几年都是派人代理,各种贪赃枉法的行径,一天比一天厉害。派驻郡和封国的中郎将、绣衣执法,纷纷利用权势,到处牵连检举奏报。还有十一公士分布各地,

劝农桑,班时令,按诸章,冠盖相望,交错道路,召会吏民,逮捕证左,郡县赋敛,递相赇赂,白黑纷然,守阙告诉者多。莽自见前颛权以得汉政,故务自揽众事,有司受成苟免。诸宝物名、帑藏、钱谷官皆宦者领之;吏民上封事,宦官、左右开发,尚书不得知,其畏备臣下如此。又好变改制度,政令烦多,当奉行者,辄质问乃以从事,前后相乘,愦眊不渫。莽常御灯火至明,犹不能胜。尚书因是为奸,寝事,上书待报者连年不得去,拘系郡县者逢赦而后出,卫卒不交代者至三岁。谷籴常贵,边兵二十馀万人,仰衣食县官;五原、代郡尤被其毒,起为盗贼,数千人为辈,转入旁郡。莽遣捕盗将军孔仁将兵与郡县合击,岁馀乃定。

5　邯郸以北大雨,水出,深者数丈,流杀数千人。

三年(丙子,16)

1　春,二月乙酉,地震,大雨雪;关东尤甚,深者一丈,竹柏或枯。大司空王邑上书,以地震乞骸骨。莽不许,曰:"夫地有动有震,震者有害,动者不害。《春秋》记地震,《易系》坤动;动静辟翕,万物生焉。"其好自诬饰,皆此类也。

2　先是,莽以制作未定,上自公侯,下至小吏,皆不得俸禄。夏,五月,莽下书曰:"予遭阳九之厄,百六之会,国用不足,民人骚动,自公卿以下,一月之禄十缣布二匹,或帛一匹。予每念之,未尝不戚焉。今厄会已度,府帑虽未能充,略颇稍给。其以六月朔庚寅始,赋吏禄皆如制度。"四辅、公卿、大夫、士下至舆、僚,凡十五等。僚禄一岁六十六斛,稍以差称。

督促农耕和蚕桑,安排每季每月的工作,检查各种规章的实行情况,车水马龙,络绎不绝,召见官民,逮捕取证,郡县官府搜刮财物,层层贿赂,是非混淆,清浊不分,前往朝廷申诉冤苦的很多。王莽看到自己从前因专权而取得了汉朝政权,所以现在自己事必躬亲,而负责官员只按既定的政令办事,以图能够免除罪责。各机要部门、国库和钱粮官,都由宦官管理;官吏和平民密封奏报,由宦官在他身边开拆,尚书不得知道,他提防臣下就是这样。又喜欢改变制度,政令繁多,本来应当由下面奉命执行的,总要反复请示以后才去办理,以致前面的事情没有处理,后面的事情又赶上了,昏乱糊涂,没完没了。王莽时常在灯光下办公,直到天明还没有办完。尚书借此机会舞弊,阻塞下情,奏报等待回答的人几年无法离去,被关押在郡县监狱里的人要遇到大赦才得出去,京城卫戍士兵未交接的已达三年之久。谷物常常很贵,戍边军队二十多万人等着向官府要吃要穿;五原郡和代郡尤其遭殃,很多人铤而走险进行抢劫,几千人成群结队,转到邻近各郡。王莽派遣捕盗将军孔仁率领军队会同地方官兵联合进击,经过一年多才平定。

5 邯郸以北地区降了大雨,地下水涌出,水深的地方有几丈深,冲走淹死几千人。

王莽天凤三年(丙子,公元 16 年)

1 春季,二月乙酉(二十四日),发生地震,下大雪;关东地区尤其厉害,雪深的地方有丈把深,竹子、柏树有的枯死了。大司空王邑奏报,以地震为由,请求退休。王莽不准,说:"大地有震有动,震有害而动无害。《春秋》记载地震,《易经·系辞上传》只说地动;动的时候就张开,静的时候就合拢,万物由此发生。"王莽喜爱自我欺骗掩饰,都是此类。

2 从前,王莽以厘定制度未完为由,上自公爵侯爵,下到小吏,全都停发俸禄。夏季,五月,王莽下诏书说:"我遭遇不幸的命运,灾难难避,国家财政开支不足,人民骚动,从公卿以下,一个月的俸禄只有粗布二匹,或丝织品一匹。我每想到这件事,没有不忧愁的。现在困难时期已经过去,国库储备虽然还不充足,但已略微宽裕。将从六月朔庚寅(初一)开始,按照制度发给官吏俸禄。"四辅、公卿、大夫、士以下到舆、僚,共十五等。僚的俸禄每年六十六斛,按照等差上升。

上至四辅而为万斛云。莽又曰："古者岁丰穰则充其礼,有灾害则有所损,与百姓同忧喜也。其用上计时通计,天下幸无灾害者,太官膳羞备其品矣;即有灾害,以什率多少而损膳焉。自十一公、六司、六卿以下,各分州郡、国邑保其灾害,亦以十率多少而损其禄。郎、从官、中都官吏食禄都内之委者,以太官膳羞备损而为节。冀上下同心,劝进农业,安元元焉。"莽之制度烦碎如此,课计不可理,吏终不得禄,各因官职为奸,受取赇赂以自共给焉。

3　戊辰,长平馆西岸崩,壅泾水不流,毁而北行。群臣上寿,以为《河图》所谓"以土填水",匈奴灭亡之祥也。莽乃遣并州牧宋弘、游击都尉任萌等将兵击匈奴,至边止屯。

4　秋,七月辛酉,霸城门灾。

5　戊子晦,日有食之。大赦天下。

6　平蛮将军冯茂击句町,士卒疾疫死者什六七,赋敛民财什取五,益州虚耗而不克;征还,下狱死。冬,更遣宁始将军廉丹与庸部牧史熊,大发天水、陇西骑士,广汉、巴、蜀、犍为吏民十万人、转输者合二十万人击之。始至,颇斩首数千;其后军粮前后不相及,士卒饥疫。莽征丹、熊,丹、熊愿益调度,必克乃还,复大赋敛。就都大尹冯英不肯给,上言:"自西南夷反叛以来,积且十年,郡县距击不已,续用冯茂,苟施一切之政;僰道以南,山险高深茂,多驱众远居,费以亿计,吏士罹毒气死者什七。今丹、熊惧于自诡,期会调发诸郡兵谷,复訾民取其什四,

到四辅则是一万斛。王莽又下诏："古时候，年岁丰收则俸禄增加，年岁歉收则俸禄减少，表示官吏与平民同喜同忧。现在，用丰收年岁作为最高标准，天下没有灾害，御厨房膳食各种全备；如有灾害，则分等级降低减少。从十一位公爵开始，六司、六卿以下，分别出使各郡各封国，负责保护平安，无灾无难，也以岁收等级决定俸禄。从京师仓库的储积粮里面领取俸禄的郎官、侍从官和京师官吏，根据太官进献的美好食物的齐备或减少作为尺度。希望君臣上下同心同德，鼓励、促进农业生产，安抚善良的老百姓。"王莽的制度如此琐碎，核算课计很难办理，官吏还是领不到俸禄，于是纷纷利用自己的职权干坏事，靠收受贿赂来解决自己的费用开支。

3　戊辰(初九)，长平馆西岸坍塌，把泾河水流阻塞，河水冲破决口向北流去。大臣们向王莽祝贺，认为这就是《河图》所说的"用土去镇服水"，是匈奴灭亡的好兆头。于是王莽派遣并州牧宋弘和游击都尉任萌等人统率军队进击匈奴，到达边境驻扎下来。

4　秋季，七月辛酉，霸城门发生火灾。

5　戊子晦(二十九日)，发生日食。大赦天下。

6　平蛮将军冯茂攻打句町，士兵因瘟疫而死亡的有十分之六七，征收百姓财物，十中取五，弄得益州郡民穷财尽，而战斗却没有取得胜利；王莽把他调回来关进监狱，冯茂死于狱中。冬季，王莽再派宁始将军廉丹与庸部州牧史熊，大肆征发天水、陇西骑兵，广汉、巴郡、蜀郡、犍为等郡官员丁壮十万人，加上负责粮秣运输的共计二十万人，发动攻击。一开始时，斩杀敌人数千；后来军粮供应不上，士兵饥饿，又染上瘟疫。王莽准备把廉丹、史熊召回京师。廉丹、史熊要求增加支援，誓言战胜句町才班师还朝，于是，捐税更重。就都大尹冯英不肯奉给，奏报说："自从西南夷人叛变以来，前后差不多十年了，郡县地方军民进行抗击没有停止过，接着任用冯茂，勉强推行不顾后果的政策；僰道县以南地区，山势险峻深邃，冯茂尽量把百姓赶到远地居住，费用亿万，官兵遭受毒气死亡的达到十分之七。现在廉丹和史熊对于自己保证的规定期限感到害怕，调用各郡的士兵和粮食，又搜索民间财物，拿走了民财的十分之四，

空破梁州,功终不遂。宜罢兵屯田,明设购赏。"莽怒,免英官;后颇觉寤,曰:"英亦未可厚非。"复以英为长沙连率。越嶲蛮夷任贵亦杀太守枚根。

7　翟义党王孙庆捕得,莽使太医、尚方与巧屠共刳剥之,量度五臧,以竹筵导其脉,知所终始,云可以治病。

8　是岁,遣大使五威将王骏、西域都护李崇、戊己校尉郭钦出西域;诸国皆郊迎,送兵谷。骏欲袭击之,焉耆诈降而聚兵自备,骏等将莎车、龟兹兵七千馀人分为数部,命郭钦及佐帅何封别将居后。骏等入焉耆;焉耆伏兵要遮骏,及姑墨、封犁、危须国兵为反间,还共袭骏,皆杀之。钦后至焉耆,焉耆兵未还,钦袭击,杀其老弱,从车师还入塞。莽拜钦为填外将军,封剽胡子;何封为集胡男。李崇收馀士,还保龟兹。及莽败,崇没,西域遂绝。

四年(丁丑,17)

1　夏,六月,莽更授诸侯王茅土于明堂;亲设文石之平,陈菁茅四色之土,告于岱宗、泰社、后土、先祖、先妣以班授之。莽好空言,慕古法,多封爵人;性实吝啬,托以地理未定,故且先赋茅土,用慰喜封者。

2　秋,八月,莽亲之南郊,铸作威斗,以五石铜为之,若北斗,长二尺五寸,欲以厌胜众兵。既成,令司命负之,莽出在前,入在御旁。

弄得梁州地区民穷财尽,战功还是不能够完成。应该停止战斗,派军队驻守并开垦耕种田地,明令规定设置封赏,奖励那些抗击有功的军民。"王莽勃然大怒,免掉了冯英的官职;后来有所觉悟,说道:"冯英也不便深加责怪。"又任命冯英作长沙郡连率。越巂郡蛮夷酋长任贵,击斩太守枚根。

7 翟义的党羽王孙庆被捉,王莽命太医、药剂师和高明的屠手一道解剖他,测量五脏,用竹签贯通他的经脉,弄清来龙去脉,说是可以用来治疗疾病。

8 本年,新朝派特使五威将王骏、西域都护李崇和戊己校尉郭钦出使西域;各国都到郊外迎接并供应民夫与粮秣。王骏想要袭击他们,焉耆假装投降,却秘密集结部队防备,王骏等率领莎车、龟兹的军队七千余人分作数队,命令郭钦和佐帅何封另率一支军队作为后卫。王骏等进入焉耆;焉耆伏兵突起,切断退路,而姑墨、封犁、危须等国军队全部叛变,回兵同向王骏等发动突然袭击,把王骏及其兵马全部斩杀。郭钦稍后抵达焉耆,焉耆军队还没有回军,郭钦发动奇袭,屠杀老人、妇女、儿童,取道车师入塞回国。王莽任命郭钦当填外将军,封为剿胡子;封何封为集胡男。李崇收集残馀部队,退保龟兹。等到新王朝覆亡,李崇去世,西域于是跟中国隔绝。

王莽天凤四年(丁丑,公元 17 年)

1 夏季,六月,王莽重新在明堂把象征封国的茅草与泥土授予诸侯王;亲自设立文石台阶,陈列菁茅和四色泥土,祷告于泰山、国家宗社、大地之神和先代的祖父祖母,进行封禅。王莽喜好说空话,美慕古代的制度,多给人赐封爵位;为人却实在吝啬小气,拿土地规划没有确定作为托辞,所以权且先授予象征封国的茅土,用来安慰喜欢封爵的人。

2 秋季,八月,王莽亲自到京师南郊,铸造威斗。威斗是用铜掺进五色石子铸成的,形状像北斗,长二尺五寸,想要以此来诅咒战胜各地兵马。威斗铸成了,让司命扛着它,王莽外出置于前头,王莽进宫就放在旁边。

3　莽置羲和命士，以督五均、六筦。郡有数人，皆用富贾为之，乘传求利，交错天下；因与郡县通奸，多张空簿，府藏不实，百姓愈病。是岁，莽复下诏申明六筦，每一筦为设科条防禁，犯者罪至死。奸民猾吏并侵，众庶各不安生，又一切调上公以下诸有奴婢者，率一口出三千六百，天下愈愁。纳言冯常以六筦谏，莽大怒，免常官。法令烦苛，民摇手触禁，不得耕桑，徭役烦剧，而枯旱、蝗虫相因，狱讼不决。吏用苛暴立威，旁缘莽禁，侵刻小民，富者不能自别，贫者无以自存，于是并起为盗贼，依阻山泽，吏不能禽而覆蔽之，浸淫日广。临淮瓜田仪依阻会稽长州；琅邪吕母聚党数千人，杀海曲宰，入海中为盗，其众浸多，至万数。荆州饥馑，民众入野泽，掘凫茈而食之，更相侵夺。新市人王匡、王凤为平理诤讼，遂推为渠帅，众数百人。于是诸亡命者南阳马武、颍川王常、成丹等，皆往从之；共攻离乡聚，臧于绿林山中，数月间至七八千人。又有南郡张霸、江夏羊牧等与王匡俱起，众皆万人。莽遣使者即赦盗贼，还言："盗贼解辄复合。问其故，皆曰：'愁法禁烦苛，不得举手，力作所得，不足以给贡税；闭门自守，又坐邻伍铸钱挟铜，奸吏因以愁民。'民穷，悉起为盗贼。"莽大怒，免之。其或顺指言"民骄黠当诛"及言"时运适然，且灭不久"，莽说，辄迁官。

3 王莽设置义和命士，督促实行管理财经的五均、六筦制度。每郡有几个名额，都由富豪、大商人担任，这些官员乘坐驿车，牟求奸利，来往全国；乘机与郡县官吏勾结，设立假账，国库未能充实，而百姓更加穷苦。本年，王莽再下诏，重申肯定六筦，每一项管理制度下达，总要为它设置法令条规来加以防范，违犯的人罪重的甚至处死。贪官污吏与奸猾之徒，勾结紧密，同时侵害百姓，百姓不得平安，此外，上公以下有奴婢的人，每一奴婢要缴纳三千六百钱的税金，天下人更为愁苦。纳言冯常就六筦制度进行规劝，王莽勃然大怒，把冯常免职。新朝的法令琐碎苛刻，百姓动辄触犯禁网，农民没有时间耕田种桑，徭役繁重，同时旱灾、蝗灾接连发生，诉讼和监狱中在押的囚犯长久不能结案。官吏用残暴的手段建立威严，利用王莽的禁令侵占民间财产，富人不能保护自己的财产，穷人不能活命，于是，无论贫富都自我武装，当起强盗，他们依靠高山大泽的险阻，官吏无法制服，只好蒙蔽上级，以致变民遍地。临淮瓜田仪盘踞会稽郡城长州苑，琅邪妇女吕母聚集党羽几千人，诛杀海曲县宰，乘船入海，当起海盗，人数越来越多，有一万左右。荆州发生大饥馑，百姓逃入山野沼泽，挖掘荸荠而食，互相攻击争夺。新市人王匡、王凤出面为大家排难解纷，于是被推做首领，拥有数百人。这时一些亡命客：南阳马武、颍川王常、成丹等，都来投奔；率众攻击距城市较远的村落，盘踞绿林山中，数月之间，集结到七八千人。又有南郡张霸、江夏羊牧等，与王匡同时崛起，各有一万人之众。王莽派出使臣，赦免这些强盗，回京之后，奏称："强盗们解散之后，不久就又聚合。问起他们原因，都说：'忧愁法令既多又苛刻，动辄犯法，努力劳动所得到的报酬，还不够缴纳捐税；就是闭门自守，又往往因邻居私自铸钱或携带铜，要连坐入狱，贪官污吏，逼人欲死。'百姓走投无路，才不得不做盗贼。"王莽大怒，便免其官职。聪明伶俐的人顺着风向说"小民顽劣猾习，应该诛杀"，或说"这只是偶然的时运，不久自然消灭"，王莽高兴，便升其官职。

五年(戊寅,18)

1 春,正月朔,北军南门灾。

2 以大司马司允费兴为荆州牧;见,问到部方略,兴对曰:"荆、扬之民,率依阻山泽,以渔采为业。间者国张六筦,税山泽,妨夺民之利,连年久旱,百姓饥穷,故为盗贼。兴到部,欲令明晓告盗贼归田里,假贷犁牛、种食,阔其租赋,冀可以解释安集。"莽怒,免兴官。

3 天下吏以不得俸禄,并为奸利,郡尹、县宰家累千金。莽乃考始建国二年胡虏猾夏以来诸军吏及缘边吏大夫以上为奸利增产致富者,收其家所有财产五分之四以助边急。公府士驰传天下,考覆贪饕,开吏告其将、奴婢告其主,冀以禁奸,而奸愈甚。

4 莽孙功崇公宗坐自画容貌被服天子衣冠、刻三印,发觉,自杀。宗姊妨为卫将军王兴夫人,坐祝诅姑,杀婢以绝口,与兴皆自杀。

5 是岁,扬雄卒。初,成帝之世,雄为郎,给事黄门,与莽及刘秀并列;哀帝之初,又与董贤同官。莽、贤为三公,权倾人主,所荐莫不拔擢,而雄三世不徙官。及莽篡位,雄以耆老久次,转为大夫。恬于势利,好古乐道,欲以文章成名于后世,乃作《太玄》以综天、地、人之道;又见诸子各以其智舛驰,大抵诋訾圣人,即为怪迁、析辩诡辞以挠世事,虽小辩,终破大道而惑众,使溺于所闻而不自知其非也,故人时有问雄者,常用法应之,号曰《法言》。用心于内,不求于外,于时人皆忽之;

王莽天凤五年(戊寅,公元18年)

1 春季,正月朔(初一),北军南营门失火。

2 王莽任命大司马司允费兴作荆州牧,接见并询问他到任后的施政方案,费兴回答说:"荆州、扬州的百姓,大都依靠山林湖沼,以捕捞、樵采为业。前一段时间,国家推行六筦制度,征收山林湖沼税,损害、剥夺了百姓的利益,加上连年久旱,百姓饥饿穷困,所以沦为盗贼。我到任后,想要明令晓谕盗贼,返回家园,贷放农具、耕牛、种子、粮食,减免他们的赋税,希望可以解散、安抚他们。"王莽勃然大怒,免掉了费兴的官职。

3 全国的官吏因为得不到俸禄,纷纷去牟取非法利益,郡尹、县宰家里积累上千斤黄金。王莽检查始建国二年匈奴扰乱中国以来,所有军官和边境官吏大夫以上牟取非法利益增加产业发了财的,没收他们家中所有财产的五分之四,用来资助边防急需。各公府官吏乘坐驿站快车跑遍全国,仔细审查贪污案件,动员军官告发他们的将领、奴婢告发他们的主人,希望用这样的办法来禁止奸邪,可是奸邪却越加厉害。

4 王莽的孙子功崇公王宗由于给自己画了一幅画像,穿着天子的衣服,戴着天子的冠冕,刻了三枚印章,被发觉,王宗自杀。王宗的姐姐王妨是卫将军王兴的夫人,曾祈祷鬼神给她婆母降灾祸,为了灭口杀死婢女,与王兴都自杀了。

5 本年,扬雄去世。最初,汉成帝刘骜时,扬雄当郎官,在宫门服务,与王莽、刘秀一起当官;哀帝刘欣初年,又与董贤同官。王莽、董贤后来当了三公高官,权力超越皇帝,只要推荐保举,没有不升迁的,可是,扬雄经历了三任皇帝,仍是原官。到王莽篡夺皇位,扬雄才以受尊敬的老前辈的资格,擢升为大夫。扬雄对势利看得很淡,爱好古代的典章制度,喜欢儒家学派的道理,打算用文章使自己留名于后代,于是撰写《太玄》一书,讨论天地人三方面的综合关系;扬雄看到其他学派的学说,都是用智慧的语言,与儒家背道而驰,大概诋毁誉骂儒家学派的圣人,荒唐怪异,分辩异词,以扰乱时政,虽然都是小节小目,但最后可能破坏儒家学派的大道理而迷惑读者,使人们信奉他们,却不知道他们的错误何在,所以当时常常有人向扬雄提出问题,扬雄常用合乎礼法的言论回答,收集成书,定名《法言》。只求内省,不向外宣扬,因之被当时人忽略了;

唯刘秀及范逡敬焉,而桓谭以为绝伦,钜鹿侯芭师事焉。大司空王邑、纳言严尤闻雄死,谓桓谭曰:"子常称扬雄书,岂能传于后世乎?"谭曰:"必传,顾君与谭不及见也。凡人贱近而贵远,亲见扬子云禄位容貌不能动人,故轻其书。昔老聃著虚无之言两篇,薄仁义,非礼学,然后好之者尚以为过于《五经》,自汉文、景之君及司马迁皆有是言。今扬子之书文义至深,而论不诡于圣人,则必度越诸子矣!"

6 琅邪樊崇起兵于莒,众百馀人,转入太山。群盗以崇勇猛,皆附之,一岁间至万馀人。崇同郡人逢安、东海人徐宣、谢禄、杨音各起兵,合数万人,复引从崇;共还攻莒,不能下,转掠青、徐间。又有东海力子都,亦起兵钞击徐、兖。莽遣使者发郡国兵击之,不能克。

7 乌累单于死,弟左贤王舆立,为呼都而尸道皋若鞮单于。舆既立,贪利赏赐,遣大且渠奢与伊墨居次云女弟之子醯椟王俱奉献至长安。莽遣和亲侯歙与奢等俱至制虏塞下,与云及须卜当会;因以兵迫胁云、当,将至长安。云、当小男从塞下得脱,归匈奴。当至长安,莽拜为须卜单于,欲出大兵以辅立之,兵调度亦不合。而匈奴愈怒,并入北边为寇。

六年(己卯,19)

1 春,莽见盗贼多,乃令太史推三万六千岁历纪,六岁一改元,布天下;下书自言"己当如黄帝仙升天",欲以诳耀百姓,销解盗贼。众皆笑之。

而只有刘秀与范迻对他十分尊敬,桓谭也推崇该书精彩无比,钜鹿侯芭更拜他为师。大司空王邑、纳言严尤听说扬雄去世,问桓谭说:"您常称道扬雄的著作,不知道能不能留传后世?"桓谭回答:"一定能留传,可惜的是您与我都看不到了。大凡人之常情,对眼前的看得轻贱,而把遥远的看得贵重,大家看到的扬雄,无论俸禄、地位,还是容貌,没有一项动人之处,所以瞧不起他的著作。从前,李耳把他的虚无思想写成文章两篇,贬低仁义,抨击礼学,然而后来喜欢它的人,还以为它的价值超过儒家的《五经》,从汉文帝、汉景帝等君王到司马迁都有这种言论。而今扬雄的著作内容十分深刻,但所发议论却不违背儒家学派的圣人,将来一定会超越其他学派的学说!"

6 琅邪樊崇在莒城聚众起兵,有一百多人,辗转进入泰山。附近一些变民敬服樊崇的勇猛,纷纷归附,一年之间,集结到一万馀人。樊崇的同郡人逢安、东海人徐宣、谢禄、杨音也分别聚众起兵,总共有数万人之多,于是,跟樊崇会合,听从樊崇指挥;并回军进攻莒城,未能攻下,他们就在青州、徐州一带流窜,抢掠。又有东海人力子都,也聚众起兵,在徐州、兖州一带抢劫掠夺。王莽派遣使者征调各郡、各封国兵马进击,未能取胜。

7 匈奴乌累若鞮单于栾提咸去世,他的弟弟左贤王栾提舆继位,充当呼都而尸道皋若鞮单于。栾提舆既登极,贪图赏赐,派大且渠奢与伊墨居次云的妹妹的儿子醯椟王同到长安进贡。王莽派和亲侯王歙与奢等一同到制虏塞下,与栾提云及须卜当会面;并趁机用兵逼迫、威胁栾提云、须卜当,送至长安。二人的小儿子从塞下得以逃脱,回归匈奴。须卜当到长安,王莽封他为须卜单于,打算出动大军,帮助他在匈奴即位,然而大军一时无法集结。而匈奴对新朝更加恼怒,并且侵入北方边境掳掠抢劫。

王莽天凤六年(己卯,公元 19 年)

1 春季,王莽发现全国盗贼很多,于是命令太史推算出三万六千年的日历,下令每隔六年改换一次年号,布告天下;又下诏书说"我会跟黄帝一样成仙升天",想以此欺骗和夸耀于百姓,使盗贼瓦解。听到的人都觉得可笑。

2 初献《新乐》于明堂、太庙。

3 更始将军廉丹击益州，不能克。益州夷栋蚕、若豆等起兵杀郡守；越巂夷人大牟亦叛，杀略吏人。莽召丹还，更遣大司马护军郭兴、庸部牧李晔击蛮夷若豆等，太傅羲叔士孙喜清洁江湖之盗贼。而匈奴寇边甚，莽乃大募天下丁男及死罪囚、吏民奴，名曰猪突、豨勇，以为锐卒。一切税天下吏民，訾三十取一，缣帛皆输长安。令公卿以下至郡县黄绶皆保养军马，多少各以秩为差；吏尽复以与民。又博募有奇技术可以攻匈奴者，将待以不次之位，言便宜者以万数：或言能渡水不用舟楫，连马接骑，济百万师；或言不持斗粮，服食药物，三军不饥；或言能飞，一日千里，可窥匈奴，莽辄试之，取大鸟翮为两翼，头与身皆著毛，通引环纽，飞数百步堕。莽知其不可用，苟欲获其名，皆拜为理军，赐以车马，待发。

初，莽之欲诱迎须卜当也，大司马严尤谏曰："当在匈奴右部，兵不侵边，单于动静辄语中国，此方面之大助也。于今迎当置长安槁街，一胡人耳，不如在匈奴有益。"莽不听。既得当，欲遣尤与廉丹击匈奴，皆赐姓徵氏，号二徵将军，令诛单于舆而立当代之。出车城西横厩，未发。尤素有智略，非莽攻伐四夷，数谏不从；及当出，廷议，尤固言"匈奴可且以为后，先忧山东盗贼。"莽大怒，策免尤。

2　王莽第一次把《新乐》呈献于明堂、太庙。

3　更始将军廉丹攻打益州郡,不能取胜。益州郡栋蚕部落、若豆部落等起兵谋反,击杀郡守;越巂郡大牟也率领他的部落叛变,屠杀官吏平民,并侵占他们的财产。王莽把廉丹调回来,再派大司马护军郭兴、庸部牧李晔去攻打蛮夷若豆等部落,派太傅羲叔士孙喜去平定各地的盗贼。同时匈奴侵犯边境很厉害,王莽便大规模招集全国的壮丁以及死刑罪犯和官吏、平民的家奴,起名叫猪突、豨勇,把他们作为精锐的士兵。毫无例外地向全国的官吏和平民征税,估量财产抽取三十分之一,绸绢都运送到长安。命令公卿以下直到郡县佩带黄色印组的官吏都要保养军马,马匹的多少根据各人的俸禄规定等级;而官吏都把这个负担转嫁给老百姓。又广泛招集有奇巧技术可以用来攻打匈奴的人才,打算越级提升他们,于是上言建议者数以万计:有的说能够不用舟船渡过江河,人马连接,可以渡过上百万的军队;有的说不用携带一斗粮食,只要服食药物,军队可以不饥饿;还有的说能够飞行,一天飞行一千里,可以去侦察匈奴,王莽就让他试试,那个人拿大鸟的羽毛做成两肩翅膀,头上和身上都附上羽毛,遍身用环形纽带缠绕,飞行几百步就掉下来了。王莽知道他们不能起作用,硬要博取珍惜人才的名声,都任命作理军,用车马赏赐他们,等待出发。

最初,王莽想要引诱须卜当,大司马严尤规劝道:"须卜当在匈奴右部,他的军队没有侵犯过边境,总是把单于的消息告诉我们,这是一个方面的巨大帮助。现在要迎接须卜当并安置到长安槁街,他不过是一个匈奴人,不如让他留在匈奴有益。"王莽没有听从。已经把须卜当弄来了,想要派遣严尤和廉丹攻打匈奴,都给赐姓徵氏,称为二徵将军,要杀死单于栾提舆而立须卜当去代替他。出兵长安城西马圈,没有起行。严尤一向具有智谋和才干,反对王莽攻打四方蛮夷各族,屡次规劝王莽都没有听从;等到将要出兵时,朝廷进行讨论,严尤坚决地说:"匈奴可以权且放在后面,首先要忧虑山东地区的盗贼。"王莽怒火万丈,下策书把严尤免职。

4 大司空议曹史代郡范升奏记王邑曰:"升闻子以人不间于其父母为孝,臣以下不非其君上为忠。今众人咸称朝圣,皆曰公明;盖明者无不见,圣者无不闻。今天下之事,昭昭于日月,震震于雷霆,而朝云不见,公云不闻,则元元焉所呼天!公以为是而不言,则过小矣;知而从令,则过大矣;二者于公无可以免,宜乎天下归怨于公矣。朝以远者不服为至念,升以近者不悦为重忧。今动与时戾,事与道反,驰骛覆车之辙,踵循败事之后,后出益可怪,晚发愈可惧耳。方春岁首而动发远役,藜藿不充,田荒不耕,谷价腾跃,斛至数千,吏民陷于汤火之中,非国家之民也。如此,则胡、貊守阙,青、徐之寇在于帷帐矣。升有一言,可以解天下倒县,免元元之急;不可书传,愿蒙引见,极陈所怀。"邑不听。

5 翼平连率田况奏郡县訾民不实,莽复三十取一;以况忠言忧国,进爵为伯,赐钱二百万,众庶皆詈之。青、徐民多弃乡里流亡,老弱死道路,壮者入贼中。

6 夙夜连率韩博上言:"有奇士,长丈,大十围,来至臣府,欲奋击胡虏,自谓巨毋霸,出于蓬莱东南五城西北昭如海濒,轺车不能载,三马不能胜。即日以大车四马,建虎旗,载霸诣阙。霸卧则枕鼓,以铁箸食,此皇天所以辅新室也!愿陛下作大甲、高车、贲育之衣,遣大将一人与虎贲百人迎之于道,京师门户不容者,开高大之,以示百蛮,镇安天下。"博意欲以风莽;莽闻,恶之,留霸在所新丰,更其姓曰巨母氏,谓因文母太后而霸王符也。征博,下狱,以非所宜言,弃市。

4　大司空议曹史代郡范升,向大司空王邑提出签呈:"我听说,做儿子的,不离间父母之间的感情,才称为孝子;作臣子的,不诋毁君王,才称为忠臣。而今,大家异口同声,歌颂皇上神圣,赞扬国公英明;然而,英明的意思是无所不见,神圣的意思是无所不知。而今天下的大事,比日月在天上还要明显,比雷霆万钧还要震撼,然而,皇上不知道,国公也听不见,那么善良的百姓,去哪里呼唤苍天!国公认为措施是对的而不开口,这样过失还小;认为是错的而仍奉命执行,那么过失就大了。两者之中,国公一定居于一项,就怪不得天下所有的怨恨都集中到你身上。皇上一直认为,远方不服从是最大的忧虑,我却认为国内百姓的不快,才值得特别担心。现在任何举动都不合时宜,所决定的事都跟常规相反,在翻车的道路上奔驰,在失败的轨迹上步步跟进,往后降临的灾祸将更加奇怪,爆发得越晚就越是可怕。而今,正逢一年开始的春季,却征调壮丁到远方服役,粗劣的食物缺乏,田地荒芜,无人种耕,粮谷价格猛涨,一斛竟高达数千钱,低级官吏和平民陷于水深火热之中,已不再是国家的基石。不久,胡人、貊人就要来把守未央宫宫门,而青州、徐州的强盗匪徒就要进入帷幄,登上床帐。我有几句话,可以解除天下倒悬的痛苦,免除民众的窘迫;无法用文字表达,请求召见,愿当面陈述。"王邑不予理会。

5　翼平郡连率田况奏报,郡县对民间财产估计不实,王莽按三十分之一又征税一次;并认为田况说话忠实,关心国家,把他的爵位提升为伯爵,赏赐钱二百万,广大民众都咒骂田况。青州和徐州的百姓很多抛弃家园流亡,老弱者死于路上,强壮者加入盗贼。

6　凤夜郡连率韩博奏报说:"有个奇士,身高一丈,体大十围,来到公府,说想要奋力去攻打匈奴,自称名叫巨毋霸,生长在蓬莱东南、五城西北的昭如海边,轻便车装不下,三匹马拖不起。立刻用大车套四马,竖立虎旗,装载巨毋霸前来京城。巨毋霸睡觉就枕在鼓上,用铁筷子吃饭,这是上天降下来辅佐新朝的!希望陛下作一领特大的甲胄、一辆高车、一套孟贲、夏育穿的衣服,派遣大将一人和勇士一百人到路上来迎接他,京师的门户不能够容纳他的,把它们开高些、开大些,以此给各蛮族看看,可以震慑、安定天下。"韩博的意思想用来讥讽王莽;王莽听到了,痛恨韩博,让巨毋霸留在他所到达的新丰县,更改他的姓氏叫巨毋,意思是说多亏文母太后降生这个人,这是使他自己成为霸王的符命。调韩博来关进监狱,以出言不当为由,将其处死。

7　关东饥旱连年,力子都等党众寖多,至六七万。

地皇元年(庚辰,20)

1　春,正月乙未,赦天下;改元曰地皇,从三万六千岁历号也。

2　莽下书曰:"方出军行师,敢有趋讙犯法者辄论斩,毋须时!"于是春、夏斩人都市,百姓震惧,道路以目。

3　莽见四方盗贼多,复欲厌之,又下书曰:"予之皇初祖考黄帝定天下,将兵为大将军,内设大将,外置大司马五人,大将军至士吏凡七十三万八千九百人,士千三百五十万人。予受符命之文,稽前人,将条备焉。"于是置前、后、左、右、中大司马之位,赐诸州牧至县宰皆有大将军、偏、裨、校尉之号焉。乘传使者经历郡国,日且十辈,仓无见谷以给;传车马不能足,赋取道中车马,取办于民。

4　秋,七月,大风毁王路堂。莽下书曰:"乃壬午晡时,有烈风雷雨发屋折木之变,予甚恐焉;伏念一旬,迷乃解矣。昔符命立安为新迁王,临国洛阳,为统义阳王,议者皆曰:'临国洛阳为统,谓据土中为新室统也,宜为皇太子。'自此后,临久病,虽瘳不平。临有兄而称太子,名不正。惟即位以来,阴阳未和,谷稼鲜耗,蛮夷猾夏,寇贼奸宄,人民征营,无所错手足。深惟厥咎,在名不正焉。其立安为新迁王,临为统义阳王。"

5　莽又下书曰:"宝黄厮赤,其令郎从官皆衣绛。"

7　函谷关以东连年大饥馑、大旱灾,力子都等党羽、部属渐多,已达六七万人。

王莽地皇元年(庚辰,公元20年)

1　春季,正月乙未,大赦天下;根据三万六千年日历,改年号地皇。

2　王莽下文告说:"正当出兵行军的时候,敢有奔跑吵闹触犯法律的,就判处杀头,不要等到行刑季节!"于是春季、夏季都在都市里杀人,百姓恐怖,路上相见只有以目示意,不敢交谈。

3　王莽看见四方盗贼很多,想要再用诅咒来战胜他们,又下文告说:"我的伟大的太初祖考黄帝平定天下,自己统率军队担任大将军,内设大将,外设大司马五人,从大将军至士官共七十三万八千九百人,兵士一千三百五十万人。我接受符命的文辞,取法古人,打算逐步设置起来。"于是设置前大司马、后大司马、左大司马、右大司马、中大司马的职位,授予各州牧至县宰皆有大将军、偏将军、禅将军、校尉的称号。乘坐驿站传车的使者经过各郡国,每天将近十来批,仓库里没有现存的粮食供给;驾传车的马匹不能够满足,就取于民间,征用路上的车马。

4　秋季,七月,大风损毁了王路堂。王莽下文告说:"壬午午后三至五时,发生了暴风大雷雨毁坏房屋、摧折树木的变故,我对此非常恐惧。俯伏考虑十天,谜底才解开了。从前符命文辞说要立王安为新迁王,让王临在洛阳建国,作统义阳王,大家都说:'王临在洛阳建国作统义阳王,是说他据有全国的中心作新朝的继承者,应当作皇太子。'从此以后,王临久病,后来虽然痊愈,但没有完全康复。王临有哥哥而称皇太子,名分不正。想到我登上皇位以来,阴阳没有调和,粮食减少,蛮族扰乱中国,盗贼奸邪捣乱,以致人民惶恐不安,不知道怎么办。深深地思考这些罪责,在于名分不正。应当立王安为新迁王,立王临为统义阳王。"

5　王莽又下文告说:"黄色宝贵,红色轻贱,应当让郎官、侍从官都穿着深红色的衣服。"

6　望气为数者多言有土功象；九月甲申，莽起九庙于长安城南，黄帝庙方四十丈，高十七丈，馀庙半之，制度甚盛。博征天下工匠及吏民以义入钱谷助作者，骆驿道路；穷极百工之巧；功费数百馀万，卒徒死者万数。

7　是月，大雨六十馀日。

8　钜鹿男子马适求等谋举燕、赵兵以诛莽，大司空士王丹发觉，以闻。莽遣三公大夫逮治党与，连及郡国豪桀数千人，皆诛死。封丹为辅国侯。

9　莽以私铸钱死及非沮宝货投四裔，犯法者多，不可胜行。乃更轻其法，私铸作泉布者与妻子没入为官奴婢，吏及比伍知而不举告，与同罪；非沮宝货，民罚作一岁，吏免官。

10　太傅平晏死；以予虞唐尊为太傅。尊曰："国虚民贫，咎在奢泰。"乃身短衣小袖，乘牝马、柴车，藉稿，以瓦器饮食，又以历遗公卿。出，见男女不异路者，尊自下车，以象刑赭幡污染其衣。莽闻而说之，下诏申敕公卿"思与厥齐"；封尊为平化侯。

11　汝南郅恽明天文历数，以为汉必再受命，上书说莽曰："上天垂戒，欲悟陛下，令就臣位。取之以天，还之以天，可谓知命矣！"莽大怒，系恽诏狱，逾冬，会赦得出。

6　专门观察云气的人很多都说出现了大兴土木的征象;九月甲申,在长安南郊,兴建皇家九座祭庙,其中以黄帝庙最大,它的东西南北四方各长四十丈,高十七丈,其他祭庙只有黄帝庙的一半,富丽堂皇,蔚为壮观。广泛征求全国土木工匠及捐助钱粮者,人马粮草在道路上络绎不断;无论设计与施工都十分精巧;支出数百万钱,而工匠与士兵丧生的有一万人左右。

7　九月开始,倾盆大雨下了六十馀日。

8　钜鹿郡男子马适求等人策划发动燕、赵等地的兵马来讨伐王莽,大司空的属吏王丹发觉后,将其奏报。王莽派遣三公大夫去逮捕追究他的党羽,牵连到各郡、各封国才能出众的人士几千人,都被处死。赐封王丹为辅国侯。

9　王莽规定:凡是私自铸钱的处死,抨击败坏宝货的一律流放到四方遥远荒凉的地方,可是犯法的太多,多到无法执行。于是,把处罚减轻,私自铸钱的夫妻儿女同时沦为官府的奴婢,官吏和邻居知道而不检举告发的同罪;散布谣言破坏钱币信誉的,平民罚做苦工一年,官吏免职。

10　太傅平晏去世;任命予虞唐尊作太傅。唐尊说:"国家空虚,人民贫困,灾祸的根源在于奢侈过度。"于是身穿小袖短衣,乘坐母马驾的简陋车子,坐卧时用干草作衬垫,用瓦器作餐具,又用瓦器盛着食物赠送公卿大官。外出时看到不分开走路的男女,唐尊自己下车,采用象征性的刑罚,拿红土水抹布弄脏他们的衣服。王莽听到了,赞赏他的做法,下诏书明白告诫公卿"向他看齐";赐封唐尊为平化侯。

11　汝南郅恽深明天文星象与历法,认为汉王朝一定复兴,上书给王莽:"上天所以发生异象,是在想使陛下觉悟,使你早回到臣僚的位置上。取之于天,现在应该还给上天,才算是知道天命!"王莽勃然大怒,逮捕郅恽,下入诏狱,过了冬天,逢到赦免,才从狱中出来。

二年(辛巳,21)

1　春,正月,莽妻死,谥曰孝睦皇后。初,莽妻以莽数杀其子,涕泣失明;莽令太子临居中养焉。莽妻旁侍者原碧,莽幸之,临亦通焉,恐事泄,谋共杀莽。临妻愔,国师公女,能为星,语临宫中且有白衣会,临喜,以为所谋且成;后贬为统义阳王,出在外第,愈忧恐。会莽妻病困,临予书曰:"上于子孙至严,前长孙、中孙年俱三十而死。今臣临复适三十,诚恐一旦不保中室,则不知死命所在!"莽候妻疾,见其书,大怒,疑临有恶意,不令得会丧。既葬,收原碧等考问,具服奸、谋杀状。莽欲秘之,使杀案事使者司命从事,埋狱中,家不知所在。赐临药,临不肯饮,自刺死。又诏国师公:"临本不知星,事从愔起。"愔亦自杀。

2　是月,新迁王安病死。初,莽为侯就国时,幸侍者增秩、怀能,生子兴、匡,皆留新都国,以其不明故也。及安死,莽乃以王车遣使者迎兴、匡,封兴为功修公,匡为功建公。

3　卜者王况谓魏成大尹李焉曰:"汉家当复兴,李氏为辅。"因为焉作谶书,合十馀万言。事发,莽皆杀之。

4　莽遣太师羲仲景尚、更始将军护军王党将兵击青、徐贼,国师和仲曹放助郭兴击句町,皆不能克。军师放纵,百姓重困。

5　莽又转天下谷帛诣西河、五原、朔方、渔阳,每一郡以百万数,欲以击匈奴。须卜当病死,莽以庶女妻其子后安公奢,所以尊宠之甚厚,终欲为出兵立之者。会莽败,云、奢亦死。

王莽地皇二年(辛巳,公元21年)

1　春季,正月,王莽的妻子去世,被尊为孝睦皇后。当初王莽的妻子由于王莽几次杀死了她的儿子,哭瞎了眼睛;王莽让太子王临住在宫中照顾她。王莽奸淫了妻子身边的侍女原碧,后来王临也跟她通奸,恐怕事情泄漏,两个人计划一同杀死王莽。王临的妻子刘愔,是国师公的女儿,会观察星象,告诉王临宫中将会有白衣之会,王临喜悦,以为自己计划的事会成功;后来被贬降作统义阳王,又被打发到外面的宅第里居住,更加忧虑恐惧。当王莽的妻子病得厉害的时候,王临给她一封信说:"皇上对于子孙极为严厉,以前长孙和仲孙都是三十岁的年纪就死了。现在我王临又刚好三十岁,恐怕一旦皇后有什么不幸,我就不知道会死在哪里!"王莽来探望妻子的病情,看见了那封信,勃然大怒,怀疑王临有恶意,不让他参加丧礼。安葬结束逮捕原碧等审问,完全承认了通奸、谋杀等情况。王莽想要掩盖这件事,派人杀死办案官吏司命从事,埋在狱中,家里不知所在。赐给王临毒药,王临不肯喝,自杀而亡。王莽又命令国师公说:"王临本来不懂得星象,事情是从刘愔发端的。"刘愔也自杀了。

2　本月,新迁王王安病故。当初,王莽为列侯去到封国的时候,宠爱侍女增秩、怀能,生下儿子王兴、王匡,都留在新都国,这是因为他们身份不明的缘故。等到王安死了,王莽于是用王车派遣使者把王兴、王匡迎到京师,封王兴为功修公,王匡为功建公。

3　占卦先生王况对魏成大尹李焉说:"汉王朝会复兴,姓李的人将当辅佐大臣。"遂替李焉写作谶书,汇编成十多万字。被人告发,王莽把二人都杀了。

4　王莽派遣太师羲仲景尚、更始将军护军王党率领军队攻打青州和徐州的盗贼,国师和仲曹放帮助郭兴攻击句町,都不能够取胜。军队胡作非为,百姓更加困苦。

5　王莽又转运全国的粮食、丝帛前往西河郡、五原郡、朔方郡和渔阳郡,每一郡以百万计,想要用去攻打匈奴。这时须卜当因病去世,王莽把他的女儿王捷嫁给须卜当的儿子后安公须卜奢,因为决心要用武力送他回匈奴即位,所以对他尊荣宠爱都很深厚。不久,新王朝覆灭,而来提云、须卜奢也在中原去世。

6 秋，陨霜杀菽，关东大饥，蝗。

7 莽既轻私铸钱之法，犯者愈众，及伍人相坐，没入为官奴婢；其男子槛车，女子步，以铁琐琅当其颈，传诣钟官以十万数。到者易其夫妇，愁苦死者什六七。

8 上谷储夏自请说瓜田仪降之；仪未出而死。莽求其尸葬之，为起冢、祠室，谥曰瓜宁殇男。

9 闰月丙辰，大赦。

10 郎阳成修献符命，言继立民母；又曰："黄帝以百二十女致神仙。"莽于是遣中散大夫、谒者各四十五人，分行天下，博采乡里所高有淑女者上名。

11 莽恶汉高庙神灵，遣虎贲武士入高庙，四面提击，斧坏户牖，桃汤、赭鞭鞭洒屋壁，令轻车校尉居其中。

12 是岁，南郡秦丰聚众且万人；平原女子迟昭平亦聚数千人在河阻中。莽召问群臣禽贼方略，皆曰："此天囚行尸，命在漏刻。"故左将军公孙禄征来与议，禄曰："太史令宗宣，典星历，候气变，以凶为吉，乱天文，误朝廷；太傅平化侯尊，饰虚伪以媮名位，贼夫人之子；国师嘉信公秀，颠倒《五经》，毁师法，令学士疑惑；明学男张邯、地理侯孙阳，造井田，使民弃土业；羲和鲁匡，设六筦以穷工商；说符侯崔发，阿谀取容，令下情不上通。宜诛此数子以慰天下！"又言："匈奴不可攻，当与和亲。臣恐新室忧不在匈奴而在封域之中也。"莽怒，使虎贲扶禄出，然颇采其言，左迁鲁匡为五原卒正，以百姓怨诽故也；六筦非匡所独造，莽厌众意而出之。

6 秋季,严霜伤害庄稼,函谷关以东发生大饥馑,蝗虫成灾。

7 王莽减轻私自铸钱的处罚后,犯法的就更多了,邻居连坐,便被收做官府的奴婢;其中男子坐囚车,妇女步行,用铁锁链束缚他们的脖子,前往铸钱的官府,以十万计。到达后改变他们的夫妻关系,愁苦而死的十有六七。

8 上谷郡人储夏自动请求愿意去劝说瓜田仪归降;瓜田仪还没有出发就死了。王莽要来他的尸体进行安葬,给他修建高大的坟墓和祠庙,赐给谥号瓜宁殇男。

9 闰八月丙辰(二十七日),大赦天下。

10 郎官阳成修进献符命,说应当再立皇后;又说:"黄帝靠着一百二十个女子成了神仙。"王莽于是派遣中散大夫和谒者各四十五人分途巡视全国,广泛选取被邻里所推崇的美好女子,送上名册来。

11 王莽对汉高祖刘邦祭庙的神灵深为厌恶,派虎贲武士到汉高帝庙,用武器四面掷击,用斧子砍坏门窗,用桃木汤挥洒墙壁,用土红色鞭子抽打墙壁,让轻车校尉住在那里。

12 这一年,南郡人秦丰聚集部队将近一万人;平原郡女子迟昭平也在黄河的险要地区聚集了几千人。王莽召集大臣们询问捉拿盗贼的方略,都说:"这些都是触犯天条的罪犯、行走的死尸,活不多久了。"原左将军公孙禄应邀来议事,他说:"太史令宗宣掌管天文历法,推测气运的转移变化,把凶险的征象当作吉利的征象,淆乱天文,贻误朝廷;太傅、平化侯唐尊使用虚伪的言行来窃取名誉地位,害了人家的子弟;国师、嘉信公刘秀颠倒《五经》,毁坏了经师的家法,造成学士们的思想混乱;明学男张邯、地理侯孙阳制作井田制,使得民众丧失土地产业;羲和鲁匡设立六筦制度,使得手工业者和商人陷入走投无路的困境;说符侯崔发吹牛拍马来取悦讨好,弄得下情不能上达。应当处死这几个人来安慰天下!"又说:"匈奴不可以攻打,应当跟它结亲。我恐怕新朝的忧患不在匈奴,而在国家内部。"王莽勃然大怒,让虎贲武士搀扶公孙禄走了,然而采纳了他的一些意见,把鲁匡降职去做五原郡卒正,因为老百姓怨恨抨击他。六筦制度并不是鲁匡一个人搞起来的,王莽为了满足大家的愿望就把他抛弃了。

初,四方皆以饥寒穷愁起为盗贼,稍群聚,常思岁熟得归乡里,众虽万数,不敢略有城邑,日阕而已。诸长吏牧守皆自乱斗中兵而死,贼非敢欲杀之也,而莽终不谕其故。是岁,荆州牧发奔命二万人讨绿林贼,贼帅王匡等相率迎击于云杜,大破牧军,杀数千人,尽获辎重。牧欲北归,马武等复遮击之,钩牧车屏泥,刺杀其骖乘,然终不敢杀牧。贼遂攻拔竟陵,转击云杜、安陆,多略妇女,还入绿林中,至有五万馀口,州郡不能制。又,大司马士按章豫州,为贼所获,贼送付县。士还,上书具言状。莽大怒,以为诬罔,因下书责七公曰:“夫吏者,理也。宣德明恩,以牧养民,仁之道也。抑强督奸,捕诛盗贼,义之节也。今则不然。盗发不辄得,至成群党遮略乘传宰士。士得脱者又妄自言:‘我责数贼:“何为如是?”贼曰:“以贫穷故耳。”贼护出我。’今俗人议者率多若此。惟贫困饥寒犯法为非,大者群盗,小者偷穴,不过二科。今乃结谋连党以千百数,是逆乱之大者,岂饥寒之谓邪!七公其严敕卿大夫、卒正、连率、庶尹,谨牧养善民,急捕殄盗贼!有不同心并力疾恶黜贼,而妄曰饥寒所为,辄捕系,请其罪!”于是群下愈恐,莫敢言贼情者,州郡又不得擅发兵,贼由是遂不制。

起初，各地人民都由于饥寒贫苦才铤而走险去做盗贼，逐渐聚集成为大股，时常盼望着年成丰收了能够返回家园，聚众虽然以万计，但不敢攻占城市，每天有饭吃就算了。各县长官和州牧、郡太守都是自己乱碰乱撞被武器杀伤而死的，盗贼并不是存心想要杀死他们，可是王莽一直不懂得这个道理。这一年，荆州牧动员称做奔命的部队两万人攻击绿林贼寇，贼寇首领王匡等率部众在云杜迎战，大破州府官军，杀数千人，把所有的军用物资全部掳获。荆州牧准备向北撤退，绿林将领马武等再予截击，钩住荆州牧所坐车轼前挡泥的装饰板，刺杀在车右陪乘的人，然而，却始终不敢杀害州牧。贼寇于是攻陷竟陵，辗转袭击云杜、安陆，大量掳掠妇女，退回绿林山中，此时已增加到五万余人，州郡官府已无法制止。此外，有个大司马的属吏到豫州办案，被盗贼俘虏了，盗贼把他送交县里。此人回来，呈报详细说明情况。王莽大发怒火，认为这是诬蔑欺骗，于是下文告责备四辅、三公道："吏的意思就是管理。宣扬德政，彰明恩泽，去管教养育人民，这是仁政的原则。压制豪强，督察奸邪，逮捕诛杀盗贼，这是坚持正义的品质。而今就不是这个样子。盗贼发生了，总是不能够逮捕，直到结成大帮大伙，拦劫乘坐传车的朝廷官吏。官吏脱了身的，又妄自说：'我列举罪状谴责盗贼："为什么干这种事？"回答说："就因为贫穷的缘故。"盗贼还护送我出来。'现在一些糊涂人谈论的通常多是这样。由于贫困饥寒，犯法胡作非为，大的一伙人去抢劫，小的一个人去偷窃，不过这样两类。现在竟然结党谋划，人数以千百计算，这是叛乱的罪魁祸首，难道是饥寒可以解释得了的吗！四辅、三公应当严肃告诫卿大夫、卒正、连率和各大尹，认真管教抚养善良的平民，迅速捉拿歼灭盗贼！如有人不同心合力，不憎恨邪恶行为，谴责狡猾的盗贼，而胡说他们是由于饥寒所迫才这样干的，就逮捕监禁，查办他们的罪行！"于是官吏们更加惶恐，没有谁敢说盗贼的真实情况，州和郡又不能擅自调动军队，盗贼因此始终无法制服。

唯翼平连率田况素果敢，发民年十八以上四万馀人，授以库兵，与刻石为约。樊崇等闻之，不敢入界。况自劾奏；莽让况："未赐虎符而擅发兵，此弄兵也，厥罪乏兴。以况自诡必禽灭贼，故且勿治。"后况自请出界击贼，所向皆破。莽以玺书令况领青、徐二州牧事，况上言："盗贼始发，其原甚微，部吏、伍人所能禽也。咎在长吏不为意，县欺其郡，郡欺朝廷，实百言十，实千言百。朝廷忽略，不辄督责，遂至延蔓连州，乃遣将帅，多使者，传相监趣。郡县力事上官，应塞诘对，共酒食，具资用，以救断斩，不暇复忧盗贼、治官事。将帅又不能躬率吏士，战则为贼所破，吏气浸伤，徒费百姓。前幸蒙赦令，贼欲解散，或反遮击，恐入山谷，转相告语；故郡县降贼皆更惊骇，恐见诈灭，因饥馑易动，旬日之间更十馀万人，此盗贼所以多之故也。今洛阳以东，米石二千，窃见诏书欲遣太师、更始将军，二人爪牙重臣，多从人众，道上空竭，少则无以威示远方。宜急选牧、尹以下，明其赏罚，收合离乡；小国无城郭者，徙其老弱置大城中，积臧谷食，并力固守。贼来攻城，则不能下，所过无食，势不得群聚。如此，招之必降，击之则灭。今空复多出将帅，郡县苦之，反甚于贼。宜尽征还乘传诸使者以休息郡县。委任臣况以二州盗贼，必平定之。"莽畏恶况，阴为发代，遣使者赐况玺书。使者至，见况，因令代监其兵，遣况西诣长安，拜为师尉大夫。况去，齐地遂败。

只有翼平郡连率田况一向果断勇敢,他发动年龄在十八岁以上的民众四万多人,发给他们库存的武器,把军令刻在石碑上向他们宣布。樊崇等听说了,不敢进入郡县。田况自动弹劾检举自己,王莽责备田况:"没有发给虎符而擅自调集军队,这是擅动干戈犯上作乱,这种罪名应当跟贻误军机同样处理。因为你自己保证一定捉拿消灭盗贼,所以姑且不予处分。"后来田况自动请求越过郡界攻打盗贼,他所攻击的盗贼都被打败了。王莽用加盖了御玺的诏书,命令田况代理青州和徐州两州牧的职务,田况奏报说:"盗贼刚起事,他们的基础很薄弱,当地的治安官吏和邻里后备兵就能捉拿得了。责任在于县府主要官吏不在意,县欺骗郡,郡欺骗朝廷,实际上有一百人,只说十人,实际上有一千人,只说一百人。朝廷忽略,不及时进行督察,给予责罚,终于发展到蔓延几州,才派遣将帅,多派出使者,辗转督促。郡县府吏只知服事上司,应付责问检查,供给酒饭,准备物资和费用,来解救自己的死罪,没有工夫再去考虑盗贼和办理公事。将帅又不能亲自率领官兵去冲锋陷阵,一交战就被盗贼打败,士气逐渐低落,徒然耗费了老百姓的钱财。前次幸而得到了赦免的命令,盗贼打算解散,有人反而加以截击,他们惶恐地退入山谷,辗转相告,原先各郡县已经投降的盗贼,都更加惊骇,恐怕被欺骗甚至被消灭,因为饥荒时期人心容易动摇,十来天的时间,又是十多万人,这就是盗贼所以众多的缘故。现在洛阳以东地区,米价每石值两千钱,我看见诏书,说想要派遣太师和更始将军前来,他们两人是权威的武臣,一定会多带人员,而沿途民穷财尽,无法供给,如果随从人员太少,就无法用来威震远方。应当迅速选择州牧、大尹以下官吏,明确规定对他们的赏罚,让他们收集分散的乡聚;没有城堡的小封国,把它们的老弱居民迁移安顿到大城里,储积粮食,合力坚守。盗贼来攻城,就不能攻下,所经过的地方没有粮食,势必就不可能大规模聚集。这样,招抚他们就一定会投降,攻打他们就一定会被消灭。如果徒然再多派出将帅,地方官民害怕他们,反而比害怕盗贼还厉害。应该全部调回乘坐传车的各位使者,让郡县官民得到休养生息。陛下如果把平定两州盗贼的任务委托我田况,我一定平定他们。"王莽畏忌、厌恶田况,悄悄地给他派出了接替的人,派遣使者赐给田况盖了御玺的诏书。使者到达,会见了田况,便让接替的人监管他的部队,田况随同使者西行,到了长安,任命他做师尉大夫。田况走了以后,齐地的局势于是不可收拾了。

三年(壬午,22)

1　春,正月,九庙成,纳神主。莽谒见,大驾乘六马,以五采毛为龙文衣,著角,长三尺。又造华盖九重,高八丈一尺,载以四轮车,挽者皆呼"登仙",莽出,令在前。百官窃言:"此似辒车,非仙物也。"

2　二月,樊崇等杀景尚。

3　关东人相食。

4　夏,四月,遣太师王匡、更始将军廉丹东讨众贼。初,樊崇等众既寖盛,乃相与为约:"杀人者死,伤人者偿创。"其中最尊号三老,次从事,次卒史。及闻太师、更始将讨之,恐其众与莽兵乱,乃皆朱其眉以相识别,由是号曰赤眉。匡、丹合将锐士十馀万人,所过放纵。东方为之语曰:"宁逢赤眉,不逢太师! 太师尚可,更始杀我!"卒如田况之言。

5　莽又多遣大夫、谒者分教民煮草木为酪,酪不可食,重为烦费。

6　绿林贼遇疾疫,死者且半,乃各分散引去。王常、成丹西入南郡,号"下江兵";王凤、王匡、马武及其支党朱鲔、张卬等北入南阳,号"新市兵"。皆自称将军。莽遣司命大将军孔仁部豫州,纳言大将军严尤、秩宗大将军陈茂击荆州,各从吏士百馀人,乘传到部募士。尤谓茂曰:"遣将不与兵符,必先请而后动,是犹绁韩卢而责之获也。"

7　蝗从东方来,飞蔽天。

8　流民入关者数十万人,乃置养赡官禀食之,使者监领,与小吏共盗其禀,饥死者什七八。

王莽地皇三年(壬午,公元 22 年)

1 春季,正月,九所祠庙建筑竣工,安放了神主。王莽去拜见,车队按照最高规格组成,他的乘车套着六四马,每匹马都披着用五彩羽毛织成龙形图案的套子,头上装着角,有三尺长。又制造华丽的车盖九层,高八丈一尺,用四轮大车装载,拉车的人都呼喊"登仙"的口号,王莽外出时,让它走在前头。官吏们私下时说:"这像灵柩车,不是神仙的用物。"

2 二月,樊崇等人杀死了太师羲仲景尚。

3 函谷关以东地区出现了人吃人的现象。

4 夏季,四月,王莽派遣太师王匡、更始将军廉丹东征讨伐众盗贼。最初,樊崇等人的部众逐渐强盛,于是互相约定:"杀人的抵命,伤人的养创。"其中最尊贵的称号是三老,其次是从事,再其次是卒史。等到听说太师、更始将军率军前来讨伐他们,恐怕部众跟王莽军队在混战时难于辨别敌我,于是下令用朱砂涂抹双眉,以便互相认识辨别,因此号称赤眉。王匡、廉丹一起率领精兵十余万人,一路放任士兵,不加约束。东部地区为此出现民谣说:"宁肯遇着赤眉兵,不要遇着太师兵! 太师兵还是小可,更始兵屠杀我们!"确实像田况所说的一样。

5 王莽又派遣很多大夫和谒者分途告诉百姓把草木熬成糊状食品,但这种糊状食品无法吃,反倒增加人力、物力的浪费。

6 绿林盗贼遇到瘟疫,死亡的将近一半,于是分兵离开了绿林山。王常、成丹等向西进入南郡,称"下江兵";王凤、王匡、马武及其部下朱鲔、张印等向北进入南阳,称"新市兵"。他们都自称将军。王莽派遣司命大将军孔仁巡察豫州,派遣纳言大将军严尤、秩宗大将军陈茂攻打荆州,各随带官员一百多人,乘坐传车,到辖区招募士兵。严尤对陈茂说:"派出将领不发给兵符,遇事一定要先请示然后才能行动,这犹如牵着猎犬而要求它去捉野兽呢!"

7 蝗虫从东方飞来,铺天盖地。

8 流民进入函谷关的有几十万人,于是设置赡养官吏发粮食给他们吃。使者监管,却与小吏一起盗窃了那些粮食,流民饿死的十有七八。

先是,莽使中黄门王业领长安市买,贱取于民,民甚患之。业以省费为功,赐爵附城。莽闻城中饥馑,以问业。业曰:"皆流民也。"乃市所卖粱饭、肉羹,持入示莽曰:"居民食咸如此。"莽信之。

9　秋,七月,新市贼王匡等进攻随;平林人陈牧、廖湛复聚众千馀人,号"平林兵",以应之。

10　莽诏书让廉丹曰:"仓廪尽矣,府库空矣,可以怒矣,可以战矣!将军受国重任,不捐身于中野,无以报恩塞责!"丹惶恐,夜,召其掾冯衍,以书示之。衍因说丹曰:"张良以五世相韩,椎秦始皇博浪之中。将军之先,为汉信臣;新室之兴,英俊不附。今海内溃乱,人怀汉德,甚于周人思召公也。人所歌舞,天必从之。今方为将军计,莫若屯据大郡,镇抚吏士,砥厉其节,纳雄杰之士,询忠智之谋,兴社稷之利,除万人之害,则福禄流于无穷,功烈著于不灭;何与军覆于中原,身膏于草野,功败名丧,耻及先祖哉!"丹不听。衍,左将军奉世曾孙也。

冬,无盐索卢恢等举兵,反城附贼,廉丹、王匡攻拔之,斩首万馀级。莽遣中郎将奉玺书劳丹、匡,进爵为公;封吏士有功者十馀人。

赤眉别校董宪等众数万人在梁郡,王匡欲进击之;廉丹以为新拔城罢劳,当且休士养威。匡不听,引兵独进,丹随之。合战成昌,兵败,匡走,丹使吏持其印、绂、节付匡曰:"小儿可走,吾不可!"遂止,战死。校尉汝云、王隆等二十馀人别斗,闻之,皆曰:"廉公已死,吾谁为生!"驰奔贼,皆战死。

在此以前，王莽指令中黄门王业管理京师买卖，他压低价格向百姓收购物品，百姓以此为患。王业由于节省收购费用立了功，赏赐了附城的爵位。王莽听说城里发生了饥荒，向王业询问情况。王业说："都是流民。"于是买些市场上的精米面和肉汁，拿进宫给王莽看，说："居民的食物都是这样。"王莽相信了他的话。

9　秋季，七月，新市盗贼王匡等进攻随县；平林人陈牧、廖湛又聚众一千多人，称"平林兵"，以响应新市兵的攻势。

10　王莽下诏书责备廉丹说："仓库粮食已尽，国库财物已空，真该愤怒，真该出战了！将军身受朝廷委托的重任，如果不捐躯于中原战场，就无法报答朝廷的厚恩、尽到所负的重大责任！"廉丹慌恐，于当晚召唤他的文书冯衍，把诏书拿给他看。冯衍趁机对廉丹说："张良因为五代都是韩国的相国，所以才在博浪沙中用铁椎谋刺秦始皇。将军的祖先是汉朝的诚实臣属；新朝兴起，天下英雄豪杰没有人心悦诚服。现在全国崩溃大乱，百姓怀念汉朝恩惠，远远超过周朝百姓对召公的思念。人们所歌颂的，上天都会追随。现在我为将军设计，不如把部众屯驻在一个大郡，安抚官员，磨炼他们的品质，延揽英雄豪杰之士，询问忠直智慧的谋略，为国家兴利，替万人除害，那么，你的福分俸禄将保持无穷，功勋和业绩将永垂青史；何必连同你的军队一齐在中原毁灭，使你的尸体跟草木同时腐烂，身败名裂，使祖先蒙耻！"廉丹拒绝接受。冯衍是汉朝左将军冯奉世的曾孙。

冬季，无盐县索卢恢等人占据县城起兵造反，响应赤眉，廉丹和王匡攻陷无盐，杀一万余人。王莽派遣中郎将捧着加盖了御玺的诏书去慰劳廉丹和王匡，进封二人为公爵；赐封有功的官员十多人。

赤眉军别部校尉董宪等人的部队几万人在梁郡活动，王匡想要进攻他们，廉丹认为新近攻下县城，士兵疲劳，应当暂时让士兵休息一下恢复战斗力。王匡不听，单独带领军队前进，廉丹只好跟着他。在成昌地方会战，王匡兵败逃走，廉丹吩咐军官拿着自己的印信和符节交给王匡，说道："小儿可以逃走，我不可以！"便停下来，战斗而死。校尉汝云、王隆等二十多人在另外的地方进行战斗，听到这个消息，都说："廉将军已经死了，我还为了谁活着！"飞马冲向贼军，都战斗而死。

国将哀章自请愿平山东,莽遣章驰东与太师匡并力。又遣大将军阳浚守敖仓;司徒王寻将十馀万屯洛阳,镇南宫;大司马董忠养士习射中军北垒;大司空王邑兼三公之职。

11　初,长沙定王发生舂陵节侯买,买生戴侯熊渠,熊渠生考侯仁。仁以南方卑湿,徙封南阳之白水乡,与宗族往家焉。仁卒,子敞嗣;值莽篡位,国除。节侯少子外为郁林太守,外生钜鹿都尉回,回生南顿令钦。钦娶湖阳樊重女,生三男:縯,仲,秀,兄弟早孤,养于叔父良。縯性刚毅,慷慨有大节,自莽篡汉,常愤愤,怀复社稷之虑,不事家人居业,倾身破产,交结天下雄俊。秀隆准日角,性勤稼穑;縯常非笑之,比于高祖兄仲。秀姊元为新野邓晨妻,秀尝与晨俱过穰人蔡少公,少公颇学图谶,言"刘秀当为天子";或曰:"是国师公刘秀乎?"秀戏曰:"何用知非仆邪!"坐者皆大笑。晨心独喜。

宛人李守,好星历、谶记,为莽宗卿师,尝谓其子通曰:"刘氏当兴,李氏为辅。"及新市、平林兵起,南阳骚动,通从弟轶谓通曰:"今四方扰乱,汉当复兴。南阳宗室,独刘伯升兄弟泛爱容众,可与谋大事。"通笑曰:"吾意也!"会秀卖谷于宛,通遣轶往迎秀,与相见,因具言谶文事,与相约结,定计议。通欲以立秋材官都试骑士日,劫前队大夫甄阜及属正梁丘赐,因以号令大众,使轶与秀归舂陵举兵以相应。于是縯召诸豪桀计议曰:"王莽暴虐,百姓分崩;今枯旱连年,兵革并起,此亦天亡之时。复高祖之业,定万世之秋也!"众皆然之。于是分遣亲客于诸县起兵,縯自发舂陵子弟。诸家子弟恐惧,

国将哀章自愿请求去平定崤山以东地区,王莽派遣哀章赶往东部地区,跟太师王匡合作。又派遣大将军阳浚去防守敖仓;大司徒王寻统帅十多万人驻扎洛阳,坐镇南宫;大司马董忠在北军中垒营地训练士兵,演习武艺;大司空王邑兼理三公的职务。

11　最初,汉朝长沙定王刘发,生了春陵节侯刘买,刘买生了戴侯刘熊渠,刘熊渠生了考侯刘仁。刘仁因南方地势低下,气候潮湿,改封南阳郡所属的白水乡,举家迁居于此。刘仁死,儿子刘敞继承爵位;而正逢王莽篡夺帝位,封国撤除。春陵节侯刘买的小儿子刘外当郁林太守,刘外生了钜鹿都尉刘回,刘回生了南顿令刘钦。刘钦娶湖阳樊重的女儿为妻,生了三个儿子:刘縯、刘仲、刘秀,兄弟幼年丧父,被叔父刘良收养。刘縯性情刚强有毅力,充满正气明大义,自从王莽篡夺汉朝政权之后,刘縯时常愤愤不平,心怀光复汉朝的志向,平常不但不经营家产,反而卖田卖宅,用来结交天下英雄俊杰。刘秀生得鼻梁高耸,额角隆起,性格爱好种田;刘縯常讥笑他,把他比作刘邦的哥哥刘喜。刘秀的姐姐刘元,是新野县邓晨的妻子,刘秀曾经跟邓晨一块到穰县蔡少公家,少公对图谶颇有研究,说“刘秀应当做天子”;有人接着说:“这说的是国师公刘秀吧?”刘秀开玩笑说:“你怎么知道不是我?”在座的人都哄堂大笑。只有邓晨暗喜。

宛城人李守,喜好星象与谶书,担任王莽的宗卿师,曾告诉他的儿子李通说:“刘姓应当复兴,李姓会当辅佐大臣。”等到新市兵、平林兵崛起,南阳郡人心浮动,李通的堂弟李轶对李通说:“现在天下已经扰乱,汉朝应当重新兴盛。南阳刘姓皇族,只有刘伯升兄弟博爱,对人宽大,可以与其磋商大事。”李通笑着说:“我正有此意!”正好刘秀运粮食到宛城贩卖,李通派李轶前往迎接刘秀,与其相见,详细地就谶文上的事交换意见,于是互相结交,商定了计划。李通打算在立秋那天,趁着骑兵武士大检阅的时候,劫持前队大夫甄阜和属正梁丘赐,然后发号施令,聚众起兵,让李轶与刘秀回到春陵起兵,以互相呼应。于是刘縯召集当地豪杰商量说:“王莽凶暴残虐,百姓分崩离析;而今又连年大旱,到处兵荒马乱,这是上天灭亡他的时候。恢复高祖的大业,建立千秋万世的功劳,正在我辈身上!”大家都表示同意。于是分别派出亲友宾客,到各县策动人们起事。刘縯自己则征召春陵的子弟。各家子弟听说这是谋反,无不害怕,

皆亡匿,曰:"伯升杀我!"及见秀绛衣大冠,皆惊曰:"谨厚者亦复为之!"乃稍自安。凡得子弟七八千人,部署宾客,自称"柱天都部"。秀时年二十八。李通未发,事觉,亡走;父守及家属坐死者六十四人。

缤使族人嘉招说新市、平林兵,与其帅王凤、陈牧西击长聚;进屠唐子乡,又杀湖阳尉。军中分财物不均,众患恨,欲反攻诸刘;刘秀敛宗人所得物,悉以与之,众乃悦。进拔棘阳,李轶、邓晨皆将宾客来会。

12　严尤、陈茂破下江兵;成丹、王常、张卬等收散卒入蓁溪,略钟、龙间,众复振;引军与荆州牧战于上唐,大破之。

13　十一月,有星孛于张。

14　刘缤欲进攻宛,至小长安聚,与甄阜、梁丘赐战。时天密雾,汉军大败。秀单马走,遇女弟伯姬,与共骑而奔。前行,复见姊元,趣令上马,元以手挥曰:"行矣,不能相救,无为两没也!"会追兵至,元及三女皆死,缤弟仲及宗从死者数十人。

缤复收会兵众,还保棘阳。阜、赐乘胜留辎重于蓝乡,引精兵十万南渡潢淳,临沘水,阻两川间为营,绝后桥,示无还心。新市、平林见汉兵数败,阜、赐军大至,各欲解去,缤甚患之。会下江兵五千馀人至宜秋,缤即与秀及李通造其壁曰:"愿见下江一贤将,议大事。"众推王常。缤见常,说以合从之利,常大悟曰:"王莽残虐,百姓思汉。今刘氏复兴,即真主也,诚思出身为用,辅成大功。"缤曰:"如事成,岂敢独飨之哉!"遂与常深相结而去。常还,具为馀将成丹、张卬言之。丹、卬负其众曰:"大丈夫既起,当各自为主,何故受人制乎!"

纷纷逃避躲藏,说:"刘缤害死我了!"到看见刘秀身着红衣,头戴大冠,改穿将军服装,都不禁吃了一惊,说:"谨慎忠厚的人也干上了这个呀!"心里才逐渐安定。共集结子弟七八千人,安排客人,自称"柱天都部"。刘秀当时二十八岁。李通的起兵计划还未付诸实施,就泄漏了,因而逃亡;他的父亲李守与家属被朝廷诛杀,共死六十四人。

刘缤让同族人刘嘉去说服了新市、平林兵,与他们的首领王凤、陈牧一起西击长聚;攻陷了唐子乡,又斩杀了湖阳尉。由于军中分配财物不公平,众人愤怒怨恨,打算反击各刘姓兵马;刘秀收拢同宗族人所得到的财物,全部交给他们,大家才高兴。再向前挺进,攻陷棘阳,李轶、邓晨,各带着他们的亲友宾朋前来会合。

12 严尤、陈茂大破下江兵;下江兵首领成丹、王常、张印等收集逃散的士兵,退入蒌溪,在三钟山跟石龙山之间展开游击战,人数增多,声势又振;随后与荆州牧在上唐会战,大破州府官军。

13 十一月,有异星出现在张六星旁。

14 刘缤打算进攻宛城,挺进到小长安聚,与前队大夫甄阜、属正梁丘赐发生遭遇战。当时,大雾迷漫,刘缤率领的汉军大败。刘秀单骑逃命,遇到妹妹刘伯姬,兄妹共乘一马狂奔。向前行进,又遇到姐姐刘元,刘秀叫她火速上马,刘元挥手说:"跑吧,你们无法救我,不要死在一起!"这时追兵已到,刘元跟她的三个女儿都被官府军诛杀。刘缤的弟弟刘仲及刘姓宗族一同死亡的有数十人。

刘缤集结残馀,撤退到棘阳。甄阜、梁丘赐把物资留在蓝乡,率领精兵十万南渡潢淳水,到达了沘水,在潢淳水与沘水之间扎营布防,破坏潢淳水上的桥梁,表示绝不回师的决心。新市兵、平林兵看到汉兵多次遭到挫败,打算逃走,刘缤忧心如焚。正好下江兵五千馀人进抵宜秋聚,刘缤带着刘秀、李通亲自到他们营寨拜访说:"我们愿见下江的一位贤明将领,商议大事。"下江兵推举王常。刘缤见到王常,分析联合作战的利益,王常大为省悟,说:"王莽残酷暴虐,百姓思念汉朝。而今刘姓家族复兴,就是真正的天下之主,我们应该挺身而出为之所用,辅佐成就大业。"刘缤说:"只要事情成功,我岂敢独自享受!"于是与王常深相结交,告辞而去。王常把他的想法告诉下江兵的其他将领成丹、张印。成丹、张印自负他们的兵力强大,说:"大丈夫既然起事,应该自己当主子,为什么受别人控制呢!"

常乃徐晓说其将帅曰："王莽苛酷,积失百姓之心,民之讴吟思汉,非一日也,故使吾属因此得起。夫民所怨者,天所去也;民所思者,天所与也。举大事,必当下顺民心,上合天意,功乃可成;若负强恃勇,触情恣欲,虽得天下,必复失之。以秦、项之势,尚至夷覆,况今布衣相聚草泽,以此行之,灭亡之道也。今南阳诸刘举兵,观其来议者,皆有深计大虑,王公之才,与之并合,必成大功,此天所以佑吾属也!"下江诸将虽屈强少识,然素敬常,乃皆谢曰："无王将军,吾属几陷于不义!"即引兵与汉军、新市、平林合。于是诸部齐心同力,锐气益壮。缤大飨军士,设盟约,休卒三日,分为六部;十二月晦,潜师夜起,袭取蓝乡,尽获其辎重。

王常于是不慌不忙地向他们分析说:"王莽苛刻残酷,民心丧尽。百姓歌唱吟咏,思念汉朝,已经不是一天的事了,正因为如此,我们才能够趁机崛起。民心怨恨的,上天定会铲除;民心盼望的,上天定会赐予。兴起大事业,必须下顺民心,上合天意,然后大功才可以成就;如果仗恃自己强大勇猛,感情用事,为所欲为,虽然得到天下,必然会再失掉它。以秦王朝和西楚霸王项羽的势力,尚且归于消灭,何况而今我们这些平民,在山林水泽聚集成群,如果也任情纵欲,那是走灭亡之路。而今,南阳郡刘姓家族起兵,观察他们派来跟我们商谈的这几位,都有深谋远虑,是王爵公爵的奇才,与他们合作,必然成就大功,这正是上天所用来保佑我们的啊!"下江兵的将领们虽然倔强,又缺少见识,然而向来尊敬王常,于是一致道歉说:"如果没有王将军,我们几乎陷于不义的泥潭!"立即率军与汉军、新市兵、平林兵会合。于是各部同心协力,士气高昂。刘缜用丰盛的酒食招待军队,订立盟约,让士兵休息三天,然后,把联军分为六路;十二月晦(三十日),秘密地拔营起寨,乘夜袭击蓝乡,把甄阜军的物资全部夺回。

卷第三十九　汉纪三十一

起癸未(23)尽甲申(24)凡二年

淮阳王
更始元年(癸未,23)

1　春,正月甲子朔,汉兵与下江兵共攻甄阜、梁丘赐,斩之,杀士卒二万馀人。王莽纳言将军严尤、秩宗将军陈茂引兵欲据宛,刘縯与战于淯阳下,大破之,遂围宛。先是,青、徐贼众虽数十万人,讫无文书、号令、旌旗、部曲。及汉兵起,皆称将军,攻城略地,移书称说。莽闻之,始惧。

春陵戴侯曾孙玄在平林兵中,号更始将军。时汉兵已十馀万,诸将议以兵多而无所统一,欲立刘氏以从人望。南阳豪桀及王常等皆欲立刘縯;而新市、平林将帅乐放纵,惮縯威明,贪玄懦弱,先共定策立之,然后召縯示其议。縯曰:"诸将军幸欲尊立宗室,甚厚!然今赤眉起青、徐,众数十万,闻南阳立宗室,恐赤眉复有所立,王莽未灭而宗室相攻,是疑天下而自损权,非所以破莽也。春陵去宛三百里耳,遽自尊立,为天下准的,使后人得承吾敝,非计之善者也。不如且称王以号令,王势亦足以斩诸将。若赤眉所立者贤,相率而往从之,必不夺吾爵位;若无所立,破莽,降赤眉,然后举尊号,

淮阳王
淮阳王更始元年(癸未,公元 23 年)

1　春季,正月甲子朔(初一),汉军与下江兵向甄阜、梁丘赐军发起攻击,斩甄阜、梁丘赐,杀二万馀人。王莽的纳言将军严尤、秩宗将军陈茂率军前进,打算驻防宛城。刘縯与他们在淯阳会战,大破严尤、陈茂军,于是包围宛城。在此之前,青州和徐州的盗贼虽有几十万人,且一直没有文书、号令、旗帜、军队组织。但等到汉兵起事,大家都自称将军,进攻城市,夺取土地,传递张贴文书,声讨王莽的罪恶。王莽听到了,才开始担心害怕起来。

春陵戴侯刘熊渠的曾孙刘玄,原来在平林兵中,称更始将军。这时汉兵已有十馀万人,将领们议论,军队虽多,却没有共同的领袖,于是打算拥立一位汉朝的刘姓皇族,以便顺从大家的希望。南阳郡的豪杰与下江兵王常等,都主张立刘縯;而新市兵、平林兵的将领,乐于放纵的生活,害怕刘縯的威武严明,贪图刘玄的懦弱无能,先行共同确定策略拥立刘玄,造成既成事实,然后征求刘縯的意见。刘縯说:"蒙各位将军厚爱,尊重刘姓皇族,想推戴刘玄做皇帝。然而现在赤眉在青州、徐州崛起,拥有数十万人,听到南阳拥立刘姓皇族的消息,恐怕他们也拥立一位刘姓皇族,王莽还没有消灭而刘姓皇族互相进攻,是疑天下之心而自损其权,恐怕不是消灭王莽的最好办法。而且,春陵到宛城不过三百里,仓促自称皇帝,成为天下攻击的目标,让后来人承受衰败,不是良好的计谋。不如暂且称王以发号施令,国王的权力也可以诛杀各将领。如果赤眉拥立的人贤能,我们就前去投奔归附他,绝不会剥夺我们的官爵;如果赤眉没有立皇帝,那么,等我们消灭了王莽,收服了赤眉,然后再称皇帝,

亦未晚也。"诸将多曰："善!""张卬拔剑击地曰："疑事无功,今日之议,不得有二!"众皆从之。二月辛巳朔,设坛场于淯水上沙中,玄即皇帝位,南面立,朝群臣。羞愧流汗,举手不能言。于是大赦,改元,以族父良为国三老,王匡为定国上公,王凤为成国上公,朱鲔为大司马,刘缤为大司徒,陈牧为大司空,馀皆九卿将军。由是豪桀失望,多不服。

2 王莽欲外示自安,乃染其须发,立杜陵史谌女为皇后;置后宫,位号视公、卿、大夫、元士者凡百二十人。

3 莽赦天下,诏："王匡、哀章等讨青、徐盗贼,严尤、陈茂等讨前队丑虏,明告以生活、丹青之信;复迷惑不解散,将遣大司空、隆新公将百万之师剿绝之矣。"

4 三月,王凤与太常偏将军刘秀等徇昆阳、定陵、郾,皆下之。

5 王莽闻严尤、陈茂败,乃遣司空王邑驰传,与司徒王寻发兵平定山东;征诸明兵法六十三家以备军吏,以长人巨毋霸为垒尉,又驱诸猛兽虎、豹、犀、象之属以助威武。邑至洛阳,州郡各选精兵,牧守自将,定会者四十三万人,号百万;馀在道者,旌旗、辎重,千里不绝。夏,五月,寻、邑南出颍川,与严尤、陈茂合。

诸将见寻、邑兵盛,皆反走,入昆阳,惶怖,忧念妻孥,欲散归诸城。刘秀曰："今兵谷既少而外寇强大,并力御之,功庶可立;如欲分散,势无俱全。且宛城未拔,不能相救;昆阳即拔,一日之间,诸部亦灭矣。今不同心胆,共举功名,

也并不算晚。"将领们大都说:"好!"张卬却拔出宝剑,砍击地面,说:"对自己做的事情,抱着怀疑态度,一定不能成功。今天这项决定,不允许有第二种想法。"大家都赞成。二月辛巳朔(初一),在淯水畔沙滩中设置坛场,刘玄登极,面向南方站立,接受群臣朝拜。他感到羞愧,满脸流汗,举起手来一句话都讲不出。于是宣布大赦,改变年号,任命堂叔刘良当国三老,王匡当定国上公,王凤当成国上公,朱鲔当大司马,刘缤当大司徒,陈牧当大司空,其他将领都当九卿将军。由于刘玄的表现,英雄豪杰感到失望,多有不服。

2　王莽想要显示自己的心情是安定的,于是染黑了头发和胡子,立杜陵县史谌的女儿做皇后;此外还设置后宫,遴选嫔妃一百二十人,地位封号分别比照公、卿、大夫、元士。

3　王莽大赦天下,宣布诏命:"王匡、哀章等讨伐青州、徐州地区的盗贼,严尤、陈茂等讨伐前队地区的丑虏,明白地向他们宣告来降者不杀、守约不变;如果仍然迷惑而不解散,即将派遣大司空、隆新公王邑带领百万大军去剿灭他们。"

4　三月,王凤和太常偏将军刘秀等率领汉军攻掠昆阳、定陵、郾等城,都予攻克。

5　王莽知道了严尤、陈茂失败,就派遣司空王邑乘坐飞快的传车前往,和司徒王寻一起发兵去平定崤山以东地区;同时征用通晓六十三家兵法的人为军官,任用巨人巨毋霸为垒尉,又驱使一些虎、豹、犀、象等类的猛兽以助军威。王邑到了洛阳,一些州郡各选派精锐的士兵,由州郡的长官亲自带领,定期会集起来的有四十三万人,号称百万;其馀尚未会集而正在路上走的,旌旗、辎重,千里不绝。夏季,五月,王寻、王邑向南到了颍川,同严尤、陈茂会合起来。

汉军的将领们看到王寻、王邑兵多势众,都往回跑,进入昆阳城,惊慌不安,尤其担忧老婆孩子,想从这里分散而回到原来占据的城邑去。刘秀对他们说:"现在城内兵、粮既少,而城外敌军又强大,合力抵抗敌军,也许可以立功;如果分散,势必不能保全。况且刘缤部队还没有攻下宛城,不能前来救援;假如昆阳被敌军占领,只要一天的工夫,我军各部也就都完了。现在怎么能不同心同德,共举大业,

反欲守妻子财物邪！"诸将怒曰："刘将军何敢如是！"秀笑而起。会候骑还，言："大兵且至城北，军陈数百里，不见其后。"诸将素轻秀，及迫急，乃相谓曰："更请刘将军计之。"秀复为图画成败，诸将皆曰："诺。"时城中唯有八九千人，秀使王凤与廷尉大将军王常守昆阳，夜与五威将军李轶等十三骑出城南门，于外收兵。

时莽兵到城下者且十万，秀等几不得出。寻、邑纵兵围昆阳，严尤说邑曰："昆阳城小而坚，今假号者在宛，亟进大兵，彼必奔走；宛败，昆阳自服。"邑曰："吾昔围翟义，坐不生得以见责让，今将百万之众，遇城而不能下，非所以示威也。当先屠此城，蹀血而进，前歌后舞，顾不快邪！"遂围之数十重，列营百数，钲鼓之声闻数十里，或为地道、冲辒撞城；积弩乱发，矢下如雨，城中负户而汲。王凤等乞降，不许。寻、邑自以为功在漏刻，不以军事为忧。严尤曰："《兵法》：'围城为之阙'，宜使得逸出以怖宛下。"邑又不听。

6　棘阳守长岑彭与前队贰严说共守宛城，汉兵攻之数月，城中人相食，乃举城降。更始入都之。诸将欲杀彭，刘缜曰："彭，郡之大吏，执心固守，是其节也。今举大事，当表义士，不如封之。"更始乃封彭为归德侯。

7　刘秀至郾、定陵，悉发诸营兵；诸将贪惜财物，欲分兵守之。秀曰："今若破敌，珍宝万倍，大功可成；如为所败，首领无馀，何财物之有！"乃悉发之。六月己卯朔，秀与诸营俱进，自将步骑千馀为前锋，去大军四五里而陈；寻、邑亦遣兵数千合战，

反而想要守着妻儿财物呢!"将领们发怒说:"刘将军怎么敢这么放肆!"刘秀笑而起身。正在侦察的骑兵回来,报告说:"敌人大军即将来到城的北面,敌军阵营竟达几百里,看不到它的尾巴。"将领们一向轻视刘秀,到了这样紧急的时候,就都议论道:"再请刘将军谋划这件事。"刘秀又给将领们谋划军事成败,将领们都说:"是。"这时城中只有八九千人,刘秀派遣王凤和廷尉大将军王常守卫昆阳,当夜同五威将军李轶等十三人骑马驰出昆阳城的南门,在外面收集士兵。

当时到达昆阳城下的王莽军将近十万,刘秀等人几乎不能出去。王寻、王邑纵兵包围昆阳,严尤向王邑献策说:"昆阳城小而坚固,现在假借皇帝名号的更始皇帝刘玄在宛城,我们大军迅速向那里进兵,他必定奔逃;宛城方面的汉军一旦失败,昆阳城里的汉军自然向我军降服。"王邑说:"我以前围攻翟义,因没有活捉住他而受到责备,如今带领百万之众,遇城而不能攻下,这就不能显示军威了。应当先攻陷屠杀此城,踏着血泊前进,前歌后舞,难道不痛快吗!"于是把昆阳包围了几十重,列营上百个,钲鼓之声响彻几十里,还开挖地道、用战车撞城;用许多弓弩向城内乱射,矢下如雨,城内百姓为了躲避飞矢,背着门板出外打水。王凤等哀求投降,不被理睬。王寻、王邑自以为片刻就可成功,不担心军事上会出其他事故。严尤建议说:"《兵法》上写着:'围城应当缺开一面',让城内被围之敌得以逃出,从而使围攻宛城的绿林军害怕。"王邑又不听取这个建议。

6 棘阳县长岑彭和前队副将严说同守宛城,汉军围攻了几个月,城中因为缺粮而人吃人,终于全城投降。更始皇帝进城,并在宛城建都。将领们打算杀掉岑彭,刘縯说:"岑彭是郡的大官,决心固守,是有气节的表现。现在我们办大事,应当表彰义士,不如封他为好。"更始皇帝就封岑彭为归德侯。

7 刘秀到了郾、定陵等地,调发各营的全部军队;将领们贪惜财物,想要分出一部分兵士守在那里。刘秀说:"现在如果打垮敌人,珍宝万倍,大功可成;如果被敌人打败,头都被杀掉了,还有什么财物!"于是征发了全部军队。六月己卯朔(初一),刘秀和各营部队一同出发,亲自带领步兵和骑兵一千多人为先头部队,在距离王莽大军四五里远的地方摆开阵势;王寻、王邑也派几千人来交战,

秀奔之,斩首数十级。诸将喜曰:"刘将军平生见小敌怯,今见大敌勇,甚可怪也!且复居前,请助将军!"秀复进,寻、邑兵却,诸部共乘之,斩首数百、千级。连胜,遂前,诸将胆气益壮,无不一当百,秀乃与敢死者三千人从城西水上冲其中坚。寻、邑易之,自将万馀人行陈,敕诸营皆按部毋得动,独迎与汉兵战,不利,大军不敢擅相救;寻、邑陈乱,汉兵乘锐崩之,遂杀王寻。城中亦鼓噪而出,中外合势,震呼动天地;莽兵大溃,走者相腾践,伏尸百馀里。会大雷、风,屋瓦皆飞,雨下如注,滍川盛溢,虎豹皆股战,士卒赴水溺死者以万数,水为不流。王邑、严尤、陈茂轻骑乘死人渡水逃去,尽获其军实辎重,不可胜算,举之连月不尽,或燔烧其馀。士卒奔走,各还其郡,王邑独与所将长安勇敢数千人还洛阳,关中闻之震恐。于是海内豪桀翕然响应,皆杀其牧守,自称将军,用汉年号以待诏命;旬月之间,遍于天下。

8　莽闻汉兵言莽鸩杀孝平皇帝,乃会公卿于王路堂,开所为平帝请命金縢之策,泣以示群臣。

9　刘秀复徇颍川,攻父城不下,屯兵巾车乡。颍川郡掾冯异监五县,为汉兵所获。异曰:"异有老母在父城,愿归,据五城以效功报德!"秀许之。异归,谓父城长苗萌曰:"诸将多暴横,独刘将军所到不虏略,观其言语举止,非庸人也!"遂与萌率五县以降。

刘秀带兵冲了过去,斩了几十人首级。将领们高兴地说:"刘将军平时看到弱小的敌军都胆怯,现在见到强敌反而英勇,太奇怪了!请让我们冲在前面去吧,以便协助将军!"刘秀又向前进兵,王寻、王邑的部队退却,汉军各部乘机都冲杀过去,斩了千百个首级。接连获胜,续续进兵,将领们胆气更壮,没有一个不是以一当百,刘秀就和敢于牺牲的三千人从城西濊水岸边攻击王莽军的主将营垒。王寻、王邑轻视汉军,亲自带领一万馀人巡行军阵,戒令各营都按兵不动,单独迎上来同汉军交战,形势不妙,大部队又不敢擅自相救;王寻、王邑所部阵乱,汉军乘机击溃敌军,终于杀了王寻。昆阳城中的汉军也击鼓大喊而冲杀出来,里应外合,呼声震天动地;王莽军大溃,逃跑者互相践踏,倒在地上的尸体遍布一百多里。适值迅雷、大风,屋瓦被风刮得乱飞,大雨好似从天上倒灌下来,濊水暴涨,虎豹都吓得发抖,掉入水中溺死的士兵成千上万,河水因此不能流动。王邑、严尤、陈茂等以轻骑踏着死人渡过濊水逃走,汉军获得王莽军抛下的全部军用物资,不可胜计,战利品接连几个月都拾不完,馀下的就烧毁掉。王莽军的士兵奔跑,各还故乡,只有王邑和他带领的长安勇士几千人跑到洛阳,关中听到这个消息十分惊惧。于是海内豪杰一致响应,都杀掉当地的州郡长官,自称将军,用更始年号,等待更始皇帝的诏命;一个月之内,遍布于天下。

8　王莽听说汉军说他用鸩酒毒杀了汉平帝,便集合公卿到王路堂,打开他所作的替平帝请求解除疾病、保全性命而后来收藏在铁柜里的策书,流着泪出示给大臣们看。

9　刘秀再向颍川一带夺取土地,进攻父城未能攻克,大军驻扎巾车乡。颍川郡掾冯异督察五县,被汉兵生擒。冯异说:"我有老母在父城,我愿意回去,献上这五座县城,努力做出成绩,来报答恩德。"刘秀允许了。冯异回去后,告诉父城县长苗萌说:"刘玄的将领们多数凶暴蛮横,只有刘秀将军所到的地方,不抢劫人和财物,看他的言谈举止,不是一个庸碌之辈!"于是和苗萌一起率领五县军民投降。

10　新市、平林诸将以刘缜兄弟威名益盛,阴劝更始除之。秀谓缜曰:"事欲不善。"缜笑曰:"常如是耳。"更始大会诸将,取缜宝剑视之。绣衣御史申屠建随献玉玦,更始不敢发。缜舅樊宏谓缜曰:"建得无有范增之意乎?"缜不应。李轶初与缜兄弟善,后更谄事新贵,秀戒缜曰:"此人不可复信!"缜不从。缜部将刘稷,勇冠三军,闻更始立,怒曰:"本起兵图大事者,伯升兄弟也。今更始何为者邪!"更始以稷为抗威将军,稷不肯拜。更始乃与诸将陈兵数千人,先收稷,将诛之,缜固争。李轶、朱鲔因劝更始并执缜,即日杀之。以族兄光禄勋赐为大司徒。秀闻之,自父城驰诣宛谢。司徒官属迎吊秀,秀不与交私语,惟深引过而已,未尝自伐昆阳之功。又不敢为缜服丧,饮食言笑如平常。更始以是惭,拜秀为破虏大将军,封武信侯。

11　道士西门君惠谓王莽卫将军王涉曰:"谶文刘氏当复兴,国师公姓名是也。"涉遂与国师公刘秀、大司马董忠、司中大赘孙伋谋,以所部兵劫莽降汉,以全宗族。秋,七月,伋以其谋告莽,莽召忠诘责,因格杀之,使虎贲以斩马剑剉忠,收其宗族,以醇醯、毒药、白刃、丛棘并一坎而埋之。秀、涉皆自杀。莽以其骨肉、旧臣,恶其内溃,故隐其诛。莽以军师外破,大臣内畔,左右亡所信,不能复远念郡国,乃召王邑还,为大司马,以大长秋张邯为大司徒,崔发为大司空,司中寿容苗诉为国师。莽忧懑不能食,但饮酒,啖鰒鱼;读军书倦,因冯几寐,不复就枕矣。

10 新市兵、平林兵的将领们因为刘縯兄弟威名日盛,秘密建议更始皇帝除掉他俩。刘秀对刘縯说:"看情况,更始帝打算跟我们过不去。"刘縯笑着说:"一向就是如此。"不久,刘玄集合全体将领,教刘縯拿出他的宝剑,接过来仔细观察。这时,绣衣御史申屠建立即呈上玉玦,更始帝不敢发动。刘縯的舅舅樊宏对刘縯说:"申屠建莫非有范增的意图?"刘縯不回答。李轶最初跟刘縯兄弟感情很好,可是后来转而谄媚拥有权柄的新贵,刘秀提醒刘縯:"对这个人不能再信任了!"刘縯不相信。刘縯的部将刘稷,英勇顽强是三军之冠,听说刘玄即位的消息,勃然大怒说:"当初起兵图谋大事的,是刘縯兄弟。而今刘玄究竟想干什么!"刘玄任命刘稷当抗威将军,刘稷不肯拜受这一命令。刘玄于是与将领们部署数千军队,先逮捕刘稷,准备诛杀,刘縯坚持反对。李轶、朱鲔趁机建议刘玄同时逮捕刘縯,并于当天跟刘稷一齐斩首。刘玄任命堂兄光禄勋刘赐当大司徒。刘秀听到这个消息,立即从父城奔回宛城,向刘玄请罪。司徒所属官员迎接刘秀,表示哀悼,刘秀不与他们谈一句私话,唯有深自责备而已,不曾自己夸耀保卫昆阳的战功。又不敢为刘縯穿丧服;饮食言谈欢笑跟平常一样。刘玄因此惭愧,任命刘秀当破虏大将军,封武信侯。

11 道士西门君惠对王莽的卫将军王涉说:"谶文说刘姓应当复兴,国师公的姓名就是。"王涉于是与国师公刘秀、大司马董忠、司中大赘孙伋商量,准备用他们的部队,劫持王莽,投降更始政权,用来保全自己的家族。秋季,七月,孙伋向王莽告密,王莽召见董忠责问,趁机当场格杀,命虎贲武士用斩马剑把董忠尸体剁成碎片,逮捕董忠的家族,用浓醋、毒药、利刀、刺条子合成一穴埋葬了他们。刘秀和王涉都自杀了。王莽因为这两个人是至亲和老部下,嫌厌人家说他的内部崩溃了,所以不公开宣布对他们的惩罚。王莽因为军队在外面吃了败仗,大臣们又在内部进行颠覆,身边没有人可信任了,不能够再考虑远方的郡国,于是命王邑回来,任大司马,同时任命大长秋张邯担任大司徒,崔发担任大司空,司中寿容苗䜣担任国师。王莽忧闷得吃不下饭了,只喝酒,吃鳆鱼;阅读军书疲倦了,便靠着几案打盹儿,不再上床睡觉了。

12　成纪隗崔、隗义、上邽杨广、冀人周宗同起兵以应汉，攻平襄，杀莽镇戎大尹李育。崔兄子嚣，素有名，好经书，崔等共推为上将军；崔为白虎将军，义为左将军。嚣遣使聘平陵方望，以为军师。望说嚣立高庙于邑东；己巳，祠高祖、太宗、世宗，嚣等皆称臣执事，杀马同盟，以兴辅刘宗；移檄郡国，数莽罪恶。勒兵十万，击杀雍州牧陈庆、安定大尹王向。分遣诸将徇陇西、武都、金城、武威、张掖、酒泉、敦煌，皆下之。

13　初，茂陵公孙述为清水长，有能名；迁导江卒正，治临邛。汉兵起，南阳宗成、商人王岑起兵徇汉中以应汉，杀王莽庸部牧宋遵，众合数万人。述遣使迎成等，成等至成都，虏掠暴横。述召郡中豪桀谓曰："天下同苦新室，思刘氏久矣，故闻汉将军到，驰迎道路。今百姓无辜而妇子系获，此寇贼，非义兵也。"乃使人诈称汉使者，假述辅汉将军、蜀郡太守兼益州牧印绶；选精兵西击成等，杀之，并其众。

14　前钟武侯刘望起兵汝南，严尤、陈茂往归之；八月，望即皇帝位，以尤为大司马，茂为丞相。

15　王莽使太师王匡、国将哀章守洛阳。更始遣定国上公王匡攻洛阳，西屏大将军申屠建、丞相司直李松攻武关，三辅震动。析人邓晔、于匡起兵南乡以应汉，攻武关都尉朱萌，萌降；进攻右队大夫宋纲，杀之；西拔湖。莽愈忧，不知所出。崔发言："古者国有大灾，则哭以厌之。宜告天以求救！"莽乃率群臣至南郊，陈其符命本末，仰天大哭，气尽，伏而叩头。诸生、小民旦夕会哭，为设餐粥。甚悲哀者，除以为郎，郎至五千馀人。

12　成纪人隗崔和隗义、上邽人杨广、冀县人周宗同时聚众起兵,响应刘玄的汉军,他们进攻平襄,击杀王莽镇戎大尹李育。隗崔哥哥的儿子隗嚣一向有很好的名声,喜爱儒家经典,隗崔等共同推举隗嚣当上将军;隗崔当白虎将军,隗义当左将军。隗嚣派遣使者聘请平陵人方望担任军师。方望建议隗嚣,在平襄东郊兴建汉高祖刘邦祭庙;己巳(二十二日),祭祀汉高祖、太宗、世宗,隗嚣等都称臣执事,杀马盟誓,同心合力辅佐刘姓皇族;向各郡、各封国传递文告,声讨王莽罪行。统率军队十万,攻打并杀掉雍州牧陈庆、安定大尹王向。然后,分别派出将领,攻打陇西、武都、金城、武威、张掖、酒泉、敦煌,全部归顺隗嚣。

13　最初,茂陵公孙述当清水县长,以才能干练闻名于世;后调升导江郡卒正,郡府设于临邛。汉兵崛起时,南阳宗成、商县王岑也起兵响应,夺取汉中,杀死王莽庸部牧宋遵,集结数万人。公孙述派人迎接宗成等,宗成等到成都,劫夺抢掠,残暴蛮横。公孙述召集郡中豪杰,对他们说:"天下人不堪新朝的迫害,怀念汉朝很久了,所以听说汉朝的将军来到,奔走相告,到道路上迎接。而今人民无罪,妻子儿女却受到凌辱,他们是强盗,而不是义军。"于是,派人假冒更始政权的钦差大臣,任命公孙述当辅汉将军、蜀郡太守兼益州牧,颁发印信;选派精兵起兵向西攻打宗成等,并把他们杀死,合并了他们的部队。

14　汉朝前钟武侯刘望在汝南聚众起兵,严尤、陈茂前往归附。八月,刘望登上帝位,任命严尤当大司马,陈茂当丞相。

15　王莽命太师王匡、国将哀章驻防洛阳。更始皇帝派遣定国上公王匡进攻洛阳,西屏大将军申屠建、丞相司直李松迸攻武关,三辅地区为之震动。析县人邓晔、于匡在南乡起兵以响应汉军,进攻武关都尉朱萌,朱萌投降;进攻右队大夫宋纲,把宋纲杀掉;向西挺进,攻陷湖县。王莽更加忧虑,不知所措。崔发说:"古时候国家有了大灾难,就哭起来借助诅咒战胜它。应该祷告上天祈求救助!"王莽于是率领臣属们到南郊,陈述他承受符命的首尾经过,仰天大哭,声嘶气绝,伏地叩头。众儒生和老百姓每天早晚会集起来哭,给他们准备了稀饭。哭得非常悲哀的人,被任命做郎官,郎官达到五千多人。

莽拜将军九人,皆以虎为号,将北军精兵数万人以东,内其妻子宫中以为质。时省中黄金尚六十馀万斤,他财物称是,莽愈爱之,赐九虎士人四千钱。众重怨,无斗意。九虎至华阴回溪,距隘自守。于匡、邓晔击之,六虎败走;二虎诣阙归死,莽使使责死者安在,皆自杀;其四虎亡。三虎收散卒保渭口京师仓。

邓晔开武关迎汉兵。李松将三千馀人至湖,与晔等共攻京师仓,未下。晔以弘农掾王宪为校尉,将数百人北渡渭,入左冯翊界。李松遣偏将军韩臣等径西至新丰击莽波水将军,追奔至长门宫。王宪北至频阳,所过迎降。诸县大姓各起兵称汉将军,率众随宪。李松、邓晔引军至华阴,而长安旁兵四会城下。又闻天水隗氏方到,皆争欲入城,贪立大功、卤掠之利。莽赦城中囚徒,皆授兵,杀豨,饮其血,与誓曰:"有不为新室者,社鬼记之!"使更始将军史谌将之。渡渭桥,皆散走,谌空还。众兵发掘莽妻、子、父、祖冢,烧其棺椁及九庙、明堂、辟雍,火照城中。

九月戊申朔,兵从宣平城门入。张邯逢兵见杀。王邑、王林、王巡、䉎恽等分将兵距击北阙下,会日暮,官府、邸第尽奔亡。己酉,城中少年朱弟、张鱼等恐见卤掠,趋讙并和,烧作室门,斧敬法闼,呼曰:"反虏王莽,何不出降!"火及掖庭、承明,黄皇室主所居。黄皇室主曰:"何面目以见汉家!"自投火中而死。

王莽授任将军九人,都用虎作为将军的名号,率领禁卫军精锐士兵几万人向东方开去,把他们的妻子儿女收容到皇宫里作为抵押。这时宫中储存的黄金还有六十多万斤,其他的贵重珍宝差不多也是这个数目,王莽更加爱不释手,对九虎将军部属,每人仅赏赐四千钱。大家很怨恨,毫无斗志。九虎将军到达华阴县回溪,扼守险要。于匡、邓晔率军攻击他们,六虎将军战败逃走;二虎将军回到朝廷接受死刑处分,王莽让使者责问他们死的人在哪里,都自杀了;其他四虎逃跑了。还有三虎收集散兵,保卫渭口京师仓。

邓晔大开武关关门,迎接汉兵。李松率三千多人抵达湖县,与邓晔等会合,共同进攻京师仓,没有攻下。邓晔任命弘农掾王宪当校尉,率领数百人北渡渭河,进入左冯翊境内。李松派遣偏将军韩臣等,向西推进到新丰,攻击王莽波水将军窦融,窦融败退,韩臣追击,直抵长门宫。王宪部队推进到频阳,沿途各地都来迎接并降服。各县乡绅也纷纷聚众起兵,自称是汉朝将军,率领部众追随王宪。李松、邓晔率军已抵达华阴,而长安城下,别的部队开始出现。大家听说天水隗家军也将抵达,都争着要第一个入城,以建立大功,并得到抢劫财宝的好处。王莽派遣使者分途赦免城里各个监狱的犯人,都发给武器,杀猪饮血,跟他们立誓说:"如有不为新朝效力的人,社鬼记住他!"让更始将军史谌率领着他们。这些人渡过渭桥,都四散逃跑了,只剩史谌一个人回来。各部士兵挖掘王莽的妻子、儿子、父亲、祖父的坟墓,焚烧他们的棺材以及九庙、明堂和辟雍,火光映照城中。

九月戊申朔(初一),攻城军队从宣平城门进入。张邯巡视城门,遇到士兵被杀。王邑、王林、王巡和𫗧恽等人分别带兵在北阙下抗击,恰好天黑,官吏和贵族全都逃跑了。己酉(初二),城里青年朱弟和张鱼等人恐怕遭抢劫,成群结队,奔跑喧哗,焚烧尚方工场门,砍开敬法殿的小门,喊道:"反贼王莽,怎么不出来投降!"大火迅速蔓延到掖庭、承明殿,这里是黄皇室主居住的地方。黄皇室主说:"我还有什么脸面再见汉朝家人!"纵身投入火中而死。

莽避火宣室前殿,火辄随之。莽绀袀服,持虞帝匕首。天文郎按式于前,莽旋席随斗柄而坐,曰:"天生德于予,汉兵其如予何!"庚戌,且明,群臣扶掖莽自前殿之渐台,公卿从官尚千馀人随之。王邑昼夜战,罢极,士死伤略尽;驰入宫,间关至渐台,见其子侍中睦解衣冠欲逃,邑叱之,令还,父子共守莽。军人入殿中,闻莽在渐台,众共围之数百重。台上犹与相射,矢尽,短兵接;王邑父子、䜣恽、王巡战死,莽入室。下铺时,众兵上台,苗䜣、唐尊、王盛等皆死。商人杜吴杀莽,校尉东海公宾就斩莽首;军人分莽身,节解脔分,争相杀者数十人;公宾就持莽首诣王宪。宪自称汉大将军,城中兵数十万皆属焉;舍东宫,妻莽后宫,乘其车服。癸丑,李松、邓晔入长安,将军赵萌、申屠建亦至;以王宪得玺绶不上,多挟宫女,建天子鼓旗,收斩之。传莽首诣宛,悬于市;百姓共提击之,或切食其舌。

班固赞曰:王莽始起外戚,折节力行以要名誉,及居位辅政,勤劳国家,直道而行,岂所谓'色取仁而行违'者邪!莽既不仁而有佞邪之材,又乘四父历世之权,遭汉中微,国统三绝,而太后寿考,为之宗主,故得肆其奸慝以成篡盗之祸。推是言之,亦天时,非人力之致矣!

王莽避火到了未央宫宣室前殿,火总是跟着他。王莽穿着全套天青色的衣服,拿着虞帝匕首。天文郎在前面按着栻,随时拨动指针,王莽转动坐席随着斗柄所指的方向坐着,说道:"上天把治理国家的圣德和使命赋予了我,汉军能把我怎么样!"庚戌(初三),天亮不久,大批臣子搀扶着王莽,从前殿往渐台,公卿等随从官吏还有一千多人跟着他。王邑白天黑夜都在战斗,疲倦极了,士兵死伤快完了,他飞马进入宫中,经过辗转来到了渐台,看见他的儿子侍中王睦脱下衣帽想要逃走,王邑喝住了让他转回,父子俩共同守卫着王莽。兵士进入殿中,听说王莽在渐台,众人将其重重包围。台上也用弓箭与包围的士兵对射,台上的箭射尽了,短兵相接;王邑父子、觏恽、王巡战斗而死,王莽躲进内室。午后三至五时,大批士兵上了渐台,苗诉、唐尊、王盛等人都死在台上。商人杜吴杀死了王莽,校尉东海郡人公宾就砍下了王莽的脑袋;兵士们分裂了王莽的身躯,四肢关节、肌肉、骨骼被切割成许多块,争着去砍杀的有几十人;公宾就拿着王莽的脑袋前往王宪那里。王宪自称汉朝的大将军,城里的军队几十万人都归属了他;王宪住在长乐宫,把王莽的妃嫔都作为妻妾,使用王莽的车马、衣服和器物。癸丑(初六),李松、邓晔进入长安,将军赵萌和申屠建也来到;因为王宪缴获了御玺没有上交,私藏了许多宫女,使用了天子的仪仗,便把他捉来杀掉了。传送王莽的脑袋前往宛城,挂在街市示众;百姓都去掷击它,有人切下他的舌头来吃了。

班固评论说:王莽开始以外戚起家,降低身份,勉力而行,以便博取名誉,等到他登上高位,辅佐朝政,为国家辛勤工作,本着正直的原则行事,难道他就是孔子所说的"表面上赞成宽仁厚道,行动中却违背它"的人吗!王莽本来没有仁义的品德,却有着花言巧语、虚伪奸诈的才能,又利用四个伯父、叔父经历了元帝、成帝两代所掌握的权力,遇着汉朝中途衰落,皇位三代没有继承人,而皇太后王政君寿命很长,为他做主,因此得以施逞奸诈邪恶的手段,从而造成篡夺政权,窃取皇位的灾祸。根据这些事实推论起来,这也是天命,不是人力所能做得到的!

及其窃位南面，颠覆之势险于桀、纣，而莽晏然自以黄、虞复出也，乃始恣睢，奋其威诈，毒流诸夏，乱延蛮貉，犹未足以逞其欲焉。是以四海之内，嚣然丧其乐生之心，中外愤怨，远近俱发，城池不守，支体分裂，遂令天下城邑为虚，害遍生民。自书传所载乱臣贼子，考其祸败，未有如莽之甚者也！昔秦燔《诗》、《书》以立私议，莽诵六艺以文奸言，同归殊涂，俱用灭亡，皆圣王之驱除云尔。

16　定国上公王匡拔洛阳，生缚莽太师王匡、哀章，皆斩之。冬，十月，奋威大将军刘信击杀刘望于汝南，并诛严尤、陈茂，郡县皆降。

17　更始将都洛阳，以刘秀行司隶校尉，使前整修宫府。秀乃置僚属，作文移，从事司察，一如旧章。时三辅吏士东迎更始，见诸将过，皆冠帻而服妇人衣，莫不笑之；及见司隶僚属，皆欢喜不自胜，老吏或垂涕曰："不图今日复见汉官威仪！"由是识者皆属心焉。

更始北都洛阳，分遣使者徇郡国，曰："先降者复爵位！"使者至上谷，上谷太守扶风耿况迎，上印绶，使者纳之，一宿，无还意。功曹寇恂勒兵入见使者，请之，使者不与，曰："天王使者，功曹欲胁之邪！"恂曰："非敢胁使君，窃伤计之不详也。今天下初定，使君建节衔命，郡国莫不延颈倾耳。今始至上谷而先堕大信，将复何以号令他郡乎！"使者不应。恂叱左右以使者命召况。况至，恂进取印绶带况。使者不得已，乃承制诏之，况受而归。

等到窃取了皇帝的宝座,败亡的趋势比夏桀、商纣的时候还要危险,而王莽却平静安定地认为自己就是黄帝、虞舜再世复出。于是开始放纵暴戾,滥施威力诈术,流毒全国,灾祸蔓延四方蛮貊,还不足以满足他的欲望。因此天下陷于忧愁,人民丧失了乐生的心意,朝廷和地方都怨愤,远近同时背叛反抗,城池失守,躯体分裂,终于使得全国的城市变成废墟,害尽了百姓。自从书籍传述上所记载乱臣贼子以来,考察他们引起的苦难与失败的凄惨,从没有一个超过王莽!从前秦朝焚毁《诗经》《尚书》等典籍从而确立自己的一家主张,王莽引用"六艺"来装饰谬论,他们走的路不同而目的完全一样,都由此而导致灭亡,全是为圣明的帝王鸣锣开道铺路罢了。

16 定国上公王匡攻陷洛阳,生擒新莽太师王匡、国将哀章,将他们全都斩首。冬季,十月,奋威大将军刘信在汝南击杀刘望,并诛杀严尤、陈茂,所属郡县全都降服。

17 刘玄将要建都洛阳,任命刘秀当司隶校尉,派他先到洛阳修建宫殿官府。刘秀于是设置下属官吏,用正式公文通知所属郡县,处理政事完全按照西汉旧制。三辅的官员们派代表到洛阳迎接更始刘玄,看见将领们用布包头,穿着女人的衣裳,没有不耻笑的;等到看见司隶校尉的下属官员,都高兴得不能自制,有些年纪大的官员甚至流泪说:"想不到今天还能看到汉朝官员威武的仪表!"从此,有见识的人都归心刘秀。

刘玄定都洛阳,分别派出使节到各郡、各封国巡行,宣布:"最先投降的,保持他的封爵和官位!"使节到了上谷,上谷太守扶风人耿况迎接,缴纳印信,使节接受,可是,过了一夜,并无发还的意思。郡功曹寇恂率兵拜访使节,请求发还印信,使节不给,说:"我是皇帝的使臣,你打算威胁吗!"寇恂说:"我并不敢威胁阁下,只是替你的思虑不够周密而感到可惜。而今天下刚刚安定,阁下代表皇帝驾临,各郡、各封国没有不伸长脖子洗耳恭听的。可是现在才到达上谷,便先自毁承诺,还有什么方法对别的郡国发号施令!"使节不作答复。寇恂大声呵斥左右随从,教他们用使节名义召唤耿况。等到耿况来到,寇恂自己把印信交给耿况。使节无可奈何,只好用皇帝名义下诏,耿况受命后告辞。

　　宛人彭宠、吴汉亡命在渔阳,乡人韩鸿为更始使,徇北州,承制拜宠偏将军,行渔阳太守事,以汉为安乐令。

　　更始遣使降赤眉。樊崇等闻汉室复兴,即留其兵,将渠帅二十馀人随使者至洛阳,更始皆封为列侯。崇等既未有国邑,而留众稍有离叛者,乃复亡归其营。

18　王莽庐江连率颍川李宪据郡自守,称淮南王。

19　故梁王立之子永诣洛阳;更始封为梁王,都睢阳。

20　更始欲令亲近大将徇河北,大司徒赐言:"诸家子独有文叔可用。"朱鲔等以为不可,更始狐疑,赐深劝之;更始乃以刘秀行大司马事,持节北渡河,镇慰州郡。

21　以大司徒赐为丞相,令先入关修宗庙、宫室。

22　大司马秀至河北,所过郡县,考察官吏,黜陟能否,平遣囚徒,除王莽苛政,复汉官名。吏民喜悦,争持牛酒迎劳,秀皆不受。

　　南阳邓禹杖策追秀,及于邺。秀曰:"我得专封拜,生远来,宁欲仕乎?"禹曰:"不愿也。"秀曰:"即如是,何欲为?"禹曰:"但愿明公威德加于四海,禹得效其尺寸,垂功名于竹帛耳!"秀笑,因留宿间语。禹进说曰:"今山东未安,赤眉、青犊之属动以万数。更始既是常才而不自听断,诸将皆庸人屈起,志在财币,争用威力,朝夕自快而已,非有忠良明智、深虑远图,欲尊主安民者也。历观往古圣人之兴,二科而已,天时与人事也。

宛城人彭宠、吴汉逃亡到渔阳。同乡韩鸿，担任更始政府使节，前往北方沿边郡县巡行，用皇帝名义下诏，任命彭宠当偏将军，代理渔阳太守，任命吴汉当安乐县令。

更始皇帝派人说降赤眉。樊崇等听说汉朝复兴，留下部众，率将领二十馀人，随同使节前往洛阳，刘玄把他们都封为列侯。可是，樊崇等既没有采邑，而留在原地的部众又略微有背叛离去的，于是又逃回他的营地。

18　新莽政权庐江连率颍川人李宪占据本郡，自称淮南王。

19　前汉王朝梁王刘立的儿子刘永到洛阳朝见刘玄；刘玄封刘永继位梁王，首府设睢阳。

20　刘玄打算派亲信大将巡行黄河以北地区，大司徒刘赐说："南阳刘姓宗族子弟中，只有刘秀可以胜任。"朱鲔等认为不可以，刘玄疑惑不决，刘赐恳切规劝他，刘玄才任命刘秀代理大司马，手秉旄节，北渡黄河，安抚慰问各州郡。

21　刘玄赐封大司徒刘赐当丞相，命令他先进入函谷关内，修建宗庙、宫室。

22　大司马刘秀到达黄河以北，所经过的郡县，考察官吏政绩，根据能力的大小任用或罢免，公平审理诉讼刑狱，废除王莽残酷的政令，恢复汉朝官名制度。官民一片欢腾，争先恐后地拿着牛肉与美酒迎接慰劳，刘秀一律不接受。

南阳人邓禹骑马而行，投奔刘秀，直追到邺城才追到。刘秀说："我得到封爵任官的权力，先生这么远前来，莫非想进入仕途？"邓禹说："不愿意。"刘秀说："既然如此，你想干什么？"邓禹说："只愿阁下的威望和恩德普及四海，我能在你的属下尽一尺一寸之力，使我的声名记载在史书之上！"刘秀笑起来，趁机留邓禹住下，私下交换意见。邓禹建议说："而今，崤山以东还没有完全平定，赤眉和青犊所属人马都数以万计。刘玄不过一个平凡人物，而且又不理政事，所有将领都是庸碌之辈，靠着机运爬到高位，目的在于发财，卖弄权势，从早到晚自我快乐罢了，没有忠诚正直和聪明智慧，也没有深思熟虑和远大眼光，更没有打算安邦定国的志向。观察古代圣明君王的兴起，不过两个条件：天时和人事。

今以天时观之,更始既立而灾变方兴;以人事观之,帝王大业非凡夫所任,分崩离析,形势可见。明公虽建藩辅之功,犹恐无所成立也。况明公素有盛德大功,为天下所向服,军政齐肃,赏罚明信。为今之计,莫如延揽英雄,务悦民心,立高祖之业,救万民之命,以公而虑,天下不足定也!"秀大悦,因令禹宿止于中,与定计议。每任使诸将,多访于禹,皆当其才。

秀自兄缤之死,每独居辄不御酒肉,枕席有涕泣处,主簿冯异独叩头宽譬,秀止之曰:"卿勿妄言!"异因进说曰:"更始政乱,百姓无所依戴。夫人久饥渴,易为充饱。今公专命方面,宜分遣官属徇行郡县,宣布惠泽。"秀纳之。

骑都尉宋子耿纯谒秀于邯郸,退,见官属将兵法度不与他将同,遂自结纳。

23　故赵缪王子林说秀决列人河水以灌赤眉,秀不从,去之真定。林素任侠于赵、魏间,王莽时,长安中有自称成帝子子舆者,莽杀之。邯郸卜者王郎缘是诈称真子舆,云"母故成帝讴者,尝见黄气从上下,遂任身;赵后欲害之,伪易他人子,以故得全。"林等信之,与赵国大豪李育、张参等谋共立郎。会民间传赤眉将渡河,林等因此宣言"赤眉当立刘子舆",以观众心,百姓多信之。十二月,林等率车骑数百晨入邯郸城,止于王宫,立郎为天子;分遣将帅徇下幽、冀,移檄州郡,赵国以北、辽东以西皆望风响应。

现在从天时来看,刘玄即位后,天象变异更多;从人事来看,帝王大业,绝对不是一个平凡人物所能胜任的,土崩瓦解的形势,至为明显。阁下虽然建立辅佐的功勋,还恐怕到时候没有立足之地。何况您一向具有盛大的德能功勋,受到天下人的向往和敬佩,无论带兵或从政,纪律严肃,赏罚公开而守信用。当今之计,不如招揽英雄,收回民心,创立高祖当年的功业,拯救万民的生命,以阁下的远虑,天下不难统一!"刘秀非常高兴,因而命邓禹在营中下榻,和他随时磋商。刘秀每次任命或派出将领,差不多都征求邓禹的意见,事实证明邓禹的判断都很正确。

刘秀自从哥哥刘縯被杀,每逢单独居住,总是不吃酒肉,枕头上有他哥哥的悲伤的泪痕,主簿冯异常悄悄进言规劝,刘秀阻止他说:"你可别乱讲!"冯异趁机建议说:"更始帝政治混乱,百姓无所依恃拥戴。一个人饥渴得太久,容易使他吃饱。而今阁下得以不待命令而独行事于自己控制的一大块土地,应该分别派遣官属巡行郡县,传播善政恩德。"刘秀采纳了他的建议。

骑都尉宋子人耿纯在邯郸晋见刘秀,告辞后,发现刘秀的官属带领军队的法令制度,跟其他将领大不相同,于是留下来跟刘秀结交。

23 汉王朝已故赵缪王刘元的儿子刘林建议刘秀,在列人境内决开黄河,用以淹没赤眉军,刘秀没有听从,前往真定。刘林在赵、魏之间,一向讲义气,好打抱不平,新朝时,有人自称汉成帝的儿子刘子舆,王莽把他处死了。现在,邯郸一位占卜先生王郎,因此谎称他才是真正的刘子舆,他解释说:"母亲本是刘骜的一位歌女,曾经看见一股黄气罩到他身上,就怀了孕;赵飞燕打算谋害他,幸而用别人家的婴儿顶替,才保全一命。"刘林等相信这项解释,与赵国有影响力的豪杰李育、张参等,准备拥戴王郎当皇帝。恰好此时民间传说赤眉将西渡黄河,刘林等趁此机会传播谣言"赤眉当立刘子舆",以试探反应,而百姓大多数相信不疑。十二月,刘林等率领车骑数百人,在凌晨进入邯郸城,在赵王王宫停下来,立王郎当皇帝;然后,分别派出将领,向幽州、冀州夺取土地,把文告分送各州、各郡,赵国以北、辽东以西,都望风响应。

二年(甲申,24)

1　春,正月,大司马秀以王郎新盛,乃北徇蓟。

2　申屠建、李松自长安迎更始迁都。二月,更始发洛阳。初,三辅豪桀假号诛莽者,人人皆望封侯;申屠建既斩王宪,又扬言"三辅儿大黠,共杀其主。"吏民惶恐,属县屯聚,建等不能下。更始至长安,乃下诏大赦,非王莽子,他皆除其罪,于是三辅悉平。

时长安唯未央宫被焚,其馀宫室、供帐、仓库、官府皆按堵如故,市里不改于旧。更始居长乐宫,升前殿,郎吏以次列庭中;更始羞怍,俯首刮席,不敢视。诸将后至者,更始问:"虏掠得几何?"左右侍官皆宫省久吏,惊愕相视。

李松与棘阳赵萌说更始宜悉王诸功臣。朱鲔争之,以为高祖约,非刘氏不王。更始乃先封诸宗室:祉为定陶王,庆为燕王,歆为元氏王,嘉为汉中王,赐为宛王,信为汝阴王;然后立王匡为沘阳王,王凤为宜城王,朱鲔为胶东王,王常为邓王,申屠建为平氏王,陈牧为阴平王,卫尉大将军张卬为淮阳王,执金吾大将军廖湛为穰王,尚书胡殷为随王,柱天大将军李通为西平王,五威中郎将李轶为舞阴王,水衡大将军成丹为襄邑王,骠骑大将军宗佻为颍阴王,尹尊为郾王。唯朱鲔辞不受。乃以鲔为左大司马,宛王赐为前大司马,使与李轶等镇抚关东,又使李通镇荆州,王常行南阳太守事。以李松为丞相,赵萌为右大司马,共秉内任。

更始纳赵萌女为夫人,故委政于萌,日夜饮宴后庭。群臣欲言事,辄醉不能见,时不得已,乃令侍中坐帷中与语。韩夫人尤嗜酒,每侍饮,见常侍奏事,辄怒曰:"帝方对我饮,正用此时持事来邪!"起,抵破书案。赵萌专权,生杀自恣。郎吏有说萌放纵者,

淮阳王更始二年(甲申,公元 24 年)

1　春季,正月,大司马刘秀因为王郎正处于兴盛状态,于是北向蓟州夺取土地。

2　申屠建、李松自长安迎接刘玄迁都。二月,刘玄从洛阳出发。当初,三辅的英雄豪杰借用汉将军号诛杀王莽,人人都盼望封侯;申屠建已经把王宪杀了,又宣扬说:"三辅男子太凶狠狡黠,一起杀死了他们的君主。"官员百姓一片恐慌,所属各县军队等聚集自保,申屠建等不能攻下。刘玄到长安,于是下诏大赦,除王莽后代外,其他都免其罪,于是三辅尽得安定。

当时长安只有未央宫受灾,其馀宫室、供具张设、仓库、官府都安然无恙,犹如以前,城市街巷和原有的一样没有改变。刘玄在长乐宫居住,登上前殿,官吏们按照次序,排列在正殿前的院子里;刘玄羞愧惭怍,俯头爬席,不敢看人。将领们有后到的,刘玄问:"劫夺抢掠了多少?"左右侍官都是宫禁中的旧吏,对此惊愕不已,相视无语。

李松与棘阳人赵萌建议刘玄尽封功臣为王。朱鲔与他们争辩,认为汉高祖刘邦事先说定,不是刘姓皇族不能当王。刘玄于是首先赐封刘姓宗族:刘祉当定陶王,刘庆当燕王,刘歙当元氏王,刘嘉当汉中王,刘赐当宛王,刘信当汝阴王;然后立王匡当沘阳王,王凤当宜城王,朱鲔当胶东王,王常当邓王,申屠建当平氏王,陈牧当阴平王,卫尉大将军张卬当淮阳王,执金吾大将军廖湛当穰王,尚书胡殷当随王,柱天大将军李通当西平王,五威中郎将李轶当舞阴王,水衡大将军成丹当襄邑王,骠骑大将军宗佻当颍阴王,尹尊当郾王。只有朱鲔推辞不肯接受。于是任命朱鲔当左大司马,宛王刘赐当前大司马,让他们与李轶等人安抚函谷关以东地区,又让李通镇守荆州,王常代理南阳太守。任命李松当丞相,赵萌当右大司马,共同承担朝廷之内的责任。

刘玄娶赵萌女儿当夫人,所以把政事都给赵萌去管,日夜在后宫饮宴。臣属们想向君主奏闻或议论政事,刘玄总是因醉酒而不能相见,有时不得已,于是命侍中坐帐幕之中与臣僚说话。韩夫人尤其爱好喝酒,每次侍奉刘玄喝酒,见中常侍向天子奏事,总是勃然大怒说:"我正在陪皇上喝酒,你偏利用这时奏事呀!"于是起身,击破书案。赵萌专擅大权,自己随意杀人。郎官中有人说赵萌不受约束,

更始怒，拔剑斩之，自是无敢复言。以至群小、膳夫皆滥授官爵，长安为之语曰："灶下养，中郎将。烂羊胃，骑都尉。烂羊头，关内侯。"军师将军李淑上书谏曰："陛下定业，虽因下江、平林之势，斯盖临时济用，不可施之既安。唯名与器，圣人所重，今加非其人，望其裨益万分，犹缘木求鱼、升山采珠。海内望此，有以窥度汉祚！"更始怒，囚之。诸将在外者皆专行诛赏，各置牧守；州郡交错，不知所从。由是关中离心，四海怨叛。

3 更始征隗嚣及其叔父崔、义等。嚣将行，方望以更始成败未可知，固止之；嚣不听，望以书辞谢而去。嚣等至长安，更始以嚣为右将军，崔、义皆即旧号。

4 耿况遣其子弇奉奏诣长安，弇时年二十一。行至宋子，会王郎起，弇从吏孙仓、卫包曰："刘子舆，成帝正统，舍此不归，远行安之！"弇按剑曰："子舆弊贼，卒为降虏耳！我至长安，与国家陈上谷、渔阳兵马，归发突骑，以轢乌合之众，如摧枯折腐耳。观公等不识去就，族灭不久也！"仓、包遂亡，降王郎。

弇闻大司马秀在卢奴，乃驰北上谒。秀留署长史，与俱北至蓟。王郎移檄购秀十万户。秀令功曹令史颍川王霸至市中募人击王郎，市人皆大笑，举手邪揄之，霸惭懅而反。秀将南归，耿弇曰："今兵从南方来，不可南行。渔阳太守彭宠，公之邑人；上谷太守，即弇父也。发此两郡控弦万骑，邯郸不足虑也。"秀官属腹心皆不肯，曰："死尚南首，奈何北行入囊中！"秀指弇曰："是我北道主人也。"

刘玄勃然大怒,拔剑杀了那个人,从此没有人敢再说赵萌的不是。以至一伙小人、厨子,都过多地授给官爵,长安人把这件事编成歌谣:"灶下养,中郎将。烂羊胃,骑都尉。烂羊头,关内侯。"军师将军李淑上书规劝说:"陛下创业,虽然是由于下江兵、平林兵的势力,这大概都是临时中用,不可把它施用于已经安定的时期。只有用以分别尊卑贵贱的爵号与车服仪制,是圣人所看重的,现在给了不应该给的人,希望他们有万分益处,这犹如上树找鱼、登山采珠。四海之内看到这样,会有人暗中窥伺汉朝的皇位!"刘玄勃然大怒,把他囚禁起来。将领们在朝廷外的都自行赏罚,各设官吏,各州、各郡交叉错杂,不知服从谁好。因此关中地区离心,全国怨恨叛乱。

　　3 刘玄征召隗嚣和他的叔父隗崔、隗义等人。隗嚣将要出发,方望因为刘玄成败不可知道,坚持请他不走;隗嚣不听他的建议,方望留下一封书信,告辞而去。隗嚣等到达长安,刘玄任命隗嚣当右将军,隗崔仍当白虎将军,隗义仍当左将军。

　　4 耿况派遣他的儿子耿弇捧着奏章到长安,耿弇当时二十一岁。走到宋子,正值王郎起事,耿弇的从官孙仓、卫包说:"刘子舆乃是汉成帝一脉相传的嫡派,舍弃他不归附,远行到哪里去!"耿弇用手握着剑柄说:"刘子舆是个欺骗蒙混的贼子,最终要成为投降的俘虏! 我到长安,向朝廷叙说上谷郡和渔阳郡的兵马状况,回去后征发能冲突军队的骑兵,用来践踏那些乌合之众,犹如摧枯拉朽一般。看你等没有择主而从的眼光,灭族之祸不远了!"孙仓、卫包于是逃亡,投降了王郎。

　　耿弇听说大司马刘秀在卢奴,于是骑马奔驰北上拜见。刘秀让他留府中任长史,与他一块儿北上到达蓟城。王郎命人传递声讨的文告,用十万户的采邑作悬赏,购买刘秀的人头。刘秀命令大司马功曹令史颍川人王霸到市中招募人打击王郎,市人都发声大笑,举手戏弄他,王霸惭愧而回。刘秀即将南归,耿弇说:"而今兵从南方来,不可以向南进军。渔阳太守彭宠,是您的同乡;上谷太守,是我的父亲。征发这两郡弓箭骑兵一万人,对王郎就不必忧虑了。"刘秀的属官和亲信都不肯,说:"人死了,头还要向着南方,为何向北进发入人囊中!"刘秀指着耿弇说:"这是我北路的主人。"

会故广阳王子接起兵蓟中以应郎,城内扰乱,言邯郸使者方到,二千石以下皆出迎。于是秀趣驾而出,至南城门,门已闭;攻之,得出,遂晨夜南驰,不敢入城邑,舍食道傍。至芜蒌亭,时天寒烈,冯异上豆粥。至饶阳,官属皆乏食。秀乃自称邯郸使者,入传舍,传吏方进食,从者饥,争夺之。传吏疑其伪,乃椎鼓数十通,绐言"邯郸将军至",官属皆失色。秀升车欲驰,既而惧不免,徐还坐,曰:"请邯郸将军入。"久,乃驾去。晨夜兼行,蒙犯霜雪,面皆破裂。

至下曲阳,传闻王郎兵在后,从者皆恐。至滹沱河,候吏还白"河水流澌,无船,不可济"。秀使王霸往视之。霸恐惊众,欲且前,阻水还,即诡曰:"冰坚可度。"官属皆喜。秀笑曰:"候吏果妄语也!"遂前。比至河,河冰亦合,乃令王霸护渡,未毕数骑而冰解。至南宫,遇大风雨,秀引车入道傍空舍,冯异抱薪,邓禹爇火,秀对灶燎衣,冯异复进麦饭。

进至下博城西,惶惑不知所之。有白衣老父在道旁,指曰:"努力!信都郡为长安城守,去此八十里。"秀即驰赴之。是时郡国皆已降王郎,独信都太守南阳任光、和戎太守信都邳肜不肯从。光自以孤城独守,恐不能全,闻秀至,大喜,吏民皆称万岁。邳肜亦自和戎来会,议者多言可因信都兵自送,西还长安,邳肜曰:"吏民歌吟思汉久矣,故更始举尊号而天下响应,三辅清宫除道以迎之。今卜者王郎,假名因势,驱集乌合之众,遂振燕、赵之地,无有根本之固。明公奋二郡之兵以讨之,

正巧原广阳王的儿子刘接在蓟中起兵,以响应王郎,城内纷扰,混乱不堪,传说王郎的使节刚到,二千石以下的官吏都出来迎接。于是刘秀急催车辆而出,到南城门,城门已经关闭;攻击南城门,才得出城,于是昼夜向南奔驰,不敢进入城市,食宿都在路旁。到芜蒌亭,当时天气酷寒,冯异呈上豆粥。到饶阳,属官都缺乏食品。刘秀于是自称邯郸的使节,进入客馆,客馆的官吏正在吃饭,刘秀的随从饥饿难忍,与之争食。官吏怀疑刘秀是假使节,于是用棒槌敲打鼓数十遍,欺哄说"邯郸将军到",刘秀的属官都吓得变了脸色。刘秀登车打算逃走,随后又怕逃不掉,慢慢回到座位上,说:"请邯郸将军进来。"过了很久,才乘车辆离开。日夜兼程,顶霜冒雪,满面裂痕。

刘秀等到了下曲阳,传言王郎追兵在后,随从的官员都很害怕。到滹沱河,探望的官员回来说:"河水刚解冻,冰随水流,没有船,不可以渡。"刘秀派王霸前往观看。王霸恐怕众人吃惊,打算暂且向前,受到水的阻挡再回来,就狡诈地说:"河水结冰,坚实可渡。"下属的官吏都很高兴。刘秀笑着说:"探望的官吏果然说话荒谬!"于是向前。等到河畔,河水已经结冰,刘秀命令王霸监护渡河,有几个骑马的人还没有到达河对岸,冰就分解了。到南宫,遇到大风雨,刘秀引车进入路旁的空房,冯异抱来柴草,邓禹点燃火,刘秀对灶烤衣,冯异又呈上麦饭。

刘秀等人前进到下博城西,惊惶迷惑,不知道往哪里去。有身着白衣的老人在路旁,指着前面说:"努力干吧! 信都郡是长安的门户,离这里还有八十里。"刘秀立即奔赴那里。当时各郡国都已投降王郎,只有信都太守南阳人任光、和戎太守信都人邳肜不肯归附。任光自己认为独守孤城,恐怕不能保全,听说刘秀到,非常高兴,官民齐呼万岁。邳肜也从和戎来相会,议论的人多数说可以依靠信都兵护送,西回长安。邳肜说:"官民歌唱吟咏思念汉朝很久了,所以刘玄举起尊贵的称号而天下响应,三辅清理宫室、修治道路来迎接他。令占卜先生王郎,冒充汉成帝庶子之名,顺应着事物发展的趋势,驱赶集合起来的乌合之众,于是声振燕、赵之地,但并无坚固的基础。您使信都、和戎两郡的军队鼓起劲来讨伐王郎,

何患不克！今释此而归，岂徒空失河北，必更惊动三辅，堕损威重，非计之得者也。若明公无复征伐之意，则虽信都之兵，犹难会也。何者？明公既西，则邯郸势成，民不肯捐父母、背成主而千里送公，其离散亡逃可必也！"秀乃止。

秀以二郡兵弱，欲入城头子路、力子都军中，任光以为不可。乃发傍县，得精兵四千人，拜任光为左大将军，信都都尉李忠为右大将军，邳彤为后大将军、和戎太守如故，信都令万脩为偏将军，皆封列侯。留南阳宗广领信都太守事；使任光、李忠、万脩将兵以从；邳彤将兵居前，任光乃多作檄文曰："大司马刘公将城头子路、力子都兵百万众从东方来，击诸反虏！"遣骑驰至钜鹿界中。吏民得檄，传相告语。秀投暮入堂阳界，多张骑火，弥满泽中，堂阳即降；又击贳县，降之。城头子路者，东平爰曾也，寇掠河、济间，有众二十馀万，力子都有众六七万，故秀欲依之。昌城人刘植聚兵数千人据昌城，迎秀；秀以植为骁骑将军。耿纯率宗族宾客二千馀人，老病者皆载木自随，迎秀于育；拜纯为前将军。进攻下曲阳，降之。众稍合，至数万人，复北击中山。耿纯恐宗家怀异心，乃使从弟䜣宿归，烧庐舍以绝其反顾之望。

秀进拔卢奴，所过发奔命兵，移檄边郡共击邯郸，郡县还复响应。时真定王杨起兵附王郎，众十馀万，秀遣刘植说杨，杨乃降。秀因留真定，纳杨甥郭氏为夫人以结之。进击元氏、防子，皆下之。至鄗，击斩王郎将李恽；至柏人，复破郎将李育。育还保城，攻之，不下。

何须担忧不能取胜！现在放弃这样的条件而归，岂不是白白地失去了黄河以北，而且势将惊动三辅，大损朝廷的威信，不是良策。如果阁下没有讨伐王郎的意图，却希望信都地方部队护送，更不可能。为什么？阁下一旦西行，邯郸局势就会安定，百姓不肯抛弃父母妻子、背叛现成的主人，千里迢迢去护送您，他们离散逃亡是必然的！"刘秀于是决定留下。

刘秀因为两郡的兵力实在太弱，打算投奔城头子路、力子都的部队，任光认为不可以。于是下令征集邻县丁壮，得精锐部队四千人，任命任光当左大将军，信都都尉李忠当右大将军，邳肜当后大将军、仍兼和戎太守，信都令万脩当偏将军，都封列侯。任命南阳人宗广暂任信都太守；让任光、李忠、万脩率领全部兵马向王郎反击；邳肜带兵充当前锋，任光于是大量编写声讨文告说："大司马刘秀率城头子路、力子都等大军百万，从东方西征，讨伐叛逆！"派骑兵到钜鹿郡内散发。官民看到文告后，辗转传播。刘秀在暮色苍茫中抵达堂阳边界，大量设置游动不定的火把，水畔一片光亮，堂阳误以为大军压境，马上投降；刘秀又进击贳县，贳县也投降。城头子路乃东平郡人爰曾，在黄河、济水一带抢劫掳掠，有部众二十馀万人，而力子都也有部众六七万人，所以刘秀曾一度想前往投靠。昌城人刘植集结士兵数千人，占据昌城，迎接刘秀；刘秀任命刘植当骁骑将军。耿纯率领宗族宾客二千馀人，年老患病的各自随身带着棺木，在育阳迎接刘秀；刘秀任命耿纯当前将军。进攻下曲阳，下曲阳投降。刘秀的部队渐渐汇合，达数万人。再向北进攻中山。耿纯恐怕宗族怀有二心，就派他的堂弟耿䜣回到故乡，把所有的房舍都烧掉，以断绝他们的反悔之心。

刘秀进军，攻陷卢奴，所经过的郡县，征发地方官府的警卫部队，传令沿边郡县，共击邯郸，各郡县纷纷响应。这时真定王刘杨起兵投靠王郎，部众十馀万人，刘秀派刘植前往游说，刘杨投降。刘秀进入真定，并娶刘杨的甥女郭氏当夫人，用以团结刘杨。继续前进，攻击元氏、防子，都攻下了。到达鄗县，击杀王郎的将军李恽；进抵柏人，又击败王郎的将军李育。李育撤退，固守柏人城，刘秀围攻，未能攻下。

5　南郑人延岑起兵据汉中。汉中王嘉击降之,有众数十万。校尉南阳贾复见更始政乱,乃说嘉曰:"今天下未定,而大王安守所保,所保得无不可保乎?"嘉曰:"卿言大,非吾任也。大司马在河北,必能相用。"乃为书荐复及长史南阳陈俊于刘秀。复等见秀于柏人,秀以复为破虏将军,俊为安集掾。

秀舍中儿犯法,军市令颍川祭遵格杀之,秀怒,命收遵。主簿陈副谏曰:"明公常欲众军整齐,今遵奉法不避,是教令所行也。"乃贳之,以为刺奸将军,谓诸将曰:"当备祭遵! 吾舍中儿犯法尚杀之,必不私诸卿也。"

6　初,王莽既杀鲍宣,上党都尉路平欲杀其子永,太守苟谏保护之,永由是得全。更始征永为尚书仆射,行大将军事,将兵安集河东、并州,得自置偏裨。永至河东,击青犊,大破之。以冯衍为立汉将军,屯太原,与上党太守田邑等缮甲养士以扞卫并土。

7　或说大司马秀以守柏人不如定钜鹿,秀乃引兵东北拔广阿。秀披舆地图,指示邓禹曰:"天下郡国如是,今始乃得其一;子前言以吾虑天下不足定,何也?"禹曰:"方今海内殽乱,人思明君,犹赤子之慕慈母。古之兴者在德薄厚,不以大小也!"

8　蓟中之乱,耿弇与刘秀相失,北走昌平,就其父况,因说况击邯郸。时王郎遣将徇渔阳、上谷,急发其兵,北州疑惑,多欲从之。上谷功曹寇恂、门下掾闵业说况曰:"邯郸拔起,难可信向。大司马,刘伯升母弟,尊贤下士,可以归之。"况曰:"邯郸方盛,力不能独拒,如何?"对曰:"今上谷完实,

5　南郑人延岑,在汉中郡聚众起兵。汉中王刘嘉进击,延岑投降,刘嘉部众多至数十万。校尉南阳人贾复,眼见更始朝政治混乱,向刘嘉建议:"而今天下还没安定,大王却对你目前所有的东西心满意足,这些东西就没有不保的可能吗?"刘嘉说:"您说大话,不是我所能任用的。刘秀在黄河以北,一定能任用您。"于是写信给刘秀,推荐贾复与长史南阳人陈俊。贾复等抵达柏人,刘秀任命贾复当破虏将军,陈俊当安集掾。

刘秀的年轻仆人在军市中犯了法,军市令颍川人祭遵把他打死了,刘秀大怒,命人逮捕了祭遵。主簿陈副劝谏说:"您常要求军队军纪整肃,现在祭遵执法毫不回避,这是您的教令得到了贯彻执行呀。"刘秀于是饶恕了祭遵,让他担任剌奸将军,刘秀跟众将说:"你们应该小心点祭遵!我的小仆人犯法,尚且给杀了,他决不会偏袒你们。"

6　最初,王莽既诬杀鲍宣,上党郡都尉路平便打算杀鲍宣的儿子鲍永,郡太守苟谏竭力保护,鲍永才得以活命。刘玄任命鲍永当尚书仆射,代理大将军,率领军队安抚河东郡及并州所属郡县,可以自行任命偏师之将。鲍永到河东郡,攻击青犊,大获全胜。任命冯衍当立汉将军,驻守太原,与上党太守田邑等修理装备、供养并训练士兵,以便捍卫并州疆土。

7　有人向大司马刘秀建议,用柏人当基地,不如用钜鹿,刘秀认为有理,于是率军向东北进发,攻陷广阿。刘秀翻开地图,指给邓禹看,说:"天下郡国如此之多,到今天我才得到其中的一个;你前些时候认为我忧虑天下不能平定是多馀的,为什么?"邓禹回答说:"现在天下混乱,人民怀念英明的君王,好像初生的婴儿思慕慈母。古代兴起的帝王,只在他品德的厚薄,不在他地盘的大小!"

8　蓟中之乱时,耿弇与刘秀失散,向北逃到昌平,回到他父亲耿况那里,趁机劝说耿况攻击邯郸。而这时候,王郎派出的将领,正在渔阳、上谷夺取土地,并紧急征调那里的部队,北方沿边郡县疑惑,但多数都打算服从。上谷郡功曹寇恂、门下掾闵业向耿况建议说:"邯郸仓促崛起,前途难测。而大司马刘秀,是刘縯的亲弟弟,礼贤下士,我们可以归附他。"耿况说:"邯郸势力正如日中天,我们不能单独抵抗,应该怎么办?"寇恂说:"现在上谷郡完好充实,

控弦万骑,可以详择去就。恂请东约渔阳,齐心合众,邯郸不足图也!"况然之,遣恂东约彭宠,欲各发突骑二千匹、步兵千人诣大司马秀。

安乐令吴汉、护军盖延、狐奴令王梁亦劝宠从秀,宠以为然。而官属皆欲附王郎,宠不能夺。汉出止外亭,遇一儒生,召而食之,问以所闻。生言:"大司马刘公,所过为郡县所称,邯郸举尊号者,实非刘氏。"汉大喜,即诈为秀书,移檄渔阳,使生赍以诣宠,令具以所闻说之。会寇恂至,宠乃发步骑三千人,以吴汉行长史,与盖延、王梁将之,南攻蓟,杀王郎大将赵闳。

寇恂还,遂与上谷长史景丹及耿弇将兵俱南,与渔阳军合,所过击斩王郎大将、九卿、校尉以下,凡斩首三万级,定涿郡、中山、钜鹿、清河、河间凡二十二县。前及广阿,闻城中车骑甚众,丹等勒兵问曰:"此何兵?"曰:"大司马刘公也。"诸将喜,即进至城下。城下初传言二郡兵为邯郸来,众皆恐。刘秀自登西城楼勒兵问之。耿弇拜于城下,即召入,具言发兵状。秀乃悉召景丹等入,笑曰:"邯郸将帅数言我发渔阳、上谷兵,吾聊应言'我亦发之',何意二郡良为吾来! 方与士大夫共此功名耳。"乃以景丹、寇恂、耿弇、盖延、吴汉、王梁皆为偏将军,使还领其兵,加耿况、彭宠大将军,封况、宠、丹、延皆为列侯。

吴汉为人,质厚少文,造次不能以辞自达,然沉厚有智略,邓禹数荐之于秀,秀渐亲重之。

拥有骑兵一万人，可以认真选择自己的前途。我愿意前往东方的渔阳，与彭宠事前说定，同心合力，就用不着把邯郸放在心上!"耿况同意，派寇恂前往进见彭宠，事先商定，准备每郡出动骑兵突击队两千人、步兵一千人，前往大司马刘秀那里支援他。

安乐令吴汉、护军盖延、狐奴令王梁也劝告彭宠归附刘秀，彭宠同意。可是，郡府的下属官员都打算归附王郎，彭宠不能决定。吴汉到城外巡查，在一个行人停留宿食的处所，遇到一位信奉孔子学说的人，请来一块进餐，询问他听到的消息。儒生说:"大司马刘秀，所经过的郡县都受到当地官民的称赞，而在邯郸举起尊贵称号的人，实在不是刘姓子弟。"吴汉非常高兴，立即伪造了一份刘秀致送渔阳郡的文告，让那儒生拿着送给彭宠，嘱咐他把听到的消息告诉彭宠。恰好寇恂到达，彭宠于是决定派出步骑兵三千人，命吴汉当长史，与盖延、王梁共同率领，南下进攻蓟县，斩王郎大将赵闳。

寇恂返回上谷，与上谷长史景丹以及耿弇率军南下，与渔阳部队会合，所经过的地方，斩杀王郎任命的大将、九卿、校尉以下，共计约三万人，一连夺取涿郡、中山、钜鹿、清河、河间县等二十二县。前锋到达广阿，听说城里兵马很多，景丹等停兵打听道:"这是什么人的军队?"回答说:"是大司马刘秀的。"将领们喜悦，立即抵达城下。广阿城里最初谣传北方二郡的军队是王郎派遣而来，大家都很恐慌。刘秀整治军队，亲自登上西城楼，询问来意。耿弇下马，就在城下拜见，刘秀立即请他进城，耿弇说明了两郡发兵经过。刘秀于是把景丹等全部将领请到城中，笑着说:"邯郸将领屡次宣传征召渔阳、上谷部队，我应付说'我也征召渔阳、上谷部队'，想不到两郡真的为我而来! 我正要与各位官员共同建立赫赫功名。"然后任命景丹、寇恂、耿弇、盖延、吴汉、王梁都当偏将军，出城统领自己的部队，擢升耿况、彭宠为大将军，封耿况、彭宠、景丹、盖延四人为列侯。

吴汉为人朴实忠厚，不善言辞，遇到紧急情况，词不达意，然而沉着而有谋略，邓禹多次向刘秀推荐，刘秀逐渐对他亲近尊重。

更始遣尚书令谢躬率六将军讨王郎,不能下;秀至,与之合军,东围钜鹿,月馀未下。王郎遣将攻信都,大姓马宠等开门内之。更始遣兵攻破信都,秀使李忠还,行太守事。王郎遣将倪宏、刘奉率数万人救钜鹿,秀逆战于南䜌,不利。景丹等纵突骑击之,宏等大败。秀曰:"吾闻突骑天下精兵,今见其战,乐可言邪!"

耿纯言于秀曰:"久守钜鹿,士众疲弊,不如及大兵精锐,进攻邯郸,若王郎已诛,钜鹿不战自服矣。"秀从之。夏,四月,留将军邓满守钜鹿;进军邯郸,连战,破之,郎乃使其谏大夫杜威请降。威雅称郎实成帝遗体,秀曰:"设使成帝复生,天下不可得,况诈子舆者乎!"威请求万户侯,秀曰:"顾得全身可矣!"威怒而去。秀急攻之,二十馀日。五月甲辰,郎少傅李立开门内汉兵,遂拔邯郸。郎夜亡走,王霸追斩之。秀收郎文书,得吏民与郎交关谤毁者数千章。秀不省,会诸将军烧之,曰:"令反侧子自安!"

秀部分吏卒各隶诸军,士皆言愿属大树将军。大树将军者,偏将军冯异也,为人谦退不伐,敕吏士非交战受敌,常行诸营之后。每所止舍,诸将并坐论功,异常独屏树下,故军中号曰"大树将军"。

护军宛人朱祜言于秀曰:"长安政乱,公有日角之相,此天命也!"秀曰:"召刺奸收护军!"祜乃不敢复言。

更始遣使立秀为萧王,悉令罢兵,与诸将有功者诣行在所;遣苗曾为幽州牧,韦顺为上谷太守,蔡充为渔阳太守,并北之部。

刘玄派尚书令谢躬率领六位将军讨伐王郎，没有进展；刘秀到，两军相合，向东围攻钜鹿，一月有馀不能取胜。王郎派将攻打信都，城中世家大族马宠等打开城门迎接。刘玄派兵攻破信都，刘秀让李忠返回信都，代理太守。王郎派遣将领倪宏、刘奉率数万人救钜鹿，刘秀在南栾迎战，不顺利。景丹等人发骑兵突击部队进行攻击，倪宏等大败。刘秀说："我听说骑兵突击部队是天下的精兵，今天看见它战斗的气势，高兴得不能用言语来表达！"

耿纯向刘秀建议："我们长期困于钜鹿城下，官兵无不疲愈。不如用我们的精锐部队，直接进攻邯郸，一旦王郎伏诛，钜鹿用不着战斗自会到手。"刘秀采纳了。夏季，四月，刘秀留下将军邓满继续围困钜鹿；自率大军向邯郸挺进，连续战斗，节节胜利，王郎派谏大夫杜威请求投降。杜威强调王郎确实是汉成帝刘骜的嫡亲骨肉，刘秀说："即使汉成帝复活，也不能得到天下，何况他的冒牌儿子！"杜威请求封王郎万户侯爵，刘秀说："饶他不死已经够了！"杜威勃然大怒离去。刘秀发动猛烈攻击，历时二十馀日。五日甲辰（初一），王郎少傅李立打开城门迎接汉兵，于是邯郸陷落。王郎乘夜逃走，王霸追捕擒获，就地斩首。刘秀检查王郎的奏报文书，发现竟然有若干自己官吏与平民的奏章而且达数千之多，奏章上除了向王郎表示效忠外，还有谤毁刘秀的内容。刘秀并不察看，他集合全体将领，当大家的面，用火烧毁，说："使反叛的人安心！"

刘秀重新调整兵马，把新收容的官兵分配给各将领，大家都说愿属大树将军。所谓大树将军是指偏将军冯异，冯异为人谦逊退让，不夸耀自己的才能、功劳，下令他的部队除非跟敌人交战或遭受敌人的攻击，其他时候都要排在别的部队的后面。每到一个地方，将领们聚在一起，大谈自己的功劳，只有冯异独自坐在树荫底下，所以军中称他"大树将军"。

护军宛城人朱祐向刘秀建议："长安政令混乱，阁下有帝王的相貌，这是上天的旨意！"刘秀说："快教刺奸逮捕护军！"朱祐不敢再开口。

刘玄派遣使节封刘秀当萧王，下令所有部队一律复员，命刘秀与有功官员，一同返回长安；另行任命苗曾当幽州牧，韦顺当上谷太守，蔡充当渔阳太守，同时到北方赴任。

萧王居邯郸宫,昼卧温明殿,耿弇入,造床下请间,因说曰:"吏士死伤者多,请归上谷益兵。"萧王曰:"王郎已破,河北略平,复用兵何为?"弇曰:"王郎虽破,天下兵革乃始耳。今使者从西方来,欲罢兵,不可听也。铜马、赤眉之属数十辈,辈数十百万人,所向无前,圣公不能办也,败必不久。"萧王起坐曰:"卿失言,我斩卿!"弇曰:"大王哀厚弇如父子,故敢披赤心。"萧王曰:"我戏卿耳,何以言之?"弇曰:"百姓患苦王莽,复思刘氏,闻汉兵起,莫不欢喜,如去虎口得归慈母。今更始为天子,而诸将擅命于山东,贵戚纵横于都内,虏掠自恣,元元叩心,更思莽朝,是以知其必败也。公功名已著,以义征伐,天下可传檄而定也。天下至重,公可自取,毋令他姓得之!"萧王乃辞以河北未平,不就征,始贰于更始。

是时,诸贼铜马、大肜、高湖、重连、铁胫、大枪、尤来、上江、青犊、五校、五幡、五楼、富平、获索等各领部曲,众合数百万人,所在寇掠。萧王欲击之,乃拜吴汉、耿弇俱为大将军,持节北发幽州十郡突骑。苗曾闻之,阴敕诸郡不得应调。吴汉将二十骑先驰至无终,曾出迎于路,汉即收曾,斩之。耿弇到上谷,亦收韦顺、蔡充,斩之。北州震骇,于是悉发其兵。

秋,萧王击铜马于鄡,吴汉将突骑来会清阳,士马甚盛。汉悉上兵簿于莫府,请所付与,不敢自私,王益重之。王以偏将军沛国朱浮为大将军、幽州牧,使治蓟城。铜马食尽,夜遁,萧王追击于馆陶,大破之。受降未尽,而高湖、重连从东南来,与铜马馀众合,萧王复与大战于蒲阳,悉破降之,

刘秀住在邯郸赵王宫,白天在温明殿睡午觉,耿弇直闯而入,直到床前请求单独谈话,乘机说:"官兵死伤太多,请准许我回上谷补充。"刘秀说:"王郎已经消灭,黄河以北已经稍微太平,还补充兵干什么?"耿弇说:"王郎虽被消灭,天下争战却刚刚开始。现在,朝廷的使节从西方来,要全体士兵复员,决不可以听从。铜马、赤眉一类军队有数十个之多,而每一部分都有数十万人,甚至一百万人,所向无敌,刘玄没有能力应付,不久就会溃散。"刘秀从床上坐起来说:"你说了不该说的话,我只有杀你!"耿弇说:"大王怜爱厚待我如同父子,所以我敢赤诚相待。"刘秀说:"我开玩笑罢了。你为什么这样说?"耿弇说:"全国百姓被王莽害得苦不堪言,因而思念刘姓皇族,听说汉兵崛起,无不高兴,如同逃脱虎口,回到慈母怀抱里一样。现在刘玄当皇帝,而崤山以东的将领们不受节制,皇亲国戚在长安无所顾忌,随意抢劫掠夺,平民捶打胸口,怨愤至极,甚至思念新王朝的日子,因此,我知道刘玄必定失败。您的丰功英名传播海内,用仁义作为号召进行征伐,天下可以靠着一纸文告恢复秩序。天下最重要的是政权,您应该自己取得,莫让非刘姓皇族的人占有!"刘秀于是向刘玄报告,认为黄河以北还没有完全平定,无法抽身返回长安,开始与刘玄离异。

当时,各盗贼铜马、大肜、高湖、重连、铁胫、大枪、尤来、上江、青犊、五校、五幡、五楼、富平、获索等,各自率领部曲,总数有数百万人,到处抢夺掳掠。刘秀打算进攻他们,于是任命吴汉、耿弇同时当大将军,持节征调幽州所属十郡的骑兵突击部队。幽州牧苗曾听到这个消息,暗中吩咐各郡不予理会。吴汉率二十馀骑兵驰往幽州无终县,苗曾出城迎接,吴汉逮捕苗曾,当场处决。耿弇到上谷,也逮捕韦顺、蔡充,将他们斩杀。北州各郡震惊,于是尽发兵听候调遣。

秋季,刘秀进击铜马于鄡县,吴汉率领骑兵突击部队赶到清阳跟刘秀会合,军容雄壮。吴汉把全军官兵名册呈报于将帅治事之所,然后再请拨付,没有私心,刘秀对他更为器重。刘秀任命偏将军沛郡人朱浮当大将军,兼幽州牧,把州府设在蓟城。铜马粮食吃完了,乘夜逃跑,刘秀追击到馆陶,大败铜马。刘秀受降尚未完毕,而高湖、重连从东南来,与还没有投降的铜马结合,刘秀尾追到蒲阳,再次与铜马等大战,高湖等贼全部战败投降,

封其渠帅为列侯。诸将未能信贼，降者亦不自安。王知其意，敕令降者各归营勒兵，自乘轻骑按行部陈。降者更相语曰："萧王推赤心置人腹中，安得不投死乎!"由是皆服，悉以降人分配诸将，众遂数十万。赤眉别帅与青犊、上江、大彤、铁胫、五幡十馀万众在射犬，萧王引兵进击，大破之，南徇河内，河内太守韩歆降。

9　初，谢躬与萧王共灭王郎，数与萧王违戾，常欲袭萧王，畏其兵强而止。虽俱在邯郸，遂分城而处，然萧王有以慰安之。躬勤于吏职，萧王常称之曰："谢尚书，真吏也!"故不自疑。其妻知之，常戒之曰："君与刘公积不相能，而信其虚谈，终受制矣!"躬不纳。既而躬率其兵数万还屯于邺。及萧王南击青犊，使躬邀击尤来于隆虑山，躬兵大败。萧王因躬在外，使吴汉与刺奸大将军岑彭袭据邺城。躬不知，轻骑还邺，汉等收斩之，其众悉降。

10　更始遣柱功侯李宝、益州刺史李忠将兵万馀人徇蜀、汉。公孙述遣其弟恢击宝、忠于绵竹，大破走之。述遂自立为蜀王，都成都，民、夷皆附之。

11　冬，更始遣中郎将归德侯飒、大司马护军陈遵使匈奴，授单于汉旧制玺绶，因送云、当徐亲属、贵人、从者还匈奴。单于舆骄，谓遵、飒曰："匈奴本与汉为兄弟，匈奴中乱，孝宣皇帝辅立呼韩邪单于，故称臣以尊汉。今汉亦大乱，为王莽所篡，匈奴亦出兵击莽，空其边境，令天下骚动思汉；莽卒以败而汉复兴，亦我力也，当复尊我!"遵与相掌拒，单于终持此言。

刘秀把他们的首领封为列侯。刘秀的部将们不敢信降兵降将的诚意,而降兵降将们内心也不能自安。刘秀了解到这一情况,于是命令降将们各自回到他们的部队整顿好装备,自己则轻装乘马,按照行列部署阵势。降兵降将们互相告诫说:"萧王对我们推心置腹,怎么能不教我们为他效命!"因此大家心悦诚服,刘秀把投降的部队全部分配给各将领,部众达到数十万。赤眉的另一位头领与青犊、上江、大肜、铁胫、五幡,约有十馀万人在射犬集结,刘秀率军进击,大获全胜,于是向南夺取河内,河内太守韩歆投降。

9 最初,更始朝尚书令谢躬与刘秀合军共同消灭王郎,但二人之间,多次发生争执,互相怨恨,谢躬时常想袭击刘秀,都因为畏惧刘秀兵力强大不敢发动。二人的部队,虽都在邯郸,却各有营地防区,刘秀不时对谢军慰问安抚。谢躬对于行政工作非常勤奋,刘秀经常称赞:"谢尚书,真是个名副其实的好官!"谢躬因此不再自己猜疑。他的妻子知道了这件事,经常告诫他:"你跟刘秀的怨仇已深,势不两立,可是你却相信他表面上的那套虚情假意,最终会受到挟制的!"谢躬不接受。稍后,谢躬率领他的数万部队南下屯驻邺城。等到刘秀南击青犊,让谢躬中途截击盘踞在隆虑山的尤来,谢躬的军队大败。刘秀利用谢躬领兵在外,让吴汉与刺奸大将军岑彭袭击占据了邺城。谢躬不知道基地的变化,反率领少数轻装骑兵回到邺城,吴汉等把谢躬逮捕斩首,他的部队全部投降。

10 刘玄派柱功侯李宝、益州刺史李忠率军万馀人,南下夺取蜀郡、汉中郡。据守成都的公孙述,派他的弟弟公孙恢在绵竹迎击李宝、李忠,大败敌军,李宝、李忠逃跑。公孙述于是自立为蜀王,建都成都,当地百姓和夷族全都归附于他。

11 冬季,刘玄派中郎将归德侯刘飒、大司马护军陈遵出使匈奴,向单于颁发汉朝旧有的印信,顺便把栾提云与她丈夫须卜当的亲属、贵族、随从送回匈奴。匈奴单于栾提舆态度傲慢,对陈遵、刘飒说:"匈奴与汉朝本来是兄弟,匈奴中期发生内乱,孝宣皇帝帮助立呼韩邪单于,所以匈奴称臣,以示尊敬汉朝。而今汉朝也有大乱,被王莽所篡夺,匈奴也曾出兵攻击王莽,使他们的北方边境荡然一空,引起天下骚动,产生'人心思汉'的后果,王莽最终失败,而汉王朝复兴,这都是我们匈奴的力量,汉朝应该称臣,尊敬匈奴!"陈遵反复辩解,但单于坚持他的这种观点。

12　赤眉樊崇等将兵入颍川，分其众为二部，崇与逢安为一部，徐宣、谢禄、杨音为一部。赤眉虽数战胜，而疲弊厌兵，皆日夜愁泣，思欲东归。崇等计议，虑众东向必散，不如西攻长安。于是崇、安自武关，宣等从陆浑关，两道俱入。更始使王匡、成丹与抗威将军刘均等分据河东、弘农以拒之。

13　萧王将北徇燕、赵，度赤眉必破长安，又欲乘衅并关中，而未知所寄，乃拜邓禹为前将军，中分麾下精兵二万人，遣西入关，令自选偏裨以下可与俱者。时朱鲔、李轶、田立、陈侨将兵号三十万，与河南太守武勃共守洛阳；鲍永、田邑在并州。萧王以河内险要富实，欲择诸将守河内者而难其人，问于邓禹，邓禹曰："寇恂文武备足，有牧人御众之才，非此子莫可使也！"乃拜恂河内太守，行大将军事。萧王谓恂曰："昔高祖留萧何关中，吾今委公以河内，当给足军粮，率厉士马，防遏他兵，勿令北渡而已！"拜冯异为孟津将军，统魏郡、河内兵于河上，以拒洛阳。萧王亲送邓禹至野王，禹既西，萧王乃复引兵而北。寇恂调糇粮、治器械以供军。军虽远征，未尝乏绝。

14　隗崔、隗义谋叛归天水。隗嚣恐并及祸，乃告之。更始诛崔、义，以嚣为御史大夫。

15　梁王永据国起兵，招诸郡豪桀。沛人周建等并署为将帅，攻下济阴、山阳、沛、楚、淮阳、汝南，凡得二十八城。又遣使拜西防贼帅山阳佼强为横行将军；东海贼帅董宪为翼汉大将军；琅邪贼帅张步为辅汉大将军，督青、徐二州，与之连兵，遂专据东方。

12　赤眉首领樊崇等率军进入颍川,把他的部众分为两部分,樊崇和逢安率领一部分,徐宣、谢禄、杨音率领另一部分。赤眉虽然不断打胜仗,但已精疲力尽,对战争早感厌倦,都日夜哭泣,但求回到东方。樊崇等商议,认为部众回到东方必然一哄而散,不如向西攻击长安。于是,樊崇、逢安从武关,徐宣等从陆浑关,分为两路,向长安进军。刘玄命王匡、成丹和抗威将军刘均等人,分别驻防河东、弘农,堵截赤眉。

13　刘秀将要向北夺取燕、赵,估计赤眉必然攻破长安,所以又打算利用更始朝与赤眉的争端并吞关中,但不知道把任务交给谁好,于是任命邓禹当前将军,交给他麾下精兵两万人,派他西入关中地区,并让他自己选择将领与幕僚。这时,更始朝将领朱鲔、李轶、田立、陈侨率军号称三十万,与河南郡太守武勃共同守卫洛阳;另外两位将领鲍永、田邑则驻军并州。刘秀认为河内郡地势险要,物产丰富而充实,打算在将领中物色一位干才担负这项重任,却难于物色到,向邓禹询问,邓禹说:"寇恂文武兼备,有统御群众的能力,除了他再没有更合适的人!"刘秀于是任命寇恂当河内郡太守,并代理大将军职务。他对寇恂说:"从前,高祖把关中交给萧何,而今我把河内交给你,应当保证军粮供应,训练兵马,阻挡其他部队,不要让他们北渡黄河!"又任命冯异当孟津将军,统辖魏郡、河内郡的地方武力,以抗拒洛阳方面的刘玄部队。刘秀亲自送邓禹到野王,邓禹既向西出发,刘秀再率军北上。寇恂征集粮食,制造武器,以供应前方军需。大军推进得再远,物资从不匮乏。

14　隗崔、隗义密谋背叛更始朝,逃回基地天水。隗嚣恐怕事情败露,自己被牵连,于是向朝廷检举。刘玄诛杀隗崔、隗义,任命隗嚣当御史大夫。

15　梁王刘永,凭依他的封国起兵,招揽各郡英雄豪杰。沛郡人周建等都被任命当将领,一连攻陷济阴、山阳、沛郡、楚郡、淮阳、汝南等,共占领二十八座城池。又派遣使节任命西防贼头领山阳人佼强当横行将军;东海贼头领董宪当翼汉大将军;琅邪贼首领张步当辅汉大将军,监管青州、徐州,集结武力,于是在东方称霸。

16　邵人秦丰起兵于黎丘，攻得邵、宜城等十馀县，有众万人，自号楚黎王。

17　汝南田戎攻陷夷陵，自称扫地大将军，转寇郡县，众数万人。

16 邔县人秦丰在黎丘聚众起兵,攻陷邔县、宜城等十馀县,有部众一万人,自称楚黎王。

17 汝南人田戎攻陷夷陵,自称扫地大将军,转战劫掠各郡县,有部众数万人。

卷第四十　汉纪三十二

起乙酉(25)尽丙戌(26)凡二年

世祖光武皇帝上之上

建武元年(乙酉,25)

1　春,正月,方望与安陵人弓林共立前定安公婴为天子,聚党数千人,居临泾。更始遣丞相松等击破,皆斩之。

2　邓禹至箕关,击破河东都尉,进围安邑。

3　赤眉二部俱会弘农。更始遣讨难将军苏茂拒之,茂军大败。赤眉众遂大集,乃分万人为一营,凡三十营。三月,更始遣丞相松与赤眉战于蓩乡,松等大败,死者三万馀人,赤眉遂转北至湖。

4　蜀郡功曹李熊说公孙述宜称天子。夏,四月,述即帝位,号成家,改元龙兴。李熊为大司徒,述弟光为大司马,恢为大司空。越巂任贵据郡降述。

5　萧王北击尤来、大枪、五幡于元氏,追至北平,连破之;又战于顺水北,乘胜轻进,反为所败。王自投高岸,突骑王丰下马授王,王仅而得免。散兵归保范阳,军中不见王,或云已杀,诸将不知所为,吴汉曰:"卿曹努力!王兄子在南阳,何忧无主!"众恐惧,数日乃定。贼虽战胜,而惮王威名,

世祖光武皇帝上之上

汉光武帝建武元年(乙酉,公元25年)

1　春季,正月,方望和安陵人弓林共同拥立前定安公刘婴当皇帝,聚集党徒数千人,占据临泾。更始皇帝刘玄派遣丞相李松率兵讨伐,全部斩杀。

2　邓禹的军队进抵箕关,打败了河东郡都尉的军队,进军包围了河东郡安邑县。

3　赤眉军的两支队伍在弘农会师。更始皇帝刘玄派遣讨难将军苏茂拦截,苏茂的军队大败。赤眉军于是大为集结,以每一万人编成一营,共计三十营。三月,刘玄派遣丞相李松率领军队同赤眉军在蓣乡展开大战,李松等惨败,死三万馀人,于是赤眉军向北推进到湖城县。

4　蜀郡功曹李熊劝说蜀王公孙述应当称皇帝。夏季,四月,公孙述在成都即帝位,国号成家,改年号为龙兴。公孙述任命李熊为大司徒,任命自己的弟弟公孙光为大司马,任命公孙恢为大司空。越人任贵献郡降附公孙述。

5　刘秀率军北进,在元氏攻打尤来、大枪、五幡等几支贼寇军队,一直追到北平,屡战屡胜;又在顺水河的北岸交战,乘胜率军冒进,反被贼军打败。刘秀走投无路,从悬崖上跳下,幸而遇到骑兵突击队的王丰,王丰把战马让给刘秀,刘秀仅得免死。败兵退归范阳,发现刘秀不见了,有人说刘秀已在两军阵前被杀,将领们不知如何是好,吴汉说:"大家尽量努力! 大王哥哥的儿子就在南阳,我们何必忧愁没有主帅!"但大家依然感到恐慌,几天以后,才安定下来。贼军虽然战胜了刘秀,但被刘秀的威名所震慑,

夜,遂引去。大军复进至安次,连战,破之。贼退入渔阳,所过虏掠。强弩将军陈俊言于王曰:"贼无辎重,宜令轻骑出贼前,使百姓各自坚壁以绝其食,可不战而殄也。"王然之,遣俊将轻骑驰出贼前,视人保壁坚完者,敕令固守;放散在野者,因掠取之。贼至,无所得,遂散败。王谓俊曰:"困此虏者,将军策也。"

6 冯异遗李轶书,为陈祸福,劝令归附萧王。轶知长安已危,而以伯升之死,心不自安,乃报书曰:"轶本与萧王首谋造汉,今轶守洛阳,将军镇孟津,俱据机轴,千载一会,思成断金。唯深达萧王,愿进愚策以佐国安民。"轶自通书之后,不复与异争锋,故异得北攻天井关,拔上党两城,又南下河南成皋以东十三县,降者十馀万。武勃将万馀人攻诸畔者,异与战于士乡下,大破,斩勃,轶闭门不救。异见其信效,具以白王。王报异曰:"季文多诈,人不能得其要领。今移其书告守、尉当警备者。"众皆怪王宣露轶书。朱鲔闻之,使人刺杀轶,由是城中乖离,多有降者。

朱鲔闻王北征而河内孤,乃遣其将苏茂、贾强将兵三万馀人渡巩河,攻温;鲔自将数万人攻平阴以缀异。檄书至河内,寇恂即勒军驰出,并移告属县,发兵会温下。军吏皆谏曰:"今洛阳兵渡河,前后不绝;宜待众军毕集,乃可出也。"恂曰:"温,郡之藩蔽,失温则郡不可守。"遂驰赴之。旦日,合战,

于是乘夜撤走。刘秀的军队再次进军,追到安次,接连进攻,大败贼军。贼军撤退进入渔阳郡,所到之处,大肆掳掠。强弩将军陈俊向刘秀进言:"这样贼寇没有粮食辎重,应该派轻骑兵挡在贼寇的前面,让沿途的百姓各自坚壁清野,以此断绝贼寇的口粮,这样用不着攻打,贼寇自然会被消灭。"刘秀非常赞同,随即派遣陈俊率轻骑兵飞奔至贼军前,对那些坚固完整的壁垒,则下令百姓固守待援;对那些分散在郊野的物资,则抢先掠取到手。贼寇到达之后,一无所得,自然溃散。刘秀对陈俊说:"使这群贼寇陷入困境,全是将军的策略。"

6　冯异给更始将领舞阳王李轶写信,为他陈述利害,劝他归附刘秀。李轶深知长安已危在旦夕,但因刘缜之死,所以心自不安,于是回信给冯异说:"我本来同刘秀最早合谋重建汉王朝,现在我守洛阳,你守孟津,全都据在战略要地,这是千载难逢的良机,你我二人同心,定可无坚不摧。请你代我转达萧王刘秀,我甘愿进献愚策,帮助他定国安民。"自从李轶和冯异互通书信之后,李轶不再同冯异交兵,因此冯异能够向北进攻天井关,攻取上党地区的两个县城,继而挥师南下,攻取河南成皋以东的十三个县,收受降军十馀万人。更始朝将领武勃率领一万馀人攻打叛变的部众,冯异和武勃在士乡展开激战,大破武勃军,斩武勃,李轶却紧闭城门,不予救助。冯异见劝降的书信奏效,一五一十地向刘秀禀报。刘秀回复冯异说:"李轶诡诈多端,一般人不知道他到底是怎么想的。现在把他给你的信转送给应当警备的各郡太守和都尉。"大家全都奇怪刘秀为什么要泄露李轶的书信。不久,更始朝将领朱鲔听说了这件事,派人刺杀了李轶。这样一来,洛阳城中离心离德,有不少人投降。

朱鲔得知刘秀大军北征而河内势孤力单,于是派遣部将苏茂、贾强领兵三万馀人渡过巩河,进攻温县;朱鲔亲自领兵数万人进攻平阴,以牵制冯异的军队。檄文传到河内,寇恂马上集结军队急驱迎战,并传令下属各县火速发兵,到温县城下会师。军吏们全都劝阻说:"眼下洛阳大军渡过巩河,前后不绝;我们应该等到各县军队全都聚集到一处,才能够出战。"寇恂说:"温县是本郡的屏障,如果温县陷落,那郡城就守不住。"于是率军驱驰迎敌。第二天,寇恂和敌军交战,

而冯异遣救及诸县兵适至,恂令士卒乘城鼓噪,大呼言曰:"刘公兵到!"苏茂军闻之,陈动。恂因奔击,大破之。冯异亦渡河击朱鲔,鲔走。异与恂追至洛阳,环城一匝而归。自是洛阳震恐,城门昼闭。

异、恂移檄上状,诸将入贺,因上尊号。将军南阳马武先进曰:"大王虽执谦退,奈宗庙社稷何!宜先即尊位,乃议征伐。今此谁贼而驰骛击之乎?"王惊曰:"何将军出此言?可斩也!"乃引军还蓟。复遣吴汉率耿弇、景丹等十三将军追尤来等,斩首万三千馀级,遂穷追至浚靡而还。贼散入辽西、辽东,为乌桓、貊人所钞击略尽。

都护将军贾复与五校战于真定,复伤创甚。王大惊曰:"我所以不令贾复别将者,为其轻敌也。果然,失吾名将!闻其妇有孕,生女邪,我子娶之;生男邪,我女嫁之;不令其忧妻子也。"复病寻愈,追及王于蓟,相见甚欢。

还至中山,诸将复上尊号,王又不听。行到南平棘,诸将复固请之,王不许。诸将且出,耿纯进曰:"天下士大夫,捐亲戚,弃土壤,从大王于矢石之间者,其计固望攀龙鳞,附凤翼,以成其所志耳。今大王留时逆众,不正号位,纯恐士大夫望绝计穷,则有去归之思,无为久自苦也。大众一散,难可复合。"纯言甚诚切,王深感曰:"吾将思之。"

行至鄗,召冯异,问四方动静。异曰:"更始必败,宗庙之忧在于大王,宜从众议!"会儒生彊华自关中奉《赤伏符》来诣王曰:"刘秀发兵捕不道,四夷云集龙斗野,四七之际火为主。"群臣因复奏请。六月己未,王即皇帝位于鄗南,改元,大赦。

而此时冯异派出的救兵和各县的军队恰好赶到,寇恂命士兵在城上呐喊,大声呼叫:"刘公大军来了!"苏茂的部众听到后,阵列骚动。寇恂乘势冲击,大破敌军。此时,冯异也率军渡过巩河袭击朱鲔的军队,朱鲔逃走。冯异和寇恂一直追到洛阳,绕城一周而还。从此洛阳全城震恐,白天也紧闭城门。

冯异、寇恂向刘秀呈报战果,各路将领进帐祝贺,乘机请刘秀称帝。将军南阳人马武首先说:"大王您虽然谦恭退让,但国家宗庙社稷托付给谁?最好的办法是您先即帝位,然后再讨论征讨的事。像现在名号未正,东闯西杀,到底谁是贼呢?"刘秀很吃惊,说:"将军怎么说出这种话?够杀头的罪了!"于是率军返回蓟县。又派吴汉率领耿弇、景丹等十三位将军追尤来等贼寇军,斩首一万三千余人,紧接着穷追到浚靡县才返回。贼寇军散入辽西、辽东,被乌桓、貊人抢掠击杀,几乎死尽。

都护将军贾复同五校的贼军在真定交战,贾复身负重伤。刘秀得知大惊,说:"我之所以不让贾复单独率军迎战,是因为怕他轻敌。果然如此,我丧失了一员名将!听说他妻子怀有身孕,如果生女孩儿,将来我的儿子娶她为妻;如果生男孩儿,将来我的女儿嫁给他。不要让他为妻子儿女担忧。"贾复的伤势不久痊愈,追赶到蓟县见刘秀,两人见面后非常高兴。

刘秀回到中山县,将领们再次请求即帝位,他再次拒绝。大军走到南平棘,将领们再次坚决恳请,他仍然不答应。将领们将要退出,耿纯进谏说:"普天下的官吏、将士,舍弃亲属,背井离乡,跟随大王,辗转于弹雨之中。他们一心向往的是能够攀龙附凤,以成就志向。现在您拖延时间,违背众意,不确定尊号,我恐怕官吏和将士们会失去希望,无计可施,从而产生退归故里的想法,不能长期忍耐下去。众人一散,就很难再聚合到一处了。"耿纯的话非常诚恳殷切,刘秀十分感谢,说:"我将予以考虑。"

刘秀的军队走到鄗县,刘秀召见冯异打听各方军情。冯异说:"更始王朝必败,忧虑宗庙的大任在您身上,您应当听从大家的建议!"恰好儒生疆华从关中捧着《赤伏符》来晋见,符上说:"刘秀发兵捕不道,四夷云集龙斗野,四七之际火为主。"群臣因此再次奏请。六月己未(二十二日),刘秀在鄗县之南即皇帝位,改年号,大赦天下。

7 邓禹围安邑，数月未下。更始大将军樊参将数万人渡大阳，欲攻禹。禹逆击于解南，斩之。王匡、成丹、刘均合军十馀万，复共击禹，禹军不利。明日，癸亥，匡等以六甲穷日，不出，禹因得更治兵。甲子，匡悉军出攻禹，禹令军中毋得妄动，既至营下，因传发诸将，鼓而并进，大破之。匡等皆走，禹追斩均及河东太守杨宝，遂定河东。匡等奔还长安。

张卬与诸将议曰："赤眉旦暮且至，见灭不久，不如掠长安，东归南阳。事若不集，复入湖池中为盗耳！"乃共入，说更始，更始怒不应，莫敢复言。更始使王匡、陈牧、成丹、赵萌屯新丰，李松军掫，以拒赤眉。张卬、廖湛、胡殷、申屠建与隗嚣合谋，欲以立秋日貙膢时共劫更始，俱成前计。更始知之，托病不出，召张卬等入，将悉诛之。唯隗嚣称疾不入，会客王遵、周宗等勒兵自守。更始狐疑不决，卬、湛、殷疑有变，遂突出，独申屠建在，更始斩建，使执金吾邓晔将兵围隗嚣第。卬、湛、殷勒兵烧门，入战宫中，更始大败。嚣亦溃围，走归天水。明旦，更始东奔赵萌于新丰。更始复疑王匡、陈牧、成丹与张卬等同谋，乃并召入。牧、丹先至，即斩之。王匡惧，将兵入长安，与张卬等合。

8 赤眉进至华阴，军中有齐巫，常鼓舞祠城阳景王。巫狂言："景王大怒曰：'当为县官，何故为贼！'"有笑巫者辄病，军中惊动。方望弟阳说樊崇等曰："今将军拥百万之众，西向帝城，而无称号，名为群贼，不可以久；不如立宗室，

7 邓禹率军包围安邑,经过几个月也未能攻下。更始朝大将军樊参率领数万人从大阳渡河,准备攻打邓禹。邓禹在解县南迎头痛击,斩了樊参。更始朝的王匡、成丹、刘均纠集十馀万军队,再次一起攻打邓禹,邓禹交战失利。第二天,癸亥(二十六日),王匡等因为当天是六十甲子记日的最后一天,所以闭门不出,而邓禹因此能利用这一天整顿部署军队。甲子(二十七日),王匡等全军出击攻打邓禹,邓禹下令军队不得轻举妄动,等到王匡军逼进营垒时,才传令各将领,击鼓进军,大破敌军。王匡等全都溃逃,邓禹乘胜追击,杀了刘均以及河东太守杨宝,于是平定河东。王匡等逃回长安。

更始朝卫尉大将军张卬同将领们商议:"赤眉军早晚就会到达,我们不久就会被消灭,与其等死,不如抢掠了长安,向东逃回南阳。事情如果办不成,我们再到江湖中,重新做强盗罢了!"于是一同晋见,说服刘玄,刘玄满脸怒气,不发一言,众人也不敢再坚持。刘玄命王匡、陈牧、成丹、赵萌率军驻屯新丰,命宰相李松屯兵掫城,以抗拒赤眉军。张卬、廖湛、胡殷、申屠建与隗嚣合谋,准备借立秋这一天,杀牲祭宗庙的时候,共同劫持刘玄,实现先前的计划。刘玄得知后,称病不出门,他召张卬等进宫,准备全都斩首。当时只有隗嚣自称有病没有入宫,召集他的宾客王遵、周宗等率军士戒备。刘玄犹疑不决,张卬、廖湛、胡殷怀疑有变化,于是立即突出宫去。只有申屠建还留在宫中,刘玄杀了申屠建,命执金吾邓晔领兵包围隗嚣的住宅。张卬、廖湛、胡殷带领部众烧毁宫门,杀入宫中,刘玄大败。隗嚣也突破包围,逃出长安回到天水。第二天早晨,刘玄出皇宫向东投奔在新丰屯兵的赵萌。刘玄又开始怀疑王匡、陈牧、成丹和张卬等是一伙的,于是一块儿召见他们。陈牧、成丹先到,立刻把二人斩首。王匡恐惧万分,率军进入长安,与张卬等人会合。

8 赤眉军进抵华阴县,随军有一位齐国的巫师,常常鼓动祭祀西汉城阳景王刘章。巫师口出狂言:"景王刘章大发雷霆,说了:'要当就当天子,为什么要当盗贼!'"当时军中有嘲笑巫师胡说的人就患病,为此全军震惊。方望的弟弟方阳劝说赤眉军首领樊崇等人:"现在将军拥有百万大军,向西面对帝王都城,却没有一个称号,被人看作一伙盗贼,绝不可能长期维持下去。不如拥立一位刘氏宗室,

挟义诛伐,以此号令,谁敢不从!"崇等以为然,而巫言益甚。前至郑,乃相与议曰:"今迫近长安,而鬼神若此,当求刘氏共尊立之。"

先是,赤眉过式,掠故式侯萌之子恭、茂、盆子三人自随。恭少习《尚书》,随樊崇等降更始于洛阳,复封式侯,为侍中,在长安。茂与盆子留军中,属右校卒史刘侠卿,主牧牛。及崇等欲立帝,求军中景王后,得七十馀人,唯茂、盆子及前西安侯孝最为近属。崇等曰:"闻古者天子将兵称上将军。"乃书札为符曰"上将军",又以两空札置笥中,于郑北设坛场,祠城阳景王,诸三老、从事皆大会;列盆子等三人居中立,以年次探札,盆子最幼,后探,得符;诸将皆称臣,拜。盆子时年十五,被发徒跣,敝衣赭汗,见众拜,恐畏欲啼。茂谓曰:"善臧符!"盆子即啮折,弃之。以徐宣为丞相,樊崇为御史大夫,逢安为左大司马,谢禄为右大司马,其馀皆列卿、将军。盆子虽立,犹朝夕拜刘侠卿,时欲出从牧儿戏,侠卿怒止之。崇等亦不复候视也。

9 秋,七月辛未,帝使使持节拜邓禹为大司徒,封酂侯,食邑万户。禹时年二十四。又议选大司空,帝以《赤伏符》曰"王梁主卫作玄武",丁丑,以野王令王梁为大司空。又欲以谶文用平狄将军孙咸行大司马,众咸不悦。壬午,以吴汉为大司马。

挟持天子的名义诛杀讨伐,以此号召天下谁敢不服从!"樊崇等认为说得很对,而巫师的狂言也越来越厉害。向前进军抵达郑县,于是共同商议说:"我们现在已经逼进长安,而鬼神的旨意如此明显,应该寻求一位刘氏宗室,共同尊他为皇帝。"

早先,赤眉军经过式县,劫持故式侯刘萌的儿子刘恭、刘茂、刘盆子三人随军流徙。刘恭幼时学习《尚书》,后来跟从樊崇等在洛阳投降更始皇帝刘玄,又封式侯爵位,在宫中当侍中,后到长安。刘茂和刘盆子仍留在赤眉军中,归右校卒史刘侠卿管辖,负责放牛。等到樊崇等想要拥立皇帝时,则在军中寻找景王刘章的后代,共找到七十余人,其中只有刘茂、刘盆子以及前西安侯刘孝是血统最亲近的。樊崇等人说:"听说古时候,天子亲自领兵,称为上将军。"于是在一片木简上写"上将军"三个字做符,又把两片未写字的木简一起放在竹筒中,在郑县北面修筑高台,祭祀城阳景王刘章,各位三老、从事全都聚会于此;请刘盆子等三人居台中排列站立,按照长幼顺序抽签。刘盆子年纪最小,最后抽,抽中了符;将领们全都向刘盆子称臣叩拜。刘盆子当年十五岁,披散着头发,光着双脚,穿着破衣服,紫涨着脸,浑身冒汗,他看见众将跪拜,惊恐得要哭出来。刘茂对他说:"把你抽到的符藏好!"刘盆子却把木简放到口中咬断,扔掉。他任命徐宣为丞相,樊崇为御史大夫,逢安为左大司马,谢禄为右大司马,其馀的全任命为卿、将军。刘盆子虽被立为皇帝,但每天早晚还要叩拜刘侠卿,他时常想到外面去和牧童们嬉戏,刘侠愤怒地制止他。樊崇等人也不再来问候探视。

9 秋季,七月辛未(初五),皇帝刘秀派使臣持符节提拔邓禹当大司徒,封为酂侯,受封土地一万户。当时邓禹二十四岁。又商议选拔大司空,刘秀凭《赤伏符》上说的"王梁主卫作玄武",丁丑(十一日),任命野王县令王梁为大司空。刘秀又打算按照谶文中的话起用平狄将军孙咸代理大司马的职责,对此大家都不高兴。壬午(十六日),任命吴汉为大司马。

初,更始以琅邪伏湛为平原太守。时天下兵起,湛独晏然,抚循百姓。门下督谋为湛起兵,湛收斩之。于是吏民信向,平原一境赖湛以全。帝征湛为尚书,使典定旧制。又以邓禹西征,拜湛为司直,行大司徒事。车驾每出征伐,常留镇守。

10 邓禹自汾阴渡河,入夏阳,更始左辅都尉公乘歙引其众十万与左冯翊兵共拒禹于衙。禹复破走之。

宗室刘茂聚众京、密间,自称厌新将军,攻下颍川、汝南,众十馀万人。帝使骠骑大将军景丹、建威大将军耿弇、强弩将军陈俊攻之。茂来降,封为中山王。

11 己亥,帝幸怀,遣耿弇、陈俊军五社津,备荥阳以东;使吴汉率建议大将军朱祐等十一将军围朱鲔于洛阳。八月,进幸河阳。

12 李松自掫引兵还,从更始与赵萌共攻王匡、张卬于长安。连战月馀,匡等败走,更始徙居长信宫。

赤眉至高陵,王匡、张卬等迎降之,遂共连兵进攻东都门。李松出战,赤眉生得松;松弟况为城门校尉,开门纳之。九月,赤眉入长安;更始单骑走。从厨城门出。式侯恭以赤眉立其弟,自系诏狱。闻更始败走,乃出,见定陶王祉,祉为之除械,相与从更始于渭滨。右辅都尉严本,恐失更始为赤眉所诛,即将更始至高陵,本将兵宿卫,其实围之。更始将相皆降赤眉,独丞相曹竟不降,手剑格死。

13 辛未,诏封更始为淮阳王。吏民敢有贼害者,罪同大逆;其送诣吏者封列侯。

起初,刘玄以琅邪人伏湛为平原郡太守。当时各地起兵,只有伏湛安抚顺应百姓,一副安闲的样子。门下督为伏湛策划起兵的事,伏湛把他抓获杀头。因此官民信赖向往伏湛,整个平原境内仗着伏湛而保全下来。刘秀征召伏湛当尚书,让他负责整理旧有的典章制度。又因邓禹率军西征,任命伏湛当司直,代理大司徒的工作。刘秀每次外出亲征,往往留伏湛在宫中镇守。

10 邓禹率军从汾阴渡过黄河,进入夏阳县,更始朝左辅都尉公乘歙率领部众十万人和左冯翊的部众在衙县共同抗拒邓禹。邓禹再次打败敌人。

刘氏宗室刘茂在京县和密县招兵买马,自称厌新将军,接连攻下颍川、汝南,部众达十馀万人。刘秀派骠骑大将军景丹、建威大将军耿弇、强弩将军陈俊攻打刘茂。刘茂率军投降,刘秀封他为中山王。

11 己亥,刘秀来到怀县,派遣耿弇、陈俊率军在五社津驻屯,防备荥阳以东的变化;同时命吴汉率领建议大将军朱祐等十一位将军包围朱鲔镇守的洛阳。八月,刘秀前往河阳县。

12 更始朝宰相李松从掫城领兵返回,跟从刘玄与赵萌合师共同攻打王匡、张卬,战于长安。一连打了一个多月,王匡等兵败溃逃,刘玄重新占据长安,迁居长信宫。

赤眉军到达高陵,王匡、张卬等率军投降赤眉,于是联合一处共同进兵攻打长安东都门。李松迎战失利,赤眉军生擒李松;李松的弟弟李况担任城门校尉,他打开城门把赤眉军等放进来。九月,赤眉军一径进入长安;刘玄一个人骑马从厨城门逃出长安。原来,刘玄封的式侯刘恭因为赤眉军拥立他的弟弟刘盆子做皇帝,就自己绑缚起来,囚禁诏狱。听说刘玄兵败逃跑,才出狱,晋见定陶王刘祉。刘祉替他除去身上的刑具,一起追上刘玄,到达渭水河畔。右辅都尉严本害怕刘玄逃跑被赤眉军所杀,就挟持刘玄到高陵,严本亲自率兵守卫,实际是包围看管起来。刘玄的文武百官全都投降了赤眉军,只有丞相曹竟不降,手持宝剑格斗,被杀。

13 辛未(初六),刘秀下诏封刘玄为淮阳王。诏书说,无论官吏或百姓敢有杀害刘玄的,以大逆罪论处;有把刘玄送到官府的,封为侯爵。

14　初，宛人卓茂，宽仁恭爱，恬荡乐道，雅实不为华貌，行己在于清浊之间，自束发至白首，未尝与人有争竞，乡党故旧，虽行能与茂不同，而皆爱慕欣欣焉。哀、平间为密令，视民如子，举善而教，口无恶言，吏民亲爱，不忍欺之。民尝有言部亭长受其米肉遗者。茂曰："亭长为从汝求乎，为汝有事嘱之而受乎，将平居自以恩意遗之乎？"民曰："往遗之耳。"茂曰："遗之而受，何故言邪？"民曰："窃闻贤明之君，使民不畏吏，吏不取民。今我畏吏，是以遗之。吏既卒受，故来言耳。"茂曰："汝为敝民矣！凡人所以群居不乱，异于禽兽者，以有仁爱礼义，知相敬事也。汝独不欲修之，宁能高飞远走，不在人间邪！吏顾不当乘威力强请求耳。亭长素善吏，岁时遗之，礼也。"民曰："苟如此，律何故禁之？"茂笑曰："律设大法，礼顺人情。今我以礼教汝，汝必无怨恶；以律治汝，汝何所措其手足乎！一门之内，小者可论，大者可杀也。且归念之！"初，茂到县，有所废置，吏民笑之，邻城闻者皆蚩其不能。河南郡为置守令；茂不为嫌，治事自若。数年，教化大行，道不拾遗。迁京部丞，密人老少皆涕泣随送。及王莽居摄，以病免归。上即位，先访求茂，茂时年七十馀。甲申，诏曰："夫名冠天下，当受天下重赏。今以茂为太傅，封褒德侯。"

14　起初，宛城人卓茂宽厚仁义，谦恭爱人；性情恬淡坦荡，朴实无华，不修饰；行动举止适可而止，不偏激。从二十岁成年到白发苍苍的老年，从未跟人争执过，家乡的亲朋故友虽然行为才干与卓茂不同，却全都尊敬爱慕他。卓茂在西汉哀帝、平帝时当密县县令，把老百姓看作自己的儿女，推行仁政教化百姓，从来不出恶言恶语，官民亲敬他、热爱他，不忍心欺骗他。曾经有一个人上告说，卓茂属下的亭长接受了他所送的大米和肉。卓茂说："是亭长跟你要的呀，还是你有事托他而送给他，还是平时自有恩惠情义而给他的呢？"那个人说："是我自己送给他的。"卓茂说："是你自己送去他接受的，为什么还要上告呢？"那个人说："我听说贤明的君主，是让老百姓不惧怕官吏，官吏也不向老百姓索取东西。而现在我畏惧官吏，所以才送东西给他。那个官吏最终还是接受了，所以我来报告。"卓茂说："你可真是个坏百姓！人之所以能够聚集在一起有秩序地生活，而不同于禽兽的原因，就在于人有仁爱礼义，懂得互相尊重。而你偏偏不想修身养性，难道你能够远走高飞，脱离人间吗？为官的人固然不应当凭权力强求索取。亭长向来是一位善良的官吏，每年送他一点东西，正是礼义的表现。"那个人说："如果这样说的话，那法律为什么又禁止这样做呢？"卓茂笑着说："法律设立行为的规范，礼义顺应人之常情。现在我用礼义教诲你，你一定没有怨恨恶感；如果我用法律惩罚你，你怎么能不手足无措呢？同一个衙门官府，罪过小的要罚，罪过大的要杀头。你权且回去想想吧！"当初，卓茂到密县上任后，有废除的事项，也有新设立的措施。官民不理解而嘲笑他，相邻县城的人听说以后也都讥笑他没有才干。河南郡为此又安置一位守令与卓茂平起平坐；卓茂并没有感到厌恶或不满，照常办公，神态自若。几年以后，他所推行的教育感化形成风气，以致路不拾遗。后卓茂升迁当京部丞，密县的男女老少全流着眼泪，一路跟随着为他送行。等到王莽代理皇帝摄政之后，卓茂才因病辞官，回归故里。刘秀称帝后，首先想到的是寻访卓茂的下落。卓茂当时已七十馀岁。九月甲申（十九日），刘秀下诏书："名誉满天下的，应当受最重的奖赏。现任命卓茂当太傅，封为褒德侯。"

臣光曰:孔子称"举善而教不能则劝"。是以舜举皋陶,汤举伊尹,而不仁者远,有德故也。光武即位之初,群雄竞逐,四海鼎沸,彼摧坚陷敌之人,权略诡辩之士,方见重于世,而独能取忠厚之臣,旌循良之吏,拔于草莱之中,置诸群公之首,宜其光复旧物,享祚久长,盖由知所先务而得其本原故也。

15 诸将围洛阳数月,朱鲔坚守不下。帝以廷尉岑彭尝为鲔校尉,令往说之。鲔在城上,彭在城下,为陈成败。鲔曰:"大司徒被害时,鲔与其谋,又谏更始无遣萧王北伐,诚自知罪深,不敢降!"彭还,具言于帝。帝曰:"举大事者不忌小怨。鲔今若降,官爵可保,况诛罚乎! 河水在此,吾不食言!"彭复往告鲔,鲔从城上下索曰:"必信,可乘此上。"彭趣索欲上,鲔见其诚,即许降。辛卯,朱鲔面缚,与岑彭俱诣河阳。帝解其缚,召见之,复令彭夜送鲔归城。明旦,与苏茂等悉其众出降。拜鲔为平狄将军,封扶沟侯;后为少府,传封累世。

帝使侍御史河内杜诗安集洛阳。将军萧广纵兵士暴横,诗敕晓不改,遂格杀广,还,以状闻。上召见,赐以棨戟,遂擢任之。

冬,十月癸丑,车驾入洛阳,幸南宫,遂定都焉。

臣司马光说：孔子说"推举善行，教育能力弱的人，人们就能互相劝勉"。所以，虞舜推荐皋陶，商汤推荐伊尹，邪恶不仁的人远去，是因为这两人品德高尚的缘故。刘秀刚刚即位，群雄竞逐，四海之内像滚水般沸腾，那些冲锋陷阵的人，有权谋能善辩的人，将被世人所敬重，而唯独刘秀能起用忠厚的大臣，表彰奉公守法的官吏，从社会最底层选拔人才，安排在公卿首位，他之所以能光复汉室，长治久安，是由于他深知首先必须做什么才能达到根本目的的缘故。

15　刘秀的将领们包围洛阳达几个月，因朱鲔坚守而未能攻下。刘秀因为廷尉岑彭曾经当过朱鲔的校尉，所以派岑彭前去说服朱鲔。朱鲔站在城楼上，岑彭站在城楼下向朱鲔陈述利害得失。朱鲔说："大司徒刘縯被害时，我曾经参与谋划，后来又劝刘玄不要派遣刘秀北伐，我确知自己罪孽深重，不敢投降。"岑彭返回，把这些话向刘秀禀报。刘秀说："做大事的人不计较小的恩怨。现在朱鲔如果投降，可保全官职和爵位，怎么能够治罪呢？有黄河水在此作证，我决不食言！"岑彭又前向朱鲔转告刘秀的话，朱鲔从城上垂下大绳子，说："如果你说的是真的，请攀援绳子上城。"岑彭向前准备攀登，朱鲔看他确有诚意，就答应投降。九月辛卯（二十六日），朱鲔当面把自己五花大绑，和岑彭一起到达河阳。刘秀亲自解下他身上的绳索，接见了他，又让岑彭连夜送朱鲔返回洛阳。第二天早晨，朱鲔和苏茂等带领全体官兵出城投降。刘秀任命朱鲔为平狄将军，封扶沟侯；朱鲔后当少府，封号世代相传。

刘秀派侍御史河内人杜诗前往洛阳，安定民心。将军萧广纵容部下为非作歹，杜诗劝诫告谕他，萧广不听，于是杜诗杀了萧广，回来后把情况报告刘秀。刘秀接见杜诗，赐给他王公以下通用的荣戟，并升任官职。

冬季，十月癸丑（十八日），刘秀进入洛阳，居住在南宫，于是定都洛阳。

16　赤眉下书曰："圣公降者，封为长沙王，过二十日，勿受。"更始遣刘恭请降，赤眉使其将谢禄往受之。更始随禄，肉袒，上玺绶于盆子。赤眉坐更始，置庭中，将杀之。刘恭、谢禄为请，不能得，遂引更始出。刘恭追呼曰："臣诚力极，请得先死！"拔剑欲自刎，樊崇等遽共救止之。乃赦更始，封为畏威侯。刘恭复为固请，竟得封长沙王。更始常依谢禄居，刘恭亦拥护之。

17　刘盆子居长乐宫，三辅郡县、营长遣使贡献，兵士辄剽夺之，又数暴掠吏民，由是皆复固守。

百姓不知所归，闻邓禹乘胜独克而师行有纪，皆望风相携负以迎军，降者日以千数，众号百万。禹所止，辄停车拄节以劳来之，父老、童稚、垂发、戴白满其车下，莫不感悦，于是名震关西。

诸将豪桀皆劝禹径攻长安，禹曰："不然。今吾众虽多，能战者少，前无可仰之积，后无转馈之资；赤眉新拔长安，财谷充实，锋锐未可当也。夫盗贼群居无终日之计，财谷虽多，变故万端，宁能坚守者也！上郡、北地、安定三郡，土广人稀，饶谷多畜，吾且休兵北道，就粮养士，以观其敝，乃可图也。"于是引军北至栒邑，所到，诸营保郡邑皆开门归附。

18　上遣岑彭击荆州群贼，下犫、叶等十馀城。

19　十一月甲午，上幸怀。

16　赤眉拥立的刘盆子颁布诏书说:"刘玄如果投降,封为长沙王,超过二十天就不再接受。"刘玄走投无路,派遣刘恭前去请降。赤眉命右大司马谢禄前往接受刘玄投降。刘玄跟着谢禄,光着臂膀,向刘盆子呈上玉玺、绶带。赤眉将领们让刘玄坐在大庭中央,准备杀他。刘恭、谢禄替他求情,不被采纳,然后赤眉将领们把刘玄拉出去行刑。刘恭一面追一面大声喊:"陛下!我已经尽了最大的努力,请让我先死!"拔剑就要自刎,樊崇等急忙上前救助,制止了他。这才赦免了刘玄,封为畏威侯。刘恭又坚持替刘玄请求封号,终于被封为长沙王。刘玄常常依靠谢禄生活,刘恭也支持保护他。

17　刘盆子住在长乐宫,三辅各郡县首领、豪杰屯聚处的营长纷纷派使节向长安进贡。兵士们就在途中劫夺财物,又多次残暴地掠夺官民,官民因此就又全回到各自的营寨坚守。

三辅百姓不知应归附谁,听说邓禹的军队连打胜仗,所向披靡,且军纪严明,于是全都扶老携幼,老远看见邓禹的军队即迎上前去,归顺的人每天以千数计算,部众号称百万。邓禹所到之处,就停车竖立符节,慰劳归顺的百姓。父老儿童围满邓禹车下,没有不感激喜悦的,于是邓禹的威名震动关西。

各位将领豪杰都劝邓禹直接攻打长安,邓禹说:"不能这样。眼下我们的人数虽然多,可是能打仗的人少。前面没有可依靠的粮草,后面没有供给我们的物资;赤眉军刚刚攻占长安,钱粮充足,锐不可当。一群强盗匪徒纠合到一起没有长远打算,他们钱粮虽然多,但变故太多,岂能长期固守!上郡、北地、安定三郡,地广人稀,粮食丰富,牲畜繁多。我暂且领兵向北,到粮多的地方休养军队,以等待赤眉军疲惫,到那时才可图谋消灭他们。"于是率军向北到达栒邑,所到之处,各营寨郡邑全都开门归顺。

18　刘秀派岑彭攻打荆州一带的各支贼军,攻下鄀、叶等十馀座县城。

19　十一月甲午(三十日),刘秀到达怀县。

20　梁王永称帝于睢阳。

21　十二月丙戌,上还洛阳。

22　三辅苦赤眉暴虐,皆怜更始,欲盗出之。张卬等深以为虑,使谢禄缢杀之。刘恭夜往,收藏其尸。帝诏邓禹葬之于霸陵。中郎将宛人赵熹将出武关,道遇更始亲属,皆裸跣饥困,熹竭其资粮以与之,将护而前。宛王赐闻之,迎还乡里。

23　隗嚣归天水,复招聚其众,兴修故业,自称西州上将军。三辅士大夫避乱者多归嚣,嚣倾身引接,为布衣交;以平陵范逡为师友,前凉州刺史河内郑兴为祭酒,茂陵申屠刚、杜林为治书,马援为绥德将军,杨广、王遵、周宗及平襄行巡、阿阳王捷、长陵王元为大将军,安陵班彪之属为宾客,由此名震西州,闻于山东。马援少时,以家用不足辞其兄况,欲就边郡田牧。况曰:“汝大才,当晚成;良工不示人以朴,且从所好。”遂之北地田牧。常谓宾客曰:“丈夫为志,穷当益坚,老当益壮。”后有畜数千头,谷数万斛,既而叹曰:“凡殖财产,贵其能赈施也,否则守钱虏耳!”乃尽散于亲旧。闻隗嚣好士,往从之。嚣甚敬重,与决筹策。班彪,稚之子也。

24　初,平陵窦融累世仕宦河西,知其土俗,与更始右大司马赵萌善,私谓兄弟曰:“天下安危未可知;河西殷富,带河为固,张掖属国精兵万骑,一旦缓急,杜绝河津,足以自守,此遗种处也!”乃因萌求往河西。萌荐融于更始,以为张掖属国都尉。融既到,抚结雄杰,怀辑羌虏,甚得其欢心。是时,酒泉太守安定梁统、金城太守库钧、张掖都尉茂陵史苞、酒泉都尉竺曾、敦煌都尉辛肜,并州郡英俊,融皆与厚善。

20　梁王刘永在睢阳称帝。

21　十二月丙戌，刘秀返回洛阳。

22　三辅人民苦于赤眉军的暴虐，全都怜悯刘玄，想把他从赤眉军中救出来。张卬等深感忧虑，于是让谢禄勒死刘玄。刘恭连夜前往，收藏刘玄的尸体。刘秀听说，命邓禹把他安葬在霸陵。原刘玄的中郎将宛城人赵熹率兵将出武关，途中遇到刘玄的亲属，全都光着脚，饥饿困乏，赵熹拿出自己的全部衣物粮食给他们，一路护送而行。宛王刘赐得到消息，派人迎接，送还故乡。

23　隗嚣回到天水，又重新招兵买马，重整旧时功业，自称西州上将军。三辅的官吏、将士、读书人等为躲避战乱，大都归附隗嚣，隗嚣热诚接待，把自己看作平民，和他们交朋友；他任命平陵人范逡为师友，以前凉州刺史河内人郑兴为祭酒，以茂陵人申屠刚、杜林为治书，以马援为绥德将军，以杨广、王遵、周宗以及平襄人行巡、阿阳人王捷、长陵人王元为大将军，以安陵人班彪等为宾客，由此威名震动西州，闻名于山东。马援年轻时，因家庭贫困，辞别哥哥马况，准备到边郡一带垦荒放牧。马况说：“你是大器晚成的人；能工巧匠从不把未雕琢的玉石拿给人看。权且按照你自己的意愿，想干什么就干什么吧。”于是马援到北地垦荒放牧。他常对宾客们说：“大丈夫立志，在穷困的时候应当更坚定，在年老的时候应当更雄壮。”后来，他拥有数千头牲畜，数万斛粮食，既而叹息说：“聚敛财富，可贵之处在于能够赈济施舍，否则的话，不过是一个守财奴罢了！”于是把全部家产分送给亲友故旧。得知隗嚣礼贤下士，就去投奔他。隗嚣十分敬重马援，让他参与筹划决策。班彪是班稚的儿子。

24　当初，平陵人窦融一家几代人都在河西地区做官，了解当地的风土民情，他和刘玄的右大司马赵萌关系很好，窦融私下跟他的弟弟说：“天下是安定还是混乱，不可预测；河西一带殷实富足，东面又有黄河作为牢固的屏障，张掖属国有一万精锐骑兵，一旦有什么变化，断绝黄河渡口，完全可以保存自己，这是繁衍我们子孙的地方！”于是，窦融凭借赵萌的关系请求前往河西。赵萌果然在刘玄面前举荐窦融，被任命为张掖属国都尉。窦融到任后，抚慰部众，结交豪杰，笼络西羌各族，深受他们的拥戴。当时，酒泉太守安定人梁统、金城太守库钧、张掖都尉茂陵人史苞、酒泉都尉竺曾、敦煌都尉辛肜，都是各个州郡的英雄俊杰，窦融全都和他们交往甚厚。

及更始败,融与梁统等计议曰:"今天下扰乱,未知所归。河西斗绝在羌、胡中,不同心戮力,则不能自守。权钧力齐,复无以相率,当推一人为大将军,共全五郡,观时变动。"议既定,而各谦让。以位次,咸共推梁统;统固辞,乃推融行河西五郡大将军事。武威太守马期、张掖太守任仲并孤立无党,乃共移书告示之;二人即解印绶去。于是以梁统为武威太守,史苞为张掖太守,竺曾为酒泉太守,辛肜为敦煌太守。融居属国,领都尉职如故;置从事,监察五郡。河西民俗质朴,而融等政亦宽和,上下相亲,晏然富殖;修兵马,习战射,明烽燧。羌、胡犯塞,融辄自将与诸郡相救,皆如符要,每辄破之。其后羌、胡皆震服亲附,内郡流民避凶饥者归之不绝。

25　王莽之世,天下咸思汉德,安定三水卢芳居左谷中,诈称武帝曾孙刘文伯,云"曾祖母,匈奴浑邪王之姊也";常以是言诳惑安定间。王莽末,乃与三水属国羌、胡起兵。更始至长安,征芳为骑都尉,使镇抚安定以西。更始败,三水豪桀共立芳为上将军、西平王,使使与西羌、匈奴结和亲。单于以为:"汉氏中绝,刘氏来归,我亦当如呼韩邪立之,令尊事我。"乃使句林王将数千骑迎芳兄弟入匈奴,立芳为汉帝,以芳弟程为中郎将,将胡骑还入安定。

26　帝以关中未定,而邓禹久不进兵,赐书责之曰:"司徒,尧也;亡贼,桀也。长安吏民遑遑无所依归,宜以时进讨,镇慰西京,系百姓之心!"禹犹执前意,别攻上郡诸县,更征兵引谷,

等到更始朝覆亡,窦融跟梁统等计议说:"现在天下大乱,我们不知应归往何处。河西一带偏处在羌人和胡人之间,如果不同心协力,就不能保全。大家的权力和力量都相等,又谁也不能统率谁,我们应当推举一人做大将军,共同保全五郡,观察时局的变化。"商定之后,大家各自谦让。按照地位的高低,一致推举梁统当大将军;梁统坚决推辞,于是推举窦融行使河西五郡大将军的权力。武威太守马期、张掖太守任仲全都人单势孤,于是窦融写信给他们,向他们表明态度;二人马上交出印章绶带离开。于是任命梁统当武威太守,史苞当张掖太守,竺曾当酒泉太守,辛肜当敦煌太守。窦融居住在张掖属国,依然任都尉职;设置从事,监督五郡。河西一带民风质朴,而窦融等治理也宽厚平和,上上下下相亲相敬,一片安乐富足的景象;平时招兵买马,练习射箭,点燃烽火,进行实战演习。羌人和胡人进犯边塞,窦融就亲自领兵和各郡的军队相救助,每次出击都不失期约,每战大破敌军。从那以后羌、胡等各部族全都被威名所震,由此亲近归附,内地躲避战乱饥饿的流亡百姓也络绎不绝地归顺窦融。

25　王莽当政时,天下人都思念汉朝的恩惠。安定三水人卢芳住在左谷中,诈称自己是汉武帝的曾孙刘文伯,说"我的曾祖母是匈奴浑邪王的姐姐";他常用这些话在安定一带欺骗迷惑人。王莽末年,他和三水属国的羌人、胡人一同起兵。刘玄到达长安,征召卢芳做骑都尉,让他镇守安抚安定以西地区。刘玄王朝瓦解后,三水豪杰共同拥立卢芳为上将军、西平王,卢芳派使节同西羌、匈奴结亲和好。匈奴单于认为:"汉朝政权断绝,刘氏皇族前来归附,我也应当像当年汉朝对待呼韩邪那样,确定卢芳的地位,让他尊敬侍奉我。"于是命句林王率领数千骑兵迎接卢芳兄弟到匈奴,立卢芳为汉朝皇帝,任命卢芳的弟弟卢程为中郎将,让他们率领胡人的骑兵返回安定驻扎。

26　刘秀因为关中还未平定,而邓禹迟迟不发兵进攻长安,写信责备他说:"你作为大司徒,应该是圣明的唐尧;亡命的贼寇,不过是暴虐的夏桀。长安城的官民们整天担惊受怕,无依无靠,你应该抓住时机,进军讨伐,坐镇抚慰长安,维系民心!"邓禹还是坚持以前自己的意见,避开长安,另外攻打上郡各县,继而征兵屯粮,

归至大要。积弩将军冯愔、车骑将军宗歆守栒邑，二人争权相攻，愔遂杀歆，因反击禹，禹遣使以闻。帝问使人："愔所亲爱为谁?"对曰："护军黄防。"帝度愔、防不能久和，势必相忤，因报禹曰："缚冯愔者，必黄防也。"乃遣尚书宗广持节往降之。后月馀，防果执愔，将其众归罪。更始诸将王匡、胡殷、成丹等皆诣广降，广与东归。至安邑，道欲亡，广悉斩之。

　　愔之叛也，引兵西向天水，隗嚣逆击，破之于高平，尽获其辎重。于是禹承制遣使持节命嚣为西州大将军，得专制凉州、朔方事。

　　27　腊日，赤眉设乐大会，酒未行，群臣更相辩斗。而兵众遂各逾宫，斩关入，掠酒肉，互相杀伤。卫尉诸葛稚闻之，勒兵入，格杀百馀人，乃定。刘盆子惶恐，日夜啼泣，从官皆怜之。

　　28　帝遣宗正刘延攻天井关，与田邑连战十馀合，延不得进。及更始败，邑遣使请降，即拜为上党太守。帝又遣谏议大夫储大伯持节征鲍永。永未知更始存亡，疑不肯从，收系大伯，遣使驰至长安，诇问虚实。

　　29　初，帝从更始在宛，纳新野阴氏之女丽华。是岁，遣使迎丽华与帝姊湖阳公主、妹宁平公主俱到洛阳，以丽华为贵人。更始西平王李通先娶宁平公主，上征通为卫尉。

　　30　初，更始以王闳为琅邪太守，张步据郡拒之。闳谕降，得赣榆等六县；收兵与步战，不胜。步既受刘永官号，治兵于剧，遣将徇泰山、东莱、城阳、胶东、北海、济南、齐郡，

返回大要县。积弩将军冯愔、车骑将军宗歆同守枸邑,二人因争权而互相攻打,冯愔于是杀了宗歆,并因此反过来攻打邓禹,邓禹派人向刘秀报告。刘秀问差人:"冯愔最亲近的人是谁?"差人回答说:"是护军黄防。"刘秀估计冯愔、黄防两人不可能长期和睦,势必相攻,因此回答邓禹说:"逮捕冯愔的人一定是黄防。"于是刘秀派遣尚书宗广持符节前往招降。过了一个多月,黄防果然抓获了冯愔,率领他的军队回来请罪。刘玄的几位将领王匡、胡殷、成丹等全都到宗广处投降,宗广和他们一块儿返回洛阳。走到安邑,王匡等半路上打算逃跑,宗广把他们全部处死。

冯愔开始叛变时,领兵向西攻打天水,隗嚣迎击,在高平打败冯愔,夺得全部辎重。于是邓禹代表皇帝派遣使者持符节任命隗嚣为西州大将军,能够全权处理凉州、朔方的军政大事。

27 年终祭神的这一天,赤眉在长安举行盛大宴会,还没开始喝酒,文武百官互相吵闹争斗。官兵们于是纷纷跳墙进入皇宫,劈开宫门,在宴席上掠夺酒肉,互相残杀。卫尉诸葛稚得到消息,率军队进入皇宫,斩杀一百馀人,才平息了骚乱。刘盆子吓得要命,日夜哭泣,左右侍从官都很可怜他。

28 当初,刘秀派遣宗正刘延攻打天井关,同刘玄的守将田邑连战十馀回合,刘延不能前进。等到更始朝覆亡,田邑派使者请求投降,刘秀即任命田邑当上党太守。刘秀又派谏议大夫储大伯持符节征召鲍永。鲍永不知道更始朝存亡的消息,心怀疑虑不愿归顺,囚禁了储大伯,派使者骑马驱驰到长安,探听虚实。

29 起初,刘秀跟随刘玄在宛城时,娶新野县阴氏的女儿阴丽华为妻。本年,派人前去迎接阴丽华以及自己的姐姐湖阳公主、妹妹宁平公主一起来到洛阳,刘秀封阴丽华为贵人。更始朝西平王李通先前娶宁平公主为妻,刘秀授予李通卫尉的官职。

30 当初,刘玄任命王闳当琅邪太守,张步占据琅邪郡抗拒王闳。王闳传谕招降,先后获取赣榆等六个县;聚集兵力同张步作战,不能取胜。张步既然接受在睢阳即位的刘永的官职,就在剧县训练军队,派出将领接连攻打泰山、东莱、城阳、胶东、北海、济南、齐郡,

皆下之。闳力不敌,乃诣步相见。步大陈兵而见之,怒曰:
"步有何罪,君前见攻之甚!"闳按剑曰:"太守奉朝命,而文公
拥兵相拒。闳攻贼耳,何谓甚邪!"步起跪谢,与之宴饮,待为
上宾,令闳关掌郡事。

二年(丙戌,26)

1 春,正月甲子朔,日有食之。

2 刘恭知赤眉必败,密教弟盆子归玺绶,习为辞让之
言。及正旦大会,恭先曰:"诸君共立恭弟为帝,德诚深厚!
立且一年,殽乱日甚,诚不足以相成,恐死而无益,愿得退为
庶人,更求贤知,唯诸君省察!"樊崇等谢曰:"此皆崇等罪
也。"恭复固请,或曰:"此宁式侯事邪!"恭惶恐起去。盆子乃
下床解玺绶,叩头曰:"今设置县官而为贼如故,四方怨恨,不
复信向,此皆立非其人所致。愿乞骸骨,避贤圣路! 必欲杀
盆子以塞责者,无所离死!"因涕泣嘘唏。崇等及会者数百
人,莫不哀怜之,乃皆避席顿首曰:"臣无状,负陛下,请自今
已后,不敢复放纵!"因共抱持盆子,带以玺绶。盆子号呼,不
得已。既罢出,各闭营自守。三辅翕然,称天子聪明,百姓争
还长安,市里且满。后二十馀日,复出,大掠如故。

全部陷落。王闳的力量不能和他对抗，于是到张步的驻地见张步。张步列队陈兵见王闳，发怒说："我有什么罪，你攻打我那么厉害！"王闳手按着剑柄说："我奉朝廷的命令到任，而阁下领兵抗拒。我只是攻打贼寇罢了，什么厉害不厉害！"张步起身跪拜谢罪，设宴和王闳一起喝酒，待他为尊贵的客人，并由他掌握处理太守任内的各项事务。

汉光武帝建武二年(丙戌,公元26年)

1 春季,正月甲子朔(初一),出现日食。

2 刘恭深知赤眉政权必定会瓦解,秘密嘱咐弟弟刘盆子交出玉玺绶带,并教他说一番推辞谦让的话。赶上正月初一大会群臣,刘恭抢先说:"各位共同拥立我的弟弟做皇帝,恩德深厚。刘盆子即位将近一年,天下战乱,一天比一天厉害。我的弟弟实在不能胜任大家的重托,恐怕就是死了也不会对国家有好处。希望能够让我的弟弟退位做一个普通老百姓,再另求贤达智慧的人选,谨请各位将军仔细考虑!"樊崇等道歉说:"这都是我们的过失。"刘恭再次坚持请求退位,有人说:"这难道是式侯你的事吗?"刘恭害怕,起身离去。于是刘盆子下了宝座解下玉玺绶带,向将军们磕头,说道:"现在虽然立了皇帝,可是大家像过去一样做强盗,四方百姓怨恨,不再信服向往我们,这全都是因为皇帝拥立错了的缘故。恳请各位将军让我退下,为圣贤让路!如果一定要杀我以此推卸责任,我也不会躲避!"说完,痛哭流涕。樊崇等以及朝会的文武百官数百人,听到刘盆子的话,没有不同情可怜的,于是全都离开座位向上磕头,说:"我们没有善行,对不起陛下,从今往后,我们不敢再有放纵的行为!"于是一起把刘盆子抱上宝座,给他挂上玉玺绶带。刘盆子挣扎哭号,但身不由己。朝会完毕,将领们告辞,各自紧闭营门,不放官兵外出。三辅地区恢复了秩序,人民称颂皇帝聪明,老百姓争先恐后返回长安,街市里人群熙熙攘攘。可是,过了二十多天,官兵们又跑出营门,照旧大肆抢劫。

3　力子都为其部曲所杀,馀党与诸贼会檀乡,号檀乡贼,寇魏郡、清河。魏郡大吏李熊弟陆谋反城迎檀乡,或以告魏郡太守颍川铫期,期召问熊,熊叩头首服,愿与老母俱就死。期曰:"为吏偍不若为贼乐者,可归与老母往就陆也!"使吏送出城。熊行,求得陆,将诣邺城西门;陆不胜愧感,自杀以谢期。期嗟叹,以礼葬之,而还熊故职。于是郡中服其威信。

帝遣吴汉率王梁等九将军击檀乡于邺东漳水上,大破之,十馀万众皆降。又使梁与大将军杜茂将兵安辑魏郡、清河、东郡,悉平诸营保,三郡清静,边路流通。

4　庚辰,悉封诸功臣为列侯;梁侯邓禹、广平侯吴汉皆食四县。博士丁恭议曰:"古者封诸侯不过百里,强干弱枝,所以为治也。今封四县,不合法制。"帝曰:"古之亡国皆以无道,未尝闻功臣地多而灭亡者也。"阴乡侯阴识,贵人之兄也,以军功当增封。识叩头让曰:"天下初定,将帅有功者众,臣托属掖廷,仍加爵邑,不可以示天下。此为亲戚受赏,国人计功也。"帝从之。帝令诸将各言所乐,皆占美县,河南太守颍川丁綝独求封本乡。或问其故,綝曰:"綝能薄功微,得乡亭厚矣!"帝从其志,封新安乡侯。帝使郎中魏郡冯勤典诸侯封事。勤差量功次轻重,国土远近,地势丰薄,不相逾越,莫不厌服焉。帝以为能,尚书众事皆令总录之。故事:尚书郎以令史久次补之,帝始用孝廉为尚书郎。

3　力子都被他的部下杀害,馀党和其他贼寇在檀乡汇集,被称作檀乡贼,攻掠魏郡、清河。魏郡大吏李熊的弟弟李陆阴谋叛变,迎接檀乡贼进城,有人把李陆的阴谋报告魏郡太守颍川人铫期,铫期召见李熊质问,李熊磕头,承认有此事,并愿意和老母亲一块儿赴死。铫期说:"如果认为做官不像做贼那样快乐,那就不必留下,可以和老母亲一块儿去投奔你的弟弟李陆!"铫期派官吏把李熊母子送出城。李熊出城,找到李陆,和他一齐返回,快走到郡治邺城西门;李陆不胜惭愧,自杀身亡,向铫期谢罪。铫期叹息,按照礼节安葬李陆,并恢复李熊原来的官职。于是,魏郡的人都敬服铫期的威望。

刘秀派遣吴汉率领王梁等九位将军,在邺城东面的漳水河畔攻击檀乡贼,大败贼兵,十馀万人全部投降。刘秀又派王梁和大将军杜茂率领军队扫平各个自保的营寨堡垒,使魏郡、清河、东郡得以安定,三郡平安清静,使通往边疆的道路畅通无阻。

4　正月庚辰(十七日),刘秀把所有的有功之臣都封为侯爵;梁侯邓禹、广平侯吴汉都是封四个县的土地。博士丁恭发表意见,说:"古时候分封诸侯不过百里,树干强壮,树枝弱小,所以才能把国家治理好。现在封四个县,不合法制。"刘秀说:"古时候之所以亡国全是因为不行仁政,从来没有听说过有功之臣封地多而亡国的。"阴乡侯阴识,是贵人阴丽华的哥哥,因为战功应当增加封地。阴识磕头辞谢说:"天下刚开始安定,有战功的将帅很多,我作为后宫的亲属,仍然要增加封地,就无法面对天下百姓。这样做正是皇亲国戚受到封赏,全国百姓评价他的贡献。"刘秀表示接受。刘秀让将领们各自说出最愿意封在什么地方,全都指出富庶的县分,河南太守颍川人丁綝只请求分封自己的故乡。有人问他什么原因,丁綝说:"我的能力小功劳又少,能够封乡亭侯就很优厚了。"刘秀尊重他的意愿,封为新安乡侯。刘秀命郎中魏郡人冯勤主持分封诸侯事宜。冯勤估量每个人功劳的大小轻重,分封国土的远近,土地的肥沃贫瘠,论功行赏,使谁也不超越谁,没有不满足不服气的。刘秀认为冯勤很有才干,尚书的很多事全都让他负责去办。以前的做法是:尚书郎的位置由尚书令史按年头依次递补,刘秀开始用孝廉当尚书郎。

5　起高庙于洛阳,四时合祀高祖、太宗、世宗;建社稷于宗庙之右;立郊兆于城南。

6　长安城中粮尽,赤眉收载珍宝,大纵火烧宫室、市里,恣行杀掠,长安城中无复人行。乃引兵而西,众号百万,自南山转掠城邑,遂入安定、北地。邓禹引兵南至长安,军昆明池,谒祠高庙,收十一帝神主,送诣洛阳;因巡行园陵,为置吏士奉守焉。

7　真定王杨造谶记曰:"赤九之后,瘿杨为主。"杨病瘿,欲以惑众,与绵曼贼交通。帝遣骑都尉陈副、游击将军邓隆征之,杨闭城门不内。帝复遣前将军耿纯持节行幽、冀,所过劳慰王、侯,密敕收杨。纯至真定,止传舍,邀杨相见。纯,真定宗室之出也,故杨不以为疑,且自恃众强,而纯意安静,即从官属诣之,杨兄弟并将轻兵在门外。杨入,见纯,纯接以礼敬,因延请其兄弟皆入;乃闭阁,悉诛之,因勒兵而出。真定震怖,无敢动者。帝怜杨谋未发而诛,复封其子为真定王。

8　二月己酉,车驾幸修武。

9　鲍永、冯衍审知更始已亡,乃发丧,出储大伯等,封上印绶,悉罢兵,幅巾诣河内。帝见永,问曰:"卿众安在?"永离席叩头曰:"臣事更始,不能令全,诚惭以其众幸富贵,故悉罢之。"帝曰:"卿言大。"而意不悦。既而永以立功见用,衍遂废弃。永谓衍曰:"昔高祖赏季布之罪,诛丁固之功;今遭明主,亦何忧哉!"

5 刘秀在都城洛阳建起高庙,每年春夏秋冬四季一起祭祀汉高祖刘邦、汉文帝刘恒、汉武帝刘彻;在宗庙的右边建起祭祀土神和谷神的社稷坛;在洛阳城南建起祭祀青、赤、黄、白、黑五帝和一千五百一十四位神仙的郊兆。

6 长安城中粮食耗尽,赤眉将领们把搜来的金银财宝装上车,恣意纵火焚烧宫室、街巷民宅,大肆烧杀掳掠,长安城中再也看不见行人。赤眉于是领兵向西,号称百万大军,从南山起,对所经过的县城抢掠一空,随后进入安定、北地。邓禹率领军队向南到达长安,驻屯昆明池,拜谒祭祀高庙,收集西汉十一位皇帝的神位,送往洛阳;沿袭旧例在陵园周围巡查,安排官兵竭诚守护。

7 真定王刘杨制造谶文说:“光武帝刘秀之后,脖子上长赘瘤的刘杨当作君主。”刘杨脖子上生有赘瘤,想以此惑乱民众,并同绵曼县的盗寇互相勾结。刘秀派遣骑都尉陈副、游击将军邓隆前去征讨,刘杨紧闭城门不让他们进城。刘秀又派遣前将军耿纯持符节巡视幽州、冀州,慰劳所到之处的王侯,并密令他逮捕刘杨。耿纯到达真定,住在驿站,邀请刘杨见面。耿纯是刘杨姊妹辈的儿子,所以刘杨不怀疑他,而且又仗着自己人多势众。而耿纯神态安详,刘杨即刻带着随从亲信前去见耿纯,刘杨的兄弟们全都带领轻装的士兵守在门外。刘杨走进耿纯的住所,拜见耿纯,耿纯迎接并以礼相待,随后邀请刘杨的兄弟们全都进屋;于是关闭房门,把他们全部斩首,然后率领军队离开。整个真定都处于震撼和恐怖之中,没有人敢起来抵抗。刘秀因刘杨谋反的阴谋还没有行动就被诛杀,又封他的儿子刘德继任真定王。

8 二月己酉(十六日),刘秀前往修武。

9 原刘玄的将军鲍永、冯衍确实了解到刘玄已死,于是发布文告追悼,放出储大伯等,封存好印信绶带,遣散所有的部众,用布巾包头到河内归降。刘秀召见鲍永,问:“你的部队在什么地方?”鲍永离开座位磕头说:“我效忠刘玄,却不能保全他,依靠他的部众企望富贵,使我感到惭愧,所以全都把他们遣散了。”刘秀说:“你说得太过分了。”脸上显出不高兴。后来鲍永因立战功而被刘秀重用,冯衍被废弃不用。鲍永对冯衍说:“过去汉高祖刘邦奖赏有罪的季布,诛杀有功的丁固。现在我们遇到了圣明的君主,还有什么可忧虑的呢?”

衍曰:"人有挑其邻人之妻者,其长者骂而少者报之。后其夫死,取其长者。或谓之曰:'夫非骂尔者邪!'曰:'在人欲其报我,在我欲其骂人也!'夫天命难知,人道易守,守道之臣,何患死亡!"

10 大司空王梁屡违诏命,帝怒,遣尚书宗广持节即军中斩梁;广槛车送京师。既至,赦之,以为中郎将,北守箕关。

11 壬子,以太中大夫京兆宋弘为大司空。弘荐沛国桓谭,为议郎、给事中。帝令谭鼓琴,爱其繁声。弘闻之,不悦。伺谭内出,正朝服坐府上,遣吏召之。谭至,不与席而让之,且曰:"能自改邪,将令相举以法乎?"谭顿首辞谢。良久,乃遣之。后大会群臣,帝使谭鼓琴;谭见弘,失其常度。帝怪而问之,弘乃离席免冠谢曰:"臣所以荐桓谭者,望能以忠正导主;而令朝廷耽悦郑声,臣之罪也。"帝改容谢之。

湖阳公主新寡,帝与共论朝臣,微观其意。主曰:"宋公威容德器,群臣莫及。"帝曰:"方且图之。"后弘被引见,帝令主坐屏风后,因谓弘曰:"谚言'贵易交,富易妻',人情乎?"弘曰:"臣闻贫贱之知不可忘,糟糠之妻不下堂。"帝顾谓主曰:"事不谐矣!"

12 帝之讨王郎也,彭宠发突骑以助军,转粮食,前后不绝。及帝追铜马至蓟,宠自负其功,意望甚高;帝接之不能满,以此怀不平。及即位,吴汉、王梁,宠之所遣,并为三公,而宠独无所加,愈怏怏不得志,叹曰:"如此,我当为王。但尔者,陛下忘我邪!"

冯衍说:"有一个挑逗邻居妻子的人,年纪大的唾骂他,年纪轻的回报他。后来她们的丈夫死了,这个人娶年纪大的人为妻。有人对他说:'她不是那个骂过你的人吗?'这个人说:'她是别人的妻子,我希望她回报我,她是我的妻子,我希望她唾骂别人!'人的命运很难预料,而做人的道理却易于遵守。遵守做人道理的臣民,还怕什么死亡?"

10　大司空王梁在作战中多次违背刘秀的命令,刘秀大怒,派遣尚书宗广持符节到军营中就地处死王梁;宗广逮捕王梁,用囚车把他送到首都洛阳。囚车到后,刘秀赦免了王梁,任命他为中郎将,到北方镇守箕关。

11　壬子(十九日),刘秀任命太中大夫京兆人宋弘当大司空。宋弘举荐沛国人桓谭当议郎兼给事中。刘秀让桓谭弹琴,喜爱那种丰富优美的乐声。宋弘听说后,很不高兴。等桓谭从刘秀居住的宫室出来,宋弘穿戴好公服端坐在大司空府中,派人召桓谭入见。桓谭到来之后,不给他座位就责备他,并且说:"能自己改正过失,还是让我根据法律检举你呢?"桓谭磕头谢罪。过了很久,宋弘才打发他走。后来,刘秀大会群臣,让桓谭弹琴;桓谭看见宋弘,失去常态。刘秀感到奇怪,问宋弘怎么回事,宋弘于是离开坐席,摘下帽子谢罪说:"我所以举荐桓谭的原因,是盼望他能用忠心和正义辅导陛下;而现在朝廷上下沉湎于郑国的音乐,这是我的罪过。"刘秀一听,表情由奇怪变为惭愧,感谢宋弘的劝谏。

刘秀的姐姐湖阳公主新近守寡,刘秀和她一块儿评论文武官员,暗中察看她的心意。公主说:"宋弘的威仪容貌,道德气度,群臣没有人能赶得上他。"刘秀说:"我正计划这件事。"不久宋弘被刘秀召见,事先刘秀让公主坐在屏风后,然后对宋弘说:"谚语说'地位优越了要换一批新朋友,有了财富要换妻子',这符合人之常情吧?"宋弘说:"我听说,贫贱时的朋友不能忘记,贫贱时的妻子不能分离。"刘秀回头对公主说:"事情难办成了!"

12　刘秀征讨王郎时,彭宠征调骑兵突击部队协助作战,转运粮草的车辆前后不绝。等到刘秀追击铜马军到蓟城,彭宠仗着自己的赫赫战功,满心以为刘秀一定会对自己另眼看待;但是,刘秀没有满足他的愿望,彭宠从此心怀不平。及至刘秀称帝,吴汉、王梁都是彭宠的部将,并列为三公,而唯独彭宠没有加官,更加显出不满意、不得志的样子,叹息说:"如果他们列为三公,我应当封王侯。但现在是这个样子,陛下把我给忘了!"

是时北州破散，而渔阳差完，有旧铁官，宠转以贸谷，积珍宝，益富强。幽州牧朱浮，年少有俊才，欲厉风迹，收士心，辟召州中名宿及王莽时故吏二千石，皆引置幕府，多发诸郡仓谷禀赡其妻子。宠以为天下未定，师旅方起，不宜多置官属以损军实，不从其令。浮性矜急自多，宠亦狠强，嫌怨转积。浮数谮构之，密奏宠多聚兵谷，意计难量。上辄漏泄令宠闻，以胁恐之。至是，有诏征宠，宠上疏，愿与浮俱征，帝不许，宠益以自疑。其妻素刚，不堪抑屈，固劝无受征，曰："天下未定，四方各自为雄，渔阳大郡，兵马最精，何故为人所奏而弃此去乎！"宠又与所亲信吏计议，皆怀怨于浮，莫有劝行者。帝遣宠从弟子后兰卿喻之。宠因留子后兰卿，遂发兵反，拜署将帅，自将二万馀人，攻朱浮于蓟。又以与耿况俱有重功，而恩赏并薄，数遣使邀诱况。况不受，斩其使。

13　延岑复反，围南郑。汉中王嘉兵败走，岑遂据汉中，进兵武都；为更始柱功侯李宝所破，岑走天水。公孙述遣将侯丹取南郑。嘉收散卒得数万人，以李宝为相，从武都南击侯丹，不利，还军河池、下辨，复与延岑连战。岑引北，入散关，至陈仓。嘉追击，破之。

公孙述又遣将军任满从阆中下江州，东据扞关，于是尽有益州之地。

14　辛卯，上还洛阳。

15　三月乙未，大赦。

这时,北方边郡残破零散,而渔阳郡还较为完整,这里有旧时设置的铁官,彭宠进行铁矿和谷类的贸易活动,积蓄珍珠财宝,更加富有强大。幽州牧朱浮,年纪轻而才华出众,想要严格风俗教化,收拢官吏和读书人,广泛征召州中素有名望的人以及王莽篡政时俸禄二千石的旧官吏,全都招致安置在州府中,调拨各郡县的粮食赡养他们的妻子儿女。彭宠认为天下并没有完全安定,军事行动方兴未艾,不应该多设置官员来消耗军粮等军事物资,因此不服从朱浮的命令。朱浮一向骄矜急躁,自以为高人一等,彭宠也倔强不让步,两人之间的嫌隙怨恨越来越深。朱浮多次向刘秀进谗言,陷害彭宠,密奏彭宠集结军队,囤积粮草,意图和计划都很难预料。刘秀就故意泄露这些话让彭宠听到,以此胁迫,使他害怕。到最后,有诏令征召彭宠,彭宠给刘秀上疏,请求和朱浮一块儿去洛阳,刘秀不准,彭宠因此更加多疑。他的妻子一向刚强,不能忍受这种压抑和屈辱,坚决劝丈夫不要接受征召,说:"天下还没有平定,四方英雄各自称雄,渔阳是个大郡,兵精马壮,为什么要听从小人的谗言,放弃这里的一切而离开呢?"彭宠又和自己亲信的官员商议,大家都怨恨朱浮,没有一个劝他去洛阳的。刘秀派彭宠的堂弟子后兰卿去渔阳劝说彭宠。彭宠留下子后兰卿,随后起兵叛变。他任命各级将领,自己率领二万馀人攻打朱浮所在的蓟城。彭宠又以和耿况都有大功而封赏同样微薄为由,几次派人劝说耿况叛变。耿况拒绝,杀了彭宠派去的人。

13　延岑再次叛变,领兵包围南郑。汉中王刘嘉兵败逃跑,延岑于是占据汉中,随后进攻武都;被原刘玄的柱功侯李宝打败,延岑逃往天水。公孙述派遣将领侯丹夺取南郑。刘嘉收容散兵达数万人,用李宝为宰相,从武都向南袭击侯丹,战斗失利,军队退回河池、下辨,又同延岑连打了几仗。延岑领兵向北,进入散关,抵达陈仓。刘嘉随后追击,打败延岑。

公孙述又派将军任满从阆中南下攻占江州,向东占据扞关。从此全部占有益州地区。

14　辛卯,刘秀返回洛阳。

15　三月乙未,刘秀实行大赦。

16　更始诸大将在南方未降者尚多。帝召诸将议兵事，以檄叩地曰："郾最强，宛为次，谁当击之？"贾复率然对曰："臣请击郾。"帝笑曰："执金吾击郾，吾复何忧！大司马当击宛。"遂遣复击郾，破之；尹尊降。又东击更始淮阳太守暴汜，汜降。

17　夏，四月，虎牙大将军盖延督驸马都尉马武等四将军击刘永，破之。遂围永于睢阳。

故更始将苏茂反，杀淮阳太守潘蹇，据广乐而臣于永。永以茂为大司马、淮阳王。

18　吴汉击宛，宛王赐奉更始妻子诣洛阳降，帝封赐为慎侯。叔父良、族父歙、族兄祉皆自长安来。甲午，封良为广阳王，祉为城阳王；又封兄缤子章为太原王，兴为鲁王；更始三子求、歆、鲤皆为列侯。

19　邓王王常降，帝见之甚欢，曰："吾见王廷尉，不忧南方矣！"拜为左曹，封山桑侯。

20　五月庚辰，封族父歙为泗水王。

21　帝以阴贵人雅性宽仁，欲立以为后。贵人以郭贵人有子，终不肯当。六月戊戌，立贵人郭氏为皇后，以其子彊为皇太子；大赦。

22　丙午，封泗水王子终为淄川王。

23　秋，贾复南击召陵、新息，平之。复部将杀人于颍川，颍川太守寇恂捕得，系狱。时尚草创，军营犯法，率多相容，恂戮之于市。复以为耻，还，过颍川，谓左右曰："吾与寇恂并列将帅，而为其所陷，今见恂，必手剑之！"恂知其谋，不欲与相见。姊子谷崇曰："崇，将也，得带剑侍侧，卒有变，足以相当。"恂曰："不然，昔蔺相如不畏秦王而屈于廉颇者，为国也。"

16　更始朝在南方没有投降的大将还很多。刘秀召集将领们商议出兵的事,用征兵的羽檄敲打地面,说:"郾城最强,宛城其次,谁承担此任攻击这两个地方?"贾复不加思索地说:"我请求攻打郾城。"刘秀笑着说:"执金吾率兵攻郾城,我还有什么可担心的!大司马带兵攻宛城。"于是派遣贾复袭击郾城,贾复攻陷城池。尹尊投降。又向东攻打更始朝淮阳太守暴汜,暴汜投降。

17　夏季,四月,虎牙大将军盖延统率驸马都尉马武等四位将军进击刘永,打败刘永。于是把刘永围困在睢阳。

原更始朝将领苏茂叛变,杀淮阳太守潘蹇,占据广乐,向刘永称臣。刘永任用苏茂当大司马,封淮阳王。

18　吴汉率兵攻打宛城,宛王刘赐带着刘玄的妻子儿女到洛阳投降,刘秀封刘赐为慎侯。刘秀的叔叔刘良、堂叔刘歙、堂兄刘祉全从长安来到洛阳。甲午(初二),刘秀封刘良为广阳王,封刘祉为城阳王;又封哥哥刘縯的儿子刘章为太原王、刘兴为鲁王;刘玄的三个儿子刘求、刘歆、刘鲤全封为侯爵。

19　邓王王常归降,刘秀见到他非常高兴,说:"我看到王廷尉,不用担心南方了。"任命王常为左曹,封山桑侯。

20　五月庚辰(十九日),刘秀封堂叔刘歙为泗水王。

21　刘秀因为贵人阴丽华性情温柔宽厚,想立她为皇后。阴贵人因为郭贵人已有儿子,始终不肯承受这一封号。六月戊戌(初七),刘秀封贵人郭圣通为皇后,以她生的儿子刘疆为皇太子,实行大赦。

22　丙午(十五日),刘秀封泗水王的儿子刘终为淄川王。

23　秋季,贾复率军南下,进攻召陵、新息,占领了这两县。贾复的部将在颍川杀人,颍川太守寇恂将其捕获,囚禁狱中。当时新的秩序刚刚创立,军人触犯法律,大多互相包容,而寇恂把那个部将绑到街市上斩首。贾复以此为耻辱,班师回来经过颍川时,对左右说:"我和寇恂同样都是将帅,而我却被他欺侮。今天见到寇恂,我要亲手给他一剑!"寇恂知道贾复的打算,不想和他见面。寇恂姐姐的儿子谷崇说:"我是一名武将,能够佩带宝剑在旁边侍候护卫,一旦有什么变化,足可以抵挡。"寇恂说:"不能这么做,从前,蔺相如不畏惧秦王而在廉颇面前委曲求全,完全是为了国家。"

乃敕属县盛供具,储酒醪。执金吾军入界,一人皆兼二人之馔。恂出迎于道,称疾而还。复勒兵欲追之,而吏士皆醉,遂过去。恂遣谷崇以状闻,帝乃征恂。恂至,引见。时贾复先在坐,欲起相避。帝曰:"天下未定,两虎安得私斗! 今日朕分之。"于是并坐极欢,遂共车同出,结友而去。

24 八月,帝自率诸将征五校;丙辰,幸内黄,大破五校于羛阳,降其众五万人。

25 帝遣游击将军邓隆助朱浮讨彭宠。隆军潞南,浮军雍奴,遣吏奏状。帝读檄,怒,谓使吏曰:"营相去百里,其势岂可得相及! 比若还,北军必败矣。"彭宠果遣轻兵击隆军,大破之。浮远,遂不能救。

26 盖延围睢阳数月,克之。刘永走至虞,虞人反,杀其母、妻。永与麾下数十人奔谯。苏茂、佼彊、周建合军三万馀人救永。延与战于沛西,大破之。永、彊、建走保湖陵,茂奔还广乐。延遂定沛、楚、临淮。

帝使太中大夫伏隆持节使青、徐二州,招降郡国。青、徐群盗闻刘永破败,皆惶怖请降。张步遣其掾孙昱随隆诣阙上书,献鰒鱼。隆,湛之子也。

27 堵乡人董䜣反宛城,执南阳太守刘骥。扬化将军坚镡攻宛,拔之。䜣走还堵乡。

28 吴汉徇南阳诸县,所过多侵暴。破虏将军邓奉谒归新野,怒汉掠其乡里,遂反,击破汉军,屯据淯阳,与诸贼合从。

于是下令所属各县，预备丰盛的食物，还有醇香的美酒。执金吾军进入颍川境内，每人全都是两份酒食。寇恂出城在大道旁迎接贾复，然后声称有病返回城内。贾复率军要追寇恂，而将领士兵们都喝醉了，于是只好过境而去。寇恂派谷崇到洛阳把情况向刘秀汇报，刘秀于是征召寇恂。寇恂到达洛阳，被引见刘秀。当时贾复正坐在那里，听说寇恂来了，想起身回避。刘秀说："天下还未安定，两虎怎么能先打起来！今天我替你们调解。"于是两人并肩而坐，都非常高兴，随后一起乘车出宫，结为好友而离去。

24　八月，刘秀亲自统率众将领征讨五校军；丙辰（二十六日），到达内黄县，在萧阳大败五校军，接收投降的部众五万人。

25　刘秀派遣游击将军邓隆协助朱浮讨伐彭宠。邓隆的军队在潞城南屯驻，朱浮的军队在雍奴屯驻，然后派使者向刘秀报告。刘秀看过征讨文告，非常生气，对使者说："军营相距一百里，这种阵势怎么能够相互救援！等你回去，驻扎在北面潞城的军队必定吃了败仗。"彭宠果然派遣轻装的精兵攻袭邓隆的军队，大败邓隆军。朱浮离得远，遂无法相救。

26　盖延率军包围睢阳达数月之久，攻克睢阳。刘永逃到虞县，虞县人民起来造反，杀了刘永的母亲和妻子。刘永和部下数十人逃奔到谯县。苏茂、佼彊、周建联合大军三万馀人救刘永。盖延和他们在沛县西交战，大败苏茂等人。刘永、佼彊、周建逃跑，占据湖陵县，苏茂逃回广乐。盖延于是平定了沛、楚、临淮三郡。

刘秀派太中大夫伏隆持符节出使青州、徐州，招降刘永统治下的各郡、各封国。青州、徐州的盗寇听说刘永溃败，全都惊惶恐怖，纷纷请求归降。张步派他的下属孙昱跟随伏隆到洛阳给刘秀奉上奏章，献上鲍鱼。伏隆是伏湛的儿子。

27　堵乡人董䜣在宛城谋反，捉住南阳太守刘骏。扬化将军坚镡进攻宛城，攻陷宛城。董䜣逃回堵乡。

28　吴汉夺取南阳各县，经过的地方多有侵暴行为。破虏将军邓奉请求回到新野省亲，他对吴汉抢劫他的乡里十分愤怒，于是叛变，击溃吴汉的军队，在淯阳屯据，同各路贼寇联合起来。

29　九月壬戌,帝自内黄还。

30　陕贼苏况攻破弘农。帝使景丹讨之。会丹薨,征虏将军祭遵击弘农、柏华、蛮中贼,皆平之。

31　赤眉引兵欲西上陇,隗嚣遣将军杨广迎击,破之;又追败之于乌氏、泾阳间。赤眉至阳城、番须中,逢大雪,坑谷皆满,士多冻死;乃复还,发掘诸陵,取其宝货。凡有玉匣殓者,率皆如生;贼遂污辱吕后尸。邓禹遣兵击之于郁夷,反为所败;禹乃出之云阳。赤眉复入长安。延岑屯杜陵,赤眉将逢安击之。邓禹以安精兵在外,引兵袭长安;会谢禄救至,禹兵败走。延岑击逢安,大破之,死者十馀万人。

　　廖湛将赤眉十八万攻汉中王嘉。嘉与战于谷口,大破之,嘉手杀湛,遂到云阳就谷。嘉妻兄新野来歙,帝之姑子也,帝令邓禹招嘉,嘉因歙诣禹降。李宝倨慢,禹斩之。

32　冬,十一月,以廷尉岑彭为征南大将军。帝于大会中指王常谓群臣曰:“此家率下江诸将辅翼汉室,心如金石,真忠臣也!”即日,拜常为汉忠将军,使与岑彭率建义大将军朱祜等七将军讨邓奉、董诉。彭等先击堵乡,邓奉救之。朱祜军败,为奉所获。

33　铜马、青犊、尤来馀贼共立孙登为天子。登将乐玄杀登,以其众五万馀人降。

34　邓禹自冯愔叛后,威名稍损,又乏粮食,战数不利,归附者日益离散。赤眉、延岑暴乱三辅,郡县大姓各拥兵众,禹不能定。帝乃遣偏将军冯异代禹讨之。车驾送至河南,敕异曰:“三辅遭王莽、更始之乱,重以赤眉、延岑之丑,

29　九月壬戌(初二),刘秀从内黄返回洛阳。

30　陕县贼寇苏况攻破弘农县。刘秀派景丹出兵征讨。正赶上景丹去世,改派征房将军祭遵攻打弘农、柏华、蛮中各地贼寇,把他们全部荡平。

31　赤眉军打算向西去陇县,隗嚣派遣将军杨广迎击,打败赤眉;又乘胜追击,在乌氏、泾阳两县间击败赤眉。赤眉抵达阳城、番须一带,天降大雪,把坑坑谷谷都填平了,很多士兵冻死;于是又返回来,挖掘西汉王朝的皇陵,掠取其中的金银财宝。凡是用玉匣装殓的尸体,大都栩栩如生;贼寇于是侮辱了吕后的尸骨。邓禹派兵在郁夷攻打赤眉,反被赤眉打败;邓禹于是撤军抵达云阳。赤眉又进入长安。延岑驻扎在杜陵,赤眉将领逢安攻打延岑。邓禹因逢安精兵离开长安,率军攻长安;恰巧谢禄的救兵赶到,邓禹战败逃跑。延岑攻击逢安,逢安大败,死十馀万人。

廖湛率领十八万赤眉军进攻汉中王刘嘉。刘嘉和廖湛在谷口交战,廖湛大败。刘嘉亲手斩廖湛,于是到云阳筹备粮草。刘嘉妻子的哥哥新野人来歙,是刘秀姑姑的儿子,刘秀派邓禹招降刘嘉,刘嘉依靠来歙的关系到邓禹的营垒归降。刘嘉的宰相李宝态度傲慢,邓禹斩李宝。

32　冬季,十一月,刘秀任命廷尉岑彭当征南大将军。刘秀在大会群臣时,指着王常对文武百官说:"此人率领下江将领辅佐保卫汉王朝,心像金石一般坚硬,真是忠臣啊!"当天,任命王常为汉忠将军,派他和岑彭率领建义大将军朱祜等七位将军征讨邓奉、董䜣。岑彭等先攻打堵乡的董䜣,邓奉出兵援救董䜣。朱祜战败,被邓奉俘获。

33　铜马、青犊、尤来等贼军残部共同拥立孙登当皇帝。孙登的部将乐玄叛变,杀了孙登,率领部众五万多人投降刘秀。

34　邓禹自从冯愔叛变后,声望逐渐降低,再加上缺乏军粮,几次和赤眉军作战都不能取胜,归附他的人逐渐离开他。赤眉军和延岑军同时在三辅地区横行暴戾,各郡县的大家族纷纷集结兵众,割据自保,邓禹无能为力。刘秀于是派遣偏将军冯异接替邓禹讨伐赤眉等贼军。刘秀亲自送冯异到河南县,对冯异说:"三辅地区遭受王莽、更始二朝带来的灾难,又加上赤眉、延岑带来的耻辱,

元元涂炭，无所依诉。将军今奉辞讨诸不轨，营保降者，遣其
渠帅诣京师；散其小民，令就农桑；坏其营壁，无使复聚。征
伐非必略地、屠城，要在平定安集之耳。诸将非不健斗，然好
虏掠。卿本能御吏士，念自修敕，无为郡县所苦！"异顿首受
命，引而西。所至布威信，群盗多降。

　　　　臣光曰：昔周人颂武王之德曰："铺时绎思，我徂惟
求定。"言王者之兵志在布陈威德安民而已。观光武之
所以取关中，用是道也。岂不美哉！

35　又诏征邓禹还，曰："慎毋与穷寇争锋！赤眉无谷，
自当来东。吾以饱待饥，以逸待劳，折棰笞之，非诸将忧也。
无得复妄进兵！"

　　帝以伏隆为光禄大夫，复使于张步，拜步东莱太守，并与
新除青州牧、守、都尉俱东。诏隆辄拜令、长以下。

36　十二月戊午，诏宗室列侯为王莽所绝者，皆复故国。

37　三辅大饥，人相食，城郭皆空，白骨蔽野，遗民往往
聚为营保，各坚壁清野。赤眉虏掠无所得，乃引而东归，众尚
二十馀万，随道复散。帝遣破奸将军侯进等屯新安，建威大
将军耿弇等屯宜阳，以要其还路。敕诸将曰："贼若东走，可
引宜阳兵会新安；贼若南走，可引新安兵会宜阳。"冯异与赤
眉遇于华阴，相拒六十馀日，战数十合，降其将卒五千馀人。

生灵涂炭,没有地方哀告倾诉。将军现在遵奉意旨讨伐叛逆,保护归降的人,把他们的首领送到京都洛阳;遣散他们的部众,让他们回家耕田种桑;摧毁他们的营寨,使他们不能再聚集起来。出征讨伐并不是一定要夺取土地、屠杀城池,关键在于平息叛乱、安抚收拢百姓。将领们并不是不善于战斗,但是喜欢掳掠。你完全可以驾驭部众,要常常告诫自己,不要给郡县的百姓带来痛苦!"冯异磕头,接受命令,率军向西进发。所经过的地方,传播威望和信誉,群盗纷纷投降。

　　臣司马光说:从前,西周时代的人称颂周武王的恩德说:"铺陈文王勤政的美德,我的追求唯有天下安定。"是说君王的军事行动,目的仅在于宣扬威望高德,使人民安居乐业而已。刘秀之所以能夺取关中,所遵循的就是这个原则。这难道不是美好的事吗?

　　35 刘秀又下诏令,征召邓禹回洛阳,说:"要慎重,千万不要同穷途末路的敌人争高低!赤眉军断粮,自然会向东退却。我们用饱食等待饥饿,用安逸等待疲劳,用鞭子就可以抽打他们,大家用不着担心。不能再轻率地进攻!"

　　刘秀任命伏隆当光禄大夫,又派他出使到张步处,任命张步当东莱太守,并同新任命的青州牧、守、都尉一起东下。刘秀授权伏隆可以自行任命令、长及其以下的各级官员。

　　36 十二月戊午(三十日),刘秀发布诏令:凡被王莽新王朝废除的刘姓宗室列侯,全都恢复原来的封国。

　　37 三辅地区发生了极其严重的饥荒,出现人吃人的现象,城郭空旷无人,白骨遍野,侥幸生存下来的人往往聚在一起兴筑营寨自我保全,各自坚壁清野。赤眉军掳掠不到东西,于是领兵向东退却,部众还有二十余万,一路上又散失逃亡了很多。刘秀派遣破奸将军侯进等驻屯在新安县,派遣建威大将军耿弇等驻屯在宜阳县,在赤眉军返回的路上进行拦截。他命令将领们说:"贼寇如果向东逃跑,可率宜阳部队与新安部队会师;贼寇如果向南逃跑,可率新安部队与宜阳部队会师。"冯异的军队和赤眉军在华阴遭遇,互相对抗六十余天,交锋数十次,赤眉军将士有五千余人投降。

卷第四十一　汉纪三十三

起丁亥(27)尽己丑(29)凡三年

世祖光武皇帝上之下
建武三年(丁亥,27)

1　春,正月甲子,以冯异为征西大将军。邓禹惭于受任无功,数以饥卒徼赤眉战,辄不利。乃率车骑将军邓弘等自河北度至湖,要冯异共攻赤眉。异曰:"异与贼相拒数十日,虽虏获雄将,馀众尚多,可稍以恩信倾诱,难卒用兵破也。上今使诸将屯渑池,要其东,而异击其西,一举取之,此万成计也!"禹、弘不从,弘遂大战移日。赤眉阳败,弃辎重走。车皆载土,以豆覆其上,兵士饥,争取之。赤眉引还,击弘,弘军溃乱。异与禹合兵救之,赤眉小却。异以士卒饥倦,可且休;禹不听,复战,大为所败,死伤者三千馀人,禹以二十四骑脱归宜阳。异弃马奔走,上回谿阪,与麾下数人归营,收其散卒,复坚壁自守。

2　辛巳,立四亲庙于雒阳,祀父南顿君以上至春陵节侯。

3　壬午,大赦。

4　闰月乙巳,邓禹上大司徒、梁侯印绶。诏还梁侯印绶,以为右将军。

世祖光武皇帝上之下
汉光武帝建武三年(丁亥,公元27年)

1　春季,正月甲子(初六),刘秀任命冯异为征西大将军。邓禹对于自己身受重任而没有功劳感到惭愧,他多次驱使饥饿的士卒和赤眉军作战,却总是打败仗。于是他率领车骑将军邓弘等从河北县抵达湖县,要求冯异和他一起攻打赤眉。冯异说:"我同赤眉对抗数十天,虽然俘虏了他们的战将,但剩下的人数还很多,可以用恩德信义逐渐瓦解他们,很难一下子用武力打败。现在皇上派将领们屯驻在渑池,威胁赤眉的东翼,而我攻打赤眉的西翼,一战便可以消灭他们,这可是万全之计!"邓禹、邓弘不接受冯异的主张,邓弘于是同赤眉军战斗了一整天。赤眉假装战败,丢弃辎重逃走。辎重车上装的全是土,用豆子覆盖在最上面,邓弘的士卒饥饿,互相你争我夺。赤眉军乘机返回,攻打邓弘,邓弘的军队大乱。冯异和邓禹联合起来救助邓弘,赤眉军稍稍退却。冯异认为士兵们又饿又累,应该暂且休息。邓禹不听,又去出战,被赤眉打得大败,死伤三千余人。邓禹仅以二十四名骑兵逃出战场回到宜阳。冯异抛弃战马徒步逃出,到达回谿阪,和部下数人回到营寨,招集离散的士兵,然后固垒自保。

2　辛巳(二十三日),刘秀在雒阳建立四亲祭庙,祭祀父亲南顿君刘钦,往上直到高祖父舂陵节侯刘买。

3　壬午(二十四日),刘秀实行大赦。

4　闰月乙巳(十八日),邓禹呈上大司徒、梁侯的印信绶带。刘秀下诏还给邓禹梁侯的印信绶带,改任右将军。

5 冯异与赤眉约期会战，使壮士变服与赤眉同，伏于道侧。旦日，赤眉使万人攻异前部，异少出兵以救之。贼见势弱，遂悉众攻异，异乃纵兵大战。日昃，贼气衰，伏兵卒起，衣服相乱，赤眉不复识别，众遂惊溃。追击，大破之于崤底，降男女八万人。帝降玺书劳异曰："始虽垂翅回谿，终能奋翼渑池，可谓失之东隅，收之桑榆。方论功赏，以答大勋。"

赤眉馀众东向宜阳。甲辰，帝亲勒六军，严陈以待之。赤眉忽遇大军，惊震不知所谓。乃遣刘恭乞降曰："盆子将百万众降陛下，何以待之？"帝曰："待汝以不死耳！"丙午，盆子及丞相徐宣以下三十馀人肉袒降，上所得传国玺绶。积兵甲宜阳城西，与熊耳山齐。赤眉众尚十馀万人，帝令县厨皆赐食。明旦，大陈兵马临洺水，令盆子君臣列而观之。帝谓樊崇等曰："得无悔降乎？朕今遣卿归营，勒兵鸣鼓相攻，决其胜负，不欲强相服也。"徐宣等叩头曰："臣等出长安东都门，君臣计议，归命圣德。百姓可与乐成，难与图始，故不告众耳。今日得降，犹去虎口归慈母，诚欢诚喜，无所恨也！"帝曰："卿所谓铁中铮铮，佣中佼佼者也！"戊申，还自宜阳。帝令樊崇等各与妻子居洺阳，赐之田宅。其后樊崇、逢安反，诛。杨音、徐宣卒于乡里。帝怜盆子，以为赵王郎中；后病失明，赐荥阳均输官地，使食其税终身。刘恭为更始报仇，杀谢禄，自系狱。帝赦不诛。

5　冯异同赤眉军定好日期决战,他挑选精壮的士兵,让他们改换服装,穿戴和赤眉军一样,在路边埋伏下来。第二天,赤眉派出一万人攻击冯异的正面,冯异出动少数军队救援。赤眉见冯异人少势弱,于是全军进攻冯异,冯异这才发兵同赤眉军大战。到太阳偏西,赤眉军士气衰落,路边的伏兵突然杀出来,因衣服混杂,赤眉军不能辨别谁是自己人,于是惊恐溃散。冯异率军追击,在崤底大败赤眉军,收降赤眉军男女八万人。刘秀下诏书慰劳冯异说:"你开始虽然在回谿阪垂下翅膀,但最终能在渑池奋起双翼,可以说早上在东方丢了东西,晚上在西方找回来。正在为你论功行赏,以此报答你卓越的功勋。"

赤眉军残部向东将近宜阳。甲辰(十七日),刘秀亲率大军,严阵以待。赤眉突然遇到刘秀大军,震惊得不知所措。于是,派遣刘恭向刘秀乞降,说:"刘盆子率领百万部众投降陛下,陛下怎样对待他呢?"刘秀说:"饶恕他不死罢了!"丙午(十九日),刘盆子及丞相徐宣以下三十馀人袒露出臂膀投降,献出所得传国的玉玺绶带。赤眉的兵器堆积在宜阳城西,和熊耳山一样高。赤眉部众还有十馀万人,刘秀命令宜阳县所有的厨房供给食物。第二天,刘秀在雒水边陈列大军,命刘盆子君臣列队观看。刘秀对樊崇等人说:"不后悔投降吗? 我今天送你们回营,统率军队鸣起战鼓再战,决一胜负,不想强迫你们服输。"徐宣等磕头说:"我们走出长安东都门,君臣们合计,要把自己的生命交给陛下。百姓只能和他们同享受成果,难以和他们同谋开端,所以没有向他们宣布。今天能够投降,就像离开虎口,投入慈母的怀抱,确实欢乐欣喜,没有什么可遗憾的!"刘秀说:"你就是所谓铁中独具刚利的部分,凡人中出类拔萃的那种人!"戊申(二十日),刘秀从宜阳返回洛阳。他让樊崇等人偕妻子儿女住在雒阳,赐给他们土地和住宅。后来樊崇、逢安谋反,被诛杀。杨音、徐宣在他们的故乡去世。刘秀可怜刘盆子,任命他当赵王刘良的郎中;后来刘盆子患病,双目失明,刘秀把荥阳均输官掌握的国有土地赏赐给他,使他终身以收取地租为生。刘恭替刘玄报仇,杀了谢禄,自己投入监狱。刘秀赦免了他,不予诛杀。

6　二月，刘永立董宪为海西王。永闻伏隆至剧，亦遣使立张步为齐王。步贪王爵，犹豫未决。隆晓譬曰：“高祖与天下约，非刘氏不王，今可得为十万户侯耳！”步欲留隆，与共守二州，隆不听，求得反命，步遂执隆而受永封。隆遣间使上书曰：“臣隆奉使无状，受执凶逆；虽在困厄，授命不顾。又，吏民知步反畔，心不附之，愿以时进兵，无以臣隆为念！臣隆得生到阙廷，受诛有司，此其大愿。若令没身寇手，以父母、昆弟长累陛下。陛下与皇后、太子永享万国，与天无极！”帝得隆奏，召其父湛，流涕示之，曰：“恨不且许而遽求还也！”其后步遂杀之。帝方北忧渔阳，南事梁、楚，故张步得专集齐地，据郡十二焉。

7　帝幸怀。

8　吴汉率耿弇、盖延击青犊于轵西，大破降之。

9　三月壬寅，以司直伏湛为大司徒。

10　涿郡太守张丰反，自称无上大将军，与彭宠连兵。朱浮以帝不自征彭宠，上疏求救。诏报曰：“往年赤眉跋扈长安，吾策其无谷必东；果来归附。今度此反虏，势无久全，其中必有内相斩者。今军资未充，故须后麦耳！”浮城中粮尽，人相食。会耿况遣骑来救，浮乃得脱身走，蓟城遂降于彭宠。宠自称燕王，攻拔右北平、上谷数县，赂遗匈奴，借兵为助；又南结张步及富平、获索诸贼，皆与交通。

6　二月,刘永封董宪为海西王。刘永听说伏隆到达剧县,也派遣使节封张步为齐王。张步贪图王爵,犹豫不决。伏隆解释说:"汉高祖刘邦曾向天下宣布,除刘姓皇族外不能封王爵,现在封你做十万户侯爵就可以了!"张步打算留下伏隆,两人共同据守青、徐二州,伏隆不同意,要求返回洛阳报告情况。于是张步拘捕伏隆而接受刘永王爵的封号。伏隆秘密地派人给刘秀上书说:"我奉命出使,不能完成使命,被叛逆拘捕处于险境;我虽然身处艰难窘迫之中,但为完成陛下授予的使命,即使牺牲生命,也在所不惜。再有,官民们知道张步叛变,民心难以归附,希望陛下按时进军,不要顾念我的生死!我能够活着回到朝廷,被主管官吏诛杀,这是我最大的愿望。假如我死于叛贼之手,就把父母、兄弟长期托付给陛下。祝福陛下和皇后、太子永远享受万国的拥戴,同上天一样无穷无尽!"刘秀看到伏隆的密奏,召见他的父亲伏湛,流着眼泪给他看伏隆的信,说:"我恨不得暂且许诺张步封王爵而马上求得伏隆生还!"后来,张步终于杀了伏隆。当时,刘秀北方担心渔阳,南方担心梁国、楚国,所以张步能够独霸齐国故地,占据十二个郡。

7　刘秀到达怀县。

8　吴汉率领耿弇、盖延在轵县西攻打青犊军,大破青犊军并使之归降。

9　三月壬寅(十六日),刘秀提拔司直伏湛当大司徒。

10　涿郡太守张丰叛变,自称无上大将军,和彭宠的军队联合起来。朱浮因为刘秀不亲自讨伐彭宠,向刘秀上书求援。刘秀下诏回答说:"以前赤眉军在长安飞扬跋扈,我断定他们在没有粮食的时候一定向东撤,后果然前来归顺。现在估计这些叛逆,势必不能长期保全力量,他们内部一定会出现互相残杀的情况。现在我军的军事物资不充足,所以要等以后小麦收割了才行。"朱浮所在的蓟城粮食吃尽,出现了人吃人的惨景。正赶上耿况派骑兵来救援,朱浮才能够脱身逃跑,于是蓟城向彭宠投降。彭宠自称为燕王,一连进攻夺取右北平、上谷等几个县,他还送礼物贿赂北方的匈奴,向匈奴借兵;又向南结交张步,以及富平、获索各路农民军,全同他们往来。

11 帝自将征邓奉,至堵阳。奉逃归淯阳,董诉降。夏,四月,帝追奉至小长安,与战,大破之。奉肉袒因朱祜降。帝怜奉旧功臣,且峣起吴汉,欲全宥之。岑彭、耿弇谏曰:"邓奉背恩反逆,暴师经年,陛下既至,不知悔善,而亲在行陈,兵败乃降。若不诛奉,无以惩恶!"于是斩之。复朱祜位。

12 延岑既破赤眉,即拜置牧守,欲据关中。时关中众寇犹盛。岑据蓝田,王歆据下邽,芳丹据新丰,蒋震据霸陵,张邯据长安,公孙守据长陵,杨周据谷口,吕鲔据陈仓,角闳据汧,骆延据盩厔,任良据鄠,汝章据槐里。各称将军,拥兵多者万馀人,少者数千人,转相攻击。冯异且战且行,屯军上林苑中。延岑引张邯、任良共击异,异击,大破之,诸营保附岑者皆来降,岑遂自武关走南阳。时百姓饥饿,黄金一斤易豆五升,道路断隔,委输不至,冯异军士悉以果实为粮。诏拜南阳赵匡为右扶风,将兵助异,并送缣、谷。异兵谷渐盛,乃稍诛击豪杰不从令者,褒赏降附有功劳者,悉遣诸营渠帅诣京师,散其众归本业,威行关中。唯吕鲔、张邯、蒋震遣使降蜀,其馀悉平。

13 吴汉率骠骑大将军杜茂等七将军围苏茂于广乐,周建招集得十馀万人救之。汉迎与之战,不利,堕马伤膝,还营。建等遂连兵入城。诸将谓汉曰:"大敌在前,而公伤卧,众心惧矣!"汉乃勃然裹创而起,椎牛飨士,慰勉之,士气自倍。旦日,苏茂、周建出兵围汉,汉奋击,大破之,茂走还湖陵。睢阳人反城迎刘永,盖延率诸将围之。吴汉留杜茂、陈俊守广乐,自将兵助延围睢阳。

11　刘秀亲自率军讨伐邓奉，抵达堵阳。邓奉逃回淯阳，董欣投降。夏季，四月，刘秀追击邓奉到小长安，同邓奉交战，大败邓奉。因朱祐从中调和，邓奉露出臂膀投降。刘秀怜惜邓奉是功臣故旧，而且反叛是因吴汉所逼，想要保全宽恕他。岑彭、耿弇进谏说："邓奉背叛恩主，起兵叛变，一连几年残暴掳掠，陛下亲征抵达堵阳，他不知悔过从善，反而亲自上阵和您交战，打败了才被迫投降。如果不杀邓奉，就不能惩办邪恶。"于是，斩邓奉。恢复朱祐的官职。

12　延岑已经打败了赤眉军，即刻任命牧守等官职，打算占据关中。当时关中地区各路盗贼气势还很旺盛。延岑占据蓝田，王歆占据下邽，芳丹占据新丰，蒋震占据霸陵，张邯占据长安，公孙守占据长陵，杨周占据谷口，吕鲔占据陈仓，角闳占据汧，骆延占据盩厔，任良占据鄠县，汝章占据槐里。各人都自称将军，拥有士兵多的一万馀人，少的数千人，各军之间互相攻打。冯异率军一边作战，一边向前推进，军队屯驻于上林苑中。延岑联合张邯、任良一起攻打冯异，冯异迎击，大败延岑等联军，很多归附延岑的营垒都来投降冯异，延岑于是从武关向南阳逃跑。当时百姓饥饿，用一斤黄金只能换五升豆子，道路断绝，运送的粮食不能到达，冯异的士兵都以树上的果实充饥。刘秀下诏任命南阳人赵匡当右扶风，率军协助冯异，并运送布匹、粮食。冯异的军队有了粮食，气势逐渐旺盛，于是诛杀进击不服从命令的豪强，赞扬奖赏归降有功劳的人，把各营寨的首领送到洛阳，遣散他们的徒众回到各自本来的行业，冯异威震关中。只有吕鲔、张邯、蒋震派出使者投降占据西蜀的公孙述，其馀全部平定。

13　吴汉率领骠骑大将军杜茂等七位将军在广乐包围苏茂，周建招集十馀万人援救苏茂。吴汉迎战周建，不能取胜，从马上摔下，膝盖受伤，回到大营。于是周建等带兵进城。将领们对吴汉说："大敌当前，而您受伤躺在床上，大家心里都感到恐惧！"吴汉于是包扎好伤口，勃然而起，杀牛犒劳将士，慰问勉励他们，军中士气倍增。第二天，苏茂、周建出兵包围吴汉，吴汉奋力反击，大败敌军，苏茂逃回湖陵。此时，睢阳城内发生叛乱，迎接刘永进城，东汉大将盖延率各位将领包围睢阳。吴汉留下杜茂、陈俊守卫广乐，自己带兵协助盖延包围睢阳。

14 车驾自小长安引还,令岑彭率傅俊、臧宫、刘宏等三万馀人南击秦丰。五月己酉,车驾还宫。

15 乙卯晦,日有食之。

16 六月壬戌,大赦。

17 延岑攻南阳,得数城。建威大将军耿弇与战于穰,大破之。岑与数骑走东阳,与秦丰合。丰以女妻之。建义大将军朱祜率祭遵等与岑战于东阳,破之。岑走归秦丰。祜遂南与岑彭等军合。

延岑护军邓仲况拥兵据阴县,而刘歆孙龚为其谋主。前侍中扶风苏竟以书说之,仲况与龚降。竟终不伐其功,隐身乐道,寿终于家。

秦丰拒岑彭于邓,秋,七月,彭击破之。进围丰于黎丘,别遣积弩将军傅俊将兵徇江东,扬州悉定。

18 盖延围睢阳百日,刘永、苏茂、周建突出,将走酂,延追击之急,永将庆吾斩永首降。苏茂、周建奔垂惠,共立永子纡为梁王。佼彊奔保西防。

19 冬,十月壬申,上幸舂陵,祠园庙。

20 耿弇从容言于帝,自请北收上谷兵未发者,定彭宠于渔阳,取张丰于涿郡,还收富平、获索,东攻张步,以平齐地。帝壮其意,许之。

21 十一月乙未,帝还自舂陵。

22 是岁,李宪称帝,置百官,拥九城,众十馀万。

14　刘秀从小长安率军返回,命令岑彭率领傅俊、臧宫、刘宏等三万馀人向南攻打秦丰。五月己酉(二十四日),刘秀回到首都洛阳。

15　乙卯晦(三十日),出现日食。

16　六月壬戌(初七),实行大赦。

17　延岑进攻南阳,夺取几座县城。东汉建威大将军耿弇同延岑在穰县交战,大败延岑。延岑和几个人骑马逃向东阳,与秦丰联合。秦丰把女儿嫁给延岑。东汉建义大将军朱祐率领祭遵等同延岑在东阳交战,打败延岑。延岑逃跑回到秦丰所在的黎丘。于是朱祐率军南下与岑彭等军队汇合。

延岑的护军邓仲况领兵占据阴县,而刘歆的孙子刘龚是他的谋士。前侍中扶风人苏竟写信劝说,邓仲况与刘龚归顺刘秀。苏竟始终不夸耀这份功劳,隐退故里,安贫乐道,在家乡寿终正寝。

秦丰在邓县抗拒岑彭,秋季,七月,岑彭击败秦丰。之后进军,在黎丘包围秦丰,另外派遣积弩将军傅俊领兵平定长江以东,扬州全部平定。

18　盖延包围睢阳已达一百天。刘永、苏茂、周建突围出城,准备逃往酂县,盖延急速追击,刘永的将领庆吾砍下刘永的头投降。苏茂、周建逃奔到垂惠,一齐拥立刘永的儿子刘纡当梁王。刘永的另一将领佼彊逃到西防据守。

19　冬季,十月壬申(十九日),刘秀回到故乡春陵,祭祀祖先的坟墓祭庙。

20　耿弇从容地向刘秀表示,他愿意北上招收上谷郡还没有遣散的士兵,在渔阳铲除彭宠,在涿郡打败张丰,返回洛阳时消灭富平、获索军,向东攻击张步,从而平定齐地。刘秀认为他很有雄心壮志,答应了他的要求。

21　十一月乙未(十二日),刘秀从春陵返回洛阳。

22　这一年,李宪在庐江即帝位,设置文武百官,拥有九座县城,部众十馀万人。

23　帝谓太中大夫来歙曰："今西州未附,子阳称帝,道里阻远,诸将方务关东,思西州方略,未知所在。"歙曰："臣尝与隗嚣相遇长安。其人始起,以汉为名。臣愿得奉威命,开以丹青之信,嚣必束手自归。则述自亡之势,不足图也!"帝然之,始令歙使于嚣。嚣既有功于汉,又受邓禹爵署,其腹心议者多劝通使京师,嚣乃奉奏诣阙。帝报以殊礼,言称字,用敌国之仪,所以慰藉之甚厚。

四年(戊子,28)

1　正月甲申,大赦。

2　二月壬子,上行幸怀。壬申,还雒阳。

3　延岑复寇顺阳。遣邓禹将兵击破之。岑奔汉中。公孙述以岑为大司马,封汝宁王。

4　田戎闻秦丰破,恐惧,欲降。其妻兄辛臣图彭宠、张步、董宪、公孙述等所得郡国以示戎曰："雒阳地如掌耳,不如且按甲以观其变。"戎曰："以秦王之强,犹为征南所围,吾降决矣!"乃留辛臣使守夷陵,自将兵沿江溯沔上黎丘。辛臣于后盗戎珍宝,从间道先降于岑彭,而以书招戎曰:"宜以时降,无拘前计!"戎疑臣卖己,灼龟卜降,兆中坼,遂复反,与秦丰合。岑彭击破之,戎亡归夷陵。

23　刘秀对太中大夫来歙说："现在西州还没有归附,公孙述又自称皇帝,道路阻塞遥远,将领们正把力量用在关东,西州究竟如何攻取,一直想不出办法来。"来歙说："我曾经和隗嚣在长安会见。这个人最初起兵时,以恢复汉王朝为名义。我请求奉陛下之命,凭您的信誉和坦诚开导隗嚣,他一定会束手归附。那样的话公孙述会处于灭亡的境地,不值得费力图谋了!"刘秀同意来歙的话,派他出使会见隗嚣。隗嚣既对更始汉王朝建有功勋,又接受东汉大司徒邓禹的任命,他的心腹以及谋士们多劝他和东汉王朝取得联系,于是隗嚣派使者到洛阳上书刘秀。刘秀用特殊的礼仪进行回报,回信对隗嚣称字,用对待地位平等国家的礼仪相待,安慰推许他,充满了深情厚谊。

汉光武帝建武四年(戊子,公元28年)

1　正月甲申(初二),刘秀实行大赦。

2　二月壬子(初一),刘秀前往怀县。壬申(十一日),返回洛阳。

3　延岑又攻打顺阳。刘秀派邓禹率领军队击败延岑。延岑逃往汉中。公孙述任命延岑当大司马,封为汝宁王。

4　田戎听说秦丰被打败,非常恐慌,准备投降东汉。田戎妻子的哥哥辛臣打开地图,指着彭宠、张步、董宪、公孙述等占有的地盘给田戎看,对他说："洛阳这块地方,就像手掌那么大,我们不如暂且按兵不动,以观察局势的变化。"田戎说："凭着秦丰的强盛,还陷于征南大将军岑彭的包围之中,我决心投降了!"于是留下辛臣,让他守卫夷陵,自己率领军队沿着长江至沔江,逆流而上进军黎丘。辛臣在田戎出发后,盗取田戎的珍珠财宝,抄小路逃跑,先向岑彭投降,然后写信招降田戎说："你应该及时投降,不要拘泥于我们以前的打算!"田戎怀疑辛臣出卖自己,烧龟甲占卜是否投降,龟甲从中裂开,大凶,于是又反叛,同秦丰联合。岑彭打败田戎,田戎逃回夷陵。

5 夏，四月丁巳，上行幸邺。己巳，幸临平，遣吴汉、陈俊、王梁击破五校于临平。鬲县五姓共逐守长，据城而反，诸将争欲攻之。吴汉曰："使鬲反者，守长罪也。敢轻冒进兵者斩！"乃移檄告郡使收守长，而使人谢。城中五姓大喜，即相率降。诸将乃服，曰："不战而下城，非众所及也！"

6 五月，上幸元氏。辛巳，幸卢奴，将亲征彭宠。伏湛谏曰："今兖、豫、青、冀，中国之都，而寇贼从横，未及从化。渔阳边外荒耗，岂足先图！陛下舍近务远，弃易求难，诚臣之所惑也！"上乃还。

7 帝遣建义大将军朱祜、建威大将军耿弇、征虏将军祭遵、骁骑将军刘喜讨张丰于涿郡。祭遵先至，急攻丰，禽之。初，丰好方术，有道士言丰当为天子，以五彩囊裹石系丰肘，云"石中有玉玺"。丰信之，遂反。既执，当斩，犹曰"肘石有玉玺"。傍人为椎破之，丰乃知被诈，仰天叹曰："当死无恨！"

上诏耿弇进击彭宠。弇以父况与宠同功，又兄弟无在京师者，不敢独进，求诣雒阳。诏报曰："将军举宗为国，功效尤著，何嫌何疑，而欲求征！"况闻之，更遣弇弟国入侍。时祭遵屯良乡，刘喜屯阳乡，彭宠引匈奴兵欲击之；耿况使其子舒袭破匈奴兵，斩两王，宠乃退走。

8 六月辛亥，车驾还宫。

5　夏季,四月丁巳(初七),刘秀前往邯城。己巳(十九日),前往临平,派遣吴汉、陈俊、王梁在临平击败五校军。鬲县五大豪强势力联合起兵,驱逐该县守长,占据县城叛变,将领们争先恐后地要前去攻打。吴汉说:"促使鬲县人反叛的,是守长的罪过。胆敢轻率进兵的,一律斩首!"于是用公文通告郡府拘捕守长,并派人酬谢。城中五大家族非常高兴,立刻相继投降。将领们于是十分佩服,说:"不经过战斗就能得到城池,这种智慧不是一般人所能赶得上的!"

6　五月,刘秀前往元氏。辛巳(初一),抵达卢奴,准备亲自征讨彭宠。伏湛劝阻说:"现在兖州、豫州、冀州都是中国的内地,而盗匪贼寇横行无忌,还没有使他们顺从,接受教化。渔阳不过是临近北方外族的荒凉地方,怎么能首先图谋呢?陛下舍近求远,放弃容易做的事,去做难做的事,这是我感到迷惑不解的原因。"刘秀这才打消亲征的念头,返回。

7　刘秀派遣建义大将军朱祜、建威大将军耿弇、征虏将军祭遵、骁骑将军刘喜在涿郡讨伐张丰。祭遵率军先到,猛烈攻打张丰,把他生擒。当初,张丰喜好法术,有一个道士说张丰应当做皇帝,并用五彩的口袋包一块石头绑在张丰的胳膊上,说"石头中有皇帝用的玉玺"。张丰相信道士的话,于是叛变。把他捉住以后,应当斩首,他还说"胳膊上的石头里有玉玺"。旁边有人用槌子打破石头,里面什么都没有,张丰才知受骗上当,他仰天长叹说:"我应当死,死而无憾!"

刘秀颁下诏书,命令耿弇进攻彭宠。耿弇因为父亲耿况和彭宠功劳同等,再加上兄弟没有人在雒阳做人质,不敢单独进军,请求返回雒阳。刘秀下诏回答说:"将军全家为国效忠,功劳卓著,有什么嫌疑而要求征召回雒阳呢?"耿况听说以后,另外派耿弇的弟弟耿国前往雒阳。这时,祭遵驻屯良乡,刘喜驻屯阳乡,彭宠率领匈奴的军队准备袭击。耿况命他的儿子耿舒击败匈奴军,诛杀两位亲王,彭宠才退兵。

8　六月辛亥(初二),刘秀返回雒阳。

9　秋,七月丁亥,上幸谯,遣捕虏将军马武、骑都尉王霸围刘纡、周建于垂惠。

10　董宪将贲休以兰陵降,宪闻之,自郯围之。盖延及平狄将军山阳庞萌在楚,请往救之。帝敕曰:"可直往捣郯,则兰陵自解。"延等以贲休城危,遂先赴之。宪逆战而阳败退,延等因拔围入城。明日,宪大出兵合围,延等惧,遽出突走,因往攻郯。帝让之曰:"间欲先赴郯者,以其不意故耳!今既奔走,贼计已立,围岂可解乎!"延等至郯,果不能克。而董宪遂拔兰陵,杀贲休。

11　八月戊午,上幸寿春,遣扬武将军南阳马成率诛虏将军南阳刘隆等三将军发会稽、丹阳、九江、六安四郡兵击李宪。九月,围宪于舒。

王莽末,天下乱,临淮大尹河南侯霸独能保全其郡。帝征霸会寿春,拜尚书令。时朝廷无故典,又少旧臣,霸明习故事,收录遗文,条奏前世善政法度,施行之。

冬,十月甲寅,车驾还宫。

12　隗嚣使马援往观公孙述。援素与述同里闬,相善,以为既至,当握手欢如平生。而述盛陈陛卫以延援入,交拜礼毕,使出就馆。更为援制都布单衣、交让冠,会百官于宗庙中,立旧交之位,述鸾旗、旄骑,警跸就车,磬折而入,礼飨官属甚盛,欲授援以封侯大将军位。宾客皆乐留,援晓之曰:"天下雌雄未定,公孙不吐哺走迎国士,与图成败,反修饰边幅,

9　秋季,七月丁亥(初八),刘秀到谯城。派遣捕虏将军马武、骑都尉王霸在垂惠包围刘纡、周建。

10　董宪的将领贲休献出兰陵县投降东汉,董宪得到消息,从郯县率军包围兰陵。盖延和平狄将军山阳人庞萌在楚驻屯,请求前往兰陵救援贲休。刘秀告诫说:"大军适于直捣郯县。如此,兰陵之围自然解除。"盖延等认为兰陵县危在旦夕,于是先奔赴兰陵救援。董宪迎战,然后假装战败撤退,盖延等因此攻进城内。第二天,董宪率大军重新包围兰陵,盖延等恐惧,迅速突围逃跑,于是前往攻打郯县。刘秀责备盖延等人说:"准备首先秘密进攻郯县的原因,是由于出其不意的缘故罢了!现在既然败逃,敌人的计谋已经确定,怎么还能解除兰陵之围呢!"盖延等到达郯县,果然不能攻克。而董宪攻陷兰陵,诛杀贲休。

11　八月戊午(初十),刘秀到寿春县,派遣扬武将军南阳人马成率领诛虏将军南阳人刘隆等三位将军,征调会稽、丹阳、九江、六安四个郡的兵力攻打李宪。九月,在舒县包围李宪。

王莽末年,天下大乱,唯独临淮郡大尹河南人侯霸能够保全郡土平安。刘秀征召侯霸在寿春会见,任命他当尚书令。当时东汉朝廷没有旧法则可依,又缺少旧臣元老,侯霸熟悉过去的典章制度,搜集失散的文献档案,把前朝有用的法令制度分列项目,上奏刘秀批准施行。

冬季,十月甲寅(初七),刘秀返回洛阳。

12　隗嚣派马援前往成都观察公孙述的情况。马援和公孙述都是茂陵人,一向关系很好,他以为到达之后,公孙述一定像平时那样和他握手言欢。但公孙述的禁卫军列阵,戒备森严,然后引导马援进入。行过交拜礼之后,公孙述派人送出宫,到宾馆休息。又替马援制作布衣服和平民帽子,在宗庙中召集百官,设立了旧交老友的座位,公孙述用绣着鸾鸟的旗帜、披头散发的骑士作前导,开路清道,实行警戒,登车出发,他向左右迎候的官员屈身作答,进入宗庙,礼仪祭品及百官阵容十分盛大,公孙述准备封马援侯爵,任命当大将军。马援带领的宾客们都愿意留下来,马援向他们解释说:"天下胜负未定,公孙述不懂得吐出口中的饭而奔走迎接有才干的人,我和他共同图谋成败的大事,他反而十分注重繁琐的小节,

如偶人形,此子何足久稽天下士乎!"因辞归,谓嚣曰:"子阳,井底蛙耳,而妄自尊大!不如专意东方。"

嚣乃使援奉书雒阳。援初到,良久,中黄门引入。帝在宣德殿南庑下,但帻,坐,迎笑,谓援曰:"卿遨游二帝间,今见卿,使人大惭。"援顿首辞谢,因曰:"当今之世,非但君择臣,臣亦择君矣!臣与公孙述同县,少相善。臣前至蜀,述陛戟而后进臣。臣今远来,陛下何知非刺客奸人,而简易若是!"帝复笑曰:"卿非刺客,顾说客耳。"援曰:"天下反覆,盗名字者不可胜数。今见陛下恢廓大度,同符高祖,乃知帝王自有真也。"

13　太傅卓茂薨。

14　十一月丙申,上行幸宛。岑彭攻秦丰三岁,斩首九万馀级。丰馀兵裁千人,食且尽。十二月丙寅,帝幸黎丘,遣使招丰,丰不肯降。乃使朱祜等代岑彭围黎丘,使岑彭、傅俊南击田戎。

15　公孙述聚兵数十万人,积粮汉中;又造十层楼船,多刻天下牧守印章。遣将军李育、程乌将数万众出屯陈仓,就吕鲔,将徇三辅。冯异迎击,大破之,育、乌俱奔汉中。异还,击破吕鲔,营保降者甚众。

是时,隗嚣遣兵佐异有功,遣使上状,帝报以手书曰:"慕乐德义,思相结纳。昔文王三分,犹服事殷,但驽马、铅刀,不可强扶,数蒙伯乐一顾之价。将军南拒公孙之兵,北御羌、胡之乱,

就像一个木偶人,这样的人怎么能够长久留住天下有志之士呢?"因此告辞返回,对隗嚣说:"公孙述不过是井底之蛙罢了,他却妄自尊大! 我们不如专心与东方的刘秀往来。"

于是隗嚣派马援带着给刘秀的信到雒阳去。马援初到,等了很久,中黄门引进。刘秀在宣德殿南面的房子里,只戴着普通的头巾,坐在那里,对马援笑脸相迎,对马援说:"先生在两个皇帝之间游历,今天我见到先生,非常惭愧。"马援磕头拜谢,然后说:"当今的天下不但君主选择臣民,臣民也选择君主! 我和公孙述同是一县的人,自幼关系很好。我前些时候到成都,公孙述让武士持戟立在殿阶下,然后才接见我。我今天远道而来,您怎么知道我不是刺客或奸恶的人,而这样平易地接见我!"刘秀又笑着说:"先生不是刺客,不过是说客罢了。"马援说:"天下大局,反复未定,称帝称王的人不计其数。今天我看见您恢宏大度,和汉高祖刘邦一样,才知道自有真正的天子。"

13 太傅卓茂去世。

14 十一月丙申(十九日),刘秀前往宛城。岑彭围攻秦丰三年,诛杀九万余人。秦丰剩余的军队才一千人,粮食将要耗尽。十二月丙寅(二十日),刘秀抵达黎丘,派使者招降秦丰,秦丰不肯投降。于是派遣朱祜等代替岑彭包围黎丘,派遣岑彭、傅俊率军南下,攻打田戎。

15 公孙述聚集军队数十万人,在汉中囤积粮食;又建造十层高的楼船,上面大量刻制天下州郡长官的印章。公孙述派遣将军李育、程乌率领数万军队进军,在陈仓驻屯,和吕鲔合兵,准备攻占三辅地区。冯异率军在陈仓迎击,大败敌军,李育、程乌都逃回汉中。冯异返回,击败吕鲔,有大量营寨投降。

当时,隗嚣派遣军队协助冯异作战有功,他派人给刘秀上书报告情况,刘秀亲笔写信回答说:"因为敬仰道德仁义,盼望与将军结交。从前周文王姬昌三分天下有其二,还为商朝服务。但是劣马和铅质的刀,不能勉强扶持,我几次承蒙您这位伯乐看顾一眼的荣耀。您在南方抗拒公孙述的军队,在北方抵御羌、胡外族的骚扰,

是以冯异西征，得以数千百人踯躅三辅。微将军之助，则咸阳已为他人禽矣！如令子阳到汉中，三辅愿因将军兵马，鼓旗相当。傥肯如言，即智士计功割地之秋也！管仲曰：'生我者父母，成我者鲍子。'自今以后，手书相闻，勿用傍人间构之言。"其后公孙述数遣将间出，嚣辄与冯异合势，共摧挫之。述遣使以大司空、扶安王印绶授嚣，嚣斩其使，出兵击之，以故蜀兵不复北出。

16 泰山豪杰多与张步连兵。吴汉荐强弩大将军陈俊为泰山太守，击破步兵，遂定泰山。

五年(己丑，29)

1 春，正月癸巳，车驾还宫。

2 帝使来歙持节送马援归陇右。隗嚣与援共卧起，问以东方事，曰："前到朝廷，上引见数十，每接燕语，自夕至旦，才明勇略，非人敌也。且开心见诚，无所隐伏，阔达多大节，略与高帝同；经学博览，政事文辨，前世无比。"嚣曰："卿谓何如高帝？"援曰："不如也。高帝无可无不可；今上好吏事，动如节度，又不喜饮酒。"嚣意不怿，曰："如卿言，反复胜邪！"

3 二月丙午，大赦。

4 苏茂将五校兵救周建于垂惠。马武为茂、建所败，奔过王霸营，大呼求救。霸曰："贼兵盛，出必两败，弩力而已！"乃闭营坚壁。军吏皆争之，霸曰："茂兵精锐，其众又多，

因此冯异率军西征，才能够以几千百人而立足于三辅地区。如果没有将军的支援，那么咸阳早已被别人占领了！假如公孙述亲自北征汉中，三辅地区愿凭借将军的军队和他对抗，双方力量旗鼓相当。如果我的话能够实现，那就是给智士贤人计算功劳、分封土地的时候！管仲说过：'生养我的是父母，使我成功的是鲍叔牙。'从今以后，我们之间用亲笔书信往来，不要听信别人挑拨离间的话。"从那以后，公孙述几次派将领率军秘密出兵，隗嚣就同冯异联合起来，一齐挫败敌军的进攻。公孙述派使者用大司空、扶安王的印信绶带送给隗嚣，隗嚣诛杀使者，派出军队进击。因此公孙述的军队不再向北进攻。

16　泰山郡的豪强大多和张步的军队联合。吴汉推举强弩大将军陈俊做泰山太守，击败张步的军队，因而平定了泰山郡。

汉光武帝建武五年(己丑,公元29年)

1　春季，正月癸巳(十七日)，刘秀回到雒阳。

2　刘秀派遣来歙持符节送马援回到陇右。隗嚣和马援同床而眠，问起到雒阳的情况，马援说："我到达雒阳后，刘秀接见我有数十次，每次接见，说话都很随便，从晚上一直到天亮，刘秀的聪明才智，勇气谋略，不是一般人所能匹敌的。并且心胸开阔，坦率真诚，没有可隐藏的东西，他十分豁达，注重大节，和汉高祖刘邦很相像；他博读经书，政事处理得条理清楚，前世的帝王没人能够和他相比。"隗嚣说："你说他和汉高祖相比，如何呢？"马援说："不如。高祖没有什么可以不可以；当今皇上喜好处理政务，行动符合规矩，又不喜欢喝酒。"隗嚣感到不高兴，说："要像你说的那样，皇上反而比高祖更高明了！"

3　二月丙午(初一)，刘秀实行大赦。

4　苏茂率领五校军在垂惠援救周建。马武被苏茂、周建打败，奔跑时经过王霸营垒，大声呼救。王霸说："敌人的士气很盛，我如果出兵，你我两军一定会都被打败，你只有自己努力了！"于是关闭营门，严密戒备。军官们全表示反对，王霸说："苏茂的军队很精锐，人数又多，

吾吏士心恐,而捕虏与吾相恃,两军不一,此败道也。今闭营固守,示不相援,贼必乘胜轻进;捕虏无救,其战自倍。如此,茂众疲劳,吾承其敝,乃可克也。"茂、建果悉出攻武,合战良久,霸军中壮士数十人断发请战,霸乃开营后,出精骑袭其背。茂、建前后受敌,惊乱败走,霸、武各归营。茂、建复聚兵挑战,霸坚卧不出,方飨士作倡乐。茂雨射营中,中霸前酒樽,霸安坐不动。军吏皆曰:"茂前日已破,今易击也!"霸曰:"不然,苏茂客兵远来,粮食不足,故数挑战,以徼一时之胜。今闭营休士,所谓'不战而屈人兵'者也。"茂、建既不得战,乃引还营。其夜,周建兄子诵反,闭城拒之。建于道死,茂奔下邳,与董宪合,刘纡奔佼彊。

5 乙丑,上行幸魏郡。

6 彭宠妻数为恶梦,又多见怪变。卜筮、望气者皆言兵当从中起。宠以子后兰卿质汉归,不信之,使将兵居外,无亲于中。宠斋在便室,苍头子密等三人因宠卧寐,共缚著床,告外吏云:"大王斋禁,皆使吏休。"伪称宠命,收缚奴婢,各置一处。又以宠命呼其妻,妻入,惊曰:"奴反!"奴乃捽其头,击其颊。宠急呼曰:"趣为诸将军办装!"于是两奴将妻入取宝物,留一奴守宠。宠谓守奴曰:"若小儿,吾素所爱也。今为子密所迫劫耳!

我们的将士内心恐惧,而马武依赖我军,两支军队不一致,这是失败之道。现在我们闭营坚守,表示我们不援助马武,那样敌人定会乘胜轻举冒进;马武得不到救兵,战斗力自然倍增。这样,苏茂的军队疲劳,我们趁他疲惫的时候进攻,才可以打败他。"苏茂、周建果然出动所有的军队进攻马武,交战了很长时间,王霸军中有数十名壮士割断头发请战,于是王霸打开营垒后门,派出精锐骑兵从背后袭击苏茂、周建。苏茂、周建前后受敌,在惊慌混乱中败阵逃跑,王霸、马武各自回营。苏茂、周建又聚集起军队挑战,王霸坚守不出战,正在犒劳部下,唱歌取乐。苏茂向王霸营中放箭,箭如雨下,射中王霸面前的酒杯,王霸安然坐在那里不动。军士们都说:"我们前两天已经打败了苏茂,现在更容易击败他!"王霸道:"不是这样,苏茂的军队从远道而来,粮食不足,所以频繁挑战,想取得一时的胜利。现在我们关闭营门,休整军队,正是所说的'不用打仗就能使敌人屈服'。"苏茂、周建既然不能和王霸交战,只好率军回营。当天夜里,周建哥哥的儿子周诵叛变,关闭垂惠城门,不让他们进城。周建死于逃跑的途中,苏茂逃奔到下邳,与董宪会合,梁王刘纡逃奔佽疆。

5 乙丑(二十日),刘秀前往魏郡。

6 彭宠的妻子多次做噩梦,又常常看到奇异反常的现象。占卜师、望气先生都说兵乱要从内部兴起。彭宠因为堂弟子后兰卿在洛阳做人质后归来,不信任他,派他率领军队住在外地,远离宫中。彭宠在供休息用的便室斋戒,仆人子密等三人,趁彭宠正在睡觉,一起把他绑在床上,告诉外面的官员:"大王正在斋戒,官吏们全都放假。"又假传彭宠的命令,把男女奴仆全都捆起来,分别囚禁。再以彭宠的命令唤请他的妻子,彭宠的妻子进入便殿,一惊,说:"奴才反了!"家奴们竟然揪着她的头,狠打她耳光。彭宠急忙叫道:"赶快为几位将军置办行装!"于是两个仆人押着彭宠妻子到后宫收取珍珠财宝,留一个仆人看守彭宠。彭宠对看守自己的家奴说:"你这个小孩子,我一向爱护你。而今你不过被子密胁迫威逼罢了!

解我缚,当以女珠妻汝,家中财物皆以与若。"小奴意欲解之,视户外,见子密听其语,遂不敢解。于是收金玉衣物,至宠所装之,被马六匹,使妻缝两缣囊。昏夜后,解宠手,令作记告城门将军云:"今遣子密等至子后兰卿所,勿稽留之。"书成,斩宠及妻头置囊中,便持记驰出城,因以诣阙。明旦,阁门不开,官属逾墙而入,见宠尸,惊怖。其尚书韩立等共立宠子午为王,国师韩利斩午首诣祭遵降,夷其宗族。帝封子密为不义侯。

　　权德舆议曰:伯通之叛命,子密之戕君,同归于乱,罪不相蔽,宜各致于法,昭示王度;反乃爵于五等,又以'不义'为名。且举以不义,莫可侯也;此而可侯,汉爵为不足劝矣。《春秋》书齐豹盗、三叛人名之义,无乃异于是乎!

　　7　帝以扶风郭伋为渔阳太守。伋承离乱之后,养民训兵,开示威信,盗贼销散,匈奴远迹。在职五年,户口增倍。

　　8　帝使光禄大夫樊宏持节迎耿况于上谷,曰:"边郡寒苦,不足久居。"况至京师,赐甲第,奉朝请,封牟平侯。

　　吴汉率耿弇、王常击富平、获索贼于平原,大破之;追讨馀党,至勃海,降者四万馀人。上因诏弇进讨张步。

替我解开绳索,我将把女儿彭珠给你做妻子,家里的财宝全都给你。"小奴仆想要解开绳索,看看门外,见子密正听他们说话,于是不敢去解。于是子密等人收取了后宫中的财宝衣物,回到彭宠所在的便室装好,备好六匹马,命彭宠的妻子缝制两个细绢做的口袋。天黑以后,解开彭宠的手,命他给守卫城门的将军亲笔下命令:"今派子密等人到子后兰卿处,不要留难。"写好之后,子密等人杀了彭宠和他的妻子,把人头放到口袋里,就拿着彭宠的手令疾驰出城,将人头等送到东汉京师雒阳。第二天,宫门不开,彭宠的官属们翻墙而入,看到彭宠的尸体,惊慌恐怖。彭宠的尚书韩立等共同拥立彭宠的儿子彭午为燕王。国师韩利诛杀彭午,砍下人头,带到东汉征虏将军祭遵处投降,祭遵把彭宠家族全部杀死。刘秀封子密为不义侯。

　　权德舆评论说:彭宠叛变,子密杀君,同样乱臣贼子,罪恶不能相遮盖。应当分别绳之以法,使王法显示于天下。刘秀反而封子密做五等爵,又冠以"不义"的称号。既然提出他不义,就不可以封侯。如果这样的行为可以封侯的话,东汉的爵位就失去劝勉的意义了。《春秋》把以私仇杀害卫侯兄孟絷的卫国司寇齐豹称为强盗,记载庶其、牟夷、射三个叛徒的名字,它的原则恐怕与此不同吧!

　　7　刘秀任命扶风人郭伋做渔阳太守。郭伋接受的是流离战乱后的残局,他休养百姓,训练士兵,建立威信,不久盗贼消散,匈奴人的踪臣远去。在他任职五年间,户口增加一倍。

　　8　刘秀命光禄大夫樊宏持符节到上谷郡迎接耿况,说:"边塞郡县,寒冷贫穷,不能长期居住。"耿况到达雒阳,被赐予上等住宅,封为牟平侯,有权参加朝会。

　　吴汉率领耿弇、王常在平原郡攻打富平、获索贼军,大败贼军;又追击馀部至勃海郡,有四万馀人投降。刘秀接着颁诏令,命耿弇进军讨伐张步。

9　平敌将军庞萌，为人逊顺，帝信爱之，常称曰："可以托六尺之孤，寄百里之命者，庞萌是也。"使与盖延共击董宪。时诏书独下延而不及萌，萌以为延谮己，自疑，遂反袭延军，破之。与董宪连和，自号东平王，屯桃乡之北。帝闻之，大怒，自将讨萌，与诸将书曰："吾尝以庞萌为社稷之臣，将军得无笑其言乎！老贼当族，其各厉兵马，会睢阳！"

庞萌攻破彭城，将杀楚郡太守孙萌。郡吏刘平伏太守身上，号泣请代其死，身被七创。庞萌义而舍之。太守已绝复苏，渴求饮，平倾创血以饮之。

10　岑彭攻拔夷陵，田戎亡入蜀，尽获其妻子、士众数万人。公孙述以戎为翼江王。

岑彭谋伐蜀，以夹川谷少，水险难漕，留威虏将军冯骏军江州，都尉田鸿军夷陵，领军李玄军夷道。自引兵还屯津乡，当荆州要会，喻告诸蛮夷降者，奏封其君长。

11　夏，四月，旱，蝗。

12　隗嚣问于班彪曰："往者周亡，战国并争，数世然后定。意者从横之事将复起于今乎，将承运迭兴，在于一人也？"彪曰："周之废兴，与汉殊异。昔周爵五等，诸侯从政，本根既微，枝叶强大，故其末流有从横之事，势数然也。汉承秦制，改立郡县，主有专己之威，臣无百年之柄。至于成帝，假借外家，哀、平短祚，国嗣三绝，故王氏擅朝，能窃号位，危自上起，伤不及下，是以即真之后，天下莫不引领而叹。十馀年间，中外骚扰，

9　平敌将军庞萌为人谦逊和顺，刘秀信任喜爱他，常常称赞他说："可以托付六尺高的孤儿，托付一县百里土地的是庞萌。"派他和盖延共同攻打董宪。当时诏令只颁给盖延而没有颁给庞萌，庞萌以为是盖延在刘秀面前说了自己的坏话，起了疑心，于是叛变，袭击盖延军，打败盖延。并和董宪联合起来，自称东平王，在桃乡以北驻扎军队。刘秀听到庞萌叛变的消息，大怒，亲率大军讨伐庞萌，他给将领们写信说："我曾经以为庞萌是可以把国家托付给他的重臣，将军们恐怕要笑我说的话吧？庞萌这个老贼应当灭族，你们加紧操练军队，在睢阳会师！"

庞萌攻下彭城，要杀楚郡太守孙萌。楚郡官吏刘平趴在太守身上，哭号着请求代替太守去死，身上受了七处伤。庞萌觉得他很讲义气而赦免了孙萌。孙萌逐渐苏醒过来，感到口渴想要喝水，刘平把伤口流出的血倒给孙萌喝。

10　岑彭攻下夷陵，田戎逃入蜀地，岑彭全部俘获了田戎的妻子儿女及部众数万人。公孙述封田戎为翼江王。

岑彭策划攻打蜀地，因长江两岸粮食不足，水势险恶，漕运困难，留下威虏将军冯骏驻屯江州、都尉田鸿驻屯夷陵，领军李玄驻屯夷道。岑彭自己率领军队返回，驻屯津乡，把守荆州要冲，通告投降的各夷蛮族，已经上奏请求封他们的首领。

11　夏季，四月，天旱，出现蝗灾。

12　隗嚣问班彪说："从前，周朝灭亡，战国时期，群雄争战，几代以后天下才统一。大概合纵连横的旧事将会在今天重演吧？将由一个人承受天命，再度兴起吧？"班彪说："周的兴亡，同汉朝完全不同。过去周朝把爵位分成五等，诸侯各自为政，意微以后，枝叶强大，所以到了末期出现合纵连横的事，是形势发展的必然结果。汉王朝继承秦王朝的政治制度，改置郡县，君主有专制独裁的威严，臣下没有积累到一百年的权力。到了汉成帝时，把皇帝的威严让给外戚，以后汉哀帝、汉平帝在位时间都很短，皇位的合法继承人三次断绝。所以王莽得以专擅朝政，篡夺皇位。国家的危机来自最上层，没有伤害到百姓，所以王莽篡夺皇位成为事实以后，天下人无不伸长脖子叹息。在十余年时间里，内扰外乱，

远近俱发,假号云合,咸称刘氏,不谋同辞。方今雄杰带州域者,皆无六国世业之资,而百姓讴吟思仰,汉必复兴,已可知矣。"

嚣曰:"生言周、汉之势可也,至于但见愚人习识刘氏姓号之故,而谓汉复兴,疏矣!昔秦失其鹿,刘季逐而掎之,时民复知汉乎?"彪乃为之著《王命论》以风切之曰:"昔尧之禅舜曰:'天之历数在尔躬。'舜亦以命禹。洎于稷、契,咸佐唐、虞,至汤、武而有天下。刘氏承尧之祚,尧据火德而汉绍之,有赤帝子之符,故为鬼神所福飨,天下所归往。由是言之,未见运世无本,功德不纪,而得屈起在此位者也!俗见高祖兴于布衣,不达其故,至比天下于逐鹿,幸捷而得之。不知神器有命,不可以智力求也。悲夫,此世所以多乱臣贼子者也!夫饿馑流隶,饥寒道路,所愿不过一金,然终转死沟壑,何则?贫穷亦有命也。况乎天子之贵,四海之富,神明之祚,可得而妄处哉!故虽遭罹厄会,窃其权柄,勇如信、布,强如梁、籍,成如王莽,然卒润镬伏质,亨醢分裂;又况幺麽尚不及数子,而欲阖奸天位者乎!昔陈婴之母以婴家世贫贱,卒富贵不祥,止婴勿王。王陵之母知汉王必得天下,伏剑而死,以固勉陵。夫以匹妇之明,犹能推事理之致,探祸福之机,而全宗祀于无穷,垂策书于春秋,而况大丈夫之事乎!是故穷达有命,

远近一齐爆发。各路人马风起云涌,全都假借刘姓宗室的名号,大家不谋而合。当今拥有州郡的英雄豪杰,都没有六国那种世代积累的创业资本,而老百姓讴歌、吟咏、思念、仰慕的是汉朝,汉朝必然复兴,已经可以知道了。"

隗嚣说:"先生讲的周朝、汉朝的形势是对的,至于只看见愚昧的人习惯于刘氏宗室统治的缘故,就说汉朝一定复兴,看法就不周密了!从前,秦朝失去了天下,刘邦奋起而夺得天下,当时的老百姓又能知道汉朝吗?"于是班彪为他撰写了《王命论》,用深刻的话进行讽喻,劝告隗嚣说:"从前,尧把天下禅让给舜时说:'上天的大命落在你的身上。'舜也将同样的话告诉禹。到后稷、子契,他们都辅佐唐尧、虞舜。一直到商汤、周武王而拥有天下。刘姓继承的是尧的大业,尧是火德,而汉朝承袭下来刘邦有赤帝儿子的符命,因此被鬼神所祝福供奉,天下全都归附于他。由此可以说,从未见过命运没有基础,功德不为人所记,而能够崛起处在帝王之位的!按照世俗的观点,看到刘邦从一个普通的老百姓登上皇帝的宝座,不明白其中的缘故,甚至认为争夺天下就像追逐奔跑的鹿,幸运腿快的就能捉到。却不知道帝王的权力自有命运注定,不能凭借智慧和力量追求。可悲呵,这就是世上所以多有乱臣贼子的原因!饥饿的流民在路途上挨饿受冻,他们的愿望不过是能有一点钱,然而最终辗转死于沟壑。为什么?因为贫穷也是命运注定的。况且帝王的尊贵,拥有四海的富饶,受到神明的赐福,能够随便处置吗?所以,虽然国家遇到忧患和战乱,有的人窃取了权力,但是勇猛如同韩信、英布,强大如同项梁、项羽,成功如同王莽,尚且最终败亡,被烹杀斩首,剁成肉酱,肢体分裂;又何况一些微不足道的小人物,还不如上述这几个人,却想趁着黑暗篡夺天子的尊位呢!过去,陈婴的母亲因为陈婴家世代贫贱,突然富贵,认为是不祥,阻止陈婴不要当王。王陵的母亲知道刘邦一定会得到天下,举起宝剑自杀,以坚定和勉励王陵效忠刘邦的决心。凭一个老妇人的明智,还能够推断事理的精到之处,探知祸福的关键,而永久保全家族,使事迹记载在史书上,何况一个大丈夫的业绩呢?因此,贫贱富贵由命运安排,

吉凶由人,婴母知废,陵母知兴,审此二者,帝王之分决矣。加之高祖宽明而仁恕,知人善任使。当食吐哺,纳子房之策;拔足挥洗,揖郦生之说;举韩信于行陈,收陈平于亡命。英雄陈力,群策毕举,此高祖之大略所以成帝业也。若乃灵瑞符应,其事甚众,故淮阴、留侯谓之天授,非人力也。英雄诚知觉寤,超然远览,渊然深识,收陵、婴之明分,绝信、布之觊觎,距逐鹿之瞽说,审神器之有授,毋贪不可冀,为二母之所笑,则福祚流于子孙,天禄其永终矣!"嚣不听。彪遂避地河西。窦融以为从事,甚礼重之。彪遂为融画策,使之专意事汉焉。

13 初,窦融等闻帝威德,心欲东向,以河西隔远,未能自通,乃从隗嚣受建武正朔。嚣皆假其将军印绶。嚣外顺人望,内怀异心,使辩士张玄说融等曰:"更始事已成,寻复亡灭,此一姓不再兴之效也!今即所有主,便相系属,一旦拘制,自令失柄,后有危败,虽悔无及。方今豪桀竞逐,雌雄未决,当各据土宇,与陇、蜀合从,高可为六国,下不失尉佗。"融等召豪桀议之,其中识者皆曰:"今皇帝姓名见于图书,自前世博物道术之士谷子云、夏贺良等皆言汉有再受命之符,故刘子骏改易名字,冀应其占。及莽末,西门君惠谋立子骏,事觉被杀,出谓观者曰:'谶文不误,刘秀真汝主也!'此皆近事暴著,众所共见者也。况今称帝者数人,而雒阳土地最广,甲兵最强,号令最明,观符命而察人事,他姓殆未能当也!"众议或同或异。

吉凶由自己掌握。陈婴的母亲知道谁会灭亡，王陵的母亲知道谁会兴起，详知这两个方面，帝王何在就清楚了。加上刘邦宽厚英明，仁爱忠恕，知人善任。正在吃饭的时候，能够吐出口中的饭食，接受张良提出的策略；正在洗脚的时候，能够拔出脚，为郦食其的话作揖；在军队的行列中选拔韩信，在逃亡奔命后任用陈平。英雄们献出力量，各种计策都被提出，这正是高祖的雄才大略，他因此而成就了帝王因业。像那些灵验的预兆，瑞符的应验，这种事很多，所以韩信、张良认为是上天授予，而不是由于人的力量。英雄如果能够知道觉悟，高瞻远瞩，深刻认识，学习王陵、陈婴的明白自己的本分，弃绝韩信、英布的野心，抵制'逐鹿'的那些盲人瞎话，认识到皇帝的至高无上的权力是上天授予的，不贪图不可希冀的东西，不被陈婴、王陵的母亲嘲笑，那么，福分会流传给子孙，上天将永远赐福！"隗嚣不听班彪的劝告。班彪于是躲避到河西郡。窦融任命他当从事，十分礼敬尊重。班彪于是替窦融谋划，使窦融专心一意为东汉朝廷效力。

13　当初，窦融等听说刘秀的威望恩德，一心向往东方，因为河西和雒阳相隔遥远，自己不能直接联系，于是自隗嚣那里接受东汉"建武"的年号。隗嚣一并授给他将军印信和绶带。隗嚣表面上顺应众望，实际上怀有二心，他派善辩之士张玄劝说窦融等人道："更始的大事已经成功，但很快又灭亡，这是刘姓不能再起的证明！现在如果马上就认定君主，隶属于他，一旦受到束缚和制约，自己就会失掉权力，以后跟着他败亡，后悔莫及。当今英雄豪杰相互竞争，胜败未定，我们应当各守地盘，和陇西隗嚣、西蜀公孙述结成合纵联盟，搞得好可以成为战国时代的六国之一，搞不好也可成为南海尉佗。"窦融等召集豪杰们商议，其中有见识的人都说："当今皇帝的名字，在预言书中可以看到，前辈的法术大师谷子云、夏贺良等都认为，汉朝有再度兴起的祥瑞征兆，所以刘歆改名为刘秀，期望应和预言书上的话。等到王莽末年，西门君惠谋划拥立刘歆做皇帝时，事情败露被杀，西门在被绑缚刑场的途中，对围观的人说：'预言书上的话不错，刘秀确实是你们的君主！'这是近年发生的事，人人皆知，大家亲眼所见。何况当今号称皇帝的几个人中，刘秀拥有的土地最多，兵力最为强盛，军令最为严明，观察预言书上的话，考察世间的事情，其他姓氏的人恐怕不能担当君主！"大家商议，有的赞同，有的反对。

融遂决策东向,遣长史刘钧等奉书诣雒阳。先是,帝亦发使遗融书以招之,遇钧于道,即与俱还。帝见钧欢甚,礼飨毕,乃遣令还,赐融玺书曰:"今益州有公孙子阳,天水有隗将军。方蜀、汉相攻,权在将军,举足左右,便有轻重。以此言之,欲相厚岂有量哉!欲遂立桓、文,辅微国,当勉卒功业;欲三分鼎足,连衡合从,亦宜以时定。天下未并,吾与尔绝域,非相吞之国。今之议者,必有任嚣教尉佗制七郡之计。王者有分土,无分民,自适己事而已。"因授融为凉州牧。玺书至河西,河西皆惊,以为天子明见万里之外。

14　朱祜急攻黎丘,六月,秦丰穷困出降。槛车送雒阳。吴汉劾祜废诏命,受丰降。上诛丰,不罪祜。

15　董宪与刘纡、苏茂、佼彊去下邳,还兰陵,使茂、彊助庞萌围桃城。帝时幸蒙,闻之,乃留辎重,自将轻兵晨夜驰赴。至亢父,或言百官疲倦,可且止宿。上不听,复行十里,宿任城,去桃城六十里。旦日,诸将请进,庞萌等亦勒兵挑战。帝令诸将不得出,休士养锐以挫其锋。时吴汉等在东郡,驰使召之。萌等惊曰:"数百里晨夜行,以为至当战,而坚坐任城,致人城下,真不可往也!"乃悉兵攻桃城。城中闻车驾至,众心益固。萌等攻二十馀日,众疲困,不能下。吴汉、王常、盖延、王梁、马武、王霸等皆至,帝乃率众军进救桃城,亲自搏战,大破之。庞萌、苏茂、佼彊夜走从董宪。

窦融于是决定归顺刘秀,派长史刘钧等人带着给刘秀的信到雒阳去。在这之前,刘秀也派使者给窦融送信招致他,使者在路上遇到刘钧,就和刘钧一起返回雒阳。刘秀见到刘钧十分高兴,和他以礼相见,设宴款待然后,让他回去汇报,给窦融颁诏书说:"现在益州有公孙述,天水有隗嚣。公孙述和隗嚣两家正互相攻打,胜败的命运掌握在将军手中,有着举足轻重的作用。由此说来,您打算帮助某一方时,力量岂能计量!如果要创立齐桓公、晋文公的霸业,辅佐我这个弱小的政权,就应当努力完成这一功业;如果想实现三足鼎立的局面,连横合纵,也应该抓住时机决定。天下还没有统一,我和您土地不接壤,不能互相吞并。现在谈论这件事的人,一定有像任嚣让尉佗控制七个郡那样的计策。君王可以分封土地,但不分割百姓,自己做适合自己的事情罢了。"于是任命窦融当凉州牧。诏书传到河西,整个地区震惊,以为天子明察,远到万里之外。

14 朱祜猛烈攻打黎丘。六月,秦丰因处于困境而出城投降。朱祜用囚车把秦丰送到雒阳。吴汉弹劾朱祜不顾诏命,接受秦丰投降。刘秀杀掉秦丰,不怪罪朱祜。

15 董宪和刘纡、苏茂、佼彊离开下邳,回到兰陵,派苏茂、佼彊协助庞萌围攻桃城。刘秀当时正在蒙县,听说之后,就留下辎重,亲自率领轻装的部队,日夜奔驰赶赴救援。到达亢父县,有人说官员们都很疲劳,可暂且停止行军,住宿休息。刘秀不同意,又行军十里路,在任城住宿,距离桃城六十里。第二天,将领们请求继续进军,庞萌等也派军挑战。刘秀命令将领们不得出击,休整部众,养精蓄锐,以挫败敌军的锐气。当时吴汉等在东郡,刘秀派人骑快马招他前来。庞萌等吃惊说:"数百里路日夜行军,以为就会投入战斗,可是刘秀却稳坐任城,招别人到城下,我们确实不能前往!"于是全力进攻桃城。城内的人听说皇帝亲自来救援,军心更加稳固。庞萌等攻打二十多天,将士们疲劳不堪,不能攻陷。吴汉、王常、盖延、王梁、马武、王霸等都到达后,刘秀便率领各路大军进攻桃城,亲自参加战斗,大破敌军。庞萌、苏茂、佼彊连夜逃跑,投奔董宪。

秋,七月丁丑,帝幸沛,进幸湖陵。董宪与刘纡悉其兵数万人屯昌虑。宪招诱五校馀贼,与之拒守建阳。帝至蕃,去宪所百馀里,诸将请进。帝不听,知五校乏食当退,敕各坚壁以待其敝。顷之,五校果引去。帝乃亲临,四面攻宪,三日,大破之。佼强将其众降,苏茂奔张步,宪及庞萌走保郯。八月己酉,帝幸郯,留吴汉攻之,车驾转徇彭城、下邳。吴汉拔郯,董宪、庞萌走保朐。刘纡不知所归,其军士高扈斩之以降。吴汉进围朐。

16 冬,十月,帝幸鲁。

17 张步闻耿弇将至,使其大将军费邑军历下,又令兵屯祝阿,别于泰山、钟城列营数十以待之。弇渡河,先击祝阿,自旦攻城,日未中而拔之,故开围一角,令其众得奔归钟城。钟城人闻祝阿已溃,大恐惧,遂空壁亡去。

费邑分遣弟敢守巨里。弇进兵先胁巨里,严令军中趣修攻具,宣敕诸部,后三日当悉力攻巨里城。阴缓生口,令得亡归,以弇期告邑。邑至日,果自将精兵三万馀人来救之。弇喜,谓诸将曰:"吾所以修攻具者,欲诱致之耳。野兵不击,何以城为!"即分三千人守巨里;自引精兵上冈阪,乘高合战,大破之,临陈斩邑;既而收首级以示城中,城中凶惧。费敢悉众亡归张步。弇复收其积聚,纵兵击诸未下者,平四十馀营,遂定济南。

秋季,七月丁丑(初四),刘秀到达沛县,又到达湖陵。董宪和刘纡带领全部兵马数万人屯驻在昌虑县。董宪招致引诱五校军残部,和他们防守建阳。刘秀到达蕃县,距离董宪的营垒一百馀里,将领们请求进攻。刘秀不同意,深知五校军缺乏粮食,就会撤退,告诫各路大军坚守营垒,以等待敌军疲惫。不久,五校军果然离去。刘秀于是亲临战场,四面围攻董宪,三天后,大破董宪的军队。佼强率领部众投降,苏茂投奔张步,董宪和庞萌逃跑,据守郯县。八月己酉(初六),刘秀到达郯县,留下吴汉攻城,自己转而攻取彭城、下邳。吴汉攻占郯县,董宪、庞萌逃到朐县据守。刘纡不知该逃往何处,被他的军士高扈所斩,高扈投降刘秀。吴汉进军包围朐县。

16 冬季,十月,刘秀到达鲁城。

17 张步听说耿弇将要到达,命他的大将军费邑驻屯历下城,又派军队驻屯祝阿县,另外在泰山、钟城排列数十个营垒,等待耿弇军。耿弇渡过黄河,先攻打祝阿,从早晨开始攻城,还没到中午就攻陷城池,故意打开一个缺口,让城里的残兵得以跑出,投奔钟城。钟城的军队听说祝阿已经陷落,极度恐慌,于是留下一座空城逃走。

费邑派遣弟弟费敢据守巨里。耿弇进兵先威胁巨里,严令军队立即准备攻城工具,通告全军,三天后定当全力进攻巨里城。暗中释放几名俘虏,让他们逃回,把耿弇的行动日期告诉费邑。费邑在三天后,果然亲自率领精锐部队三万馀人赶来援救。耿弇非常高兴,对将领们说:"我准备攻城工具的目的,就是要引诱费邑前来。不攻打他们的野战部队,要城干什么!"马上分兵三千人看守巨里;自己统率精兵登上山坡,占据高地和费邑交战,大破敌军,在阵地上斩杀费邑;然后把费邑的人头带给巨里城中的人看,城中震恐。费敢率全体部众逃跑投奔张步。耿弇又收取费敢留下的粮草,派兵攻取那些未归附的营寨,扫平四十馀座,于是平定济南郡。

时张步都剧，使其弟蓝将精兵二万守西安，诸郡太守合万馀人守临淄，相去四十里。弇进军画中，居二城之间。弇视西安城小而坚，且蓝兵又精，临淄名虽大而实易攻，乃敕诸校后五日会攻西安。蓝闻之，晨夜警守。至期，夜半，弇敕诸将皆蓐食，会明，至临淄城。护军荀梁等争之，以为："攻临淄，西安必救之，攻西安，临淄不能救，不如攻西安。"弇曰："不然，西安闻吾欲攻之，日夜为备，方自忧，何暇救人！临淄出不意而至，必惊扰，吾攻之一日，必拔。拔临淄，即西安孤，与剧隔绝，必复亡去，所谓'击一而得二'者也。若先攻西安，不能卒下，顿兵坚城，死伤必多。纵能拔之，蓝引军还奔临淄，并兵合势，观人虚实。吾深入敌地，后无转输，旬月之间，不战而困矣。"遂攻临淄，半日，拔之，入据其城。张蓝闻之，惧，遂将其众亡归剧。

弇乃令军中无得虏掠，须张步至乃取之，以激怒步。步闻，大笑曰："以尤来、大肜十馀万众，吾皆即其营而破之；今大耿兵少于彼，又皆疲劳，何足惧乎！"乃与三弟蓝、弘、寿及故大肜渠帅重异等兵号二十万，至临淄大城东，将攻弇。弇上书曰："臣据临淄，深堑高垒。张步从剧县来攻，疲劳饥渴。欲进，诱而攻之；欲去，随而击之。臣依营而战，精锐百倍，以逸待劳，以实击虚，旬日之间，步首可获。"于是弇先出淄水上，与重异遇，突骑欲纵，弇恐挫其锋，令步不敢进，

当时张步以剧县作为都城。他派弟弟张蓝率领精兵两万人驻守西安县,派各郡太守联合一万馀人守卫临淄县,两地相距四十里。耿弇率军进军画中,画中位于西安和临淄之间。耿弇看到西安城垣小,但很坚固,而且张蓝的军队又很精锐,临淄名气虽然很大,但实际上却容易攻取,于是命令各指挥官,五天以后联合攻打西安。张蓝听说以后,日夜警戒守卫。到了预定日期,夜半时分,耿弇命将领们全都在住宿地吃饭,到天亮时,抵达临淄城。护军荀梁等表示反对,认为:"攻打临淄,西安必然救援,攻打西安,临淄不能救援,不如攻打西安。"耿弇说:"不是这样,西安方面知道我们要攻打他们,日夜戒备,正担心自己的安全,哪有工夫援救别人!临淄方面想不到我们会去攻打他们,一定会惊慌失措,我们用一天的时间,必能攻破。攻陷了临淄,西安立即变得孤立,和剧县的交通被我们切断,西安的守军必然再弃城逃跑。这正是所谓'击一而得二'。如果先攻打西安,不能很快攻下,军队被困在坚固的城下,伤亡一定很多。纵使能够攻破,张蓝将率军返回临淄,和那里的守军合并,坐观我们的虚实。我们深入敌地,后面没有补给运送,过不了十天半月,不打仗就困窘不堪了。"于是进攻临淄,只半天时间,攻陷入城。张蓝听到消息,十分恐惧,于是率领军队逃跑,回到剧县。

耿弇于是下令军队不能掳掠,等到张步到来时才取财物,以此激怒张步。张步听后,大笑说:"以尤来、大肜的十馀万人之多,我都到他们的营垒摧毁他们。现在耿弇的军队比他们少,又全疲劳不堪,有什么可怕的?"于是和三个弟弟张蓝、张弘、张寿以及前大肜军首领重异等人拥兵,号称二十万人,抵达临淄大城东,准备进攻耿弇。耿弇向刘秀报告军情说:"我军占据临淄城,挖深壕,筑高墙。张步从剧县前来攻打,军队疲劳饥渴。他想要推进,我诱他深入然后痛击;他想要撤退,我尾随他然后追击。我军依靠自己的营垒作战,精锐百倍,以逸待劳,以实攻虚,十天之内,可以获得张步首级。"于是耿弇率军先出营到淄水边,与重异遭遇。骑兵突击队就要进攻,耿弇恐怕挫败敌军锐气,使张步不敢前进,

故示弱以盛其气,乃引归小城,陈兵于内,使都尉刘歆、泰山太守陈俊分陈于城下。步气盛,直攻弇营,与刘歆等合战。弇升王宫坏台望之,视歆等锋交,乃自引精兵以横突步陈于东城下,大破之。飞矢中弇股,以佩刀截之,左右无知者。至暮,罢。弇明旦复勒兵出。

是时帝在鲁,闻弇为步所攻,自往救之。未至,陈俊谓弇曰:"剧房兵盛,可且闭营休士,以须上来。"弇曰:"乘舆且到,臣子当击牛、酾酒以待百官,反欲以贼房遗君父邪!"乃出兵大战。自旦及昏,复大破之。杀伤无数,沟堑皆满。弇知步困将退,豫置左右翼为伏以待之。人定时,步果引去,伏兵起纵击,追至钜昧水上,八九十里,僵尸相属。收得辎重二千馀两。步还剧,兄弟各分兵散去。

后数日,车驾至临淄,自劳军,群臣大会。帝谓弇曰:"昔韩信破历下以开基,今将军攻祝阿以发迹,此皆齐之西界,功足相方。而韩信袭击已降,将军独拔勍敌,其功又难于信也。又,田横亨郦生,及田横降,高帝诏卫尉不听为仇;张步前亦杀伏隆,若步来归命,吾当诏大司徒释其怨,又事尤相类也。将军前在南阳,建此大策,常以为落落难合,有志者事竟成也!"帝进幸剧。

耿弇复追张步,步奔平寿,苏茂将万馀人来救之。茂让步曰:"以南阳兵精,延岑善战,而耿弇走之,大王奈何就攻其营?既呼茂,不能待邪!"步曰:"负负,无可言者!"帝遣使告步、茂,能相斩降者,封为列侯。步遂斩茂,诣耿弇军门肉袒降;

就有意显示自己懦弱而助长对方的骄气,率军回到临淄小城,陈兵城内,派都尉刘歆、泰山太守陈俊分别在城下布阵。张步气盛,径直攻打耿弇军营,同刘歆等交战。耿弇登上原齐国宫殿残破的高台观望,察看刘歆等同张步作战的情况,于是亲自率领精锐部队,在东城下横冲进张步的军队,大败敌军。流箭射中耿弇大腿。耿弇抽出佩刀砍断箭杆,左右没人知道主帅受伤。战到天黑,收兵。第二天早晨,耿弇又率军出营。

这时刘秀在鲁城,听说耿弇被张步攻击的消息,亲自率军前去援救。还未抵达,陈俊对耿弇说:"剧县敌兵士气正盛,我们暂且关闭营门,休养军士,等皇上前来。"耿弇说:"皇上将到,臣子应当杀牛备酒等待百官,反而要把盗贼匪徒送给君王吗?"于是出兵和张步大战,从早晨到黄昏,再次大败敌军。杀伤敌人无数,尸体填满了水沟战壕。耿弇料到张步受到重创以后会撤军,事先在左右两翼设下伏兵等候。天黑以后,张步果然率军离去。伏兵奋起攻击,一直追到钜昧水上,前后八九十里,死尸相连。耿弇缴获张步的辎重车两千馀辆。张步逃回剧县,兄弟们各自带兵离开。

又过了几天,刘秀抵达临淄,亲自慰劳军队,大会文武百官。刘秀对耿弇说:"过去韩信攻破历下,开创了大业的基础。今天将军攻破祝阿,建立了功绩,这些地方全是故齐国的西方边界,你们二人的功劳足可以相比。但是韩信攻击的是已经投降的军队,将军单独打败强大的敌人,建功又比韩信艰难了。再有,田横曾经烹杀郦食其,等到田横投降刘邦,刘邦下诏卫尉郦商不要报仇;张步先前也杀了伏隆,今天如果他来归顺,我准备下诏大司徒伏湛解除怨恨,两件事情尤其相似。将军以前在南阳时,曾提出建树这项功业的重大策略,我总感到计划庞大,难以实现,但对于有志的人,事情终究可以成功!"刘秀进抵剧县。

耿弇又追击张步,张步逃奔平寿县,苏茂率领一万馀人前来援救。苏茂责备张步说:"凭着南阳军队的精锐,以及延岑的勇敢善战,而耿弇却击败了他。大王为什么靠近并攻击耿弇的阵地呢?您既然征召我,就不能等待吗?"张步说:"惭愧惭愧,我没有什么可说的。"刘秀派人告诉张步、苏茂,能诛杀对方而投降的,封侯。于是张步杀了苏茂,到耿弇军营门前,露出臂膀投降;

弇传诣行在所,而勒兵入据其城,树十二郡旗鼓,令步兵各以郡人诣旗下。众尚十馀万,辎重七千馀两,皆罢遣归乡里。张步三弟各自系所在狱,诏皆赦之,封步为安丘侯,与妻子居雒阳。

于是琅邪未平,上徙陈俊为琅邪太守。始入境,盗贼皆散。

耿弇复引兵至城阳,降五校馀党,齐地悉平,振旅还京师。弇为将,凡所平郡四十六,屠城三百,未尝挫折焉。

18　初起太学。车驾还宫,幸太学,稽式古典,修明礼乐,焕然文物可观矣!

19　十一月,大司徒伏湛免,以侯霸为大司徒。霸闻太原闵仲叔之名而辟之。既至,霸不及政事,徒劳苦而已。仲叔恨曰:"始蒙嘉命,且喜且惧。今见明公,喜惧皆去。以仲叔为不足问邪?不当辟也。辟而不问,是失人也!"遂辞出,投劾而去。

20　初,五原人李兴、随昱、朔方人田飒、代郡人石鲔、闵堪各起兵自称将军。匈奴单于遣使与兴等和亲,欲令卢芳还汉地为帝。兴等引兵至单于庭迎芳。十二月,与俱入塞,都九原县,掠有五原、朔方、云中、定襄、雁门五郡,并置守、令,与胡兵侵苦北边。

21　冯异治关中,出入三岁,上林成都。人有上章言:"异威权至重,百姓归心,号为咸阳王。"帝以章示异;异惶惧,上书陈谢。诏报曰:"将军之于国家,义为君臣,恩犹父子,何嫌何疑,而有惧意!"

耿弇用驿车把张步送到刘秀驻地,自己率军进入平寿城,树起十二个郡的旗帜,在旗下设鼓,命张步的士兵分别到本郡的旗下。张步军队还有十馀万,辎重车七千馀辆,全部遣散返回乡里。把张步的三个弟弟分别囚禁在当地的监狱,刘秀下诏全都赦免,封张步为安丘侯,让他和妻子儿女住在雒阳。

当时琅邪郡还没有平定,刘秀调陈俊当琅邪太守。陈俊上任不久,盗贼全都散去。

耿弇又率军抵达城阳,收降五校军残部,齐地全部平定,整军返回雒阳。耿弇为将领,一共平定四十六个郡,屠城达三百座,未曾被敌人击败过。

18 东汉开始兴建太学。刘秀返回洛阳,到太学视察,效法古代的旧规,昌明礼乐,典章制度焕然一新,大为可观。

19 十一月,免去大司徒伏湛的职务,任命侯霸当大司徒。侯霸听说太原人闵仲叔的名声,征召他到雒阳。闵仲叔到雒阳后,侯霸不与他谈国家大事,只是慰劳他旅途的辛苦。闵仲叔不满地说:"开始接到征召的命令,又高兴又害怕。今天见到您,高兴和害怕全都消失了。如果认为我不值得您发问,那么就不应征召我。您征召我而不问我正经事,是失去人才!"于是告辞出来,递送自责的辞呈然后离去。

20 当初,五原人李兴、随昱,朔方人田飒,代郡人石鲔、闵堪分别起兵,自称将军。匈奴单于派人同李兴等人结亲通好,想让卢芳返回中国当皇帝。李兴等率军到匈奴单于的王庭迎接卢芳。十二月,卢芳和李兴一起进入边塞,在九原县建都,夺取五原、朔方、云中、定襄、雁门五郡,并设置郡守、县令,和匈奴军队一起侵扰、掠夺北方边境地区。

21 冯异治理关中地区,历经三年,上林像都市一样繁华。有人给刘秀上奏章说:"冯异威望和权力太大,人心归附,号称咸阳王。"刘秀把奏章给冯异看。冯异十分惶恐,上书谢罪。刘秀下诏书回答说:"将军对于我,从道义上讲是君臣关系,从情义上讲就像父子,你有什么嫌疑而要害怕的!"

22 隗嚣矜己饰智,每自比西伯,与诸将议欲称王。郑兴曰:"昔文王三分天下有其二,尚服事殷;武王八百诸侯不谋同会,犹还兵待时;高帝征伐累年,犹以沛公行师。今令德虽明,世无宗周之祚;威略虽振,未有高祖之功。而欲举未可之事,昭速祸患,无乃不可乎!"嚣乃止。后又广置职位以自尊高,郑兴曰:"夫中郎将、太中大夫、使持节官,皆王者之器,非人臣所当制也。无益于实,有损于名,非尊上之意也。"嚣病之而止。

时关中将帅数上书言蜀可击之状,帝以书示嚣,因使击蜀以效其信。嚣上书,盛言三辅单弱,刘文伯在边,未宜谋蜀。帝知嚣欲持两端,不愿天下统一,于是稍黜其礼,正君臣之仪。帝以嚣与马援、来歙相善,数使歙、援奉使往来,劝令入朝,许以重爵。嚣连遣使,深持谦辞,言无功德,须四方平定,退伏闾里。帝复遣来歙说嚣遣子入侍,嚣闻刘永、彭宠皆已破灭,乃遣长子恂随歙诣阙。帝以为胡骑校尉,封镌羌侯。

郑兴因恂求归葬父母,嚣不听,而徙兴舍,益其秩礼。兴入见曰:"今为父母未葬,乞骸骨,若以增秩徙舍,中更停留,是以亲为饵也,无礼甚矣,将军焉用之!愿留妻子独归葬,将军又何猜焉!"嚣乃令与妻子俱东。马援亦将家属随恂归雒阳,以所将宾客猥多,求屯田上林苑中,帝许之。

22 　隗嚣夸耀自己，矫饰弄巧，常常自比周文王，他和将领们商议，想要称王。郑兴说："过去周文王占有天下的三分之二，还向商朝称臣；周武王和八百个诸侯事先没有商量而一同集结起来，还要退兵等待时机；高帝连年征战，还用'沛公'的名义指挥队军。如今您的恩德虽然显明，但是没有周朝世代相承的福分；您的威望才略虽然高，但没有高帝的战功。想要做不可能做到的事，显然会加速祸患的降临，恐怕不能这样做吧！"隗嚣于是放弃自己的打算。之后隗嚣又大量任命官员，以示自己的尊严和高贵，郑兴说："中郎将、太中大夫、使持节官，都是帝王的规格，不是臣子所应设置的。对实际毫无好处，对名义却有损害，不是尊重主上的本意。"隗嚣很不满意，但也只好作罢。

　　当时，关中将领们多次向刘秀上书，说明可以攻打西蜀公孙述的理由，刘秀把这些奏书给隗嚣看，趁势让隗嚣攻打公孙述，以证明他的信义。隗嚣上书，大谈三辅的孤单薄弱，卢芳在北方边境的威胁，不适宜谋取西蜀。刘秀深知隗嚣想要脚踩两只船，不愿天下统一，于是逐渐降低对他的礼节，以端正君臣之间的礼仪。刘秀因为隗嚣和马援、来歙关系很好，多次派来歙、马援遵奉使命前往隗嚣处，规劝他到雒阳朝见，并许诺封给他尊贵的爵位。隗嚣接连派遣使者到雒阳去，用十分谦恭的语言，说自己没有建树功德，等到四方平定，就隐退回乡。刘秀又派来歙劝说隗嚣派长子到宫廷服务，隗嚣听说刘永、彭宠都已败亡，于是派遣长子隗恂跟随来歙到雒阳去。刘秀任命隗恂当胡骑校尉，封镌羌侯。

　　郑兴趁隗恂之行，请求返回故乡安葬父母，隗嚣不同意，反让郑兴迁居舍，增加俸禄和礼遇。郑兴求见隗嚣，说："我因为父母没有安葬，请求返回家乡，如果以增加俸禄，迁移住所，就改变主意留下来，是用双亲作诱饵，太无礼了！将军怎么能够任用这样的人呢？我情愿留下妻子儿女，只身返回故乡安葬双亲，将军还猜疑什么呢？"隗嚣于是允许郑兴和妻子儿女一起东行。马援也带着家属随同隗恂东回雒阳，因为所带的宾客太多，请求在长安上林苑垦田耕种，刘秀准许。

嚣将王元以为天下成败未可知，不愿专心内事，说嚣曰：
"昔更始西都，四方响应，天下喁喁，谓之太平。一旦坏败，将
军几无所厝。今南有子阳，北有文伯，江湖海岱，王公十数，
而欲牵儒生之说，弃千乘之基，羁旅危国以求万全，此循覆车
之轨者也。今天水完富，士马最强，元请以一丸泥为大王东
封函谷关，此万世一时也。若计不及此，且畜养士马，据隘自
守，旷日持久，以待四方之变；图王不成，其敝犹足以霸。要
之，鱼不可脱于渊，神龙失势，与蚯蚓同！"嚣心然元计，虽遣
子入质，犹负其险厄，欲专制方面。

申屠刚谏曰："愚闻人所归者天所与，人所畔者天所去
也。本朝诚天之所福，非人力也。今玺书数到，委国归信，欲
与将军共同吉凶。布衣相与，尚有没身不负然诺之信，况于
万乘者哉！今何畏何利，而久疑若是？卒有非常之变，上负
忠孝，下愧当世。夫未至豫言，固常为虚；及其已至，又无所
及。是以忠言至谏，希得为用，诚愿反覆愚老之言！"嚣不纳，
于是游士长者稍稍去之。

23　王莽末，交趾诸郡闭境自守。岑彭素与交趾牧邓让
厚善，与让书，陈国家威德；又遣偏将军屈充移檄江南，班行
诏命。于是让与江夏太守侯登、武陵太守王堂、长沙相韩福、
桂阳太守张隆、零陵太守田翕、苍梧太守杜穆、交趾太守锡光
等相率遣使贡献。悉封为列侯。锡光者，汉中人，在交趾，教
民夷以礼义。帝复以宛人任延为九真太守，延教民耕种嫁
娶，故岭南华风始于二守焉。

隗嚣的将领王元认为天下胜败还不能预料,不愿意专心经营境内,劝说隗嚣道:"过去刘玄定都西安,四方群起响应,天下人心归向,认为已经太平。一旦败亡,将军几乎没有安身之地。现在,南方有公孙述,北方有卢芳,江湖山海,自称王公的有十数人,而要听从儒生的劝说,舍弃诸侯的基业,寄居在危险的国家以求万全,这是沿着翻车的轨迹走下去。当今天水完整富饶,兵强马壮,我请求用一九泥土替大王在东边封闭函谷关,这是千载难逢的好时机。如果计议不到这里,可以暂且休养军士,训练战马,占据险要关口自守,旷日持久,以等待四方发生变化。图谋王位不成,败落时还足可以称霸一方。重要的是,鱼不能脱离水,神龙失去凭借,和蚯蚓相同!"隗嚣心里赞同王元的计策,他虽然派遣长子到雒阳当人质,但仍然依靠地势的险阻,想要专制一方。

申屠刚劝谏隗嚣说:"我听说,人心归附他时,上天就会赐与他;人心背叛他时,上天就会除掉他。当今王朝确实是天所赐福,不是人力所及。现在诏书不断到来,托付国土,表达信任,愿同将军同当祸福。普通的平民相交,还有终身不忘承诺的信用,何况对于君王呢?如今你害怕什么?贪图什么?为何这样长时间地迟疑不决?一旦发生异乎寻常的变化,将上违背忠孝,下愧对百姓。事情没有发生的预言,原本常被认为是虚幻;等到事情已经发生,又什么都来不及。所以用忠言恳切地规劝,希望能够被采纳,真心希望您再三考虑我这个愚昧老人的话!"隗嚣不听,于是外来的士人以及长者逐渐地离他。

23　王莽末年,交趾所属各郡封闭边境自守。岑彭平素和交趾牧邓让友情深厚,给邓让写信,陈述东汉朝廷的威望和恩德;又派遣偏将军屈充在江南地区传布文告,颁行皇上的命令。于是,邓让和江夏太守侯登、武陵太守王堂、长沙国宰相韩福、桂阳太守张隆、零陵太守田翕、苍梧太守杜穆、交趾太守锡光等,相继派遣使者向朝廷进贡。刘秀将他们全部封他们为侯爵。锡光是汉中人,在交趾用中原的礼仪教导百姓和外族。刘秀又任命宛城人任延当九真太守,任延教当地百姓耕种以及婚配的礼仪,所以岭南地区接受中原的文化习俗,是从锡光、任延两位郡太守开始的。

24 是岁,诏征处士太原周党、会稽严光等至京师。党入见,伏而不谒,自陈愿守所志。博士范升奏曰:"伏见太原周党、东海王良、山阳王成等,蒙受厚恩,使者三聘,乃肯就车;及陛见帝廷,党不以礼屈,伏而不谒,偃蹇骄悍,同时俱逝。党等文不能演义,武不能死君,钓采华名,庶几三公之位。臣愿与坐云台之下,考试图国之道。不如臣言,伏虚妄之罪;而敢私窃虚名,夸上求高,皆大不敬!"书奏,诏曰:"自古明王、圣主,必有不宾之士,伯夷、叔齐不食周粟,太原周党不受朕禄,亦各有志焉。其赐帛四十四,罢之。"

帝少与严光同游学,及即位,以物色访之,得于齐国,累征乃至。拜谏议大夫,不肯受,去,耕钓于富春山中。以寿终于家。

王良后历沛郡太守、大司徒司直,在位恭俭,布被瓦器,妻子不入官舍。后以病归,一岁复征。至荥阳,疾笃,不任进道,过其友人。友人不肯见,曰:"不有忠言奇谋而取大位,何其往来屑屑不惮烦也!"遂拒之。良惭,自后连征不应,卒于家。

25 元帝之世,莎车王延尝为侍子京师,慕乐中国。及王莽之乱,匈奴略有西域,唯延不肯附属,常敕诸子:"当世奉汉家,不可负也!"延卒,子康立。康率旁国拒匈奴,拥卫故都护吏士、妻子千馀口;檄书河西,问中国动静。窦融乃承制立康为汉莎车建功怀德王、西域大都尉,五十五国皆属焉。

24 这一年,刘秀下诏征召隐居的士人太原人周党、会稽人严光等到京师。周党晋见,仅伏下身子,不磕头拜谒,也不通报姓名,只是向刘秀说愿意恪守自己的志向。博士范升上奏章说:"我看到太原人周党、东海人王良、山阳人王成等,承蒙陛下的厚恩,使者三次聘请,才肯上车动身;到宫廷晋见陛下时,周党不顾礼仪,仅伏下身子不磕头,行动随便迟缓,骄横无理,同时一起离开。周党等人文不能引申、发挥大义,武不能替君王去死,沽名钓誉,期望三公的高位。我愿意和他们同坐在珍藏图书典籍的云台下面,考究治理国家之道。如果我说得不对,则担当虚夸妄诞的罪名;如果他们胆敢盗窃虚名,向上夸耀,谋求高位,全应以'大不敬'的罪名惩处!"奏章呈给刘秀,刘秀下诏说:"自古以来英明的君王,圣贤的天子,都必定遇到不服从的士人,伯夷、叔齐不吃周王朝的粮食,太原人周党不接受我的俸禄,也是各有志向。赐给周党帛四十匹,送回故乡。"

刘秀幼时和严光同窗读书,等到刘秀即帝位,派人按照形貌察访,在齐地找到了严光,刘秀多次征召后,严光才到雒阳。任命他当谏议大夫,严光不肯接受,他离开雒阳,在富春山种田钓鱼。最后在故乡寿终。

王良后来历任沛郡太守、大司徒司直,在位时谦恭节俭,用的是布做的被子和瓦质的器具,妻子儿女从来不进官署。后因病返回故乡,一年后又被征召。走到荥阳,病情加重,不能再走。他去拜访朋友,那位朋友不肯见他,说:"没有忠言和奇谋,却取得高位,怎么这样来来往往,不怕烦!"于是拒绝王良登门。王良感到惭愧,从此以后,接连征召全都不应征,在家乡寿终。

25 西汉元帝时代,莎车王延曾经在京都长安当人质,羡慕喜欢汉朝。等到王莽之乱时,匈奴夺取占有西域各国,只有延不肯归附,他常常告诫儿子们:"应当世代侍奉汉朝,不能背叛!"延去世,儿子康继位。康率领邻国抗拒匈奴,保护原都护官员和他们的妻子儿女一千余人;写信给河西,询问中原的情况。窦融于是承旧制,封康为汉莎车建功怀德王、西域大都尉,五十五国全隶属于莎车。

卷第四十二　汉纪三十四

起庚寅（30）尽乙未（35）凡六年

世祖光武皇帝中之上
建武六年（庚寅，30）

1　春，正月丙辰，以春陵乡为章陵县，世世复徭役，比丰、沛。

2　吴汉等拔朐，斩董宪、庞萌，江、淮、山东悉平。诸将还京师，置酒赏赐。

帝积苦兵间，以隗嚣遣子内侍，公孙述远据边垂，乃谓诸将曰："且当置此两子于度外耳。"因休诸将于雒阳，分军士于河内，数腾书陇、蜀，告示祸福。

公孙述屡移书中国，自陈符命，冀以惑众。帝与述书曰："图谶言公孙，即宣帝也。代汉者姓当涂，其名高；君岂高之身邪？乃复以掌文为瑞，王莽何足效乎！君非吾贼臣乱子，仓卒时人皆欲为君事耳。君日月已逝，妻子弱小，当早为定计。天下神器，不可力争，宜留三思！"署曰"公孙皇帝"。述不答。

其骑都尉平陵荆邯说述曰："汉高祖起于行陈之中，兵破身困者数矣；然军败复合，疮愈复战。何则？前死而成功，愈于却就于灭亡也！隗嚣遭遇运会，割有雍州，兵强士附，威加山东；

世祖光武皇帝中之上

汉光武帝建武六年(庚寅,公元 30 年)

1 春季,正月丙辰(十六日),东汉把舂陵乡改为章陵县,按照刘邦祖籍丰县和沛县的做法,世世代代免除赋税徭役。

2 吴汉等攻下朐县,诛杀董宪、庞萌,长江、淮河、山东一带全部平定。将领们返回雒阳,刘秀设宴赏赐。

刘秀被多年的戎马生活所苦,因为隗嚣派遣长子做人质,公孙述又在偏远的西南边陲,就对将领们说:"权且把这两个人置之度外。"于是命将领们在雒阳休养,把军队调防到河内,多次写信给隗嚣、公孙述,向他们陈述祸福利害。

公孙述屡次向中原地区发送文书,说自己有当皇帝的天赐符命兆,想以此迷惑众人。刘秀给公孙述写信说:"符命上说的'公孙',是指汉宣帝刘询。代替汉王朝的人姓当涂,名高;您难道是高本人吗?您又把刻在手掌上的掌文'公孙帝'作为祥瑞的象征,王莽搞的那一套符命的把戏,怎么能够效法呢!您不是我的乱臣贼子,只不过仓促之时,人人都想做君主罢了。您已经年老,妻子儿女还小,应当早做出决定。皇帝的神圣宝座,不是凭人力所能争得的,愿您三思而行!"信封上写的是"公孙皇帝"。公孙述不予答复。

公孙述的骑都尉平陵人荆邯向公孙述建议:"汉高祖刘邦从军队中崛起,好几次兵败被困,处于险境;然而溃败之后又重新聚合,养好了创伤再投入战斗。为什么呢?前进而不怕死反而获得成功,胜过后退求生反而趋于灭亡!隗嚣遭逢时世的机运,占据雍州一带,兵强马壮,官吏和读书人归附他,威望传到崤山之东;

遇更始政乱，复失天下，众庶引领，四方瓦解，嚣不及此时推危乘胜以争天命，而退欲为西伯之事，尊师章句，宾友处士，偃武息戈，卑辞事汉，喟然自以文王复出也！令汉帝释关、陇之忧，专精东伐，四分天下而有其三；发间使，召携贰，使西州豪杰咸居心于山东，则五分而有其四；若举兵天水，必至沮溃，天水既定，则九分而有其八。陛下以梁州之地，内奉万乘，外给三军，百姓愁困，不堪上命，将有王氏自溃之变矣！臣之愚计，以为宜及天下之望未绝，豪杰尚可招诱，急以此时发国内精兵，令田戎据江陵，临江南之会，倚巫山之固，筑垒坚守，传檄吴、楚，长沙以南必随风而靡；令延岑出汉中，定三辅，天水、陇西拱手自服。如此，海内震摇，冀有大利。"述以问群臣，博士吴柱曰："武王伐殷，八百诸侯不期同辞，然犹还师以待天命。未闻无左右之助而欲出师千里之外者也！"邯曰："今东帝无尺土之柄，驱乌合之众，跨马陷敌，所向辄平，不亟乘时与之分功，而坐谈武王之说，是复效隗嚣欲为西伯也！"

述然邯言，欲悉发北军屯士及山东客兵，使延岑、田戎分出两道，与汉中诸将合兵并势。蜀人及其弟光以为不宜空国千里之外，决成败于一举，固争之，述乃止。延岑、田戎亦数请兵立功，述终疑不听，唯公孙氏得任事。

遇到更始朝政治混乱，刘玄又失去政权，天下老百姓伸长脖子盼望太平，全国陷于土崩瓦解，隗嚣不趁此时除去危险赢得胜利，争得皇帝的宝座，而退却打算做周文王式的西方霸主，他尊崇并学习儒家经典，网罗宾客隐士，停止扩充和训练军队，低声下气地侍奉汉王朝，还感叹地以为自己是周文王再世！使刘秀现在不以隗嚣为忧，置之一边，专心倾注力量在东边征讨群雄，四分天下，刘秀占有三分；又派出秘密使节，招纳叛离的人，使西州一带英雄豪杰都心向崤山以东，于是五分天下，刘秀占有四分；如果向天水进攻，必定击溃隗嚣，天水平定以后，则九分天下，刘秀占有八分。陛下依靠梁州这块地方，对内要奉养皇帝，对外要供养军队，百姓愁苦困顿，不能忍受上面的驱使，将会发生王莽那种内部自己瓦解的变化！以我的愚见，应该趁着天下百姓要求太平的愿望没有断绝，英雄豪杰还可以罗致招纳，赶紧在此时，征调国内的精锐部队，命田戎占据江陵，面对长江的会合处，依靠巫山的险阻，修筑壁垒坚守；向吴、楚各地发布文书，长沙以南一定会望风归降；命延岑率军北出汉中，平定三辅，天水、陇西自然会拱手臣服。这样一来，天下震撼，希望有最大的利益可图。"公孙述以荆邯的话询问文武官员，博士吴柱说："周武王讨伐商王朝，八百个诸侯国不约而同，聚集在孟津，然而还班师返回等待上天的旨意。没有听说过没有周围邻国的协助，而打算出兵千里之外的事！"荆邯说："刘秀当初没有一尺土地的凭藉，纠集驱驰一群乌合之众，但跨上战马冲锋陷阵，所向无敌，不赶快抓住时机和刘秀分享功业，却坐在那里大谈周武王的主张，这是重新效法隗嚣想当周文王的做法！"

公孙述同意荆邯的话，准备征发北军屯垦的士兵以及山东人组成的客籍军队。命令延岑、田戎分两路出发，和汉中各将领的部队合并，共同进击。可是蜀地的官员和公孙述的弟弟公孙光认为，不应倾全国之力征战千里之外，决定成败于此一举，极力进行阻挠，公孙述才停止进攻。延岑、田戎也多次请求带兵建立功绩，公孙述始终疑虑不接受，只有公孙氏家族能够承担军国大任。

述废铜钱,置铁钱,货币不行,百姓苦之。为政苛细,察于小事,如为清水令时而已。好改易郡县官名。少尝为郎,习汉家故事,出入法驾,鸾旗旄骑。又立其两子为王,食犍为、广汉各数县。或谏曰:"成败未可知,戎士暴露而先王爱子,示无大志也!"述不从,由此大臣皆怨。

3 冯异自长安入朝,帝谓公卿曰:"是我起兵时主簿也,为吾披荆棘,定关中。"既罢,赐珍宝、钱、帛,诏曰:"仓卒芜蒌亭豆粥,虖沱河麦饭,厚意久不报。"异稽首谢曰:"臣闻管仲谓桓公曰:'愿君无忘射钩,臣无忘槛车。'齐国赖之。臣今亦愿国家无忘河北之难,小臣不敢忘巾车之恩。"留十馀日,令与妻子还西。

4 申屠刚、杜林自隗嚣所来,帝皆拜侍御史。以郑兴为太中大夫。

5 三月,公孙述使田戎出江关,招其故众,欲以取荆州,不克。

帝乃诏隗嚣,欲从天水伐蜀。嚣上言:"白水险阻,栈阁败绝。述性严酷,上下相患,须其罪恶孰著而攻之,此大呼响应之势也。"帝知其终不为用,乃谋讨之。

6 夏,四月丙子,上行幸长安,谒园陵;遣耿弇、盖延等七将军从陇道伐蜀。先使中郎将来歙奉玺书赐嚣谕旨。嚣复多设疑故,事久犹豫不决。歙遂发愤质责嚣曰:"国家以君知臧否,晓废兴,故以手书畅意。足下推忠诚,既遣伯春委质,

公孙述下诏令废除铜钱,铸铁钱,结果货币不通行,老百姓苦不堪言。公孙述为政苛细,对于很小的事也要过问,就像当初做清水县令时那样。他喜欢改换郡县官名。年轻时曾经出任过郎的官职,熟悉汉朝的旧典。称帝后,出宫入宫都用法驾,以绣着鸾鸟的大旗、枪杆上挂着牦牛尾的骑士做前导。又封他的两个儿子为王,以犍为、广汉两郡的几个县做食邑。有人向公孙述进谏:"成败还未可知,战士们在沙场上奋战还没有封赏,而先封自己的儿子为王,表明没有远大的志向!"公孙述不听规劝,从此大臣们全都怨恨。

3 冯异从长安到雒阳入朝觐见,刘秀对公卿们说:"冯异是我当初起兵时的主簿,为我披荆斩棘,平定关中。"觐见已毕,赏赐珍宝、钱、帛,颁下诏书说:"当初在仓促之时,芜蒌亭的豆粥,滹沱河的麦饭,还记忆犹新,你的深情厚意,长时间不能回报。"冯异磕头拜谢说:"我听管仲对齐桓公说:'愿君王不忘射钩的事,我不忘囚车的事。'齐国依靠这两个人强盛起来。我今天也愿陛下勿忘河北的苦难,我不会忘记在巾车乡您对我的恩德。"冯异在雒阳逗留十馀天,刘秀命他和妻子西行返回任所。

4 申屠刚、杜林从隗嚣那里来到雒阳,刘秀任命二人当侍御史。任命郑兴当太中大夫。

5 三月,公孙述命田戎西出江关,招集其旧部,准备夺取荆州,不能取胜。

刘秀于是给隗嚣下诏,打算让他从天水出兵攻打公孙述。隗嚣上书说:"白水关险要,难以通过,栈道残破朽烂,无法利用。公孙述性情严厉残暴,上下相防患,等到他的罪恶完全显露出来再攻打他,就能造成一呼、四方响应的声势。"刘秀深知隗嚣终不能被自己所用,于是策划出兵讨伐他。

6 夏季,四月丙子(初八),刘秀前往长安,拜谒汉王朝历代皇陵;派遣耿弇、盖延等七位将军取道陇西征讨公孙述。刘秀先派中郎将来歙,赐隗嚣诏书,告诉他自己的意图。隗嚣反复考虑,疑虑重重,很长时间不能决断。来歙于是气愤地责备隗嚣说:"皇上认为您懂得善恶得失,通晓盛衰兴亡,所以亲自写信,充分表达自己的意愿。您已经推诚效忠,派您的儿子隗恂到雒阳做人质,

而反欲用佞惑之言,为族灭之计邪?"因欲前刺嚣。嚣起入,部勒兵将杀歙,歙徐杖节就车而去,嚣使牛邯将兵围守之。嚣将王遵谏曰:"君叔虽单车远使,而陛下之外兄也,杀之无损于汉,而随以族灭。昔宋执楚使,遂有析骸易子之祸。小国犹不可辱,况于万乘之主,重以伯春之命哉!"歙为人有信义,言行不违,及往来游说,皆可按覆。西州士大夫皆信重之,多为其言,故得免而东归。

五月己未,车驾至自长安。

隗嚣遂发兵反。使王元据陇坻,伐木塞道。诸将因与嚣战,大败,各引兵下陇;嚣追之急,马武选精骑为后拒,杀数千人,诸军乃得还。

7 六月辛卯,诏曰:"夫张官置吏,所以为民也。今百姓遭难,户口耗少,而县官吏职,所置尚繁;其令司隶、州牧各实所部,省减吏员,县国不足置长吏者并之。"于是并省四百馀县,吏职减损,十置其一。

8 九月丙寅晦,日有食之。执金吾朱浮上疏曰:"昔尧、舜之盛,犹加三考;大汉之兴,亦累功效,吏皆积久,至长子孙。当时吏职,何能悉治,论议之徒,岂不喧哗! 盖以为天地之功不可仓卒,艰难之业当累日也。而间者守宰数见换易,迎新相代,疲劳道路。寻其视事日浅,未足昭见其职,既加严切,人不自保,迫于举劾,惧于刺讥,故争饰诈伪以希虚誉,

却反而要听从小人的蛊惑之言,要做灭族的打算吗?"于是准备向前刺杀隗嚣。隗嚣起身入内,召集部众要杀来歙,来歙从容持符节登车离开,隗嚣派牛邯率兵把来歙的车团团围住。隗嚣的部将王遵劝谏说:"来歙虽然是单独充任远方的使节,但他是刘秀的表哥。杀了他无损于汉朝,却随之会带来灭族之灾。从前,宋国杀了楚国的使节,招来用人骨做木柴、易子而食的大祸。对小国尚且不可以侮辱,何况对于万乘之尊的君主,您要以隗恂的性命为重啊!"来歙为人讲信义,言行一致,往来游说,诚实可信,都可一一对证。西州的士大夫都信任、尊重他,很多人替他求情,所以能够幸免于难,回到雒阳。

五月己未(二十三日),刘秀从长安回到雒阳。

隗嚣于是起兵叛变。命王元防守陇坻,砍伐树木,堵塞东去的道路。各将领们因此和隗嚣交战,被打得大败,各自率兵逃下陇山;隗嚣急起直追,东汉将军马武挑选精锐骑兵断后,杀敌数千人,各路军队才得以返回。

7 六月辛卯(二十四日),刘秀下诏说:"设置官吏,是替老百姓服务。而今百姓遭难,户口减少,但县府地方官吏,设置繁多;现今司隶、州牧各自考察核实实际需要,裁减官员,无论是县还是封国,不足以设置长吏的,一律合并。"于是合并减少四百馀个县,官吏的职位也减少了,十个官员,留任一个。

8 九月丙寅晦(三十日),出现日食。执金吾朱浮给刘秀上书说:"从前,在尧、舜时的太平盛世,还每隔三年对官员进行考核;大汉王朝兴起,也是被功绩所带累,官吏在职的时间都很长,甚至传给长子长孙。当时官吏做事,怎么能够治理得好,评论抨击的人,哪能不喧哗?我认为创建天地那样大的功业,不可能仓促完成;艰难的事业应当逐日积累,才能成功。近来看到太守、宰相频繁变换,迎新送旧,在路途上疲于奔命。探究起来,他们在任的时间很短,不能充分履行自己的职责,就已经遭到严厉的责备,人人不能自保,为检举、弹劾所迫,又害怕讽刺讥笑,所以争着装扮自己,用欺诈伪装的手段求得虚浮的美名,

斯所以致日月失行之应也。夫物暴长者必夭折,功卒成者必亟坏;如摧长久之业而造速成之功,非陛下之福也。愿陛下游意于经年之外,望治于一世之后,天下幸甚!"帝采其言,自是牧守代易颇简。

9 十二月壬辰,大司空宋弘免。

10 癸巳,诏曰:"顷者师旅未解,用度不足,故行十一之税。今粮储差积,其令郡国收见田租,三十税一,如旧制。"

11 诸将之下陇也,帝诏耿弇军漆,冯异军栒邑,祭遵军汧,吴汉等还屯长安。冯异引军未至栒邑,隗嚣乘胜使王元、行巡将二万馀人下陇,分遣巡取栒邑,异即驰兵欲先据之。诸将曰:"虏兵盛而乘胜,不可与争锋,宜止军便地,徐思方略。"异曰:"虏兵临境,忸忕小利,遂欲深入;若得栒邑,三辅动摇。夫攻者不足,守者有馀。今先据城,以逸待劳,非所以争也。"潜往,闭城,偃旗鼓。行巡不知,驰赴之。异乘其不意,卒击鼓、建旗而出。巡军惊乱奔走,追击,大破之。祭遵亦破王元于汧。于是北地诸豪长耿定等悉畔隗嚣降。诏异进军义渠,击破卢芳将贾览、匈奴奥鞬日逐王,北地、上郡、安定皆降。

12 窦融复遣其弟友上书曰:"臣幸得托先后末属,累世二千石,臣复假历将帅,守持一隅,故遣刘钧口陈肝胆,自以底里上露,长无纤介。而玺书盛称蜀、汉二主三分鼎足之权,

这正是导致日月不能正常运行、出现日食的原因。生物突然暴长必定会夭折,功业一下子成功必定会很快衰败;如果摧毁长久的大业,只求一时的功效,不是陛下的福分。希望陛下高瞻远瞩,从长远考虑,直看到三十年之后,天下有幸!"刘秀采纳朱浮的建议,从此以后,地方州牧太守更换的次数大为减少。

9　十二月壬辰(二十七日),免去大司空宋弘的职务。

10　癸巳(二十八日),刘秀下诏:"前些时战事不息,国库用度不足,所以按十分之一收税。现在国家的粮食储备逐渐增多,从现在起,各郡、各封国收取田租,按三十分之一征税,恢复原来的制度。"

11　各将领们在陇山溃败之后,刘秀命耿弇在漆县驻屯,命冯异在栒邑驻屯,命祭遵在汧县驻屯,命吴汉等率军返回长安驻屯。冯异率军还没到达栒邑,隗嚣乘胜派王元、行巡率领两万余人下陇山,分派行巡夺取栒邑,冯异得到情报,马上急行军挺进,要抢先占据栒邑。各将领们说:"敌人强盛,又乘着胜利的锐气,我们不能和他争高低,应停止行军,在有利的地方安营,慢慢图谋策划。"冯异说:"敌军压境,是被陇山上小小的胜利冲昏头脑,于是图谋深入;敌人如果取得栒邑,三辅地区人心动摇。采取攻势不足时,采取守势则有余。我们要先占据栒邑,是以逸待劳,不是和敌人决高下。"于是秘密进城,关闭城门,偃旗息鼓。行巡完全蒙在鼓里,急忙赶赴栒邑。冯异乘其不备,突然间战鼓齐鸣、旌旗招展,率军而出。行巡的军队惊慌散乱,四下奔逃,冯异追击,大破敌军。祭遵也在汧县大破王元的军队。于是北地郡各豪强首领耿定等全都背叛隗嚣,投降汉朝。刘秀命令冯异进军义渠,冯异击败卢芳的将领贾览以及匈奴奥鞬日逐王,北地郡、上郡、安定郡全部归降。

12　窦融又派弟弟窦友前往雒阳,向刘秀上书说:"我很幸运,能够成为先皇后亲属的后代,好几代都领二千石俸禄,我又暂任将帅,镇守一方,所以派遣刘钧前往觐见,向您口头表达我的赤胆忠心,从内心深处对您没有丝毫隐瞒。而您的诏书却盛赞公孙述、隗嚣两位君主企图三分天下、形成鼎足之势的权力,

任嚣、尉佗之谋,窃自痛伤。臣融虽无识无知,利害之际,顺逆之分,岂可背真旧之主,事奸伪之人,废忠贞之节,为倾覆之事,弃已成之基,求无冀之利！此三者,虽问狂夫,犹知去就,而臣独何以用心！谨遣弟友诣阙,口陈至诚。"友至高平,会隗嚣反,道不通,乃遣司马席封间道通书。帝复遣封赐融、友书,所以尉藉之甚厚。

融乃与隗嚣书曰:"将军亲遇厄会之际,国家不利之时,守节不回,承事本朝;融等所以欣服高义,愿从役于将军者,良为此也！而忿悁之间,改节易图,委成功,造难就,百年累之,一朝毁之,岂不惜乎！殆执事者贪功建谋,以至于此。当今西州地势局迫,民兵离散,易以辅人,难以自建。计若失路不反,闻道犹迷,不南合子阳,则北入文伯耳。夫负虚交而易强御,恃远救而轻近敌,未见其利也。自兵起以来,城郭皆为丘墟,生民转于沟壑。幸赖天运少还,而将军复重其难,是使积痾不得遂瘳,幼孤将复流离,言之可为酸鼻。庸人且犹不忍,况仁者乎？融闻为忠甚易,得宜实难。忧人太过,以德取怨,知且以言获罪也！"嚣不纳。

融乃与五郡太守共砥厉兵马,上疏请师期;帝深嘉美之。融即与诸郡守将兵入金城,击嚣党先零羌封何等,大破之。因并河,扬威武,伺候车驾。时大兵未进,融乃引还。

提到任嚣、尉佗的谋划,我深感悲痛忧伤。我窦融虽然无知无识,但在利与害之际、顺与逆之间,岂能背叛真主旧主,去侍奉邪恶、诡诈的人,岂能废弃忠贞的节操,去做颠覆国家的坏事,岂能抛弃已经成就的基础,去追求毫无希望的利益!就此三项,即使去问一个疯子,还知道如何决定,而我偏偏为什么会别有用心!谨派我的弟弟窦友前往,亲口陈述我的挚诚。"窦友走到高平县,正赶上隗嚣叛变,道路不通,于是派遣司马席封从小路把信带到雒阳。刘秀又派席封给窦融、窦友带去亲笔信,恳切安慰,感情深厚。

窦融于是给隗嚣写信说:"当年,将军遭遇时世艰难,国家蒙受不幸之际,能够坚守节操,义无反顾,效忠汉王朝;我等所以钦佩您高尚的道德,愿意听从您的役使,原因的确在此。然而您在愤怒狂躁之间,改变自己的节操和意图,舍弃成功的事业,去开创难以成就的事业,百年积累的成果,一朝就毁掉,难道不可惜吗!我想这不是您的本意,恐怕是一些当权者贪图功业,设计阴谋,才变成现在的样子。当前西州地区面积狭窄,人民流离失所,士兵散乱,辅助别人是容易的,自己单独开创局面是艰难的。假若迷途而不知返,知道道理还沉醉于迷途,那么,不是向南投向公孙述,就是向北投向卢芳。仗着虚假的交情而轻视敌人的强悍,靠着远方的援救而轻视眼前的敌人,看不到有什么好处。自从起兵混战以来,城市全变成废墟,百姓辗转于沟壑之间。万幸的是天运回转,将军又重蹈覆辙,重复当初的灾难,如此,使得积年的疾病不能痊愈,幼童孤儿将再度流离失所,提起这些就可以使人悲痛心酸。庸人尚且还不忍心,何况仁慈的人呢?我听说做到忠诚很容易,做到得当确实很难。过度地替人担忧,是以恩惠取代怨恨,我知道我将因为上述这些话而获罪!"隗嚣拒绝采纳。

窦融于是和五郡太守共同厉兵秣马,并向刘秀上书,请示出兵日期,刘秀深切嘉勉赞美窦融。窦融随即和各郡太守率军进入金城,攻击隗嚣党徒先零羌首领封何等,大破羌军。然后沿着黄河,展示军威,恭迎圣驾。当时大军还未进发,窦融于是率军返回。

帝以融信效著明，益嘉之，修理融父坟墓，祠以太牢，数驰轻使，致遗四方珍羞。

梁统犹恐众心疑惑，乃使人刺杀张玄，遂与隗嚣绝，皆解所假将军印绶。

13　先是，马援闻隗嚣欲贰于汉，数以书责譬之，嚣得书增怒。及嚣发兵反，援乃上书曰："臣与隗嚣本实交友，初遣臣东，谓臣曰：'本欲为汉，愿足下往观之，于汝意可，即专心矣。'及臣还反，报以赤心，实欲导之于善，非敢谲以非义。而嚣自挟奸心，盗憎主人，怨毒之情，遂归于臣。臣欲不言，则无以上闻，愿听诣行在所，极陈灭嚣之术。"帝乃召之。援具言谋画。

帝因使援将突骑五千，往来游说嚣将高峻、任禹之属，下及羌豪，为陈祸福，以离嚣支党。援又为书与嚣将杨广，使晓劝于嚣曰："援窃见四海已定，兆民同情，而季孟闭拒背畔，为天下表的。常惧海内切齿，思相屠裂，故遗书恋恋，以致恻隐之计。乃闻季孟归罪于援，而纳王游翁谄邪之说，因自谓函谷以西，举足可定。以今而观，竟何如邪！

"援间至河内，过存伯春，见其奴吉从西方还，说伯春小弟仲舒望见吉，欲问伯春无他否，竟不能言，晓夕号泣。又说其家悲愁之状，不可言也。夫怨雠可刺不可毁，援闻之。不自知泣下也。援素知季孟孝爱，曾、闵不过。夫孝于其亲，岂不慈于其子！可有子抱三木而跳梁妄作，自同分羹之事乎？

刘秀因为窦融讲信义,成效显著,更加嘉奖他,下令整修窦融父亲的坟墓,用牛羊猪各一祭祀,屡次派出轻装使节,送给窦融四方进贡的珍奇食物。

梁统仍然担心大家犹豫疑惑,便派人刺杀隗嚣的使者张玄,于是同隗嚣绝交,把隗嚣授予的将军印信全都解下抛弃。

13 原先,马援听说隗嚣对汉王朝怀有二心,准备独立,几次写信责备劝导他,隗嚣收到信后更加愤怒。等到隗嚣出兵叛变,马援于是给刘秀上书说:"我和隗嚣本是知交挚友,开始派我东来时,对我说:'我本打算替汉王朝服务,请你前往雒阳观察,你认为可以,我就专心一意拥戴汉王朝。'等我返回,真心诚意地以实汇报,确实想引导他从善,不敢用不义欺诈他。可是隗嚣自怀私心,就像强盗憎恨主人。他把怨恨的感情,集中在我身上。我如果不说明,陛下就无法知道。请求前往朝廷,向您详细陈述消灭隗嚣的策略。"刘秀于是召见马援。马援一五一十地提出作战方案。

刘秀遂命马援率领骑兵突击队五千人,往来规劝隗嚣的将领高峻、任禹等,以及羌族的首领,向他们说明利害,以此离间瓦解隗嚣部属。马援又写信给隗嚣的将领杨广,让他劝说隗嚣,信中说:"我看到四海之内已经平定,百万人民都有同感,可是隗嚣突然封闭边界,起兵反叛,成为天下众矢之的。我常害怕大家对隗嚣咬牙切齿,争相扑杀,所以不断地给他写信,表示眷恋之情,以及我的伤痛和忧虑。却听说隗嚣把罪过都推到我身上,并采纳王元诏媚邪恶的意见,宣称函谷关以西,一抬脚就可以平定。从现在的局势来看,究竟怎样呢?

"我曾经到过河内,探望慰问隗嚣的儿子隗恂,看见他的仆人吉从西州回来,说隗恂的小弟弟隗仲舒看见吉,想问隗恂是否已遭意外,竟然说不出,早晚哀号哭泣。又说到全家悲苦忧愁的情景,无法用言语表达。有怨仇可以指责,不可以用毁灭的手段报复。我听说这些事后,不知不觉泪下沾襟。我一向了解隗嚣孝顺慈爱,曾参、闵子骞也不过如此。孝敬自己的父母,哪能不爱自己的孩子!能有儿子身戴刑具,而父亲飞扬跋扈、胡作非为,并想分一杯儿子的肉羹这类事吗?

"季孟平生自言所以拥兵众者,欲以保全父母之国而完坟墓也,又言苟厚士大夫而已;而今所欲全者将破亡之,所欲完者将伤毁之,所欲厚者将反薄之。季孟尝折愧子阳而不受其爵,今更共陆陆往附之,将难为颜乎!若复责以重质,当安从得子主给是哉!往时子阳独欲以王相待而春卿拒之,今者归老,更欲低头与小儿曹共槽枥而食,并肩侧身于怨家之朝乎!

"今国家待春卿意深,宜使牛孺卿与诸耆老大人共说季孟,若计画不从,真可引领去矣。前披舆地图,见天下郡国百有六所,奈何欲以区区二邦以当诸夏百有四乎!春卿事季孟,外有君臣之义,内有朋友之道。言君臣邪,固当谏争;语朋友邪,应有切磋。岂有知其无成,而但萎腇咋舌,叉手从族乎!及今成计,殊尚善也,过是,欲少味矣!且来君叔天下信士,朝廷重之,其意依依,常独为西州言。援商朝廷,尤欲立信于此,必不负约。援不得久留,愿急赐报。"广竟不答。

诸将每有疑议,更请呼援,咸敬重焉。

14　隗嚣上疏谢曰:"吏民闻大兵卒至,惊恐自救,臣嚣不能禁止。兵有大利,不敢废臣子之节,亲自追还。昔虞舜事父,大杖则走,小杖则受。臣虽不敏,敢忘斯义!今臣之事,在于本朝,赐死则死,加刑则刑;如更得洗心,死骨不朽。"有司以嚣言慢,请诛其子;帝不忍,复使来歙至汧,赐嚣书曰:"昔柴将军云:'陛下宽仁,诸侯虽有亡叛而后归,辄复位号,不诛也。'今若束手,复遣恂弟归阙庭者,则爵禄获全,有浩大之福矣!吾年垂四十,在兵中十岁,厌浮语虚辞。即不欲,勿报。"嚣知帝审其诈,遂遣使称臣于公孙述。

"隗嚣平时常说,他所以拥有军队,是用来保全乡土和父母坟墓,又说不过是优待和推崇士大夫罢了;可是现在,所要保全的乡土将要分裂丧失,所要保全的父母坟墓将要毁掉,所要优待和推崇的将要受到轻视和慢待。隗嚣曾因蔑视公孙述而不接受他的爵位,今天碌碌无为,想去依附他,将会感到惭愧吧! 如果公孙述也要求用长子做人质,隗嚣又从何再得一个长子给他呢! 从前,公孙述提出要对你以王相待,而你拒绝,现在你年纪老了,再要低着头和小孩子们挤一个食槽吃食,并着肩侧着身在怨恨的王朝做官吗?

　　"现在汉王朝对你的期望很大,你应该请牛孺卿和各位前辈尊长共同说服隗嚣,如果说服不了他,确实应该离开他。前些天我观看地图,见天下有一百零六个郡县、封国,想用区区两个郡抵抗一百零四个,怎么可能呢? 你侍奉隗嚣,从外部讲是君臣之义,从内部讲是朋友之道。说君臣呢,本应该全力进谏;说朋友呢,应该切磋协商。哪有知道他不能成功,却只有懦弱退却,咬着舌头、绑起双手和他一起陷入灭族之灾的呢? 乘现在定下大计,是从善的表现,过了这一步,就完全不同了! 况且,来歙是天下忠信之士,汉朝廷尊重他,他对隗嚣依依不舍,常独自替他说话。我认为汉朝,尤其要在这件事情上建立信誉,决不负约。我不能久留,希望你即刻给我回信。"杨广竟然不作答复。

　　将领们每有困惑疑虑,都向马援请教,对他十分敬重。

　　14　隗嚣上书向刘秀请罪说:"官吏百姓听说大军突然到来,惊慌惧怕,只求自救,我不能禁止。我的部队虽然获得胜利,但我不敢废弃做臣子的节操,亲自把他们追回来。过去虞舜侍奉父亲,如父亲用大棍子打就跑掉,如用小棍子打则承受。我虽然不聪明,也不敢忘此君臣大义! 而今我的事在朝廷掌握之中,赐我死我就死,给我加刑我就服刑;如蒙宽恕,再使我有机会洗心革面,我就是变成一堆死骨,也会感谢。"主管部门认为隗嚣言语傲慢,请求杀他的儿子隗恂;刘秀不忍心,又派来歙到汧县送亲笔信给隗嚣,说:"从前,刘邦的大将柴武将军说:'陛下宽厚仁爱,诸侯中虽有逃亡反叛的,以后归顺,就恢复职位封号,决不诛杀。'现在你如果能约束自己,再派隗恂的弟弟到朝廷来做人质,那你的爵位和俸禄都可保全,洪福齐天。我年近四十,在军旅中度过十年,厌恶花言巧语。如果你不同意,不必答复。"隗嚣深知刘秀已看穿他的欺骗术,于是派使节到成都向公孙述称臣。

15　匈奴与卢芳为寇不息,帝令归德侯飒使匈奴以修旧好。单于骄倨,虽遣使报命,而寇暴如故。

七年(辛卯,31)

1　春,三月,罢郡国轻车、骑士、材官,令还复民伍。

2　公孙述立隗嚣为朔宁王,遣兵往来,为之援势。

3　癸亥晦,日有食之。诏百僚各上封事,其上书者不得言圣。太中大夫郑兴上疏曰:"夫国无善政,则谪见日月;要在因人之心,择人处位。今公卿大夫多举渔阳太守郭伋可大司空者,而不以时定;道路流言,咸曰'朝廷欲用功臣',功臣用则人位谬矣。愿陛下屈己从众,以济群臣让善之功。顷年日食多在晦,先时而合,皆月行疾也。日君象而月臣象;君亢急而臣下促迫,故月行疾。今陛下高明而群臣惶促,宜留思柔克之政,垂意《洪范》之法。"帝躬勤政事,颇伤严急,故兴奏及之。

4　夏,四月壬午,大赦。

5　五月戊戌,以前将军李通为大司空。

6　大司农江冯上言:"宜令司隶校尉督察三公。"司空掾陈元上疏曰:"臣闻师臣者帝,宾臣者霸。故武王以太公为师,齐桓以夷吾为仲父,近则高帝优相国之礼,太宗假宰辅之权。及亡新王莽,遭汉中衰,专操国柄以偷天下,况己自喻,不信群臣,夺公辅之任,损宰相之威,以刺举为明,激讦

15 匈奴和卢芳不断侵扰,刘秀命归德侯刘飒出使匈奴,谋求恢复以前的良好关系。匈奴单于骄横傲慢,虽然也派使节到雒阳回报,但侵扰如故。

汉光武帝建武七年(辛卯,公元31年)

1 春季,三月,免去郡县、封国的轻车、骑士、材官,命他们回归为民。

2 公孙述封隗嚣为朔宁王,让他派出军队往来造声势,作为援助。

3 癸亥晦(三十日),出现日食。刘秀诏命文武百官各自呈递奏章,上书的人不能说"圣"字。太中大夫郑兴上书说:"国家没有好的政治制度,就在日月上显现所受惩罚;关键在于顺应人心,用人得当。现在公卿大夫多数推举渔阳太守郭伋,认为可以做大司空,而陛下不及时决定;道路上谣言四起,都说'朝廷打算任用功臣',启用功臣当朝廷命官,职位对他并不相宜。请求陛下委屈自己,听从大家的意见,以鼓励群臣互相谦让的美德。近来,日食多发生在每月三十日,太阳和月亮提前重合,都是由于月亮运行快的缘故。太阳是君主,月亮是臣子;君主急促而臣子迫切,所以月亮运行得快。当今陛下高明而群臣遑急不安,应当考虑用柔和而行之有效的政治手段,请陛下留心《尚书·洪范》的做法。"刘秀亲自处理行政事务,有时严苛,有时急迫,所以郑兴上书提醒他。

4 夏季,四月壬午(十九日),刘秀实行大赦。

5 五月戊戌(初五),刘秀任命前将军李通做大司空。

6 大司农江冯上书说:"最好命司隶校尉监督察看三公。"司空掾陈元上书说:"我听说把臣下当作老师的,是帝王;把臣下当作贵客的,是霸主。所以周武王以姜太公为老师,齐桓公以管仲为仲父,及至近代,汉高祖刘邦对相国萧何的礼遇特别优待,汉文帝刘恒授予宰相申屠嘉生杀予夺的权力。等到王莽新政,汉王朝衰落,王莽专断,把持最高权力,窃国篡位,就拿他自己来说,不信任大臣们,剥夺三公的职权,降低宰相的威严,把揭发隐私当作高明,把攻击过失

为直，至乃陪仆告其君长，子弟变其父兄。罔密法峻，大臣无所措手足；然不能禁董忠之谋，身为世戮。方今四方尚扰，天下未一，百姓观听，咸张耳目。陛下宜修文、武之圣典，袭祖宗之遗德，劳心下士，屈节待贤，诚不宜使有司察公辅之名。"帝从之。

7　酒泉太守竺曾以弟报怨杀人，自免去郡；窦融承制拜曾武锋将军，更以辛肜为酒泉太守。

8　秋，隗嚣将步骑三万侵安定，至阴槃，冯异率诸将拒之；嚣又令别将下陇攻祭遵于汧，并无利而还。

帝将自征隗嚣，先戒窦融师期，会遇雨，道断，且嚣兵已退，乃止。

帝令来歙以书招王遵，遵来降，拜太中大夫，封向义侯。

9　冬，卢芳以事诛其五原太守李兴兄弟；其朔方太守田飒、云中太守乔扈各举郡降。帝令领职如故。

10　帝好图谶，与郑兴议郊祀事，曰："吾欲以谶断之，何如？"对曰："臣不为谶！"帝怒曰："卿不为谶，非之邪？"兴惶恐曰："臣于书有所未学，而无所非也。"帝意乃解。

11　南阳太守杜诗政治清平，兴利除害，百姓便之。又修治陂池，广拓土田，郡内比室殷足，时人方于召信臣。南阳为之语曰："前有召父，后有杜母。"

八年（壬辰，32）

1　春，来歙将二千馀人伐山开道，从番须、回中径袭略阳，斩隗嚣守将金梁。嚣大惊曰："何其神也！"帝闻得略阳，甚喜，曰："略阳，嚣所依阻，心腹已坏，则制其支体易矣！"

作为正直,以至于奴仆告发主人,儿子、弟弟告发父亲、哥哥。法网严密,刑法苛刻,使大臣们手足无措;然而即使如此,仍不能禁止董忠的叛变,王莽自己也遭杀身之祸。现在四方仍纷扰不安,天下还未统一,百姓全都睁大眼睛观看,竖起耳朵倾听。陛下应当研究、学习周文王、周武王时代的典籍,承袭祖先留下的美德,用心结交有识之士,屈身对待贤能的人,实在不应派有关部门监视三公的职位。"刘秀接受了他的意见。

7 酒泉太守竺曾,因自己的弟弟报仇杀人,自行辞职离郡;窦融代表刘秀下诏,任命竺曾做武锋将军,改以任命辛彤做酒泉太守。

8 秋季,隗嚣率领步骑兵三万人侵犯安定,到达阴槃县,冯异率领将领阻截;隗嚣又命其他将领下陇山在汧县攻打祭遵,都不能取胜而返回。

刘秀准备亲自征讨隗嚣,先和窦融商定出兵日期。正赶上大雨,道路断绝,而且隗嚣的军队已经撤退,才停止进攻。

刘秀命来歙写信招降王遵,王遵前来投降,刘秀任命他当太中大夫,封向义侯。

9 冬季,卢芳因事诛杀了所辖的五原太守李兴兄弟;朔方太守田飒、云中太守乔扈各自献郡投降。刘秀命他们照旧留任原官职。

10 刘秀喜好图谶,和郑兴讨论到郊外祭祀的事,说:"我想用谶语来推断,怎么样?"郑兴回答:"我不从事预言!"刘秀发怒说:"你不从事预言,是认为它不对吗?"郑兴惶惧,说:"我对于图谶的书没有学习过,并没有认为它不对。"刘秀的怒气才消。

11 南阳太守杜诗,为政清廉公正,兴利除害,百姓安逸无忧。杜诗又兴修水利,大量开垦荒地,南阳郡内家家户户殷实富足,当时人们把他比作汉元帝时的召信臣。南阳流传着称颂他的歌谣:"前有召父,后有杜母。"

汉光武帝建武八年(壬辰,公元32年)

1 春季,来歙率领两千余人伐山开路,从番须、回中径直袭击略阳县,斩杀隗嚣的守将金梁。隗嚣大为震惊,说:"怎么这么神速!"刘秀听说攻取略阳,非常高兴,说:"略阳是隗嚣所依据的重要屏障,身体的中枢心腹已坏,那么制服他的肢体就容易了。"

吴汉等诸将闻嚣据略阳，争驰赴之。上以为嚣失所恃，亡其要城，势必悉以精锐来攻；旷日久围而城不拔，士卒顿敝，乃可乘危而进。皆追汉等还。隗嚣果使王元拒陇坻，行巡守番须口，王孟塞鸡头道，牛邯军瓦亭。嚣自悉其大众数万人围略阳，公孙述遣将李育、田弇助之，斩山筑堤，激水灌城。来歙与将士固死坚守，矢尽，发屋断木以为兵。嚣尽锐攻之，累月不能下。

夏，闰四月，帝自将征隗嚣。光禄勋汝南郭宪谏曰："东方初定，车驾未可远征。"乃当车拔佩刀以断车鞅。帝不从，西至漆。诸将多以王师之重，不宜远入险阻。计尤豫未决，帝召马援问之。援因说隗嚣将帅有土崩之势，兵进有必破之状；又于帝前聚米为山谷，指画形势，开示众军所从道径，往来分析，昭然可晓。帝曰："虏在吾目中矣！"明旦，遂进军，至高平第一。

窦融率五郡太守及羌虏小月氏等步骑数万，辎重五千馀两，与大军会。是时军旅草创，诸将朝会礼容多不肃，融先遣从事问会见仪适。帝闻而善之，以宣告百僚，乃置酒高会，待融等以殊礼。

遂共进军，数道上陇。使王遵以书招牛邯，下之，拜邯太中大夫。于是嚣大将十三人、属县十六、众十馀万皆降。嚣将妻子奔西城，从杨广，而田弇、李育保上邽。略阳围解。帝劳赐来歙，班坐绝席，在诸将之右，赐歙妻缣千匹。

吴汉等各将领听说来歙占据略阳,争着率军驱驰前往。刘秀认为,隗嚣失去险阻,丢掉了最重要的城市,势必出动所有的精锐部队进行反攻;旷日持久,包围城市而不能攻占城市,士兵困顿疲惫,这时,汉朝军队才可以乘敌人之危挺进。于是,刘秀下令把吴汉等全都追回。隗嚣果然派王元在陇坻抵御,派行巡把守番须口,派王孟堵住鸡头道,派牛邯在瓦亭驻屯。隗嚣亲自率领大军数万人包围略阳,公孙述派遣将领李育、田弇协助作战,挖山上的土石筑堤坝,企图引水灌城。来歙和将士们誓死坚守,箭射完了,拆除房屋把木头断开作为兵器。隗嚣用全部精锐部队攻城,几个月都不能攻下。

夏季,闰四月,刘秀亲自率军征伐隗嚣。光禄勋汝南人郭宪劝阻说:"东方刚刚平定,陛下不可远征。"于是挡住车驾,拔出佩刀,砍断引车前行的皮带。刘秀不听,向西行至漆县。将领们多数都认为,皇上率领的军队举足轻重,不宜深入到偏远、险恶、阻塞的地方。刘秀一时拿不定主意,召见马援,询问意见。马援于是说,隗嚣的将领们已成土崩瓦解之势,如果进军,必定会出现势如破竹之势;接着在刘秀面前,用米聚成山谷,指出敌我双方的形势,展示大军进攻的路线,分析得十分清晰。刘秀说:"隗嚣完全在我的眼里了!"第二天一早,于是进军,抵达高平县第一城。

窦融率领五郡太守以及羌族、小月氏等步骑兵数万人,辎重车五千馀辆,和刘秀的大军会师。当时军队还处于草创时期,各将领们朝拜皇帝的礼仪多不整肃,窦融先派从事请示朝见时的礼仪是否恰当。刘秀听后认为很好,向文武百官宣告也这样效法,于是置丰盛的酒宴,用特别尊贵的礼仪会见、款待窦融等。

于是,联军共同进军,分成几路上陇山。刘秀命王遵写信招降牛邯,牛邯下陇山投降,刘秀任命他当太中大夫。于是隗嚣的十三位大将、天水郡所属的十六个县、部众十馀万人全部归降。隗嚣带着妻子儿女投奔驻屯西城县的大将杨广,公孙述的将领田弇、李育退保上邽县。略阳县解围。刘秀慰劳、赏赐来歙,把席位单独设在将领们的上首,赐给来歙的妻子一千匹绸缎。

　　进幸上邽,诏告隗嚣曰:"若束手自诣,父子相见,保无他也。若遂欲为黥布者,亦自任也。"嚣终不降,于是诛其子恂。使吴汉、岑彭围西城,耿弇、盖延围上邽。

　　以四县封窦融为安丰侯,弟友为显亲侯,及五郡太守皆封列侯,遣西还所镇。融以久专方面,惧不自安,数上书求代;诏报曰:"吾与将军如左右手耳,数执谦退,何不晓人意?勉循士民,无擅离部曲!"

　　颍川盗贼群起,寇没属县,河东守兵亦叛,京师骚动。帝闻之曰:"吾悔不用郭子横之言。"秋,八月,帝自上邽晨夜东驰,赐岑彭等书曰:"两城若下,便可将兵南击蜀虏。人苦不知足,既平陇,复望蜀。每一发兵,头须为白!"

　　九月乙卯,车驾还宫。帝谓执金吾寇恂曰:"颍川迫近京师,当以时定。惟念独卿能平之耳。从九卿复出以忧国可也!"对曰:"颍川闻陛下有事陇、蜀,故狂狡乘间相诖误耳。如闻乘舆南向,贼必惶怖归死,臣愿执锐前驱。"帝从之。庚申,车驾南征,颍川盗贼悉降。寇恂竟不拜郡,百姓遮道曰:"愿从陛下复借寇君一年。"乃留恂长社,镇抚吏民,受纳馀降。

　　东郡、济阴盗贼亦起,帝遣李通、王常击之。以东光侯耿纯尝为东郡太守,威信著于卫地。遣使拜太中大夫,使与大兵会东郡。东郡闻纯入界,盗贼九千馀人皆诣纯降,大兵不战而还;玺书复以纯为东郡太守。戊寅,车驾还自颍川。

刘秀进军上邽,下诏给隗嚣说:"你如果放弃武力前来投降,父子还能相见,保证没有其他变化。如果一味要做黥布,也随你便。"隗嚣终归不肯投降,于是刘秀下令诛杀他的儿子隗恂。派吴汉、岑彭包围西城,派耿弇、盖延包围上邽。

刘秀用四个县的土地封窦融为安丰侯,封窦融的弟弟窦友为显亲侯,等到五郡太守全封为列侯,命他们回到西方各自的任所。窦融因长期在一个地方独揽大权,心里恐慌不安,几次上书请别人接替;刘秀下诏回答说:"我和将军的关系,就像左右手的关系。几次上书要求辞职,怎么就不明了我的心意? 你要尽力安抚官吏百姓,不要擅自离开自己的部属!"

颍川郡盗贼蜂起,盗寇攻陷所属县城,河东郡的部队也叛变,京都雒阳震动。刘秀听到消息说:"我后悔不听郭宪的话!"秋季,八月,刘秀从上邽县日夜兼程,向东奔驰,写信给岑彭等,说:"如果能攻陷两城,就可率领军队向南攻打公孙述。人被不知足所苦,已经平定了陇,又渴望得到蜀。每一次出兵,头发胡须都因此变白!"

九月乙卯(初一),刘秀回到雒阳。刘秀对执金吾寇恂说:"颍川临近洛阳,应当及时控制。我考虑只有你能扫平盗贼。请你以九卿的身份,再次出征以解国忧!"寇恂回答说:"颍川盗贼听说陛下远征陇、蜀,所以那些狂徒、狡诈之辈想乘机捞一把。如果他们听说陛下回到京城,一定吓得要死,我愿率军队做前锋。"刘秀同意。庚申(初六),刘秀率军南征,颍川盗贼全部投降。寇恂竟没有被任命为郡守,百姓们在道路上挡住车驾的去路,请求说:"恳求陛下把寇恂再借给我们一年。"刘秀于是把寇恂留在长社县,命他安定抚慰官民,收容投降的残馀贼寇。

东郡、济阴的盗贼也纷纷起兵,刘秀派遣李通、王常率军攻击。因东光侯耿纯曾经当东郡太守,在卫国故地很有威信。刘秀派使臣任命耿纯当太中大夫,让他和李通、王常率领的大军在东郡会合。东郡盗贼听说耿纯进入郡界,九千多人全都向耿纯投降,大军没有经过战斗即班师回朝。刘秀再度任命耿纯当东郡太守。戊寅(二十四日),刘秀从颍川返回雒阳。

2　安丘侯张步将妻子逃奔临淮,与弟弘、蓝欲招其故众,乘船入海;琅邪太守陈俊追讨,斩之。

3　冬,十月丙午,上行幸怀。十一月乙丑,还雒阳。

4　杨广死,隗嚣穷困。其大将王捷别在戎丘,登城呼汉军曰:"为隗王城守者,皆必死,无二心,愿诸军亟罢,请自杀以明之。"遂自刎死。

初,帝敕吴汉曰:"诸郡甲卒但坐费粮食,若有逃亡,则沮败众心,宜悉罢之。"汉等贪并力攻嚣,遂不能遣,粮食日少,吏士疲役,逃亡者多。岑彭壅谷水灌西城,城未没丈馀。会王元、行巡、周宗将蜀救兵五千馀人乘高卒至,鼓噪大呼曰:"百万之众方至!"汉军大惊,未及成陈,元等决围殊死战,遂得入城,迎嚣归冀。吴汉军食尽,乃烧辎重,引兵下陇,盖延、耿弇亦相随而退。嚣出兵尾击诸营,岑彭为后拒,诸将乃得全军东归;唯祭遵屯汧不退。吴汉等复屯长安,岑彭还津乡。于是安定、北地、天水、陇西复反为嚣。

校尉太原温序为嚣将苟宇所获,宇晓譬数四,欲降之。序大怒,叱宇等曰:"虏何敢迫胁汉将!"因以节棁杀数人。宇众争欲杀之,宇止之曰:"此义士,死节,可赐以剑。"序受剑,衔须于口,顾左右曰:"既为贼所杀,无令须污土!"遂伏剑而死。从事王忠持其丧归雒阳,诏赐以冢地,拜三子为郎。

5　十二月,高句骊王遣使朝贡,帝复其王号。

6　是岁,大水。

2　安丘侯张步带领妻子儿女逃到临淮,和弟弟张弘、张蓝打算招集旧部,乘船入海;琅邪太守陈俊追击,将张步斩首。

3　冬季,十月丙午(二十二日),刘秀前往怀县。十一月乙丑(十二日),刘秀返回雒阳。

4　杨广去世,隗嚣处于穷途末路。他的大将王捷驻军在戎丘城,王捷登上城楼向汉军高喊:"替大王隗嚣守城的人,明知道全都必死,但绝无二心,请你们赶快停止进攻,我用自杀来证明。"于是自刭而死。

当初,刘秀对吴汉下令说:"各郡来的士兵战斗力不强,只坐着消耗粮食,如果有人逃亡,就会动摇军心,应当全部遣返回去。"吴汉等贪图用众多的军队围攻隗嚣,不能马上遣回,粮食日渐减少,官兵疲惫,逃跑的人很多。岑彭堵住谷水,把水灌进西城,水位离城头还有一丈多。这时,王元、行巡、周宗率领公孙述派的救兵五千馀人,从高处突然到来,擂起战鼓大声呼喊:"百万大军来了!"汉军大惊失色,还没有来得及布阵,王元等突破重围,殊死战斗,才得以进入西城,护送隗嚣回到冀县。吴汉的军队粮食吃尽,就烧掉辎重装备,领兵下陇山。盖延、耿弇也相继撤退。隗嚣出兵尾随攻打,岑彭率军断后,各将领们才得以全军东归;只有祭遵驻屯汧县没有撤退。吴汉等又驻屯长安,岑彭回到津乡。于是安定、北地、天水、陇西反被隗嚣占领。

校尉太原人温序被隗嚣的将领苟宇俘获,苟宇再三再四地劝说温序投降。温序大怒,呵斥苟宇等说:"你们这些匪徒怎么敢胁迫汉将!"然后用手中符节击杀数人。苟宇的左右争着要杀温序,苟宇制止说;"他是一位义士,以死来保全名节,给他一把宝剑。"温序接受宝剑,把长须衔到嘴里,对左右说:"既然被贼寇所杀,不要让胡须落地被土弄脏!"于是伏剑而死。从事王忠把他的尸首送回雒阳,刘秀下诏赐给他墓地,任命三个儿子为郎。

5　十二月,高句骊王派使臣到中原进贡,刘秀恢复了他的王号。

6　这一年,发生水灾。

九年(癸巳,33)

1 春,正月,颍阳成侯祭遵薨于军。诏冯异并将其营。遵为人,廉约小心,克己奉公,赏赐尽与士卒;约束严整,所在吏民不知有军。取士皆用儒术,对酒设乐,必雅歌投壶。临终,遗戒薄葬;问以家事,终无所言。帝愍悼之尤甚,遵丧至河南,车驾素服临之,望哭哀恸;还,幸城门,阅过丧车,涕泣不能已;丧礼成,复亲祠以太牢。诏大长秋、谒者、河南尹护丧事,大司农给费。至葬,车驾复临之;既葬,又临其坟,存见夫人、室家。其后朝会,帝每叹曰:"安得忧国奉公如祭征虏者乎!"卫尉铫期曰:"陛下至仁,哀念祭遵不已,群臣各怀惭惧。"帝乃止。

2 隗嚣病且饿,餐糗糒,恚愤而卒。王元、周宗立嚣少子纯为王,总兵据冀。公孙述遣将赵匡、田弇助纯。帝使冯异击之。

3 公孙述遣其翼江王田戎、大司徒任满、南郡太守程汎将数万人下江关,击破冯骏等军,遂拔巫及夷道、夷陵,因据荆门、虎牙。横江水起浮桥、关楼,立攒柱以绝水道,结营跨山以塞陆路,拒汉兵。

4 夏,六月丙戌,帝幸缑氏,登镮辕。

5 吴汉率王常等四将军兵五万馀人击卢芳将贾览、闵堪于高柳;匈奴救之,汉军不利。于是匈奴转盛,钞暴日增。诏朱祜屯常山,王常屯涿郡,破奸将军侯进屯渔阳,以讨虏将军王霸为上谷太守,以备匈奴。

汉光武帝建武九年(癸巳,公元33年)

1 春季,正月,颍阳成侯祭遵在军中去世。刘秀下诏,命冯异接管他的军队。祭遵为人廉洁、节俭,小心谨慎,克己奉公,所得赏赐全都分给部下官兵;对部下要求严格,军纪严明,以致地方官民不知有大军驻屯。取用人才,全以儒家的思想方法为准则,在酒席宴上设乐,一定用儒家喜爱的雅歌,并有古老的投壶游戏。临终时,祭遵嘱咐薄葬;问起家里的事情,他始终不说话。刘秀哀悼祭遵已极,祭遵棺木运到河南,刘秀穿着丧服亲临吊丧,失声痛哭;回宫时,经过城门,看灵车经过,泪流满面不能克制;举行丧礼之后,又亲自用牛、羊、猪各一的太牢之礼祭奠。下诏令大长秋、谒者、河南尹共同主持丧葬事宜,由大司农负担费用。下葬那天,刘秀又亲自赶到现场;下葬以后,又到墓前致哀,慰问祭遵夫人和全家。以后朝见文武百官,刘秀往往叹息说:"我到哪里再找像祭遵这样爱国奉公的人啊!"卫尉铫期说:"陛下极其仁爱,哀悼祭遵不已,已使文武大臣各自感到惭愧惶恐。"刘秀才停止念叨。

2 隗嚣患病,又赶上饥荒,只能吃到黄豆干饭,愤恨而死。王元、周宗拥立隗嚣的幼子隗纯为王,统兵据守冀县。公孙述派遣将领赵匡、田弇协助隗纯。刘秀派遣冯异截击。

3 公孙述派遣翼江王田戎、大司徒任满、南郡太守程汛率领数万人出江关,击败东汉将领冯骏,又攻陷巫县和夷道、夷陵,随后进据荆门山、虎牙山。在长江上架起浮桥,建筑碉堡,把树木丛聚起来,竖立在江中阻断航道,跨山连接营垒堵塞陆路,以抗拒汉军。

4 夏季,六月丙戌(初六),刘秀到缑氏县,登上辕辕山。

5 吴汉率领王常等四位将军统领五万馀人,攻打据守高柳县的卢芳部将贾览、闵堪;匈奴派兵救援,汉军不能取胜。于是匈奴气势变得强盛,烧杀掳掠日益严重。刘秀命朱祜驻屯常山郡,王常驻屯涿郡,破奸将军侯进驻屯渔阳郡,任命讨虏将军王霸当上谷郡太守,以防备匈奴。

6　帝使来歙悉监护诸将屯长安，太中大夫马援为之副。歙上书曰："公孙述以陇西、天水为藩蔽，故得延命假息；今二郡平荡，则述智计穷矣。宜益选兵马，储积资粮。今西州新破，兵人疲馑，若招以财谷，则其众可集。臣知国家所给非一，用度不足，然有不得已也！"帝然之。于是诏于汧积谷六万斛。秋八月，来歙率冯异等五将军讨隗纯于天水。

7　骠骑将军杜茂与贾览战于繁畤，茂军败绩。

8　诸羌自王莽末入居塞内，金城属县多为所有。隗嚣不能讨，因就慰纳，发其众与汉相拒。司徒掾班彪上言："今凉州部皆有降羌。羌胡被发左衽，而与汉人杂处，习俗既异，言语不通，数为小吏黠人所见侵夺，穷恚无聊，故致反叛。夫蛮夷寇乱，皆为此也。旧制，益州部置蛮夷骑都尉，幽州部置领乌桓校尉，凉州部置护羌校尉，皆持节领护，治其怨结，岁时巡行，问所疾苦。又数遣使译，通导动静，使塞外羌夷为吏耳目，州郡因此可得警备。今宜复如旧，以明威防。"帝从之。以牛邯为护羌校尉。

9　盗杀阴贵人母邓氏及弟䜣。帝甚伤之，封贵人弟就为宣恩侯。复召就兄侍中兴，欲封之，置印绶于前。兴固让曰："臣未有先登陷陈之功，而一家数人，并蒙爵土，令天下觖望，诚所不愿！"帝嘉之，不夺其志。贵人问其故，兴曰："夫外戚家苦不知谦退，嫁女欲配侯王，取妇眄睐公主，愚心实不安也。富贵有极，人当知足，夸奢益为观听所讥。"贵人感其言，深自降挹，卒不为宗亲求位。

6　刘秀命来歙统率驻屯长安所有的将士,命太中大夫马援做他的副手。来歙上书说:"公孙述把陇西、天水作为屏障,所以能够苟延残喘;现在这两郡能够平定,公孙述就无计可施了。我们应当多征调兵马,储备粮草。现在西州刚刚破败,军民疲劳饥饿,如果用金钱粮食招引他们,那当地军民能够很快集结起来。我知道国家所要供给的不止是一支军队,用度不足,然而这样做也是万不得已!"刘秀表示赞同。于是下诏,在汧县储备六万斛粮食。秋季,八月,来歙率领冯异等五位将军在天水讨伐隗纯。

7　骠骑将军杜茂同贾览在繁畤县交战,杜茂的军队失败。

8　西羌各部落从王莽末年迁徙到边塞以内,金城郡所属各县多被占据。隗嚣无力征讨,就势慰问笼络,征调他们的武装力量和汉朝相对抗。司徒掾班彪上书说:"现在凉州各地都有归降的羌人。羌族人披散着头发,衣服在左边开襟,和汉族人混杂生活在一起,风俗习惯既不同,语言又不能沟通,他们经常被小官小吏、奸猾小人侵害掠夺,穷困无所倚靠,所以才导致起兵反抗。南方少数民族的叛乱,都是因为这个缘故。过去旧制,益州地区设置蛮夷骑都尉,幽州地区设置领乌桓校尉,凉州地区设置护羌校尉,都持符节,授予全权,处理民族内部的纷争,每年巡行各地,了解民间疾苦。并不断派出翻译,疏通关系,及时掌握情况,使边塞之外的羌人夷人充当官吏耳目,州郡因此可以有所戒备。现在应当恢复昔日制度,以示威严,加强防备。"刘秀接受班彪的建议。任命牛邯当护羌校尉。

9　强盗杀害阴贵人的母亲邓氏和弟弟阴䜣。刘秀非常悲伤,封阴贵人的弟弟阴就为宣恩侯。又召见阴就的哥哥侍中阴兴,也要封侯,把印信绶带放到他面前。阴兴坚持推辞,说:"我没有冲锋陷阵的功劳,而一家人中,已有好几个人承蒙封爵赐土,使天下埋怨,这确实是我不愿意看到的!"刘秀赞美他的高尚,不再勉强。阴贵人问他为什么要这样做,阴兴说:"皇帝的外戚被不知谦让退避所苦,嫁女儿要配王侯,娶妻子要打公主的主意,我心里实在不安。富贵有极限,人应当知足,浮夸奢侈会被世人所指责。"阴贵人对他的话很有感触,深深地自我贬抑,始终不替亲属求取官爵。

10　帝召寇恂还，以渔阳太守郭伋为颍川太守。伋招降山贼赵宏、召吴等数百人，皆遣归附农；因自劾专命，帝不以咎之。后宏、吴等党与闻伋威信，远自江南，或从幽、冀，不期俱降，骆驿不绝。

11　莎车王康卒，弟贤立，攻杀拘弥、西夜王，而使康两子王之。

十年（甲午，34）

1　春，正月，吴汉复率捕虏将军王霸等四将军六万人出高柳击贾览，匈奴数千骑救之，连战于平城下，破走之。

2　夏阳节侯冯异等与赵匡、田弇战且一年，皆斩之。隗纯未下，诸将欲且还休兵，异固持不动，共攻落门，未拔。夏，异薨于军。

3　秋，八月己亥，上幸长安。

4　初，隗嚣将安定高峻拥兵据高平第一，建威大将军耿弇等围之，一岁不拔。帝自将征之，寇恂谏曰："长安道里居中，应接近便，安定、陇西必怀震惧；此从容一处，可以制四方也。今士马疲倦，方履险阻，非万乘之固也。前年颍川，可为至戒。"帝不从，进幸汧。峻犹不下，帝遣寇恂往降之。恂奉玺书至第一，峻遣军师皇甫文出谒，辞礼不屈；恂怒，将诛之。诸将谏曰："高峻精兵万人，率多强弩，西遮陇道，连年不下，今欲降之而反戮其使，无乃不可乎？"恂不应，遂斩之，遣其副归告峻曰："军师无礼，已戮之矣！欲降，急降；

10 刘秀征召寇恂回雒阳,任命渔阳太守郭伋当颍川太守。郭伋在任上招降山贼赵宏、召吴等数百人,全都遣送回乡种地;然后弹劾自己擅自放回降贼,刘秀不怪罪他。后来,赵宏、召吴等逃亡在外的同伙,敬佩郭伋的威望和信誉,从遥远的江南,或从幽州、冀州,不约而同前来投降,路途上络绎不绝。

11 莎车王康去世,弟弟贤继位,攻打诛杀拘弥国王、西夜国王,而派康的两个儿子分别担任两国国王。

汉光武帝建武十年(甲午,公元 34 年)

1 春季,正月,吴汉又率领捕虏将军王霸等四位将军六万人出高柳县攻打贾览,匈奴数千名骑兵援助贾览,在平城县外多次交战,吴汉力战,打败赶走匈奴骑兵。

2 夏阳节侯冯异等同隗纯的将领赵匡、田弇交战将近一年,斩杀赵匡、田弇。隗纯没有被打败,各将领们想先返回休整一段时间,冯异坚决不同意,共同攻打隗纯据守的落门,未能攻陷。夏季,冯异在军中去世。

3 秋季,八月己亥(二十五日),刘秀到达长安。

4 最初,隗嚣的将领安定人高峻带领军队据守高平县第一城,建威大将军耿弇等率军包围,一年不能攻陷。刘秀准备亲自征伐,寇恂劝告说:"长安居于雒阳和高平的中间,双方接应近便,陛下坐镇长安,安定、陇西两郡必定震动恐慌;这样从容地呆在长安,就可以镇静、沉着地控制四面八方。现在人困马乏,要深入到险阻的地方,对陛下是不安全的打算。前年颍川郡盗贼蜂起的往事,应当引以为戒。"刘秀不听,进军到汧县。高峻依然坚守不降,刘秀派遣寇恂前往诱降。寇恂带着刘秀的诏书到达高平第一城,高峻派遣军师皇甫文出城拜见,皇甫文言辞态度,毫不卑屈;寇恂大怒,准备诛杀。将领们劝阻说:"高峻有精兵一万人,多半都是强弓射手,在西面堵塞陇道这样的要路,几年都不能攻下。现在准备招降高峻,却反而屠戮他的使节,恐怕不行吧?"寇恂不答应,于是诛杀皇甫文,放他的副使回去,转告高峻说:"军师无礼,已经被杀!要投降,赶快投降;

不欲,固守!"峻惶恐,即日开城门降。诸将皆贺,因曰:"敢问杀其使而降其城,何也?"恂曰:"皇甫文,峻之腹心,其所取计者也。今来,辞意不屈,必无降心。全之则文得其计,杀之亡其胆,是以降耳。"诸将皆曰:"非所及也!"

5 冬,十月,来歙与诸将攻破落门,周宗、行巡、苟宇、赵恢等将隗纯降,王元奔蜀。徙诸隗于京师以东。后隗纯与宾客亡入胡,至武威,捕得,诛之。

6 先零羌与诸种寇金城、陇西,来歙率盖延等进击,大破之,斩首虏数千人。于是开仓廪以赈饥乏,陇右遂安,而凉州流通焉。

7 庚寅,车驾还宫。

十一年(乙未,35)

1 春,三月己酉,帝幸南阳,还幸章陵。庚午,车驾还宫。

2 岑彭屯津乡,数攻田戎等,不克。帝遣吴汉率诛虏将军刘隆等三将,发荆州兵凡六万馀人、骑五千匹,与彭会荆门。彭装战船数千艘,吴汉以诸郡棹卒多费粮谷,欲罢之;彭以为蜀兵盛,不可遣,上书言状。帝报彭曰:"大司马习用步骑,不晓水战,荆门之事,一由征南公为重而已。"

闰月,岑彭令军中募攻浮桥,先登者上赏。于是偏将军鲁奇应募而前。时东风狂急,鲁奇船逆流而上,直冲浮桥,而攒柱有反杷钩,奇船不得去;奇等乘势殊死战,因飞炬焚之,风怒火盛,桥楼崩烧。岑彭悉军顺风并进,所向无前;蜀兵大乱,溺死者数千人,斩任满,生获程汎,而田戎走保江州。

不想投降,继续坚守!"高峻惊慌恐惧,当天打开城门投降。各将领们全都向寇恂祝贺,顺便问他:"请教您,杀了他的使节而又能使他献城投降,为什么呢?"寇恂说:"皇甫文是高峻的心腹,是为高峻谋划的智囊。这次前来,态度强硬,可看出,丝毫没有归降的意思。如果保全他则皇甫文的计策得逞,杀掉他则使高峻丧胆,所以开城投降。"将领们全都叹服说:"您的智慧不是我们所能赶得上的!"

5 冬季,十月,来歙和各将领们攻陷落门,周宗、行巡、苟宇、赵恢等献出隗纯投降,王元投奔公孙述。刘秀把隗姓家族迁徙到京师以东。后来,隗纯和宾客们逃跑,企图投奔匈奴,逃到武威县,被捕获,处死。

6 先零羌部落和其他羌部落侵犯金城、陇西,来歙率领盖延等给予痛击,大败羌人,斩首数千人。然后打开粮仓,赈救饥民,陇右于是趋于安定,这样凉州的道路就打通了。

7 庚寅(十七日),刘秀回到雒阳。

汉光武帝建武十一年(乙未,公元35年)

1 春季,三月己酉(初九),刘秀到南阳,返回后到章陵。庚午(三十日),回到雒阳。

2 岑彭驻屯津乡,几次攻打田戎等,不能取胜。刘秀派遣吴汉率领诛虏将军刘隆等三位将领,征调荆州军队共六万馀人、骑兵五千人,与岑彭在荆门会师。岑彭武装战船数千艘,吴汉因为各郡派来持桨划船的士兵消耗粮食太多,打算遣散;岑彭认为公孙述的军队气势旺盛,不能遣散,上书说明情况。刘秀答复岑彭说:"大司马习惯陆战,不熟悉水战,荆门方面的事,全凭征南大将军岑彭做主。"

闰三月,岑彭在军中招募攻击浮桥的战士,下令先登上浮桥的,给予上等奖赏。于是偏将军鲁奇挺身而出。当时东风正刮得猛烈,鲁奇的船逆流而上,直冲上浮桥,而密排在江中的木柱布满铁钩,钩住鲁奇的船,进退不能;鲁奇等只有乘势作殊死战斗,便掷火炬焚烧浮桥,风狂火烈,桥楼烧毁崩塌。岑彭率领主力战船顺风挺进,所向披靡;公孙述的军队大乱,落水淹死数千人,岑彭在阵前杀死任满,活捉程汜,田戎逃跑,固守江州。

彭上刘隆为南郡太守,自率辅威将军臧宫、骁骑将军刘歆长驱入江关。令军中无得虏掠,所过百姓皆奉牛酒迎劳,彭复让不受;百姓大喜,争开门降。诏彭守益州牧,所下郡辄行太守事,彭若出界,即以太守号付后将军。选官属守州中长吏。

彭到江州,以其城固粮多,难卒拔,留冯骏守之,自引兵乘利直指垫江,攻破平曲,收其米数十万石。吴汉留夷陵,装露桡继进。

3　夏,先零羌寇临洮。来歙荐马援为陇西太守。击先零羌,大破之。

4　公孙述以王元为将军,使与领军环安拒河池。六月,来歙与盖延等进攻元、安,大破之。遂克下辨,乘胜遂进。蜀人大惧,使刺客刺歙,未殊,驰召盖延。延见歙,因伏悲哀,不能仰视。歙叱延曰:"虎牙何敢然! 今使者中刺客,无以报国,故呼巨卿,欲相属以军事,而反效儿女子涕泣乎! 刃虽在身,不能勒兵斩公邪!"延收泪强起,受所诫。歙自书表曰:"臣夜人定后,为何人所贼伤,中臣要害。臣不敢自惜,诚恨奉职不称,以为朝廷羞。夫理国以得贤为本,太中大夫段襄,骨鲠可任,愿陛下裁察。又臣兄弟不肖,终恐被罪,陛下哀怜,数赐教督。"投笔抽刃而绝。帝闻,大惊,省书揽涕;以扬武将军马成守中郎将代之。歙丧还洛阳,乘舆缟素临吊,送葬。

岑彭奏请刘秀任命刘隆为南郡太守,自己则率领辅威将军臧宫、骁骑将军刘歆,长驱直入,逼进江关。下令军中,不得掳掠,军队所到之处,百姓们都奉献牛肉美酒,迎接、慰劳大军,岑彭一再推辞,不肯接受;人民欢喜异常,争着打开城门归降。刘秀下诏,任命岑彭代理益州牧,攻下某郡,则兼任某郡太守,岑彭如果率军离开某郡,就把太守的职位交付后面接防的将领。岑彭选拔官吏作为益州行政官员。

岑彭抵达江州,因为江州城池坚固,粮食充足,难以很快攻陷,岑彭留冯骏守江州,自己率领大军,乘胜直指垫江县,攻占平曲,获得稻米数十万石。吴汉留在夷陵,得到岑彭战报,乘坐只露桨楫的隐蔽战船,继续前进。

3　夏季,先零羌部落侵犯临洮。来歙举荐马援当陇西太守。马援率军进击,大败先零羌部落。

4　公孙述任命王元为将军,命他和领军环安据守河池县。六月,来歙和盖延等进攻王元、环安,大败敌军。于是攻克下辨,乘胜前进。蜀郡人十分恐慌,公孙述派刺客刺杀来歙,刀中要害,但没有马上气绝,来歙命人紧急召见盖延。盖延看到来歙被刺的样子,伏地哀痛,不能抬头仰视。来歙斥责盖延说:"你怎么敢这个样子!现在我被刺客刺中,不能报效国家,才叫你来,要把军政大事托付给你,你却像小孩子一样哭个没完!刀虽然在我身上,我就不能用兵杀了你吗?"盖延擦干眼泪,勉强起身接受嘱托。来歙亲手书写奏章,说:"我在夜深人静时,不知被什么人刺伤,已中要害。我不敢痛惜自己,只恨没有尽到职责,给朝廷带来羞辱。治理国家以任用贤才为根本,太中大夫段襄,忠诚正直,可以重用,望陛下裁决明察。我的兄弟们不贤,最终恐怕犯法判罪,还请陛下可怜他们,时常教诲监督。"写罢,扔掉笔,拔出凶器,气绝身亡。刘秀听到消息,极为震惊,一面看奏章,一面流泪;任命扬武将军马成代理中郎将,接替来歙。来歙的灵车运回雒阳,刘秀乘车,身穿丧服,亲自吊丧、送葬。

5 赵王良从帝送歙丧还,入夏城门,与中郎将张邯争道,叱邯旋车;又诘责门候,使前走数十步。司隶校尉鲍永劾奏:"良无藩臣礼,大不敬。"良尊戚贵重,而永劾之,朝廷肃然。永辟扶风鲍恢为都官从事,恢亦抗直,不避强御。帝常曰:"贵戚且敛手以避二鲍。"

永行县到霸陵,路经更始墓,下拜,哭尽哀而去;西至扶风,椎牛上苟谏冢。帝闻之,意不平,问公卿曰:"奉使如此,何如?"太中大夫张湛对曰:"仁者,行之宗,忠者,义之主也;仁不遗旧,忠不忘君,行之高者也。"帝意乃释。

6 帝自将征公孙述;秋七月,次长安。

7 公孙述使其将延岑、吕鲔、王元、公孙恢悉兵拒广汉及资中,又遣将侯丹率二万馀人拒黄石。岑彭使臧宫将降卒五万,从涪水上平曲,拒延岑;自分兵浮江下还江州,溯都江而上,袭击侯丹,大破之;因晨夜倍道兼行二千馀里,径拔武阳。使精骑驰击广都,去成都数十里,势若风雨,所至皆奔散。初,述闻汉兵在平曲,故遣大兵逆之。及彭至武阳,绕出延岑军后,蜀地震骇。述大惊,以杖击地曰:"是何神也!"

延岑盛兵于沅水。臧宫众多食少,转输不至,降者皆欲散畔郡邑,复更保聚,观望成败。宫欲引还,恐为所反。会帝遣谒者将兵诣岑彭,有马七百匹,宫矫制取以自益。晨夜进兵,多张旗帜,登山鼓噪。右步左骑,挟船而引,呼声动山谷。

5　赵王刘良跟随刘秀参加来歙葬礼回来,从夏城门入城,和中郎将张邯争夺道路,呵斥张邯掉转车;又责骂守卫城门的门候,罚他往前走数十步。司隶校尉鲍永弹劾刘良:"刘良不守作为臣子的礼节,犯大不敬之罪。"刘良是最尊贵、最显赫的皇族,而鲍永敢于弹劾,满朝文武肃然起敬。鲍永征召扶风鲍恢当都官从事,鲍恢也刚正不屈,不畏强权显贵。刘秀常说:"皇亲贵戚姑且收敛一下吧,不要让二鲍抓住把柄。"

鲍永到霸陵县巡查,途经刘玄坟墓,下车叩拜,哭泣尽哀才离开;向西到达扶风,杀牛祭奠苟谏的坟墓。刘秀知道后,心里不是滋味儿,他问朝廷官员:"奉皇帝的使命出使,做这样的事,怎么样呢?"太中大夫张湛回答说:"仁义,是行动的宗旨,忠孝,是道德的主宰;仁义的人不忘旧交,忠孝的人不忘君王,鲍永的行为是出于高尚的情操。"刘秀的不满才消除。

6　刘秀亲率大军征讨公孙述。秋季,七月,抵达长安。

7　公孙述派将领延岑、吕鲔、王元、公孙恢调动所有的兵力,据守广汉县和资中县,又派将领侯丹率领二万馀人据守黄石。岑彭命臧宫率领归降部队五万人,沿涪水北上,进抵平曲,抵御延岑;岑彭自己率领军队从垫江县乘船返回江州,逆都江而上,袭击侯丹,大破敌军;然后日夜兼程,急行军两千馀里,径直攻陷武阳县。又立即派出精锐骑兵,驱驰袭击广都,离成都数十里,攻势如暴风骤雨,兵锋所至,公孙述的军队全都奔逃四散。开始,公孙述听说东汉军队在平曲,所以派大军截击。等到岑彭进抵武阳县,绕到延岑军队的背后,蜀郡上下震骇。公孙述大惊失色,用手杖敲打地面,说:"怎么这样神速!"

延岑在沅水筑营垒,摆开阵势。臧宫人多粮少,粮草等物资运输不继,投降过来的官兵都想背叛逃散,回到所属郡县,重新再聚合起来筑营寨自保,坐山观虎斗,看成败输赢。臧宫想率军撤退,可是他知道,一旦撤退,恐怕会引起大规模反叛。正巧,刘秀派谒者带兵到岑彭那里,有战马七百匹,臧宫假传圣旨,全部收取充实自己。不分昼夜地进军,到处树旗帜,登上山头擂鼓呐喊。东岸是步兵,西岸是骑兵,护卫着战船推进,呼喊声震动山谷。

岑不意汉军卒至,登山望之,大震恐;宫因纵击,大破之,斩首溺死者万馀人,水为之浊。延岑奔成都,其众悉降,尽获其兵马珍宝。自是乘胜追北,降者以十万数。军至阳乡,王元举众降。

帝与公孙述书,陈言祸福,示以丹青之信。述省书太息,以示所亲。太常常少、光禄勋张隆皆劝述降。述曰:"废兴,命也,岂有降天子哉?"左右莫敢复言。少、隆皆以忧死。

8 帝还自长安。

9 冬,十月,公孙述使刺客诈为亡奴,降岑彭,夜,刺杀彭。太中大夫监军郑兴领其营,以俟吴汉至而授之。彭持军整齐,秋豪无犯。邛谷王任贵闻彭威信,数千里遣使迎降;会彭已被害,帝尽以任贵所献赐彭妻子。蜀人为立庙祠之。

10 马成等破河池,遂平武都。先零诸种羌数万人,屯聚寇钞,拒浩亹隘。成与马援深入讨击,大破之,徙降羌置天水、陇西、扶风。

是时,朝臣以金城破羌之西,涂远多寇,议欲弃之。马援上言:"破羌以西,城多坚牢,易可依固;其田土肥壤,灌溉流通。如令羌在湟中,则为害不休,不可弃也。"帝从之。民归者三千馀口,援为置长吏,缮城郭,起坞候,开沟洫,劝以耕牧,郡中乐业。又招抚塞外氐、羌,皆来降附,援奏复其侯王君长,帝悉从之。乃罢马成军。

11 十二月,吴汉自夷陵将三万人溯江而上,伐公孙述。

延岑想不到东汉的军队会突然到来,登上山头眺望,极为震惊恐慌;臧宫趁机纵兵攻击,大败敌军,斩首、淹死的有一万余人,沉水都因血水变得混浊了。延岑逃奔成都,残部全都投降,臧宫夺得延岑所有的兵马珍宝。乘胜继续追击,投降的公孙述军队计十万人。大军抵达阳乡,王元率部众投降。

刘秀给公孙述写信,陈述利害祸福,并提出誓言和保证。公孙述看信叹息,把它给亲信传阅。太常常少、光禄勋张隆全都劝公孙述投降。公孙述说:"一废一兴,都是天命,哪有投降的天子呢?"左右不敢再说话。常少、张隆都因过度忧虑而死。

8 刘秀从长安返回雒阳。

9 冬季,十月,公孙述派刺客谎称是逃亡的奴仆,归降岑彭,在夜间,刺杀岑彭。太中大夫、监军郑兴统领他的军队,等吴汉率军赶到再移交给他。岑彭治军严格,秋毫无犯。公孙述封的邛谷王任贵钦佩岑彭崇高的威信,从几千里之外派使节到岑彭帐下投降,正赶上岑彭已被杀害,刘秀把任贵所献的礼品全都赐予岑彭的妻子儿女。蜀郡人为岑彭立庙来祭祀他。

10 汉将马成等攻陷河池,于是平定武都郡。先零部落和其他羌部落共计数万人,纠集起来侵扰掠夺,据守浩亹要隘。马成和马援深入其地攻打,大败羌人,把投降的羌人迁徙安置在天水、陇西、扶风。

这时,东汉朝臣们认为金城郡破羌县以西,路途遥远,盗贼又多,主张放弃。马援上书说:"破羌县以西,城池坚固,易守难攻;那里土地肥沃,灌溉方便。如果让羌人占据湟中一带,就会为害无穷,不应该放弃。"刘秀同意。老百姓陆续回归的有三千余人,马援在这里设置官吏,修缮城池,筑起坞堡亭侯,开沟渠,鼓励人民耕田放牧,郡中安居乐业。马援又招抚塞外的氐人、羌人,让他们都来归附,并奏请刘秀恢复他们侯王君长的称号,刘秀全都赞同。于是命马成班师。

11 十二月,吴汉从夷陵率领三万大军,逆长江而上,讨伐公孙述。

12　郭伋为并州牧,过京师,帝问以得失,伋曰:"选补众职,当简天下贤俊,不宜专用南阳人。"是时在位多乡曲故旧,故伋言及之。

12　并州牧郭伋来到洛阳,刘秀询问他从政的得失,郭伋说:"选拔补充各级官吏,应当从全国范围内选取贤能和俊杰,不应当只专用陛下的那些南阳郡同乡。"这时担任官职的很多都是刘秀的同乡或故旧,所以郭伋的话正是针对这种情况说的。

卷第四十三　汉纪三十五

起丙申(36)尽丙午(46)凡十一年

世祖光武皇帝中之下
建武十二年(丙申,36)

1　春,正月,吴汉破公孙述将魏党、公孙永于鱼涪津,遂围武阳。述遣子婿史兴救之,汉迎击,破之,因入,犍为界诸县皆城守。诏汉直取广都,据其心腹。汉乃进军攻广都,拔之,遣轻骑烧成都市桥。公孙述将帅恐惧,日夜离叛,述虽诛灭其家,犹不能禁。帝必欲降之,又下诏谕述曰:"勿以来歙、岑彭受害自疑,今以时自诣,则宗族完全。诏书手记,不可数得。"述终无降意。

2　秋,七月,冯骏拔江州,获田戎。

3　帝戒吴汉曰:"成都十馀万众,不可轻也。但坚据广都,待其来攻,勿与争锋。若不敢来,公转营迫之,须其力疲,乃可击也。"汉乘利,遂自将步骑二万进逼成都,去城十馀里,阻江北营,作浮桥,使副将武威将军刘尚将万馀人屯于江南,为营相去二十馀里。帝闻之大惊,让汉曰:"比救公千条万端,何意临事勃乱!既轻敌深入,又与尚别营,事有缓急,不复相及。贼若出兵缀公,以大众攻尚,尚破,公即败矣。幸无他者,急引兵还广都。"诏书未到,九月,述果使其大司徒谢丰、执金吾袁吉将众十许万,分为二十馀营,出攻汉,使别将将万馀人劫刘尚,令不得相救。汉与大战一日,

世祖光武皇帝中之下
汉光武帝建武十二年(丙申,公元36年)

1　春季,正月,吴汉在鱼涪津打败公孙述的将领魏党、公孙永,随后包围武阳县。公孙述派遣女婿史兴救援,吴汉迎击,打败史兴,于是进入犍为郡内,郡内各县都闭城坚守。刘秀命令吴汉径直夺取广都,占据敌人心腹。吴汉于是进军攻陷广都,攻下广都,又派遣轻骑兵烧毁成都县市桥。公孙述的将领们十分恐惧,日夜叛逃。公孙述尽管对叛离逃亡的将领屠杀全家,还是不能禁止。刘秀决心要公孙述投降,又一次下诏告诉公孙述说:"不要因为来歙、岑彭两个人被害的事而自己心有疑虑,现在及时投降,家族可以保全。诏书和亲笔信,不是总能够得到。"公孙述始终没有投降的意思。

2　秋季,七月,东汉将军冯骏攻陷江州,俘获田戎。

3　刘秀告诫吴汉说:"成都还有十馀万大军,不能轻视。只有坚守广都,等待敌人来攻打,千万不要和敌人一争高下。如果敌人不来进攻,你就转移阵地迫使敌人进攻,须等到敌人精疲力尽,才可发起攻击。"吴汉不听刘秀的指示,乘着胜利,自己率领骑步兵两万人进逼成都,离城十馀里,隔江在北岸扎营,架浮桥,命副将武威将军刘尚率领一万馀人在江南屯兵,两营相隔二十馀里。刘秀听说以后十分震惊,责备吴汉说:"我对你千嘱咐万叮咛,为什么事到临头就背离我的话乱来!你既然轻敌深入,又和刘尚分别扎营,一旦发生危急,就不再能互相顾及。敌人如果出兵牵制你,用主力攻击刘尚,刘尚失败,你也失败了。幸而还没发生什么不测,你要火速率军返回广都。"诏书还未到达,九月,公孙述果然派大司徒谢丰、执金吾袁吉率领军队大约十万人,分成二十馀营,攻打吴汉,另派其他将领率领一万馀人牵制刘尚,使他不能救援。吴汉大战了一整天,

兵败，走入壁，丰因围之。汉乃召诸将厉之曰："吾与诸君逾越险阻，转战千里，遂深入敌地，至其城下。而今与刘尚二处受围，势既不接，其祸难量；欲潜师就尚于江南，并兵御之。若能同心一力，人自为战，大功可立；如其不然，败必无馀。成败之机，在此一举。"诸将皆曰："诺。"于是飨士秣马，闭营三日不出，乃多树旛旗，使烟火不绝。夜，衔枚引兵与刘尚合军。丰等不觉。明日，乃分兵拒水北，自将攻江南。汉悉兵迎战，自旦至晡，遂大破之，斩丰、吉。于是引还广都，留刘尚拒述，具以状上，而深自谴责。帝报曰："公还广都，甚得其宜，述必不敢略尚而击公也。若先攻尚，公从广都五十里悉步骑赴之，适当值其危困，破之必矣！"自是汉与述战于广都、成都之间，八战八克，遂军于其郭中。

臧宫拔绵竹，破涪城，斩公孙恢；复攻拔繁、郫，与吴汉会于成都。

4 李通欲避权势，乞骸骨；积二岁，帝乃听上大司空印绶，以特进奉朝请。后有司奏封皇子，帝感通首创大谋，即日，封通少子雄为召陵侯。

5 公孙述困急，谓延岑曰："事当奈何？"岑曰："男儿当死中求生，可坐穷乎！财物易聚耳，不宜有爱。"述乃悉散金帛，募敢死士五千馀人以配岑。岑于市桥伪建旗帜，鸣鼓挑战，而潜遣奇兵出吴汉军后袭击破汉。汉堕水，缘马尾得出。汉军馀七日粮，阴具船，欲遁去；蜀郡太守南阳张堪闻之，驰往见汉，说述必败、不宜退师之策。汉从之，乃示弱以挑敌。

失败撤回到营垒,谢丰随后率军包围。于是吴汉召集将领们,勉励他们说:"我和你们各位,越过无数险阻,转战千里,才深入敌境,进逼城下。可是现在和刘尚分别困在两地,既然不能互相援救,大祸很可能临头;我准备悄悄率军到南岸和刘尚会师,合力抵抗敌人。如果能够同心协力,人人全力奋战,可以建立大功业;否则的话,就会一败涂地,成败在此一举。"将领们都说:"听您的吩咐!"于是犒劳士兵,喂饱战马,关闭营门,三天不出,并多多竖立旌旗,使炊烟袅袅不断。入夜,让战马衔着木条,率领军队悄悄退出与刘尚联合。谢丰等没有发觉。第二天,兵分两路,一路在江北渡口据守,谢丰自己率军进攻江南。吴汉投入所有兵力迎战,从早晨打到下午,大败敌军,在阵前斩杀谢丰、袁吉。于是率军返回广都,仍留刘尚在江南岸,抗拒公孙述,吴汉把情况向刘秀报告,深刻地谴责自己。刘秀回答说:"你回到广都,最恰当不过,公孙述绝对不会绕过刘尚而攻打你。他如果先攻打刘尚,你从广都救援,五十里的路程,出动全部步骑兵赶赴。这时正是敌军困顿疲惫的时候,打败他们是必定无疑的!"由此,吴汉和公孙述在广都和成都之间交战,八战八胜,汉军终于进入成都外城。

臧宫攻陷绵竹,又攻陷涪城,诛杀公孙恢;又接连攻陷繁县、郫县,和吴汉大军在成都会师。

4　李通打算避开权势,不断上书请求辞职;过了两年,刘秀终于同意他献出大司空的印信绶带,要他以位在三公之下的特进身份参与朝廷议事。后来,有关部门上奏章请封皇子爵位,刘秀感念李通首先表示拥戴的往事,当天,封李通的幼子李雄为召陵侯。

5　公孙述被困急迫,对延岑说:"现在应当怎么办?"延岑说:"男子汉应当死里逃生,怎么能坐着等死! 财物容易聚敛,不应爱惜。"于是公孙述散发所有的金银、绢帛等,招募敢死队五千馀人分配给延岑。延岑在成都市桥先布疑阵,竖立旌旗,擂鼓呐喊,向东汉军队挑战,然后悄悄派出奇兵绕到吴汉军队的后面袭击,大败吴汉军。吴汉堕马落水,抓着马尾才脱离险境。吴汉的军队只有七天用的粮草,秘密准备战船,打算撤退;蜀郡先行任命的太守南阳人张堪听说以后,火速前往求见吴汉,陈述公孙述必然灭亡、不应退军的策略。吴汉接受他的意见,于是故意显示势弱,向敌人挑战。

冬,十一月,臧宫军咸阳门。戊寅,述自将数万人攻汉,使延岑拒宫。大战,岑三合三胜,自旦及日中,军士不得食,并疲。汉因使护军高午、唐邯将锐卒数万击之,述兵大乱;高午奔陈刺述,洞胸堕马,左右舆入城。述以兵属延岑,其夜,死;明旦,延岑以城降。辛巳,吴汉夷述妻子,尽灭公孙氏,并族延岑,遂放兵大掠,焚述宫室。帝闻之怒,以谴汉。又让刘尚曰:"城降三日,吏民从服,孩儿、老母,口以万数,一旦放兵纵火,闻之可为酸鼻。尚宗室子孙,更尝吏职,何忍行此! 仰视天,俯视地,观放麑、啜羹,二者孰仁? 良失斩将吊民之义也!"

初,述征广汉李业为博士,业固称疾不起。述羞不能致,使大鸿胪尹融奉诏命以劫业:"若起则受公侯之位,不起赐以毒酒。"融譬旨曰:"方今天下分崩,孰知是非,而以区区之身试于不测之渊乎! 朝廷贪慕名德,旷官缺位,于今七年,四时珍御,不以忘君;宜上奉知己,下为子孙,身名俱全,不亦优乎!"业乃叹曰:"古人危邦不入,乱邦不居,为此故也。君子见危授命,何乃诱以高位重饵哉!"融曰:"宜呼室家计之。"业曰:"丈夫断之于心久矣,何妻子之为!"遂饮毒而死。述耻有杀贤之名,遣使吊祠,赙赠百匹,业子翚逃,辞不受。述又聘巴郡谯玄,玄不诣;亦遣使者以毒药劫之,太守自诣玄庐,劝之行,

冬季,十一月,臧宫进驻成都咸阳门。戊寅(十八日),公孙述亲自率领数万人攻打吴汉,派延岑抗击臧宫。双方展开大战,延岑三战三胜,从早晨打到中午,官兵得不到饮食,全都疲劳不堪。吴汉派遣护军高午、唐邯率领精锐部队数万人攻打公孙述,公孙述的军队大乱;高午直奔阵前,猛刺公孙述,公孙述被穿透胸脯落马,左右把他抬入城中。公孙述把军队交给延岑,当夜去世;第二天,延岑献城投降。辛巳(二十一日),吴汉下令诛杀公孙述的妻子儿女,屠杀公孙家族,长幼不留,又屠杀延岑家族,然后纵兵大肆奸淫掳掠,焚烧公孙述宫室。刘秀听说以后大怒,因此谴责吴汉。又谴责刘尚说:"成都城投降已经三天,官民都服从归顺。仅孩子和母亲就有一万馀口,一旦纵兵放火,听到的人都会心酸掉泪。你是汉宗室子弟,又曾经任过官职,怎么忍心做出这种事!仰视苍天,俯视大地,比较秦西巴释放小鹿、乐羊吃他儿子的肉羹,这两个人谁仁义?你们的所作所为,早已失去斩杀敌将、拯救百姓的道义!"

当初,公孙述征召广汉人李业当博士,李业坚持说有病在身,不肯接受。公孙述因此感到羞辱,派大鸿胪尹融拿着诏书胁迫李业:"如果接受职位就封公侯,如果不接受职位就赐予毒酒。"尹融解释说:"当今天下分崩离析,怎知道什么是是非非,而敢用区区身体去试探不可测的深渊!公孙述仰慕您的名望品德,给您留下官位,到现在已空缺七年了,四季进贡的山珍美味,不会忘记送给您;您应该上念知己,下顾子孙,性命和名誉都可保全,这样做不是上策吗?"李业于是叹息说:"古人说,危险之邦不要进入,混乱之邦不要居住,正是因为这个缘故。君子遇到危险,并不爱惜生命,为什么还要用高官厚禄引诱呢?"尹融说:"这件事最好和家人商量商量。"李业说:"大丈夫断绝仕途的决心已经很久了,为什么要和妻子儿女商量?"于是饮毒酒而死。公孙述耻于背上逼死贤才的恶名,派使节吊丧祭祀,赠送一百匹绸缎,李业的儿子李翚逃跑,推辞不接受。公孙述又聘请巴郡人谯玄,谯玄不接受任命;公孙述也派使节用毒药相威胁。太守亲自到谯玄家拜访,劝他起身,

玄曰：“保志全高，死亦奚恨！”遂受毒药。玄子瑛泣血叩头于太守，愿奉家钱千万以赎父死，太守为请，述许之。述又征蜀郡王皓、王嘉，恐其不至，先系其妻子，使者谓嘉曰：“速装，妻子可全。”对曰：“犬马犹识主，况于人乎！”王皓先自刭，以首付使者。述怒，遂诛皓家属。王嘉闻而叹曰：“后之哉！”乃对使者伏剑而死。犍为费贻不肯仕述，漆身为癞，阳狂以避之。同郡任永、冯信皆托青盲以辞征命。帝既平蜀，诏赠常少为太常，张隆为光禄勋。谯玄已卒，祠以中牢，敕所在还其家钱，而表李业之闾。征费贻、任永、冯信，会永、信病卒，独贻仕至合浦太守。上以述将程乌、李育有才干，皆擢用之。于是西土咸悦，莫不归心焉。

初，王莽以广汉文齐为益州太守，齐训农治兵，降集群夷，甚得其和。公孙述时，齐固守拒险，述拘其妻子，许以封侯，齐不降。闻上即位，间道遣使自闻。蜀平，征为镇远将军，封成义侯。

6 十二月辛卯，扬武将军马成行大司空事。

7 是岁，参狼羌与诸种寇武都，陇西太守马援击破之，降者万馀人，于是陇右清静。援务开恩信，宽以待下，任吏以职，但总大体，而宾客故人日满其门。诸曹时白外事，援辄曰：“此丞、掾之任，何足相烦！颇哀老子，使得遨游，若大姓侵小民，黠吏不从令，此乃太守事耳。”傍县尝有报雠者，吏民惊言羌反，百姓奔入城，狄道长诣门，请闭城发兵。援时与宾客饮，大笑曰：“虏何敢复犯我！晓狄道长，归守寺舍。良怖急者，可床下伏！”后稍定，郡中服之。

谯玄说:"坚持我的志向,保全我的操守,死又有什么遗憾!"于是接受毒药。谯玄的儿子谯瑛痛哭,向太守磕头,情愿捐献家产一千万钱,以赎父亲的死罪,太守请示公孙述,公孙述应允。公孙述又征召蜀郡人王皓、王嘉,唯恐他们不来,先拘捕他们的妻子儿女,使节对王嘉说:"赶快整理行装,妻子儿女可以保全。"王嘉回答说:"狗马还认识主人,何况人呢?"王皓先自刎而死,使节砍下首级上报。公孙述大怒,于是诛杀王皓的妻子儿女。王嘉听说后叹息说:"我走在后面了!"于是面对使节伏剑而死。犍为郡人费贻,不肯做公孙述的官,全身涂满油漆成为癞疮,装疯卖傻,逃脱做官。同郡人任永、冯信全装作患青光眼,而拒绝征召。刘秀平定蜀郡后,下诏追赠常少为太常,追赠张隆为光禄勋。谯玄已经去世,用羊、猪各一头祭祀,命令所在地方官府还给他家一千万钱,表彰李业的邻里。征召费贻、任永、冯信,正巧任永、冯信病逝,只有费贻官至合浦太守。刘秀因公孙述的将领程乌、李育有才干,都提拔任用。从此蜀郡上下喜悦,百姓无不归顺。

起初,王莽任命广汉人文齐当益州郡太守,文齐劝导农民耕田,训练军队,招降各部夷族,郡内一片祥和气氛。公孙述时代,文齐不与他合作,据守险要,公孙述拘捕他的妻子儿女,许诺封他做侯爵,文齐拒绝投降。后来他听说刘秀即位,派人从捷径小路到雒阳,向刘秀呈上奏章。蜀郡平定后,刘秀征召文齐当镇远将军,封成义侯。

6 十二月辛卯(初一),扬武将军马成代理大司空职务。

7 这一年,参狼羌部落和其他羌部落侵犯武都,陇西太守马援攻击,击败羌军,投降一万馀人,从此陇右一带平安无事。马援在任内,务必对人有恩德,讲求信誉,待部属宽厚,任用官吏职责分明,自己只抓关键大事,因此,宾客故旧每天都挤满大门。各部门郡吏有时向他报告公事,马援就说:"这是丞、掾分内的事,哪值得麻烦我!可怜可怜我这老头子,让我能够游乐玩耍。如果豪强侵犯小民或者官吏枉法,这才是太守的事。"邻县曾有人报私仇,官民震惊,传言羌人反叛,百姓纷纷跑到城内,狄道县长上门,请求关闭城门征调军队。当时马援正和宾客们喝酒,听说以后大笑说:"羌人怎么敢再来侵犯我?告诉狄道县长,回去要安守官舍。害怕得厉害的话,可以躲到床底下。"以后逐渐安定了,全郡都佩服马援。

8 诏:"边吏力不足战则守,追虏料敌,不拘以逗留法。"

9 山桑节侯王常、牟平烈侯耿况、东光成侯耿纯皆薨。况疾病,乘舆数自临幸,复以弇弟广、举并为中郎将。弇兄弟六人,皆垂青紫,省侍医药,当世以为荣。

10 卢芳与匈奴、乌桓连兵,数寇边。帝遣骠骑大将军杜茂等将兵镇守北边,治飞狐道,筑亭障,修烽燧,凡与匈奴、乌桓大小数十百战,终不能克。

11 上诏窦融与五郡太守入朝。融等奉诏而行,官属宾客相随,驾乘千馀两,马牛羊被野。既至,诣城门,上印绶。诏遣使者还侯印绶,引见,赏赐恩宠,倾动京师。寻拜融冀州牧。又以梁统为太中大夫,姑臧长孔奋为武都郡丞。姑臧在河西最为富饶,天下未定,士多不修检操,居县者不盈数月,辄致丰积。奋在职四年,力行清洁,为众人所笑,以为身处脂膏不能自润。及从融入朝,诸守、令财货连毂,弥竟川泽,唯奋无资,单车就路,帝以是赏之。

帝以睢阳令任延为武威太守,帝亲见,戒之曰:"善事上官,无失名誉。"延对曰:"臣闻忠臣不和,和臣不忠。履正奉公,臣子之节;上下雷同,非陛下之福。善事上官,臣不敢奉诏。"帝叹息曰:"卿言是也!"

8 刘秀下诏:"边疆官吏对侵犯国土的敌人,如果没有力量战胜就采取守势,追击敌人根据实际情况,或远或近,不要拘泥于军法的约束。"

9 山桑节侯王常、车平烈侯耿况、东光成侯耿纯都已去世。耿况患病时,刘秀好几次亲自探望,又任命耿弇的弟弟耿广、耿举同时担当中郎将。耿弇兄弟六人,都身佩青紫色印信绶带,在病榻前探视、侍奉汤药,当世认为荣耀。

10 卢芳和匈奴、乌桓的军队联合,多次侵犯边境。刘秀派遣骠骑大将军杜茂等率军镇守北方边境要塞,整修飞狐道,修筑碉堡,建造烽火台,和匈奴、乌桓大大小小共打了数十上百次战斗,始终不能取胜。

11 刘秀诏令窦融和五郡太守到京都雒阳。窦融等接到诏令后动身前往,下属的官员宾客全都跟随,有一千多辆车,马牛羊遍野。到达以后,赶赴城门,窦融奉上印信绶带。刘秀派使节发还侯爵印信绶带,接见窦融等,赏赐丰厚,轰动雒阳。不久,刘秀任命窦融当冀州牧。又任命梁统当太中大夫,姑臧县令孔奋当武都郡丞。姑臧县在河西一带是最富饶的地方,当时全国还处于混乱时期,为官的人多不检点,没有品德修养,在县令的位置上不满几个月就能积累起大量财富。孔奋当了四年姑臧县令,清正廉洁,被众人所讥笑,认为他身在油脂之中却不能滋润自己。等到跟随窦融到京都雒阳,各郡守、县令的钱财货物装载一车又一车,满布于山川河谷,唯独孔奋没有财产,全家共乘一辆车上路,刘秀因此特别赞赏他。

刘秀任命睢阳县令任延当武威太守,刘秀亲自召见,告诫他说:"好好侍奉长官,不要丢掉名誉。"任延回答说:"我听说忠诚的臣子与人不和睦,与人和睦的臣子不忠诚。履行正道,奉公守法,是臣子的节操;如果下级对上级随声附和,那不是陛下的福分。陛下说要好好侍奉长官,我不敢接受。"刘秀叹息说:"你说得对呀!"

十三年(丁酉,37)

1　春,正月庚申,大司徒侯霸薨。

2　戊子,诏曰:"郡国献异味,其令太官勿复受! 远方口实所以荐宗庙,自如旧制。"时异国有献名马者,日行千里,又进宝剑,价直百金。诏以剑赐骑士,马驾鼓车。上雅不喜听音乐,手不持珠玉。尝出猎,车驾夜还,上东门候汝南郅恽拒关不开。上令从者见面于门间,恽曰:"火明辽远。"遂不受诏。上乃回,从东中门入,明日,恽上书谏曰:"昔文王不敢槃于游田,以万民惟正之供。而陛下远猎山林,夜以继昼,其如社稷宗庙何!"书奏,赐恽布百匹,贬东中门候为参封尉。

3　二月,遣捕虏将军马武屯虖沱河以备匈奴。

4　卢芳攻云中,久不下。其将随昱留守九原,欲胁芳来降;芳知之,与十馀骑亡入匈奴,其众尽归随昱,昱乃诣阙降。诏拜昱五原太守,封镌胡侯。

5　朱祜奏:"古者人臣受封,不加王爵。"丙辰,诏长沙王兴、真定王得、河间王邵、中山王茂皆降爵为侯。丁巳,以赵王良为赵公,太原王章为齐公,鲁王兴为鲁公。是时,宗室及绝国封侯者凡一百三十七人。富平侯张纯,安世之四世孙也,历王莽世,以敦谨守约保全前封;建武初,先来诣阙,为侯如故。于是有司奏:"列侯非宗室不宜复国。"上曰:"张纯宿卫十有馀年,其勿废!"更封武始侯,食富平之半。

6　庚午,以绍嘉公孔安为宋公,承休公姬常为卫公。

7　三月辛未,以沛郡太守韩歆为大司徒。

8　丙子,行大司空马成复为扬武将军。

汉光武帝建武十三年(丁酉,公元37年)

1 春季,正月庚申(初一),大司徒侯霸去世。

2 戊子(二十九日),刘秀下诏:"各郡县、封国进贡山珍海味,太官令不能再接受!远方进献祭祀宗庙的食物,则依照惯例执行。"当时外国有进献良马的,可日行千里,又有人进献宝剑,价值一百两黄金。刘秀下诏,把宝剑赏赐给骑士,让良马去驾皇家的鼓车。刘秀平素不喜欢听音乐,手不持珍珠宝玉。有一次到郊外打猎,入夜才回城,上东门候汝南人郅恽拒绝开门。刘秀命随从在门缝间和郅恽见面,郅恽说:"灯火远,看不清是谁。"仍拒绝开门。刘秀于是返回,从东中门进城,第二天,郅恽上书规劝说:"从前,周文王不敢沉溺于狩猎,全身心地为天下百姓服务。可是陛下远到山林中打猎,夜以继日,这对国家和宗庙有什么好处呢?"奏章呈上后,刘秀赏赐郅恽一百匹布,贬逐东中门候当参封县尉。

3 二月,刘秀派遣捕房将军马武屯军滹沱河,以防备匈奴。

4 卢芳进攻云中,久攻不下。卢芳的将领随昱在首都九原留守,准备胁迫卢芳投降东汉。卢芳得到情报,与十馀名骑兵卫士逃跑,向北投入匈奴,卢芳的部众全都属随昱所有,随昱于是到雒阳投降。刘秀下诏,任命随昱当五原太守,封为镌胡侯。

5 朱祐上奏章说:"古时候臣子受封,不是直系皇族,不加封王爵。"丙辰(二十七日),刘秀下诏,长沙王刘兴、真定王刘得、河间王刘邵、中山王刘茂,一律降封为侯爵。丁巳(二十八日),改封赵王刘良为赵公,太原王刘章为齐公,鲁王刘兴为鲁公。这时,刘氏皇族以及撤销封国由后世继承爵位的人,共一百三十七人。富平侯张纯,是张安世的四世孙,经历王莽时代,因敦厚谨慎守法,而能保全爵位;建武初年,张纯先来归附,照旧为侯。于是主管部门上奏:"侯爵中除非刘姓宗室,不适宜恢复封国。"刘秀说:"张纯守卫宫廷已十馀年,不要废除!"改封为武始侯,封地为富平县的一半。

6 庚午,封绍嘉公孔安为宋公,承休公姬常为卫公。

7 三月辛未(十二日),刘秀任命沛郡太守韩歆当大司徒。

8 丙子(十七日),代理大司空职务的马成又专任扬武将军。

9　吴汉自蜀振旅而还,至宛。诏过家上冢,赐谷二万斛。夏四月,至京师。于是大飨将士,功臣增邑更封凡三百六十五人,其外戚、恩泽封者四十五人。定封邓禹为高密侯,食四县;李通为固始侯,贾复为胶东侯,食六县;馀各有差。已殁者益封其子孙,或更封支庶。

帝在兵间久,厌武事,且知天下疲耗,思乐息肩。自陇、蜀平后,非警急,未尝复言军旅。皇太子尝问攻战之事,帝曰:"昔卫灵公问陈,孔子不对。此非尔所及。"邓禹、贾复知帝偃干戈,修文德,不欲功臣拥众京师,乃去甲兵,敦儒学。帝亦思念,欲完功臣爵土,不令以吏职为过,遂罢左、右将军官。耿弇等亦上大将军、将军印绶,皆以列侯就第,加位特进,奉朝请。

邓禹内行淳备,有子十三人,各使守一艺,修整闺门,教养子孙,皆可以为后世法,资用国邑,不修产利。

贾复为人刚毅方直,多大节。既还私第,阖门养威重。朱祜等荐复宜为宰相,帝方以吏事责三公,故功臣并不用。是时,列侯唯高密、固始、胶东三侯与公卿参议国家大事,恩遇甚厚。帝虽制御功臣,而每能回容,宥其小失。远方贡珍甘,必先遍赐诸侯,而太官无馀,故皆保其福禄,无诛谴者。

10　益州传送公孙述瞽师、郊庙乐器、葆车、舆辇,于是法物始备。时兵革既息,天下少事,文书调役,务从简寡,至乃十存一焉。

9　吴汉从蜀地班师凯旋,到达宛城。刘秀下诏,准许他回家乡祭祀祖坟,赏赐谷米二万斛。夏季,四月,吴汉回到雒阳。刘秀大加犒赏出征将士,有功之臣的封土调整增加的,共计三百六十五人,外戚和恩泽分封的,有四十五人。封邓禹为高密侯,辖地四个县;封李通为固始侯、贾复为胶东侯,辖地都是六个县;其他封爵的土地各有不同。已经死去的加封他的子孙,或改封宗族旁支。

刘秀在军旅中时间很长,已厌倦战争,他深知天下百姓疲惫贫困,渴望安定,休养生息。自从陇右、蜀郡平定之后,除非有特别紧急的情况,未曾再谈论军事。皇太子刘强曾向他请教打仗的事,刘秀说:“从前卫灵公曾向孔子请教战争的事,孔子不肯答复。这不是你应该问的。”邓禹、贾复知道刘秀决定偃旗息鼓,收起武器,推行文化教育,他不愿有功的将领们身在雒阳,拥有重兵,于是二人交出军权,潜心研究儒家经典。刘秀也考虑到功臣们今后的去向,想保全他们的爵位和封地,不要因为公务而出现过失,于是罢免左将军、右将军的官职。耿弇等也交出大将军、将军的印信绶带,全以列侯的身份回到自己的宅第,但加以特进,参与朝廷议事。

邓禹品行质朴,有十三个儿子,让他们各自研习一种儒家经典,他治家严谨,教养子孙,都可以作为后世效法的榜样,家里的开支取自封地税收,不再从事其他行业营利。

贾复为人刚毅正直,有大节。回到宅第以后,关起门来修身养性。朱祜等举荐贾复担任宰相,而刘秀正责成三公整顿官吏制度,所以一律不任用功臣。这时,侯爵中只有高密侯邓禹、固始侯李通、胶东侯贾复三人和三公九卿一起议论国家大事,恩宠很深厚。刘秀虽然控制有功之臣,但对他们往往能大度包容,原谅他们的小过失。远方进贡珍宝美味,一定先赏赐所有诸侯,而太官都没有多余的,因此全部保存他们的爵位财产,没有诛杀或贬谪的。

10　益州把公孙述宫廷御用的盲人乐师、祭祀用的乐器、用五彩羽毛编成篷盖的车,以及帝王后妃专用的各种车辆,全都送到雒阳,此时汉朝廷用于重大仪式的器物才开始完备。当时战事基本平息,全国也没有那么多事务,各种公文的往来和差役的调遣,从简从少,只有从前的十分之一。

11 甲寅，以冀州牧窦融为大司空。融自以非旧臣，一旦入朝，在功臣之右，每朝会进见，容貌辞气，卑恭已甚，帝以此愈亲厚之。融小心，久不自安，数辞爵位，上疏曰："臣融有子，朝夕教导以经艺，不令观天文，见谶记，诚欲令恭肃畏事，恂恂守道。不愿其有才能，何况乃当传以连城广土，享故诸侯王国哉！"因复请间求见，帝不许。后朝罢，逡巡席后，帝知欲有让，遂使左右传出。他日会见，迎诏融曰："日者知公欲让职还土，故命公暑热且自便；今相见，宜论他事，勿得复言。"融不敢重陈请。

12 五月，匈奴寇河东。

十四年（戊戌，38）

1 夏，邛谷王任贵遣使上三年计，即授越嶲太守。

2 秋，会稽大疫。

3 莎车王贤、鄯善王安皆遣使奉献。西域苦匈奴重敛，皆愿属汉，复置都护；上以中国新定，不许。

4 太中大夫梁统上疏曰："臣窃见元帝初元五年，轻殊死刑三十四事，哀帝建平元年，轻殊死刑八十一事；其四十二事手杀人者，减死一等。自是之后，著为常准，故人轻犯法，吏易杀人。臣闻立君之道，仁义为主，仁者爱人，义者正理。爱人以除残为务，正理以去乱为心；刑罚在衷，无取于轻。高帝受命，约令定律，诚得其宜，文帝唯除省肉刑、相坐之法，自馀皆率由旧章。至哀、平继体，即位日浅，听断尚寡。丞相王嘉轻为穿凿，亏除先帝旧约成律，数年之间百有馀事，或不便于理，或不厌民心，

11 甲寅,刘秀任命冀州牧窦融当大司空。窦融自知不是刘秀的故旧臣僚,一旦入朝做官,官位在那些功勋卓著的功臣之上,因此每次入朝觐见,容貌言辞都十分谦恭,刘秀因此更加亲近厚待他。可是窦融小心翼翼,内心却总是不安,几次请求辞去官职和爵位,他给刘秀上书说:"我有一个儿子,每天早晚用儒家经典教导他,不让他学习天文,不准他研究预知祸福的书,只想让他谦恭肃顺,胆小怕事,恪守正道。不愿他有才能,何况竟要把连接几个城市的广大土地传给他,让他享受已故诸侯王的爵位和封土呢?"因此又请求单独觐见刘秀,刘秀不准。后来,有一次朝会完毕,窦融徘徊在后面,刘秀知道他要谈辞职的事,就让左右催促他离开。几天以后,有一天刘秀见到窦融,对他说:"那天,我知道你要辞职,返回故土,所以让左右告诉你,天气太热,暂且出去凉快凉快;今天见面,应当说别的事,不能再说辞职的事。"窦融不敢再提这件事。

12 五月,匈奴侵犯河东郡。

汉光武帝建武十四年(戊戌,公元38年)

1 夏季,邛谷王任贵派使节到雒阳向刘秀呈交三年治理计划,刘秀任命任贵当越巂郡太守。

2 秋季,会稽郡瘟疫流行。

3 莎车王贤、鄯善王安都派使节到东汉朝廷进贡。西域各国被匈奴的苛捐重税所苦,都愿意归属汉朝,请求朝廷重新设置都护;刘秀因为中原刚刚平定,不同意这样做。

4 太中大夫梁统上书说:"我看到,元帝初元五年,减轻死刑判决三十四件。哀帝建平元年,减轻死刑判决的有八十一件;其中四十二件是亲手杀人,作免死一等判决。从此以后,成为惯例,所以老百姓轻率犯法,官吏轻视杀人。我听说做君主的道义,是以仁义为主,仁指的是爱人,义指的是坚持原则。爱人就要以除暴为当务之急;坚持原则就要以消灭祸乱为中心;设置刑罚在于恰当,不能偏轻。高祖受命于天,制定法令,恰到好处,文帝只撤销了肉刑和连坐法,其馀全都遵循旧制。到哀帝、平帝继位,在位时间很短,处理案子较少。宰相王嘉轻率地穿凿附会,减除先辈君王创立的法令法规,几年之间有一百馀件事,有的不合道理,有的民心不服,

谨表其尤害于体者,傅奏于左。愿陛下宣诏有司,详择其善,定不易之典!"事下公卿。光禄勋杜林奏曰:"大汉初兴,蠲除苛政,海内欢欣;及至其后,渐以滋章。果桃菜茹之馈,集以成赃。小事无妨于义,以为大戮。至于法不能禁,令不能止,上下相遁,为敝弥深。臣愚以为宜如旧制,不合翻移。"统复上言曰:"臣之所奏,非曰严刑。《经》曰:'爰制百姓,于刑之衷。'衷之为言,不轻不重之谓也。自高祖至于孝宣,海内称治,至初元、建平而盗贼浸多,皆刑罚不衷,愚人易犯之所致也。由此观之,则刑轻之作,反生大患,惠加奸轨,而害及良善也!"事寝,不报。

十五年(己亥,39)

1　春,正月,辛丑,大司徒韩歆免。歆好直言,无隐讳,帝每不能容。歆于上前证岁将饥凶,指天画地,言甚刚切,故坐免归田里。帝犹不释,复遣使宣诏责之;歆及子婴皆自杀。歆素有重名,死非其罪,众多不厌;帝乃追赐钱谷,以成礼葬之。

　　　臣光曰:昔高宗命说曰:"若药弗瞑眩,厥疾弗瘳。"夫切直之言,非人臣之利,乃国家之福也。是以人君日夜求之,唯惧弗得闻。惜乎,以光武之世而韩歆用直谏死,岂不为仁明之累哉!

2　丁未,有星孛于昴。

3　以汝南太守欧阳歙为大司徒。

在此,仅把对于国家政体为害最严重的,附在左边,向您陈奏。希望陛下交给主管部门,审慎择其善者,制订一部不容更改的法典!"刘秀把梁统的奏章交给高级官员们讨论。光禄勋杜林奏报说:"汉朝最初兴起,废除苛政,四海之内欢欣鼓舞;等到以后,法令逐渐增多,越来越繁琐,连瓜果梨桃、菜蔬之类的馈赠,都认为是行贿的赃物。很小的事情不妨害国家的大义,也要判处死刑。以至于发展到有法不禁,有令不止,上下互相掩护逃避,问题更加严重。我认为应当沿袭原有的法令条文,不应当重新制订修改。"梁统又上书说:"我所请求的,并不是说要有严刑峻法。书经上说:'治理百姓,刑法要恰当。'恰当的意思是,不轻也不重。从高祖一直到宣帝,国内一片升平。等到元帝、哀帝时,盗贼日益增多,都是因为刑罚不适当,愚昧的人轻视犯法所造成的。由此看来,刑法过轻,反而容易酿成大祸,对奸诈不轨的人施恩,就是谋害善良的人!"这件事情被搁置,没有再交付讨论。

汉光武帝建武十五年(己亥,公元 39 年)

1 春季,正月辛丑(二十三日),免去大司徒韩歆的职务。韩歆性格刚直,说话毫不隐讳,刘秀往往不能容忍。韩歆在刘秀面前有把握地说天下将有严重的饥饿荒年出现,并指天划地,言辞非常激烈,因此被免职回归故里。韩歆走后,刘秀仍然不能消气,又派使节送诏书责备他,韩歆和儿子韩婴一同自杀。韩歆平素享有重名,很受众人尊敬,无罪被逼死,人多不服;刘秀于是追赠金钱谷米,以完整的礼仪安葬。

> 臣司马光说:从前,商王武丁对宰相傅说说:"如果药物不能使人感到昏眩,疾病就不能痊愈。"激烈直率的话,对说话人不利,却是国家的福分。所以君王日夜寻求这样的话,唯恐听不到。可惜啊,在光武帝刘秀那个时代,韩歆竟因直言进谏而死,难道不是仁义圣明事业的牵累吗!

2 丁未(二十九日),有异星出现在昴星旁边。

3 刘秀任命汝南太守欧阳歙当大司徒。

4 匈奴寇钞日盛,州郡不能禁。二月,遣吴汉率马成、马武等北击匈奴,徙雁门、代郡、上谷吏民六万馀口置居庸、常山关以东,以避胡寇。匈奴左部遂复转居塞内,朝廷患之,增缘边兵,部数千人。

5 夏,四月丁巳,封皇子辅为右翊公,英为楚公,阳为东海公,康为济南公,苍为东平公,延为淮阳公,荆为山阳公,衡为临淮公,焉为左翊公,京为琅邪公。癸丑,追谥兄缜为齐武公,兄仲为鲁哀公。帝感缜功业不就,抚育二子章、兴,恩爱甚笃;以其少贵,欲令亲吏事,使章试守平阴令,兴猴氏令;其后章迁梁郡太守,兴迁弘农太守。

6 帝以天下垦田多不以实自占,又户口、年纪互有增减,乃诏下州郡检核。于是刺史、太守多为诈巧,苟以度田为名,聚民田中,并度庐屋、里落。民遮道啼呼;或优饶豪右,侵刻羸弱。

时诸郡各遣使奏事,帝见陈留吏牍上有书,视之云:"颍川、弘农可问,河南、南阳不可问。"帝诘吏由趣,吏不肯服,抵言"于长寿街上得之"。帝怒。时东海公阳年十二,在幄后言曰:"吏受郡敕,当欲以垦田相方耳。"帝曰:"即如此,何故言河南、南阳不可问?"对曰:"河南帝城,多近臣;南阳帝乡,多近亲。田宅逾制,不可为准。"帝令虎贲将诘问吏,吏乃实首服,如东海公对。上由是益奇爱阳。

4　匈奴的侵扰掠夺越来越厉害,边界各州、郡无力禁止。二月,派遣吴汉率领马成、马武等北上打击匈奴,把雁门郡、代郡、上谷郡的官民六万馀人迁徙,安置到居庸关、常山关以东,避开匈奴的骚扰。匈奴左部于是又进入边塞以内居住,朝廷为此担忧,在边塞增派武装部队,每个据点达数千人。

5　夏季,四月丁巳(十一日),刘秀封皇子刘辅为右翊公,刘英为楚公,刘阳为东海公,刘康为济南公,刘苍为东平公,刘延为淮阳公,刘荆为山阳公,刘衡为临淮公,刘焉为左翊公,刘京为琅邪公。癸丑(十七日),刘秀追封大哥刘缤为齐武公,二哥刘仲为鲁哀公。刘秀感念大哥刘缤功业未成,抚育刘缤的两个儿子刘章、刘兴,宠爱备至;因为他们年轻而地位尊贵,打算让他们亲身体验如何做工作,派刘章暂时代理平阴县令,刘兴代理缑氏县令;后来刘章升任梁郡太守,刘兴升任弘农太守。

6　刘秀因为全国的耕地面积多隐瞒不实,并且户口、年纪每年都有增减,于是下诏,令各州郡进行核实。因此各州刺史、各郡太守多行诡诈,投机取巧,他们以丈量土地为名,把农民聚集到田中,连房屋、乡里村落也一并丈量。百姓拦在道路,啼哭呼喊;对于豪强劣绅,又特别优待庇护,一味侵犯损害贫弱百姓的利益。

当时各郡都派使者到雒阳向刘秀呈递奏章,刘秀发现陈留郡呈递的用于书写公文的木牍上面有字,看到上面写的是:"颍川、弘农可以问,河南、南阳不可以问。"刘秀责问陈留使者是怎么回事,使者不肯承认,抵赖说"是在长寿街上捡的"。刘秀大怒。当时东海公刘阳只有十二岁,在帐子后面说:"那是郡守给使者的指令,让他探听其他郡县丈量的情况,进行比较。"刘秀说:"即使是这样,为什么说河南、南阳不可以问?"刘阳回答说:"河南是京都,有很多陛下亲近的臣僚;南阳是陛下的故乡,有很多皇亲国戚。这些地方的田地住宅都超过规定,不能做标准。"刘秀命虎贲中郎将责问使者,使者才据实承认,正像东海公刘阳所判断的那样。刘秀于是更加喜爱刘阳,认为他不同寻常。

遣谒者考实二千石长吏阿枉不平者。冬,十一月甲戌,大司徒歐坐前为汝南太守,度田不实,赃罪千馀万,下狱。歐世授《尚书》,八世为博士,诸生守阙为歐求哀者千馀人,至有自髡剔者。平原礼震,年十七,求代歐死。帝竟不赦,歐死狱中。

7　十二月庚午,以关内侯戴涉为大司徒。

8　卢芳自匈奴复入居高柳。

9　是岁,骠骑大将军杜茂坐使军吏杀人,免。使扬武将军马成代茂,缮治障塞,十里一候,以备匈奴。使骑都尉张堪领杜茂营,击破匈奴于高柳。拜堪渔阳太守。堪视事八年,匈奴不敢犯塞,劝民耕稼,以致殷富。百姓歌曰:"桑无附枝,麦秀两岐。张君为政,乐不可支!"

10　安平侯盖延薨。

11　交趾麓泠县雒将女子徵侧,甚雄勇,交趾太守苏定以法绳之,徵侧忿怨。

十六年(庚子,40)

1　春,二月,徵侧与其妹徵贰反。九真、日南、合浦蛮俚皆应之,凡略六十五城。自立为王,都麓泠。交趾刺史及诸太守仅得自守。

2　三月辛丑晦,日有食之。

3　秋,九月,河南尹张伋及诸郡守十馀人皆坐度田不实,下狱死。后上从容谓虎贲中郎将马援曰:"吾甚恨前杀守、相多也!"对曰:"死得其罪,何多之有!但死者既往,不可复生也!"上大笑。

刘秀派遣谒者对二千石官员中被控贪赃枉法的行为进行考察核实。冬季,十一月甲戌(初一),查出大司徒欧阳歙前在汝南太守任内,丈量土地作弊,共获赃款一千馀万,被捕下狱。欧阳歙世代都教授《尚书》,八代人都当博士,很多学生门徒守在宫门外替欧阳歙求情,请求饶恕死罪,约有一千馀人,甚至有人把自己的头发剃光。平原人礼震才十七岁,请求替欧阳歙去死。刘秀终究不答应赦免,欧阳歙死在狱中。

7　十二月庚午(二十七日),刘秀任命关内侯戴涉当大司徒。

8　卢芳从匈奴地区又返回内地,住在高柳县。

9　这年,骠骑大将军杜茂,被控指使军官杀人,被免职。命扬武将军马成代替杜茂的职务,修缮要塞,每隔十里就有一个观望烽火台,以防备匈奴进犯。刘秀命骑都尉张堪率领杜茂的骑兵部队,在高柳击败匈奴。随即任命张堪为渔阳太守。张堪任职八年,匈奴不敢进犯边塞,他鼓励农民从事农业生产,使他们生活富足。老百姓用歌谣赞颂他:"桑无附枝,麦秀两岐。张君为政,乐不可支!"

10　安平侯盖延去世。

11　交阯郡麓泠县雒将的女儿徵侧,十分慓悍勇敢,交阯太守苏定用法律约束她,徵侧怨恨。

汉光武帝建武十六年(庚子,公元40年)

1　春季,二月,徵侧和她的妹妹徵贰谋反。九真郡、日南郡以及合浦郡的其他民族全都起来响应,共攻占六十五个县城。徵侧自立为王,建都麓泠。交阯郡刺史和各郡太守仅能勉强自守,无力征讨。

2　三月辛丑晦(三十日),出现日食。

3　秋季,九月,河南尹张伋和各郡太守十馀人都因丈量土地营私舞弊,被捕入狱,处以死刑。后来,刘秀和虎贲中郎将马援顺便提起这事,说:"我很悔恨前些时杀了那么多太守和相!"马援回答说:"因为犯罪而死,有什么多不多的?只是已经死了的人,不能再死而复生了!"刘秀大笑。

4　郡国群盗处处并起,郡县追讨。到则解散,去复屯结,青、徐、幽、冀四州尤甚。冬十月,遣使者下郡国,听群盗自相纠摘,五人共斩一人者,除其罪;吏虽逗留回避故纵者,皆勿问,听以禽讨为效。其牧守令长坐界内有盗贼而不收捕者,又以畏懦捐城委守者,皆不以为负,但取获贼多少为殿最,唯蔽匿者乃罪之。于是更相追捕,贼并解散,徙其魁帅于他郡,赋田受禀,使安生业。自是牛马放牧不收,邑门不闭。

5　卢芳与闵堪使使请降,帝立芳为代王,堪为代相,赐缯二万匹,因使和集匈奴。芳上疏谢,自陈思望阙庭;诏报芳朝明年正月。

初,匈奴闻汉购求芳,贪得财帛,故遣芳还降。既而芳以自归为功,不称匈奴所遣,单于复耻言其计,故赏遂不行。由是大恨,入寇尤深。

6　马援奏,宜如旧铸五铢钱,上从之;天下赖其便。

7　卢芳入朝,南及昌平,有诏止,令更朝明岁。

十七年(辛丑,41)

1　春,正月,赵孝公良薨。初,怀县大姓李子春二孙杀人,怀令赵憙穷治其奸,二孙自杀,收系子春。京师贵戚为请者数十,憙终不听。及良病,上临视之,问所欲言,良曰:“素与李子春厚,今犯罪,怀令赵憙欲杀之,愿乞其命。”帝曰:“吏奉法律,不可枉也。更道他所欲。”良无复言。既薨,上追思良,乃贳出子春。迁憙为平原太守。

4　各郡县、封国的盗贼蜂拥并起,郡县派出军队追击征剿。军队到时盗贼四散,军队离开又重新屯聚集结,青州、徐州、幽州、冀州四个地方尤其厉害。冬季,十月,朝廷派使节到各郡县、封国,听凭盗贼们自行检举攻击,五个人击杀一个人,免除五个人的罪行;官吏即使畏怯逗留、逃、故意放纵盗贼,也一律不追究,允许以擒贼讨贼立功。各郡县、封国的牧、守、令在所辖界内有盗贼而不拘捕,或因畏惧懦弱弃城放弃职责的,全都不予处罚,只看捕获盗贼的多少而论功行赏,只对窝藏盗贼的人才予以惩处。于是,官府全力追剿,贼寇先后解散,把他们的头领迁徙到其他郡县,给他们土地,使他们安心生产。从此以后,放牧的牛马晚上不用牵回,城门夜间不用关闭,一片升平景象。

5　卢芳和他的大将闵堪派使节到雒阳请求投降,刘秀封卢芳为代王,任命闵堪当代相,赏赐绸缎二万匹,以便缓和同匈奴的关系。卢芳上书谢恩,并说思念朝廷,盼望能够入朝;刘秀下诏回答卢芳,明年正月到雒阳来。

起初,匈奴听汉朝用巨额赏金悬赏卢芳,因贪图丰厚的财帛,所以送回卢芳让他投降。后来卢芳以自动归附为功,不说是匈奴所遣,匈奴单于也以开始时的谋划为耻辱,因此汉朝没有进行赏赐。匈奴从此愈加愤恨,入境侵扰得更厉害。

6　马援上书建议,应当恢复西汉王朝使用的五铢钱,刘秀赞同;百姓都感到方便。

7　卢芳入朝,向南到达昌平,刘秀下诏命停止,等到明年朝见。

汉光武帝建武十七年(辛丑,公元41年)

1　春季,正月,赵孝公刘良去世。当初,怀县豪门李子春的两个孙子杀人。怀县令赵憙深入追究凶犯,两个孙子自杀,把李子春逮捕入狱。雒阳的皇亲国戚有数十人替李子春说情,赵憙始终不答应。等到刘良病重,刘秀去病榻前探望,问他还有什么话要说,刘良说:"我一向和李子春交往深厚,现在他犯罪,怀县令赵憙要杀他,希望能饶他一命。"刘秀说:"官吏尊奉法律,法律不能歪曲。你另外还有什么愿望?"刘良不再说话。刘良去世后,刘秀追念刘良,才特赦李子春。提拔赵憙为平原太守。

2　二月乙未晦，日有食之。

3　夏，四月乙卯，上行幸章陵。五月乙卯，还宫。

4　六月癸巳，临淮怀公衡薨。

5　妖贼李广攻没皖城，遣虎贲中郎将马援、骠骑将军段志讨之。秋，九月，破皖城，斩李广。

6　郭后宠衰，数怀怨怼，上怒之。冬，十月辛巳，废皇后郭氏，立贵人阴氏为皇后。诏曰："异常之事，非国休福，不得上寿称庆。"郅恽言于帝曰："臣闻夫妇之好，父不能得之于子，况臣能得之于君乎！是臣所不敢言。虽然，愿陛下念其可否之计，无令天下有议社稷而已。"帝曰："恽善恕己量主，知我必不有所左右而轻天下也！"帝进郭后子右翊公辅为中山王，以常山郡益中山国，郭后为中山太后；其馀九国公皆为王。

7　甲申，帝幸章陵，修园庙，祠旧宅，观田庐，置酒作乐，赏赐。时宗室诸母因酺悦相与语曰："文叔少时谨信，与人不款曲，唯直柔耳，今乃能如此！"帝闻之，大笑曰："吾治天下，亦欲以柔道行之。"十二月，还自章陵。

8　是岁，莎车王贤复遣使奉献，请都护；帝赐贤西域都护印绶及车旗、黄金、锦绣。敦煌太守裴遵上言："夷狄不可假以大权；又令诸国失望。"诏书收还都护印绶，更赐贤以汉大将军印绶；其使不肯易，遵迫夺之。贤由是始恨，而犹诈称大都护，移书诸国，诸国悉服属焉。

9　匈奴、鲜卑、赤山乌桓数连兵入塞，杀略吏民。诏拜襄贲令祭肜为辽东太守。肜有勇力，虏每犯塞，常为士卒锋，数破走之。肜，遵之从弟也。

2 二月乙未晦(三十日),出现日食。

3 夏季,四月乙卯(初二),刘秀前往章陵。五月乙卯(二十一日),返回雒阳皇宫。

4 六月癸巳(二十九日),临淮怀公刘衡去世。

5 盗贼李广攻陷皖城,朝廷派虎贲中郎将马援、骠骑将军段志征讨。秋季,九月,攻破皖城,诛杀李广。

6 郭皇后失宠,常怀有怨恨,刘秀怒不可遏。冬季,十月辛巳(十九日),废黜皇后郭氏,改封贵人阴氏为皇后。下诏说:"这是一件特殊的事,不是国家的福气,不准祝福庆贺。"郅恽对刘秀说:"我听说夫妇之间的感情,做父亲的尚且不能干涉儿子,何况我们做臣子的,怎么能够制约君王呢?所以,我不敢说什么。虽然如此,希望陛下考虑一下是否可行,不要让天下人对朝廷议论纷纷。"刘秀说:"你善于用自己的心揣度君主,知道我一定会适当处理,不会轻视天下人的反应。"刘秀晋封郭后的儿子右翊公刘辅为中山王,把常山郡并入中山国,封郭后为中山太后;其馀九位皇子,全从公爵晋封为王。

7 甲申(二十二日),刘秀前往章陵,修整墓园祭庙,祭祀旧日宅第,巡视田地农舍,摆设酒宴,演奏音乐给他们赏赐。刘氏宗室的伯母、姑母、婶娘们喝酒喝得高兴,在一起说:"刘秀小时候谨慎讲信用,和人交往从不急慢敷衍,仅只直率柔和,今天却能如此!"刘秀听说以后,大笑说:"我治理天下,也要用柔和的手段。"十二月,刘秀从章陵回到雒阳。

8 这一年,莎车王贤又派使节到雒阳进贡,请求设置都护;刘秀赐给贤西域都护印信绶带,以及车辆、旗帜、黄金、绸缎。敦煌太守裴遵上书说:"对于夷狄,不可以授给他们大权,这样做会使其他各国失望。"刘秀于是下诏收回都护印信,把大将军印信绶带改赐给贤;莎车使节不肯交换,裴遵强行夺回。贤从此开始怨恨,但还诈称是西域都护,通告西域各国,各国纷纷归附。

9 匈奴、鲜卑、赤山乌桓联合军队攻入边塞,屠杀官吏百姓,大肆掠夺。刘秀下诏任命襄贲令祭肜当辽东太守。祭肜勇猛有力,蛮族每侵犯边境,他常常身先士卒,冲锋陷阵,多次打败侵略者。祭肜是祭遵的堂弟。

10　徵侧等寇乱连年。诏长沙、合浦、交趾具车船,修道桥,通障谿,储粮谷。拜马援为伏波将军,以扶乐侯刘隆为副,南击交趾。

十八年(壬寅,42)

1　二月,蜀郡守将史歆反,攻太守张穆,穆逾城走。宕渠杨伟等起兵以应歆。帝遣吴汉等将万馀人讨之。

2　甲寅,上行幸长安,三月,幸蒲坂,祠后土。

3　马援缘海而进,随山刊道千馀里,至浪泊上,与徵侧等战,大破之。追至禁谿,贼遂散走。

4　夏,四月甲戌,车驾还宫。

5　戊申,上行幸河内。戊子,还宫。

6　五月,旱。

7　卢芳自昌平还,内自疑惧,遂复反,与闵堪相攻连月。匈奴遣数百骑迎芳出塞。芳留匈奴中十馀年,病死。

8　吴汉发广汉、巴、蜀三郡兵,围成都百馀日。秋,七月,拔之,斩史歆等。汉乃乘桴沿江下巴郡,杨伟等惶恐解散。汉诛其渠帅,徙其党与数百家于南郡、长沙而还。

9　冬,十月庚辰,上幸宜城;还,祠章陵。十二月,还宫。

10　是岁,罢州牧,置刺史。

11　五官中郎将张纯与太仆朱浮奏议:“礼,为人子,事大宗,降其私亲。当除今亲庙四,以先帝四庙代之。”大司徒涉等奏“立元、成、哀、平四庙”。上自以昭穆次第,当为元帝后。

10　徵侧等为寇作乱,一连几年,不能平息。汉朝廷命长沙、合浦、交趾等郡准备车辆船只,修筑道路、桥梁,打通山间溪谷的道路,储备粮草。任命马援当伏波将军,派扶乐侯刘隆当副统帅,率军南下交趾,讨伐徵侧。

汉光武帝建武十八年(壬寅,公元42年)

1　二月,蜀郡守将史歆反叛,攻打太守张穆,张穆越城逃跑。宕渠人杨伟等起兵响应史歆。刘秀派遣吴汉等率领一万馀人进行讨伐。

2　甲寅,刘秀前往长安,三月,又到蒲坂,祭祀地神。

3　马援沿着大海向交趾推进,依山开道一千馀里,抵达浪泊,同徵侧等交战,大败徵侧。徵侧逃跑,马援追到禁谿,徵侧部众于是四散奔逃。

4　夏季,四月甲戌(十五日),刘秀返回雒阳。

5　戊申,刘秀前往河内郡。戊子(二十九日),返回京都雒阳。

6　五月,发生旱灾。

7　卢芳从昌平回去后,内心疑虑恐惧,于是又反叛,同闵堪互相攻打,接连好几个月。匈奴派数百名骑兵,迎接卢芳到塞外。从此卢芳留在匈奴十馀年,后病死。

8　吴汉征调广汉、巴、蜀三郡的部队,包围成都百馀天。秋季,七月,攻陷成都,斩杀史歆等。吴汉率军乘竹木筏顺江而下,直抵巴郡,杨伟等惊恐不安,部众解散。吴汉杀了若干重要首领,把他们党徒数百家迁到南郡、长沙,然后班师。

9　冬季,十月庚辰(二十四日),刘秀前往宜城;返回时,在章陵祭祀父祖。十二月,回到雒阳皇宫。

10　这一年,撤销州牧,恢复设置刺史的制度。

11　五官中郎将张纯和太仆朱浮联合奏称:"按照礼制,既做某人的儿子,就应尊奉大宗,降低自己父母亲的地位。应当撤除现在章陵的四座父祖祭庙,用陛下即位前四位先帝的祭庙代替。"大司徒戴涉等上奏"兴建元帝、成帝、哀帝、平帝四座祭庙"。刘秀认为,按照宗庙中的辈分,自己当应是元帝刘奭的后代。

十九年(癸卯,43)

1　春,正月庚子,追尊宣帝曰中宗。始祠昭帝、元帝于太庙,成帝、哀帝、平帝于长安,舂陵节侯以下于章陵;其长安、章陵,皆太守、令、长侍祠。

2　马援斩徵侧、徵贰。

3　妖贼单臣、傅镇等相聚入原武城,自称将军。诏太中大夫臧宫将兵围之,数攻不下,士卒死伤。帝召公卿、诸侯王问方略,皆曰:"宜重其购赏。"东海王阳独曰:"妖巫相劫,势无久立,其中必有悔欲亡者,但外围急,不得走耳。宜小挺缓,令得逃亡,逃亡,则一亭长足以禽矣。"帝然之,即敕宫彻围缓贼,贼众分散。夏四月,拔原武,斩臣、镇等。

4　马援进击徵侧馀党都阳等,至居风,降之;峤南悉平。援与越人申明旧制以约束之,自后骆越奉行马将军故事。

5　闰月戊申,进赵、齐、鲁三公爵皆为王。

6　郭后既废,太子彊意不自安。郅恽说太子曰:"久处疑位,上违孝道,下近危殆,不如辞位以奉养母氏。"太子从之,数因左右及诸王陈其恳诚,愿备藩国。上不忍,迟回者数岁。六月戊申,诏曰:"《春秋》之义,立子以贵。东海王阳,皇后之子,宜承大统。皇太子彊,崇执谦退,愿备藩国,父子之情,重久违之。其以彊为东海王,立阳为皇太子,改名庄。"

汉光武帝建武十九年(癸卯,公元43年)

1　春季,正月庚子(十五日),刘秀追尊宣帝刘询为中宗。在雒阳太庙增建昭帝、元帝的宗庙。在长安增建成帝、哀帝、平帝的宗庙。刘秀高祖父春陵节侯刘买以下的宗庙还在章陵;长安、章陵两地的宗庙,全由当地太守、令、长负责侍奉祭祀。

2　马援诛斩徵侧、徵贰姐妹。

3　贼寇单臣、傅镇等聚众谋反,进入原武城,自称将军。刘秀下诏,命太中大夫臧宫率兵包围原武城,屡次攻城不克,士兵有不少伤亡。刘秀召集公卿、诸侯王们询问谋略,大家都说:"应该提高悬赏价格。"唯独皇子东海王刘阳说:"这群人被妖师、巫师所劫持,势必不能长久,其中一定有因后悔想要逃跑的,可是外面围攻太急,不能逃脱。应该稍稍放松,让他们能够逃亡。逃亡自然溃散,有一个亭长就可以对付了。"刘秀认为说得很对,命臧宫撤退,缓解包围,放走贼兵,贼寇四散。夏季,四月,攻陷原武城,斩杀单臣、傅镇等。

4　马援继续追击徵侧馀党都阳等,追到居风,都阳等投降;峤南一带全部平定。马援向南越地区人民强调原有的制度,来约束他们。从此以后,南越土著一直奉行马援的有关规定。

5　闰四月戊申(二十五日),刘秀把赵公刘栩、齐公刘章、鲁公刘兴一齐封为王。

6　郭皇后被废,皇太子刘彊心怀不安。郅恽劝告太子说:"长久地处在不稳定的位置上,上违背孝道,下靠近危险,不如辞去太子,退到亲王地位,一心奉养母亲。"刘彊听从劝告,多次拜托父王左右亲信和其他亲王,向父亲表达他的诚意,希望退居封国。刘秀不忍心这样做,迟疑徘徊了好几年。六月戊申(二十六日),刘秀下诏:"《春秋》大义,立太子依靠高贵的身份。东海王刘阳是皇后阴丽华生的儿子,应该继承皇位。皇太子刘彊,坚持退让,希望回到封国,出于父子之情,难以长期违背他的愿望。封刘彊为东海王,立刘阳为皇太子,改名刘庄。"

袁宏论曰：夫建太子，所以重宗统，一民心也，非有大恶于天下，不可移也。世祖中兴汉业，宜遵正道以为后法。今太子之德未亏于外，内宠既多，嫡子迁位，可谓失矣。然东海归藩，谦恭之心弥亮；明帝承统，友于之情愈笃；虽长幼易位，兴废不同，父子兄弟，至性无间。夫以三代之道处之，亦何以过乎！

7　帝以太子舅阴识守执金吾，阴兴为卫尉，皆辅导太子。识性忠厚，入虽极言正议，及与宾客语，未尝及国事。帝敬重之，常指识以敕戒贵戚，激厉左右焉。兴虽礼贤好施，而门无游侠，与同郡张宗、上谷鲜于裒不相好，知其有用，犹称所长而达之；友人张汜、杜禽，与兴厚善，以为华而少实，俱私之以财，终不为言，是以世称其忠。

上以沛国桓荣为议郎，使授太子经。车驾幸太学，会诸博士论难于前，荣辨明经义，每以礼让相厌，不以辞长胜人，儒者莫之及，特加赏赐。又诏诸生雅歌击磬，尽日乃罢。帝使左中郎将汝南锺兴授皇太子及宗室诸侯《春秋》，赐兴爵关内侯。兴辞以无功，帝曰："生教训太子及诸王侯，非大功耶？"兴曰："臣师少府丁恭。"于是复封恭，而兴遂固辞不受。

8　陈留董宣为雒阳令。湖阳公主苍头白日杀人，因匿主家，吏不能得。及主出行，以奴骖乘。宣于夏门亭候之，驻车叩马，以刀画地，大言数主之失，叱奴下车，因格杀之。主即还宫诉帝，

袁宏评论说:册立太子,为的是尊重宗法统绪,统一民心,如果不是对天下犯有重大过恶,就不该改变。东汉世祖光武帝复兴汉家大业,自然遵循正道以作为后世的楷模。而今太子的德行对外无所亏损,对内又多得恩宠,将嫡子改易位次,可以说是一个失误。然而东海王刘彊归于藩王地位,谦恭的心理更加豁亮;明帝刘庄承继大统,孝友于兄弟的情谊更加笃挚;虽然长幼位次已变,一兴一废结局不同,但是父子兄弟之间,真情存在,亲密无间。即使以三代的正道来衡量,也未必能超过它!

7 刘秀任命皇太子刘庄的舅父阴识代理执金吾,任命另一位舅父阴兴当卫尉,一齐辅导太子。阴识性情忠厚,在朝廷中虽然直言正谏,等到和宾客们一起谈话时,从不涉及国家大事。刘秀敬重他,常指着他告诫皇亲贵戚,勉励左右仿效。阴兴虽然礼贤下士,乐于助人,但宾客中没有豪杰侠客。他和同郡人张宗、上谷人鲜于褒关系不好,但知道他们对国家有用,仍然称赞其长处推荐他们做官;友人张汜、杜禽,和阴兴交往很深,阴兴认为他们华而不实,只在钱财上帮助他们,始终不替他们说话,所以世人赞许他对国家的忠诚。

刘秀任命沛国人桓荣当议郎,命他教授太子刘庄儒家经典。刘秀亲自到太学视察,召集博士们在一起讨论问题,提出质疑,桓荣辩论和阐述经典的精义,每每以礼让的态度使人折服,不以言辞激烈压倒对方,其他儒家学者都赶不上他,刘秀特地对他增加赏赐。刘秀又命学生们一面击磬,一面唱儒家的雅歌,从早到晚,一整天才停止。刘秀命左中郎将汝南人锺兴教授皇太子刘庄和宗室亲王、侯爵读《春秋》,封锺兴为关内侯。锺兴认为自己没有功劳而推辞,刘秀说:"你教训太子和各亲王侯爵,不是大功劳吗?"锺兴说:"我是从师于少府丁恭。"刘秀于是又封丁恭为关内侯,而锺兴则坚决推辞,没有接受。

8 陈留人董宣担任雒阳令。刘秀的姐姐湖阳公主的家奴公然白天杀人,就藏在公主家里,官吏不能逮捕他。后来公主出门,让这家奴陪同乘车。董宣探知此事,就带人在夏门亭等候,公主车到,董宣叫车停下,上前扣住了马缰绳,用刀划着地,大声数落公主的过失,怒喝那家奴下车,接着就杀死了他。公主立即回宫告诉了刘秀。

帝大怒，召宣，欲箠杀之。宣叩头曰："愿乞一言而死。"帝曰："欲何言?"宣曰："陛下圣德中兴，而纵奴杀人，将何以治天下乎? 臣不须箠，请得自杀!"即以头击楹，流血被面。帝令小黄门持之。使宣叩头谢主，宣不从；强使顿之，宣两手据地，终不肯俯。主曰："文叔为白衣时，藏亡匿死，吏不敢至门；今为天子，威不能行一令乎?"帝笑曰："天子不与白衣同!"因敕："强项令出!"赐钱三十万，宣悉以班诸吏。由是能搏击豪强，京师莫不震栗。

9　九月壬申，上行幸南阳；进幸汝南南顿县舍，置酒会，赐吏民，复南顿田租一岁。父老前叩头言："皇考居此日久，陛下识知寺舍，每来辄加厚恩，愿赐复十年。"帝曰："天下重器，常恐不任，日复一日，安敢远期十岁乎!"吏民又言："陛下实惜之，何言谦也!"帝大笑，复增一岁。进幸淮阳、梁、沛。

10　西南夷栋蚕反，杀长吏；诏武威将军刘尚讨之。路由越嶲，邛谷王任贵恐尚既定南边，威法必行，己不得自放纵。即聚兵起营，多酿毒酒，欲先劳军，因袭击尚。尚知其谋，即分兵先据邛都，遂掩任贵，诛之。

二十年(甲辰，44)

1　春，二月戊子，车驾还宫。

2　夏，四月庚辰，大司徒戴涉坐入故太仓令奚涉罪，下狱死。帝以三公连职，策免大司空窦融。

刘秀大怒,使人呼唤董宣前来,要用刑杖把他打死。董宣磕头说:"我请求说句话再死。"刘秀说:"打算说什么?"董宣说:"陛下圣明高德复兴汉室,而竟放任家奴杀人,将怎么治理天下呢? 我不用等着打死,请让我自杀吧!"说完就头撞大柱,流了一脸血。刘秀赶紧命太监拽住他。后来让董宣磕头向公主道歉,董宣不服从;就叫人使劲按住脑袋,董宣两手撑着地面,到底也不肯低头。公主对刘秀说:"你当平民百姓的时候,窝藏逃犯,官吏不敢上门来找;现在当了皇帝,威权就不能行使在一个县令的身上吗?"刘秀笑着说:"天子跟平民不同哇!"接着命令:"硬脖子县令出去!"刘秀赏钱三十万,董宣都分给了手下官吏。从此他更能打击依仗权势横行不法的人,京城地区那些有劣迹的家伙,没有不震惊害怕的。

9 九月壬申(二十一日),刘秀前往南阳;又前往汝南郡南顿县,大摆宴席,赏赐官民,下令免除南顿县田租一年。乡亲父老们上前磕头,说:"陛下的父亲在本县时间很长,陛下对本县的官府衙门也很熟悉。每次圣驾来临都赐予厚恩。愿陛下免除本县田租十年。"刘秀说:"皇帝的宝座是天下大器,常常唯恐不能胜任,过一天是一天,怎么敢远推到十年呢?"大家又说:"陛下实际是吝惜,为什么要说谦恭的话呢?"刘秀忍不住大笑,于是又增加一年。接着,刘秀前往淮阳县、梁郡、沛国。

10 西南夷栋蚕部落反叛,诛杀地方官员;刘秀命武威将军刘尚率军讨伐。大军路过越巂郡,邛谷王任贵,害怕刘尚平定南方以后,朝廷的政令和法律得以推行,而自己不能随心所欲,为所欲为。于是聚集军队,筑起营寨,酿制了大量毒酒,准备先用毒酒慰劳军队,然后进攻袭击。刘尚事先得知他的阴谋,即刻派兵先攻取邛都,然后乘其不备,袭击任贵,把他抓获诛杀。

汉光武帝建武二十年(甲辰,公元44年)

1 春季,二月戊子(初十),刘秀返回雒阳皇宫。

2 夏季,四月庚辰(初三),大司徒戴涉被指控故意谋害前太仓令奚涉,被捕入狱,处死。刘秀认为三公的职务相连,下令免去大司空窦融的职务。

3 广平忠侯吴汉病笃,车驾亲临,问所欲言。对曰:"臣愚,无所知识,惟愿陛下慎无赦而已。"五月辛亥,汉薨;诏送葬如大将军霍光故事。

汉性强力,每从征伐,帝未安,常侧足而立。诸将见战陈不利,或多惶惧,失其常度,汉意气自若,方整厉器械,激扬吏士。帝时遣人观大司马何为,还言方修战攻之具,乃叹曰:"吴公差强人意,隐若一敌国矣!"每当出师,朝受诏,夕则引道,初无辨严之日。及在朝廷,斤斤谨质,形于体貌。汉尝出征,妻子在后买田业,汉还,让之曰:"军师在外,吏士不足,何多买田宅乎!"遂尽以分与昆弟、外家。故能任职以功名终。

4 匈奴寇上党、天水,遂至扶风。

5 帝苦风眩,疾甚,以阴兴领侍中,受顾命于云台广室。会疾瘳,召见兴,欲以代吴汉为大司马,兴叩头流涕固让,曰:"臣不敢惜身,诚亏损圣德,不可苟冒!"至诚发中,感动左右,帝遂听之。太子太傅张湛,自郭后之废,称疾不朝,帝强起之,欲以为司徒,湛固辞疾笃,不能复任朝事,遂罢之。

六月庚寅,以广汉太守河内蔡茂为大司徒,太仆朱浮为大司空。壬辰,以左中郎将刘隆为骠骑将军,行大司马事。

6 乙未,徙中山王辅为沛王。以郭况为大鸿胪,帝数幸其第,赏赐金帛,丰盛莫比,京师号况家为"金穴"。

3 广平忠侯吴汉病重,刘秀亲自探望,问有什么话说。吴汉回答说:"我愚昧没有知识,希望陛下特别谨慎,不要赦免罪犯。"五月辛亥(初四),吴汉去世;刘秀下诏隆重安葬,礼仪和当初安葬大将军霍光相同。

吴汉性格刚强,健壮有力,每次跟随刘秀出征,刘秀没有安顿好,他常常站在一边侍立。各将领们看到战斗形势不利,多数人惊慌恐惧,失去常度,吴汉神态自若,加紧准备兵器,激励官兵的士气。刘秀有时派人去看吴汉在干什么,回报说正在准备进攻装备,刘秀于是叹息说:"吴汉的表现还算能令人满意,简直就如同一个势力相当的敌国!"吴汉每次出征,早上接到命令,晚上就踏上征途,从来没有时间准备行装。在朝廷里,处处小心谨慎,温文尔雅。有一次吴汉率军出征,妻子在后方购置田产,吴汉回来,责备她说:"军队在外,官兵供给不足,我们怎么能多购置田地房舍呢!"于是把田产全都分给兄弟和舅父家。所以,吴汉能够终身任职,享受功名。

4 匈奴入侵上党郡、天水郡,又向扶风进犯。

5 刘秀被一种头痛目眩的病所折磨,病得很严重,任命阴兴兼任侍中,在云台广德殿内向他托付身后之事。等到病好以后,刘秀召见阴兴,打算让他接替吴汉大司马的职位,阴兴磕头,流着眼泪,坚决推辞,他说:"我并不爱惜自己的生命,实在是担心有损于陛下的圣明高德,所以不能随便冒充!"诚意发自内心,感动了刘秀左右的侍从,刘秀于是依从了他。太子太傅张湛,自从郭皇后被废之后,便称病不再上朝。刘秀勉强他上朝,要任命他当司徒,张湛说自己病得很重,不能再担任朝廷官员,坚决推辞,于是刘秀把他免职。

六月庚寅(十四日),刘秀任命广汉太守河内人蔡茂当大司徒,任命太仆朱浮当大司空。壬辰(十六日),任命左中郎将刘隆当骠骑将军,代理大司马的职务。

6 乙未(十九日),刘秀把中山王刘辅改封沛王。任命郭况当大鸿胪,刘秀多次到郭况家,赏赐金银财帛,丰盛无比,雒阳人称郭况家是"金穴"。

7　秋,九月,马援自交趾还,平陵孟冀迎劳之。援曰:"方今匈奴、乌桓尚扰北边,欲自请击之,男儿要当死于边野,以马革裹尸还葬耳,何能卧床上在儿女子手中邪!"冀曰:"谅! 为烈士当如是矣!"

8　冬,十月甲午,上行幸鲁、东海、楚、沛国。

9　十二月,匈奴寇天水、扶风、上党。

10　壬寅,车驾还宫。

11　马援自请击匈奴,帝许之,使出屯襄国,诏百官祖道。援谓黄门郎梁松、窦固曰:"凡人富贵,当使可复贱也。如卿等欲不可复贱,居高坚自持。勉思鄙言!"松,统之子;固,友之子也。

12　刘尚进兵与栋蚕等连战,皆破之。

二十一年(乙巳,45)

1　春,正月,追至不韦,斩栋蚕帅,西南诸夷悉平。

2　乌桓与匈奴、鲜卑连兵为寇,代郡以东尤被乌桓之害。其居止近塞,朝发穹庐,暮至城郭,五郡民庶,家受其辜,至于郡县损坏,百姓流亡,边陲萧条,无复人迹。秋,八月,帝遣马援与谒者分筑堡塞,稍兴立郡县,或空置太守、令、长,招还人民。乌桓居上谷塞外白山者最为强富,援将三千骑击之,无功而还。

3　鲜卑万馀骑寇辽东,太守祭肜率数千人迎击之。自被甲陷陈;虏大奔,投水死者过半,遂穷追出塞;虏急,皆弃兵裸身散走。是后鲜卑震怖,畏肜,不敢复窥塞。

7 秋季,九月,马援从交趾返回雒阳,平陵人孟冀迎接、慰劳他。马援说:"当今匈奴、乌桓还在侵扰北部边疆,我准备请求出兵讨伐。男子汉应当战死在疆场,用马革裹尸送回家乡安葬,怎么能躺在床上,死在哭泣的女人手中呢!"孟冀说:"的确这样! 要成为一个烈士,就应当如此!"

8 冬季,十月甲午(二十日),刘秀前往鲁国、东海国、楚国、沛国。

9 十二月,匈奴入侵天水、扶风、上党。

10 壬寅(二十八日),刘秀返回雒阳皇宫。

11 马援请求北击匈奴,刘秀准许,命马援出兵驻屯襄国,下诏文武百官祭祀路神,为马援饯行。马援对黄门郎梁松、窦固说:"一个人富贵以后,还可能回到贫贱地位。如果你们不希望再贫贱,身居高位时,要谨慎小心。常想想我说的话!"梁松是梁统的儿子;窦固是窦友的儿子。

12 刘尚进军西南各外族,和栋蚕等交战,连战连捷。

汉光武帝建武二十一年(乙巳,公元 45 年)

1 春季,正月,刘尚率军追到不韦县,诛杀栋蚕,西南夷人地区全部平定。

2 乌桓和匈奴、鲜卑的军队联合起来侵扰,代郡以东受乌桓部落的侵害,尤其严重。乌桓部落的居住地接近边塞,早晨从他们的帐篷中出发,傍晚就能抵达塞内城郭,沿边五郡的百姓,家家户户受到侵害,以至于郡县城郭遭到破坏,人民流离失所,荒凉萧条,不见人烟。秋季,八月,刘秀派遣马援和谒者分别修筑城堡要塞,逐渐恢复、建立郡县,又先虚设太守、令、长,招集百姓返回故乡。乌桓部落中,以聚居在上谷郡塞外白山地区的最为强悍富庶,马援率领三千名骑兵袭击,不能取胜,返回。

3 鲜卑部落一万馀骑兵侵犯辽东郡,辽东太守祭彤率领数千人迎击。祭彤身穿盔甲上阵冲杀;鲜卑骑兵纷纷奔逃,落水而死的超过一半,祭彤于是穷追至塞外;鲜卑人在急迫中,全都抛弃武器,赤身裸体四散逃命。从此以后,鲜卑人震撼恐怖,畏惧祭彤,不敢再窥伺边塞。

4　冬,匈奴寇上谷、中山。

5　莎车王贤浸以骄横,欲兼并西域,数攻诸国,重求赋税,诸国愁惧。车师前王、鄯善、焉耆等十八国俱遣子入侍,献其珍宝。及得见,皆流涕稽首,愿得都护。帝以中国初定,北边未服,皆还其侍子,厚赏赐之。诸国闻都护不出,而侍子皆还,大忧恐,乃与敦煌太守檄:"愿留侍子以示莎车,言侍子见留,都护寻出,冀且息其兵。"裴遵以状闻,帝许之。

二十二年(丙午,46)

1　春,闰正月丙戌,上幸长安。二月己巳,还雒阳。

2　夏,五月乙未晦,日有食之。

3　秋,九月戊辰,地震。

4　冬,十月壬子,大司空朱浮免。癸丑,以光禄勋杜林为大司空。

初,陈留刘昆为江陵令,县有火灾,昆向火叩头,火寻灭;后为弘农太守,虎皆负子渡河。帝闻而异之,征昆代林为光禄勋。帝问昆曰:"前在江陵,反风灭火,后守弘农,虎北渡河,行何德政而致是事?"对曰:"偶然耳。"左右皆笑,帝叹曰:"此乃长者之言也!"顾命书诸策。

5　是岁,青州蝗。

6　匈奴单于舆死,子左贤王乌达鞮侯立,复死,弟左贤王蒲奴立。匈奴中连年旱蝗,赤地数千里,人畜饥疫,死耗太半。单于畏汉乘其敝,乃遣使诣渔阳求和亲;帝遣中郎将李茂报命。

4 冬季,匈奴进犯上谷、中山。

5 莎车王贤逐渐骄横跋扈,妄图兼并西域各国,不断进攻邻国,要求缴纳沉重的赋税,西域各国忧虑恐惧。于是车师前王国、鄯善国、焉耆国等十八国,同时派他们的王子到雒阳充当人质,奉献珍宝。等到觐见皇帝刘秀时,全部磕头,痛哭流涕,希望汉朝再派西域都护。刘秀认为中原刚刚结束内战,北方边境还没征服,于是请各国的人质全都返回,并赏赐丰厚的礼物。西域各国听说汉朝不肯派出都护,而让人质全都返回,更加忧愁恐惧,于是联合给敦煌太守裴遵呈送公文,要求:"希望您把我们的王子作为人质留在贵郡,向莎车国宣称:人质被扣留,汉朝派出的都护不久即出关,望暂且停止军事行动。"裴遵把情况奏报,刘秀表示同意。

汉光武帝建武二十二年(丙午,公元46年)

1 春季,闰正月丙戌(十九日),刘秀去长安。二月己巳,返回雒阳。

2 夏季,五月乙未晦(三十日),出现日食。

3 秋季,九月戊辰,发生地震。

4 冬季,十月壬子(十九日),免去大司空朱浮的职务。癸丑(二十日),任命光禄勋杜林当大司空。

起初,陈留人刘昆当江陵令,县里发生火灾,刘昆对着烈火磕头,大火随即熄灭。后来刘昆当弘农太守,郡中老虎都背着幼虎渡过黄河远去。刘秀听说以后感到惊奇,征召刘昆代替杜林当光禄勋。刘秀问刘昆:"以前你在江陵,转变风向,扑灭烈火,后在弘农,老虎向北渡过黄河,你推行的什么德政,竟至发生这样的事?"刘昆回答:"不过是偶然碰上罢了。"左右侍从都忍不住笑起来,刘秀叹息说:"这才是年高有德的人说的话!"下令把这件事记载在史书上。

5 这一年,青州发生蝗灾。

6 匈奴单于舆去世,儿子左贤王乌达鞮侯继位,不久又去世,乌达鞮侯的弟弟左贤王蒲奴继位。匈奴所辖地区连年发生旱灾、蝗灾,数千里荒无生机,人和牲畜因饥饿和瘟疫流行,已死去多半。匈奴单于畏惧东汉朝廷乘其疲惫进行攻击,于是派使节到渔阳,请求和亲;刘秀派遣中郎将李茂回报。

7　乌桓乘匈奴之弱,击破之。匈奴北徙数千里,幕南地空。诏罢诸边郡亭候、吏卒,以币帛招降乌桓。

8　西域诸国侍子久留敦煌,皆愁思亡归。莎车王贤知都护不至,击破鄯善,攻杀龟兹王。鄯善王安上书:"愿复遣子入侍,更请都护;都护不出,诚迫于匈奴。"帝报曰:"今使者大兵未能得出,如诸国力不从心,东西南北自在也。"于是鄯善、车师复附匈奴。

　　班固论曰:孝武之世,图制匈奴,患其兼从西国,结党南羌,乃表河曲列四郡,开玉门,通西域,以断匈奴右臂,隔绝南羌、月氏。单于失援,由是远遁,而幕南无王庭。遭值文、景玄默,养民五世,财力有馀,士马强盛,故能睹犀布、玳瑁,则建珠崖七郡;感蒟酱、竹杖,则开牂柯、越巂;闻天马、蒲陶,则通大宛、安息。自是殊方异物,四面而至。于是开苑囿,广宫室,盛帷帐,美服玩,设酒池肉林以飨四夷之客,作鱼龙角抵之戏以观视之;及赂遗赠送,万里相奉,师旅之费,不可胜计。至于用度不足,乃榷酒酤,管盐铁,铸白金,造皮币,算至车船,租及六畜。民力屈,财用竭,因之以凶年,寇盗并起,道路不通,直指之使始出,衣绣杖斧,断斩于郡国,然后胜之。是以末年遂弃轮台之地而下哀痛之诏,岂非仁圣之所悔哉!

7 乌桓部落乘着匈奴汗国衰落，发起攻击，击败匈奴。匈奴向北迁徙数千里，沙漠以南地区成为一片空地。刘秀下诏，撤销沿边各郡亭候和边防官兵，又用金钱绢帛招降乌桓部落。

8 西域各国充当人质的王子长期留在敦煌已经一年，都愁眉不展，因思乡而逃回本国。莎车王贤这才知道朝廷不会派都护来，于是出兵击败鄯善国，击杀龟兹国王。鄯善王安给汉朝上书说："愿意再派王子到雒阳做人质，再次请求汉廷委派都护；如果汉廷不派都护，只能被迫向匈奴屈服。"刘秀回答说："现在使节和军队无力派遣，如果西域各国感到力不从心，东西南北，何去何从，凭自己选择。"于是鄯善国、车师国只好归附匈奴。

　　班固评论说：汉武帝时代，图谋制服匈奴，担忧匈奴吞并西域各国，也不愿看到匈奴同南羌各部落结成联盟，于是在黄河以西设立四郡，打开玉门关，打通通往西域的道路，目的在于切断匈奴右臂，隔绝匈奴同南羌、月氏各部落的交通。单于失去外力援助，因此不得不逃向远方，浩瀚沙漠以南没有匈奴王庭。那时，西汉文帝、景帝时代长期沉默，人民休养生息，历经五朝，财富有余，兵强马壮，所以看到南方的犀布、玳瑁，就设置珠崖等七郡；看到蒟酱、竹杖，就设置牂柯、越嶲两郡；听说天马、葡萄，则远交大宛、安息。从此各方的珍奇物品，从四面八方进入中国。于是，朝廷大量开辟园林，扩建宫殿，帷帐豪华，衣服饰物艳丽。建立酒池肉林以款待远道而来的各国使节宾客；又作"鱼龙"角抵的游戏使之一饱眼福；加上贿赂、赏赐、赠送，万里之遥，往来相送，所耗军旅费用，不可胜计。以至于发展到国库开支不足，只好设立酒专卖，盐专卖，铁专卖，铸造白金币、鹿皮币，连坐车乘船，以及饲养牛羊猪狗等六畜，都要征税。人民无力负担，财源枯竭，接着又发生水旱蝗灾，盗贼蜂起，道路断绝，为此，朝廷派出使节，穿着锦绣的衣服，手持代表权力的斧钺，到各郡各封国惩罚诛斩，然后克服了困难局面。所以到汉武帝刘彻末年，决心放弃新疆轮台，颁下哀痛的诏书，这难道不是表示仁圣之君的悔意吗？

且通西域，近有龙堆，远则葱岭，身热、头痛、悬度之厄，淮南、杜钦、扬雄之论，皆以为此天地所以界别区域，绝外内也。西域诸国，各有君长，兵众分弱，无所统一，虽属匈奴，不相亲附。匈奴能得其马畜、旃罽而不能统率，与之进退。与汉隔绝，道里又远，得之不为益，弃之不为损，盛德在我，无取于彼。故自建武以来，西域思汉威德，咸乐内属，数遣使置质于汉，愿请都护。圣上远览古今，因时之宜，辞而未许。虽大禹之序西戎，周公之让白雉，太宗之却走马，义兼之矣！

再说通使西域，距离近的有龙堆，距离远的则有葱岭，那里有身热、头痛、悬度等险恶地段，按照刘安、杜钦、扬雄的看法，都认为那里是天地用以划分疆界、隔绝内外之处。西域各国，各有君王，兵多而分散，所以脆弱，无法统一，虽然归附匈奴，却并不心悦诚服。匈奴能得到他们的马匹牲畜、毛织品，但却不能统率他们的军队，和他们共进退。西域各国和西汉朝廷互相隔绝，又路途遥远，得到它，对汉室没有利益；丢弃它，对汉室没有损害，所有的恩德都出自汉室，汉室对他们却没有任何索取。所以，自从光武帝刘秀以来，西域各国思念汉朝的威望高德，全都渴望归降，多次派出使节，把王子送到汉朝充当人质，请求设置都护。圣明的皇帝刘秀纵览古今，因时机还没有成熟，推辞而没有承诺。从前，虽然有大禹的善待西戎部落，周公的退回白野鸡，汉文帝刘恒的不接受千里马，而刘秀的做法，却包含了上述所有的意义！

卷第四十四　汉纪三十六

起丁未(47)尽庚申(60)凡十四年

世祖光武皇帝下
建武二十三年(丁未,47)

1　春,正月,南郡蛮叛,遣武威将军刘尚讨破之。

2　夏,五月丁卯,大司徒蔡茂薨。

3　秋,八月丙戌,大司空杜林薨。

4　九月辛未,以陈留玉况为大司徒。

5　冬,十月丙申,以太仆张纯为大司空。

6　武陵蛮精夫相单程等反,遣刘尚发兵万馀人溯沅水入武溪击之。尚轻敌深入,蛮乘险邀之,尚一军悉没。

7　初,匈奴单于舆弟右谷蠡王知牙师以次当为左贤王,左贤王次即当为单于。单于欲传其子,遂杀知牙师。乌珠留单于有子曰比,为右薁鞬日逐王,领南边八部。比见知牙师死,出怨言曰:“以兄弟言之,右谷蠡王次当立;以子言之,我前单于长子,我当立!”遂内怀猜惧,庭会稀阔。单于疑之,乃遣两骨都侯监领比所部兵。及单于蒲奴立,比益恨望,密遣汉人郭衡奉匈奴地图诣西河太守求内附。两骨都侯颇觉其意,会五月龙祠,劝单于诛比。比弟渐将王在单于帐下,闻之,驰以报比。比遂聚八部兵四五万人,待两骨都侯还,欲杀之。骨都侯且到,知其谋,亡去。单于遣万骑击之,见比众盛,不敢进而还。

世祖光武皇帝下
汉光武帝建武二十三年(丁未,公元47年)

1 春季,正月,南郡蛮人反叛,东汉朝廷派遣武威将军刘尚讨伐,将蛮人击败。

2 夏季,五月丁卯(初八),大司徒蔡茂去世。

3 秋季,八月丙戌,大司空杜林去世。

4 九月辛未(十三日),任命陈留人玉况为大司徒。

5 冬季,十月丙申(初九),任命太仆张纯为大司空。

6 武陵蛮人首领相单程等反叛,东汉朝廷派刘尚发兵一万馀人,沿沅水逆流而上,到武溪进行讨伐。刘尚轻敌而深入蛮地,蛮人据险邀战,刘尚全军覆没。

7 起初,匈奴单于舆的弟弟右谷蠡王知牙师依照顺序当为左贤王,而左贤王即王储,依照顺序当为单于。但单于舆打算将其位传给自己的儿子,于是杀死了知牙师。舆的前任、乌珠留单于的儿子名叫比,为右薁鞬日逐王,统领南边八大部落。比见知牙师被诛,口出怨言道:"若论兄传弟,右谷蠡王应当继位;若论传子,则我是前单于长子,我应当继位!"于是暗怀猜忌恐惧,很少去单于王庭朝会。单于疑心有异,就派两名骨都侯去监督统领比部下的兵马。及至单于蒲奴继位,比愈发怨恨,他秘密派遣汉人郭衡谒见西河太守,献上匈奴地图,请求归附。两名骨都侯对比的意图颇有觉察,适逢五月龙城祭祀,他们便劝单于杀比。比的弟弟渐将王在单于帐中,闻知此讯,便急忙向比通报。于是比召集八部兵马四五万人,等待两名骨都侯归来,要杀死他们。两名骨都侯在将要到达时,发觉了比的计划,便逃走了。单于派出万名骑兵去攻打比,因见到比的军容强大,不敢进兵就撤回了。

8　是岁，鬲侯朱祜卒。祜为人质直，尚儒学；为将多受降，以克定城邑为本，不存首级之功。又禁制士卒不得虏掠百姓，军人乐放纵，多以此怨之。

二十四年(戊申,48)

1　春，正月乙亥，赦天下。

2　匈奴八部大人共议立日逐王比为呼韩邪单于，款五原塞，愿永为藩蔽，扞御北虏。事下公卿，议者皆以为"天下初定，中国空虚，夷狄情伪难知，不可许"。五官中郎将耿国独以为："宜如孝宣故事，受之，令东扞鲜卑，北拒匈奴，率厉四夷，完复边郡。"帝从之。

3　秋，七月，武陵蛮寇临沅，遣谒者李嵩、中山太守马成讨之，不克。马援请行，帝愍其老，未许，援曰："臣尚能被甲上马。"帝令试之。援据鞍顾眄，以示可用，帝笑曰："矍铄哉是翁！"遂遣援率中郎将马武、耿舒等将四万馀人征五溪。援谓友人杜愔曰："吾受厚恩，年迫日索，常恐不得死国事；今获所愿，甘心瞑目，但畏长者家儿或在左右，或与从事，殊难得调，介介独恶是耳！"

4　冬，十月，匈奴日逐王比自立为南单于，遣使诣阙奉藩称臣。上以问朗陵侯臧宫。宫曰："匈奴饥疫分争，臣愿得五千骑以立功。"帝笑曰："常胜之家，难与虑敌，吾方自思之。"

二十五年(己酉,49)

1　春，正月，辽东徼外貊人寇边，太守祭肜招降之。肜又以财利抚纳鲜卑大都护偏何，使招致异种，骆驿款塞。肜曰："审欲立功，当归击匈奴，斩送头首，乃信耳。"偏何等即击匈奴，

8　同年，鬲侯朱祐去世。朱祐为人质朴正直，崇尚儒学；身为将领，他愿意接受敌人投降，以夺取城池为目的，而不贪图用人头报功。他还禁止士卒掳掠百姓，而军人喜欢自由放纵，因此对朱祐多怀怨恨。

汉光武帝建武二十四年(戊申，公元48年)

1　春季，正月乙亥(十九日)，大赦天下。

2　匈奴八大部落首领共同议定，拥立日逐王比为呼韩邪单于，派使者前往五原塞，表示愿意永远做汉王朝的藩属屏障，抵御北方敌侵。光武帝将此事交付公卿商议，大家都认为"天下方才安定，中原空虚，而夷狄的意图真假难辨，不可应许"。唯独五官中郎将耿国认为："应当依照孝宣皇帝的先例，接受归附，命他们在东面抵御鲜卑，在北面抗拒匈奴，做四方蛮夷的表率，修复沿边诸郡。"光武帝听从了耿国的意见。

3　秋季，七月，武陵蛮人攻打临沅，东汉朝廷派谒者李嵩、中山太守马成讨伐，未能取胜。马援请求出征，光武帝怜他年迈，不肯应允，马援说："我还能够身穿盔甲，上马驰骋。"光武帝命他一试身手。马援跨在鞍上，转身回视，以示仍可征战，光武帝笑道："好一位精神矍铄的老翁啊！"于是派马援带领中郎将马武、耿舒等率四万馀众进军五溪。马援对友人杜愔说："我受皇恩深重，但年事已高，去日无多，总是担心不能为国而死；今日得遂所愿，我甘心快意，死也瞑目了，只是顾虑那些权贵子弟，他们或者近在左右，或者随从办事，很难调动，我唯独有此心病！"

4　冬季，十月，匈奴日逐王比自立为南单于，派使节到汉廷，愿做藩国，自称臣属。光武帝询问朗陵侯臧宫的意见。臧宫说："匈奴饥荒、瘟疫、纷争迭起，我愿得到五千骑兵去立战功。"光武帝笑道："面对常胜将军，难以商议敌情，我要自己考虑此事。"

汉光武帝建武二十五年(己酉，公元49年)

1　春季，正月，辽东郡塞外的貊人侵犯边境，太守祭肜招诱他们归降。祭肜还用财物安抚结纳鲜卑首领偏何，让他招集其他异族部落，陆续到边塞归降。祭肜说："你们要是真想立功，就应当回去打匈奴，斩下匈奴首领的头送来，我才会信任你们。"偏何等就去攻打匈奴，

斩首二千馀级,持头诣郡。其后岁岁相攻,辄送首级,受赏赐。自是匈奴衰弱,边无寇警,鲜卑、乌桓并入朝贡。肜为人质厚重毅,抚夷狄以恩信,故皆畏而爱之,得其死力。

2 南单于遣其弟左贤王莫将兵万馀人击北单于弟薁鞬左贤王,生获之。北单于震怖,却地千馀里。北部薁鞬骨都侯与右骨都侯率众三万馀人归南单于。三月,南单于复遣使诣阙贡献,求使者监护,遣侍子,修旧约。

3 戊申晦,日有食之。

4 马援军至临乡,击破蛮兵,斩获二千馀人。

初,援尝有疾,虎贲中郎将梁松来候之。独拜床下,援不答。松去后,诸子问曰:"梁伯孙,帝婿,贵重朝廷,公卿已下莫不惮之,大人奈何独不为礼?"援曰:"我乃松父友也,虽贵,何得失其序乎!"

援兄子严、敦并喜讥议,通轻侠,援前在交趾,还书诫之曰:"吾欲汝曹闻人过失,如闻父母之名,耳可得闻,口不可得言也。好论议人长短,妄是非政法,此吾所大恶也。宁死,不愿闻子孙有此行也。龙伯高敦厚周慎,口无择言,谦约节俭,廉公有威,吾爱之重之,愿汝曹效之。杜季良豪侠好义,忧人之忧,乐人之乐,父丧致客,数郡毕至,吾爱之重之,不愿汝曹效也。效伯高不得,犹为谨敕之士,所谓'刻鹄不成尚类鹜'者也;效季良不得,陷为天下轻薄子,所谓'画虎不成反类狗'者也。"伯高者,山都长龙述也;季良者,越骑司马杜保也,皆京兆人。会保仇人上书,讼"保为行浮薄,乱群惑众,伏波将军万里还书以诫兄子,而梁松、窦固与之交结,将扇其轻伪,败乱诸夏"。

斩杀两千馀人,将人头献到辽东郡官府。此后,他们每年都去打匈奴,送来人头,接受赏赐。匈奴势力从此衰落,而汉王朝边境不再有敌侵的警报,鲜卑、乌桓一同入朝进贡。祭肜为人质朴敦厚,沉着坚毅,用恩惠和信义招抚外族,因此外族对他既怕又爱,拼死效力。

2 南单于派他的弟弟左贤王莫率兵一万馀众进攻北单于的弟弟奠鞬左贤王,将他生擒。北单于十分震恐,后撤了一千多里。北匈奴所属的奠鞬骨都侯和右骨都侯带领三万多人归附南单于。三月,南单于再度遣使者到朝廷进贡,请汉朝派使者进行监护,并要求将王子送到汉朝做人质,重修旧日和约。

3 三月戊申晦(二十九日),出现日食。

4 马援的军队到达临乡,攻破蛮兵,斩杀、俘获两千馀人。

起初,马援曾经患病,虎贲中郎将梁松前来探望。梁松独自在床下拜见,而马援没有还礼。梁松走后,马援的儿子们问道:"梁伯孙是皇上的女婿,朝廷显贵,公卿以下的官员没有不惧怕他的,为何唯独您对他不礼敬?"马援答道:"我是他父亲的朋友,他身份虽贵,可怎能不讲辈分呢?"

马援的侄子马严、马敦都爱发议论,结交游侠,马援先前在交趾时,曾写信回家告诫他们:"我希望你们在听到他人过失的时候,就像听到自己父母的名字一样,耳可以听,而口却不能讲。好议论他人是非,随意褒贬时政和法令,这是我最厌恶的事情。我宁可死,也不愿听到子孙有此类行径。龙伯高为人宽厚谨慎,言谈合乎礼法,谦恭而俭朴,廉正而威严,我对他既敬爱,又尊重,希望你们效法他。杜季良为人豪侠仗义,将别人的忧虑当作自己的忧虑,将别人的快乐当作自己的快乐,他父亲去世吊,几郡的客人全来了,我对他又敬爱又尊重,却不希望你们效法他。效法龙伯高不成,还可以做恭谨之士,正如人们所说的'刻鹄不成尚类鹜';若是效法杜季良不成,就会堕落成天下的轻浮子弟,正如人们所说的'画虎不成反类狗'了。"龙伯高,即山都县长龙述;杜季良,即越骑司马杜保,两人都是京兆人。适逢杜保的仇人上书,指控杜保"行为浮躁,盅惑人心,伏波将军马援远从万里之外写信回家告诫侄儿不要与他来往,而梁松、窦固却同他结交,势将煽风点火,败坏扰乱国家"。

书奏，帝召责松、固，以讼书及援诫书示之，松、固叩头流血，而得不罪。诏免保官，擢拜龙述为零陵太守。松由是恨援。

及援讨武陵蛮，军次下隽，有两道可入，从壶头则路近而水崄，从充则涂夷而运远。耿舒欲从充道，援以为弃日费粮，不如进壶头，扼其喉咽，充贼自破。以事上之，帝从援策。进营壶头，贼乘高守隘，水疾，船不得上。会暑甚，士卒多疫死，援亦中病，乃穿岸为室以避炎气。贼每升险鼓噪，援辄曳足以观之，左右哀其壮意，莫不为之流涕。耿舒与兄好畤侯弇书曰："前舒上书当先击充，粮虽难运而兵马得用，军人数万，争欲先奋。今壶头竟不得进，大众怫郁行死，诚可痛惜！前到临乡，贼无故自致，若夜击之，即可歼灭，伏波类西域贾胡，到一处辄止，以是失利。今果疾疫，皆如舒言。"弇得书奏之，帝乃使梁松乘驿责问援，因代监军。

会援卒，松因是构陷援。帝大怒，追收援新息侯印绶。初，援在交趾，常饵薏苡实，能轻身，胜瘴气，军还，载之一车。及卒后，有上书谮之者，以为前所载还皆明珠、文犀。帝益怒。

援妻孥惶惧，不敢以丧还旧茔，稿葬城西，宾客故人，莫敢吊会。严与援妻子草索相连，诣阙请罪。帝乃出松书以示之，方知所坐，上书诉冤，前后六上，辞甚哀切。

奏书呈上,光武帝召梁松、窦固责问,出示指控的奏书和马援告诫侄儿的书信,梁松、窦固叩头流血,才未获罪。诏命免去杜保官职,将龙述擢升为零陵太守。梁松由此深恨马援。

到后来,马援征讨武陵蛮人,大军到达下隽,有两道路可入蛮界:一从壶头,这条路近而水势深险;一从充县,这条路是坦途,但运输线太长。耿舒主张走充县,马援却认为那样会消耗时日和军粮,不如进军壶头,扼住蛮人咽喉,则充县之敌将不攻自破。两种意见上报朝廷,光武帝批准了马援的战略。于是汉军进兵壶头,蛮匪登高,把守险要,水流湍急,汉军舰船不能上行。适逢酷暑,很多士兵患瘟疫而死,马援也被传染,于是在河岸凿窟栖身以避暑热。每当蛮匪爬到高处擂鼓呐喊,马援便蹒跚跛行着察看敌情,左右随从无不为他的壮志所感而痛心流泪。耿舒在给他哥哥好時侯耿弇的信中写道:"当初我曾上书建议先打充县,尽管粮草运输困难,但兵马前进无阻,大军数万,人人奋勇争先。而如今竟在壶头滞留,官兵忧愁抑郁,行将病死,实在令人痛惜!前在临乡,敌兵无故自来,如果乘夜出击,就可以将他们全歼,而马援就像个做生意的西域商人,所到之处,处处停留,这就是失利的原因,现在果然遇到了瘟疫,完全同我预言的一样。"耿弇收到信后上奏朝廷,于是光武帝派梁松乘驿车前去责问马援,并就此代理监军事务。

正当此时,马援逝世,梁松乘机陷害马援。光武帝大怒,下令收回马援的新息侯印信、绶带。当初马援在交趾时,经常服食薏苡仁,因为此物可使身体轻健,抵御瘴气,班师时,曾载回了一车。等到马援死后,却有人上书诬告他当初用车载的全是上好的珍珠和犀角。于是光武帝益发愤怒。

马援的妻子儿女又慌又怕,不敢将马援的棺柩运回祖坟,便草草葬在城西,他门下的宾客旧友,没有人敢来祭吊。马援的侄儿马严和马援的妻子儿女把自己用草绳捆绑起来,连在一起,到皇宫门口请罪。于是光武帝拿出梁松的奏书给他们看,他们方才得知马援的罪名,便上书鸣冤,前后共六次,情辞十分哀伤悲切。

前云阳令扶风朱勃,诣阙上书曰:"窃见故伏波将军马援,拔自西州,钦慕圣义,间关险难,触冒万死,经营陇、冀,谋如涌泉,势如转规,兵动有功,师进辄克。诛锄先零,飞矢贯胫;出征交趾,与妻子生诀。间复南讨,立陷临乡,师已有业,未竟而死;吏士虽疫,援不独存。夫战或以久而立功,或以速而致败,深入未必为得,不进未必为非,人情岂乐久屯绝地不生归哉!惟援得事朝廷二十二年,北出塞漠,南渡江海,触冒害气,僵死军事,名灭爵绝,国土不传,海内不知其过,众庶未闻其毁,家属杜门,葬不归墓,怨隙并兴,宗亲怖栗,死者不能自列,生者莫为之讼,臣窃伤之!夫明主酆于用赏,约于用刑,高祖尝与陈平金四万斤以间楚军,不问出入所为,岂复疑以钱谷间哉!愿下公卿,平援功罪,宜绝宜续,以厌海内之望。"帝意稍解。

初,勃年十二,能诵《诗》、《书》,常候援兄况,辞言娴雅,援裁知书,见之自失。况知其意,乃自酌酒慰援曰:"朱勃小器速成,智尽此耳,卒当从汝禀学,勿畏也。"勃未二十,右扶风请试守渭城宰。及援为将军封侯,而勃位不过县令。援后虽贵,常待以旧恩而卑侮之,勃愈身自亲。及援遇谗,唯勃能终焉。

谒者南阳宗均监援军,援既卒,军士疫死者太半,蛮亦饥困。均乃与诸将议曰:"今道远士病,不可以战,欲权承制降之,何如?"诸将皆伏地莫敢应。均曰:"夫忠臣出竟,有可以安国家,专之可也。"乃矫制调伏波司马吕种守沅陵长,命种奉诏书入虏营,

前任云阳县令、扶风人朱勃前往皇宫大门上书说："我看见,已故的伏波将军马援,从西州崛起,钦敬仰慕皇上圣明仁义,历经艰险,万死一生,在陇、冀两地征战,他的智谋如泉水一样喷涌不绝,行动如转轮一样灵活迅速,用兵战无不胜,出师攻无不克。剿伐先零时,飞箭曾射穿他的小腿;出征交趾时,他以为此行必死,曾与妻儿诀别。过了不久又再度南征,很快攻临临乡,大军已经建立功业,但未完成而马援先死;军官士兵虽然遭受瘟疫,而马援也没有独自生还。战争有以持久而取胜的,也有因速战而败亡的,深入敌境未必就正确,不深入也未必为不对,论人之常情,难道有乐意久驻危险之地不生还的吗? 马援得以为朝廷效力二十二年,在北方出塞到大漠,在南方渡江漂海,他感染瘟疫,死在军中,名声被毁,失去爵位,没有封地传遗子孙,天下不知他所犯的过错,百姓不知对他的指控,他的家属紧闭门户,遗体不能归葬祖坟,对马援的怨恨和嫌隙一时并起,马氏家族震恐战栗,已死的人,不能自己剖白,活着的人,不能为他分辩,我为此感到痛心! 圣明的君王重于奖赏,省于刑罚,高祖曾经交给陈平四万斤金用以离间楚军,并不问账目与用途,又岂能疑心那些钱谷的开销呢? 请将马援一案交付公卿议论,评判他的功罪,决定是否恢复爵位,以满足天下人的愿望。"光武帝之怒稍有消解。

起初,朱勃十二岁时就能背诵《诗经》《尚书》,经常拜望马援之兄马况,言辞温文尔雅。当时马援才开始读书,看到朱勃,他自忖不如,若有所失。马况觉出了马援的心情,就亲自斟酒安慰他说:"朱勃是小器,早成,聪明才智尽此而已,他最终将从学于你,不要怕他。"朱勃还不到二十岁,右扶风便试用他代理渭城县宰。而等到马援做了将军并封侯的时候,朱勃的官位还不过是个县令。马援后来虽然身居显贵,仍然常常以旧恩照顾朱勃,但又卑视和怠慢他,而朱勃本人的态度却愈发亲近。及至马援受到诬陷,唯有朱勃能够最终保持忠诚不渝。

谒者、南阳人宗均任马援大军的监军,马援去世后,官兵因瘟疫而死的已超过半数,蛮夷也饥困交迫。于是宗均同将领们商议道:"我们如今道路遥远,官兵染疾,不可以再作战了,我打算权且代表皇上发布命令招降敌人,怎么样?"将领们全都伏在地上不敢应声。宗均说:"忠臣远在境外,若有保护国家安全之策,可以专断专行。"于是假传诏旨,调伏波司马吕种代理沅陵县长,命他带着诏书进入敌营,

告以恩信,因勒兵随其后。蛮夷震怖,冬十月,共斩其大帅而降。于是均入贼营,散其众,遣归本郡,为置长吏而还,群蛮遂平。均未至,先自劾矫制之罪。上嘉其功,迎,赐以金帛,令过家上冢。

5　是岁,辽西乌桓大人郝旦等率众内属。诏封乌桓渠帅为侯、王、君长者八十一人,使居塞内,布于缘边诸郡,令招来种人,给其衣食,遂为汉侦候,助击匈奴、鲜卑。时司徒掾班彪上言:"乌桓天性轻黠,好为寇贼,若久放纵而无总领者,必复掠居人,但委主降掾吏,恐非所能制。臣愚以为宜复置乌桓校尉,诚有益于附集,省国家之边虑。"帝从之,于是始复置校尉于上谷宁城,开营府,并领鲜卑赏赐、质子,岁时互市焉。

二十六年(庚戌,50)

1　正月,诏增百官奉:其千石已上,减于西京旧制,六百石已下,增于旧秩。

2　初作寿陵。帝曰:"古者帝王之葬,皆陶人、瓦器、木车、茅马,使后世之人不知其处。太宗识终始之义,景帝能述遵孝道,遭天下反覆,而霸陵独完受其福,岂不美哉!今所制地不过二三顷,无山陵陂池,裁令流水而已。使迭兴之后,与丘陇同体。"

3　诏遣中郎将段彬、副校尉王郁使南匈奴,立其庭,去五原西部塞八十里。使者令单于伏拜受诏,单于顾望有顷,乃伏称臣。拜讫,令译晓使者曰:"单于新立,诚惭于左右,愿使者众中无相屈折也。"诏听南单于入居云中,始置使匈奴中郎将,将兵卫护之。

向蛮匪宣告朝廷的恩德和信义,而自己率军尾随其后。蛮人十分震恐,冬季,十月,他们一道杀死首领投降。于是宗均进入蛮匪大营,遣散蛮兵,命他们各回本郡,又委任了地方官吏,然后班师返回,蛮人之乱于是平定。宗均还没到京城,先自我弹劾假传诏旨之罪。光武帝嘉奖他的功绩,派人出迎,赏赐金帛,命他经过家乡时祭扫祖坟。

5　同年,辽西郡乌桓部落大人郝旦等率领部众归附汉朝。光武帝下诏将乌桓各级首领封为侯、王、君长,共计八十一人,让他们移居塞内,分布在沿边各郡,并命令他们招徕本族之人,由官府供给衣服饭食,于是这些人便成为汉朝边疆的警哨,协助去讨匈奴和鲜卑。其时,司徒掾班彪上书道:"乌桓人天性灵活狡黠,喜做强盗,如果长久放纵而无人管束,必将再度劫掠汉朝居民,只委派主持受降的低级官吏,恐怕不能控制他们。我认为应当再度设置护乌桓校尉,这必将有益于招抚外族,减少国家的边患之忧。"光武帝听从了他的建议,于是在上谷宁城重新设置护乌桓校尉,建立大营和官府,负责对鲜卑的赏赐、接送人质和每年四季的双边贸易等事务。

汉光武帝建武二十六年(庚戌,公元 50 年)

1　正月,光武帝下诏,增加百官的俸禄:千石以上的官吏,低于西汉旧制;六百石以下的官吏,高于西汉旧制。

2　开始兴建皇陵。光武帝说:"古代帝王的随葬之物,全都是陶人、瓦器、木制之车、茅编之马,使后世的人不知道陵墓所在。文帝明了生死的真义,景帝能够遵从孝道,所以经历了天下大乱的变故之后,唯独霸陵有幸保全,这岂不是美事吗!现在设计的陵墓,占地不过二三顷,不起山陵,不修池,只令不积水而已。使陵墓在改朝换代之后,能与丘陇泥土成为一体。"

3　光武帝下诏,派中郎将段彬、副校尉王郁出使南匈奴,为南匈奴建立王庭,距五原西边塞八十里。汉朝使者命令单于伏地跪拜,接受诏书。单于犹豫片刻,于是伏地,自称臣属。仪式结束后,他命翻译告诉汉朝使者说:"单于新近即位,在左右群臣面前跪拜实在羞惭,希望使者不要在大庭广众中使单于屈节。"光武帝下诏,听任南单于进入云中郡居住。汉朝自此设置使匈奴中郎将,领军护卫。

4　夏,南单于所获北虏薁鞬左贤王将其众及南部五骨都侯合三万馀人畔归,去北庭三百馀里,自立为单于。月馀,日更相攻击,五骨都侯皆死,左贤王自杀,诸骨都侯子各拥兵自守。

5　秋,南单于遣子入侍。诏赐单于冠带、玺绶、车马、金帛、甲兵、什器。又转河东米糒二万五千斛,牛羊三万六千头以赡给之。令中郎将将弛刑五十人,随单于所处,参辞讼,察动静。单于岁尽辄遣奉奏,送侍子入朝,汉遣谒者送前侍子还单于庭,赐单于及阏氏、左右贤王以下缯彩合万匹,岁以为常。于是云中、五原、朔方、北地、定襄、雁门、上谷、代八郡民归于本土。遣谒者分将弛刑,补治城郭,发遣边民在中国者布还诸县,皆赐以装钱,转给粮食。时城郭丘墟,扫地更为,上乃悔前徙之。

6　冬,南匈奴五骨都侯子复将其众三千人归南部,北单于使骑追击,悉获其众。南单于遣兵拒之,逆战不利,于是复诏单于徙居西河美稷,因使段彬、王郁留西河拥护之,令西河长史岁将骑二千、弛刑五百人助中郎将卫护单于,冬屯夏罢,自后以为常。南单于既居西河,亦列置诸部王,助汉扞戍北地、朔方、五原、云中、定襄、雁门、代郡,皆领部众,为郡县侦逻耳目。北单于惶恐,颇还所掠汉民以示善意,钞兵每到南部下,还过亭候,辄谢曰:"自击亡虏薁鞬日逐耳,非敢犯汉民也。"

二十七年(辛亥,51)
1　夏,四月戊午,大司徒玉况薨。

4 夏季,南单于所俘虏的北匈奴奠鞬左贤王带领旧部及南匈奴的五位骨都侯,共计三万多人,叛变北逃,在距北匈奴王庭三百多里处,自立为单于。一个多月以后,发生了内讧,他们每天互相攻击,五位骨都侯全部死去,左贤王自杀,五位骨都侯的儿子们各自拥兵独立。

5 秋季,南单于派遣儿子到汉朝做人质。光武帝下诏,赐给南单于官帽、腰带、印玺、车马、金帛、武器及日用什物。又从河东郡调粮二万五千斛,牛羊三万六千头供给南匈奴。命令中郎将率领免刑囚徒五十人,跟随南单于,参与处理诉讼案件,并伺察动静。到了年底,南单于便派使者呈送奏书,护送做新人质的王子到汉朝。汉朝则派谒者将上一次充当人质的王子送回单于王庭,赐给单于和王后、左右贤王及以下官员彩色丝绸一万匹,每年如此,成为常例。于是,云中、五原、朔方、北地、定襄、雁门、上谷、代等八郡的流亡居民回到本土。汉朝派出谒者,分别带领免刑囚徒修补整治城墙,并遣送内迁中原的边疆居民回到各县,对返归的人全都赐给治装费,调粮供应。此时沿边城郭已成废墟,需要清除瓦砾,重新建设,于是光武帝对先前的徙民之举感到后悔。

6 冬季,南匈奴五位骨都侯的儿子率领部众三千人回归南匈奴,北匈奴单于派骑兵追击,将他们全部俘获。南匈奴单于发兵抵抗北匈奴,迎战失利,于是光武帝再次下诏,让南单于移居西河郡美稷县,命段彬、王郁留驻西河护卫,又命西河长史每年冬天带领二千骑兵、五百免刑囚徒协助中郎将护卫南单于,到夏天时撤走,从此成为常例。南单于移居西河郡以后,依旧设立诸部落王,协助汉朝戍守北地、朔方、五原、云中、定襄、雁门、代郡,诸部落王全都率领部众为郡县巡逻侦察。北单于十分惊恐,送回了不少被掠走的汉朝居民,以表示善意,每当其突击部队南下南匈奴,经过汉朝的边塞亭燧,都致歉道:"我们只是讨伐叛徒奠鞬日逐王而已,不敢侵犯汉朝居民。"

汉光武帝建武二十七年(辛亥,公元51年)

1 夏季,四月戊午(二十一日),大司徒玉况去世。

2 五月丁丑，诏司徒、司空并去"大"名，改大司马为太尉。骠骑大将军行大司马刘隆即日罢，以太仆赵熹为太尉，大司农冯勤为司徒。

3 北匈奴遣使诣武威求和亲，帝召公卿廷议，不决。皇太子言曰："南单于新附，北虏惧于见伐，故倾耳而听，争欲归义耳。今未能出兵而反交通北虏，臣恐南单于将有二心，北虏降者且不复来矣。"帝然之，告武威太守勿受其使。

4 朗陵侯臧宫、扬虚侯马武上书曰："匈奴贪利，无有礼信，穷则稽首，安则侵盗。虏今人畜疫死，旱蝗赤地，疲困乏力，不当中国一郡，万里死命，悬在陛下。福不再来，时或易失，岂宜固守文德而堕武事乎！今命将临塞，厚悬购赏，喻告高句骊、乌桓、鲜卑攻其左，发河西四郡、天水、陇西羌胡击其右，如此，北虏之灭，不过数年。臣恐陛下仁恩不忍，谋臣狐疑，令万世刻石之功不立于圣世！"诏报曰："《黄石公记》曰：'柔能制刚，弱能制强。舍近谋远者，劳而无功；舍远谋近者，逸而有终。故曰：务广地者荒，务广德者强，有其有者安，贪人有者残。残灭之政，虽成必败。'今国无善政，灾变不息，百姓惊惶，人不自保，而复欲远事边外乎！孔子曰：'吾恐季孙之忧不在颛臾。'且北狄尚强，而屯田警备，传闻之事，恒多失实。诚能举天下之半以灭大寇，岂非至愿！苟非其时，不如息民。"自是诸将莫敢复言兵事者。

2　五月丁丑(十一日),光武帝下诏,命将大司徒、大司空的"大"字全都去掉,并将大司马改为太尉。将骠骑大将军、代理大司马刘隆即日罢免,任命太仆赵憙为太尉,大司农冯勤为司徒。

3　北匈奴派使者到武威郡请求和亲,光武帝召集公卿在朝堂商议,决定不下。皇太子说道:"南单于新近归附,北匈奴害怕遭到讨伐,所以倾耳听命,争着要归顺汉朝。如今我们没能为南匈奴出兵,却反与北匈奴交往,我担心南匈奴将生二心,而想要投降的北匈奴也不会再来了。"光武帝赞同这一见解,告知武威太守不要接待北匈奴使者。

4　朗陵侯臧宫、扬虚侯马武上书说:"匈奴贪图利益,没有信义,困难时向汉朝叩头,太平时便发动侵略。如今北匈奴遇到瘟疫,人马、牲畜病死,又遭旱灾、蝗灾,成为不毛之地,疲惫困顿不堪,其实力抵不过汉朝的一个郡,万里之外的垂死性命,悬在陛下之手。福运不会再来,时机容易丧失,难道应当死守斯文道德而放弃武力吗?现在应当命令将领进驻边塞,悬以重赏,命高句骊、乌桓、鲜卑进攻北匈奴左翼,征发河西四郡、天水、陇西的羌人胡人进攻北匈奴右翼,如果这样决策,不过数年,便可消灭北匈奴。我们担心陛下心慈恩厚,不忍开战,而参谋之臣又犹豫不决,使刻石铭记流传万代的伟业不能在圣明的今世建立!"光武帝用诏书回报道:"《黄石公记》说:'柔能克刚,弱能胜强。舍弃近处而经营远方,劳碌而无功效;舍弃远方而经营近处,轻松而有成果。所以说:一心扩充地盘就会精疲力尽,一心推广恩德就会壮大强盛,拥有自己所有的人,得到安宁,贪图别人所有的人,变得凶恶。残暴的政令,即便一时成功,也终将失败。'如今国家没有为民造福的政策,天灾人祸,变故不断,百姓惊慌不安,不能保全自己,难道还要再去经营遥远的塞外吗?孔子说:'我恐怕季孙家的祸患不是外部之敌颛臾,而在内部。'况且北匈奴的实力仍然强盛,而我们屯兵边境,开垦田地,只是为了戒备敌侵,传闻的事,总是多有失实。果真能以一半国力消灭大敌,岂不是我最高的愿望!若是时机不到,不如让人民休息。"从此,将领们不敢再建议用兵。

5　上问赵熹以久长之计,熹请遣诸王就国。冬,上始遣鲁王兴、齐王石就国。

6　是岁,帝舅寿张恭侯樊宏薨。宏为人,谦柔畏慎,每当朝会,辄迎期先到,俯伏待事;所上便宜,手自书写,毁削草本;公朝访逮,不敢众对。宗族染其化,未尝犯法。帝甚重之。及病困,遗令薄葬,一无所用。以为棺柩一藏,不宜复见,如有腐败,伤孝子之心,使与夫人同坟异藏。帝善其令,以书示百官,因曰:"今不顺寿张侯意,无以彰其德;且吾万岁之后,欲以为式。"

二十八年(壬子,52)

1　春,正月己巳,徙鲁王兴为北海王,以鲁益东海。帝以东海王强去就有礼,故优以大封,食二十九县,赐虎贲、旄头,设钟虡之乐,拟于乘舆。

2　夏,六月丁卯,沛太后郭氏薨。

3　初,马援兄子婿王磐,平阿侯仁之子也。王莽败,磐拥富赀为游侠,有名江、淮间。后游京师,与诸贵戚友善,援谓姊子曹训曰:"王氏,废姓也,子石当屏居自守,而反游京师长者,用气自行,多所陵折,其败必也。"后岁馀,磐坐事死,磐子肃复出入王侯邸第。时禁罔尚疏,诸王皆在京师,竞修名誉,招游士。马援谓司马吕种曰:"建武之元,名为天下重开,自今以往,海内日当安耳。但忧国家诸子并壮而旧防未立,若多通宾客,则大狱起矣。卿曹戒慎之!"至是,有上书告肃等受诛之家,为诸王宾客,虑因事生乱。会更始之子寿光侯鲤得幸于沛王,怨刘盆子,结客杀故式侯恭。帝怒,沛王坐系诏狱,三日乃得出。因诏郡县收捕诸王宾客,更相牵引,死者以千数。吕种亦与其祸,临命叹曰:"马将军诚神人也!"

5　光武帝向赵憙垂问永保帝业之策,赵憙建议派遣诸侯王各回封国就位。冬季,光武帝开始派遣鲁王刘兴、齐王刘石前往封国就位。

6　本年,光武帝的舅父寿张恭侯樊宏去世。樊宏为人谦和谨慎,每逢朝会,总是提前到达,俯身待命;所上奏章都由他亲手书写,销毁底稿;朝会时皇上有所询问,他不敢当众对答。宗族受到他的影响,没有人触犯法令。光武帝对他十分敬重。他病重的时候,遗命实行薄葬,不用任何随葬物品。他认为,棺柩一旦掩埋,便不应再见,如果棺木朽烂,会使子女伤心,所以他吩咐要与夫人同坟不同穴而葬。光武帝赞赏他的遗嘱,命令百官传阅,并说:"如今不顺从寿张侯的意思,便无法显示他的品德;况且在我去世之后,也要依照此法。"

汉光武帝建武二十八年(壬子,公元52年)

1　春季,正月己巳(十三日),改封鲁王刘兴为北海王,将鲁国并入东海国。光武帝认为东海王刘强听命归国,谦恭有礼,所以对他特别优待,加大封国,使拥有二十九县,并赐予虎贲武士、骑兵仪仗,以木架钟磬设礼乐,同帝王相仿。

2　夏季,六月丁卯(初七),沛太后郭氏逝世。

3　当初,马援的侄婿王磐是平阿侯王仁的儿子。王莽败亡之后,王磐拥有巨额资产而成为游侠,闻名于长江、淮河之间。后来他前往京城,与皇亲国戚结为好友,马援对姐姐的儿子曹训说:"王姓是败落之家,王磐本应深居自保,可他反而与京城显贵交往,又意气用事,得罪了很多人,他必遭祸事。"过了一年多,王磐获罪被杀,而他的儿子王肃却重新出入于王侯府第。当时禁令还不严密,诸侯王全在京城,竞相博取声誉,招揽宾客。马援对司马吕种说:"建武开国,重建天下,从今以后,海内会有安定之日。我只是忧虑皇子们同时长大,而旧有的禁令未能恢复,如果广纳宾客,那么将会大狱兴起了。你们要警戒小心!"及至本年,有人上书控告王肃等人出身受诛之家,却成为诸侯王们的宾客,恐怕会寻找机会,制造变乱。恰巧刘玄之子、寿光侯刘鲤受到沛王宠信,而刘鲤对刘盆子心怀怨恨,纠结宾客杀死了刘盆子之兄、前式侯刘恭。光武帝大怒,沛王因此获罪,囚禁诏狱,三天后才被释放。于是下诏在全国各郡县搜捕诸侯王的宾客,加之互相牵连,诛杀者数以千计。吕种也遭此祸,他在处决前叹息道:"马将军真是神人啊!"

4　秋，八月戊寅，东海王强、沛王辅、楚王英、济南王康、淮阳王延始就国。

5　上大会群臣，问："谁可傅太子者？"群臣承望上意，皆言："太子舅执金吾原鹿侯阴识可。"博士张佚正色曰："今陛下立太子，为阴氏乎，为天下乎？即为阴氏，则阴侯可；为天下，则固宜用天下之贤才！"帝称善，曰："欲置傅者，以辅太子也，今博士不难正朕，况太子乎！"即拜佚为太子太傅，以博士桓荣为少傅，赐以辎车、乘马。荣大会诸生，陈其车马、印绶，曰："今日所蒙，稽古之力也，可不勉哉！"

6　北匈奴遣使贡马及裘，更乞和亲，并请音乐，又求率西域诸国胡洛俱献见。帝下三府议酬答之宜，司徒掾班彪曰："臣闻孝宣皇帝敕边守尉曰：'匈奴大国，多变诈，交接得其情，则却敌折冲；应对入其数，则反为轻欺。'今北单于见南单于来附，惧谋其国，故数乞和亲，又远驱牛马与汉合市，重遣名王，多所贡献，斯皆外示富强以相欺诞也。臣见其献益重，知其国益虚；归亲愈数，为惧愈多。然今既未获助南，则亦不宜绝北，羁縻之义，礼无不答。谓可颇加赏赐，略与所献相当，报答之辞，令必有适。今立稿草并上，曰：'单于不忘汉恩，追念先祖旧约，欲修和亲，以辅身安国，计议甚高，为单于嘉之！往者匈奴数有乖乱，呼韩邪、郅支自相雠隙，并蒙孝宣帝垂恩救护，故各遣侍子称藩保塞。其后郅支忿戾，自绝皇泽，而呼韩附亲，忠孝弥著。及汉灭郅支，遂保国传嗣，子孙相继。

4 秋季,八月戊寅(十九日),东海王刘强、沛王刘辅、楚王刘英、济南王刘康、淮南王刘延从此前往各自封国。

5 光武帝召集百官,询问:"谁人可任太子的师傅?"百官察言观色,迎合光武帝的意思,一致说:"太子的舅父、执金吾、原鹿侯阴识可以担当此任。"博士张佚严肃地说:"如今陛下立太子,是为阴家呢,还是为天下呢? 若是为阴家,那么阴识可用;若是为天下,那么就定当用天下贤才!"光武帝表示赞许,说道:"我之所以要设太子太傅,是为了辅佐太子,今天博士不难匡正朕的偏误,何况对于太子呢!"随即任命张佚为太子太傅,任命博士桓荣为太子少傅,赐予帷车、马匹。桓荣召集全体学生聚会,摆出光武帝赏给他的车马、印信、绶带,说道:"我今日蒙此荣幸,是得力于对古书的钻研,你们岂可不勉励自己吗!"

6 北匈奴派使节进贡马匹、皮衣,再次请求和亲,请求传授汉朝音乐,还请求率领西域各国使节一同进贡朝见。光武帝命令太尉、司徒、司空三府研究如何答复,司徒掾班彪说:"我听说,孝宣皇帝曾训令守边官员道:'匈奴是个大国,多变狡诈,同它交往,如能得它的真心,那么它可为我冲锋杀敌;但如果落入它的圈套,那么反而会受到轻视欺侮。'现在北单于见南单于前来归附,害怕他的国家受到谋算,所以屡次来求和亲,并从远方赶来牛羊同汉朝贸易,还几番派遣地位显赫的藩王前来,大量进贡,这些都是对外显示富强以欺骗我们的举动。我见北匈奴的贡品越贵重,知道它国家的实力越空虚;见它求和的次数越多,知道它的恐惧越大。然而我们如今既然未能帮助南匈奴,那么也不便与北匈奴绝交,依据安抚笼络的原则,外族致礼,无不酬答。我建议可多给些赏赐,其价值大致同贡品相等,而回信之辞,必须恰当。我今天拟好草稿,一并呈上。信的内容如下:'单于不忘汉朝恩德,追念先祖订立的旧和约,想同汉朝通好亲善,以求安身保国,这是十分高明的国策,朕对单于的眼光表示赞赏! 以往匈奴多次内乱,呼韩邪、郅支两单于自相敌视,但他们同蒙孝宣皇帝的救助保护之恩,所以分别派遣王子到汉朝做人质,自称藩属,保卫汉朝边塞。后来郅支翻脸,自己同汉朝决裂而断绝皇恩,而呼韩邪却依旧依附亲近汉朝,忠孝愈发显明。及至汉朝消灭了郅支,呼韩邪于是得以保国传位,子孙相继为单于。

今南单于携众向南,款塞归命,自以呼韩嫡长,次第当立,而侵夺失职,猜疑相背,数请兵将,归扫北庭,策谋纷纭,无所不至。惟念斯言不可独听,又以北单于比年贡献,欲修和亲,故拒而未许,将以成单于忠孝之义。汉秉威信,总率万国,日月所照,皆为臣妾,殊俗百蛮,义无亲疏,服顺者褒赏,畔逆者诛罚,善恶之效,呼韩、郅支是也。今单于欲修和亲,款诚已达,何嫌而欲率西域诸国俱来献见!西域国属匈奴与属汉何异!单于数连兵乱,国内虚耗,贡物裁以通礼,何必献马裘!今赍杂缯五百匹,弓鞬韥丸一,矢四发,遗单于;又赐献马左骨都侯、右谷蠡王杂缯各四百匹,斩马剑各一。单于前言"先帝时所赐呼韩邪竽、瑟、空侯皆败,愿复裁赐。"念单于国尚未安,方厉武节,以战攻为务,竽、瑟之用,不如良弓、利剑,故未以赍。朕不爱小物,于单于便宜所欲,遣驿以闻。'"帝悉纳从之。

二十九年(癸丑,53)

1 春,二月丁巳朔,日有食之。

三十年(甲寅,54)

1 春,二月,车驾东巡。群臣上言:"即位三十年,宜封禅泰山。"诏曰:"即位三十年,百姓怨气满腹,'吾谁欺,欺天乎!''曾谓泰山不如林放乎!'何事污七十二代之编录!若郡县远遣吏上寿,盛称虚美,必髡,令屯田。"于是群臣不敢复言。

如今南单于带领部众南来,到边塞归附,自认为是呼韩邪嫡传之长,依照顺序当立为单于,因被人侵夺而失去王位,又因遭到猜忌而分裂出走,他屡次请求汉朝出兵,要返回故土,扫荡北匈奴王庭,为了说动汉朝,使用种种计谋,穷思极虑,没有不到之处。我们认为对他的话不可偏听,又因北单于年年进贡,想建立亲善关系,所以我们没有应许南单于的请求,目的是要成全北单于的忠孝之心。汉朝凭着威望和信义统率天下各国,但凡太阳月亮照耀之处,都是汉朝的臣属,对待风俗不同的众蛮夷,汉朝在道义上不分亲疏,对归顺者褒奖赏赐,对叛逆者诛杀讨伐,奖善惩恶,在呼韩邪、郅支两人身上得到效验。如今单于想建立和亲关系,已经表达了诚意,还有什么嫌疑顾虑,要带领西域各国一同来进贡朝见! 西域各国臣属匈奴与臣属汉朝有什么不同! 北匈奴连遭战乱,国内财力枯竭,进贡只是交往的礼节,何必献马匹和皮衣! 现将各色丝绸五百匹,弓箭套一副、箭四支,赠与单于;并赏赐前来献马的左骨都侯和右谷蠡王,每人各色丝绸四百匹,斩马剑一柄。单于先前曾说"汉朝先帝赐给呼韩邪单于的筝、瑟和箜篌都已毁坏,望能再度赏赐"。我念及您的国家尚未安定,正在秣马厉兵而推崇武功,以打仗攻敌为主要目的,筝和瑟的用途,不及精良的弓、剑,所以没有相赠。朕不吝惜小物件,这样是为了对单于有益,如有所需,可派遣信使告知。'"光武帝对他的建议全部采纳。

汉光武帝建武二十九年(癸丑,公元 53 年)

1　春季,二月丁巳朔(初一),发生日食。

汉光武帝建武三十年(甲寅,公元 54 年)

1　春季,二月,光武帝乘车去东方巡视。大臣们向光武帝建议:"陛下即位已三十年,应当到泰山封禅,祭祀天地。"光武帝下诏答复道:"朕即位三十年来,百姓怨恨满腹,《论语》说:'我欺骗谁?难道欺骗上天吗?''居然以为泰山的神灵不如林放吗?'为什么要玷污记载七十二位封禅贤君的史册! 若是各郡县远道派官吏前来上寿,用虚浮溢美之辞歌功颂德,朕一定剃去他们的头发,处以髡刑,并命令他们去边疆屯垦。"于是大臣们不敢再建议封禅。

甲子,上幸鲁济南。闰月癸丑,还宫。

2　有星孛于紫宫。

3　夏,四月戊子,徙左翊王焉为中山王。

4　五月,大水。

5　秋,七月丁酉,上行幸鲁。冬,十一月丁酉,还宫。

6　胶东刚侯贾复薨。复从征伐,未尝丧败,数与诸将溃围解急,身被十二创。帝以复敢深入,希令远征,而壮其勇节,常自从之,故复少方面之勋。诸将每论功伐,复未尝有言。帝辄曰:"贾君之功,我自知之。"

三十一年(乙卯,55)

1　夏,五月,大水。

2　癸酉晦,日有食之。

3　蝗。

4　京兆掾第五伦领长安市,公平廉介,市无奸枉。每读诏书,常叹息曰:"此圣主也,一见决矣。"等辈笑之曰:"尔说将尚不能下,安能动万乘乎!"伦曰:"未遇知己,道不同故耳。"后举孝廉,补淮阳王医工长。

中元元年(丙辰,56)

1　春,正月,淮阳王入朝,伦随官属得会见。帝问以政事,伦因此酬对,帝大悦。明日,复特召入,与语至夕。帝谓伦曰:"闻卿为吏,笞妇公,不过从兄饭,宁有之邪?"对曰:"臣三娶妻,

二月甲子(十三日),光武帝临幸鲁国济南。闰三月癸丑(初三),回到京城皇宫。

2　紫宫星座出现异星。

3　夏季,四月戊子(初九),改封左翊王刘焉为中山王。

4　五月,发生水灾。

5　秋季,七月丁酉,光武帝出行,临幸鲁国。冬季,十一月丁酉,回到京城皇宫。

6　胶东侯贾复去世。贾复从军征战,从未打过败仗,曾多次同将领们冲破敌围解救急难,身受创伤达十二处。光武帝由于贾复敢于冲锋陷阵,勇猛过度,很少命他出征远行,但赞赏贾复的忠勇,常让他跟随自己,所以贾复少有独当一面的功勋。每当将领们议论战功,贾复从不开口。光武帝便说:"贾君的功劳,我自己知道。"

汉光武帝建武三十一年(乙卯,公元55年)

1　夏季,五月,发生水灾。

2　五月癸酉晦(三十日),出现日食。

3　发生蝗灾。

4　京兆掾第五伦负责管理长安的市,他公平正直,清廉耿介,市中奸邪冤枉之事绝迹。第五伦每次阅读诏书,总叹息道:"这是一位圣明的君主,见一次面便可以决定大事。"同辈们嘲笑他道:"你连地方长官都不能说动,又怎能说动皇上!"第五伦道:"只因没有遇到知己,道不同不能与谋罢了。"后来,他被推举为孝廉,任淮阳王医工长。

汉光武帝中元元年(丙辰,公元56年)

1　春季,正月,淮阳王入京朝觐,第五伦随同其他官属得以会见光武帝。光武帝垂问政事,第五伦乘机应对,光武帝十分高兴。第二天,又特地召第五伦入宫,交谈直至黄昏。光武帝对第五伦说:"听说你做官时,曾拷打过你的岳父,又听说你拜访堂兄家而不肯留下吃饭,难道有这等事吗?"第五伦回答说:"我先后娶过三次妻,

皆无父。少遭饥乱,实不敢妄过人食。众人以臣愚蔽,故生是语耳。"帝大笑。以伦为扶夷长,未到官,追拜会稽太守。为政清而有惠,百姓爱之。

2　上读《河图会昌符》曰:"赤刘之九,会命岱宗。"上感此文,乃诏虎贲中郎将梁松等按察《河》、《雒》谶文,言九世当封禅者凡三十六事。于是张纯等复奏请封禅,上乃许焉。诏有司求元封故事,当用方石再累,玉检、金泥。上以石功难就,欲因孝武故封石,置玉牒其中;梁松等争以为不可,乃命石工取完青石,无必五色。

丁卯,车驾东巡。二月己卯,幸鲁,进幸泰山。辛卯,晨,燎,祭天于泰山下南方,群神皆从,用乐如南郊。事毕,至食时,天子御辇登山,日中后,到山上,更衣。晡时,升坛北面,尚书令奉玉牒检,天子以寸二分玺亲封之,讫,太常命驺骑二千馀人发坛上方石,尚书令藏玉牒已,复石覆讫,尚书令以五寸印封石检。事毕,天子再拜。群臣称万岁,乃复道下。夜半后,上乃到山下,百官明旦乃讫。甲午,禅祭地于梁阴,以高后配,山川群神从,如元始中北郊故事。

3　三月戊辰,司空张纯薨。

但她们都没有父亲。我小时候遭受过饥荒动乱,实在不敢随便到别人家吃饭。人们认为我愚笨不开窍,因此制造了这些谣言。"光武帝大笑,任命第五伦为扶夷县长,第五伦还没到任,又被任命为会稽郡太守。他主持地方政务,清明廉正,施惠于民,受到百姓的爱戴。

2 光武帝读《河图会昌符》,书中写道:"赤刘之九,会命岱宗。"光武帝为这句话所触动,于是下诏命令虎贲中郎将梁松等人对《河洛》谶文进行考证,该书提到汉朝九世应去泰山封禅的地方共有三十六处。于是张纯等人再次上书建议去泰山行封禅之礼,光武帝这才批准了这一建议。下诏命令有关官员查考汉武帝元封时期封禅的旧典,查出:需要"方石再累"——可以对合的巨型方石,"玉检"——玉制封检,"金泥"——用水银和黄金制成的封泥。光武帝认为刻石费功难成,打算利用汉武帝时的旧方石,将上奏天神的玉牒存放其内;梁松等人力争,认为不可,于是光武帝命令石工采用完整的青石刻制,不一定五色俱备。

正月丁卯(二十八日),光武帝东行巡视。二月己卯(初十),临幸鲁国,前往泰山。辛卯(二十二日),清晨,燃起火炬,在泰山南麓之下祭天,并随同祭祀众神,使用礼乐,一如在京城南郊举行的祭天之礼。此项仪式结束后,至"食时",即上午辰时,光武帝乘坐御用挽车登泰山,"日中"后,即中午午时之后,到达山顶,更换祭服。至"晡时",即傍晚申时,光武帝登上祭坛,面对北方,尚书令献上玉牒及玉检,光武帝亲手用一寸二分的御玺钤封,封好后,太常命骑士两千余人抬起坛上的方石,尚书令将玉牒藏入其内以后,再用方石盖好,其后又由尚书令用五寸之印钤封石检。仪式完毕,光武帝再次叩拜。百官齐呼万岁,于是又从原路下山。"夜半"后,即深夜子时之后,光武帝才抵达山下,而群臣到"明旦"——即次日清晨寅时才全部下山。二月甲午(二十五日),在梁山北面祭地神,以高后配享,随同祭祀山川众神,一如西汉平帝元始年间在京城北郊举行祭地之礼的旧典。

3 三月戊辰(三十日),司空张纯去世。

4　夏,四月癸酉,车驾还宫。己卯,赦天下,改元。

5　上行幸长安。五月乙丑,还宫。

6　六月辛卯,以太仆冯鲂为司空。

7　乙未,司徒冯勤薨。

8　京师醴泉涌出,又有赤草生于水崖,郡国频上甘露。群臣奏言:"灵物仍降,宜令太史撰集,以传来世。"帝不纳。帝自谦无德,于郡国所上,辄抑而不当,故史官罕得记焉。

9　秋,郡国三蝗。

10　冬,十月辛未,以司隶校尉东莱李䜣为司徒。

11　甲申,使司空告祠高庙,上薄太后尊号曰高皇后,配食地祇。迁吕太后庙主于园,四时上祭。

12　十一月甲子晦,日有食之。

13　是岁,起明堂、灵台、辟雍,宣布图谶于天下。

初,上以《赤伏符》即帝位,由是信用谶文,多以决定嫌疑。给事中桓谭上疏谏曰:"凡人情忽于见事而贵于异闻。观先王之所记述,咸以仁义正道为本,非有奇怪虚诞之事。盖天道性命,圣人所难言也,自子贡以下,不得而闻,况后世浅儒,能通之乎! 今诸巧慧小才、伎数之人,增益图书,矫称谶记,以欺惑贪邪,诖误人主,焉可不抑远之哉! 臣谭伏闻陛下穷折方士黄白之术,甚为明矣;而乃欲听纳谶记,又何误也! 其事虽有时合,譬犹卜数只偶之类。陛下宜垂明听,

4 夏季,四月癸酉(初五),光武帝返回京城皇宫。己卯(十一日),大赦天下,改年号。

5 光武帝出巡,临幸长安。五月乙丑(二十八日),返回京城皇宫。

6 六月辛卯(二十四日),任命太仆冯鲂为司空。

7 六月乙未(二十八日),司徒冯勤去世。

8 京城有甘泉涌出,又有朱红之草生在水畔,各郡、各封国也纷纷上报天降甘露。百官奏称:"祥瑞频繁降临,应当命令太史予以收集,载入史册,以流传后世。"光武帝不采纳这个建议。他谦虚地认为自己并无多少德行,对各郡各封国所上关于祥瑞的奏报,每每表示退让而不敢当,因此史官很少得以记录。

9 秋季,有三个郡和封国发生蝗灾。

10 冬季,十月辛未(初六),任命司隶校尉、东莱人李䜣为司徒。

11 十月甲申(十九日),命令司空在汉高祖庙祭祀禀告:尊称薄太后为高太后,在地神之旁配享祭飨。将吕太后的牌位迁到墓园,保留四季的祭祀。

12 十一月甲子晦,出现日食。

13 本年,兴建用于朝会和祭祀大典的明堂、皇家观测天象的灵台、太学辟雍,向天下公布预言吉凶的符命之书图谶。

当初,光武帝认为自己是应验了《赤伏符》的预言而登上帝位的,因此相信符谶,多用来解决疑难困惑。给事中桓谭上书劝谏道:"但凡人之常情,总是忽略眼前的常见事物而看重奇异的传闻。察看圣明先王的史迹,都以仁义正道作为根本,并无奇异怪诞的事情。天道与命运,是圣人也难以阐说的高深莫测的问题,自子贡开始,已听不到孔子讲述,何况后世学识浅陋的儒生,能通晓吗?如今一些有聪明、小技能的人,编造图书,伪称这就是符谶,用来欺骗迷惑贪心大、不正派的人,连累了君主,对他们怎能不拒而远之呢!我听说陛下对方士烧炼丹药点化金银之术穷根究底,百般质疑,甚是英明;但却愿意听从符谶之言,这又是何等的失误!符谶的预言虽然有时与事实相符,但这不过如同占卜单双之类,总有巧合。陛下应当听取正确意见,

发圣意,屏群小之曲说,述《五经》之正义。"疏奏,帝不悦。会议灵台所处,帝谓谭曰:"吾欲以谶决之,何如?"谭默然,良久曰:"臣不读谶。"帝问其故,谭复极言谶之非经。帝大怒曰:"桓谭非圣无法,将下,斩之!"谭叩头流血,良久,乃得解。出为六安郡丞,道病卒。

　　范晔论曰:桓谭以不善谶流亡,郑兴以逊辞仅免;贾逵能傅会文致,最差贵显。世主以此论学,悲哉!

逵,扶风人也。

14　南单于比死,弟左贤王莫立,为丘浮尤鞮单于。帝遣使赍玺书拜授玺绶,赐以衣冠及缯彩,是后遂以为常。

二年(丁巳,57)

1　春,正月辛未,初立北郊,祀后土。

2　二月戊戌,帝崩于南宫前殿,年六十二。帝每旦视朝,日昃乃罢,数引公卿、郎将讲论经理,夜分乃寐。皇太子见帝勤劳不怠,承间谏曰:"陛下有禹、汤之明,而失黄、老养性之福,愿颐爱精神,优游自宁。"帝曰:"我自乐此,不为疲也!"虽以征伐济大业,及天下既定,乃退功臣而进文吏,明慎政体,总揽权纲,量时度力,举无过事,故能恢复前烈,身致太平。

发扬圣明思想,摒弃那些小人的邪说,遵循儒学五经——《诗经》《书经》《礼记》《易经》《春秋》所讲述的正道。"奏书呈上,光武帝感到不快。适逢朝廷为灵台选址进行讨论,光武帝便对桓谭说:"我打算用符谶来决定此事,怎么样?"桓谭沉默不语,过了很久才说:"我不读符谶之书。"光武帝问原因,桓谭再次极力论说符谶之书背离正道,不可奉如经典。光武帝大怒道:"桓谭诽谤神圣,目无国法,把他带下去,斩首!"桓谭叩头请罪,直至头部流血。过了很久,光武帝之怒才告平息。桓谭遭到贬黜,出任六安郡丞,在赴任途中病死。

范晔评论说:桓谭因反对符谶而流亡,郑兴也反对符谶,但由于言辞恭顺,仅免一死;而贾逵却以能对符谶附会演绎,最为显贵。世上的君主用这种标准来对待学术,真是可悲啊!贾逵是扶风人。

14 南匈奴单于比去世,他的弟弟左贤王莫继位,此即丘浮尤鞮单于。光武帝派使者带着诏书会见单于,举行授玺仪式,并赏赐单于官服、官帽和什色绸缎。自此以后,这些仪式和赏赐便成为常例。

汉光武帝中元二年(丁巳,公元57年)

1 春季,正月辛未(初八),在京城北郊始立社坛,祭祀后土神。

2 二月戊戌(初五),光武帝在南宫前殿驾崩,享年六十二岁。光武帝生前,每日早晨主持朝会,午后才散,屡屡召见公卿、郎将讲说经书义理,到半夜才睡。皇太子见光武帝辛勤劳苦而不知疲倦,找机会劝谏道:"陛下有夏禹、商汤的圣明,却没有黄帝、老子涵养本性的福分,希望您爱惜身体而颐养精神,悠游岁月而自求宁静。"光武帝说:"我自己乐于做这些事,不为此感到劳累!"光武帝虽以武力建立帝业,但到了天下安定之后,却并不重用有功的武将,反而提拔文官,他清醒谨慎地制定国策,大权总揽,审时度势,量力而为,措施得当,所以能使国力恢复到西汉时的强盛,在有生之年实现了天下太平。

太尉赵熹典丧事。时经王莽之乱，旧典不存，皇太子与诸王杂止同席，藩国官属出入宫省，与百僚无别。熹正色，横剑殿阶，扶下诸王以明尊卑；奏遣谒者将护官属分止他县，诸王并令就邸，唯得朝晡入临；整礼仪，严门卫，内外肃然。

3　太子即皇帝位，尊皇后曰皇太后。

4　山阳王荆哭临不哀，而作飞书，令苍头诈称大鸿胪郭况书与东海王彊，言其无罪被废，及郭后黜辱，劝令东归举兵以取天下，且曰："高祖起亭长，陛下兴白水，何况于王，陛下长子、故副主哉！当为秋霜，毋为槛羊。人主崩亡，闾阎之伍尚为盗贼，欲有所望，何况王邪！"彊得书惶怖，即执其使，封书上之。明帝以荆母弟，秘其事，遣荆出止河南宫。

5　三月丁卯，葬光武皇帝于原陵。

6　夏，四月丙辰，诏曰："方今上无天子，下无方伯，若涉渊水而无舟楫。夫万乘至重而壮者虑轻，实赖有德左右小子。高密侯禹，元功之首；东平王苍，宽博有谋。其以禹为太傅，苍为骠骑将军。"苍恳辞，帝不许。又诏骠骑将军置长史，掾史员四十人，位在三公上。苍尝荐西曹掾齐国吴良，帝曰："荐贤助国，宰相之职也。萧何举韩信，设坛而拜，不复考试，今以良为议郎。"

太尉赵熹主持治丧。当时经历了王莽之乱,旧有的典章制度已不复存在。皇太子与诸亲王杂处,不分座次,封国的官员出入宫禁,与朝廷百官没有区别。赵熹神情严肃,在殿阶上手按剑柄,将诸亲王扶下大殿,以明尊卑之分;并上奏书,请求派谒者护送封国官员分别迁到外县,命诸亲王一一回到本封国设在京城的官邸,只准在上午和下午入宫哭悼;使礼仪分明,门禁森严,朝廷内外井然有序。

3 皇太子刘庄即帝位,将阴皇后尊称为皇太后。

4 山阳王刘荆在哭悼先帝时不悲伤,却写了一封匿名信,派他的奴仆假冒大鸿胪郭况的信使,把信送给了东海王刘彊,信中称刘彊无罪而被废去皇太子之位,母亲郭后也遭罢黜屈辱,劝刘彊回到东方起兵,夺取天下,并且说:"高祖起兵时,只是一个亭长,陛下在白水乡间,兴起了大业,何况大王身为陛下长子、原来的储君?您应当做秋天寒霜,肃杀万物,莫做圈栏之羊,受人宰割。皇上驾崩,民间百姓尚且要做强盗,准备有所图谋,何况大王呢!"刘彊收到此信,又惊又怕,立即抓住信使,将原信封好,上呈明帝。明帝因刘荆是同母胞弟,便将此事保密,命令刘荆离开京城,移居到河南宫。

5 三月丁卯(初五),将光武帝葬在原陵。

6 夏季,四月丙辰(二十四日),明帝下诏:"朕如今在上没有先帝,在下没有重臣,就像涉越深渊而没有舟船桨楫。皇上的责任,至为重要,而年轻人的思虑,往往轻率,朕实在有赖于年高德劭的长辈辅佐。高密侯邓禹是功臣的首领;东平王刘苍宽厚渊博而有谋略。兹任命邓禹为太傅,刘苍为骠骑将军。"刘苍恳切地推辞这一任命,但明帝不许。明帝又下诏命令骠骑将军府设置长史、掾史等属官四十人,使骠骑将军的地位高于三公。刘苍曾向朝廷举荐西曹掾、齐国人吴良,明帝说:"为国举荐贤才,正是宰相的职责。当初萧何推举了韩信,便设坛授官,不再考试,今任命吴良为议郎。"

7　初,烧当羌豪滇良击破先零,夺居其地;滇良卒,子滇吾立,附落转盛。秋,滇吾与弟滇岸率众寇陇西,败太守刘盱于允街,于是守塞诸羌皆叛。诏谒者张鸿领诸郡兵击之,战于允吾,鸿军败没。冬,十一月,复遣中郎将窦固监捕虏将军马武等二将军、四万人讨之。

8　是岁,南单于莫死,弟汗立,为伊伐於虑鞮单于。

显宗孝明皇帝上
永平元年(戊午,58)

1　春,正月,帝率公卿已下朝于原陵,如元会仪。乘舆拜神坐,退,坐东厢;侍卫官皆在神坐后,太官上食,太常奏乐;郡国上计吏以次前,当神轩占其郡谷价及民所疾苦。是后遂以为常。

2　夏,五月,高密元侯邓禹薨。

3　东海恭王彊病,上遣使者太医乘驿视疾,骆驿不绝。诏沛王辅、济南王康、淮阳王延诣鲁省疾。戊寅,彊薨,临终,上书谢恩,言:"身既夭命,孤弱复为皇太后、陛下忧虑,诚悲诚惭!息政,小人也,猥当袭臣后,必非所以全利之也,愿还东海郡。今天下新罹大忧,惟陛下加供养皇太后,数进御餐。臣彊困劣,言不能尽意,愿并谢诸王,不意永不复相见也!"帝览书悲恸,从太后出幸津门亭发哀,使大司空持节护丧事,赠送以殊礼,

7　起初,西羌烧当部落首领滇良打败先零,霸占了后者的领地;滇良死后,他的儿子滇吾继位,该部落日趋强盛。在本年秋季,滇吾同他的弟弟滇岸率领部众入侵陇西郡,在允街打败了陇西太守刘盱,于是,原来为陇西郡守卫边塞的羌人全部背叛了汉朝。明帝下诏命令谒者张鸿率领各郡郡兵讨伐羌人,双方在允吾县交战,张鸿被打败,全军覆没。冬季,十一月,明帝又派中郎将窦固监督捕虏将军马武等两名将军,率领四万兵众讨伐羌人。

8　本年,南匈奴单于莫去世,他的弟弟汗继位,此即伊伐於虑鞮单于。

显宗孝明皇帝上

汉明帝永平元年(戊午,公元58年)

1　春季,正月,明帝率领公卿及百官在原陵朝拜,如同光武帝生前举行元旦会的仪式。明帝先在光武帝的牌位前叩拜,然后退下,坐在东厢;侍卫官全都围列在牌位之后,由太官献上御膳,太常演奏乐曲;各郡、各封国呈送年终考绩的官员——上计吏依次上前,在供奉光武帝牌位的大堂上奏报本地的粮价和人民疾苦之事。从此以后,这项仪式便成为固定的常例。

2　夏季,五月,高密元侯邓禹去世。

3　东海恭王刘彊病重,明帝派使者和太医乘驿车前往诊治疾病,车马络绎不绝。明帝还下诏命令沛王刘辅、济南王刘康、淮南王刘延去东海国首府鲁城探望刘彊的病情。五月戊寅(二十二日),刘彊去世,临死前,他曾上书叩谢皇恩,书中写道:"我自身已是短命,留下的孤儿寡妇还要让皇太后和陛下操心忧虑,我真是又悲伤又惭愧!我的儿子刘政是个幼童,本当勉强继承我的爵位和封土,但这必定不是保护他的万全之计,我请求交还封国,将东海国恢复为东海郡。如今天下刚刚经历了大变故,我盼望陛下加倍奉养皇太后,多进餐饭。我困顿衰颓,言辞不能表达全部心意,愿一并向各位亲王辞别,想不到我们永远不能再相见了!"明帝见到遗书,十分悲痛,跟随太后出城,临幸津门亭,为刘彊举哀。明帝命令大司空持御赐符节督治丧事,对刘彊的赏赐赠送超过通常的礼仪,

诏楚王英、赵王栩、北海王兴及京师亲戚皆会葬。帝追惟彊深执谦俭,不欲厚葬以违其意,于是特诏:"遣送之物,务从约省,衣足敛形,茅车瓦器,物减于制,以彰王卓尔独行之志。"将作大匠留起陵庙。

4 秋,七月,马武等击烧当羌,大破之,馀皆降散。

5 山阳王荆私迎能为星者,与谋议,冀天下有变。帝闻之,徙封荆广陵王,遣之国。

6 辽东太守祭肜使偏何讨赤山乌桓,大破之,斩其魁帅。塞外震慑,西自武威,东尽玄菟,皆来内附,野无风尘,乃悉罢缘边屯兵。

7 东平王苍以为中兴三十馀年,四方无虞,宜修礼乐,乃与公卿共议定南北郊冠冕、车服制度及光武庙登歌、八佾舞数,上之。

8 好畤愍侯耿弇薨。

二年(己未,59)

1 春,正月辛未,宗祀光武皇帝于明堂,帝及公卿列侯,始服冠冕、玉佩以行事。礼毕,登灵台,望云物。赦天下。

2 三月,临辟雍,初行大射礼。
冬,十月壬子,上幸辟雍,初行养老礼;以李躬为三老,桓荣为五更。三老服都纻大袍,冠进贤,扶玉杖;五更亦如之,

下诏命令楚王刘英、赵王刘栩、北海王刘兴以及在京城的亲戚们都去参加葬礼。明帝追念刘疆坚持谦恭节俭,不愿违背他的原意实行厚葬,于是发布特诏:"东海王的随葬物品,务必符合简单俭省的原则,寿衣足以包住身体即可,要用茅草之车,陶瓦之器,物品少于通常制度,以此显示东海恭王卓尔不群独行特立的志节。"并命令将作大匠留在东海国兴建王陵祭庙。

4 秋季,七月,马武等攻打烧当羌,烧当羌大败。一同叛乱的其他羌人部落全部投降或逃散。

5 山阳王刘荆私下聘请利用星象占验吉凶的星家,与他们一同谋划,希望天下发生变故。明帝听说此事,便将刘荆改封为广陵王,命他前往广陵国。

6 辽东郡太守祭肜派鲜卑首领偏何讨伐赤山的乌桓部落,大败乌桓人,斩杀其首领。这一战使塞外震恐,西起武威郡,东到玄菟郡,各异族部落都来归附汉朝。辽阔的北方边疆不再有烽烟与战尘,一派和平气象,于是东汉朝廷将屯驻边境的军队全部撤走。

7 东平王刘苍认为东汉中兴三十多年,四方安宁无忧,应当建立礼乐制度,于是,他和公卿一同商讨制定了在京城南郊祭天、北郊祭地时所用的冠帽、车马、衣服等制度,以及祭祀光武庙时所用的歌乐和八佾舞的形式,向明帝呈报。

8 好時愍侯耿弇去世。

汉明帝永平二年(己未,公元 59 年)

1 春季,正月辛未(十九日),在明堂为光武帝举行祭祀大典,明帝及公卿、诸侯,初次戴上特制的专用冠帽和玉佩参加仪式。典礼结束后,登上灵台,察看天象。大赦天下。

2 三月,明帝临幸辟雍,第一次举行大射礼。

冬季,十月壬子(初五),明帝临幸辟雍,第一次举行养老礼;命李躬为三老,桓荣为五更。三老身穿麻布大袍,头戴前高七寸、后高三寸、长八寸的黑布进贤冠,手扶玉杖;五更的装束也同三老一样,

不杖。乘舆到辟雍礼殿，御坐东厢，遣使者安车迎三老、五更于太学讲堂，天子迎于门屏，交礼；道自阼阶，三老升自宾阶；至阶，天子揖如礼。三老升，东面，三公设几，九卿正履，天子亲袒割牲，执酱而馈，执爵而酳，祝鲠在前，祝馔在后。五更南面，三公进供，礼亦如之。礼毕，引桓荣及弟子升堂，上自为下说，诸儒执经问难于前，冠带缙绅之人圜桥门而观听者，盖亿万计。于是下诏赐荣爵关内侯，三老五更皆以二千石禄养终厥身。赐天下三老酒，人一石，肉四十斤。

上自为太子，受《尚书》于桓荣，及即帝位，犹尊荣以师礼。尝幸太常府，令荣坐东面，设几杖，会百官及荣门生数百人，上亲自执业；诸生或避位发难，上谦曰："太师在是。"既罢，悉以太官供具赐太常家。荣每疾病，帝辄遣使者存问，太官、太医相望于道。及笃，上疏谢恩，让还爵土。帝幸其家问起居，入街，下车，拥经而前，抚荣垂涕，赐以床茵、帷帐、刀剑、衣被，良久乃去。自是诸侯、将军、大夫问疾者，不敢复乘车到门，皆拜床下。荣卒，帝亲自变服临丧送葬，赐冢茔于首山之阳。子郁当嗣，让其兄子汎；帝不许，郁乃受封，而悉以租入与之。帝以郁为侍中。

3　上以中山王焉，郭太后少子，太后尤爱之，故独留京师，至是始与诸王俱就国，赐以虎贲、官骑，恩宠尤厚，独得往来京师。帝礼待阴、郭，每事必均，数受赏赐，恩宠俱渥。

但不用玉杖。明帝来到辟雍的礼殿，坐在东厢，派使者用安车将三老和五更接到太学讲堂，明帝在门屏处亲迎，互相行礼；然后明帝自东阶引路，三老从西阶而上；到达阶顶，明帝依礼作揖。三老登堂，面向东方，三公摆设几案，九卿将鞋放正，明帝亲自卷起衣袖切割祭肉，捧上酱汁请三老食用，手执盛酒之爵向三老敬酒，先祝进餐不梗，后祝咽食不噎。五更面向南方，由三公进奉肉、酒，礼仪和进奉三老相同。仪式结束后，召桓荣和他的学生登堂，明帝亲自讲论经书，儒生们则手执经书在明帝面前询问疑难，环绕在辟雍大门外桥头观看和聆听的官吏和士人，不计其数。于是明帝下诏，赐封桓荣为关内侯，三老、五更都终身享受二千石俸禄。并赏赐全国的三老，每人一石酒，四十斤肉。

明帝当太子时，曾向桓荣学习《尚书》，及至登上帝位，仍以师生之礼尊奉桓荣。他曾临幸太常府，命桓荣朝东而坐，为桓荣设置几案和手杖，集合文武百官和桓荣的学生数百人，而他本人则亲手拿着经书听讲；儒生们有离开座位向明帝提出疑难的，明帝便谦虚地说："有老师在这里，我怎能讲解呢？"事后，明帝将太官供应的食具全套赏赐给桓荣家。每当桓荣患病，明帝便派使者慰问，送食物的太官和治病的太医在路上前后相望，来往不断。桓荣病重时，上书叩谢皇恩，请求奉还爵位和封地。明帝亲临桓家问候病情，一到街口，便下了车，手抱经书来到病榻之前，他手抚桓荣流泪，赐给桓荣床垫、帷帐、刀剑、衣服、被褥，停留许久才走。从此，前来探病的诸侯、将军、大夫们不敢再乘车直抵桓家大门，全都步行到桓荣床前拜见。桓荣去世后，明帝亲自改换丧服吊唁送葬，在首山南麓赐给桓荣一块墓地。桓荣之子桓郁本应继承爵位，但他要让给哥哥的儿子桓汎；因明帝不许，桓郁才接受了封爵，但将封地上的田赋收入全部送给桓汎。明帝任命桓郁为侍中。

3 明帝因中山王刘焉是郭太后的小儿子，又深得阴太后的宠爱，所以唯独让他留在京城，直到本年才同其他亲王一起前往封国，赏给他虎贲卫士和骑士，恩宠尤厚，特准他来往京城。明帝对于阴太后和郭太后所生的儿子，都以礼相待，事事必定一律平等，这些亲王经常得到赏赐，都蒙受深厚的皇恩和眷顾。

4　甲子，上行幸长安。十一月甲申，遣使者以中牢祠萧何、霍光，帝过，式其墓。进幸河东。癸卯，还宫。

5　十二月，护羌校尉窦林坐欺罔及臧罪，下狱死。林者，融之从兄子也。于是窦氏一公、两侯、三公主、四二千石相与并时，自祖及孙，官府邸第相望京邑，于亲戚功臣中莫与为比。及林诛，帝数下诏切责融，融惶恐乞骸骨，诏令归第养病。

6　是岁，初迎气于五郊。

7　新阳侯阴就子丰尚郦邑公主。公主骄妒，丰杀之，被诛，父母皆自杀。

8　南单于汗死，单于比之子適立，为醯僮尸逐侯鞮单于。

三年(庚申,60)

1　春，二月甲寅，太尉赵熹、司徒李訢免。丙辰，以左冯翊郭丹为司徒。己未，以南阳太守虞延为太尉。

2　甲子，立贵人马氏为皇后，皇子炟为太子。

后，援之女也，光武时，以选入太子宫，能奉承阴后，傍接同列，礼则修备，上下安之，遂见宠异；及帝即位，为贵人。时后前母姊女贾氏亦以选入，生皇子炟。帝以后无子，命养之，谓曰："人未必当自生子，但患爱养不至耳！"后于是尽心抚育，劳悴过于所生。太子亦孝性淳笃，母子慈爱，始终无纤介之间。后常以皇嗣未广，荐达左右，若恐不及。后宫有进见者，每加慰纳；若数所宠引，辄加隆遇。

4　十月甲子(十七日),明帝出行,临幸长安。十一月甲申(初七),派使者用中牢——以一猪一羊为祭牲祭祀萧何和霍光,明帝经过他们的墓地时,在车上手按横木,俯身致敬。明帝又从长安前往河东郡。十一月癸卯(二十六日),返回京城皇宫。

5　十二月,护羌校尉窦林因欺骗主上及贪赃枉法之罪,被捕入狱,处以死刑。窦林是窦融堂兄之子。当时的窦氏家族,有一个公、两个侯、三个公主和四个两千石官,从祖父到孙儿,他们的官府和私邸遍布京城地区,可以彼此相望。窦氏的富贵与显赫,皇亲国戚和功臣中无人能够与之相比。及至窦林被诛,明帝接连下诏严厉责备窦融,窦融惶恐不安,请求退休,明帝便下诏,命令他回家养病。

6　本年,第一次举行"五郊迎气"典礼。

7　新阳侯阴就之子阴丰娶郦邑公主为妻。公主骄横嫉妒,阴丰将她杀死,因此获罪被诛,他的父母阴就夫妇自杀。

8　南匈奴单于汗去世,前单于比的儿子適继位,此即適醢僮尸逐侯鞮单于。

汉明帝永平三年(庚申,公元60年)

1　春季,二月甲寅(初九),将太尉赵熹、司徒李䜣免职。二月丙辰(十一日),任命左冯翊郭丹为司徒。二月己未(十四日),任命南阳太守虞延为太尉。

2　二月甲子(十九日),将贵人马氏立为皇后,皇子刘炟立为太子。

马皇后是马援的女儿,光武帝时被选入太子宫,她能够侍奉顺承阴皇后,和同辈友好相处,礼数周全,上下和睦,于是特别受到宠幸;及至明帝即位,便将她立为贵人。当初,她的异母姐姐的女儿贾氏也被选入太子宫,生下儿子刘炟。明帝因马氏没有儿子,便命她抱养刘炟,对她说:"人不一定非得亲自生儿子,只担心爱心不够、养护不周罢了!"于是马氏全心全意地抚育刘炟,操劳辛苦胜过亲母对待亲子。刘炟也天性孝顺,于是母慈子爱,两人始终亲密无间。马氏常因明帝子嗣不多,向明帝推荐左右的美女,就像唯恐错过机会。每当后宫有人陪伴了明帝,她总是给予奖励;若是有人被多次召幸,便加以重赏。

及有司奏立长秋宫,帝未有所言,皇太后曰:"马贵人德冠后宫,即其人也。"后既正位宫闱,愈自谦肃,好读书。常衣大练,裙不加缘;朔望诸姬主朝请,望见后袍衣疏粗,以为绮縠,就视,乃笑。后曰:"此缯特宜染色,故用之耳。"群臣奏事有难平者,帝数以试后,后辄分解趣理,各得其情,然未尝以家私干政事。帝由是宠敬,始终无衰焉。

3 帝思中兴功臣,乃图画二十八将于南宫云台,以邓禹为首,次马成、吴汉、王梁、贾复、陈俊、耿弇、杜茂、寇恂、傅俊、岑彭、坚镡、冯异、王霸、朱祐、任光、祭遵、李忠、景丹、万脩、盖延、邳彤、铫期、刘植、耿纯、臧宫、马武、刘隆;又益以王常、李通、窦融、卓茂,合三十二人。马援以椒房之亲,独不与焉。

4 夏,四月辛酉,封皇子建为千乘王,羡为广平王。

5 六月丁卯,有星孛于天船北。

6 帝大起北宫。时天旱,尚书仆射会稽锺离意诣阙、免冠、上疏曰:"昔成汤遭旱,以六事自责曰:'政不节邪? 使民疾邪? 宫室营邪? 女谒盛邪? 苞苴行邪? 谗夫昌邪?'窃见北宫大作,民失农时。自古非苦宫室小狭,但患民不安宁,宜且罢止,以应天心。"帝策诏报曰:"汤引六事,咎在一人,其冠、履,勿谢!"又敕大匠止作诸宫,减省不急。诏因谢公卿百僚,遂应时澍雨。

及至有关官员上书建议选立皇后,明帝还没有开口,阴太后便说:"马贵人在后宫中品德最佳,就选这个人吧。"马氏登上皇后之位以后,越发自谦庄重,爱好读书。她常穿粗丝之服,裙脚不加边缘;每月初一、十五,嫔妃和公主们入宫请安,远远看见皇后衣着简单粗糙,还以为是特制的丝绸,走近一看,就笑了起来。皇后道:"这种绸料特别适于染色,所以用它。"百官上书中有难以决定的事项,明帝曾多次用来试验皇后的才识,皇后便分析推理,一一得出情由和判断,然而她从不为家人私情干预政事。明帝因此对她既宠爱,又敬重,始终不变。

3 明帝怀念创立东汉中兴大业的功臣,于是在南宫云台画上二十八位将领的肖像,邓禹居第一位,以下是马成、吴汉、王梁、贾复、陈俊、耿弇、杜茂、寇恂、傅俊、岑彭、坚镡、冯异、王霸、朱祜、任光、祭遵、李忠、景丹、万脩、盖延、邳肜、铫期、刘植、耿纯、臧宫、马武、刘隆;又增补王常、李通、窦融、卓茂,共计三十二人。因为马援是皇后之父,所以唯独他不在其内。

4 夏季,四月辛酉(十七日),将皇子刘建封为千乘王,刘羡封为广平王。

5 六月丁卯(二十四日),天船星座北方出现异星。

6 明帝大兴土木,兴建北宫。当时正逢天旱,尚书仆射、会稽人锺离意来到皇宫门前,摘去官帽,上书道:"从前商汤遇到旱灾,曾用六件事责问自己:'是执政用权不节制吗?是使用民力过度吗?是修建宫殿建筑太多吗?是女人、宦官掌权吗?是贿赂贪污盛行吗?是进谗言的小人得势吗?'如今,我看到正在大修北宫,繁重的徭役使农民不能适时耕作。自古以来,忧患之事不是宫室狭小,只是担心人民不安,应当暂且停止修建北宫,以顺应天心。"明帝下诏答复道:"商汤提到的六件事,错误只在一人身上,锺离意可以戴上官帽、穿上鞋,不要请罪!"并命令大匠停止营建一切宫室,减少不急的开支。他还因此下诏向公卿和百官谢罪,承认过失,于是上天应时降雨。

意荐全椒长刘平,诏征拜议郎。平在全椒,政有恩惠,民或增赀就赋,或减年从役。刺史、太守行部,狱无系囚,人自以得所,不知所问,唯班诏书而去。

帝性褊察,好以耳目隐发为明,公卿大臣数被诋毁,近臣尚书以下至见提曳。常以事怒郎药崧,以杖撞之,崧走入床下,帝怒甚,疾言曰:"郎出!"崧乃曰:"天子穆穆,诸侯皇皇,未闻人君,自起撞郎。"帝乃赦之。

是时朝廷莫不悚栗,争为严切以避诛责,唯钟离意独敢谏争,数封还诏书,臣下过失,辄救解之。会连有变异,上疏曰:"陛下敬畏鬼神,忧恤黎元,而天气未和,寒暑违节者,咎在群臣不能宣化治职,而以苛刻为俗,百官无相亲之心,吏民无雍雍之志,至于感逆和气,以致天灾。百姓可以德胜,难以力服,《鹿鸣》之诗必言宴乐者,以人神之心洽,然后天气和也。愿陛下垂圣德,缓刑罚,顺时气以调阴阳。"帝虽不能时用,然知其至诚,终爱厚之。

7　秋,八月戊辰,诏改太乐官曰太予,用谶文也。

8　壬申晦,日有食之。诏曰:"昔楚庄无灾,以致戒惧,鲁哀祸大,天不降谴。今之动变,傥尚可救,有司勉思厥职,以匡无德!"

锺离意向朝廷举荐全椒县长刘平,明帝下诏将刘平征召入京,任命为议郎。刘平在全椒主持政务时施惠于民,当地百姓中,有人增报资产以多纳赋税,有人自减年龄来主动服役。刺史、太守等州郡官员到县视察,发现监狱中没有羁押的囚犯,人民自得其所,安居乐业,因找不出有何问题应当查问,只得宣布诏书,然后离去。

明帝性情狭隘而苛察,好用耳目窥探群臣的隐私,认为这就是英明,公卿等高级官员屡屡被辱骂,陪伴近侧的尚书以下官员甚至遭到殴打。明帝曾因事对郎官药崧发火,用手杖责打药崧,药崧逃跑,躲到床下,明帝十分愤怒,厉声喊道:"郎官出来!"药崧便说:"天子穆穆,诸侯皇皇,哪有皇上,动手打郎!"明帝这才将他放过。

当时朝中群臣无不胆战心惊,争着表现出严厉苛刻的态度,以逃避诛杀或斥责,唯独锺离意敢于同明帝争辩,直言劝谏,屡次将他认为不妥的诏书封起来奉还,官员有了过错,他便设法解救。适逢天象接连出现怪异,锺离意上书道:"陛下尊敬畏惧鬼神,怜悯体恤百姓,然而却出现气候失调、寒暑不合时令的现象,其原因在于百官不能推广皇恩和尽到职守,而以苛刻作为时尚,群臣之间没有相亲的心愿,官民之间没有谐调的感情,以至影响违逆了祥和之气,招致天灾。百姓可以用恩德来感化,却难以用强力来压服,《诗经·鹿鸣》之诗一定要提到欢宴的缘故,是由于人神之心相通,然后气候才能调和。希望陛下赐恩德,宽刑罚,使天时之气和顺,以谐调阴阳。"明帝虽未采纳锺离意的建议,但知道他是出于至诚之心,因而始终爱护和厚待他。

7 秋季,八月戊辰(二十五日),明帝下诏:依照谶文,将太乐官改称为太予。

8 八月壬申晦(二十九日),出现日食。明帝下诏:"从前楚庄王因本国无灾而生怕上天遗忘了自己,以至生出警戒恐惧之心,鲁哀公昏庸乱政,但因无可挽救,上天也没有降下灾异进行谴责。如今出现了日食,表示我们或许还可以救药,各部门主管官员要努力尽心于职责,以助我完成天子的重任!"

9　冬，十月甲子，车驾从皇太后幸章陵。荆州刺史郭贺，官有殊政，上赐以三公之服，黼黻、冕旒；敕行部去襜帷，使百姓见其容服，以章有德。戊辰，还自章陵。

10　是岁，京师及郡国七大水。

11　莎车王贤以兵威逼夺于寘、大宛、妫塞王国，使其将守之。于寘人杀其将君德，立大人休莫霸为王，贤率诸国兵数万击之，大为休莫霸所败，脱身走还。休莫霸进围莎车，中流矢死，于寘人复立其兄子广德为王，广德使其弟仁攻贤。广德父先拘在莎车，贤乃归其父，以女妻之，与之和亲。

9 冬季,十月甲子(二十二日),明帝随同皇太后临幸章陵县。荆州刺史郭贺政绩优异,明帝赐给他三公穿用的礼服,上面绣有黑白相间的斧形花纹和黑青相间的双"己"形花纹,并赐给他悬有七条玉串的礼冠;命郭贺在巡行所部时除去车前的帘帐,让百姓观瞻仪容服饰,以表彰他的德行。十月戊辰(二十六日),明帝一行从章陵返回京城。

10 本年,京城雒阳及七个郡和封国发生水灾。

11 莎车国王贤用武力强占了于寘、大宛、妫塞等三王国,派莎车将领镇守。于寘人杀死了莎车守将君德,拥立本族首领休莫霸为王,于是贤率领西域各国数万兵众攻打于寘,却被休莫霸大败,贤脱身逃回到本国。休莫霸进军包围莎车,身中流箭而死。于是于寘人又推立休莫霸哥哥的儿子广德为王,广德便派弟弟仁去攻打贤。广德的父亲先前被扣在莎车,至此,贤便送还广德之父,并将自己的女儿嫁给他做妻子,同于寘建立了和亲关系。

卷第四十五　汉纪三十七

起辛酉(61)尽乙亥(75)凡十五年

显宗孝明皇帝下

永平四年(辛酉,61)

1　春,帝近出观览城第,欲遂校猎河内。东平王苍上书谏;帝览奏,即还宫。

2　秋九月戊寅,千乘哀王建薨,无子,国除。

3　冬,十月乙卯,司徒郭丹、司空冯鲂免,以河南尹沛国范迁为司徒,太仆伏恭为司空。恭,湛之兄子也。

4　陵乡侯梁松坐怨望、悬飞书诽谤,下狱死。

初,上为太子,太中大夫郑兴子众以通经知名,太子及山阳王荆因梁松以缣帛请之,众曰:"太子储君,无外交之义;汉有旧防,蕃王不宜私通宾客。"松曰:"长者意,不可逆。"众曰:"犯禁触罪,不如守正而死。"遂不往。及松败,宾客多坐之,唯众不染于辞。

5　于寘王广德将诸国兵三万人攻莎车,诱莎车王贤,杀之,并其国。匈奴发诸国兵围于寘,广德请降。匈奴立贤质子不居徵为莎车王,广德又攻杀之,更立其弟齐黎为莎车王。

显宗孝明皇帝下

汉明帝永平四年(辛酉,公元61年)

1 春季,明帝出宫,在附近观览雒阳市容建筑,打算随后去河内郡行猎。东平王刘苍上书劝止。明帝看到奏书后,立即回宫。

2 秋季,九月戊寅(十二日),千乘哀王刘建去世,因无子嗣,封国撤除。

3 冬季,十月乙卯(十九日),将司徒郭丹、司空冯鲂免职,将河南尹、沛国人范迁任命为司徒,太仆伏恭任命为司空。伏恭是伏湛哥哥的儿子。

4 陵乡侯梁松因怨恨朝廷、悬挂匿名书进行诽谤而被捕入狱,处以死刑。

当初,皇上做太子的时候,太中大夫郑兴之子郑众以精通儒家经典而闻名于世,太子和山阳王刘荆曾让梁松用绸缎作礼物聘请郑众做门客,郑众说:"太子是王储,没有同外界随便交往的道理;汉朝一向有禁令,亲王也不应私自招徕宾客。"梁松说:"这是上面的意思,不可忤逆。"郑众说:"与其违禁犯罪,不如坚守正道而死。"便拒绝梁松之请,没有应聘前往。及至梁松获罪,宾客们多被指控有罪,唯独郑众不受案中供词的牵连。

5 于寘王广德率领各国兵众三万人进攻莎车,用计引诱莎车王贤,将他杀死,吞并了莎车国。于是,匈奴调发西域各国军队包围了于寘,广德请求投降。匈奴便将贤生前送来做人质的儿子不居徵立为莎车王,后来,广德再次进攻莎车,杀死了不居徵,改立他的弟弟齐黎为莎车王。

6 东平王苍自以至亲辅政,声望日重,意不自安,前后累上疏称:"自汉兴以来,宗室子弟无得在公卿位者,乞上骠骑将军印绶,退就藩国。"辞甚恳切,帝乃许苍还国,而不听上将军印绶。

五年(壬戌,62)

1 春,二月,苍罢归藩。帝以骠骑长史为东平太傅,掾为中大夫,令史为王家郎,加赐钱五千万,布十万匹。

2 冬,十月,上行幸邺。是月,还宫。

3 十一月,北匈奴寇五原。十二月,寇云中,南单于击却之。

4 是岁,发遣边民在内郡者,赐装钱,人二万。

5 安丰戴侯窦融年老,子孙纵诞,多不法。长子穆尚内黄公主,矫称阴太后诏,令六安侯刘盱去妇,以女妻之。盱妇家上书言状,帝大怒,尽免穆等官。诸窦为郎吏者,皆将家属归故郡,独留融京师;融寻薨。后数岁,穆等复坐事与子勋、宣皆下狱死。久之,诏还融夫人与小孙一人居雒阳。

六年(癸亥,63)

1 春,二月,王雒山出宝鼎,献之。夏四月甲子,诏曰:"祥瑞之降,以应有德。方今政化多僻,何以致兹!《易》曰:'鼎象三公。'岂公卿奉职得其理邪!其赐三公帛五十匹,九卿、二千石半之。先帝诏书,禁人上事言'圣',而间者章奏颇多浮词。自今若有过称虚誉,尚书皆宜抑而不省,示不为诌子蚩也。"

6　东平王刘苍由于自己是明帝至亲而辅佐大政，又声望日高，内心感到不安，曾先后多次上书道："自从汉朝开国以来，皇族子弟无一人身居公卿要位，我请求奉还骠骑将军的印信、绶带，退官并前往封国。"奏书辞意十分恳切，于是明帝便允许刘苍返回封国，但不准他奉还骠骑将军的印信、绶带。

汉明帝永平五年(壬戌，公元62年)

1　春季，二月，刘苍免官返回封国。明帝任命骠骑将军府长史为东平国太傅，掾史为中大夫，令史为王府郎，特赐东平王五千万钱，十万匹布。

2　冬季，十月，明帝出行，临幸邺。当月返回京城皇宫。

3　十一月，北匈奴侵犯五原郡。十二月，侵犯云中郡，被南匈奴单于击退。

4　本年，征发遣返迁到内地的边疆居民，赏赐治装费，每人二万钱。

5　安丰侯窦融年事已高，他的子孙放纵荒唐，做了许多不法之事。窦融的长子窦穆是内黄公主的夫婿，他假传阴太后的旨意，命令六安侯刘盱休掉原妻，而将自己的女儿嫁给了刘盱。刘盱原妻的娘家上书控告此事，明帝大怒，将窦穆兄弟全部罢免。凡窦氏家族中做官的，一律带着家属返回原郡，只留窦融一人在京城；窦融不久便去世了。几年后，窦穆等人再次遭到指控，连同窦穆的儿子窦勋和窦宣，一道被捕入狱，处以死刑。又过了很久，明帝才下诏准许窦融的夫人和小孙一人回到雒阳居住。

汉明帝永平六年(癸亥，公元63年)

1　春季，二月，有宝鼎在王雒山出土，献给明帝。夏季，四月甲子(初七)，明帝下诏："祥瑞降临，是德行的感应。如今政治多有邪僻，怎么能够引来祥瑞！《周易》说：'鼎是三公的象征。'莫非是公卿奉职尽责符合了天理吗？令赐予三公每人五十四匹帛，九卿和二千石官每人二十五匹。先帝曾有诏旨，禁止人们在上书时称颂'圣明'，而近来奏章中虚浮之辞较多。从今以后，如果再有溢美的言词，尚书应一律拒不受理，以示朕不为谄媚者欺骗嘲弄。"

2　冬,十月,上行幸鲁。十二月,还幸阳城。壬午,还宫。

3　是岁,南单于適死,单于莫之子苏立,为丘除车林鞮单于。数月,复死,单于適之弟长立,为湖邪尸逐侯鞮单于。

七年(甲子,64)

1　春,正月癸卯,皇太后阴氏崩。二月庚申,葬光烈皇后。

2　北匈奴犹盛,数寇边,遣使求合市。上冀其交通,不复为寇,许之。

3　以东海相宗均为尚书令。初,均为九江太守,五日一听事,悉省掾、史,闭督邮府内,属县无事,百姓安业。九江旧多虎暴,常募设槛阱,而犹多伤害。均下记属县曰:“夫江、淮之有猛兽,犹北土之有鸡豚也,今为民害,咎在残吏,而劳勤张捕,非忧恤之本也。其务退奸贪,思进忠善,可一去槛阱,除削课制。”其后无复虎患。帝闻均名,故任以枢机。均谓人曰:“国家喜文法、廉吏,以为足以止奸也,然文吏习为欺谩,而廉吏清在一己,无益百姓流亡、盗贼为害也。均欲叩头争之,时未可改也,久将自苦之,乃可言耳!”未及言,会迁司隶校尉。后上闻其言,追善之。

八年(乙丑,65)

1　春,正月己卯,司徒范迁薨。

2 冬季,十月,明帝出行,临幸鲁城。十二月,在归途中临幸阳城县。十二月壬午(二十九日),返回京城皇宫。

3 本年,南匈奴单于适去世,前单于莫的儿子苏继位,此即丘除车林鞮单于。数月后,苏又去世,单于适的弟弟长继位,此即湖邪尸逐侯鞮单于。

汉明帝永平七年(甲子,公元 64 年)

1 春季,正月癸卯(二十日),皇太后阴氏驾崩。二月庚申(初八),举行葬礼。

2 北匈奴依然实力强盛,屡次侵犯边境,又派使者请求与汉朝进行双边贸易。明帝希望利用通商手段使匈奴不再入侵,便应许了这一要求。

3 任命东海国相宗均为尚书令。先前,宗均曾任九江郡太守,任上,他每五天处理一次政务,将掾、史等官员一律裁撤,不让督邮外出巡查而留在府内,下属各县全都太平无事,百姓安居乐业。九江一向多虎害,官府经常招募猎手设栅栏陷阱捕捉,但猛虎仍然造成了很多伤害。宗均颁下公文命令所属各县:"长江、淮河一带有猛兽,正如北方有鸡、猪,本是平常之事,如今猛虎为害民间,原因在于官吏残暴,而使人辛苦捕猎,也不符合怜悯体恤百姓的原则。如今务必要清除贪官污吏,考虑提拔忠诚善良之士,可一举撤去栅栏陷阱,并减免赋税。"从此以后,九江便不再出现虎害。明帝听说了宗均的名声,所以让他负责中枢机要。宗均对人说:"皇上喜用处理公文法令的文吏和廉洁的清官,认为有他们便足以禁止奸恶发生,然而文吏常常利用文字技巧欺上瞒下,而清官又只能独善一身,不能阻止百姓流亡、盗匪作乱。我要向皇上叩头力争,虽然一时不能改变现状,但长此以往皇上将自受其苦,到那时我便可以说话了!"宗均还没来得及进谏,却恰好转任司隶校尉,离开了尚书台。后来,明帝听说了宗均的这番言论,表示赞同。

汉明帝永平八年(乙丑,公元 65 年)

1 春季,正月己卯(初二),司徒范迁去世。

2　三月辛卯，以太尉虞延为司徒，卫尉赵憙行太尉事。

3　越骑司马郑众使北匈奴，单于欲令众拜，众不为屈。单于围守，闭之不与水火；众拔刀自誓，单于恐而止，乃更发使，随众还京师。

初，大司农耿国上言："宜置度辽将军屯五原，以防南匈奴逃亡。"朝廷不从。南匈奴须卜骨都侯等知汉与北虏交使，内怀嫌怨，欲畔，密使人诣北虏，令遣兵迎之。郑众出塞，疑有异，伺候，果得须卜使人。乃上言："宜更置大将，以防二虏交通。"由是始置度辽营，以中郎将吴棠行度辽将军事，将黎阳虎牙营士屯五原曼柏。

4　秋，郡国十四大水。

5　冬，十月，北宫成。

6　丙子，募死罪系囚诣度辽营；有罪亡命者，令赎罪各有差。楚王英奉黄缣、白纨诣国相曰："托在藩辅，过恶累积，欢喜大恩，奉送缣帛，以赎愆罪。"国相以闻，诏报曰："楚王诵黄、老之微言，尚浮屠之仁慈，洁斋三月，与神为誓，何嫌何疑，当有悔吝！其还赎，以助伊蒲塞、桑门之盛馔。"

初，帝闻西域有神，其名曰佛，因遣使之天竺求其道，得其书及沙门以来。其书大抵以虚无为宗，贵慈悲不杀；以为人死，精神不灭，随复受形；生时所行善恶，皆有报应，故所贵修炼精神，以至为佛。善为宏阔胜大之言，以劝诱愚俗。精于其道者，号曰沙门。于是中国始传其术，图其形像，而王公贵人，独楚王英最先好之。

2 三月辛卯,将太尉虞延任命为司徒,命卫尉赵憙代理太尉职务。

3 越骑司马郑众出使北匈奴,北匈奴单于想要让郑众叩拜,郑众没有屈从。单于将他关了起来,派人包围看守,断绝了水火供应;郑众拔出佩刀发誓,表示宁死不屈,单于害怕事态扩大,这才罢休,于是重新派遣使者,随郑众回到汉都洛阳。

先前,大司农耿国曾上书说:"应当设置度辽将军屯兵五原郡,以防备南匈奴逃亡。"朝廷没有采纳他的建议。南匈奴须卜骨都侯等人听到汉朝同北匈奴互通使者的消息,心怀怨恨,打算反叛,于是秘密派人前往北匈奴,要北匈奴派兵接应。郑众出塞时,疑心情况有异,便侦察等候,果然抓到了须卜的信使。郑众便上书说:"应当重新在边境设置大将,以防备南北匈奴互相联络。"从此,汉朝便开始设置度辽营,命中郎将吴棠代理度辽将军事务,率领黎阳虎牙营的兵士,屯驻在五原郡曼柏县。

4 秋季,十四个郡和封国发生水灾。

5 冬季,十月,北宫落成。

6 十月丙子(初四),募集犯有死罪的囚徒前往度辽营;命令逃亡的罪犯赎罪,依据不同的情况,各分等级。楚王刘英带着黄色细绢和素色薄绸去见国相,说道:"我身居藩国,罪过积累,幸蒙大恩,始有今日,献上细绢薄绸,以赎我罪。"国相将此事上报朝廷,明帝下诏答复说:"楚王口念黄帝、老子的精微之言,崇尚佛家的仁爱慈悲,曾斋戒三个月,对佛立誓,有什么猜嫌和疑问,应当悔恨?把那些赎罪之物退还,赞助他以美食款待佛门弟子。"

起初,明帝听说西域有一神祇,名字叫作"佛",于是派使者前往天竺国寻求佛教道义,使者在西域找到了佛经,并带着沙门回到中原。佛经大抵以一切虚无为本,认为慈悲是最尊贵的品德,反对杀生;认为人死之后,精神不灭,可以再次投胎转世;而人生前所作的善事恶事,全都会有报应,因此,提倡修炼精神,直至达到大彻大悟的境界而成为"佛"。佛家善于使用高深莫测的言词,以劝化诱导愚昧的凡夫俗子。精通佛家道义的人,称为"沙门"。于是佛教便开始在中原传播,有人画出佛像进行供奉,在天子、诸王和显贵当中,唯独楚王刘英最先崇信。

7 壬寅晦，日有食之，既。诏群司勉修职事，极言无讳。于是在位者皆上封事，各言得失；帝览章，深自引咎，以所上班示百官，诏曰："群僚所言，皆朕之过。民冤不能理，吏黜不能禁，而轻用民力，缮修宫宇，出入无节，喜怒过差。永览前戒，竦然兢惧；徒恐薄德，久而致怠耳！"

8 北匈奴虽遣使入贡，而寇钞不息，边城昼闭。帝议遣使报其使者，郑众上疏谏曰："臣闻北单于所以要致汉使者，欲以离南单于之众，坚三十六国之心也；又当扬汉和亲，夸示邻敌，令西域欲归化者局足狐疑，怀土之人绝望中国耳。汉使既到，便偃塞自信，若复遣之，虏必自谓得谋，其群臣驳议者不敢复言。如是，南庭动摇，乌桓有离心矣。南单于久居汉地，具知形势，万分离析，旋为边害。今幸有度辽之众扬威北垂，虽勿报答，不敢为患。"帝不从，复遣众往，众因上言："臣前奉使，不为匈奴拜，单于恚恨，遣兵围臣；今复衔命，必见陵折，臣诚不忍持大汉节对毡裘独拜。如令匈奴遂能服臣，将有损大汉之强。"帝不听。众不得已，既行，在路连上书固争之。诏切责众，追还，系廷尉，会赦，归家。其后帝见匈奴来者，闻众与单于争礼之状，乃复召众为军司马。

7 十月壬寅晦(三十日),出现日全食。日食以后,明帝下诏勉励百官各尽职守,用最直率的态度批评朝政而无所忌讳。于是官员们全都呈上密封的奏章,各自议论朝政的得失;明帝观看奏章,深自责备,便将这些奏章向百官公布,并下诏说:"群臣指摘之事,都是朕的过错。人民冤屈不能申雪,贪官污吏不能查禁,却轻率地使用民力,营建宫室,开支与征税无节制,而且喜怒无常。回顾古人的鉴戒,十分恐惧,只怕朕品德寡薄,日久生怠!"

8 北匈奴虽然派使者入朝进贡,但侵扰不断,致使边疆城镇白日关闭城门。明帝同群臣商议,打算派遣使者回报匈奴来使,郑众上书劝谏道:"我听说,北匈奴单于所以要让汉朝派出使者,目的是想离间南匈奴单于的部众,坚定西域三十六国对北匈奴的效忠之心;他还宣扬汉朝的和亲,向邻近敌国夸耀,使西域那些打算归附汉朝的国家畏缩猜疑,使流亡在外怀念故土的人对汉朝绝望。汉朝使者到过北匈奴以后,单于便已十分傲慢自负,如果再派使者,他一定会自以为得计,而北匈奴群臣中反对与汉朝为敌的人也不敢再说话了。这样,南匈奴王庭便会发生动摇,乌桓也将与我们离心离德。南匈奴单于长期居住在中原内地,对我方的情况与地形一一知晓,万一同汉朝分裂,即刻便成为边境的祸患。如今,幸而有度辽营的大军在北疆扬威镇守,即便我们不派使者回报北匈奴,他们也不敢作乱。"明帝不接受郑众的劝谏,再次派他做使者前往北匈奴,于是郑众上书说:"我前次奉命出使北匈奴时,因不肯行叩拜之礼,单于十分愤恨,曾派兵把我围困起来;如今我再次领命前往,定会遭到凌辱,我实在不愿自己手持大汉的符节,对着毛毡皮衣独拜。而如果我迫于形势向匈奴屈服,则将有损于汉朝的国威。"明帝不听郑众的劝谏。郑众不得已而动身,出发后,他在路上接连上书力争,坚持自己的主张。于是明帝下诏严厉责备郑众,将他追回,囚禁于廷尉监狱,适逢赦免,他便回到家乡。后来,明帝会见北匈奴的来客,听到郑众与单于因礼仪相争的情况,便再次征召郑众,任命为军司马。

九年(丙寅,66)

1 夏,四月甲辰,诏司隶校尉、部刺史岁上墨绶长吏视事三岁已上、治状尤异者各一人与计偕上,及尤不治者亦以闻。

2 是岁,大有年。

3 赐皇子恭号曰灵寿王,党号曰重熹王,未有国邑。

4 帝崇尚儒学,自皇太子诸王侯及大臣子弟、功臣子孙,莫不受经。又为外戚樊氏、郭氏、阴氏、马氏诸子立学于南宫,号"四姓小侯"。置《五经》师,搜选高能以授其业。自期门、羽林之士,悉令通《孝经》章句。匈奴亦遣子入学。

5 广陵王荆复呼相工谓曰:"我貌类先帝,先帝三十得天下,我今亦三十,可起兵未?"相者诣吏告之,荆惶恐,自系狱,帝加恩,不考极其事,诏不得臣属吏民,唯食租如故,使相、中尉谨宿卫之。荆又使巫祭祀、祝诅。诏长水校尉樊儵等杂治其狱,事竟,奏请诛荆。帝怒曰:"诸卿以我弟故,欲诛之;即我子,卿等敢尔邪?"儵对曰:"天下者高帝天下,非陛下之天下也。《春秋》之义,君亲无将,将而必诛。臣等以荆属托母弟,陛下留圣心,加恻隐,故敢请耳;如令陛下子,臣等专诛而已。"帝叹息善之。儵,宏之子也。

十年(丁卯,67)

1 春,二月,广陵思王荆自杀,国除。

汉明帝永平九年(丙寅,公元66年)

1　夏季,四月甲辰,明帝下诏命令司隶校尉、部刺史,每年各从任职三年以上、考绩最优异的县令以下官员中选拔一人上报,让此人随同呈送年终考绩的官员进京,对于考绩最劣者,也要上报朝廷。

2　本年,粮食大丰收。

3　明帝将皇子刘恭赐号为灵寿王,皇子刘党赐号为重熹王,都没有封国。

4　明帝尊崇儒学,上自太子、诸王、侯爵,下至高官的子弟、功臣的子孙,无人不学习儒家经典。明帝还为外戚樊氏、郭氏、阴氏、马氏的儿子们在南宫设立学校,学生们被称作"四姓小侯"。明帝给他们安排讲解儒家《五经》的老师,寻找选拔学问高超的贤才授课。即便是期门、羽林等禁卫武官,也都命令通晓《孝经》的文字含义。匈奴也派出贵族子弟到汉朝学习。

5　广陵王刘荆又召来相面的术士,说道:"我的容貌和先帝相像,先帝三十岁时即位称帝,我如今也三十岁了,可以起兵了吗?"相面的术士向有关官员告发了此事,刘荆惊慌恐惧,到狱中将自己囚禁起来,明帝特别加恩,不对事情进行追究,下诏不许他统治封国的官员和百姓,只可继续享用租税收入,并命令封国国相和中尉对他严密监护。刘荆又让巫师进行祭祷和诅咒。明帝下诏,命令长水校尉樊鯈等人联合审判此案,审判结束后,樊鯈等人上书,请将刘荆处死。明帝生气地说道:"你们因广陵王是我弟弟的缘故,所以要杀他,如果是我的儿子,你们敢这样吗?"樊鯈回答道:"天下是高帝的天下,不是陛下的天下。根据《春秋》大义,君王至亲不得有弑逆图谋,有则必杀。我们因为刘荆是陛下同母之弟,陛下特别留意,恻隐有加,所以才敢请示。如果是陛下的儿子,我们只专断诛杀而已。"明帝叹息着表示赞许。樊鯈是樊宏的儿子。

汉明帝永平十年(丁卯,公元67年)

1　春季,二月,广陵王刘荆自杀,封国撤除。

2　夏，四月戊子，赦天下。

3　闰月甲午，上幸南阳，召校官弟子作雅乐，奏《鹿鸣》，帝自奏埙、篪和之，以娱嘉宾。还，幸南顿。冬，十二月甲午，还宫。

4　初，陵阳侯丁綝卒，子鸿当袭封，上书称病，让国于弟盛，不报。既葬，乃挂衰绖于冢庐而逃去。友人九江鲍骏遇鸿于东海，让之曰："昔伯夷、吴札，乱世权行，故得申其志耳。《春秋》之义，不以家事废王事。今子以兄弟私恩而绝父不灭之基，可乎？"鸿感悟垂涕，乃还就国。鲍骏因上书荐鸿经学至行，上征鸿为侍中。

十一年(戊辰,68)

1　春，正月，东平王苍与诸王俱来朝，月馀，还国。帝临送归宫，凄然怀思，乃遣使手诏赐东平国中傅曰："辞别之后，独坐不乐，因就车归，伏轼而吟，瞻望永怀，实劳我心。诵及《采菽》，以增叹息。日者问东平王：'处家何等最乐？'王言：'为善最乐。'其言甚大，副是要腹矣。今送列侯印十九枚，诸王子年五岁已上能趋拜者，皆令带之。"

十二年(己巳,69)

1　春，哀牢王柳貌率其民五万馀户内附，以其地置哀牢、博南二县。始通博南山，度兰仓水，行者苦之，歌曰："汉德广，开不宾；度兰仓，为他人。"

2　夏季,四月戊子(二十四日),大赦天下。

3　闰十月甲午(初三),明帝临幸南阳,召集地方学校的学生演奏庙堂正乐,当演奏《诗经·鹿鸣》时,明帝亲自吹起陶埙和竹篪应和,以娱乐嘉宾。回京途中,明帝临幸南顿。冬季,十二月甲午(初四),返回京城皇宫。

4　当初,阳陵侯丁𬘡去世时,他的儿子丁鸿应当继承封国,但丁鸿上书自称有病,要将封国让给弟弟丁盛,朝廷未予答复。丁鸿安葬父亲以后,便将丧服挂在守墓的小屋里逃走了。丁鸿的朋友、九江人鲍骏在东海国遇到了丁鸿,责备他道:"从前孤竹君之子伯夷和吴王之子季札推让王位,是乱世中的暂时行为,那样做才能表明他们的志节。根据《春秋》大义,不可以因家事废弃国事。如今您由于兄弟手足之情而断送父亲建立的永不毁灭的基业,这样行吗?"丁鸿醒悟过来,流下眼泪,便回去继承了封国。鲍骏于是上书向朝廷举荐丁鸿,称赞他精通经学,行为高尚,明帝便征召丁鸿进京,任命他为侍中。

汉明帝永平十一年(戊辰,公元68年)

1　春季,正月,东平王刘苍和诸位亲王一同进京朝见,一个多月后,返回封国。明帝亲自送行,回到皇宫后,感到离情悲切,便亲手动笔写诏,派使者送给东平国中傅,诏书写道:"分别之后,孤身独坐,心中郁郁不乐,便乘车而归,俯身车前横木而低吟,遥远的瞻望与长久的怀念,真让我心神劳苦。念诵《诗经·采菽》,更增加我的叹息。日前我曾问东平王:'居家做什么事最快乐?'东平王说:'行善最快乐。'这句话口气甚大,正与他的腰围肚量相称。如今送去列侯印信十九枚,东平王的儿子们年满五岁并懂得行礼的,让他们全都佩带印信。"

汉明帝永平十二年(己巳,公元69年)

1　春季,哀牢王柳貌率领属民五万多户归附汉朝,朝廷在原地设立哀牢、博南两县。并开始进行开辟博南山通道和渡越兰仓水的工程,服役者因工程艰苦,作歌道:"汉德广,开不宾;度兰仓,为他人。"

2　初，平帝时，河、汴决坏，久而不修。建武十年，光武欲修之，浚仪令乐俊上言："民新被兵革，未宜兴役。"乃止。其后汴渠东侵，日月弥广，兖、豫百姓怨叹，以为县官恒兴他役，不先民急。会有荐乐浪王景能治水者，夏，四月，诏发卒数十万，遣景与将作谒者王吴修汴渠堤，自荥阳东至千乘海口千馀里，十里立一水门，令更相洄注，无复溃漏之患。景虽简省役费，然犹以百亿计焉。

3　秋，七月乙亥，司空伏恭罢；乙未，以大司农牟融为司空。

4　是时，天下安平，人无徭役，岁比登稔，百姓殷富，粟斛三十，牛羊被野。

十三年(庚午，70)

1　夏，四月，汴渠成，河、汴分流，复其旧迹。辛巳，帝行幸荥阳，巡行河渠，遂渡河，登太行，幸上党。壬寅，还宫。

2　冬，十月壬辰晦，日有食之。

3　楚王英与方士作金龟、玉鹤，刻文字为符瑞。男子燕广告英与渔阳王平、颜忠等造作图书，有逆谋；事下案验。有司奏："英大逆不道，请诛之。"帝以亲亲不忍。十一月，废英，徙丹阳泾县，赐汤沐邑五百户；男女为侯、主者，食邑如故；许太后勿上玺绶，留住楚宫。先是有私以英谋告司徒虞延者，延以英藩戚至亲，不然其言。及英事觉，诏书切让延。

2　最初,在西汉平帝时,黄河、汴水曾经决口,久不修复。到了建武十年,当光武帝打算动工治理时,浚仪县令乐俊上书说:"人民新近经历了战争,不宜征发徭役。"于是将此事作罢。后来汴渠向东泛滥,区域日益扩展,兖州、豫州的百姓哀怨叹息,认为朝廷总在办其他工程,而不优先解救人民急难。恰好有人向朝廷举荐乐浪人王景,说他有治水才能,本年夏季,四月,明帝下诏征发役夫数十万人,派王景和将作谒者王吴修筑汴渠堤岸,从荥阳向东,直到千乘的入海口,共一千馀里,每隔十里修建一个水闸,使水闸之间的水流相互调节,不再有决堤和漏水的忧患。王景虽然节省工程费用,然而仍消耗了数以百亿计的钱财。

3　秋季,七月乙亥(二十四日),将司空伏恭免职;七月乙未,将大司农牟融任命为司空。

4　此时,天下太平,无人服事徭役,粮食连年丰收,百姓殷实富裕,谷价每斛三十钱,牛羊遍野。

汉明帝永平十三年(庚午,公元 70 年)

1　夏季,四月,汴渠治水工程完成,从此黄河与汴水的水流分离,重新回到各自原来的河道。四月辛巳(初四),明帝出行,临幸荥阳,视察水利工程,然后渡过黄河,登上太行山,临幸上党郡。四月壬寅(二十五日),返回京城皇宫。

2　冬季,十月壬辰晦(二十九日),出现日食。

3　楚王刘英和方士制作金龟、玉鹤,刻上文字作为显示祥瑞的符号。有个叫燕广的男子,告发刘英与渔阳人王平、颜忠等编造符谶之书,有叛逆的企图;朝廷将此事下交有关部门追查核实。主管官员上奏道:"刘英大逆不道,请将他处死。"明帝因手足之亲而不忍批准。十一月,废掉刘英王位,将他迁往丹阳郡泾县,赏赐五百户赋税;刘英的儿子女儿当侯、当公主的,依旧享用原有食邑;命刘英的母亲许太后不必上交她的玺印、绶带,留在楚王宫中居住。先前,曾有人暗中将刘英的逆谋告诉司徒虞延,但虞延认为刘英是明帝手足至亲,不相信密报。及至刘英逆谋暴露,明帝下诏严厉责备虞延。

十四年(辛未,71)

1　春,三月甲戌,延自杀。以太常周泽行司徒事;顷之,复为太常。夏,四月丁巳,以钜鹿太守南阳邢穆为司徒。

2　楚王英至丹阳,自杀。诏以诸侯礼葬于泾。封燕广为折奸侯。

是时,穷治楚狱,遂至累年。其辞语相连,自京师亲戚、诸侯、州郡豪桀及考按吏,阿附坐死、徙者以千数,而系狱者尚数千人。

初,樊鯈弟鮪,为其子赏求楚王英女,鯈闻而止之曰:"建武中,吾家并受荣宠,一宗五侯。时特进一言,女可以配王,男可以尚主,但以贵宠过盛,即为祸患,故不为也。且尔一子,奈何弃之于楚乎!"鮪不从。及楚事觉,鯈已卒,上追念鯈谨恪,故其诸子皆得不坐。

英阴疏天下名士,上得其录,有吴郡太守尹兴名,乃征兴及掾史五百馀人诣廷尉就考。诸吏不胜掠治,死者大半;惟门下掾陆续、主簿梁宏、功曹史驷勋,备受五毒,肌肉消烂,终无异辞。续母自吴来雒阳,作食以馈续。续虽见考,辞色未尝变,而对食悲泣不自胜。治狱使者问其故,续曰:"母来不得见,故悲耳。"问:"何以知之?"续曰:"母截肉未尝不方,断葱以寸为度,故知之。"使者以状闻,上乃赦兴等,禁锢终身。

颜忠、王平辞引隧乡侯耿建、朗陵侯臧信、濩泽侯邓鲤、曲成侯刘建。建等辞未尝与忠、平相见。是时,上怒甚,吏皆惶恐,诸所连及,率一切陷入,无敢以情恕者。侍御史寒朗心伤其冤,

汉明帝永平十四年(辛未,公元71年)

1　春季,三月甲戌(初三),虞延自杀。明帝命令太常周泽代理司徒职务;不久,周泽返回原职,仍为太常。夏季,四月丁巳(十六日),将钜鹿太守、南阳人邢穆任命为司徒。

2　楚王刘英抵达丹阳郡后自杀。明帝下诏,命令以诸侯之礼将他葬在泾县。将燕广封为折奸侯。

当时,朝廷极力追究楚王之案,以至连年不止。案中的供词互相牵连,从京城皇亲国戚、诸侯、州郡名人豪杰,直到审案官吏,因附从反逆而被处死、流放的数以千计,而关在狱中的还有几千人。

当初,樊儵的弟弟樊鲔曾为儿子樊赏求娶楚王刘英的女儿为妻,樊儵听到消息后制止他说:"建武年间,我们家族同受恩宠,一门之内,曾出了五个侯爵。当时只要当特进的父亲一句话,女可以配亲王,男可以娶公主,但父亲认为尊贵恩宠过度就成为祸患,所以不做这种事。况且你只有一个儿子,为什么把他丢给楚国呢?"樊鲔不听劝告。及至楚王谋反事发,樊儵已经去世。明帝追念樊儵为人严谨恭敬,所以他的儿子们都没有连坐。

刘英曾暗中将天下名人记录在册,明帝得到这个名单,见上面有吴郡太守尹兴的名字,便召尹兴及其属官五百多人到廷尉受审。属官们经受不住苦刑拷打,大部分人死去;唯有门下掾陆续、主簿梁宏、功曹史驷勋,虽受尽五种毒刑,肌肉溃烂,但到底也不改口供。陆续的母亲从吴郡来到雒阳,做了食物送给陆续。陆续以往虽遭拷打,言辞神色从不改变,但面对饭菜却痛哭流涕,不能自止。审案官问是何缘故,陆续说:"母亲来了,而我们不能相见,所以悲伤。"审案官问:"你怎么知道她来了?"陆续说:"我母亲切肉无不方方正正,切葱也总是一寸长短,我见到这食物,所以知道她来了。"审案官将此情况上报后,明帝便赦免尹兴等人,但限制他们终生不准做官。

颜忠、王平的供词牵连到隧乡侯耿建、朗陵侯臧信、濩泽侯邓鲤、曲成侯刘建。耿建等人声称从未同颜忠和王平见过面。当时,明帝十分愤怒,审案官员全都惶恐不安,凡被牵连者,几乎一律判罪定案,无人敢根据实情予以宽恕。侍御史寒朗怜悯耿建等人冤枉,

试以建等物色，独问忠、平，而二人错愕不能对。朗知其诈，乃上言："建等无奸，专为忠、平所诬；疑天下无辜，类多如此。"帝曰："即如是，忠、平何故引之？"对曰："忠、平自知所犯不道，故多有虚引，冀以自明。"帝曰："即如是，何不早奏？"对曰："臣恐海内别有发其奸者。"帝怒曰："吏持两端！"促提下捶之。左右方引去，朗曰："愿一言而死。"帝曰："谁与共为章？"对曰："臣独作之。"上曰："何以不与三府议？"对曰："臣自知当必族灭，不敢多污染人。"上曰："何故族灭？"对曰："臣考事一年，不能穷尽奸状，反为罪人讼冤，故知当族灭。然臣所以言者，诚冀陛下一觉悟而已。臣见考囚在事者，咸共言妖恶大故，臣子所宜同疾，今出之不如入之，可无后责。是以考一连十，考十连百。又公卿朝会，陛下问以得失，皆长跪言：'旧制，大罪祸及九族，陛下大恩，裁止于身，天下幸甚！'及其归舍，口虽不言而仰屋窃叹，莫不知其多冤，无敢悟陛下言者。臣今所陈，诚死无悔！"帝意解，诏遣朗出。

后二日，车驾自幸洛阳狱录囚徒，理出千馀人。时天旱，即大雨。马后亦以楚狱多滥，乘间为帝言之，帝恻然感悟，夜起彷徨，由是多所降宥。

任城令汝南袁安迁楚郡太守。到郡不入府，先往按楚王英狱事，理其无明验者，条上出之。府丞、掾史皆叩头争，以为："阿附反虏，法与同罪，不可。"安曰："如有不合，太守自当坐之，不以相及也。"遂分别具奏。帝感悟，即报许，得出者四百馀家。

便以耿建等人的形貌特征,单独讯问颜忠和王平,颜、王二人仓皇惊愕不能应对。寒朗知道其中有诈,便上书说:"耿建等人没有罪过,只是被颜忠和王平诬陷了;我怀疑天下的无辜罪人,遭遇多与此相似。"明帝问:"如果是这样,那么颜忠、王平为什么要牵连他们?"寒朗回答道:"颜忠、王平自己知道犯了大逆不道之罪,所以虚招了许多人,企图以此来表白自己。"明帝问:"如果是这样,你为什么不早报告?"寒朗回答说:"我担心国内另有人真能揭发出耿建等人的奸谋。"明帝生气地说:"你这审案官,骑墙滑头!"便催人把寒朗拉下去责打。左右侍卫刚要拉走寒朗,寒朗说:"我想说一句话再死。"明帝问:"谁和你一起写的奏章?"回答说:"是我一个人写的。"明帝问:"为什么不和三府商议?"回答说:"我自己知道一定会有灭族之罪,不敢多连累他人。"明帝问:"为什么是灭族之罪?"回答说:"我审案一年,不能彻底清查奸谋的实情,反而为罪人辩冤,所以知道该当灭族之罪。然而我所以上奏,实在是盼望陛下能一下子觉悟罢了。我见审问囚犯的官员,众口一词地说臣子对叛逆大罪应同仇敌忾,如今判人无罪不如判人有罪,可使以后免受追究。因此,官员审讯一人便牵连十人,审讯十人便牵连百人。还有,公卿上朝的时候,当陛下询问案情处理是否得当,他们全都直身跪着回答:'依照以往制度,大罪要诛杀九族,而陛下大恩,只处决当事者,天下人太幸运了!'而等他们回到家里,口中虽无怨言,却仰望屋顶暗自叹息,没有人不知道这里多有冤枉,但不敢忤逆陛下而直言。我今天说出这番话,真是死而不悔!"明帝怒气消解,便下令将寒朗放走。

两天以后,明帝亲临雒阳监狱甄别囚犯,释放了一千多人。当时正值天旱,立刻降下了大雨。马皇后也认为楚王之案多有滥捕滥杀,便乘机向明帝进言,明帝醒悟过来,恻然而悲,夜间起床徘徊,不能入眠,从此对罪犯多行宽赦。

任城县令、汝南人袁安被擢升为楚郡太守。到达楚郡之后,他不进太守府,而先去处理楚王之案,查出缺少确凿证据的囚犯,登记上报而准备释放。郡政府的大小官员全都叩头力争,认为:"附从反逆,依法同罪,万万不可。"袁安说:"如果违背了朝廷,太守自当承担罪责,不因此牵连你们。"于是便与其他官员分别奏报。此时明帝已经醒悟,便批准了袁安的奏书,有四百多家因此获得了释放。

3 夏,五月,封故广陵王荆子元寿为广陵侯,食六县。又封窦融孙嘉为安丰侯。

4 初作寿陵,制:"令流水而已,无得起坟。万年之后,扫地而祭,杅水脯糒而已。过百日,唯四时设奠。置吏卒数人,供给洒扫。敢有所兴作者,以擅议宗庙法从事。"

十五年(壬申,72)

1 春,二月庚子,上东巡。癸亥,耕于下邳。三月,至鲁,幸孔子宅,亲御讲堂,命皇太子、诸王说《经》;又幸东平、大梁。夏,四月庚子,还宫。

2 封皇子恭为钜鹿王,党为乐成王,衍为下邳王,畅为汝南王,昞为常山王,长为济阴王;帝亲定其封域,裁令半楚、淮阳。马后曰:"诸子数县,于制不亦俭乎?"帝曰:"我子岂宜与先帝子等,岁给二千万足矣!"

3 乙巳,赦天下。

4 谒者仆射耿秉数上言请击匈奴,上以显亲侯窦固尝从其世父融在河西,明习边事,乃使秉、固与太仆祭肜、虎贲中郎将马廖、下博侯刘张、好畤侯耿忠等共议之。耿秉曰:"昔者匈奴援引弓之类,并左衽之属,故不可得而制。孝武既得河西四郡及居延、朔方,虏失其肥饶畜兵之地,羌、胡分离;唯有西域,俄复内属。故呼韩邪单于请事款塞,其势易乘也。今有南单于,形势相似;然西域尚未内属,北虏未有衅作。臣愚以为当先击白山,得伊吾,破车师,通使乌孙诸国以断其右臂;伊吾亦有匈奴南呼衍一部,破此,复为折其左角,然后匈奴可击也。"

3　夏季,五月,将已故广陵王刘荆的儿子刘元寿封为广陵侯,享有六县食邑。此外,将窦融的孙子窦嘉封为安丰侯。

4　开始预建皇陵,明帝下令:"修建陵墓,只要使水能够流淌出去而已,不许堆高坟丘。我去世以后,清扫地面设祭,有一碗水和干肉干粮即可。一百天以后,只在每年四季设祭。安排官兵数人,负责洒扫之事。若有人胆敢重修扩建陵墓,将以擅自篡改非议宗庙法论罪。"

汉明帝永平十五年(壬申,公元72年)

1　春季,二月庚子(初四),明帝去东方巡视。二月癸亥(二十七日),在下邳举行耕籍之礼,明帝亲耕,以示重农。三月,到达鲁城,临幸孔子故居,亲自登上讲堂,命皇太子和亲王们阐说儒家经典;然后临幸东平、大梁。夏季,四月庚子(初五),返回京城皇宫。

2　将皇子刘恭封为钜鹿王,皇子刘党封为乐成王,皇子刘衍封为下邳王,皇子刘畅封为汝南王,皇子刘昞封为常山王,皇子刘长封为济阴王;明帝亲自划定封国疆域,使各封国的面积只有楚国、淮阳国的一半大小。马皇后说:"皇子们只分得了几个县,同旧制相比,不是太菲薄了吗?"明帝说:"我的儿子怎应与先帝的儿子相等?每年有两千万钱的收入就足够了!"

3　四月乙巳(初十),大赦天下。

4　谒者仆射耿秉屡次上书请求攻打北匈奴,皇上因显亲侯窦固曾在河西跟随伯父窦融,熟悉边疆事务,便让耿秉、窦固和太仆祭肜、虎贲中郎将马廖、下博侯刘张、好時侯耿忠等人共同会商。耿秉说:"从前匈奴有游猎部落的援助和其他蛮族的依附,所以不能将它制服。在孝武皇帝得到武威、酒泉、张掖、敦煌等河西四郡及居延、朔方以后,匈奴便失去富饶的养兵之地,断绝了羌、胡关系;势力范围只剩下西域,而西域不久也依附了汉朝。所以,呼韩邪单于到边塞请求归属,乃是大势所趋。如今的南匈奴单于,情形与呼韩邪相似;但目前西域尚未依附汉朝,而北匈奴也没有挑衅作乱。我认为应当首先进攻白山,夺取伊吾,打败车师,派使者联合乌孙各国以切断匈奴的右臂;在伊吾还有一支匈奴南呼衍的军队,如果将他们打败,便又折断了匈奴的左角,此后就可以对匈奴本土发动进攻了。"

上善其言。议者或以为:"今兵出白山,匈奴必并兵相助,又当分其东以离其众。"上从之。十二月,以秉为驸马都尉,固为奉车都尉,以骑都尉秦彭为秉副,耿忠为固副,皆置从事、司马,出屯凉州。秉,国之子;忠,弇之子;廖,援之子也。

十六年(癸酉,73)

1　春,二月,遣肜与度辽将军吴棠将河东、西河羌、胡及南单于兵万一千骑出高阙塞,窦固、耿忠率酒泉、敦煌、张掖甲卒及卢水羌、胡万二千骑出酒泉塞,耿秉、秦彭率武威、陇西、天水募士及羌、胡万骑出张掖居延塞,骑都尉来苗、护乌桓校尉文穆将太原、雁门、代郡、上谷、渔阳、右北平、定襄郡兵及乌桓、鲜卑万一千骑出平城塞,伐北匈奴。窦固、耿忠至天山,击呼衍王,斩首千馀级;追至蒲类海,取伊吾卢地,置宜禾都尉,留吏士屯田伊吾卢城。耿秉、秦彭击匈林王,绝幕六百馀里,至三木楼山而还。来苗、文穆至匈河水上,虏皆奔走,无所获。祭肜与南匈奴左贤王信不相得,出高阙塞九百馀里,得小山,信妄言以为涿邪山,不见虏而还。肜与吴棠坐逗留畏懦,下狱,免。肜自恨无功,出狱数日,欧血死。临终,谓其子曰:"吾蒙国厚恩,奉使不称,身死诚惭恨,义不可以无功受赏。死后,若悉簿上所得物,身自诣兵屯,效死前行,以副吾心。"既卒,其子逢上疏,具陈遗言。帝雅重肜,方更任用,闻之,大惊,嗟叹良久。乌桓、鲜卑每朝贺京师,常过肜冢拜谒,仰天号泣;辽东吏民为立祠,四时奉祭焉。窦固独有功,加位特进。

明帝对他的建议表示赞许。会商的大臣中有人认为："如今进攻白山，匈奴必定集合部队救援，我们还应当在东方分散匈奴兵力。"明帝同意。十二月，任命耿秉为驸马都尉，窦固为奉车都尉，骑都尉秦彭为耿秉的副手，耿忠为窦固的副手，全都设置从事、司马等属官，出京屯驻凉州。耿秉是耿国之子；耿忠是耿弇之子；马廖是马援之子。

汉明帝永平十六年(癸酉，公元73年)

1　春季，二月，派祭肜与度辽将军吴棠率领河东、河西的羌人、胡人部队和南匈奴单于的部队，共一万一千骑兵，出高阙塞，派窦固、耿忠率领酒泉、敦煌、张掖三郡郡兵和卢水的羌人、胡人部队，共一万二千骑兵，出酒泉塞，派耿秉、秦彭率领由武威、陇西、天水等三郡招集的募士和羌人、胡人部队，共一万骑兵，出张掖居延塞，派骑都尉来苗、护乌桓校尉文穆率领太原、雁门、代郡、上谷、渔阳、右北平、定襄等七郡郡兵和乌桓、鲜卑部队，共一万一千骑兵，出平城塞，一同讨伐北匈奴。窦固和耿忠抵达天山，进攻北匈奴呼衍王，斩杀一千多人；又追击到蒲类海，夺取伊吾卢地区，设置了宜禾都尉，在伊吾卢城留下将士开荒屯垦。耿秉和秦彭进攻北匈奴匈林王，横越沙漠六百里，到达三木楼山后班师。来苗和文穆抵达匈河水畔，北匈奴部众全都溃散逃跑，没有斩获。祭肜与南匈奴左贤王信不合，他们出高阙塞九百多里，占领一座小山，信便谎称此山是涿邪山，结果他们没有找到敌人就回师了。祭肜和吴棠被指控犯有率军逗留、畏缩不前之罪，逮捕入狱，免去官职。祭肜自恨没有建立功勋，出狱几天后，吐血而死。临终时，他对儿子说："我蒙受国家厚恩，没有完成使命，身死而心怀愧恨，根据道义，不可以无功而接受赏赐。我死后，你要将我所得的赏赐之物全部登记上缴，自己到兵营投军，在阵前效死，以称我心。"祭肜死后，他的儿子祭逢上书朝廷，一一陈述父亲的遗言。明帝一向器重祭肜，正要重新任用，听到他的遗言后，大为震惊，叹息了许久。后来，乌桓、鲜卑部落每次派使者到京城朝贺，总要经过祭肜的坟墓拜祭，仰天大哭；辽东郡的官吏和人民为祭肜建立了祠庙，四季祭祀。在这次战役中，唯独窦固一人有功，擢升特进。

固使假司马班超与从事郭恂俱使西域。超行到鄯善,鄯善王广奉超礼敬甚备,后忽更疏懈。超谓其官属曰:"宁觉广礼意薄乎?"官属曰:"胡人不能常久,无他故也。"超曰:"此必有北虏使来,狐疑未知所从故也。明者睹未萌,况已著邪!"乃召侍胡,诈之曰:"匈奴使来数日,今安在乎?"侍胡惶恐曰:"到已三日,去此三十里。"超乃闭侍胡,悉会其吏士三十六人,与共饮,酒酣,因激怒之曰:"卿曹与我俱在绝域,今虏使到裁数日,而王广礼敬即废。如令鄯善收吾属送匈奴,骸骨长为豺狼食矣,为之奈何?"官属皆曰:"今在危亡之地,死生从司马!"超曰:"不入虎穴,不得虎子。当今之计,独有因夜以火攻虏,使彼不知我多少,必大震怖,可殄尽也。灭此虏,则鄯善破胆,功成事立矣。"众曰:"当与从事议之。"超怒曰:"吉凶决于今日,从事文俗吏,闻此必恐而谋泄,死无所名,非壮士也。"众曰:"善!"初夜,超遂将吏士往奔虏营。会天大风,超令十人持鼓藏虏舍后,约曰:"见火然,皆当鸣鼓大呼。"馀人悉持兵弩,夹门而伏。超乃顺风纵火,前后鼓噪,虏众惊乱,超手格杀三人,吏兵斩其使及从士三十馀级,馀众百许人悉烧死。明日乃还,告郭恂,恂大惊,既而色动,超知其意,举手曰:"掾虽不行,班超何心独擅之乎!"恂乃悦。超于是召鄯善王广,以虏使首示之,一国震怖。超告以汉威德,"自今以后,勿复与北虏通"。广叩头,"愿属汉,无二心",遂纳子为质。还白窦固,

窦固派副司马班超和从事郭恂一同出使西域。班超到达鄯善国时,鄯善王广用十分尊敬周到的礼节接待他,但后来忽然变得疏远懈怠了。班超对他的部下说:"你们可曾觉出广的态度冷淡了吗?"部下说:"胡人行事无常性,并没有别的原因。"班超说:"这一定是因为有北匈奴使者前来,而鄯善王心里犹豫、不知所从的缘故。明眼人能够在事情未发生前看出端倪,何况事情已显著暴露!"于是他召来胡人侍者,假装已知实情,说:"匈奴使者来了几天,如今在什么地方?"胡人侍者慌忙答道:"已经来了三天,离此地三十里。"于是班超就把胡人侍者关起来,召集全体属员,共三十六人,和他们一同饮酒,饮到酣畅之时,班超借酒激怒众人说:"你们和我同在绝远荒域,如今北匈奴使者才来了几天,而鄯善王就已不讲礼节了。若是使者命令鄯善把我们抓起来送给匈奴,那么我们的骨头就要永远喂给豺狼了,我们应该怎么办?"部下一致回答:"如今处在危亡之地,我们跟随司马同生共死!"班超说:"不入虎穴,不得虎子。如今可行的办法,只有乘夜用火进攻匈奴人,使对方不知我们到底有多少人马,必定大为震恐,这样便可将他们一网打尽。除掉了北匈奴使者,那么鄯善人就会胆战心惊,我们便成功了。"众人说:"应当和从事商议此事。"班超生气地说:"命运的吉凶就在今天决定,而从事不过是平庸的文吏,听到我们的打算定要害怕,计谋便会泄露,到那时候,我们死得没有名堂,就不是英雄了。"众人说:"好!"一入夜,班超便带领部下奔向北匈奴使者的营地。当时正刮着大风,班超命令十人拿鼓躲到匈奴人的帐房后面,相约道:"看见火起,就要一齐擂鼓呐喊。"其馀的人全都手持刀剑弓弩,埋伏在帐门两侧。于是班超顺风放火,大火一起,帐房前后鼓声齐鸣,杀声震耳,匈奴人惊慌失措,一时大乱,班超亲手格杀三人,下属官兵斩杀北匈奴使者及其随从共三十馀人,其馀约一百人全部被火烧死。班超等人次日返回,将事情的经过告诉了郭恂,郭恂大为震惊,接着又神色一变,班超明白他的意思,举手声明:"从事虽然没有前去参与行动,可班超怎有心一人居功!"郭恂这才大喜。于是班超叫来鄯善王广,给他看匈奴使者的首级,鄯善全国震恐。班超将汉朝的国威和恩德告诉鄯善王,并说:"从今以后,不要再同北匈奴来往。"广叩头声称:"我愿臣属汉朝,没有二心。"于是将王子送到汉朝充当人质。班超归来后,向窦固讲述了出使经过,

固大喜，具上超功效，并求更选使使西域。帝曰："吏如班超，何故不遣，而更选乎！今以超为军司马，令遂前功。"

固复使超使于寘，欲益其兵，超愿但将本所从三十六人，曰："于寘国大而远，今将数百人，无益于强；如有不虞，多益为累耳。"是时于寘王广德雄张南道，而匈奴遣使监护其国。超既至于寘，广德礼意甚疏。且其俗信巫，巫言："神怒，何故欲向汉？汉使有骍马，急求取以祠我！"广德遣国相私来比就超请马。超密知其状，报许之，而令巫自来取马。有顷，巫至，超即斩其首，收私来比，鞭笞数百。以巫首送广德，因责让之。广德素闻超在鄯善诛灭虏使，大惶恐，即杀匈奴使者而降。超重赐其王以下，因镇抚焉。于是诸国皆遣子入侍，西域与汉绝六十五载，至是乃复通焉。超，彪之子也。

2　淮阳王延，性骄奢，而遇下严烈。有上书告："延与姬兄谢弇及姊婿韩光招奸猾，作图谶，祠祭祝诅。"事下按验。五月癸丑，弇、光及司徒邢穆皆坐死，所连及死徙者甚众。

3　戊午晦，日有食之。

4　六月丙寅，以大司农西河王敏为司徒。

5　有司奏请诛淮阳王延，上以延罪薄于楚王英，秋，七月，徙延为阜陵王，食二县。

6　是岁，北匈奴大入云中，云中太守廉范拒之，吏以众少，欲移书傍郡求救，范不许。会日暮，范令军士各交缚两炬，三头爇火，营中星列。虏谓汉兵救至，大惊，待

窦固十分高兴,将班超的功劳一一上报,并请求重新选派使者出使西域。明帝说:"有班超这样的官员,为什么不派遣,而要另选他人呢?现任命班超为军司马,让他完成先前开始的功业。"

窦固又让班超出使于阗国,想为他增加随行兵马,但班超只愿带领原来跟从的三十六人,他说:"于阗是个大国,道路遥远,如今率领几百人前往,无益于显示强大;而如有不测之事发生,人多反而成为累赘。"当时,于阗王广德称雄于西域南道,但该国仍受匈奴使者的监护。班超到达于阗后,广德待他礼仪态度十分疏淡。于阗又有信巫之俗,而巫师声称:"神已发怒,问我们为何要倾向汉朝?汉朝的使者有一匹黑唇黄马,快去找来给我做祭品!"于是广德派宰相私来比向班超索求赠马。班超暗中获知底细,便答应此事,但要巫师亲自前来取马。不久,巫师来了,班超便立刻将他斩首,并逮捕了私来比,痛打数百皮鞭。班超将巫师的首级送给广德,借机对他进行谴责。广德早已听说过班超在鄯善斩杀北匈奴使者的事迹,大为惊恐,便随即杀死匈奴使者投降。班超重赏于阗王及其大臣,就此镇服安抚于阗。于是西域各国全都派出王子到汉朝做人质,西域与汉朝的关系曾中断了六十五年,至此才恢复交往。班超是班彪之子。

2 淮阳王刘延生性骄横而奢侈,对待下属严酷无情。有人向朝廷上书控告:"刘延同姬妾之兄谢弇及姐夫韩光招揽奸猾之人,编造图谶,进行祭祷诅咒。"此案下交有关官员追查核实。五月癸丑(二十五日),谢弇、韩光和司徒邢穆都因罪被判处死刑,受此案牵连而被处死或流放者众多。

3 五月戊午晦(三十日),出现日食。

4 六月丙寅(初八),将大司农、西河人王敏任命为司徒。

5 有关官员奏请将淮阳王刘延处死,而明帝认为刘延之罪轻于楚王刘英,秋季,七月,将刘延改封为阜陵王,以两个县作为他的食邑。

6 本年,北匈奴大举进攻云中郡,云中郡太守廉范进行抵抗,下属官员因本郡兵少,想要送信给邻郡请求救援,廉范不许。这时天已黄昏,廉范命令军士各将两支火把交叉捆绑成十字形,点燃三端,在军营中排开,状如繁星。匈奴人以为汉朝援军已到,大为震惊,等到

旦将退。范令军中蓐食，晨，往赴之，斩首数百级，虏自相轥藉，死者千馀人，由此不敢复向云中。范，丹之孙也。

十七年（甲戌，74）

1　春，正月，上当谒原陵，夜，梦先帝、太后如平生欢，既寤，悲不能寐，即案历，明旦日吉，遂率百官上陵。其日，降甘露于陵树，帝令百官采取以荐。会毕，帝从席前伏御床，视太后镜奁中物，感动悲涕，令易脂泽装具，左右皆泣，莫能仰视。

2　北海敬王睦薨。睦少好学，光武及上皆爱之。尝遣中大夫诣京师朝贺，召而谓之曰：“朝廷设问寡人，大夫将何辞以对？”使者曰：“大王忠孝慈仁，敬贤乐士，臣敢不以实对！”睦曰：“吁，子危我哉！此乃孤幼时进趣之行也。大夫其对以孤袭爵以来，志意衰惰，声色是娱，犬马是好，乃为相爱耳。”其智虑畏慎如此。

3　二月乙巳，司徒王敏薨。

4　三月癸丑，以汝南太守鲍昱为司徒。昱，永之子也。

5　益州刺史梁国朱辅宣示汉德，威怀远夷，自汶山以西，前世所不至，正朔所未加，白狼、槃木等百馀国，皆举种称臣奉贡。白狼王唐菆作诗三章，歌颂汉德，辅使犍为郡掾由恭译而献之。

6　初，龟兹王建为匈奴所立，倚恃虏威，据有北道，攻杀疏勒王，立其臣兜题为疏勒王。班超从间道至疏勒，去兜题所居槃橐城九十里，逆遣吏田虑先往降之，敕虑曰：“兜题本非

天亮时便打算撤走。廉范命令部队在夜宿之地进餐,清晨,汉军出击,斩杀数百人,而匈奴军队自相践踏而死的,有一千多人,北匈奴从此不敢再侵扰云中郡。廉范是廉丹之孙。

汉明帝永平十七年(甲戌,公元74年)

1 春季,正月,明帝正准备去拜祭原陵,夜间梦见先帝和太后,如生前一样欢乐团聚,醒来后,心中悲伤不能入眠,便查看历书,发现第二天就是吉日,于是带领百官出宫祭陵。祭陵之日,天降甘露,洒在原陵的树上,明帝命令百官收集甘露作为祭品。仪式结束后,明帝从席垫前向御床俯身,观看太后镜匣中的梳妆用品,悲伤痛哭,命令更换装扮用的脂泽装具,左右的随从全都流下眼泪,不能抬头仰视。

2 北海敬王刘睦逝世。刘睦自幼喜爱读书,光武帝和明帝对他都很宠爱。他曾派中大夫进京朝贺,召这位使者前来,对他说:"假如朝廷问到我,你将用什么话回答?"使者说:"大王忠孝仁慈,尊敬贤才而乐与士子结交,我敢不据实回答!"刘睦说:"唉!你可要害我了!这只是我年轻时的志趣行为。你就说我自从袭爵以来,意志衰颓而懒惰,以淫声女色为娱乐,以犬马狩猎为爱好,你要这样说才是爱护我。"刘睦就是这样聪明多虑和小心谨慎。

3 二月乙巳,司徒王敏去世。

4 三月癸丑(二十九日),将汝南太守鲍昱任命为司徒。鲍昱是鲍永之子。

5 益州刺史、梁国人朱辅宣扬汉朝的德政,使朝廷威望远播到遥远的蛮夷之邦,从汶山以西,前代汉人足迹所不到、朝廷力量所未及的白狼、槃木等一百余国,全都举国称臣进贡。白狼王唐菆曾作诗三首,歌颂汉朝的恩德,朱辅命犍为郡掾由恭译成汉文,献给朝廷。

6 当初,龟兹王建是匈奴所立,他倚仗匈奴的威势,控制西域北道,进攻并杀死了疏勒王,将自己的臣子兜题立为新王。班超等人由偏僻小道抵达疏勒,在距离兜题所居住的槃橐城九十里处扎营,派属官田虑先去,劝兜题投降。班超吩咐田虑道:"兜题本来不是

疏勒种,国人必不用命;若不即降,便可执之。"虑既到,兜题
见虑轻弱,殊无降意。虑因其无备,遂前劫缚兜题,左右出其
不意,皆惊惧奔走。虑驰报超,超即赴之,悉召疏勒将吏,说
以龟兹无道之状,因立其故王兄子忠为王,国人大悦。超问
忠及官属:"当杀兜题邪,生遣之邪?"咸曰:"当杀之。"超曰:
"杀之无益于事,当令龟兹知汉威德。"遂解遣之。

7 夏,五月戊子,公卿百官以帝威德怀远,祥物显应,并
集朝堂奉觞上寿。制曰:"天生神物,以应王者;远人慕化,实
由有德。朕以虚薄,何以享斯!唯高祖、光武圣德所被,不敢
有辞,其敬举觞,太常择吉日策告宗庙。"仍推恩赐民爵及粟
有差。

8 冬,十一月,遣奉车都尉窦固、驸马都尉耿秉、骑都尉
刘张出敦煌昆仑塞,击西域,秉、张皆去符、传以属固。合兵
万四千骑,击破白山虏于蒲类海上,遂进击车师。车师前王,
即后王之子也,其廷相去五百馀里。固以后王道远,山谷深,
士卒寒苦,欲攻前王;秉以为先赴后王,并力根本,则前王自
服。固计未决,秉奋身而起曰:"请行前。"乃上马引兵北入,
众军不得已,并进,斩首数千级。后王安得震怖,走出门迎
秉,脱帽,抱马足降,秉将以诣固;其前王亦归命,遂定车师而
还。于是固奏复置西域都护及戊、己校尉。以陈睦为都护;
司马耿恭为戊校尉,屯后王部金蒲城;谒者关宠为己校尉,屯
前王部柳中城,屯各置数百人。恭,况之孙也。

疏勒族人，人民一定不听他的命令；如果他不立即投降，便可将他逮捕。"田虑一行到达槃橐城以后，兜题见他们势单力薄，丝毫没有投降之意。田虑乘人不备，便上前劫持了兜题，将他捆绑起来，兜题的左右随从没想到会出此事，全都又慌又怕地逃跑了。田虑急忙驰马向班超报告，班超立即赶赴槃橐城，召集全体疏勒文武官员，数说龟兹王的罪行，于是将前疏勒王哥哥的儿子忠立为疏勒王，人民十分欢喜。班超问忠及其属官："应当杀死兜题呢，还是活着放他走呢？"众人都说："应当杀死兜题。"班超说："杀他无益于大事，应当让龟兹知道汉朝的恩威。"于是放走兜题。

7　夏季，五月戊子(初五)，公卿百官认为，圣上的恩德和威望遍及远方，有祥瑞应合，于是一同聚集朝堂，举酒向明帝上寿。明帝下诏说："上天降下神物，是应合贤君的出现；边远民族仰慕归化，实由于贤君的德政。以朕的孱弱浅薄，有何资格担当？只因蒙受高祖皇帝和光武皇帝的圣恩大德才能如此，我不敢推辞，谨与众人一起举酒，命太常选定良辰吉日，祭告宗庙。"于是推广皇恩，赐给人民爵位和谷物，依据不同情况，各有差别。

8　冬季，十一月，派奉车都尉窦固、驸马都尉耿秉、骑都尉刘张出敦煌郡昆仑塞，进攻西域。命耿秉、刘张都将调动兵马的符传交给窦固，由后者全权指挥。汉军集合部队共一万四千人，在蒲类海边打败了白山的北匈奴部队，于是进军攻打车师。车师前王是车师后王的儿子，两个王庭相距五百馀里。窦固认为后王之地路远，山谷深险，士兵将受到寒冷的折磨，因而打算进攻前王；但耿秉认为应当先去打后王，集中力量除掉老根，那么前王将不战自降。窦固思虑未定，耿秉奋然起身道："请让我去打先锋！"于是跨上战马，率领所属部队向北挺入，其他部队不得已而一同进军，斩杀数千敌人。车师后王安得震惊恐慌，便走到城门外面迎接耿秉，摘去王冠，抱住马足投降，耿秉便带着他去拜见窦固；车师前王也随之投降，车师便全部克定，大军回国。于是窦固上书建议重新设置西域都护及戊、己校尉。明帝将陈睦任命为西域都护；将司马耿恭任命为戊校尉，屯驻后车师金蒲城；将谒者关宠任命为己校尉，屯驻前车师柳中城，各设置驻军数百人。耿恭是耿况之孙。

十八年(乙亥,75)

1　春,二月,诏窦固等罢兵还京师。

2　北单于遣左鹿蠡王率二万骑击车师,耿恭遣司马将兵三百人救之,皆为所没,匈奴遂破杀车师后王安得而攻金蒲城。恭以毒药傅矢,语匈奴曰:"汉家箭神,其中疮者必有异。"虏中矢者,视疮皆沸,大惊。会天暴风雨,随雨击之,杀伤甚众。匈奴震怖,相谓曰:"汉兵神,真可畏也!"遂解去。

3　夏,六月己未,有星孛于太微。

4　耿恭以疏勒城傍有涧水可固,引兵据之。秋,七月,匈奴复来攻,拥绝涧水。恭于城中穿井十五丈,不得水,吏士渴乏,至笮马粪汁而饮之。恭身自率士挽笼,有顷,水泉奔出,众皆称万岁。乃令吏士扬水以示虏,虏出不意,以为神明,遂引去。

5　八月壬子,帝崩于东宫前殿,年四十八。遗诏:"无起寝庙,藏主于光烈皇后更衣别室。"

帝遵奉建武制度,无所变更,后妃之家不得封侯与政。馆陶公主为子求郎,不许,而赐钱千万,谓群臣曰:"郎官上应列宿,出宰百里,苟非其人,则民受其殃,是以难之。"公车以反支日不受章奏,帝闻而怪曰:"民废农桑,远来诣阙,而复拘以禁忌,岂为政之意乎!"于是遂蠲其制。尚书阎章二妹为贵人,章精力晓旧典,久次当迁重职,帝为后宫亲属,竟不用。是以吏得其人,民乐其业,远近畏服,户口滋殖焉。

汉明帝永平十八年(乙亥,公元75年)

1 春季,二月,明帝下诏,命令窦固等解散部队,返回京城洛阳。

2 北匈奴单于派左鹿蠡王率领两万骑兵进攻车师,戊校尉耿恭派司马领兵三百人前去救援,全军覆没,于是匈奴打败车师后王安得,将他杀死,继而攻打金蒲城。耿恭把毒药涂在箭上,对匈奴人说:"这是汉朝神箭,中箭者必出怪事。"中箭的匈奴人一看伤口,全都烫如沸水,大为惊慌。当时正好出现了狂风暴雨,汉军乘雨出击,杀伤众多。匈奴人十分震恐,互相说道:"汉军有神力,真可怕啊!"于是解围撤退。

3 夏季,六月己未(十二日),太微星处出现异星。

4 耿恭因疏勒城边有溪流可以固守,便率军占据该城。秋季,七月,匈奴再次前来进攻,堵绝了溪流。耿恭在城中掘井十五丈,仍不出水,官兵焦渴困乏,甚至挤榨马粪汁来饮用。耿恭亲自带领士兵挖井运土,不久,泉水涌出,众人齐呼万岁。耿恭便命官兵在城上泼水给匈奴人看,匈奴人感到意外,以为有神明在帮助汉军,便撤走了。

5 八月壬子(初六),明帝在东宫前殿驾崩,年四十八岁。遗诏说:"不要为我兴建寝殿祭庙,可将牌位放在阴太后陵寝的便殿中。"

明帝遵守奉行光武帝创建的制度,没有什么变更,皇后、妃子之家都不得封侯参政。馆陶公主曾为儿子请求郎官之职,明帝不许,只赏了一千万钱,他对群臣说:"郎官与天上的星宿相应,派到地方是一县之长,如果任人不当,那么人民将受其害,所以我拒绝这一请求。"掌管皇宫大门的官署公车,每逢"反支日"都不接受奏章,明帝听到这一情况后责怪道:"人民丢掉自己的农耕桑蚕之业,远行到宫门拜谒投诉,却又受到这种禁忌的限制,这难道是为政的本意吗!"于是取消了这项制度。尚书阎章有两个妹妹是贵人,他本人研究精通典章和制度沿革,早就应当提升要职,但明帝因他是后宫妃子的亲属,竟不擢用。由于明帝施政得当,所以官吏称职胜任,人民安居乐业,远近蛮夷敬畏臣服,户口日益增多。

6　太子即位,年十八。尊皇后曰皇太后。

明帝初崩,马氏兄弟争欲入宫。北宫卫士令杨仁被甲持戟,严勒门卫,人莫敢轻进者。诸马乃共谮仁于章帝,言其峻刻,帝知其忠,愈善之,拜为什邡令。

7　壬戌,葬孝明皇帝于显节陵。

8　冬,十月丁未,赦天下。

9　诏以行太尉事节乡侯熹为太傅,司空融为太尉,并录尚书事。

10　十一月戊戌,以蜀郡太守第五伦为司空。伦在郡公清,所举吏多得其人,故帝自远郡用之。

11　焉耆、龟兹攻没都护陈睦,北匈奴围关宠于柳中城。会中国有大丧,救兵不至,车师复叛,与匈奴共攻耿恭。恭率厉士众御之,数月,食尽穷困,乃煮铠弩,食其筋革。恭与士卒推诚同死生,故皆无二心,而稍稍死亡,馀数十人。单于知恭已困,欲必降之,遣使招恭曰:"若降者,当封为白屋王,妻以女子。"恭诱其使上城,手击杀之,炙诸城上。单于大怒,更益兵围恭,不能下。

关宠上书求救,诏公卿会议,司空伦以为不宜救;司徒鲍昱曰:"今使人于危难之地,急而弃之,外则纵蛮夷之暴,内则伤死难之臣,诚令权时,后无边事可也。匈奴如复犯塞为寇,陛下将何以使将!又二部兵人裁各数十,匈奴围之,历旬不下,是其寡弱力尽之效也。可令敦煌、酒泉太守各将精骑二千,多其幡帜,倍道兼行以赴其急;匈奴疲极之兵,必不敢当,四十日间足还入塞。"帝然之。乃遣征西将军耿秉屯酒泉,行太守事,遣酒泉太守段彭与谒者王蒙、皇甫援发张掖、酒泉、敦煌三郡及鄯善兵合七千馀人以救之。

6　太子即帝位，年十八岁。将马皇后尊称为皇太后。

明帝刚驾崩时，马皇后家的兄弟争着要进宫。北宫卫士令杨仁身穿甲胄，手持长戟，严密部署卫士在宫门把守，没有人敢随便入内。马氏兄弟便一同向章帝诬告杨仁，说他苛刻，章帝知道杨仁的忠诚，愈发厚待他，将他任命为什邡县令。

7　八月壬戌(十六日)，将明帝安葬在显节陵。

8　冬季，十月丁未(初二)，大赦天下。

9　章帝下诏，将代理太尉职务的节乡侯赵憙任命为太傅，将司空牟融任命为太尉，一同主管尚书事务。

10　十一月戊戌(二十四日)，将蜀郡太守第五伦任命为司空。第五伦在蜀郡时，为官公正清廉，所举荐的官吏多能称职胜任，所以章帝将他从边远之郡调到朝廷任用。

11　焉耆和龟兹两国进攻西域都护陈睦，陈睦全军覆没，北匈奴的军队则在柳中城包围了己校尉关宠。时逢汉朝有国丧，没有派出救兵，于是车师再度反叛，同匈奴一道进攻耿恭。耿恭率领勉励官兵进行抵抗，几个月后，汉军粮食耗尽，便用水煮铠甲弓弩，吃上面的兽筋皮革。耿恭和士卒推诚相见，同生共死，所以众人全无二心，但死者日渐增多，只剩下了数十人。北匈奴单于知道耿恭已身陷绝境，定要让他投降，便派使者去招抚道："你如果投降，单于就封你做白屋王，给你女子为妻。"耿恭引诱使者登城，亲手将他杀死，在城头用火炙烤。单于大为愤怒，更增派援兵围困耿恭，但仍不能破城。

关宠上书请求救兵，章帝下诏，命令公卿会商，司空第五伦认为不宜援救；司徒鲍昱说："如今派人前往危险艰难之地，发生了紧急情况，便将他们抛弃，这种做法是对外纵容蛮夷的暴行，对内伤害效死的忠臣，果真要衡量时势而采取权宜之计，以后边界太平无事则可，若是匈奴再度侵犯边塞作乱，陛下将如何使用将领！此外，耿恭、关宠两校尉仅各有数十人，而匈奴围攻他们，历久不能攻克，这是匈奴兵马薄弱实力已尽的证明。我建议，可命令敦煌、酒泉两郡太守各率领精锐骑兵两千人，多带旗帜，以加倍的速度日夜兼行，去解救急难；北匈奴的军队疲惫已极，一定不敢抵挡，在四十天之内，足以使耿恭等人回到塞内。"章帝表示同意。于是派征西将军耿秉屯驻酒泉郡，代理太守职务，派酒泉太守段彭与谒者王蒙、皇甫援征发张掖、酒泉、敦煌三郡郡兵及鄯善的军队，共七千余人，前往救援。

12　甲辰晦,日有食之。

13　太后兄弟虎贲中郎廖及黄门郎防、光终明帝世未尝改官。帝以廖为卫尉,防为中郎将,光为越骑校尉。廖等倾身交结,冠盖之士争赴趣之。第五伦上疏曰:"臣闻《书》曰:'臣无作威作福,其害于而家,凶于而国。'近世光烈皇后虽友爱天至,而抑损阴氏,不假以权势。其后梁、窦之家,互有非法,明帝即位,竟多诛之。自是洛中无复权戚,书记请托,一皆断绝。又谕诸外戚曰:'苦身待士,不如为国。戴盆望天,事不两施。'今之议者,复以马氏为言。窃闻卫尉廖以布三千匹,城门校尉防以钱三百万,私赡三辅衣冠,知与不知,莫不毕给。又闻腊日亦遗其在雒中者钱各五千。越骑校尉光,腊用羊三百头,米四百斛,肉五千斤。臣愚以为不应经义,惶恐,不敢不以闻。陛下情欲厚之,亦宜所以安之。臣今言此,诚欲上忠陛下,下全后家也。"

14　是岁,京师及兖、豫、徐州大旱。

12 十一月甲辰晦(三十日),出现日食。

13 马太后的兄弟、虎贲中郎将马廖和黄门郎马防、马光三人,在明帝当政时一直没有升迁。章帝将马廖任命为卫尉,马防任命为中郎将,马光任命为越骑校尉。马廖等人热衷于结交宾朋,官吏士人争相趋附马家。第五伦上书说:"我听说《尚书》中写道:'臣子不得作威作福,否则嫁祸于家,危害于国。'近代光烈阴皇后虽然天性友爱,却压抑约束阴家之人,不为他们求官求权。后来的梁家、窦家,都有人犯法,明帝即位以后,竟多加以诛杀。从此雒阳城中不再有专权的外戚,写信请托之事,一概消除。明帝还告诫外戚说:'辛苦结交士子,不如全心报效国家。戴盆而望天,两事不能全。'如今人们的议论,又集中在马家。我听说卫尉马廖用三千匹布,城门校尉马防用三百万钱,私下供给长安一带的士人,无论认识与否,无不给予馈赠。还听说在腊祭之日,又送给雒阳地区的士人每人五千钱。越骑校尉马光,曾在腊祭时用掉羊三百头,米四百斛,肉五千斤。我认为这些行为与儒家经典大义不合,心中惶恐不安,不敢不让陛下知晓。陛下的本意是要厚待他们,但也应使他们平安。我今天说这番话,确实是盼望上能效忠陛下,下能保全太后一家。"

14 本年,京城及兖州、豫州、徐州出现大旱。

卷第四十六　汉纪三十八

起丙子(76)尽甲申(84)凡九年

肃宗孝章皇帝上
建初元年(丙子,76)

1　春,正月,诏兖、豫、徐三州禀赡饥民。上问司徒鲍昱:"何以消复旱灾?"对曰:"陛下始践天位,虽有失得,未能致异。臣前为汝南太守,典治楚事,系者千馀人,恐未能尽当其罪。夫大狱一起,冤者过半。又,诸徙者骨肉离分,孤魂不祀。宜一切还诸徙家,蠲除禁锢,使死生获所,则和气可致。"帝纳其言。

校书郎杨终上疏曰:"间者北征匈奴,西开三十六国,百姓频年服役,转输烦费。愁困之民足以感动天地,陛下宜留念省察!"帝下其章,第五伦亦同终议,牟融、鲍昱皆以为:"孝子无改父之道,征伐匈奴,屯戍西域,先帝所建,不宜回异。"终复上疏曰:"秦筑长城,功役繁兴,胡亥不革,卒亡四海。故孝元弃珠崖之郡,光武绝西域之国,不以介鳞易我衣裳。鲁文公毁泉台,《春秋》讥之曰:'先祖为之而己毁之,不如勿居而已。'以其无妨害于民也。襄公作三军,昭公舍之,君子大其复古,以为不舍则有害于民也。今伊吾之役,楼兰之屯兵久而未还,非天意也。"帝从之。

肃宗孝章皇帝上
汉章帝建初元年（丙子，公元 76 年）

1　春季，正月，章帝下诏，命令兖州、豫州、徐州等三州官府开仓赈济饥饿的难民。章帝问司徒鲍昱："怎样消除旱灾？"鲍昱答道："陛下刚即位，即使有失当之处，也不会导致灾异出现。我先前曾任汝南太守，负责审理楚王之案，在当地拘禁了一千多人，这些囚犯恐怕不是全都有罪。大案一发，被冤枉者往往超过半数。此外，由于被流放的人和亲属分离，死后的孤魂得不到祭祀。我建议，让流放者全都返回家乡，除去不准做官的禁令，使死者生者各得其所，这样便可招致祥和之气，消除旱象。"章帝采纳了他的建议。

校书郎杨终上书说："近年在北方讨伐匈奴，在西方开通三十六国，致使百姓连年服事徭役，转运繁巨而费用浩大。忧愁苦难的人民足以感动天地，陛下应当留意关注！"章帝将杨终的奏书下交群臣讨论，第五伦也同杨终的意见一致，而牟融、鲍昱都认为："孝顺之子不改父亲的主张，讨伐匈奴、屯驻西域，都是先帝的决策，不应有所变化。"杨终再度上书说："秦始皇修长城，工程浩大，徭役频征，胡亥不改前代政策，终于失去了天下。因此，孝元皇帝放弃了珠崖郡，光武皇帝拒绝了西域各国的归附，不能为了取得鱼鳖的鳞甲，而付出我的衣服。春秋时，鲁文公拆毁了泉台，《春秋》讥讽道：'先祖造台而子孙自毁台，还不如只留着它不去居住。'这是由于泉台的存在不会妨害人民。鲁襄公曾建立三军，而被鲁昭公裁撤，君子却赞扬他的复古举动，认为不裁撤便会妨害人民。如今在伊吾屯田和在楼兰驻防的士卒久不还乡，这不合上天之意。"章帝接受了他的意见。

2 丙寅,诏:"二千石勉劝农桑;罪非殊死,须秋按验。有司明慎选举,进柔良,退贪猾,顺时令,理冤狱。"是时承永平故事,吏政尚严切,尚书决事,率近于重。尚书沛国陈宠以帝新即位,宜改前世苛俗,乃上疏曰:"臣闻先王之政,赏不僭,刑不滥;与其不得已,宁僭无滥。往者断狱严明,所以威征奸慝;奸慝既平,必宜济之以宽。陛下即位,率由此义,数诏群僚,弘崇晏晏,而有司未悉奉承,犹尚深刻;断狱者急于筹格酷烈之痛,执宪者烦于诋欺放滥之文,或因公行私,逞纵威福。夫为政犹张琴瑟,大弦急者小弦绝。陛下宜隆先王之道,荡涤烦苛之法,轻薄箠楚以济群生,全广至德以奉天心!"帝深纳宠言,每事务于宽厚。

3 酒泉太守段彭等兵会柳中,击车师,攻交河城,斩首三千八百级,获生口三千馀人。北匈奴惊走,车师复降。会关宠已殁,谒者王蒙等欲引兵还;耿恭军吏范羌,时在军中,固请迎恭。诸将不敢前,乃分兵二千人与羌,从山北迎恭,遇大雪丈馀,军仅能至。城中夜闻兵马声,以为虏来,大惊。羌遥呼曰:"我范羌也,汉遣军迎校尉耳。"城中皆称万岁。开门,共相持涕泣。明日,遂相随俱归。虏兵追之,且战且行。吏士素饥困,发疏勒时,尚有二十六人,随路死没,三月至玉门,唯馀十三人,衣屦穿决,形容枯槁。中郎将郑众为恭以下洗沐,易衣冠,上疏奏:"恭以单兵守孤城,当匈奴数万之众,连月逾年,心力困尽,凿山为井,煮弩为粮,前后杀伤丑虏数百千计,卒全忠勇,不为大汉耻,宜蒙显爵,以厉将帅。"恭至雒阳,拜骑都尉。诏悉罢戊、己校尉及都护官,征还班超。

2 正月丙寅(二十三日),章帝下诏:"两千石官员应大力提倡百姓从事农耕和桑蚕之业;除非犯有该当斩首之罪,一切案件都等到秋后审理。各部门要审慎地任命官吏,提拔温和良善之士,排除贪婪奸猾的小人,顺应天时节令,清理冤案。"当时沿袭明帝旧制,官吏政风崇尚严苛,尚书所作裁决,大多从重。尚书、沛国人陈宠认为,章帝新近即位,应当改革前代的这种严苛风气,便上书道:"我听说古代贤君为政,奖赏不过度,刑罚不滥施;在不得已时,宁可过度奖赏,也不滥施刑罚。以往官员判案严厉,因此能够以威力惩治奸恶;而在奸恶清除以后,就必应以宽厚相补。陛下即位以来,多根据这个宗旨行事,屡次诏告群臣,提倡温和之政,然而有关官员未能完全顺承圣上的旨意,仍然追求苛刻;审案官急于采取严刑拷打的残酷手段,执法者则纠缠于肆意诬陷的文书,或假公济私,作威作福。执政就像琴瑟上弦,如果大弦太紧,小弦就会崩断。陛下应当发扬古代贤君的治国之道,清除那些繁琐苛刻的法令,减轻苦刑以拯救生命,全面推行德政以顺奉天心!"章帝将他的意见全部采纳,在处理政务时总是依据宽厚的原则。

3 酒泉郡太守段彭等人率军在柳中集结,攻打车师交河城,斩杀三千八百人,俘虏三千多人。北匈奴惊慌而逃,车师再度投降。这时,关宠已经去世,谒者王蒙等人打算就此引兵东归;耿恭的一位军吏范羌当时正在王蒙军中,他坚持要求去救耿恭。将领们不敢前往,便分出两千救兵交给范羌。范羌经由山北之路去接耿恭,途中曾遇到一丈多深的积雪,援军精疲力尽,仅能勉强到达。耿恭等人夜间在城中听到兵马之声,以为匈奴来了援军,大为震惊。范羌从远处喊道:"我是范羌,汉朝派部队迎接校尉来了!"城中的人齐呼万岁。于是打开城门,大家互相拥抱,痛哭流涕。次日,他们便同救兵一道返回。北匈奴派兵追击,汉军边战边走。官兵饥饿已久,从疏勒城出发时,还有二十六人,沿途不断死亡,到三月抵达玉门时,只剩下了十三人,这十三人衣衫褴褛,鞋履洞穿,面容憔悴,形销骨立。中郎将郑众为耿恭及其部下安排洗浴,更换衣帽,并上书说:"耿恭以微弱的兵力固守孤城,抵抗匈奴数万大军,经年累月,耗尽了全部心力,凿山打井,煮食弓弩,先后杀伤敌人数以千计,忠勇俱全,没有使汉朝蒙羞,应当赐给他荣耀的官爵,以激励将帅。"耿恭到达洛阳后,被任命为骑都尉。章帝下诏,将戊校尉、己校尉和西域都护一并撤销,召班超回国。

超将发还,疏勒举国忧恐;其都尉黎弇曰:"汉使弃我,我必复为龟兹所灭耳,诚不忍见汉使去。"因以刀自刭。超还至于寘,王侯以下皆号泣,曰:"依汉使如父母,诚不可去!"互抱超马脚不得行。超亦欲遂其本志,乃更还疏勒。疏勒两城已降龟兹,而与尉头连兵。超捕斩反者,击破尉头,杀六百馀人,疏勒复安。

4 甲寅,山阳、东平地震。

5 东平王苍上便宜三事,帝报书曰:"间吏民奏事亦有此言,但明智浅短,或谓傥是,复虑为非,不知所定。得王深策,恢然意解,思惟嘉谋,以次奉行。特赐王钱五百万。"后帝欲为原陵、显节陵起县邑,苍上疏谏曰:"窃见光武皇帝躬履俭约之行,深睹始终之分,勤勤恳恳,以葬制为言;孝明皇帝大孝无违,承奉遵行。谦德之美,于斯为盛。臣愚以园邑之兴,始自强秦。古者丘陇且不欲其著明,岂况筑郭邑、建都郛哉!上违先帝圣心,下造无益之功,虚费国用,动摇百姓,非所以致和气、祈丰年也。陛下履有虞之至性,追祖祢之深思,臣苍诚伤二帝纯德之美不畅于无穷也!"帝乃止。自是朝廷每有疑政,辄驿使谘问,苍悉心以对,皆见纳用。

6 秋,八月庚寅,有星孛于天市。

7 初,益州西部都尉广汉郑纯,为政清洁,化行夷貊,君长感慕,皆奉珍内附;明帝为之置永昌郡,以纯为太守。纯在官十年而卒。后人不能抚循夷人,九月,哀牢王类牢杀守令反,攻博南。

班超将要动身返回，疏勒全国一片忧虑恐慌。疏勒都尉黎弇说："汉朝使者抛弃我们，疏勒必定再次被龟兹毁灭，我真不忍见汉朝使者离去！"于是拔刀刎颈自杀。班超在归途中经过于寘，于寘王和贵族群臣全都号啕痛哭，说道："我们依赖汉朝使者，犹如依赖父母，您确实不能走啊！"他们抱住班超的马腿，使他不能前进。班超也想实现自己本来的志愿，于是重新返回疏勒。这时疏勒已有两城投降了龟兹，并与尉头国结盟。班超逮捕斩杀了叛变者，打败尉头国，杀死六百馀人，疏勒再度恢复安定。

4　三月甲寅（十二日），山阳、东平两地发生地震。

5　东平王刘苍上书提出三项建议，章帝下诏答复说："最近在官员和百姓的奏书中也有此类建议，但我见识才智浅薄，有时认为或许可行，后来又认为不可行，不知如何裁定。读到您深思熟虑写就的奏书，我心豁然开朗，愿将您所提出的治国良策，依次实行。特别赏赐给您五百万钱。"后来，章帝打算在光武帝的原陵和明帝的显节陵两地设县，刘苍上书劝谏说："我曾见光武皇帝亲身履行节俭的原则，他深明什么是生命之始与生命之终，恳切地指示丧葬后事；孝明皇帝大孝而不敢有所违背，遵从执行了父命。自谦的美德，在此最为显明。我认为，在皇陵设县这一制度的出现，始于强暴的秦朝。古代有墓无坟，连葬身的土垄都不要它显著突出地面，何况建立城市、修筑墙垣！上违先帝的圣意，下造无用的工程，白白浪费国家资财，使百姓不得安宁，这不是招致祥和之气、祈求丰年的做法。望陛下履行虞舜的至孝，追念先人的深意，我实在担忧两位先帝的纯洁美德不能够永久流传！"章帝这才作罢。从此，每当朝廷遇到疑难，就派使者乘坐驿车前往咨询，刘苍则尽心答复，他的意见全都被采纳实施。

6　秋季，八月庚寅（二十日），天市星座出现彗星。

7　先前，益州西部都尉、广汉人郑纯为政清廉，教化夷人、貊人，夷人、貊人首领对他十分敬慕，全都献上珍宝，归附汉朝；明帝在当地设立了永昌郡，将郑纯任命为太守。郑纯在任十年去世。后任太守不能安抚夷人，到本年九月，哀牢王类牢杀死郡县长官反叛，进攻博南。

8　阜陵王延数怀怨望,有告延与子男鲂造逆谋者。上不忍诛,冬十一月,贬延为阜陵侯,食一县,不得与吏民通。

9　北匈奴皋林温禺犊王将众还居涿邪山,南单于与边郡及乌桓共击破之。是岁,南部次饥,诏禀给之。

二年(丁丑,77)

1　春,三月甲辰,罢伊吾卢屯兵,匈奴复遣兵守其地。

2　永昌、越巂、益州三郡兵及昆明夷卤承等击哀牢王类牢于博南,大破,斩之。

3　夏,四月戊子,诏还坐楚、淮阳事徙者四百馀家。

4　上欲封爵诸舅,太后不听。会大旱,言事者以为不封外戚之故,有司请依旧典。太后诏曰:"凡言事者,皆欲媚朕以要福耳。昔王氏五侯同日俱封,黄雾四塞,不闻澍雨之应。夫外戚贵盛,鲜不倾覆;故先帝防慎舅氏,不令在枢机之位,又言:'我子不当与先帝子等。'今有司奈何欲以马氏比阴氏乎!且阴卫尉,天下称之,省中御者至门,出不及履,此蘧伯玉之敬也;新阳侯虽刚强,微失理,然有方略,据地谈论,一朝无双;原鹿贞侯,勇猛诚信;此三人者,天下选臣,岂可及哉!马氏不及阴氏远矣。吾不才,夙夜累息,常恐亏先后之法,有毛发之罪吾不释,言之不舍昼夜,而亲属犯之不止,治丧起坟,又不时觉,是吾言之不立而耳目之塞也。

8　阜陵王刘延屡屡心怀不满,有人告发他与儿子刘鲂密谋造反。章帝不忍将刘延处死,冬季十一月,将他贬为阜陵侯,只享有一个县的封地,不许他与官员、人民来往。

9　北匈奴皋林温禺犊王率领部众返回涿邪山居住,南匈奴单于和汉朝边境郡县及乌桓部落一同出击,将北匈奴打败。本年,南匈奴发生饥荒,章帝下诏为南匈奴供应粮食。

汉章帝建初二年(丁丑,公元 77 年)

1　春季,三月甲辰(初八),撤销在西域伊吾卢的屯田部队。于是北匈奴再度派兵占领该地。

2　永昌、越巂、益州三郡郡兵及昆明夷人卤承等在博南进攻哀牢王类牢,大败哀牢军,斩杀类牢。

3　夏季,四月戊子(二十二日),章帝下诏,准许因楚王之案、淮阳王之案而被流放的四百多户返回故乡。

4　章帝打算赐封各位舅父,但马太后不同意。适逢天旱,有人上书说是因为未封外戚的缘故,于是有关部门奏请依照旧制赐封。马太后下诏说:“那些上书建议封外戚的人,都是要向朕献媚,以谋求好处罢了。从前,王氏家族一日之内有五人一起封侯,而当时黄雾弥漫,并未听说有天降好雨的反应。外戚富贵过盛,很少不归于倾覆;所以先帝对他的舅父慎重安排,不放在朝廷要位,还说:‘我的儿子不应与先帝的儿子等同。’如今有关部门为什么要将马家同阴家相比呢!况且卫尉阴兴,受到天下人的称赞,宫中的使者来到门前,他连鞋都来不及穿,便急忙出迎,如同蘧伯玉一样恭敬有礼;新阳侯阴就,虽然性格刚强,略微荦撞,然而胸有谋略,攻城占地,议论战略战术,朝中无人能与他相比;原鹿侯阴识,为人勇敢忠诚而有信义。这三个人都是天下群臣中的出类拔萃者,难道别的人能比得上吗!马家比阴家差远了。我没有才干,日夜因恐惧而喘息不安,总怕有损先后订立的法则,即便是细小的过失,我也不肯放过,日夜不停地告诫,然而我的亲属们仍然不断犯法,丧葬时兴筑高坟,又不能及时察觉错误,这表明我的话没有人听,我的耳目已被蒙蔽。

"吾为天下母,而身服大练,食不求甘,左右但著帛布,无香薰之饰者,欲身率下也。以为外亲见之,当伤心自敕,但笑言'太后素好俭'。前过濯龙门上,见外家问起居者,车如流水,马如游龙,仓头衣绿褠,领袖正白,顾视御者,不及远矣。故不加谴怒,但绝岁用而已,冀以默愧其心;犹懈怠无忧国忘家之虑。知臣莫若君,况亲属乎! 吾岂可上负先帝之旨,下亏先人之德,重袭西京败亡之祸哉!"固不许。

帝省诏悲叹,复重请曰:"汉兴,舅氏之封侯,犹皇子之为王也。太后诚存谦虚,奈何令臣独不加恩三舅乎! 且卫尉年尊,两校尉有大病,如令不讳,使臣长抱刻骨之恨。宜及吉时,不可稽留。"太后报曰:"吾反覆念之,思令两善,岂徒欲获谦让之名而使帝受不外施之嫌哉! 昔窦太后欲封王皇后之兄,丞相条侯言:'高祖约,无军功不侯。'今马氏无功于国,岂得与阴、郭中兴之后等邪! 常观富贵之家,禄位重叠,犹再实之木,其根必伤。且人所以愿封侯者,欲上奉祭祀,下求温饱耳;今祭祀则受太官之赐,衣食则蒙御府馀资,斯岂不可足,而必当得一县乎! 吾计之孰矣,勿有疑也!

"夫至孝之行,安亲为上。今数遭变异,谷价数倍,忧惶昼夜,不安坐卧,而欲先营外家之封,违慈母之拳拳乎! 吾素刚急,有匈中气,不可不顺也。子之未冠,由于父母,已冠成人,则行子之志。念帝,人君也。吾以未逾三年之故,自吾家族,故得专之。若阴阳调和,边境清静,然后行子之志;吾但当含饴弄孙,不能复关政矣。"上乃止。

"我身为天下之母，然而身穿粗丝之服，饮食不求香甜，左右随从只穿普通帛布，不使用熏香饰物，目的就是要亲身做下面的表率。本以为娘家人看到我的行为当会痛心自责，但他们只是笑着说'太后一向喜爱节俭'。前些时候，我经过濯龙门，看见那些到我娘家问候拜访的人们，车辆如流水不断，马队如游龙蜿蜒，奴仆身穿绿色单衣，衣领衣袖雪白，回视我的车夫，差得远了。我所以对娘家人并不发怒谴责，而只是裁减每年的费用，是希望能使他们内心感到惭愧；然而他们仍然懈怠放任，没有忧国忘家的觉悟。了解臣子的，莫过于君王，更何况他们是我的亲属呢！我难道可以上负先帝的旨意，下损先人的德行，重蹈前朝外戚败亡的灾祸吗！"她坚持不同意赐封。

　　章帝看到马太后的诏书后悲哀叹息，再次请求道："自从汉朝建立，舅父封侯，犹如皇子为王，乃是定制。太后固然存心谦让，却为何偏偏使我不能赐恩给三位舅父！而且卫尉马廖年老，城门校尉马防、越骑校尉马光身患大病，如果发生意外，将使我永怀刻骨之憾。应当趁着吉时赐封，不可延迟。"太后回答说："我反复考虑此事，希望能对国家和马氏双方有益，难道只是想博取谦让的名声，而让皇帝蒙受不施恩于外戚的怨恨吗？从前窦太后要封王皇后的哥哥，丞相条侯周亚夫进言：'高祖有规定，无军功者不得封侯。'如今马家没有为国立功，怎能与阴家、郭家那些建武中兴时期的皇后家相等呢！我常看到那些富贵之家，官位爵位重迭，如同一年之中再次结果的树木，它的根基必受损伤。况且人们所以愿封为侯，不过是希望上能以丰足的供物祭祀祖先，下能求得衣食的温饱罢了。如今皇后家的祭祀由太官供给，衣食则享受御府的剩馀之物，这难道还不够，而定要拥有一县的封土吗？我已深思熟虑，你不要再有疑问！

　　"儿女孝顺，最好的行为是使父母平安。如今不断发生灾异，谷价上涨数倍，我日夜忧愁惶恐，坐卧不安，而皇帝却打算先为外戚赐封，违背慈母的拳拳之心！我平素刚强性急，胸有气痛之症，不可以不顺气。儿子未成年，听从父母的教导，成年以后，则按照自己的意愿行事。我想，你是皇帝，人之君主，当然可以自行其是。但我因你尚未超过三年的服丧期，又事关我的家族，故此专断裁决。如果天地阴阳之气调和，边境宁静无事，此后你便可以按照自己的意愿行事，而我则只管含糖逗弄小孙，不再干预政事。"章帝这才放弃了这一打算。

太后尝诏三辅：诸马婚亲有属托郡县、干乱吏治者，以法闻。太夫人葬起坟微高，太后以为言，兄卫尉廖等即时减削。其外亲有谦素义行者，辄假借温言，赏以财位；如有纤介，则先见严恪之色，然后加谴。其美车服、不遵法度者，便绝属籍，遣归田里。广平、钜鹿、乐成王，车骑朴素，无金银之饰，帝以白太后，即赐钱各五百万。于是内外从化，被服如一。诸家惶恐，倍于永平时。置织室，蚕于濯龙中，数往观视，以为娱乐。常与帝旦夕言道政事及教授小王《论语》经书，述叙平生，雍和终日。

马廖虑美业难终，上疏劝成德政曰："昔元帝罢服官，成帝御浣衣，哀帝去乐府，然而侈费不息，至于衰乱者，百姓从行不从言也。夫改政移风，必有其本。《传》曰：'吴王好剑客，百姓多创瘢；楚王好细腰，宫中多饿死。'长安语曰：'城中好高结，四方高一尺；城中好广眉，四方且半额；城中好大袖，四方全匹帛。'斯言如戏，有切事实。前下制度未几，后稍不行，虽或吏不奉法，良由慢起京师。今陛下素简所安，发自圣性，诚令斯事一竟，则四海诵德，声薰天地，神明可通，况于行令乎！"太后深纳之。

太后曾对三辅下诏:马氏家族及其亲戚,如有因请托郡县官府,干预扰乱地方行政的,应依法处置、上报。马太后的母亲下葬时堆坟稍高,马太后对此提出反对意见,她的哥哥卫尉马廖等人就立即将坟减低。在马家亲属和亲戚中,有行为谦恭正直的,马太后便以温言好语相待,赏赐财物和官位;如果有人犯了微小的错误,马太后便首先显出严肃的神色,然后加以谴责。对于那些车马衣服华美、不遵守法律制度的家属和亲戚,马太后就将他们从皇亲名册中取消,遣送回乡。广平王刘羡、钜鹿王刘恭和乐成王刘党,出行所用车马朴素无华,平日不佩带金银饰物,章帝将此情况报告了太后,太后便立即赏赐他们每人五百万钱。于是内外亲属全都接受太后的教导和影响,一致崇尚谦逊朴素。其他外戚家族则感到不安,比明帝时更加倍惶恐。马太后曾设立织室,在濯龙园中种桑养蚕,并频频前往查看,把这当成一项娱乐。她经常与章帝早晚在一起谈论国家大事,教授年幼的皇子读《论语》等儒家经书,讲述平生经历,终日和睦欢洽。

马廖担心马太后倡导的美好的事情难以持久,上书劝太后完成德政,他说:"从前元帝取消服官,成帝穿用洗过的衣袍,哀帝撤除乐府,然而奢侈之风不息,最终导致衰落而发生动乱的原因,就在于百姓跟随朝廷所行,而不听信朝廷所言。改变政风民风,一定要从根本着手。古书说:'吴王好剑客,百姓多创瘢;楚王好细腰,宫中多饿死。'长安有谚语说:'城中好高结,四方高一尺;城中好广眉,四方且半额;城中好大袖,四方全匹帛。'这些话有如戏言,但切近事实。前些时候,朝廷颁布制度后没有多久,便有些推行不下去了,虽然这或许是由于官吏不遵奉法令,但实际上是由于京城率先怠慢。如今陛下安于俭朴的生活,是出自神圣的天性,假如能将此坚持到底,那么天下人都要称颂陛下道德,美好的名声将传遍天地,同神灵都可以相通,何况是推行法令呢!"太后认为他的话很正确,全部采纳。

5　初,安夷县吏略妻卑湳种羌人妇,吏为其夫所杀,安夷长宗延追之出塞。种人恐见诛,遂共杀延而与勒姐、吾良二种相结为寇。于是烧当羌豪滇吾之子迷吾率诸种俱反,败金城太守郝崇。诏以武威太守北地傅育为护羌校尉,自安夷徙居临羌。迷吾又与封养种豪布桥等五万馀人共寇陇西、汉阳。秋,八月,遣行车骑将军马防、长水校尉耿恭将北军五校兵及诸郡射士三万人击之。第五伦上疏曰:"臣愚以为贵戚可封侯以富之,不当任以职事。何者?绳以法则伤恩,私以亲则违宪。伏闻马防今当西征,臣以太后恩仁,陛下至孝,恐卒有纤介,难为意爱。"帝不从。

马防等军到冀,布桥等围南部都尉于临洮,防进击,破之,斩首虏四千馀人,遂解临洮围;其众皆降,唯布桥等二万馀人屯望曲谷不下。

6　十二月戊寅,有星孛于紫宫。

7　帝纳窦勋女为贵人,有宠。贵人母,即东海恭王女沘阳公主也。

8　第五伦上疏曰:"光武承王莽之馀,颇以严猛为政,后代因之,遂成风化;郡国所举,类多办职俗吏,殊未有宽博之选以应上求者也。陈留令刘豫,冠军令驷协,并以刻薄之姿,务为严苦,吏民愁怨,莫不疾之。而今之议者反以为能,违天心,失经义;非徒应坐豫、协,亦宜遣举者。务进仁贤以任时政,不过数人,则风俗自化矣。臣尝读书记,知秦以酷急亡国,又目见王莽亦以苛法自灭,故勤勤恳恳,实在于此。又闻诸王、主、贵戚,骄奢逾制,京师尚然,何以示远!

5　起初,安夷县有官吏强抢羌人卑湳部落的妇女为妻,被那个妇女的丈夫杀死,安夷县长宗延追捕凶手,直至塞外。该部落的羌人害怕受到处罚,就一同杀掉宗延,而与勒姐、吾良两个部落联合,起兵叛变。在此形势下,烧当羌人部落首领滇吾的儿子迷吾便率领各部落一同造反,打败了金城太守郝崇。章帝下诏,任命武威太守、北地人傅育为护羌校尉,由安夷迁往临羌。迷吾又和封养部落首领布桥等集结五万馀人,一同进攻陇西、汉阳二郡。秋季,八月,章帝派代理车骑将军马防和长水校尉耿恭率领北军的越骑、屯骑、步兵、长水、射声等五校兵以及各郡的弓弩射手,共三万人,讨伐羌人。第五伦上书说:"我认为,对于皇亲国戚,可以封侯使他们富有,但不应当委派职务。这是为什么呢?因为他们若是有了过失,以法制裁就会伤害感情,以亲徇私就会违背国法。听说马防如今将要率军西征,我认为,太后十分友爱,皇上至为孝顺,如果突然有了什么差错,恐怕将难以维护亲情。"章帝不采纳他的意见。

马防等人的部队到达冀县时,布桥正率羌军在临洮围攻南部都尉。马防发动进攻,打败了布桥,斩杀、俘虏四千多人,于是临洮解围。羌军全部投降,只剩下布桥等两万馀人,盘踞在望曲谷,未被攻克。

6　十二月戊寅(十六日),紫宫星座出现异星。

7　章帝将窦勋的女儿选为贵人,十分宠幸。窦贵人的母亲,就是东海王刘彊的女儿沘阳公主。

8　第五伦上书说:"光武帝继承王莽以后的局面,为政多采用严厉手段,后代沿袭,便成为风气;各郡各封国所举荐的人,多属只会应付公务的庸官,绝少宽宏博学之才,以满足朝廷的需求。陈留县令刘豫和冠军县令驷协,全都作风刻薄,务求严苛,使官民忧伤哀怨,无不痛恨他们。然而如今的舆论,反而认为他们干练多能,这是违反天意,背离经书的义理;不仅应对刘豫、驷协加以惩处,还应谴责那些保举他们的人。一定要提拔任用仁慈贤能者为政,不过几个人,而风气自会转化。我曾阅读史书,知道秦朝由于残酷暴虐而亡国,又亲眼看见王莽新朝也因法令苛刻而自行毁灭,我所以恳切地上书劝谏,原因就在于此。我还听说诸亲王、公主和外戚骄傲奢侈超过了规定,京城尚且这样,如何做外地的榜样!

故曰:'其身不正,虽令不行。'以身教者从,以言教者讼。"上善之。伦虽天性峭直,然常疾俗吏苛刻,论议每依宽厚云。

三年(戊寅,78)

1 春,正月己酉,宗祀明堂,登灵台,赦天下。

2 马防击布桥,大破之,布桥将种人万馀降,诏征防还。留耿恭击诸未服者,斩首虏千馀人,勒姐、烧何等十三种数万人,皆诣恭降。恭尝以言事忤马防,监营谒者承旨,奏恭不忧军事,坐徵下狱,免官。

3 三月癸巳,立贵人窦氏为皇后。

4 初,显宗之世,治虖沱、石臼河,从都虑至羊肠仓,欲令通漕。太原吏民苦役,连年无成,死者不可胜算。帝以郎中邓训为谒者,监领其事。训考量隐括,知其难成,具以上言。夏,四月己巳,诏罢其役,更用驴辇,岁省费亿万计,全活徒士数千人。训,禹之子也。

5 闰月,西域假司马班超率疏勒、康居、于寘、拘弥兵一万人攻姑墨石城,破之,斩首七百级。

6 冬,十二月丁酉,以马防为车骑将军。

7 武陵溇中蛮反。

8 是岁,有司奏遣广平王羡、钜鹿王恭、乐成王党俱就国;上性笃爱,不忍与诸王乖离,遂皆留京师。

所以孔子说:'自身不正,虽有令而不被执行。'以身为教,众人跟从;以言为教,众人争讼。"章帝对他的意见表示赞许。第五伦虽然天性严厉耿直,却常常痛恨庸俗官吏的苛刻,他的政论总是依照宽大仁厚的原则。

汉章帝建初三年(戊寅,公元78年)

1 春季,正月己酉(十七日),章帝在明堂祭祀列祖列宗。登上灵台,观察天象。大赦天下。

2 马防进攻布桥,布桥大败,率领部众一万多人投降。章帝下诏,命令马防回朝。留下耿恭讨伐那些尚未归顺的部落,斩杀俘虏了一千多人,勒姐、烧何等十三个部落共数万羌人,全部向耿恭投降。耿恭曾因上书奏事冒犯过马防,监军谒者便秉承马防的意思,弹劾耿恭不留意军事,玩忽职守,耿恭因罪被召回,逮捕入狱,免去官职。

3 三月癸巳(初二),将贵人窦氏立为皇后。

4 当初,明帝时曾经治理过滹沱河和石臼河,打算让都虑到羊肠仓两地通航,以运送漕粮。工程艰巨,太原的官吏和百姓苦于徭役,连年不能完工,死亡者不可胜数。章帝任命中郎将邓训为谒者,主持这一工程。邓训经过考察测量,明白此事难以完成,便将实情一一奏报。本年夏季,四月己巳(初九),章帝下诏,撤销该项工程,改用驴车运粮,停工以后,每年节省开支以亿万计,得以活命的役夫有数千人。邓训是邓禹之子。

5 闰九月,西域副司马班超率领疏勒、康居、于寘、拘弥等国军队,共一万人,进攻姑墨国石城,将石城攻破,斩杀七百人。

6 冬季,十二月丁酉(十一日),将马防任命为车骑将军。

7 武陵郡溇中蛮人反叛。

8 本年,有关部门上奏,请派遣广平王刘羡、钜鹿王刘恭、乐成王刘党一同前往他们的封国就位。章帝因手足情深,不忍心与诸亲王分离,便将他们全都留在京城。

四年(己卯,79)

1　春,二月庚寅,太尉牟融薨。

2　夏,四月戊子,立皇子庆为太子。

3　己丑,徙钜鹿王恭为江陵王,汝南王畅为梁王,常山王昞为淮阳王。

4　辛卯,封皇子伉为千乘王,全为平春王。

5　有司连据旧典,请封诸舅;帝以天下丰稔,方垂无事,癸卯,遂封卫尉廖为顺阳侯,车骑将军防为颍阳侯,执金吾光为许侯。太后闻之曰:"吾少壮时,但慕竹帛,志不顾命。今虽已老,犹戒之在得,故日夜惕厉,思自降损,冀乘此道,不负先帝。所以化导兄弟,共同斯志,欲令瞑目之日,无所复恨,何意老志复不从哉! 万年之日长恨矣!"廖等并辞让,愿就关内侯,帝不许。廖等不得已受封爵而上书辞位,帝许之。五月丙辰,防、廖、光皆以特进就第。

6　甲戌,以司徒鲍昱为太尉,南阳太守桓虞为司徒。

7　六月癸丑,皇太后马氏崩。帝既为太后所养,专以马氏为外家,故贾贵人不登极位,贾氏亲族无受宠荣者。及太后崩,但加贵人王赤绶,安车一驷,永巷宫人二百,御府杂帛二万匹,大司农黄金千斤,钱二千万而已。

8　秋,七月壬戌,葬明德皇后。

9　校书郎杨终建言:"宣帝博征群儒,论定《五经》于石渠阁。方今天下少事,学者得成其业,而章句之徒,破坏大体。宜如石渠故事,永为后世则。"帝从之。冬,十一月壬戌,诏太常:"将、大夫、博士、郎官及诸儒会白虎观,议《五经》同异。"

汉章帝建初四年(己卯,公元79年)

1 春季,二月庚寅(初五),太尉牟融去世。

2 夏季,四月戊子(初四),将皇子刘庆立为太子。

3 四月己丑(初五),章帝将钜鹿王刘恭改封为江陵王,汝南王刘畅改封为梁王,常山王刘昞改封为淮阳王。

4 四月辛卯(初七),章帝将皇子刘伉封为千乘王,皇子刘全封为平春王。

5 有关部门接连以旧制为依据,请章帝赐封各位舅父;章帝因全国丰收,四方边境太平无事,四月癸卯(十九日),便将卫尉马廖封为顺阳侯,将车骑将军马防封为颍阳侯,将执金吾马光封为许侯。太后听到消息后说:"我年轻的时候,只羡慕古人留名史册,心中不顾惜性命。如今虽已年老,仍然告诫自己不要贪得无厌。我所以日夜警惕,想自我贬损,是希望遵循这一宗旨,不辜负先帝。因此我劝导兄弟,共守此志,要使闭目身死之日,不再遗憾,不料我这老人的志向不再能够坚守! 身死之日,我将永怀长恨了!"马廖等人一同辞让,愿降为关内侯,但章帝不许。马廖等人不得已而接受了封爵,但又上书请求辞去官职,章帝应允。五月丙辰(初二),马防、马廖、马光都以特进身份离开朝廷,前往邸第。

6 五月甲戌(二十日),将司徒鲍昱任命为太尉,将南阳太守桓虞任命为司徒。

7 六月癸丑(三十日),皇太后马氏驾崩。章帝被马太后抱养以后,只认马氏家族为外家,所以章帝的生母贾贵人不能登御太后之位,贾氏家族没有一人蒙受恩宠荣耀。及至太后驾崩,章帝只将贾贵人的绿色绶带改为与诸侯王同级的红色绶带,并赐四马牵拉的座车一辆,永巷宫女二百人,御府各色丝绸两万匹,大司农所藏黄金一千斤,钱两千万,如此而已。

8 秋季,七月壬戌(初九),安葬马太后。

9 校书郎杨终建议:"宣帝曾广召儒生,在石渠阁讨论儒家《五经》——《诗经》、《书经》、《礼记》、《易经》和《春秋》。如今天下太平,学者们得以完成事业,但那些只知分析注释文章辞句的人,却破坏了《五经》的完整体系。应当依照石渠阁的先例,重新研究宏扬经书大义,作为后世永久的法则。"章帝采纳了他的建议。冬季,十一月壬戌(十一日),章帝对太常下诏说:"命诸将、大夫、博士、郎官及儒生们在白虎观集会,就众人对《五经》的相同与不同的见解进行讨论。"

使五官中郎将魏应承制问,侍中淳于恭奏,帝亲称制临决,作《白虎议奏》,名儒丁鸿、楼望、成封、桓郁、班固、贾逵及广平王羡皆与焉。固,超之兄也。

五年(庚辰,80)

1 春,二月庚辰朔,日有食之。诏举直言极谏。

2 荆、豫诸郡兵讨溇中蛮,破之。

3 夏,五月辛亥,诏曰:"朕思迟直士,侧席异闻,其先至者,各已发愤吐懑,略闻子大夫之志矣。皆欲置于左右,顾问省纳。建武诏书又曰:'尧试臣以职,不直以言语笔札。'今外官多旷,并可以补任。"

4 戊辰,太傅赵熹薨。

5 班超欲遂平西域,上疏请兵曰:"臣窃见先帝欲开西域,故北击匈奴,西使外国,鄯善、于寘即时向化,今拘弥、莎车、疏勒、月氏、乌孙、康居复愿归附,欲共并力,破灭龟兹,平通汉道。若得龟兹,则西域未服者百分之一耳。前世议者皆曰:'取三十六国,号为断匈奴右臂。'今西域诸国,自日之所入,莫不向化,大小欣欣,贡奉不绝,唯延耆、龟兹独未服从。臣前与官属三十六人奉使绝域,备遭艰厄,自孤守疏勒,于今五载,胡夷情数,臣颇识之,问其城郭小大,皆言倚汉与依天等。以是效之,则葱领可通,龟兹可伐。今宜拜龟兹侍子白霸为其国王,以步骑数百送之,与诸国连兵,岁月之间,龟兹可禽。以夷狄攻夷狄,计之善者也!臣见莎车、疏勒田地肥广,草牧饶衍,不比敦煌、鄯善间也,兵可不费中国而粮食自足。

章帝命五官中郎将魏应代表自己发问,侍中淳于恭向上奏报,由章帝亲自出面,作出裁决,将结果记录下来,撰成《白虎议奏》,著名儒家学者丁鸿、楼望、成封、桓郁、班固、贾逵及广平王刘羡都曾参与此会。班固是班超之兄。

汉章帝建初五年(庚辰,公元80年)

1　春季,二月庚辰朔(初一),出现日食。章帝下诏,命令举荐敢于直率批评朝廷的人士。

2　荆州、豫州诸郡郡兵讨伐溇中蛮人,打败蛮人叛军。

3　夏季,五月辛亥(初三),章帝下诏说:"朕希望会见正直的人士,坐在偏座上,聆听了新的言论,先来到的,都已倾吐了各自的愤懑,朕大致了解贤才们的志趣了。朕打算将你们全都安排在身边,以备顾问咨询。但光武皇帝在诏书中曾说:'尧以任职能力来考察官员,而不单看他们的言论和文字。'如今地方上有很多官员出缺,你们可一并去补充接任。"

4　五月戊辰(二十日),太傅赵憙去世。

5　班超想要完成平定西域的事业,上书请求用兵,他说:"我看到先帝打算开拓西域,所以向北进攻匈奴,向西派使者与各国交往,鄯善、于窴两国立即归附了汉朝,如今拘弥、莎车、疏勒、月氏、乌孙及康居等国都愿再度归附,并准备联合力量消灭龟兹,铲平通往中国道路上的障碍。如果攻下龟兹,那么西域地区不服从汉朝的,只剩百分之一而已。前代谈论西域的人却说:'征服三十六国,可称作斩断匈奴的右臂。'如今西域各国,自太阳落山处以东,无不向往归顺汉朝,大国小国全都十分踊跃,不断地进贡奉献,唯独延耆和龟兹拒不服从。先前,我曾率领部下三十六人出使绝远的异域,备受艰难困苦,自从孤守疏勒,到如今已有五年,对于异族的情况,我颇有了解,无论询问西域的大国小国,全都一致回答:依赖汉朝,等于依赖上天。从这一点能够证明,葱岭可以打通,龟兹可以讨伐。如今应将龟兹派到汉朝做人质的王子白霸封为龟兹王,用步骑兵数百人护送,让他同西域各国组成联合部队,数月到一年间便可夺取龟兹。利用夷狄去打夷狄,这是计策中最高明的计策! 我看到莎车、疏勒的土地肥沃广袤,牧草茂盛,牲畜成群,不像敦煌、鄯善一带,用兵无须消耗中原物资,而粮秣却自给自足。

且姑墨、温宿二王,特为龟兹所置,既非其种,更相厌苦,其势必有降者;若二国来降,则龟兹自破。愿下臣章,参考行事,诚有万分,死复何恨!臣超区区特蒙神灵,窃冀未便僵仆,目见西域平定,陛下举万年之觞,荐勋祖庙,布大喜于天下。"书奏,帝知其功可成,议欲给兵。平陵徐干上疏,愿奋身佐超,帝以干为假司马,将弛刑及义从千人就超。

先是莎车以为汉兵不出,遂降于龟兹,而疏勒都尉番辰亦叛。会徐干适至,超遂与干击番辰,大破之,斩首千馀级。欲进攻龟兹,以乌孙兵强,宜因其力,乃上言:"乌孙大国控弦十万,故武帝妻以公主,至孝宣帝卒得其用,今可遣使招慰,与共合力。"帝纳之。

六年(辛巳,81)

1　春,二月辛卯,琅邪孝王京薨。

2　夏,六月丙辰,太尉鲍昱薨。

3　辛未晦,日有食之。

4　秋,七月癸巳,以大司农邓彪为太尉。

5　武都太守廉范迁蜀郡太守。成都民物丰盛,邑宇逼侧。旧制,禁民夜作以防火灾。而更相隐蔽,烧者日属。范乃毁削先令,但严使储水而已。百姓以为便,歌之曰:"廉叔度,来何暮!不禁火,民安作。昔无襦,今五绔。"

6　帝以沛王等将入朝,遣谒者赐貂裘及太官食物、珍果,又使大鸿胪窦固持节郊迎。帝亲自循行邸第,豫设帷床,其钱帛、器物无不充备。

而且姑墨、温宿两国国王系由龟兹特别委任,他们与本国人既非同种,又相互厌恶敌对,迫于形势,一定会有人投降;如果这两国归顺了汉朝,那么龟兹便不攻自败。请将我的奏章交付朝廷讨论,作为决事的参考,假如能够成就大业,虽死又有何遗憾!但微臣班超特别幸运地得到了神灵的保佑,我希望不要倒下死去,愿亲眼看到西域归顺,陛下举起祝福万年的酒觞,向祖庙祭告献功,向天下宣布大喜。"奏书呈上,章帝知道这一事业可以成功,便召集群臣商议,准备给班超派兵。平陵人徐幹上书朝廷,愿奋勇出征,做班超的助手。于是章帝将徐幹任命为副司马,率领免刑囚徒及志愿从军的义勇,共一千人,到西域听候班超指挥。

此前,莎车认为汉朝不会出兵,便向龟兹投降,疏勒都尉番辰也背叛了汉朝。恰好徐幹赶到,班超便和他一同进攻番辰。他们大败番辰,斩杀了一千多人。班超打算攻打龟兹,认为乌孙兵强,应当利用乌孙的力量,于是上书说:"乌孙是个大国,有善射之兵十万,因此武帝把公主嫁给了乌孙王,到孝宣皇帝时,终于收到成效,如今应当派使者去招抚慰问,使乌孙与我们同心合力。"章帝采纳了他的建议。

汉章帝建初六年(辛巳,公元81年)

1 春季,二月辛卯(十七日),琅邪王刘京去世。

2 夏季,六月丙辰(十五日),太尉鲍昱去世。

3 六月辛未晦(三十日),出现日食。

4 秋季,七月癸巳(二十二日),将大司农邓彪任命为太尉。

5 武都太守廉范调任蜀郡太守。成都人民富有,物产丰盛,城中房屋鳞次栉比,十分拥挤。以往制度规定:禁止人民夜间劳作,以防火灾。然而这项禁令难以实行,加上人们相互隐瞒躲藏,结果火灾连日不断。于是廉范便撤销了原来的禁令,只严格规定储水防火而已。百姓感到便利,他们歌颂廉范道:"廉叔度,来何暮!不禁火,民安作。昔无襦,今五绔。"

6 章帝因沛王等诸亲王即将入京朝见,派谒者赐给他们貂皮袍、太官食物和珍奇的果品,并让大鸿胪窦固持符节到郊外迎接。章帝亲自到各封国设在洛阳的官邸巡视,预备帐床,接待沛王等人所需的钱帛、什器、物品等十分齐备。

七年(壬午,82)

1　春,正月沛王辅、济南王康、东平王苍、中山王焉、东海王政、琅邪王宇来朝。诏沛、济南、东平、中山王赞拜不名;升殿乃拜,上亲答之,所以宠光荣显,加于前古。每入宫,辄以辇迎,至省阁乃下,上为之兴席改容,皇后亲拜于内;皆鞠躬辞谢不自安。三月,大鸿胪奏遣诸王归国,帝特留东平王苍于京师。

2　初,明德太后为帝纳扶风宋杨二女为贵人,大贵人生太子庆;梁松弟竦有二女,亦为贵人,小贵人生皇子肇。窦皇后无子,养肇为子。宋贵人有宠于马太后,太后崩,窦皇后宠盛,与母沘阳公主谋陷宋氏,外令兄弟求其纤过,内使御者侦伺得失。宋贵人病,思生兔,令家求之,因诬言欲为厌胜之术,由是太子出居承禄观。夏六月甲寅,诏曰:"皇太子有失惑无常之性,不可以奉宗庙。大义灭亲,况降退乎! 今废庆为清河王。皇子肇,保育皇后,承训怀衽,今以肇为皇太子。"遂出宋贵人姊妹置丙舍,使小黄门蔡伦案之。二贵人皆饮药自杀,父议郎杨免归本郡。庆时虽幼,亦知避嫌畏祸,言不敢及宋氏。帝更怜之,敕皇后令衣服与太子齐等。太子亦亲爱庆,入则共室,出则同舆。

3　己未,徙广平王羡为西平王。

4　秋,八月,饮酎毕,有司复奏遣东平王苍归国,帝乃许之,手诏赐苍曰:"骨肉天性,诚不以远近为亲疏;然数见颜色,情重昔时。念王久劳,思得还休,欲署大鸿胪奏,不忍下笔,

汉章帝建初七年（壬午，公元82年）

1 春季，正月，沛王刘辅、济南王刘康、东平王刘苍、中山王刘焉、东海王刘政、琅邪王刘宇来京城朝见。章帝下诏，命沛王、济南王、东平王和中山王朝拜时不唱名；四王上殿后才向章帝叩拜，章帝则亲自还礼，以显示对他们的恩宠和给予的荣耀，超过了前代。每当他们进宫的时候，章帝就派辇车去接，直到禁宫门口才下车步行，章帝见到他们以后，起身迎接，神态恭敬，皇后则亲自在内室参拜；四王全都鞠躬辞谢，心不自安。三月，大鸿胪上奏，请命令诸亲王返回封国，章帝特命东平王刘苍留在京城。

2 当初，马太后为章帝选纳扶风人宋杨的两个女儿为贵人，其中大贵人生下了太子刘庆；梁松的弟弟梁竦有两个女儿，也是章帝的贵人，其中小贵人生下了皇子刘肇。窦皇后没有儿子，便抚养刘肇，作为自己的儿子。在马太后生前，宋贵人姐妹得到马太后的宠爱，马太后驾崩以后，窦皇后大受章帝恩宠，便同母亲沘阳公主阴谋陷害宋氏姐妹，她命自己的兄弟在外面搜求宋家的微小过失，让宫中的侍者在内部伺察宋氏姐妹的行动。宋贵人患病，想吃鲜兔，曾吩咐娘家寻找，于是窦皇后就诬告宋贵人要作法诅咒，章帝因此命太子搬出太子宫，到承禄观居住。夏季，六月甲寅（十八日），章帝下诏说："皇太子精神恍惚失常，不能够侍奉宗庙。大义之下，亲情可灭，何况是贬降？今废去刘庆的皇太子名号，改封为清河王。皇子刘肇，由皇后抚育，在怀抱中承受教诲，是合适的人选，现将刘肇立为皇太子。"于是将宋贵人姐妹逐出内宫，囚禁于丙舍，命小黄门蔡伦负责审问。两位贵人双双喝下毒药自杀，她们的父亲、议郎宋杨被免官，逐回原郡。当时刘庆虽然年幼，也知道躲避嫌疑，畏惧灾祸，口中不敢提到宋氏。章帝又生怜惜之心，命令皇后要使刘庆的衣服和太子一样。太子刘肇也和刘庆十分友爱，他们入则同在一室，出则同乘一车。

3 六月己未（二十三日），将广平王刘羡改封为西平王。

4 秋季，八月，在宗庙举行酎礼之后，有关官员再度上奏，请命令东平王刘苍返归封国，章帝这才应允，并亲手写诏赐给刘苍，诏书说："骨肉之情，乃是天性，确实不因相隔远近而有亲疏之别；然而我们数次见面，感情愈重于昔时。想到大王久在京师而劳累，望能回国休养，我打算签署大鸿胪的奏书，却又不忍落笔，

顾授小黄门；中心恋恋，恻然不能言。"于是车驾祖送，流涕而
诀；复赐乘舆服御、珍宝、舆马，钱布以亿万计。

5 九月甲戌，帝幸偃师，东涉卷津，至河内，下诏曰："车
驾行秋稼，观收获，因涉郡界，皆精骑轻行，无他辎重。不得
辄修道桥，远离城郭，遣吏逢迎，刺探起居，出入前后，以为烦
扰。动务省约，但患不能脱粟瓢饮耳。"己酉，进幸邺；辛卯，
还宫。

6 冬，十月癸丑，帝行幸长安，封萧何末孙熊为酂侯。
进幸槐里、岐山；又幸长平，御池阳宫，东至高陵。十二月丁
亥，还宫。

7 东平献王苍疾病，驰遣名医、小黄门侍疾，使者冠盖
不绝于道。又置驿马，千里传问起居。

八年(癸未，83)

1 春，正月壬辰，王薨。诏告中傅："封上王自建武以来
章奏，并集览焉。"遣大鸿胪持节监丧，令四姓小侯、诸国王、
主悉会葬。

2 夏，六月，北匈奴三木楼訾大人稽留斯等率三万馀人
款五原塞降。

3 冬，十二月甲午，上行幸陈留、梁国、淮阳、颍阳。戊
申，还宫。

4 太子肇之立也，梁氏私相庆，诸窦闻而恶之。皇后欲
专名外家，忌梁贵人姊妹，数谮之于帝，渐致疏嫌。是岁，窦
氏作飞书，陷梁竦以恶逆，竦遂死狱中，家属徙九真，贵人姊
妹以忧死。辞语连及梁松妻舞阴公主，坐徙新城。

回望小黄门，授命传送此信；心中恋恋不舍之情，悲伤不能尽言。"于是章帝亲自祭祀路神，为刘苍送行，洒泪而别；并再次赐给东平王御用衣服器物、珍宝、车马，钱布价值亿万。

5　九月甲戌(初十)，章帝临幸偃师县，东行，在卷县渡口渡过黄河，到达河内郡，下诏说："朕巡视秋季庄稼，查看收获情况，因而进入河内郡界，一路都是轻装前进，并无其他辎重。地方官府不得为此筑路修桥，不得派官吏远离城郭迎接，打听伺候饮食行卧，出出进进，跑前跑后，带来烦扰。一切举动务求简省，朕只恨自己不能食糙米之饭，饮瓢中之水罢了!"九月己酉，章帝临幸邺城。九月辛卯(二十七日)，返回京城皇宫。

6　冬季，十月癸丑(十九日)，章帝出行，临幸长安，将萧何的末代子孙萧熊封为酇侯。并前往槐里、岐山；又临幸长平和池阳宫，东行到高陵。十二月丁亥，返回京城皇宫。

7　东平王刘苍患病，章帝紧急派遣名医和小黄门前往诊治，问病的使者车驾在路上前后不断。又设专用驿马，在千里之间传达问候东平王的病情。

汉章帝建初八年(癸未,公元83年)

1　春季，正月壬辰(二十九日)，东平王刘苍去世。章帝下诏，命令东平国中傅："将东平王自建武以来的奏章加封上送，我要集中阅览。"并派大鸿胪持符节主持治丧，命令樊、阴、郭、马四姓小侯和各封的亲王、公主都去参加葬礼。

2　夏季，六月，北匈奴三木楼訾大人稽留斯等，率三万多人到五原塞归降。

3　冬季，十二月甲午(初七)，章帝出行，临幸陈留、梁国、淮阳、颍阳。十二月戊申(二十一日)，返回京城皇宫。

4　皇子刘肇被立为太子以后，梁家私下互相庆贺，窦家听到这个消息，感到厌恶。窦皇后想使窦家成为刘肇唯一的舅家，因而忌恨梁贵人姐妹，不断地在章帝面前进行诋毁，逐渐使章帝与她们日渐疏远而产生嫌弃之心。本年，窦家用匿名书诬告梁竦，使他陷入谋反恶逆大罪，梁竦死在狱中，家属被流放到九真，梁贵人姊妹则忧愁而死。梁竦的供词牵连到梁松的妻子舞阴公主，舞阴公主因此被贬逐到新城。

5　顺阳侯马廖，谨笃自守，而性宽缓，不能教勒子弟，皆骄奢不谨。校书郎杨终与廖书，戒之曰："君位地尊重，海内所望。黄门郎年幼，血气方盛，既无长君退让之风，而要结轻狡无行之客。纵而莫诲，视成任性，览念前往，可为寒心！"廖不能从。防、光兄弟资产巨亿，大起第观，弥亘街路，食客常数百人。防又多牧马畜，赋敛羌、胡。帝不喜之，数加谴敕，所以禁遏甚备。由是权势稍损，宾客亦衰。

廖子豫为步兵校尉，投书怨诽。于是有司并奏防、光兄弟奢侈逾僭，浊乱圣化，悉免就国。临上路，诏曰："舅氏一门俱就国封，四时陵庙无助祭先后者，朕甚伤之。其令许侯思愆田庐，有司勿复请，以慰朕渭阳之情。"光比防稍为谨密，故帝特留之，后复位特进。豫随廖归国。考击物故。后复有诏还廖京师。

诸马既得罪，窦氏益贵盛。皇后兄宪为侍中、虎贲中郎将，弟笃为黄门侍郎，并侍宫省，赏赐累积；喜交通宾客。司空第五伦上疏曰："臣伏见虎贲中郎将窦宪，椒房之亲，典司禁兵，出入省闼，年盛志美，卑让乐善，此诚其好士交结之方。然诸出入贵戚者，类多瑕衅禁锢之人，尤少守约安贫之节；士大夫无志之徒，更相贩卖，云集其门，盖骄佚所从生也。三辅论议者至云：'以贵戚废锢，当复以贵戚浣濯之，犹解酲当以酒也。'诐险趣势之徒，诚不可亲近。臣愚愿陛下、中宫严敕宪等闭门自守，无妄交通士大夫，防其未萌，虑于无形，令宪永保福禄，君臣交欢，无纤介之隙，此臣之所至愿也！"

5　顺阳侯马廖为人谨慎小心,但天性厚道宽容,不能管教约束马家子弟,因此,马家子弟全都骄傲奢侈而为所欲为。校书郎杨终曾给马廖写信,告诫他说:"阁下的地位尊贵显要,四海之内,众人瞩望。您的弟弟、黄门郎马防、马光都还年轻,血气方刚,他们既没有文帝窦皇后的哥哥即长君的退让精神,却反而结交一些轻浮狡猾、品行不端的宾朋。您对他们放纵而不加教诲,眼看他们养成了任性的作风,回顾前事,我要为马家感到寒心!"马廖未能接受他的劝告。马防、马光兄弟的财产无数,他们大规模地建造宅第,使房屋连绵相接,占满街巷,食客经常有数百之多。马防还饲养了大批马匹牲畜,对羌人、胡人征收赋税。章帝对此感到不悦,屡次下令进行谴责,并处处予以限制。于是马家的权势稍有减损,宾朋也逐渐离去。

马廖的儿子马豫任步兵校尉,投书进行报怨。于是有关部门对马豫连同马防、马光兄弟一并进行弹劾,称马防、马光的豪华奢侈,超过他们的身份,扰乱了圣明的礼教,建议将马氏兄弟一律免官,命他们前往各自封国。马廖等人即将上路时,章帝下诏说:"舅父一家全都前往封国,四季祭祀陵庙时便没有助祭先后的人了,朕甚感悲伤。今命许侯马光留下,在乡间田庐闭门思过,有关部门不要再提出异议,以慰朕的甥舅之情。"马光较马防谨慎收敛一些,所以章帝特别将他留下,后又恢复他的特进之位。马豫随马廖到封国,被审讯拷打致死。后来,章帝又下诏书,命马廖返回京城。

马家获罪以后,窦家地位愈加显赫。窦皇后的哥哥窦宪任侍中、虎贲中郎将,弟弟窦笃任黄门侍郎,二人同在宫中服务,受到大量赏赐,喜欢结交宾朋。司空第五伦上书说:"我看到虎贲中郎将窦宪,身为皇后的亲属,统御皇家禁军,出入宫廷,正值壮年而又心有志向,恭敬谦让而又乐于为善,这诚然是他喜好结交士子的原因。然而那些奔走出入于皇亲国戚门下的人,多有劣迹和罪过,在政治仕途上受到压制,特别缺少守分安贫的节操;官僚中的志趣低下之辈,更互相推荐吹捧,大量涌向他的家门,这将是骄傲放纵产生的根源。三辅地区喜好议论的人甚至说:'因贵戚连累而遭贬黜压制,应当重新由贵戚来清洗罪过,犹如应当用酒来解醉一样。'那些邪僻阴险、趋炎附势之辈,实在不能亲近。我希望陛下和皇后严令窦宪等人闭门自守,不得随便结交官僚士子,防备于祸患萌芽以前,思虑于灾害无形之时,使窦宪永保荣华富贵。而君臣同欢,没有丝毫隔阂,是我最大的愿望!"

宪恃宫掖声势，自王、主及阴、马诸家，莫不畏惮。宪以贱直请夺沁水公主园田，主逼畏不敢计。后帝出过园，指以问宪，宪阴喝不得对。后发觉，帝大怒，召宪切责曰："深思前过夺主田园时，何用愈赵高指鹿为马！久念使人惊怖。昔永平中，常令阴党、阴博、邓叠三人更相纠察，故诸豪戚莫敢犯法者。今贵主尚见枉夺，何况小民哉！国家弃宪，如孤雏、腐鼠耳！"宪大惧，皇后为毁服深谢，良久乃得解，使以田还主。虽不绳其罪，然亦不授以重任。

臣光曰：人臣之罪，莫大于欺罔，是以明君疾之。孝章谓窦宪何异指鹿为马，善矣；然卒不能罪宪，则奸臣安所惩哉！夫人主之于臣下，患在不知其奸，苟或知之而复赦之，则不若不知之为愈也。何以言之？彼或为奸而上不之知，犹有所畏；既知而不能讨，彼知其不足畏也，则放纵而无所顾矣！是故知善而不能用，知恶而不能去，人主之深戒也。

6　下邳周纡为雒阳令，下车，先问大姓主名；吏数闾里豪强以对数。纡厉声怒曰："本问贵戚若马、窦等辈，岂能知此卖菜佣乎！"于是部吏望风旨，争以激切为事，贵戚跼蹐，京师肃清。窦笃夜至止奸亭，亭长霍延拔剑拟笃，肆詈恣口。笃以表闻，诏召司隶校尉、河南尹诣尚书谴问；遣剑戟士收纡，送廷尉诏狱，数日，贳出之。

窦宪倚仗皇后的影响和势力,从亲王、公主,到阴家、马家等外戚,没有人不怕他。窦宪曾以低价强买沁水公主的庄园,公主害怕他的权势而不敢计较。后来章帝出行时经过那里,指着庄园向窦宪询问,窦宪暗中喝阻左右的人不得照实回答。后来,章帝发现了真相,大为愤怒,把窦宪叫来严厉责备道:"深思前事,当初经过你强夺的公主庄园时,你为什么要采取甚于赵高指鹿为马的欺骗手段!此事多想想令人震惊。从前,在永平年间,先帝经常命令阴党、阴博、邓叠三人互相监察,所以诸贵戚中没有人敢触犯法律。如今尊贵的公主尚且被横遭掠夺,何况小民呢!国家抛弃窦宪,就像丢掉一只小鸟和腐臭的死鼠!"窦宪大为恐惧,窦皇后也因此脱去皇后的衣饰深切地表示谢罪。过了很久,章帝的愤怒才告平息,命窦宪将庄园还给公主。章帝虽对窦宪没有依法治罪,但也不再委以重任。

　　臣司马光说:臣子的罪恶,莫过于欺骗君主,所以圣明的君主痛恨这种行为。孝章皇帝称窦宪的行为无异于指鹿为马,这是对的;然而他最终不能降罪于窦宪,那么奸臣在哪里受惩呢!君主对待臣子,困难在于不知道谁是邪恶之辈,假如已经知道而又将他赦免,那还不如不知道更好。为什么这样讲?奸臣为非作歹而君主不知,奸臣心中还有所畏惧;君主已知而又不能予以处罚,奸臣便明白君主不值得畏惧,就会放纵大胆而无所顾忌了!因此,已知良臣而不能任用,已知恶人而不能铲除,乃是君主的深刻戒律。

　　6　下邳人周纡被任命为雒阳令。他下车伊始,首先询问当地大族的户主姓名;下属官吏便历数地方豪强的姓名向他报告。周纡厉声怒喝:"我问的本是像马家、窦家那样的皇亲国戚,难道能管这些卖菜的贩夫吗!"于是下属官吏按照他的意图,争着用激烈的手段行事。贵戚们畏缩不安而举止收敛,京城不法行为已绝迹,秩序井然。窦笃曾夜行到止奸亭,亭长霍延拔剑向窦笃挥舞,并肆意谩骂。窦笃将此事上报章帝,章帝下诏,命司隶校尉、河南尹去见尚书,接受申斥责问;派武装士兵逮捕周纡,押送廷尉诏狱,数日后,将他赦免释放。

7　帝拜班超为将兵长史,以徐幹为军司马,别遣卫候李邑护送乌孙使者。邑到于窴,值龟兹攻疏勒,恐惧不敢前,因上书陈西域之功不可成,又盛毁超:"拥爱妻,抱爱子,安乐外国,无内顾心。"超闻之叹曰:"身非曾参而有三至之谗,恐见疑于当时矣!"遂去其妻。帝知超忠,乃切责邑曰:"纵超拥爱妻,抱爱子,思归之士千馀人,何能尽与超同心乎!"令邑诣超受节度,诏:"若邑任在外者,便留与从事。"超即遣邑将乌孙侍子还京师。徐幹谓超曰:"邑前亲毁君,欲败西域,今何不缘诏书留之,更遣他吏送侍子乎?"超曰:"是何言之陋也!以邑毁超,故今遣之。内省不疚,何恤人言!快意留之,非忠臣也。"

8　帝以侍中会稽郑弘为大司农。旧交趾七郡贡献转运,皆从东冶泛海而至,风波艰阻,沉溺相系。弘奏开零陵、桂阳峤道,自是夷通,遂为常路。在职二年,所省息以亿万计。遭天下旱,边方有警,民食不足,而帑藏殷积。弘又奏宜省贡献,减徭费以利饥民。帝从之。

元和元年(甲申,84)

1　春,闰正月辛丑,济阴悼王长薨。

2　夏,四月己卯,分东平国,封献王子尚为任城王。

3　六月辛酉,沛献王辅薨。

7　章帝任命班超为将兵长史，徐幹为军司马，又另派卫候李邑护送乌孙使者回国。李邑到达于窴时，正值龟兹进攻疏勒，他因恐惧而不敢前进，便上书声称西域的功业不可能成功，还大肆诋毁班超，说班超："拥爱妻，抱爱子，在外国享安乐，没有思念中原之心。"班超听到消息后叹息道："我虽不是曾参，却碰到曾参所遇的三次谗言，恐怕要受到朝廷的猜疑了！"于是将妻子送走。章帝知道班超的忠心，便严厉斥责李邑说："纵然班超拥爱妻，抱爱子，而思念家乡的汉军还有一千多人，为什么能都与班超同心呢！"章帝命令李邑到班超那里听候指挥，并下诏给班超说："如果李邑在西域能够胜任，就留他随从办事。"但班超却随即派李邑带领乌孙送往汉朝做人质的王子返回京城。徐幹对班超说："先前李邑亲口诋毁阁下，想要破坏我们在西域的事业，如今为何不以诏书为理由将他留下，另派其他官员送人质呢？"班超说："这话是多么的浅陋！正是因为李邑诋毁我，所以如今才派他回去。我自问内心无愧，为什么要怕别人的议论！为求自己称心快意而留下李邑，不是忠臣所为。"

8　章帝将侍中、会稽人郑弘任命为大司农。以往，交趾州所属的七个郡向京城输送贡品，全都经东冶渡海运来，海上风浪颠簸，航程艰险，不断发生船沉人亡的事故。于是郑弘上书，建议开辟零陵、桂阳的山道，自此，从交趾到内地畅通无阻，这条路便成为常用的干线。郑弘在任两年，节省了亿万经费。当时全国大旱，边疆又有警报，人民粮食不足，但国库充实，积存的物资很多。郑弘还上书提出应当免除若干地区的进贡，减轻徭役开支，以利于饥民。章帝采纳了他的建议。

汉章帝元和元年（甲申，公元 84 年）

1　春季，闰正月辛丑（十五日），济阴王刘长去世。

2　夏季，四月己卯（二十四日），分出东平国部分封土，将前东平王刘苍之子刘尚封为任城王。

3　六月辛酉（初七），沛献王刘辅去世。

4　陈事者多言:"郡国贡举,率非功次,故守职益懈而吏事浸疏,咎在州郡。"有诏下公卿朝臣议。大鸿胪韦彪上议曰:"夫国以简贤为务,贤以孝行为首,是以求忠臣必于孝子之门。夫人才行少能相兼,是以孟公绰优于赵、魏老,不可以为滕、薛大夫。忠孝之人,持心近厚;锻炼之吏,持心近薄。士宜以才行为先,不可纯以阀阅。然其要归,在于选二千石。二千石贤,则贡举皆得其人矣。"彪又上疏曰:"天下枢要,在于尚书,尚书之选,岂可不重! 而间者多从郎官超升此位,虽晓习文法,长于应对,然察察小慧,类无大能。宜鉴啬夫捷急之对,深思绛侯木讷之功也。"帝皆纳之。彪,贤之玄孙也。

5　秋,七月丁未,诏曰:"律云:'掠者唯得榜、笞、立。'又《令丙》,箠长短有数。自往者大狱以来,掠考多酷,钻钻之属,惨苦无极。念其痛毒,怵然动心! 宜及秋冬治狱,明为其禁。"

6　八月甲子,太尉邓彪罢,以大司农郑弘为太尉。

7　癸酉,诏改元。丁酉,车驾南巡。诏:"所经道上州县,毋得设储峙。命司空自将徒支拄桥梁。有遣使奉迎,探知起居,二千石当坐。"

8　九月辛丑,幸章陵。十月己未,进幸江陵。还,幸宛。召前临淮太守宛人朱晖,拜尚书仆射。晖在临淮,有善政,民歌之曰:"强直自遂,南阳朱季吏畏其威,民怀其惠。"时坐法免,

4 许多人上书指出:"各郡、各封国举荐人才,多不依据功劳大小,因此官吏越来越不尽职,办事效率日趋低落,其责任在于州郡官府。"章帝下诏命令公卿大臣对此进行讨论。大鸿胪韦彪上书说:"朝廷以选拔贤才为职责,而贤才则以孝顺父母为第一要务,因此,要想得到忠臣,就必须到孝子之门访求。人的才干、品行很少能够兼备,所以孟公绰能轻松胜任晋国赵、魏两家的家臣,却做不了滕、薛两国的大夫。忠孝的人,心地较为宽厚;而干练苛刻的官吏,性情较为凉薄。选拔人才,应当首先考虑才干品行,不能只根据资历。而问题的关键,在于对两千石官的选用。如果两千石官贤能,那么他所举荐的必定都是人才。"他还上书说:"朝廷的机要在尚书,尚书的任命,岂能不慎重!然而近来尚书多由郎官升任,他们虽然通晓法令条文、擅长应对,但这只是一点小聪明,多没有处理大事的才能。虎圈啬夫曾敏捷地回答文帝的询问,但张释之认为不能因此而予以提拔;绛侯周勃质朴而不善于辞令,却建立了不朽的功勋。圣上应当借鉴史事,三思而行。"章帝将他的意见全部采纳。韦彪是韦贤的玄孙。

5 秋季,七月丁未(二十三日),章帝下诏:"汉律规定:'审问犯人只许使用以下手段:杖击、鞭打、罚站。'此外,《令丙》对刑棍的长短有具体的规定。自从先前大狱兴起以来,审案拷问多采用残酷的方式,诸如铁钳锁颈、锥刺肌肤之类,真是惨痛无比。想到毒刑的苦楚,令人恐惧而心惊!今后应当等到秋冬两季再审理案件,并明确规定禁止事项。"

6 八月甲子(十一日),将太尉邓彪免官,任命大司农郑弘为太尉。

7 八月癸酉(二十日),下诏改变年号。八月丁酉,章帝到南方巡视。下诏说:"沿途所经各州、各县,不得筹备接驾。命司空自带工人修架桥梁。若有派遣使者接驾,打探行踪动静的,要向郡太守问罪。"

8 九月辛丑(十八日),章帝临幸章陵。十月己未(初七),又临幸江陵。在归途之中,又临幸宛城。章帝召见前任临淮太守、宛人朱晖,将他任命为尚书仆射。朱晖在临淮任上做了不少好事,人民歌颂道:"强直自遂,南阳朱季吏畏其威,民怀其惠。"当时朱晖因犯法免职,

家居,故上召而用之。十一月己丑,车驾还宫。尚书张林上言:"县官经用不足,宜自煮盐,及复修武帝均输之法。"朱晖固执以为不可,曰:"均输之法,与贾贩无异,盐利归官,则下民穷怨,诚非明主所宜行。"帝因发怒切责诸尚书,晖等皆自系狱。三日,诏敕出之,曰:"国家乐闻驳义,黄发无愆;诏书过耳,何故自系!"晖因称病笃,不肯复署议。尚书令以下惶怖,谓晖曰:"今临得谴让,奈何称病,其祸不细!"晖曰:"行年八十,蒙恩得在机密,当以死报。若心知不可,而顺旨雷同,负臣子之义!今耳目无所闻见,伏待死命。"遂闭口不复言。诸尚书不知所为,乃共劾奏晖。帝意解,寝其事。后数日,诏使直事郎问晖起居,太医视疾,太官赐食,晖乃起谢。复赐钱十万,布百匹,衣十领。

9　鲁国孔僖、涿郡崔骃同游太学,相与论:"孝武皇帝,始为天子,崇信圣道,五六年间,号胜文、景。及后恣己,忘其前善。"邻房生梁郁上书,告"骃、僖诽谤先帝,刺讥当世",事下有司。骃诣吏受讯。僖以书自讼曰:"凡言诽谤者,谓实无此事而虚加诬之也。至如孝武皇帝,政之美恶,显在汉史,坦如日月,是为直说书传实事,非虚谤也。夫帝者,为善为恶,天下莫不知,斯皆有以致之,故不可以诛于人也。且陛下即位以来,政教未过而德泽有加,天下所具也,臣等独何讥刺哉!假使所非实是,则固应悛改,傥其不当,亦宜含容,又何罪焉!陛下不推原大数,深自为计,徒肆私忌以快其意,臣等受戮,死即死耳,顾天下之人,必回视易虑,以此事窥陛下心。

正在家中闲居,因此章帝召他出来任用。十一月己丑(初七),章帝返回京城皇宫。尚书张林上奏说:"国家经费不足,应当由官府自行煮盐专卖,并恢复武帝时的均输法。"朱晖坚决反对这一建议,他说:"实行均输法,会使官员和商贩没有区别。而将卖盐所得之利归于官府,盐民就会因为贫困产生怨恨,这实在不是圣明君王所应做的事情。"于是章帝大怒,严厉斥责尚书台官员,朱晖等人全都自投监狱等待问罪。三天以后,章帝下诏将他们释放,说道:"我乐于听反对的意见,老先生并没有罪,只是诏书的斥责有些过分罢了,你们为什么要自投监狱!"朱晖于是自称病重,不肯再在奏议上署名。尚书令以下官员十分惊慌恐惧,对朱晖说:"如今正面临谴责,怎么可以称病,此祸不小!"朱晖说:"我年近八十,而蒙受皇恩,能够参与尚书机密,应当以死相报。如果我心知事不可行,却顺从旨意附和,那就违背了做臣子的大义!如今我耳不听,眼不见,伏身等待诛杀。"便闭口不再说话。尚书们不知如何是好,于是就一同上书弹劾朱晖。章帝怒气已平,便将此事搁置。又过了几天,章帝下诏,命值班的郎官问候朱晖,派御医前往诊病,太官送去食物,朱晖这才起来谢恩。章帝又赏赐他十万钱,一百匹布,十套衣服。

9 鲁国人孔僖、涿郡人崔骃同在太学读书,他们在一起谈论道:"孝武皇帝刚即位的时候,信仰圣人之道,最初五六年的政绩,被人称作胜过文、景二帝。但到后来放纵自己,抛弃了从前的善政。"邻屋的另一位太学生梁郁听到议论,上书控告他们"崔骃、孔僖诽谤先帝,讽刺当朝",此案交付有关部门审理。崔骃去见官吏。孔僖上书自我申辩说:"但凡说到诽谤,是指无中生有地进行诬蔑。至于孝武皇帝,他政绩上的得失,都显示在汉史上,清楚如日月一样,而我们的议论,只是直述史书记载的事实,并不是诽谤。身为皇帝,无论做好事还是坏事,天下人无不知晓,那都是能够了解到的,因此不能对议论者进行责备。况且陛下即位以来,政治、礼教没有过失,而恩德增加,这是天下人俱知的事实。我们偏要讽刺什么呢!假如我们抨击的是事实,那么本应诚心改正,倘若不当,也应包涵,又为什么要向我们问罪!陛下不推求研究国家命运,深入考虑本朝国策,而只是大搞个人忌讳,以求快意,我们被诛杀,死就死罢了,只怕天下人必将转过目光,改变看法,以这件事来窥测陛下的心思。

自今以后,苟见不可之事,终莫复言者矣。齐桓公亲扬其先君之恶以唱管仲,然后群臣得尽其心。今陛下乃欲为十世之武帝远讳实事,岂不与桓公异哉!臣恐有司卒然见构,衔恨蒙枉,不得自叙,使后世论者擅以陛下有所比方,宁可复使子孙追掩之乎!谨诣阙伏待重诛。"书奏,帝立诏勿问,拜僖兰台令史。

10 十二月壬子,诏:"前以妖恶禁锢三属者,一皆蠲除之,但不得在宿卫而已。"

11 庐江毛义,东平郑均,皆以行义称于乡里。南阳张奉慕义名,往候之,坐定而府檄适至,以义守安阳令,义捧檄而入,喜动颜色。奉心贱之,辞去。后义母死,征辟皆不至,奉乃叹曰:"贤者固不可测。往日之喜,乃为亲屈也。"均兄为县吏,颇受礼遗,均谏不听,乃脱身为佣。岁馀得钱帛,归以与兄曰:"物尽可复得;为吏坐臧,终身捐弃。"兄感其言,遂为廉洁。均仕为尚书,免归。帝下诏褒宠义、均,赐谷各千斛,常以八月长吏问起居,加赐羊酒。

12 武威太守孟云上言:"北匈奴复愿与吏民合市。"诏许之。北匈奴大且渠伊莫訾王等驱牛马万馀头来与汉交易,南单于遣轻骑出上郡钞之,大获而还。

13 帝复遣假司马和恭等将兵八百人诣班超。超因发疏勒、于寘兵击莎车。莎车以赂诱疏勒王忠,忠遂反,从之,西保乌即城。超乃更立其府丞成大为疏勒王,悉发其不反者以攻忠,使人说康居王执忠以归其国,乌即城遂降。

从今以后，即使见到不对的事，却终不肯再出来说话了。春秋时，齐桓公曾亲自公布前任国君的罪恶，向管仲请教处理的办法，从此以后，群臣才尽心地为他效力。而如今陛下却要为远在十世的武帝掩盖事实真相，这岂不是与齐桓公大相径庭！我担心有关部门会突然定案，让我衔恨蒙冤，不能自作申辩，因而使后世评论历史的人擅将陛下比作昏君，难道可以再要子孙为陛下掩饰吗？我谨来到皇宫门前，伏身等候严厉的处罚。"奏书呈上，章帝立即下诏停止追究，并将孔僖任命为兰台令史。

10　十二月壬子（初一），章帝下诏："以往因犯有妖言惑众之罪，而父族、母族、妻族遭到禁锢而不准做官的，一律解除禁锢，只是不准到宫廷值宿警卫。"

11　庐江人毛义、东平人郑均，都以仁义的行为而称道乡里。南阳人张奉仰慕毛义的名声，前往拜访。坐定后，恰好官府来了公文，任命毛义代理安阳县令。毛义手捧公文进入内室，喜形于色。张奉心中看不起这种举动，便告辞而去。后来，毛义的母亲去世了，朝廷又召毛义出来做官，却被他一一拒绝。于是张奉叹道："对贤人本不可以妄测。毛义当年的喜悦，乃是为了母亲而屈就。"郑均的哥哥在县里做官，接受了不少礼物贿赂。郑均规劝他，但遭到了拒绝，于是郑均离家出走，为人帮佣。过了一年多，他把所得钱帛带回家送给哥哥，说道："钱物用光，可以再得；而当官犯下赃罪，就要终生罢黜。"哥哥被他的话所感动，此后便成为清官。郑均官至尚书，后来免官回乡。章帝下诏嘉奖毛义、郑均，各赏赐一千斛谷，每年八月，地方官员都要去拜访他们，问候起居平安，并加赐羊、酒。

12　武威太守孟云上书说："北匈奴愿意恢复同汉朝官民的贸易。"章帝下诏批准。于是北匈奴大且渠伊莫訾王等人，驱赶牛马一万多匹前来，准备同汉朝交易，南匈奴单于派轻装骑兵从上郡出发对他们进行袭击，夺取大批牲畜后返回。

13　章帝又派副司马和恭率领八百援兵去见班超，听候指挥。班超于是征调疏勒、寘窴军队进攻莎车。莎车向疏勒王忠进行贿赂，疏勒王忠便背叛了汉朝，跟随莎车，西行到乌即城据守。于是班超改立疏勒府丞成大为疏勒王，征发所有未叛变的疏勒军队去进攻忠，又派人游说康居王将忠捉住，带回本国，于是乌即城向班超投降。

卷第四十七　汉纪三十九

起乙酉(85)尽辛卯(91)凡七年

肃宗孝章皇帝下
元和二年(乙酉,85)

1　春,正月乙酉,诏曰:"令云:'民有产子者,复勿算三岁。'今诸怀妊者,赐胎养谷人三斛,复其夫勿算一岁。著以为令!"又诏三公曰:"安静之吏,恇愊无华,日计不足,月计有馀。如襄城令刘方,吏民同声谓之不烦,虽未有他异,斯亦殆近之矣!夫以苛为察,以刻为明,以轻为德,以重为威,四者或兴,则下有怨心。吾诏书数下,冠盖接道,而吏不加治,民或失职,其咎安在?勉思旧令,称朕意焉!"

2　北匈奴大人车利涿兵等亡来入塞,凡七十三辈。时北虏衰耗,党众离畔,南部攻其前,丁零寇其后,鲜卑击其左,西域侵其右,不复自立,乃远引而去。

3　南单于长死,单于汗之子宣立,为伊屠於闾鞮单于。

4　《太初历》施行百馀年,历稍后天。上命治历编䜣、李梵等综校其状,作《四分历》。二月甲寅,始施行之。

肃宗孝章皇帝下
汉章帝元和二年(乙酉,公元85年)

1　春季,正月乙酉(初五),章帝下诏说:"法令规定:'凡有百姓生育,免收人头税三年。'如今再作规定:所有怀孕的妇女,由官府赏赐胎养谷,每人三斛,免收其丈夫人头税一年。将此诏书定为法令!"又对三公下诏说:"踏实稳重的官吏,诚恳而无虚华,考察他每日的劳绩,好像不足,而考察他每月的劳绩,便绰绰有馀了。例如襄城县令刘方,当地官民异口同声地说他为政从简,不烦扰百姓,虽然没有其他特殊的表现,但这也接近了朕的要求了!如果以苛求为明察,以刻薄为智慧,以对过失从轻发落为德,从重惩处为威,一旦有了这四种观念,那么下面的人民就会心怀怨恨。朕曾不断地下诏,颁行书的使者车驾在路上前后相接,然而吏治不见好转,有些百姓仍然不守本分,毛病出在哪里?希望各位官员,努力牢记以往的法令,以称朕意!"

2　北匈奴首领车利涿兵等叛逃,投奔到汉朝边塞,前后共有七十三批人。当时北匈奴力量衰弱,各部落纷纷离散反叛,南匈奴进攻它的南部地区,丁零进攻北部地区,鲜卑进攻东部地区,西域各国进攻西部地区。北匈奴四面受敌,不再能独立自保,便离开故地向远方迁移。

3　南匈奴单于长去世,前单于汗的儿子宣继位,此即伊屠於闟鞮单于。

4　《太初历》已经实施了一百多年,渐与天象不合,略微向后延迟。章帝命令治历官编诉、李梵等整理校正误差,制定了《四分历》。本年二月甲寅(初四),开始实施这一新历法。

5 帝之为太子也,受《尚书》于东郡太守汝南张酺。丙辰,帝东巡,幸东郡,引酺及门生并郡县掾史并会庭中。帝先备弟子之仪,使酺讲《尚书》一篇,然后修君臣之礼。赏赐殊特,莫不沾洽。行过任城,幸郑均舍,赐尚书禄以终其身,时人号为"白衣尚书"。

6 乙丑,帝耕于定陶。辛未,幸泰山,柴告岱宗。进幸奉高。壬申,宗祀五帝于汶上明堂。丙子,赦天下。进幸济南。三月己丑,幸鲁。庚寅,祠孔子于阙里,及七十二弟子,作六代之乐,大会孔氏男子二十以上者六十二人。帝谓孔僖曰:"今日之会,宁于卿宗有光荣乎?"对曰:"臣闻明王圣主,莫不尊师贵道。今陛下亲屈万乘,辱临敝里,此乃崇礼先师,增辉圣德。至于光荣,非所敢承!"帝大笑曰:"非圣者子孙焉有斯言乎!"拜僖郎中。

7 壬辰,帝幸东平,追念献王,谓其诸子曰:"思其人,至其乡;其处在,其人亡。"因泣下沾襟。遂幸献王陵,祠以太牢,亲拜祠坐,哭泣尽哀。献王之归国也,骠骑府吏丁牧、周栩以献王爱贤下士,不忍去之,遂为王家大夫数十年,事祖及孙。帝闻之,皆引见,既愍其淹滞,且欲扬献王德美,即皆擢为议郎。乙未,幸东阿,北登太行山,至天井关。夏,四月乙卯,还宫。庚申,假于祖祢。

5　章帝做太子的时候,曾师从现任东郡太守、汝南人张酺学习《尚书》。二月丙辰(初六),章帝前往东方巡视,临幸东郡,带领张酺及其学生,连同郡县官吏在郡府庭中集会。章帝先行弟子之礼,让张酺讲解《尚书》一篇,然后改行君臣之礼。章帝特别颁发赏赐,与会者无不满意欢喜。途经任城时,章帝临幸郑均家,赐给他尚书俸禄,享用终身,因平民穿白衣,所以当时人称郑均为"白衣尚书"。

6　二月乙丑(十五日),章帝在定陶举行耕籍之礼,他亲自耕田,表示重农。二月辛未(二十一日),临幸泰山,燔柴祭告岱宗。继而前往奉高。二月壬申(二十二日),在汶上明堂祭祀五帝。二月丙子(二十六日),大赦天下。继而临幸济南。三月己丑(初十),临幸鲁。三月庚寅(十一日),在阙里祭祀孔子以及孔子的七十二位弟子,奏黄帝、尧、舜、禹、汤、周等六代古乐,并举行大会,召见孔家二十岁以上的男子共六十二人。章帝对孔僖说:"今天的大会,对你们家族是不是很荣耀?"孔僖回答道:"我听说,圣明的君王无不尊重师道。如今陛下以天子的身份亲自屈驾,光临我们卑微的乡里,这是崇敬先师,发扬君王的圣德。至于说荣耀,我们可不敢当!"章帝大笑,说道:"不是圣人的子孙,怎能说出这样的话!"于是将孔僖任命为郎中。

7　三月壬辰(十三日),章帝临幸东平国,追念前东平王刘苍,对刘苍的儿子们说:"我想念他,来到他的故地;屋舍尚在,人已死亡!"说着,流下眼泪,沾湿衣襟。于是来到刘苍陵墓,命人用牛、羊、猪三牲设祭,章帝亲自在祠庙祭拜刘苍的牌位,尽情地哭泣。当年东平王刘苍从京城归国时,原骠骑将军府官员丁牧、周栩因刘苍礼贤下士,不忍离去,便留下来做了亲王府的家臣,至今已数十年,曾侍奉刘苍祖孙三代。章帝听说后,召见丁、周二人,既怜惜他们久居下位,又要宣扬刘苍的美德,便将他们全都擢升为议郎。三月乙未(十六日),章帝临幸东阿,北行,登上太行山,到达天井关。夏季,四月乙卯(初六),返回京城皇宫。四月庚申(十一日),到宗庙祭告出巡经过。

8 五月,徙江陵王恭为六安王。

9 秋,七月庚子,诏曰:"《春秋》重三正,慎三微。其定律无以十一月、十二月报囚,止用冬初十月而已。"

10 冬,南单于遣兵与北虏温禺犊王战于涿邪山,斩获而还。武威太守孟云上言:"北虏以前既和亲,而南部复往抄掠,北单于谓汉欺之,谋欲犯塞,谓宜还南所掠生口以慰安其意。"诏百官议于朝堂。太尉郑弘、司空第五伦以为不可许,司徒桓虞及太仆袁安以为当与之。弘因大言激厉虞曰:"诸言当还生口者,皆为不忠!"虞廷叱之,伦及大鸿胪韦彪皆作色变容。司隶校尉举奏弘等,弘等皆上印绶谢。诏报曰:"久议沉滞,各有所志,盖事以议从,策由众定,闾阎衎衎,得礼之容,寝嘿抑心,更非朝廷之福。君何尤而深谢!其各冠履!"帝乃下诏曰:"江海所以长百川者,以其下之也。少加屈下,尚何足病!况今与匈奴君臣分定,辞顺约明,贡献累至,岂宜违信,自受其曲!其敕度辽及领中郎将庞奋倍雇南部所得生口以还北虏;其南部斩首获生,计功受赏,如常科。"

三年(丙戌,86)

1 春,正月丙申,帝北巡;辛丑,耕于怀。二月乙丑,敕侍御史、司空曰:"方春所过,毋得有所伐杀;车可以引避,引避之,骓马可辍解,辍解之。"戊辰,进幸中山,出长城。癸酉,还,幸元氏。三月己卯,进幸赵。辛卯,还宫。

8　五月,章帝将江陵王刘恭改封为六安王。

9　秋季,七月庚子(二十三日),章帝下诏说:"《春秋》重天、地、人'三正',而慎'三微',即'三正'的开始。现制定法律:每年的十一月、十二月,不许判决罪人,只准在冬初十月判决罪人。"

10　冬季,南匈奴单于发兵,同北匈奴温禺犊王在涿邪山交战。南匈奴得胜,斩杀并俘虏北匈奴的人民和牲畜后返回。武威太守孟云上书说:"北匈奴先前已同汉朝和解,而南匈奴又去进行抢掠,北匈奴单于会说汉朝在欺弄它,因而打算进犯边塞。我建议,应当让南匈奴归还俘虏和抢来的牲畜,以安抚北匈奴。"章帝下诏,命群臣在朝堂会商。太尉郑弘、司空第五伦认为不应归还,司徒桓虞和太仆袁安则认为应当归还。双方意见争执不下,郑弘因而大声激怒桓虞说:"凡是声称应当归还俘虏和牲畜的,都是不忠之人!"桓虞也在朝堂呵斥郑弘,第五伦和大鸿胪韦彪全都愤怒得变了脸色。于是司隶校尉上书弹劾郑弘等人,郑弘等人全都交上印信绶带谢罪。章帝下诏答复道:"问题反复讨论,迟迟不决,群臣们的意见,各不相同。大事需要集思广益,政策需由众人商定,忠诚、正直而和睦,这才符合朝廷之礼,而缄默不语压抑情志,更不是朝廷之福。你们有什么过失要谢罪?请各自戴上官帽,穿上鞋!"于是章帝便下诏决定:"江海所以成为百川的首领,是由于其地势低下。汉朝略受委屈,又有什么危害!何况如今在汉朝与北匈奴之间,君臣的名分已确定。北匈奴言辞恭顺而守约,不断进贡,难道我们应当违背信义,自陷于理亏的境地?现命令度辽将军兼中郎将庞奋,用加倍的价格赎买南匈奴所抢得的俘虏和牲畜,归还给北匈奴;南匈奴曾杀敌擒虏,应当论功行赏,一如惯例。"

汉章帝元和三年(丙戌,公元86年)

1　春季,正月丙申(二十二日),章帝到北方巡视。正月辛丑(二十七日),在怀县举行耕籍之礼,章帝亲耕,表示重农。二月乙丑(二十一日),训令侍御史、司空说:"如今正值春季,我所经过的地方,不得造成任何伤害;车辆可以绕行便绕行,驾车的边马能够解除便解除。"二月戊辰(二十四日),前往中山国,穿越长城。二月癸酉(二十九日),返回,临幸元氏县。三月己卯(初六),前往赵国。三月辛卯(十八日),返回京城皇宫。

2　太尉郑弘数陈侍中窦宪权势太盛,言甚苦切,宪疾之。会弘奏宪党尚书张林、雒阳令杨光在官贪残。书奏,吏与光故旧,因以告之,光报宪。宪奏弘大臣,漏泄密事,帝诘让弘。夏,四月丙寅,收弘印绶。弘自诣廷尉,诏敕出之,因乞骸骨归,未许。病笃,上书陈谢曰:"窦宪奸恶,贯天达地,海内疑惑,贤愚疾恶,谓'宪何术以迷主上! 近日王氏之祸,晌然可见'。陛下处天子之尊,保万世之祚,而信谗佞之臣,不计存亡之机;臣虽命在晷刻,死不忘忠,愿陛下诛四凶之罪,以厌人鬼愤结之望!"帝省章,遣医视弘病,比至,已薨。

3　以大司农宋由为太尉。

4　司空第五伦以老病乞身。五月丙子,赐策罢,以二千石俸终其身。伦奉公尽节,言事无所依违。性质悫,少文采,在位以贞白称。或问伦曰:"公有私乎?"对曰:"昔人有与吾千里马者,吾虽不受,每三公有所选举,心不能忘,亦终不用也。若是者,岂可谓无私乎!"

以太仆袁安为司空。

5　秋,八月乙丑,帝幸安邑,观盐池。九月,还宫。

6　烧当羌迷吾复与弟号吾及诸种反。号吾先轻入,寇陇西界,督烽掾李章追之,生得号吾,将诣郡。号吾曰:"独杀我,无损于羌;诚得生归,必悉罢兵,不复犯塞。"陇西太守张纡放遣之,羌即为解散,各归故地。迷吾退居河北归义城。

2　太尉郑弘屡次上书,指出侍中窦宪的权势太盛,言辞极具恳切,窦宪对他十分怀恨。后来,郑弘弹劾窦宪的党羽、尚书张林和雒阳令杨光,说他们为官贪赃枉法且行为残暴。奏书呈上,处理奏书的官吏却是杨光的旧交,此人便通知杨光,杨光又报告了窦宪,于是窦宪弹劾郑弘身为重臣,泄露机密,章帝因此责问郑弘。夏季,四月丙寅(二十三日),收回郑弘的印信绶带。郑弘亲自到廷尉投案待审,章帝下诏将他释放,于是他请求退休回乡,但未被批准。郑弘病重,上书谢恩说:"窦宪的奸恶,上通于天,下达于地,天下人疑惑不解,贤者愚者心怀憎恶,都说:'窦宪用什么方法迷住了主上! 近代王莽之祸,依然历历在目。'陛下居于天子的尊位,守护万世长存的帝业,却信任进谗献媚的奸臣,而不计较这是关系国家存亡的关键! 我虽然命在顷刻之间,死而不忘效忠,愿陛下如舜帝除掉'四凶'一样惩办奸臣之罪,以平息人与鬼神共同的愤恨!"章帝看到奏书后,派医生为郑弘诊病,当医生到达郑家的时候,郑弘已经去世。

3　将大司农宋由任命为太尉。

4　司空第五伦因年老患病请求退休。五月丙子(初三),章帝赐策书,将第五伦免官,赏给他两千石的终身俸禄。第五伦奉公守节,发表政见时观点鲜明,从不模棱两可。他天性质朴诚实,少有文采,为官以清白著称。有人问第五伦说:"阁下有私心吗?"他回答道:"从前曾有人送我千里马,我虽未接受,但每当要三公举荐人才的时候,心中总不忘此事,只是最终也没有举荐这个人。像这样,难道能说没有私心吗?"

章帝将太仆袁安任命为司空。

5　秋季,八月乙丑(二十四日),章帝临幸安邑,视察盐池。九月,返回京城皇宫。

6　羌人烧当部落首领迷吾又与弟弟号吾带领其他部落起来造反。号吾率先轻装入侵,进犯陇西郡边界,督烽掾李章进行追击,将号吾生擒,押送到郡府。号吾说:"杀我一人,羌人并无损失;如果放我活着回去,我一定设法使羌军全部撤兵,不再侵犯边塞。"陇西太守张纡便将号吾放走,羌军果然随即被号吾解散,各自返回故地。迷吾退居黄河以北的归义城。

7 疏勒王忠从康居王借兵,还据损中,遣使诈降于班超。超知其奸而伪许之。忠从轻骑诣超,超斩之,因击破其众,南道遂通。

8 楚许太后薨。诏改葬楚王英,追爵谥曰楚厉侯。

9 帝以颍川郭躬为廷尉。决狱断刑,多依矜恕,条诸重文可从轻者四十一,奏之,事皆施行。

10 博士鲁国曹褒上疏,以为"宜定文制,著成汉礼"。太常巢堪以为"一世大典,非褒所定,不可许"。帝知诸儒拘挛,难与图始,朝廷礼宪,宜以时立,乃拜褒侍中。玄武司马班固以为"宜广集诸儒,共议得失"。帝曰:"谚言:'作舍道边,三年不成。'会礼之家,名为聚讼,互生疑异,笔不得下。昔尧作《大章》,一夔足矣。"

章和元年(丁亥,87)

1 春,正月,帝召褒,受以叔孙通《汉仪》十二篇,曰:"此制散略,多不合经,今宜依礼条正,使可施行。"

2 护羌校尉傅育欲伐烧当羌,为其新降,不欲出兵,乃募人斗诸羌、胡;羌、胡不肯,遂复叛出塞,更依迷吾。育请发诸郡兵数万人共击羌。未及会,三月,育独进军。迷吾闻之,徙庐落去。育遣精骑三千穷追之,夜,至三兜谷,不设备,迷吾袭击,大破之,杀育及吏士八百八十人。及诸郡兵到,羌遂引去。诏以陇西太守张纡为校尉,将万人屯临羌。

7　疏勒王忠向康居王借兵,回到损中据守,派使者向班超诈降。班超看穿他的诡计,假意应允。于是忠便带领轻装骑兵前来拜见班超,班超将他斩首,又乘机击败他的部众,西域南道从此畅通。

8　楚国许太后去世。章帝下诏,改建楚王刘英之墓,将他追封为楚厉侯。

9　章帝将颍川人郭躬任命为廷尉。郭躬在审案判刑的时候,多采取宽大慎重的态度。他从关于判处重刑的律文中,找出四十一条可以从轻判处的,加以整理,上奏章帝,他的建议被一一采纳实施。

10　博士、鲁国人曹褒上书指出"应当确立文物制度,编写汉朝礼仪大典"。太常巢堪认为"这是一代大典,非曹褒这样地位的人所能制定,不可应许"。章帝知道儒家学人拘谨,难以创新,而朝廷的礼仪规章,却应当及时确立,于是就任命曹褒为侍中。玄武司马班固认为"应当广招儒家各派学者,综合不同的意见,共同讨论"。章帝说:"俗话说:'作舍道边,三年不成。'众人会商讨论礼仪制度,就像在一起吵架,相互生出各种疑问和分歧,无法下笔。从前舜帝作《大章》时,有夔一人就足够了。"

汉章帝章和元年(丁亥,公元 87 年)

1　春季,正月,章帝诏见曹褒,将叔孙通制定的《汉仪》十二篇交给他,说道:"这套制度松散粗略,多与儒家经义不合,现在应当依据正规礼仪一一订正,使它能够颁布实施。"

2　护羌校尉傅育想要讨伐烧当羌人部落,但由于该部落新近投降,便不打算出兵,他收买内奸去挑拨羌人与胡人的关系,使二者互相争斗。羌人和胡人看穿傅育的企图,不肯相斗,于是再次反叛出塞,重新依附了迷吾。傅育请求征调各郡郡兵数万人,一同进攻羌人。还没等各郡郡兵集结,本年三月,傅育率部单独出击。迷吾得到消息后,便和部众带着帐幕撤离。傅育派遣三千精锐骑兵穷追不舍,夜里,汉军抵达三兜谷,放松了戒备,迷吾乘机发动袭击,大败汉军,杀死傅育及其部下将士八百八十人。及至各郡郡兵到达,迷吾便率军离去。章帝下诏,将陇西太守张纡任命为护羌校尉,率领汉军万人屯驻临羌。

3　夏,六月戊辰,司徒桓虞免。癸卯,以司空袁安为司徒,光禄勋任隗为司空。隗,光之子也。

4　齐王晃及弟利侯刚,与母太姬更相诬告。秋,七月癸卯,诏贬晃爵为芜湖侯,削刚户三千,收太姬玺绶。

5　壬子,淮阳顷王昞薨。

6　鲜卑入左地,击北匈奴,大破之,斩优留单于而还。

7　羌豪迷吾复与诸种寇金城塞,张纡遣从事河内司马防,与战于木乘谷;迷吾兵败走,因译使欲降,纡纳之。迷吾将人众诣临羌,纡设兵大会,施毒酒中,伏兵杀其酋豪八百馀人,斩迷吾头以祭傅育冢,复放兵击其馀众,斩获数千人。迷吾子迷唐,与诸种解仇,结婚交质,据大、小榆谷以叛,种众炽盛,张纡不能制。

8　壬戌,诏以瑞物仍集,改元章和。是时,京师四方屡有嘉瑞,前后数百千,言事者咸以为美。而太尉掾平陵何敞独恶之,谓宋由、袁安曰:“夫瑞应依德而至,灾异缘政而生。今异鸟翔于殿屋,怪草生于庭际,不可不察!”由、安惧不敢答。

9　八月癸酉,帝南巡。戊子,幸梁。乙未晦,幸沛。

10　日有食之。

11　九月庚子,帝幸彭城。辛亥,幸寿春,复封阜陵侯延为阜陵王。己未,幸汝阴。冬,十月丙子,还宫。

12　北匈奴大乱,屈兰储等五十八部、口二十八万诣云中、五原、朔方、北地降。

3　夏季,六月戊辰(初二),将司徒桓虞免官。六月癸卯,将司空袁安任命为司徒,将光禄勋任隗任命为司空。任隗是任光之子。

4　齐王刘晃和弟弟利侯刘刚,与他们的母亲太姬互相诬告。秋季,七月癸卯(初八),章帝下诏,将刘晃的爵位贬为芜湖侯,将刘刚的封地削减三千户,收回太姬的玺印绶带。

5　七月壬子(十七日),淮阳王刘昞去世。

6　鲜卑部族进入北匈奴东部地区,并发动攻击,大败北匈奴,斩杀优留单于后返回故地。

7　羌人首领迷吾再次联合其他羌人部落进攻金城塞。张纡派从事、河内人司马防在木乘谷迎战。迷吾战败退却,于是派翻译充当使者向汉军请降,被张纡接受。于是迷吾率领部众到临羌归附。张纡严阵以待,大张筵席,将毒药下在酒中,用伏兵杀死羌军首领八百余人,并斩下迷吾的人头,用来祭祀傅育的陵墓,他还发兵攻打迷吾的余部,斩杀、俘获数千人。然而迷吾的儿子迷唐,与其他部落解除了仇怨,他们互相通婚,交换人质,据守在大、小榆谷,同汉朝对抗,这些人数量众多,实力强盛,张纡无法制服。

8　七月壬戌(二十七日),章帝下诏,因祥瑞频出数量众多,将年号改为"章和"。当时,京城和四方不断发现祥瑞,前后有千百次,谈论的人都认为是美事。然而太尉掾、平陵人何敞却偏偏表示厌恶,他对太尉宋由、司徒袁安说:"祥瑞伴随恩德而来,灾异由于恶政而生。如今有奇特的鸟飞到皇家殿堂,怪异的草生在宫廷庭院,不可不小心察看!"宋、袁二人感到恐惧,不敢回答。

9　八月癸酉(初八),章帝到南方巡视。八月戊子(二十三日),临幸梁国。八月乙未晦(三十日),临幸沛国。

10　出现日食。

11　九月庚子(初五),章帝临幸彭城。九月辛亥(十六日),临幸寿春,将阜陵侯刘延重新封为阜陵王。九月己未(二十四日),临幸汝阴。冬季,十月丙子(十二日),返回京城皇宫。

12　北匈奴发生大乱,屈兰储等五十八个部落、二十八万人口,到云中、五原、朔方、北地归降。

13　曹褒依准旧典,杂以《五经》、《谶记》之文,撰次天子至于庶人冠、婚、吉、凶终始制度凡百五十篇,奏之。帝以众论难一,故但纳之,不复令有司平奏。

14　是岁,班超发于寘诸国兵共二万五千人击莎车,龟兹王发温宿、姑墨、尉头兵合五万人救之。超召将校及于寘王议曰:"今兵少不敌,其计莫若各散去。于寘从是而东,长史亦于此西归,可须夜鼓声而发。"阴缓所得生口。龟兹王闻之,大喜,自以万骑于西界遮超,温宿王将八千骑于东界徼于寘。超知二房已出,密召诸部勒兵,驰赴莎车营。胡大惊乱,奔走,追斩五千馀级,莎车遂降,龟兹等因各退散。自是威震西域。

二年(戊子,88)

1　春,正月,济南王康、阜陵王延、中山王焉来朝。上性宽仁,笃于亲亲,故叔父济南、中山二王,每数入朝,特加恩宠,及诸昆弟并留京师,不遣就国。又赏赐群臣,过于制度,仓帑为虚。何敞奏记宋由曰:"比年水旱,民不收获;凉州缘边,家被凶害;中州内郡,公私屈竭;此实损膳节用之时。国恩覆载,赏赍过度,但闻腊赐,自郎官以上,公卿、王侯以下,至于空竭帑藏,损耗国资。寻公家之用,皆百姓之力。明君赐赍,宜有品制;忠臣受赏,亦应有度。是以夏禹玄圭,周公束帛。今明公位尊任重,责深负大,上当匡正纲纪,下当济安元元,岂但空空无违而已哉!宜先正己以率群下,还所得赐,因陈得失,

13　曹褒以旧典为基础,加入儒家《五经》和《谶记》上的记载,依次编写由皇帝到平民的成年加冠礼、婚嫁礼、祭祀礼、丧葬凶灾礼等仪程,共一百五十篇,奏报章帝。章帝认为众人的意见很难统一,所以就接受了曹褒制定的典章,不再命有关机构进行评议。

14　本年,班超征调于寘等各国军队,共两万五千人,进攻莎车,龟兹王则征调温宿、姑墨、尉头三国军队,共五万人,前往救援。班超召集部下将校和于寘王商议道:"如今我方兵少,打不过敌人,不如各自分散撤离。于寘军队由此向东,长史也同时动身,从这里西行返回疏勒,可等到夜间鼓声起时出发。"然后假意放松戒备,让俘虏逃跑,以走漏军情。龟兹王得知消息后大喜,亲自率领一万骑兵,到西面拦截班超,温宿王则率领八千骑兵,到东面拦截于寘军队。班超听说龟兹、温宿两国军队已经出动,就秘密集结部队备战,急速奔袭莎车军营。莎车人大为惊慌,乱作一团,四处奔逃,班超等追击斩杀五千馀人,于是莎车投降,龟兹等国军队只好各自撤退散去。从此,班超的威名震动西域。

汉章帝章和二年(戊子,公元88年)

1　春季,正月,济南王刘康、阜陵王刘延、中山王刘焉来京城朝见。章帝天性宽厚仁爱,重视骨肉亲情,因此,每当叔父刘康和刘焉二位亲王进京朝见时,都受到特别的优待,章帝还将兄弟们全都留在京城,不派遣他们去封国。并大量赏赐百官,超过了制度规定,国库因此而空虚。何敞对宋由上书说:"如今年年发生水旱灾害,人民收不到粮食;凉州边境一带,居民遭到羌军的侵害;中原内地各郡,公私财力都已枯竭;这正是减少消费、节约用度的时机。皇恩如同天覆地载,无与伦比,但陛下的赏赐超过了限度,听说仅在腊日,对郎官以上,公卿、王侯以下官员的赏赐,就使国库一空,损耗了国家储备。追究国家的经费来源,都是出自百姓的血汗。贤明的君王进行赏赐,应当根据等级制度;忠臣接受赏赐,也应有一定的法规。因此尧帝赐给禹黑色的玉圭,而召公则赐给周公五四帛。如今阁下地位尊贵而责任重大,对上应当匡正朝廷纲纪,对下应当安抚人民,难道只恭谨忠诚而不违上命就够了吗!您应当首先端正自身,做下官的表率,交还所得的赏赐,向皇上陈述利害得失,

奏王侯就国,除苑囿之禁,节省浮费,赈恤穷孤,则恩泽下畅,黎庶悦豫矣。"由不能用。

尚书南阳宋意上疏曰:"陛下至孝烝烝,恩爱隆深,礼宠诸王,同之家人,车入殿门,即席不拜,分甘损膳,赏赐优渥。康、焉幸以支庶,享食大国,陛下恩宠逾制,礼敬过度。《春秋》之义,诸父、昆弟,无所不臣,所以尊尊卑卑,强干弱枝者也。陛下德业隆盛,当为万世典法,不宜以私恩损上下之序,失君臣之正。又西平王羡等六王,皆妻子成家,官属备具,当早就蕃国,为子孙基址。而室第相望,久磐京邑,骄奢僭拟,宠禄隆过。宜割情不忍,以义断恩,发遣康、焉,各归蕃国,令羡等速就便时,以塞众望。"帝未及遣。

2　壬辰,帝崩于章德前殿,年三十一。遗诏:"无起寝庙,一如先帝法制。"

> 范晔论曰:魏文帝称明帝察察,章帝长者。章帝素知人,厌明帝苛切,事从宽厚;奉承明德太后,尽心孝道;平徭简赋,而民赖其庆;又体之以忠恕,文之以礼乐。谓之长者,不亦宜乎!

3　太子即位,年十岁,尊皇后曰皇太后。

4　三月,用遗诏徙西平王羡为陈王,六安王恭为彭城王。

5　癸卯,葬孝章皇帝于敬陵。

6　南单于宣死,单于长之弟屯屠何立,为休兰尸逐侯鞮单于。

奏请遣送亲王侯爵各往封国就位,解除禁止人民在皇家园林耕种的法令,节省不必要的开支,赈济抚恤穷苦孤独的人,那么恩德就会泽被天下,百姓就会喜悦安乐。"宋由未接受他的建议。

尚书、南阳人宋意上书说:"陛下大孝,皇恩深厚,宠爱各位亲王,如同凡人之家,亲王们可以乘车进入殿门,就座时不叩拜,分享御膳房的饭食,获得优厚的赏赐。刘康和刘焉,有幸以旁支庶子的身份享有巨大的封国,陛下对他们的恩宠超过了常制,优礼尊敬超过了限度。根据《春秋》大义,对皇帝来说,伯父、叔父和兄弟,无不都是臣属,这是为了使尊者受到尊敬,卑者自守卑位,加强主干而削弱旁枝的缘故。陛下恩德伟业隆盛,当永为后世的典范,不应该由于亲情而破坏上下等级,失掉君臣间的正常秩序。此外,西平王刘羡等六位亲王,都已娶妻生子而自成一家,官属齐备,应当尽早去封国就位,为自己的子孙奠定基业。然而他们广修宅第,前后相望,长久地盘踞在京城,骄傲奢侈,超越本分,自比于居上位者,所得的恩宠和俸给,也都过度。陛下应当抛开亲情,不再容忍,以大义切断私恩,遣送刘康、刘焉各回封国,命刘羡等择日速往封国就位,以平息人们的怨言。"然而章帝已来不及遣送。

2 正月壬辰,章帝在章德前殿驾崩,享年三十一岁。遗诏命令:"不要在墓地修建祠庙寝殿,一切依照先帝之制。"

> 范晔评论说:魏文帝称明帝明辨洞察,而章帝则是一位长者。章帝一向通达人情,他不喜明帝的苛刻严厉,事事依从宽厚的原则;侍奉马太后,尽心地履行孝道;减轻徭役和赋税,使人民受到恩惠;并以忠恕之道为体,以礼乐教化为文。将他称为长者,不是很恰当吗?

3 太子即位,时年十岁,将窦皇后尊称为皇太后。

4 三月,根据章帝遗诏,将西平王刘羡改封为陈王,将六安王刘恭改封为彭城王。

5 三月癸卯(十一日),将章帝安葬于敬陵。

6 南匈奴单于宣去世,前单于长的弟弟屯屠何继位,此即休兰尸逐侯鞮单于。

7　太后临朝，窦宪以侍中内干机密，出宣诰命。弟笃为虎贲中郎将，笃弟景、瑰并为中常侍，兄弟皆在亲要之地。宪客崔骃以书戒宪曰："《传》曰：'生而富者骄，生而贵者傲。'生富贵而能不骄傲者，未之有也。今宪禄初隆，百僚观行，岂可不'庶几夙夜，以永终誉'乎！昔冯野王以外戚居位，称为贤臣；近阴卫尉克己复礼，终受多福。外戚所以获讥于时，垂愆于后者，盖在满而不抑，位有余而仁不足也。汉兴以后，迄于哀、平，外家二十，保族全身，四人而已。《书》曰：'鉴于有殷'，可不慎哉！"

8　庚戌，皇太后诏："以故太尉邓彪为太傅，赐爵关内侯，录尚书事，百官总己以听。"窦宪以彪有义让，先帝所敬，而仁厚委随，故尊崇之。其所施为，辄外令彪奏，内白太后，事无不从。彪在位，修身而已，不能有所匡正。宪性果急，睚眦之怨，莫不报复。永平时，谒者韩纾考劾宪父勋狱，宪遂令客斩纾子，以首祭勋冢。

9　癸亥，陈王羡、彭城王恭、乐成王党、下邳王衍、梁王畅始就国。

10　夏，四月戊寅，以遗诏罢郡国盐铁之禁，纵民煮铸。

11　五月，京师旱。

12　北匈奴饥乱，降南部者岁数千人。秋，七月，南单于上言："宜及北虏分争，出兵讨伐，破北成南，共为一国，令汉家长无北念。臣等生长汉地，开口仰食，岁时赏赐，动辄亿万。

7　窦太后临朝摄政,窦宪以侍中的身份,入宫主持机要,出宫宣布太后的命令。他的弟弟窦笃为虎贲中郎将,窦笃的弟弟窦景、窦瑰同为中常侍,窦家兄弟全都在接近皇帝、皇后的显要位置上。窦宪的门客崔骃上书告诫窦宪说:"古书说:'生而富者骄,生而贵者傲。'生于富有尊贵而能不骄横倨傲的人,未曾有过。如今您的恩宠和官位正开始上升,朝中百官都在观察您的所作所为,怎能不像《诗经·周颂》所说'望能以终日的小心谨慎,求得终身的荣耀'呢!从前元帝冯昭仪的哥哥冯野王以外戚的身份居于高位,却被人称作贤臣;近代光武帝阴皇后的弟弟、太尉阴兴克己守礼,而最终成为多福之人。外戚之所以被当时的人讥嘲,被后世的人责备,原因在于权势太盛而不知退让,官位太高而仁义不足。从汉朝建立以后,直到哀帝、平帝,皇后家族共计二十,而能保全家族和自身的,只有四位皇后。《尚书》说:'以殷商的覆亡,作为鉴戒',可以不谨慎吗!"

8　三月庚戌(十八日),窦太后下诏:"将前任太尉邓彪任命为太傅,赐爵为关内侯,主管尚书机要,百官各统己职,听命于太傅。"窦宪因邓彪仁义礼让,受到先帝的敬重,其为人又忠厚随和,所以把他捧上高位。窦宪要有所举动的时候,就在外面教邓彪奏报,自己到内宫向太后说明,无一事不被批准。邓彪身居太傅之位,只是修身自好而已,不能匡正朝廷纲纪。窦宪性情暴烈,连瞪他一眼的小怨恨,都无不报复。明帝永平年间,谒者韩纾曾审理过窦宪之父窦勋的案件,窦宪便命令门客斩杀韩纾的儿子,用人头祭祀窦勋之墓。

9　三月癸亥,陈王刘羡、彭城王刘恭、乐成王刘党、下邳王刘衍、梁王刘畅从此前往封国就位。

10　夏季,四月戊寅(十七日),根据章帝遗诏,撤销各郡各封国盐铁专卖的规定,允许民间煮盐铸铁,自由经营。

11　五月,京城发生旱灾。

12　北匈奴因饥荒而发生内乱,每年有数千人向南匈奴投降。秋季,七月,南匈奴单于上书朝廷:"应当趁着北匈奴内乱分裂的机会,派出军队进行讨伐,打败北匈奴,成全南匈奴,让南北匈奴统一成为整体,使汉朝永无北方之忧。我们长期生活在汉朝境内,仰仗汉朝,才能张口吃饭,汉朝每年四季给我们赏赐,动不动就达亿万之数。

虽垂拱安枕,惭无报效之义,愿发国中及诸郡故胡新降精兵,分道并出,期十二月同会虏地。臣兵众单少,不足以防内外,愿遣执金吾耿秉、度辽将军邓鸿及西河、云中、五原、朔方、上郡太守并力而北,冀因圣帝威神,一举平定。臣国成败,要在今年,已敕诸部严兵马,唯裁哀省察!"太后以示耿秉。秉上言:"昔武帝单极天下,欲臣虏匈奴,未遇天时,事遂无成。今幸遭天授,北虏分争,以夷伐夷,国家之利,宜可听许。"秉因自陈受恩,分当出命效用。太后议欲从之。尚书宋意上书曰:"夫戎狄简贱礼义,无有上下,强者为雄,弱即屈服。自汉兴以来,征伐数矣,其所克获,曾有补害。光武皇帝躬服金革之难,深昭天地之明,因其来降,羁縻畜养,边民得生,劳役休息,于兹四十馀年矣。今鲜卑奉顺,斩获万数,中国坐享大功而百姓不知其劳,汉兴功烈,于斯为盛。所以然者,夷虏相攻,无损汉兵者也。臣察鲜卑侵伐匈奴,正是利其抄掠;及归功圣朝,实由贪得重赏。今若听南虏还都北庭,则不得不禁制鲜卑。鲜卑外失暴掠之愿,内无功劳之赏,豺狼贪婪,必为边患。今北虏西遁,请求和亲,宜因其归附,以为外扞,巍巍之业,无以过此。若引兵费赋,以顺南虏,则坐失上略,去安即危矣。诚不可许。"

我们虽然无须操劳而安享太平,却因未能实行报效之义而感到惭愧,我们愿征调本部和分散在各郡的匈奴精锐,包括老兵和新近归降的北匈奴军队,分为几路,同时进发,约定十二月在北匈奴会师。我的部队力量单薄,不足以内外兼顾,请汉朝派遣执金吾耿秉、度辽将军邓鸿及西河、云中、五原、朔方、上郡等郡太守,合力北征。望能凭着圣上的神威,一举平定北方敌害。我匈奴国的成败,就在今年决定,我已命令各部厉兵秣马,准备作战,请陛下节哀审定。"

窦太后把南单于的奏书给耿秉看,耿秉进言:"从前武帝耗尽天下之力,想使匈奴臣服,但时机未到,便没有成功。如今遇到天赐良机,北匈奴内部分裂争斗,我们让外族打外族,对国家有利,应当答应南匈奴的请求。"耿秉于是表示自己身受皇恩,该当出征效命。窦太后在商议时打算采纳他的意见。尚书宋意上书说:"匈奴人轻视礼义,没有君臣上下之分,强悍者则称雄,弱小者便屈服。自从汉朝建立以来,讨伐他们的次数已很频繁了,但所得的收获,不能补偿国家的损失。光武皇帝亲身经历过战乱,显示天地间无与伦比的英明,乘匈奴人前来归降的机会,对他们采取了笼络豢养的政策,于是边疆人民获得生机,减除了劳役,至今已经四十余年了。现在鲜卑归顺汉朝,斩杀及俘虏北匈奴数万人,汉朝坐观成败,安享巨大成果,而百姓并不感到辛劳,汉朝建立以来的功业,这是最伟大的一项。所以如此,是因为异族相互攻伐,而汉军却全无损失。据我观察,鲜卑攻击北匈奴,是由于抢掠对他们有利;而将战功献给汉朝,实际上是贪图得到重赏。如今若是允许南匈奴回到北匈奴王庭建都,那就不得不限制鲜卑的行动。鲜卑外不能实现抢掠的愿望,也没有因功得到的赏赐,以其豺狼般的贪婪,必将成为边疆的祸患。现在北匈奴已经向西逃遁,请求与汉朝通好,应当乘他们归顺的机会,使之成为外藩,巍巍的功业,莫过于此。如果征调军队,消耗国家经费,以听从南匈奴的意愿,那就是平白丢掉了最佳策略,放弃安全,走向危亡。对南匈奴的请求,实在不可应许。"

会齐殇王子都乡侯畅来吊国忧,太后数召见之,窦宪惧畅分宫省之权,遣客刺杀畅于屯卫之中,而归罪于畅弟利侯刚,乃使侍御史与青州刺史杂考刚等。尚书颍川韩稜以为"贼在京师,不宜舍近问远,恐为奸臣所笑。"太后怒,以切责稜,稜固执其议。何敞说宋由曰:"畅宗室肺府,茅土藩臣,来吊大忧,上书须报,亲在武卫,致此残酷。奉宪之吏,莫适讨捕,踪迹不显,主名不立。敞备数股肱,职典贼曹,欲亲至发所,以纠其变。而二府执事以为三公不与贼盗,公纵奸慝,莫以为咎。敞请独奏案之。"由乃许焉。二府闻敞行,皆遣主者随之。于是推举,具得事实。太后怒,闭宪于内宫。宪惧诛,因自求击匈奴以赎死。

冬,十月乙亥,以宪为车骑将军,伐北匈奴,以执金吾耿秉为副,发北军五校、黎阳、雍营、缘边十二郡骑士及羌、胡兵出塞。

13　公卿举故张掖太守邓训代张纡为护羌校尉。迷唐率兵万骑来至塞下,未敢攻训,先欲胁小月氏胡。训拥卫小月氏胡,令不得战。议者咸以羌、胡相攻,县官之利,不宜禁护。训曰:"张纡失信,众羌大动,凉州吏民,命县丝发。原诸胡所以难得意者,皆恩信不厚耳。今因其追急,以德怀之,庶能有用。"遂令开城及所居园门,悉驱群胡妻子内之,严兵守卫。羌掠无所得,又不敢逼诸胡,因即解去。由是湟中诸胡皆言:"汉家常欲斗我曹,今邓使君待我以恩信,开门内我妻子,

当时,齐王刘石的儿子、都乡侯刘畅到京城来祭吊章帝,窦太后频繁地召见他,窦宪怕刘畅分去自己在内宫的权势,便派刺客在皇宫禁卫军中将刘畅暗杀,而归罪于刘畅的弟弟,利侯刘刚,于是朝廷派侍御史和青州刺史一同审讯刘刚等人。尚书、颍川人韩稜认为:"凶手就在京城,不应舍近求远。而现在的做法,怕要让奸臣讥笑。"太后大怒,严厉地责备韩稜,但韩稜仍然坚持自己的看法。何敞对太尉宋由说:"刘畅是皇室宗亲,封国藩臣,到京城来祭吊先帝,上书听候命令,身在武装卫士当中,却遭到这样的惨死。执法官吏盲目地追捕凶手,既不见凶手的踪影,也不知他们的姓名。我充数为您属下的要员,主管捕审罪犯,打算亲自到判案场所,以督察事态的进展。但司徒和司空二府的负责人认为,三公不应参与地方刑事案件,于是公然放纵奸恶,而并不认为是过错,因此我打算单独奏请,参与审案。"宋由便答应了何敞的请求。司徒、司空二府听说何敞将去参与审案,都派主管官员随同前往。于是清查案情,得到全部事实。窦太后知道真相后大怒,将窦宪禁闭在内宫。窦宪害怕被杀,就自己请求去打匈奴,以赎死罪。

冬季,十月乙亥(十七日),任命窦宪为车骑将军,讨伐北匈奴,任命执金吾耿秉为副统帅,征调北军屯骑、越骑、步兵、长水、射声五校兵和黎阳营、雍营、边疆十二郡的骑兵,以及羌人、胡人部队,出塞征战。

13 公卿推举前张掖太守邓训接替张纡任护羌校尉。烧当羌人部落首领迷唐率领一万骑兵,逼近边塞,但没有敢进攻邓训,而准备先胁迫小月氏胡人臣服。由于邓训的庇护,迷唐未能与小月氏胡人交战。议论此事的官员一致认为,羌人和胡人互相攻击,是对汉朝有利的事情,不应采取制止和庇护的策略。邓训说:"由于张纡失信,致使羌人各部落群起反叛,凉州官民的性命,就像悬于一根发丝上那样危险。推求胡人难与汉朝同心的原因,全都是因为我们的恩德信义不厚。现在乘胡人受到逼迫的机会,以恩德相待,希望将来能为我所用。"于是下令打开城门和他所居住的护羌校尉府后园大门,将胡人的妻子儿女全部驱赶接纳入内,派兵严密守卫。羌兵抢掠没有收获,又不敢对小月氏胡人各部落进行逼迫,便撤退离去。因此,湟中地区的胡人部族都说:"汉朝官吏总是要我们相斗,而如今邓使君却用恩德信义对待我们,开门收容我们的妻子儿女,

乃是得父母也!"咸欢喜叩头曰:"唯使君所命!"训遂抚养教谕,大小莫不感悦。于是赏赂诸羌种,使相招诱,迷唐叔父号吾将其种人八百户来降。训因发湟中秦、胡、羌兵四千人出塞,掩击迷唐于写谷,破之,迷唐乃去大、小榆,居颇岩谷,众悉离散。

孝和皇帝上
永元元年(己丑,89)

1 春,迷唐欲复归故地。邓训发湟中六千人,令长史任尚将之,缝革为船,置于簰上以渡河,掩击迷唐,大破之,斩首前后一千八百馀级,获生口二千人,马牛羊三万馀头,一种殆尽。迷唐收其馀众西徙千馀里,诸附落小种皆畔之。烧当豪帅东号,稽颡归死,馀皆款塞纳质。于是训绥接归附,威信大行,遂罢屯兵,各令归郡,唯置弛刑徒二千馀人,分以屯田、修理坞壁而已。

2 窦宪将征匈奴,三公、九卿诣朝堂上书谏,以为:"匈奴不犯边塞,而无故劳师远涉,损费国用,徼功万里,非社稷之计。"书连上,辄寝,宋由惧,遂不敢复置议,而诸卿稍自引止。唯袁安、任隗守正不移,至免冠朝堂固争,前后且十上,众皆为之危惧,安、隗正色自若。侍御史鲁恭上疏曰:"国家新遭大忧,陛下方在谅暗,百姓阙然,三时不闻警跸之音,莫不怀思皇皇,若有求而不得。今乃以盛春之月兴发军役,扰动天下以事戎夷,诚非所以垂恩中国,改元正时,由内及外也。

我们如同得到了父母的庇护！"他们全都十分欢喜，向邓训叩头说：
"我们一切听从您的命令！"邓训便进行安抚教化，胡人大小无不心
悦诚服。于是邓训又悬赏招降羌族各部落，让已降的羌人引诱其
他羌人前来归顺，迷唐的叔父号吾率领本部落羌人八百户前来依
附汉朝。于是，邓训征调湟中地区的汉人、胡人、羌人部队四千人
出塞，在写谷袭击迷唐，将他打败。于是迷唐撤离大、小榆谷，移居
到颇岩谷，部众全部离散。

孝和皇帝上
汉和帝永元元年（己丑，公元 89 年）

1　春季，迷唐打算重新回到故地。邓训在湟中征调六千士
兵，命长史任尚率领，用皮革缝制小船，放在木筏上，作为渡河工
具，汉军发动袭击，大败迷唐，先后斩杀一千八百余人，俘虏两千
人，缴获马牛羊三万余头，迷唐的整个部落几乎全被消灭。迷唐收
集残余的部众，向西迁移了一千余里，原来依附他的那些小部落全
部叛变。烧当部落贵族东号前来归降，叩头请死，其余的贵族都将
人质送到边塞投诚。于是邓训安抚接纳归顺的羌人，他的威望和
信誉广为传播，由于边境安宁，便撤除驻军，命士兵各回本郡，只留
下免刑囚徒两千余人，分别从事开荒垦田和修缮堡垒亭障而已。

2　窦宪将要出征讨伐匈奴，三公及九卿到朝堂上书劝阻，认
为："匈奴并未侵犯边塞，而我们却要无缘无故地劳师远行，消耗国
家资财，求取万里以外的功勋，这不是为国家着想的策略。"奏书接
连呈上，却都被搁置下来。太尉宋由感到恐惧，便不敢再在奏章上
署名，九卿也逐渐自动停止劝谏。唯独司徒袁安、司空任隗严守正
道而坚定不移，甚至脱去官帽在朝堂力争，先后上书达十次，众人
都为他们感到危险和恐惧，但袁、任二人却神情镇定，举止如常。
侍御史鲁恭上书说："我国新近有大忧，陛下正在守丧，百姓失去了
先帝的庇护，夏、秋、冬三季听不到圣上出巡时禁卫军警戒喝道的
声音，人们无不因思念而惶惶不安，如同有求而不能得。如今却在
春天方盛的月份征发兵役，为了远征匈奴而搅扰全国，这实在不符
合恩待自己国家、改年号而变更朝代、由内及外地处理政务的原则。

万民者,天之所生。天爱其所生,犹父母爱其子,一物有不得其所,则天气为之舛错,况于人乎!故爱民者必有天报。夫戎狄者,四方之异气,与鸟兽无别;若杂居中国,则错乱天气,污辱善人,是以圣王之制,羁縻不绝而已。今匈奴为鲜卑所破,远藏于史侯河西,去塞数千里,而欲乘其虚耗,利其微弱,是非义之所出也。今始征发,而大司农调度不足,上下相迫,民间之急,亦已甚矣。群僚百姓咸曰不可,陛下奈何以一人之计,弃万人之命,不恤其言乎!上观天心,下察人志,足以知事之得失。臣恐中国不为中国,岂徒匈奴而已哉!"尚书令韩稜、骑都尉朱晖、议郎京兆乐恢,皆上疏谏,太后不听。

又诏使者为宪弟笃、景并起邸第,劳役百姓。侍御史何敞上疏曰:"臣闻匈奴之为桀逆久矣,平城之围,慢书之耻,此二辱者,臣子所为捐躯而必死,高祖、吕后忍怒含忿,舍而不诛。今匈奴无逆节之罪,汉朝无可惭之耻,而盛春东作,兴动大役,元元怨恨,咸怀不悦。又猥为卫尉笃、奉车都尉景缮修馆第,弥街绝里。笃、景亲近贵臣,当为百僚表仪。今众军在道,朝廷焦唇,百姓愁苦,县官无用,而遽起大第,崇饰玩好,非所以垂令德、示无穷也。宜且罢工匠,专忧北边,恤民之困。"书奏,不省。

窦宪尝使门生赍书诣尚书仆射郅寿,有所请托,寿即送诏狱。前后上书,陈宪骄恣,引王莽以诫国家。又因朝会,刺讥宪等以伐匈奴、起第宅事,厉音正色,辞旨甚切。宪怒,陷寿以买公田、诽谤,下吏,当诛,何敞上疏曰:"寿机密近臣,匡救为职,

万民百姓,乃是上天所生。上天爱所生,犹如父母爱子女。天下万物中,只要有一物不能安适,那么天象就会为此发生错乱,何况对于人呢? 因此,爱民的,上天必有回报。戎狄异族,如同四方的异气,与鸟兽没有分别;如果让他们混居在中原内地,就会扰乱天象,玷污良善之人,所以圣明君王的做法,只是对他们采取不断笼络和约束的政策而已。如今北匈奴已被鲜卑打败,远远地躲藏到史侯河以西,距离汉朝边塞数千里,而我们打算欺凌他们的空虚,利用他们的疲弱,这不是仁义的举动。现在才刚刚开始征发,而物资已不能满足大司农的调度,上官下官互相逼迫,人民的困苦,也已到了极点。群臣和百姓都说此事不可行,而陛下为什么只为窦宪一人打算,因而毁弃万人的性命,不体恤他们忧患的呼声呢! 上观天心,下察民意,便足以明白事情的得失了。我担心中国将不再是真正的中国,岂是匈奴不把中国当中国看待而已!"尚书令韩稜、骑都尉朱晖、京兆人议郎乐恢,也都上书劝谏,但太后不听。

太后又下诏命令使者为窦宪的弟弟窦笃、窦景同时兴建宅第,征调差役民夫。侍御史何敞上书说:"我听说,匈奴凶暴叛逆由来已久。高祖在平城被围,吕后收到冒顿傲慢的书信,为了这两项侮辱,臣子一定要捐躯而死,但高祖和吕后却忍怒含愆,放过匈奴而未加诛杀。如今北匈奴没有叛逆之罪,汉朝也没有值得羞惭的耻辱,而时值盛春时节,农民正在田中耕作,大规模地征发兵役,会使百姓产生怨恨,人人心怀不满。又为卫尉窦笃、奉车都尉窦景滥修宅第,屋舍占满了街巷。窦笃、窦景是陛下的亲近贵臣,应当成为百官的表率。现在远征大军已经上路,朝廷焦灼不安,百姓愁苦,国家财政空虚,而此时骤然兴建巨宅,用珍宝大加装饰,这不是发扬恩德、使后世永远仿效的做法。应当暂且停工,专心考虑北方边疆的战事,体恤人民的困难。"奏书呈上,未被理睬。

窦宪曾派他的门生送信给尚书仆射郅寿,有私事请托,郅寿立即将该门生送到诏狱。他还屡次上书,指出窦宪的骄横,引用王莽的史事来告诫朝廷。又趁着上朝的机会,就讨伐匈奴和大肆兴建宅第之事抨击窦宪等人,厉声正色,辞义十分激切。窦宪大怒,反诬郅寿私买公田,诽谤朝廷,郅寿被交付官吏审讯,当处斩刑,侍御史何敞上书说:"郅寿是圣上身边参与机密的官员,纠正大臣的错误,是他的职责。

若怀默不言,其罪当诛。今寿违众正议以安宗庙,岂其私邪!臣所以触死瞽言,非为寿也。忠臣尽节,以死为归;臣虽不知寿,度其甘心安之。诚不欲圣朝行诽谤之诛,以伤晏晏之化,杜塞忠直,垂讥无穷。臣敢谬与机密,言所不宜,罪名明白,当填牢狱,先寿僵仆,万死有馀。"书奏,寿得减死论,徙合浦,未行,自杀。寿,恽之子也。

夏六月,窦宪、耿秉出朔方鸡鹿塞,南单于出满夷谷,度辽将军邓鸿出稒阳塞,皆会涿邪山。宪分遣副校尉阎盘、司马耿夔、耿谭将南匈奴精骑万馀,与北单于战于稽洛山,大破之,单于遁走。追击诸部,遂临私渠北鞮海,斩名王已下万三千级,获生口甚众,杂畜百馀万头,诸裨小王率众降者,前后八十一部二十馀万人。宪、秉出塞三千馀里,登燕然山,命中护军班固刻石勒功,纪汉威德而还。遣军司马吴汜、梁讽奉金帛遗北单于,时虏中乖乱,汜、讽及北单于于西海上,宣国威信,以诏致赐,单于稽首拜受。讽因说令修呼韩邪故事,单于喜悦,即将其众与讽俱还。到私渠海,闻汉军已入塞,乃遣弟右温禺鞮王奉贡入侍,随讽诣阙。宪以单于不自身到,奏还其侍弟。

3 秋,七月乙未,会稽山崩。

4 九月庚申,以窦宪为大将军,中郎将刘尚为车骑将军,封宪武阳侯,食邑二万户。宪固辞封爵,诏许之。旧,大将军位在三公下,至是,诏宪位次太傅下、三公上;长史、司马秩中二千石。封耿秉为美阳侯。

如果他面对错误而沉默不语,就罪该处死。如今郅寿为了宗庙的平安而反对群臣的主张,这难道是为了个人吗？我所以冒死上言,并不是为了郅寿。忠臣尽节,视死如归;我虽不了解郅寿,但估计他会心甘情愿地安然赴死。我实在不希望圣明的朝廷会对诽谤罪进行诛杀,那将伤害宽厚的教化,堵塞忠诚正直之士的道路,永远被后人讥笑。我参与国家机密,却说出了这些不应由我说出的话,罪名十分清楚,该当入狱,先于郅寿被杀,卧尸在地,死有馀辜。"奏书呈上,郅寿被判减死一等之刑,流放合浦,还没有动身,他便自杀了。郅寿是郅恽的儿子。

夏季,六月,窦宪、耿秉从朔方鸡鹿塞出发,南匈奴单于从满夷谷出发,度辽将军邓鸿从稠阳塞出发,三路大军预定在涿邪山会师。窦宪分别派遣副校尉阎盘、司马耿夔、耿谭,率领南匈奴一万馀精锐骑兵,同北匈奴单于在稽洛山会战,大败北匈奴军,北匈奴单于逃走。汉军追击北匈奴各部落,于是到达了私渠北鞮海,共斩杀大部落王以下一万三千人,生擒者甚多,还俘获了各种牲畜百馀万头,由副王、小王率众前来投降的,先后有八十一部、二十馀万人。窦宪、耿秉出塞三千馀里,登上燕然山,命令中护军班固刻石建立功碑,记录汉朝的国威和恩德,然后班师。窦宪派军司马吴汜、梁讽带上金帛财物做礼物去见北匈奴单于,当时北匈奴内部大乱,吴、梁二人在西海之畔才追上单于,向他宣布汉朝的国威和信誉,并以皇帝的名义进行赏赐,单于叩首接受。于是梁讽向单于游说,让他效法呼韩邪单于的先例,做汉朝的藩属,单于欣然同意,立即率领部众同梁讽一道南归。抵达私渠海时,听说汉军已经入塞,单于便派他的弟弟右温禺鞮王带着贡物去汉朝做人质,随梁讽一同入京朝见。窦宪因北匈奴单于没有亲自前来,便奏报窦太后,把单于派来充当人质的弟弟送回去了。

3 秋季,七月乙未(十一日),会稽发生山崩。

4 九月庚申(初七),将窦宪任命为大将军,中郎将刘尚任命为车骑将军,并将窦宪封为武阳侯,享有两万户食邑。窦宪坚决推辞,不肯接受封爵,窦太后下诏准许。依照旧例,大将军的地位原在太尉、司徒、司空三公之下,至此,太后下诏规定:窦宪的地位在太傅以下,三公以上;大将军府的长史、司马的品秩为中两千石。将耿秉封为美阳侯。

窦氏兄弟骄纵，而执金吾景尤甚，奴客缇骑强夺人财货，篡取罪人，妻略妇女；商贾闭塞，如避寇雠；又擅发缘边诸郡突骑有才力者。有司莫敢举奏，袁安劾景"擅发边民，惊惑吏民；二千石不待符信而辄承景檄，当伏显诛"。又奏"司隶校尉河南尹阿附贵戚，不举劾，请免官案罪"。并寝不报。驸马都尉瓌，独好经书，节约自修。

尚书何敞上封事曰："昔郑武姜之幸叔段，卫庄公之宠州吁，爱而不教，终至凶戾。由是观之，爱子若此，犹饥而食之以毒，适所以害之也。伏见大将军宪，始遭大忧，公卿比奏，欲令典干国事；宪深执谦退，固辞盛位，恳恳勤勤，言之深至，天下闻之，莫不说喜。今逾年未几，入礼未终，卒然中改，兄弟专朝，宪秉三军之重，笃、景总宫卫之权，而虐用百姓，奢侈僭逼，诛戮无罪，肆心自快。今者论议讻讻，咸谓叔段、州吁复生于汉。臣观公卿怀持两端，不肯极言者，以为宪等若有匡懈之志，则已受吉甫褒申伯之功；如宪等陷于罪辜，则自取陈平、周勃顺吕后之权，终不以宪等吉凶为忧也！臣敞区区诚欲计策两安，绝其绵绵，塞其涓涓，上不欲令皇太后损文母之号、陛下有誓泉之讥，下使宪等得长保其福祐也。驸马都尉瓌，比请退身，愿抑家权，可与参谋，听顺其意，诚宗庙至计，窦氏之福！"时济南王康尊贵骄甚，宪乃白出敞为济南太傅。康有违失，敞辄谏争，康虽不能从，然素敬重敞，无所嫌恸焉。

窦氏兄弟骄傲放纵,而执金吾窦景尤为突出,他的奴仆和部下骑士抢夺人民的财物,非法夺取罪犯,并奸淫掳掠妇女;商人不敢出门经商,如同躲避敌寇;窦景还擅自征发边疆各郡骑兵部队的精锐,为己所用。有关机构无人敢举报,司徒袁安弹劾窦景"擅自征发边疆人民,惊扰欺骗官吏百姓;边郡太守不等待调兵的符信,却即刻奉行窦景的檄书,应当处死示众"。他还上书说"司隶校尉、河南尹阿谀攀附地位尊贵的外戚,不举报弹劾他们的不法情事,建议免官治罪"。这些奏书全都被搁置下来,得不到答复。窦家兄弟中,唯独驸马都尉窦瓌喜好儒家经书,约束节制而修身自好。

尚书何敞呈上密封奏书,书中写道:"从前,春秋时郑国太后武姜宠爱幼子叔段,卫国国君庄公宠爱庶子州吁,都是只宠爱而不管教,终使叔段和州吁成为凶恶暴戾之人。由此看来,像这样宠爱子弟,就好像在他们饥饿时喂给毒药,恰恰是害了他们。我看到大将军窦宪,在先帝驾崩后不久,公卿曾接连上奏,希望由他主持国家事务,但他严守谦恭退让的原则,坚决辞去高位,态度十分诚恳,言辞极为深挚,天下人听到以后,无不感到欣喜。现在一年过去没有多久,国丧尚未告终,窦宪却中途突然改变了态度,如今窦家兄弟都在朝廷专权,窦宪掌握全国的武装,窦笃、窦景统领宫廷禁卫部队,他们苛刻暴虐,役使百姓,生活奢侈,超过本来的身份,诛杀无罪之人,随心所欲而只求自己快意。如今人们议论纷纷,都说叔段和州吁在汉朝再次出现。据我观察,公卿所以采取骑墙态度,不肯直言,是为了这样的目的:如果窦宪等人有始终效忠朝廷的志节,那么他们自己就有周代吉甫褒扬中国国君的功劳;而如果窦宪等人陷于重罪,那么自己则只是采取了汉初陈平、周勃顺从吕后的权宜之计,到底不忧虑窦宪兄弟的命运吉凶! 微臣何敞真诚地愿为朝廷和窦家筹划两全的方法,斩断灾难的绳索,堵塞祸患的涓流,上不愿使太后如周代文母的美誉受到损害,不愿陛下如郑庄公怨恨母亲那样发誓'黄泉相见'而留下话柄,下使窦宪等人永远保有所获得的福分和庇佑。驸马都尉窦瓌,曾多次请求从高位退下,希望抑制窦家的权势,陛下可以同他进行磋商,听取他的意见。这确实是维护江山社稷的最佳策略,也是窦氏家族的福分!"当时济南王刘康地位尊贵而十分骄横,于是窦宪就告诉太后,让何敞离开京城,出任济南国太傅。每当刘康有失误的时候,何敞便进行劝谏。刘康虽然不能听从何敞的意见,但他一向敬重何敞,并没有什么嫌隙和冲突。

5　冬,十月庚子,阜陵质王延薨。

6　是岁,郡国九大水。

二年(庚寅,90)

1　春,正月丁丑,赦天下。

2　二月壬午,日有食之。

3　夏,五月丙辰,封皇弟寿为济北王,开为河间王,淑为城阳王;绍封故淮南顷王子侧为常山王。

4　窦宪遣副校尉阎盘将二千馀骑掩击北匈奴之守伊吾者,复取其地。车师震慑,前、后王各遣子入侍。

5　月氏求尚公主,班超拒还其使,由是怨恨,遣其副王谢将兵七万攻超。超众少,皆大恐;超譬军士曰:"月氏兵虽多,然数千里逾葱岭来,非有运输,何足忧邪! 但当收谷坚守,彼饥穷自降,不过数十日决矣!"谢遂前攻超,不下,又钞掠无所得。超度其粮将尽,必从龟兹求食,乃遣兵数百于东界要之。谢果遣骑赍金银珠玉以赂龟兹,超伏兵遮击,尽杀之,持其使首以示谢。谢大惊,即遣使请罪,愿得生归,超纵遣之。月氏由是大震,岁奉贡献。

6　初,北海哀王无后,肃宗以齐武王首创大业而后嗣废绝,心常愍之,遗诏令复齐、北海二国。丁卯,封芜湖侯无忌为齐王,北海敬王庶子威为北海王。

7　六月辛卯,中山简王焉薨。焉,东海恭王之母弟,而窦太后恭王之甥也,故加赙钱一亿,大为修冢茔,平夷吏民冢墓以千数,作者万馀人,凡征发摇动六州十八郡。

5 冬季,十月庚子,阜陵质王刘延去世。

6 本年,九个郡和封国发生水灾。

汉和帝永元二年(庚寅,公元90年)

1 春季,正月丁丑(二十六日),大赦天下。

2 二月壬午(初二),出现日食。

3 夏季,五月丙辰(初七),将皇弟刘寿封为济北王,皇弟刘开封为河间王,皇弟刘淑封为城阳王;将前淮南顷王的儿子刘侧封为常山王,继承其父刘昞。

4 窦宪派副校尉阎盘率领骑兵两千馀人袭击北匈奴在伊吾的守军,重新占领该地。车师深感震恐,前后王国的国王都分别派遣王子到汉朝充当人质。

5 月氏王求娶汉朝的公主,班超拒绝,并遣回月氏派来的使者,月氏王因此心怀怨恨,派副王谢率领七万大军进攻班超。班超兵少,众人都大为恐慌。班超告诉士兵们说:"月氏兵虽然多,但他们远从数千里之外翻越葱岭而来,没有运输补给,有什么值得忧虑呢!我们只要将粮食收割干净,据城固守,而敌方饥饿困顿,自会降服,不过数十天,便可以见分晓了!"谢领兵到达后,便前来进攻班超,不能取胜,又在城外抢掠,也没有收获。班超估计敌方的军粮快要吃完,一定会向龟兹求援,便派出数百伏兵在东方路上拦截。谢果然让人骑马带着金银珠玉去龟兹换取粮秣,班超的伏兵发动突袭,将他们全部杀死,斩下使者的人头送给谢看。谢大吃一惊,立即派人向班超请罪,希望放他们活着回去,班超便把他们放走了。月氏因此受到巨大震动,每年都向汉朝进贡。

6 当初,北海王刘基死后没有继承人,章帝因齐武王刘缋首创王朝大业而后嗣断绝,心中常常哀怜,他留下遗诏,命令恢复齐国和北海国两个封国。本年五月丁卯(十八日),和帝将芜湖侯刘无忌封为齐王,将前北海敬王刘睦的庶子刘威封为北海王。

7 六月辛卯(十二日),中山简王刘焉去世。因刘焉是东海恭王刘彊的同母弟,而窦太后是刘彊的外孙女,因此赏赐丰厚,增加助丧钱一亿,为刘焉大修陵墓。在这项工程中,铲平的官民坟墓数以千计,使用的役夫达一万馀人。因征发受到扰动的地区,共计六州十八郡。

8　诏封窦宪为冠军侯，笃为郾侯，瓌为夏阳侯。宪独不受封。

9　秋，七月乙卯，窦宪出屯凉州，以侍中邓叠行征西将军事为副。

10　北单于以汉还其侍弟，九月，复遣使款塞称臣，欲入朝见。冬十月，窦宪遣班固、梁讽迎之。会南单于复上书求灭北庭，于是遣左谷蠡王师子等将左右部八千骑出鸡鹿塞，中郎将耿谭遣从事将护之，袭击北单于。夜至，围之，北单于被创，仅而得免，获阏氏及男女五人，斩首八千级，生虏数千口。班固至私渠海而还。是时，南部党众益盛，领户三万四千，胜兵五万。

三年(辛卯，91)

1　春，正月甲子，帝用曹褒新礼，加元服。擢褒监羽林左骑。

2　窦宪以北匈奴微弱，欲遂灭之。二月，遣左校尉耿夔、司马任尚出居延塞，围北单于于金微山，大破之，获其母阏氏，名王已下五千馀级，北单于逃走，不知所在。出塞五千馀里而还，自汉出师所未尝至也。封夔为粟邑侯。

3　窦宪既立大功，威名益盛，以耿夔、任尚等为爪牙，邓叠、郭璜为心腹，班固、傅毅之徒典文章，刺史、守、令，多出其门，赋敛吏民，共为赂遗。司徒袁安、司空任隗举奏诸二千石并所连及，贬秩免官四十馀人，窦氏大恨；但安、隗素行高，亦未有以害之。尚书仆射乐恢，刺举无所回避，宪等疾之。恢上书曰："陛下富于春秋，纂承大业，诸舅不宜干正王室，以示天下之私。方今之宜，上以义自割，下以谦自引，

8　诏书宣布将窦宪封为冠军侯,将窦笃封为郾侯,将窦瓌封为夏阳侯。唯独窦宪不肯接受赐封。

9　秋季,七月乙卯(初七),窦宪出京屯驻凉州,命侍中邓叠代理征西将军职务,充当副统帅。

10　北匈奴单于因汉朝遣回他送去做人质的弟弟,本年九月,再次派遣使者到边塞表示臣服,并请求入京朝见。冬季,十月,窦宪派班固、梁讽前往迎接。适逢南匈奴单于再度上书请求消灭北匈奴王庭,听到这个消息,他便派左谷蠡王师子等人率领左右两部八千骑兵出鸡鹿塞,由中郎将耿谭派遣的从事充当监军,袭击北匈奴单于。大军夜间到达,向北匈奴单于发起围攻,北匈奴单于受伤,仅以只身逃脱,南匈奴俘虏了北匈奴王后阏氏及其子女五人,斩首八千人,生擒数千人。班固等抵达私渠海后,因无法完成使命而返回。此时,南匈奴的势力日益强盛,拥有人口三万四千户,兵员达五万人。

汉和帝永元三年(辛卯,公元91年)

1　春季,正月甲子(十九日),和帝用曹褒制定的新礼仪,举行了成年加冠礼。擢升曹褒监羽林左骑。

2　窦宪因北匈奴力量微弱,想趁势将它消灭。二月,他派遣左校尉耿夔、司马任尚出居延塞,在金微山包围了北匈奴单于,汉军大败北匈奴军队,俘虏了北匈奴单于之母阏氏,斩杀大部落王以下五千馀人,北匈奴单于逃走,不知去向。汉军出塞五千馀里后班师,其距离之远,是自汉朝出兵匈奴以来未曾达到过的。将耿夔封为粟邑侯。

3　窦宪立下大功以后,威名越发显赫,他以耿夔、任尚等人为爪牙,邓叠、郭璜为心腹,用班固、傅毅之辈为他撰写文章,州刺史、郡太守和诸县县令,大多由窦氏举荐任命,这些人搜刮官吏百姓,一同进行贪污贿赂的勾当。司徒袁安、司空任隗弹劾了一批两千石官员,连同受牵连者,被贬官或免职的达四十馀人。窦家兄弟对此十分怨恨,但由于袁安、任隗二人一向行为高尚,声望甚重,也没有因此加害于他们。尚书仆射乐恢,监察检举无所忌讳,窦宪等人对他很是厌恶。乐恢上书说:"陛下正年轻,继承了帝业,各位舅父不应控制中央大权,向天下显示私心。目前最好的办法是,在上位的人以大义自行割爱,在下位的人以谦让的态度主动引退,

四舅可长保爵土之荣,皇太后永无惭负宗庙之忧,诚策之上者也。"书奏,不省。恢称疾乞骸骨,归长陵。宪风厉州郡,迫胁恢饮药死。于是朝臣震慑,望风承旨,无敢违者。袁安以天子幼弱,外戚擅权,每朝会进见及与公卿言国家事,未尝不暗呜流涕。自天子及大臣,皆恃赖之。

4 冬,十月癸未,上行幸长安,诏求萧、曹近亲宜为嗣者,绍其封邑。

5 诏窦宪与车驾会长安。宪至,尚书以下议欲拜之,伏称万岁,尚书韩棱正色曰:"夫上交不谄,下交不渎;礼无人臣称万岁之制!"议者皆惭而止。尚书左丞王龙私奏记、上牛酒于宪,棱举奏龙,论为城旦。

6 龟兹、姑墨、温宿诸国皆降。十二月,复置西域都护、骑都尉、戊己校尉官。以班超为都护,徐幹为长史。拜龟兹侍子白霸为龟兹王,遣司马姚光送之。超与光共胁龟兹,废其王尤利多而立白霸,使光将尤利多还诣京师。超居龟兹它乾城,徐幹屯疏勒,惟焉耆、危须、尉犁以前没都护,犹怀二心,其馀悉定。

7 初,北单于既亡,其弟右谷蠡王於除鞬自立为单于,将众数千人止蒲类海,遣使款塞。窦宪请遣使立於除鞬为单于,置中郎将领护,如南单于故事。事下公卿议,宋由等以为可许。袁安、任隗奏以为:"光武招怀南虏,非谓可永安内地,正以权时之算,可得扞御北狄故也。今朔漠已定,宜令南单于反其北庭,并领降众,无缘更立於除鞬以增国费。"

这样,四位国舅才可以长久保有封爵和国土的荣耀,皇太后才可以永远没有辜负宗庙的忧恐。这确实是最佳的良策。"奏书呈上,未被理睬。于是乐恢称病,上书请求退休,返回故乡长陵。窦宪暗中严令州郡官府,胁迫乐恢服毒而死。于是朝廷官员十分震恐,全都观望逢迎窦宪的意思,无人胆敢违抗。袁安因和帝年幼单弱,外戚专权,每当朝会进见之际,及与公卿谈论国家大事的时候,未曾不呜咽流泪。上自天子,下至大臣,全都依靠信赖袁安。

4　冬季,十月癸未(十二日),和帝出行,临幸长安,下诏在萧何、曹参的近亲中寻访适合做后嗣的人,继承萧、曹的封土。

5　和帝下诏,命令窦宪到长安会面。窦宪到达时,尚书下面的官员中有人提出要向窦宪叩拜,伏身口称"万岁"。尚书韩棱正色说道:"同上面的人交往,不可谄媚;同下面的人交往,不可轻慢。在礼仪上,没有对人臣称'万岁'的制度!"倡议者都感到惭愧,因而作罢。尚书左丞王龙私自向窦宪上书,并奉献牛、酒,受到韩棱的弹劾,王龙被判处服苦役四年。

6　龟兹、姑墨、温宿等国都向汉朝投降。十二月,朝廷重新设置西域都护、骑都尉和戊己校尉官职。将班超任命为西域都护,徐幹为长史。将龟兹送到汉朝做人质的王子白霸封为龟兹王,派司马姚光护送回国。班超和姚光共同胁迫龟兹,废掉国王尤利多而改立白霸,让姚光带着尤利多返回京城洛阳。班超的西域都护府设在龟兹的它乾城,徐幹则驻扎疏勒,只有焉耆、危须、尉犁三国,因先前曾经杀死过汉朝的都护,所以仍旧怀着二心,而西域其他各国全都降服。

7　起初,北匈奴单于不知去向以后,他的弟弟右谷蠡王於除鞬便自称为单于,率领数千部众驻扎在蒲类海一带,派使者到汉朝边塞请求归附。窦宪建议派使者将於除鞬立为单于,设置中郎将进行监护,如同对待南匈奴单于的先例。此事交付公卿进行商议。宋由等人认为可以批准窦宪的建议。袁安、任隗上奏表示反对,他们认为:"光武皇帝招抚南匈奴,并不是说可以让他们永远安居内地,而只是一种权宜之计,为的是能利用他们去抵御北匈奴。如今北方大漠已经平定,应当命令南匈奴单于返回他的北方王庭,统领归降部众,没有理由再另封於除鞬做单于来增加国家的经费开支。"

事奏，未以时定。安惧宪计遂行，乃独上封事曰："南单于屯先父举众归德，自蒙恩以来四十馀年，三帝积累以遗陛下，陛下深宜追述先志，成就其业。况屯首创大谋，空尽北虏，辍而弗图，更立新降。以一朝之计，违三世之规，失信于所养，建立于无功。《论语》曰：'言忠信，行笃敬，虽蛮貊行焉。'今若失信于一屯，则百蛮不敢复保誓矣。又，乌桓、鲜卑新杀北单于，凡人之情，咸畏仇雠，今立其弟，则二虏怀怨。且汉故事，供给南单于，费直岁一亿九十馀万，西域岁七千四百八十万。今北庭弥远，其费过倍，是乃空尽天下而非建策之要也。"诏下其议，安又与宪更相难折。宪险急负势，言辞骄讦，至诋毁安，称光武诛韩歆、戴涉故事，安终不移。然上竟从宪策。

两种意见奏报后,一时决定不下。袁安担心窦宪的主张会被批准实行,便独自呈递密封奏书,奏书写道:"南匈奴单于屯屠何的先人曾率领部众归降,蒙受汉朝的大恩,至今已四十馀年,历经三位汉帝经营而交到陛下手中,陛下应当深切地追思继承先帝的遗愿,完成他们的事业。况且屯屠何是首先提出北征重大方案的人,消灭北匈奴以后,我们停下来不再进取,却要另立一个新降服的北单于。为了一时的打算,违背三世以来的规划,失信于我们所养护的南匈奴单于,而去扶植无功的北匈奴单于。《论语》说:'言辞忠诚而守信,行为敦厚而恭敬,即便在荒蛮之地也通行无阻。'如今要是失信于一个屯屠何,那么将有一百个蛮族不敢再相信汉朝的承诺了。再说乌桓、鲜卑新近斩杀了北匈奴优留单于,凡人之常情,全都忌惮仇人,现在扶植优留单于的弟弟,那么乌桓、鲜卑就会心怀怨恨。况且依照汉朝旧制,供给南匈奴单于的费用,每年达一亿九十馀万,供给西域的费用,每年七千四百八十万。如今北匈奴距离更远,费用超过一倍,这将耗尽国家的财富,不是制定政策的正确原则。"和帝下诏,命令将此奏章交付群臣讨论,袁安又与窦宪进一步争执,互相诘难。窦宪仗势凌人,言辞骄横,甚至诋毁袁安,提出光武帝诛杀韩歆、戴涉的旧事进行威胁,但袁安始终不动摇。然而和帝终于听从了窦宪的建议。

卷第四十八　汉纪四十

起壬辰(92)尽乙巳(105)凡十四年

孝和皇帝下

永元四年(壬辰,92)

1　春,正月,遣大将军左校尉耿夔授於除鞬印绶,使中郎将任尚持节卫护屯伊吾,如南单于故事。

初,庐江周荣辟袁安府,安举奏窦景及争立北单于事,皆荣所具草,窦氏客太尉掾徐齮深恶之,胁荣曰:"子为袁公腹心之谋,排奏窦氏,窦氏悍士、刺客满城中,谨备之矣!"荣曰:"荣,江淮孤生,得备宰士,纵为窦氏所害,诚所甘心!"因敕妻子:"若卒遇飞祸,无得殡敛,冀以区区腐身觉悟朝廷。"

2　三月癸丑,司徒袁安薨。

3　闰月丁丑,以太常丁鸿为司徒。

4　夏,四月丙辰,窦宪还至京师。

5　六月戊戌朔,日有食之。丁鸿上疏曰:"昔诸吕擅权,统嗣几移;哀、平之末,庙不血食。故虽有周公之亲而无其德,不得行其势也。今大将军虽欲敕身自约,不敢僭差,然而天下远近,皆惶怖承旨。刺史、二千石初除,谒辞、求通待报,虽奉符玺,受台敕,不敢便去,久者至数十日,背王室,向私门,

孝和皇帝下
汉和帝永元四年(壬辰,公元92年)

1　春季,正月,派遣大将军左校尉耿夔向北匈奴於除鞬赐授单于印信绶带,命中郎将任尚持符节护卫,屯驻伊吾,一如南匈奴单于先例。

当初,庐江人周荣在司徒袁安府中供职,袁安弹劾窦景和反对封立北匈奴单于等事所上的奏章,都由周荣起草,窦家的门客、太尉掾徐齮深为痛恨,他威胁周荣说:"您做袁公的心腹谋士,排斥弹劾窦家,窦家的壮士、刺客遍布京城,请好生防备吧!"周荣说:"我周荣是长江、淮河地区的一介孤单书生,有幸能在司徒府中任职,纵然被窦家所害,也确实心甘情愿!"于是他告诫妻子:"如果我突然遭遇飞来横祸,不要收殓安葬,我希望借此区区遗躯使朝廷省悟。"

2　三月癸丑(十四日),司徒袁安去世。

3　闰三月丁丑(初九),将太常丁鸿任命为司徒。

4　夏季,四月丙辰(十八日),窦宪回到京城雒阳。

5　六月戊戌朔(初一),出现日食。丁鸿上书说:"当年吕氏家族专权,皇统几乎移位;哀帝、平帝末年,皇家宗庙祭祀中断。所以,即便是像周公那样的近亲,如果其人没有品德,也不能让他得势。如今大将军窦宪虽然希望自我约束,不敢有所僭越差池,但天下远近之人,全都对他诚惶诚恐地奉承听命。新任命的刺史、两千石官员,要到窦家拜谒辞行,求通姓名,听候答复,尽管已敬受皇上赐予的印信,接受过尚书台的训令,也不敢就此离去,等待召见的时间,久的要长达数十天,背对朝廷,趋向私门,

此乃上威损,下权盛也。人道悖于下,效验见于天,虽有隐谋,神照其情,垂象见戒,以告人君。禁微则易,救末则难;人莫不忽于微细以致其大,恩不忍诲,义不忍割,去事之后,未然之明镜也。夫天不可以不刚,不刚则三光不明;王不可以不强,不强则宰牧从横。宜因大变,改政匡失,以塞天意!"

6　丙辰,郡国十三地震。

7　旱,蝗。

8　窦氏父子兄弟并为卿、校,充满朝廷,穰侯邓叠、叠弟步兵校尉磊及母元、宪女婿射声校尉郭举、举父长乐少府璜共相交结。元、举并出入禁中,举得幸太后,遂共图为杀害,帝阴知其谋。是时,宪兄弟专权,帝与内外臣僚莫由亲接,所与居者阉宦而已。帝以朝臣上下莫不附宪,独中常侍钩盾令郑众,谨敏有心几,不事豪党,遂与众定议诛宪,以宪在外,虑其为乱,忍而未发。会宪与邓叠皆还京师。时清河王庆,恩遇尤渥,常入省宿止。帝将发其谋,欲得《外戚传》,惧左右,不敢使,令庆私从千乘王求,夜,独内之。又令庆传语郑众,求索故事。庚申,帝幸北宫,诏执金吾、五校尉勒兵屯卫南、北宫,闭城门,收捕郭璜、郭举、邓叠、邓磊,皆下狱死。遣谒者仆射收宪大将军印绶,更封为冠军侯,与笃、景、瓌皆就国。帝以太后故,不欲名诛宪,为选严能相督察之。宪、笃、景到国,皆迫令自杀。

这是君王威望受损、臣下权势过盛的表现。人间的伦常如果在下面被扰乱,天象就会出现相应的变化,尽管事有隐秘,神灵也能洞察内情,用天象示警,以告诫人间的君王。在灾祸之初,可以轻易地加以禁绝,而到了灾祸之末,则难以挽救;人们无不是因疏忽了微小的祸端,以致酿成了大祸。出于恩情而不忍教诲,由于仁义而不忍割爱,而事过之后,再看灾祸发生前的迹象,便昭如明镜了。上天不可以不刚,不刚则日、月、星三光不亮;君王不可以不强,不强则大小官员横行无道。应当趁着天象示警,改正朝政的失误,以回报天意!"

6 六月丙辰(十九日),有十三个郡和封国发生地震。

7 发生旱灾和蝗灾。

8 窦氏父子兄弟同为文武高官,遍布朝廷,穰侯邓叠,他的弟弟、步兵校尉邓磊,母亲元,窦宪的女婿、射声校尉郭举,郭举的父亲、长乐少府郭璜等人,相互勾结在一起。其中元、郭举二人可以随时出入宫廷,而郭举又得到窦太后的宠幸,他们便共同策划杀害和帝,和帝暗中了解到他们的阴谋。当时,窦宪兄弟掌握大权,和帝与内外臣僚无法亲身接近,一同相处的只有宦官而已。和帝认为朝中大小官员无不依附窦宪,唯独中常侍、钩盾令郑众谨慎机敏而有心计,不谄事窦氏集团,便同他密谋,决定杀掉窦宪,由于窦宪出征在外,怕他兴兵作乱,所以暂且忍耐而未敢发动。恰在此刻,窦宪和邓叠全都回到了京城。当时清河王刘庆特别受到和帝的恩遇,经常进入宫廷,留下住宿。和帝即将采取行动,想得《汉书·外戚传》一阅,以参考前例。但他惧怕左右随从,不敢让他们去找,便命刘庆私下向千乘王刘伉借阅。夜里,刘庆携书而至,和帝将他单独接入内室。又命刘庆向郑众传话,让他搜集皇帝诛杀舅父的先例。六月庚申(二十三日),和帝临幸北宫,下诏命令执金吾和北军五校尉领兵备战,驻守南宫和北宫,关闭城门,逮捕郭璜、郭举、邓叠、邓磊,将他们全部送往监狱处死。并派谒者仆射收回窦宪的大将军印信绶带,将他改封为冠军侯,同窦笃、窦景、窦瑰一并前往各自的封国。和帝因窦太后的缘故,不愿正式处决窦宪,而为他选派严苛干练的封国宰相进行监督。窦宪、窦笃、窦景到达封国以后,全都被迫自杀。

初,河南尹张酺,数以正法绳治窦景,及窦氏败,酺上疏曰:"方宪等宠贵,群臣阿附唯恐不及,皆言宪受顾命之托,怀伊、吕之忠,至乃复比邓夫人于文母,今严威既行,皆言当死,不顾其前后,考折厥衷。臣伏见夏阳侯瓖每存忠善,前与臣言,常有尽节之心,检救宾客,未尝犯法。臣闻王政骨肉之刑,有三宥之义,过厚不过薄。今议者欲为瓖选严能相,恐其迫切,必不完免,宜裁加贷宥,以崇厚德。"帝感其言,由是瓖独得全。窦氏宗族宾客以宪为官者,皆免归故郡。

初,班固奴尝醉骂洛阳令种兢,兢因逮考窦氏宾客,收捕固,死狱中。固尝著《汉书》,尚未就,诏固女弟曹寿妻昭踵而成之。

> 华峤论曰:固之序事,不激诡,不抑抗,赡而不秽,详而有体,使读之者亹亹而不厌,信哉其能成名也!固讥司马迁是非颇谬于圣人,然其论议,常排死节,否正直,而不叙杀身成仁之为美,则轻仁义,贱守节甚矣!

9 初,窦宪纳妻,天下郡国皆有礼庆。汉中郡亦当遣吏,户曹李郃谏曰:"窦将军椒房之亲,不修德礼而专权骄恣,危亡之祸,可翘足而待。愿明府一心王室,勿与交通。"太守固遣之,郃不能止,请求自行,许之。郃遂所在迟留以观其变,行至扶风而宪就国。凡交通者皆坐免官,汉中太守独不与焉。

当初,河南尹张酺曾屡次依法制裁过窦景。及至窦氏家族败亡,张酺上书说:"当初窦宪等人受宠而身居显贵的时候,群臣阿谀附从他们唯恐不及,都说窦宪接受先帝临终顾命的嘱托,怀有辅佐商汤之伊尹、辅佐周武王之吕尚的忠诚,甚至还将邓叠的母亲元比作周武王的母亲文母,如今圣上的严厉诏命颁行以后,众人又都说窦宪等人该当处死,而不再看他们前后的表现,考究他们的真实思想。我看到夏阳侯窦瓌一贯忠诚善良,他曾与我交谈,经常表露出为国尽节之心,他约束管教宾客,从未违犯法律。我听说圣明君王之政,对于亲属的刑罚,原则上能够赦免三次,可以过于宽厚,而不过于刻薄。如今有人建议为窦瓌选派严厉干练的封国宰相,我担心这样会使窦瓌遭到迫害,必不能保全性命,应只对窦瓌予以宽大,以增厚恩德。"和帝被他的言辞所感动,因此窦瓌独得保全。窦氏家族及其宾客,凡因窦宪的关系而当官的,一律遭到罢免,被遣回原郡。

当初,班固的奴仆曾因醉酒辱骂过雒阳令种兢,种兢便借着捉拿审讯窦家宾客的机会,逮捕了班固。班固死在狱中。班固曾编著《汉书》,当时尚未完稿,和帝下诏,命班固的妹妹、曹寿的妻子班昭继续撰写,完成此书。

华峤评论说:班固记述史事,不偏激,不诋毁,不贬抑,不抬举,丰富而不芜杂,周详而有系统,令人一读再读,不知厌倦,正是由于这个原因,他才得以成名!班固讥刺司马迁所是所非颇违背圣人之道,然而他自己的议论,却常常排斥死节,否定公正刚直,而且不记述杀身成仁者的美德,如此看来,班固本人则是太轻仁义、贱守节了!

9 当初,窦宪娶妻的时候,天下各郡各封国都一一致送贺礼。汉中郡也要派官员前去送礼,户曹李郃劝谏太守说:"窦将军身为皇后的亲属,不修养德礼,却专权骄横,他的危险败亡之祸,马上就要来临。愿阁下一心效忠王室,不要与他来往。"但太守坚持要派人送礼,李郃不能阻止,就请求让自己前去,太守应允。李郃便随处拖延停留,以观察形势变化,当他走到扶风时,窦氏家族倾覆,窦宪被遣送封国。凡与窦宪交往的官员,全都因罪免官,而汉中郡太守独不在其列。

帝赐清河王庆奴婢、舆马、钱帛、珍宝，充牣其第。庆或时不安，帝朝夕问讯，进膳药，所以垂意甚备。庆亦小心恭孝，自以废黜，尤畏事慎法，故能保其宠禄焉。

10　帝除袁安子赏为郎，任隗子屯为步兵校尉，郑众迁大长秋。帝策勋班赏，众每辞多受少，帝由是贤之，常与之议论政事，宦官用权自此始矣。

11　秋，七月己丑，太尉宋由以窦氏党策免，自杀。

12　八月辛亥，司空任隗薨。

13　癸丑，以大司农尹睦为太尉。太傅邓彪以老病上还枢机职，诏许焉，以睦代彪录尚书事。

14　冬，十月，以宗正刘方为司空。

15　武陵、零陵、澧中蛮叛。

16　护羌校尉邓训卒，吏、民、羌、胡旦夕临者日数千人。羌、胡或以刀自割，又刺杀其犬马牛羊，曰："邓使君已死，我曹亦俱死耳！"前乌桓吏士皆奔走道路，至空城郭。吏执，不听，以状白校尉徐傿，傿叹息曰："此为义也！"乃释之。遂家家为训立祠，每有疾病，辄请祷求福。

蜀郡太守聂尚代训为护羌校尉，欲以恩怀诸羌，乃遣译使招呼迷唐，使还居大、小榆谷。迷唐既还，遣祖母卑缺诣尚，尚自送至塞下，为设祖道，令译田汜等五人护送至庐落。迷唐遂反，与诸种共生屠裂汜等，以血盟诅，复寇金城塞。尚坐免。

和帝赏赐清河王刘庆奴婢、车马、钱帛、珍宝，装满他的府第。刘庆身体偶有不适，和帝就派人早晚探问，送去饮食和医药，垂顾关怀十分周到。而刘庆也小心谨慎、恭敬友顺，因自身曾遭废黜，他特别怕事，唯恐触犯法律，所以能够保住恩宠和厚禄。

10　和帝将袁安的儿子袁赏任命为郎，将任隗的儿子任屯任命为步兵校尉，将郑众擢升为大长秋。和帝论功行赏，郑众总是谦让多而接受少。和帝因此认为郑众是位贤臣，常常同他一起讨论政事，宦官掌权，便从此开始了。

11　秋季，七月己丑（二十三日），太尉宋由被指控为窦氏党羽，由和帝颁策罢免，宋由自杀。

12　八月辛亥（十五日），司空任隗去世。

13　八月癸丑（十七日），将大司农尹睦任命为太尉。太傅邓彪因年老多病，请求辞去主管中枢机要的职务，和帝下诏应允，命令尹睦代替邓彪主管尚书事务。

14　冬季，十月，将宗正刘方任命为司空。

15　武陵、零陵、澧中蛮人反叛。

16　护羌校尉邓训去世，官吏、百姓、羌人和胡人从早到晚前往哀悼的，每日有数千人。有的羌人和胡人甚至用刀自刺，并杀死自己的狗马牛羊，说："邓使君已死，我们也一起死吧！"邓训先前担任护乌桓校尉时的部下，全都上路奔丧，以致城郭为之一空。有关官员用逮捕奔丧者的手段进行阻拦，但人们并不理会，有关官员将情况报告了护乌桓校尉徐傿，徐傿叹道："这是为了义呵！"便下令将被捕者释放。于是，当地家家户户为邓训立嗣进行供奉，每当疾疫发生，人们就向邓训祭告祈福。

蜀郡太守聂尚接替邓训担任护羌校尉。他打算对羌人各部落实行怀柔政策，便派翻译做使者招抚迷唐，让他返回大、小榆谷居住。迷唐回到大、小榆谷以后，派他的祖母卑缺来拜见聂尚。聂尚亲自将卑缺送到边塞之外，为她饯行，命翻译田汜等五人护送她回到羌人驻地。但迷唐又一次反叛，会同各部落一道生屠田汜等人，割裂他们的肢体，用鲜血盟誓，并再度侵犯金城塞。聂尚因罪而免官。

五年(癸巳,93)

1 春,正月乙亥,宗祀明堂,登灵台,赦天下。

2 戊子,千乘贞王伉薨。

3 辛卯,封皇弟万岁为广宗王。

4 甲寅,太傅邓彪薨。

5 戊午,陇西地震。

6 夏,四月壬子,绍封阜陵殇王兄鲂为阜陵王。

7 九月辛酉,广宗殇王万岁薨,无子,国除。

8 初窦宪既立於除鞬为北单于,欲辅归北庭,会宪诛而止。於除鞬自畔还北,诏遣将兵长史王辅以千馀骑与任尚共追讨,斩之,破灭其众。

9 耿夔之破北匈奴也,鲜卑因此转徙据其地。匈奴馀种留者尚有十馀万落,皆自号鲜卑;鲜卑由此渐盛。

10 冬,十月辛未,太尉尹睦薨。

11 十一月乙丑,太仆张酺为太尉。酺与尚书张敏等奏:"射声校尉曹褒,擅制汉礼,破乱圣术,宜加刑诛。"书凡五奏。帝知酺守学不通,虽寝其奏,而汉礼遂不行。

12 是岁,武陵郡兵破叛蛮,降之。

13 梁王畅与从官卞忌祠祭求福,忌等谄媚云:"神言王当为天子。"畅与相应答,为有司所奏,请征诣诏狱。帝不许,但削成武、单父二县。畅惭惧,上疏深自刻责曰:"臣天性狂愚,不知防禁,自陷死罪,分伏显诛。陛下圣德,枉法曲平,横赦贷臣,

汉和帝永元五年(癸巳,公元93年)

1 春季,正月乙亥(十一日),和帝在明堂祭祀祖宗,登上灵台,观察天象,大赦天下。

2 正月戊子(二十四日),千乘贞王刘伉去世。

3 正月辛卯(二十七日),将皇弟刘万岁封为广宗王。

4 二月甲寅(二十一日),太傅邓彪去世。

5 二月戊午(二十五日),陇西郡发生地震。

6 夏季,四月壬子(二十日),将已故阜陵殇王刘冲的哥哥刘鲂继封为阜陵王。

7 九月辛酉(初一),广宗殇王刘万岁去世,因无子嗣,封国撤除。

8 当初,窦宪将於除鞬立为北匈奴单于以后,曾计划护送他返回北匈奴王庭,遇到窦宪败亡,该计划作罢。於除鞬便自行叛离,返回北方,和帝下诏,派将兵长史王辅率领一千馀骑兵,同中郎将任尚一同追来讨伐,汉军将於除鞬斩杀,消灭了他的部众。

9 自从耿夔大败北匈奴,鲜卑人便乘此机会辗转迁徙,占据了北匈奴的故地。匈奴人残存的还有十馀万户,全都自称为鲜卑人。鲜卑从此日益强盛。

10 冬季,十月辛未(十一日),太尉尹睦去世。

11 十一月乙丑(初六),将太仆张酺任命为太尉。张酺与尚书张敏等人上书指出:"射声校尉曹褒,擅自制定汉朝礼仪,破坏扰乱圣人之道,应当处以刑罚。"先后共上书五次。和帝知道张酺严守儒学正统,但僵固不通达,他虽然不理会张酺的奏书,但从此便不再实行曹褒制定的汉礼。

12 本年,武陵郡郡兵打败叛乱的蛮人,接受蛮人投降。

13 梁王刘畅与随从官卞忌一道祭祀祈福,卞忌等献媚说:"神灵说大王应当做皇帝。"刘畅便同他对答谈论起来,有关官员对此提出弹劾,请求下令将刘畅征召进京,囚禁诏狱。和帝没有批准,只将刘畅的封土削去成武、单父两县。刘畅惭愧而又惶恐,上书痛切地自责道:"我生性狂妄愚昧,不知禁忌,自陷于死罪,理当诛杀示众。但陛下恩德深厚,违背法律和公平,而硬将我赦免,

为臣受污。臣知大贷不可再得,自誓束身约妻子,不敢复出入失绳墨,不敢复有所横费,租入有馀,乞裁食睢阳、谷熟、虞、蒙、宁陵五县,还馀所食四县。臣畅小妻三十七人,其无子者,愿还本家,自选择谨敕奴婢二百人,其馀所受虎贲、官骑及诸工技、鼓吹、仓头、奴婢,兵弩、厩马,皆上还本署。臣畅以骨肉近亲,乱圣化,污清流,既得生活,诚无心面目以凶恶复居大宫,食大国,张官属,藏杂物,愿陛下加恩开许。"上优诏不听。

14　护羌校尉贯友遣译使构离诸羌,诱以财货,由是解散。乃遣兵出塞,攻迷唐于大、小榆谷,获首虏八百馀人,收麦数万斛,遂夹逢留大河筑城坞,作大航,造河桥,欲度兵击迷唐。迷唐率部落远徙,依赐支河曲。

15　单于屯屠何死,单于宣弟安国立。安国初为左贤王,无称誉,及为单于,单于適之子右谷蠡王师子以次转为左贤王。师子素勇黠多知,前单于宣及屯屠何皆爱其气决,数遣将兵出塞,掩击北庭,还,受赏赐,天子亦加殊异。由是国中尽敬师子而不附安国,安国欲杀之,诸新降胡,初在塞外数为师子所驱掠,多怨之。安国委计降者,与同谋议。师子觉其谋,乃别居五原界,每龙庭会议,师子辄称病不往。度辽将军皇甫稜知之,亦拥护不遣,单于怀愤益甚。

为我受到了玷污。我心知宽大的赦免不可再得，因此发誓约束自己和妻子儿女，不敢再有越轨的举动，也不敢再有浪费的行为，封国租税收入有余，我请求只享用睢阳、谷熟、虞、蒙、宁陵五县，将剩下的四县封土交还国家。我有妾三十七人，其中没有子女的，愿将她们送回娘家，我自己挑选谨慎规矩的奴婢二百人留下，除此之外，所受赏赐的虎贲武士、骑兵仪仗，以及各种技艺的工匠、乐队、仆隶、奴婢、兵器、马匹，全部上缴原来所属官署。我身为圣上的骨肉近亲，竟扰乱圣明的教化，玷污纯洁的风气，如今既然已经保全性命，我实在无心无颜以罪恶之身再在巨大的宫室居住，拥有广袤的封国，设置官员僚属，收罗享用各种器具，愿陛下开恩准许我的请求。"和帝下诏表示宽大，温和地拒绝了他的请求。

14　护羌校尉贯友派翻译官做使者，离间羌人诸部落，并用财物进行引诱，羌人诸部落联盟因此瓦解。于是贯友派兵出塞，在大、小榆谷对迷唐展开进攻，斩杀及俘虏八百余人，缴获小麦数万斛，然后又在逢留大河两岸修筑城堡，制造大船，兴建河桥，打算派兵渡河去追击迷唐。迷唐率领部落向远方迁徙，到达赐支河曲。

15　匈奴单于屯屠何去世，前单于宣的弟弟安国继位。安国曾为左贤王，声誉不佳，及至他当了单于，前单于適的儿子右谷蠡王师子按照顺序转升为左贤王。师子一向勇猛狡黠而足智多谋，前单于宣和屯屠何二人都喜爱他的勇气和果敢，屡次派他领兵出塞，去袭击北匈奴，他回师后，受到赏赐，汉朝皇帝也对他特别看重。由于这个缘故，匈奴国内都尊敬师子而不依附安国，安国因此想把师子杀死，而那些新投降的北匈奴人，当初在塞外曾屡遭师子的袭击掳掠，多对他十分痛恨。安国便将自己的打算寄托在投降者身上，和他们一同策划。师子察觉了他们的阴谋，就分居迁往五原郡界，每逢匈奴王庭集会，他总是称病而不肯前往。度辽将军皇甫棱知悉这一内情，也支持保护师子而不派他前往王庭，单于安国愈发怀恨。

六年(甲午,94)

1　春,正月,皇甫稜免,以执金吾朱徽行度辽将军。时单于与中郎将杜崇不相平,乃上书告崇。崇讽西河太守令断单于章,单于无由自闻。崇因与朱徽上言:"南单于安国,疏远故胡,亲近新降,欲杀左贤王师子及左台且渠刘利等;又,右部降者,谋共迫胁安国起兵背畔,请西河、上郡、安定为之儆备。"帝下公卿议,皆以为:"蛮夷反覆,虽难测知,然大兵聚会,必未敢动摇。今宜遣有方略使者之单于庭,与杜崇、朱徽及西河太守并力,观其动静。如无他变,可令崇等就安国会其左右大臣,责其部众横暴为边害者,共平罪诛。若不从命,令为权时方略,事毕之后,裁行赏赐,亦足以威示百蛮。"于是徽、崇遂发兵造其庭。安国夜闻汉军至,大惊,弃帐而去,因举兵欲诛师子。师子先知,乃悉将庐落入曼柏城。安国追到城下,门闭,不得入。朱徽遗吏譬和之,安国不听。城既不下,乃引兵屯五原。崇、徽因发诸郡骑追赴之急,众皆大恐,安国舅骨都侯喜为等虑并被诛,乃格杀安国,立师子为亭独尸逐侯鞮单于。

2　己卯,司徒丁鸿薨。

3　二月丁未,以司空刘方为司徒,太常张奋为司空。

4　夏,五月,城阳怀王淑薨,无子,国除。

5　秋,七月,京师旱。

6　西域都护班超发龟兹、鄯善等八国兵合七万馀人讨焉耆,到其城下,诱焉耆王广、尉犁王汎等于陈睦故城,斩之,传首京师。因纵兵钞掠,斩首五千馀级,获生口万五千人,更立焉耆左侯元孟为焉耆王。超留焉耆半岁,慰抚之。于是西域五十馀国悉纳质内属,至于海滨,四万里外,皆重译贡献。

汉和帝永元六年(甲午,公元94年)

1 春季,正月,将皇甫棱免官,命执金吾朱徽代理度辽将军职务。当时因匈奴单于与中郎将杜崇不和,单于便上书控告杜崇。杜崇暗示西河太守截留单于的奏章,使单于无法申诉自己的意见。杜崇自己却乘机与朱徽一同上书说:"南匈奴单于安国,疏远旧部,亲近新降之人,想要杀害左贤王师子和左台且渠刘利等;再者,匈奴右部的投降者正在策划共同胁迫安国起兵反叛,请西河、上郡、安定三郡为此警戒备战。"和帝将此事交付公卿进行讨论,众人都认为:"匈奴反复无常,尽管难以预料,但由于汉朝有重兵集结,它必定不敢有大的举动。如今应派遣有谋略的使者前往单于王庭,与杜崇、朱徽及西河太守合作,观察匈奴的动静。如果没有其他变化,可命令杜崇等人在安国那里召集他的左右大臣,责罚横行凶暴侵害边疆的部众,共同评议,论罪诛杀。倘若安国不听从命令,则授权使者随机应变,采取权宜之计,等事情结束之后,再酌情进行赏赐,也足以向所有蛮族显示汉朝的国威。"于是朱徽、杜崇便率军来到匈奴王庭。安国夜里听到汉军抵达的消息,大为震惊,丢弃庐帐而逃,随即调集军队,要诛杀师子。师子事先得到消息,便率领全体部众进入曼柏城。安国追到城下,城门关闭,不能进入。朱徽派官员进行调停,安国不肯接受。城既不能攻克,安国便率兵驻扎五原。于是杜崇、朱徽调发各郡骑兵急速追击,匈奴人全都大为恐慌,安国的舅父、骨都侯喜为等担心一并被诛,便将安国格杀,拥立师子为亭独尸逐侯鞮单于。

2 正月己卯(二十一日),司徒丁鸿去世。

3 二月丁未(二十日),将司空刘方任命为司徒,将太常张奋任命为司空。

4 夏季,五月,城阳王刘淑去世。因无子嗣,封国撤除。

5 秋季,七月,京城发生旱灾。

6 西域都护班超征发龟兹、鄯善等八国军队,共七万馀人,讨伐焉耆,大军抵达焉耆城下,把焉耆王广、尉黎王汎等引诱到已故西域都护陈睦驻扎过的故城,然后斩杀,将人头送往京城洛阳。班超乘胜放纵士兵掳掠,斩杀五千馀人,生擒一万五千人,改立焉耆左侯元孟为焉耆王。班超留驻焉耆半年,进行安抚。于是西域五十馀国全都派送人质,归附汉朝,远至西海之滨,四万里外的国家,都经过几重翻译来汉朝进贡。

7 南单于师子立,降胡五六百人夜袭师子,安集掾王恬将卫护士与战,破之。于是降胡遂相惊动,十五部二十余万人皆反,胁立前单于屯屠何子奥鞬日逐王逢侯为单于,遂杀略吏民,燔烧邮亭、庐帐,将车重向朔方,欲度幕北。九月癸丑,以光禄勋邓鸿行车骑将军事,与越骑校尉冯柱、行度辽将军朱徽将左右羽林、北军五校士及郡国迹射、缘边兵,乌桓校尉任尚将乌桓、鲜卑,合四万人讨之。时南单于及中郎将杜崇屯牧师城,逢侯将万馀骑攻围之。冬,十一月,邓鸿等至美稷,逢侯乃解围去,向满夷谷。南单于遣子将万骑及杜崇所领四千骑,与邓鸿等追击逢侯于大城塞,斩首四千馀级。任尚率鲜卑、乌桓要击逢侯于满夷谷,复大破之,前后凡斩万七千馀级。逢侯遂率众出塞,汉兵不能追而还。

8 以大司农陈宠为廷尉。宠性仁矜,数议疑狱,每附经典,务从宽恕,刻敝之风,于此少衰。

9 帝以尚书令江夏黄香为东郡太守,香辞以:"典郡从政,才非所宜,乞留备冗官,赐以督责小职,任之宫台烦事。"帝乃复留香为尚书令,增秩二千石,甚见亲重。香亦祇勤物务,忧公如家。

七年(乙未,95)

1 春,正月,邓鸿等军还,冯柱将虎牙营留屯五原;鸿坐逗留失利,下狱死。后帝知朱徽、杜崇失胡和,又禁其上书,以致胡反,皆徵,下狱死。

2 夏,四月辛亥朔,日有食之。

7 南匈奴单于师子即位后,有五六百投降的北匈奴人乘夜袭击师子。安集掾王恬率领卫士迎战,将他们击败。于是投降的北匈奴人互相惊扰,十五个部落、二十余万人全部叛变。他们胁迫前单于屯屠何的儿子奥鞬日逐王逢侯,将他立为单于。然后,屠杀抢劫官吏百姓,焚烧邮亭和庐帐,带着辎重前往朔方,打算穿越大漠北去。九月癸丑,和帝命光禄勋邓鸿代理车骑将军职务,同越骑校尉冯柱、代理度辽将军朱徽一道率领左右羽林军、北军五校士、及各郡各封国的弓箭手、边郡郡兵,另由乌桓校尉任尚率领乌桓、鲜卑部队,共计四万人,进行讨伐。当时,南匈奴单于和中郎将杜崇驻扎在牧师城,逢侯率领万余骑兵向他们发动围攻。冬季,十一月,邓鸿等到达美稷,逢侯这才解围离去,向满夷谷行进。南单于派他的儿子率领一万骑兵及杜崇部下四千骑兵,会同邓鸿的部队,在大城塞追击逢侯,斩杀四千余人。任尚则率领鲜卑、乌桓兵在满夷谷进行截击,再次大败叛军,先后共斩杀一万七千余人。于是逢侯率领部众逃出塞外,汉军因无法追击而返回。

8 和帝将大司农陈宠任命为廷尉。陈宠生性仁厚端庄,曾多次审理疑难案件,总是引用儒家经典,力求遵循宽恕之道,苛刻的风气,从此稍有衰减。

9 和帝任命尚书令、江夏人黄香为东郡太守。黄香推辞道:"主管郡的地方行政,我的能力并不适宜。请让我留下来充当散官,赐予从事督察的微职,承担宫中尚书台的繁琐事务。"于是和帝便重新任命黄香为尚书令,而将官秩增加为两千石,对他很是亲近器重。黄香本人也谦恭勤奋,忠于职守,忧公事如忧家事。

汉和帝永元七年(乙未,公元 95 年)

1 春季,正月,邓鸿等率军班师,冯柱率虎牙营留驻五原。邓鸿被指控逗留不进、坐失军机,下狱处死。后来,和帝发现了朱徽、杜崇与匈奴不和,并使单于无法上书,致使匈奴反叛等事,于是将朱、杜二人征召进京,下狱处死。

2 夏季,四月辛亥朔(初一),出现日食。

3　秋,七月乙巳,易阳地裂。

4　九月癸卯,京师地震。

5　乐成王党坐贼杀人,削东光、鄡二县。

八年(丙申,96)

1　春,二月,立贵人阴氏为皇后。后,识之曾孙也。

2　夏,四月,乐成靖王党薨。子哀王崇立,寻死,无子,国除。

3　五月,河内、陈留蝗。

4　南匈奴右温禺犊王乌居战畔出塞。秋,七月,度辽将军庞奋、越骑校尉冯柱追击破之,徙其馀众及诸降胡二万馀人于安定、北地。

5　车师后部王涿鞮反,击前王尉毕大,获其妻子。

6　九月,京师蝗。

7　冬,十月乙丑,北海王威以非敬王子,又坐诽谤,自杀。

8　十二月辛亥,陈敬王羡薨。

9　丁巳,南宫宣室殿火。

10　护羌校尉贯友卒,以汉阳太守史充代之。充至,遂发湟中羌、胡出塞击迷唐。迷唐迎败充兵,杀数百人。充坐征,以代郡太守吴祉代之。

九年(丁酉,97)

1　春,三月庚辰,陇西地震。

2　癸巳,济南安王康薨。

3　西域长史王林击车师后王,斩之。

3 秋季,七月乙巳(二十六日),易阳发生地裂。

4 九月癸卯(二十五日),京城雒阳发生地震。

5 乐成王刘党被指控有杀人之罪,削去封国的东光、鄃县二县。

汉和帝永元八年(丙申,公元96年)

1 春季,二月,将贵人阴氏立为皇后。阴皇后是阴识的曾孙女。

2 夏季,四月,乐成靖王刘党去世。他的儿子哀王刘崇继位为王,不久也去世了。因无子嗣,封国撤除。

3 五月,河内、陈留两郡发生蝗灾。

4 南匈奴右温禺犊王乌居战反叛出塞。秋季,七月,度辽将军庞奋、越骑校尉冯柱出兵追击,打败乌居战,将他的残馀部众及归降的匈奴部落两万馀人迁徙到安定、北地二郡。

5 车师后部王涿鞮反叛,攻击车师前王尉毕大,俘虏了尉毕大的妻子儿女。

6 九月,京城雒阳发生蝗灾。

7 冬季,十月乙丑(二十三日),北海王刘威由于不是前北海王刘睦的亲子,并被指控犯有诽谤之罪,因而自杀。

8 十二月辛亥(初十),陈王刘羡去世。

9 十二月丁巳,南宫宣室殿失火。

10 护羌校尉贯友去世,命汉阳太守史充接替贯友之职。史充到任后,便征发湟中的羌人、胡人出塞攻打迷唐。迷唐迎战,打败史充的部队,杀死数百人。史充因罪被召回京城,命代郡太守吴祉接替史充之职。

汉和帝永元九年(丁酉,公元97年)

1 春季,三月庚辰(初十),陇西郡发生地震。

2 三月癸巳(二十三日),济南安王刘康去世。

3 西域长史王林进攻车师后王,将他斩杀。

4　夏,四月丁卯,封乐成王党子巡为乐成王。

5　五月,封皇后父屯骑校尉阴纲为吴房侯,以特进就第。

6　六月,旱,蝗。

7　秋,八月,鲜卑寇肥如,辽东太守祭参坐沮败,下狱死。

8　闰月辛巳,皇太后窦氏崩。初,梁贵人既死,宫省事秘,莫有知帝为梁氏出者。舞阴公主子梁扈遣从兄禫奏记三府,以为"汉家旧典,崇贵母氏,而梁贵人亲育圣躬,不蒙尊号,求得申议"。太尉张酺言状,帝感恸良久,曰:"于君意若何?"酺请追上尊号,存录诸舅。帝从之。会贵人姊南阳樊调妻嬺上书自讼曰:"妾父竦冤死牢狱,骸骨不掩;母氏年逾七十,及弟棠等远在绝域,不知死生。愿乞收竦朽骨,使母、弟得归本郡。"帝引见嬺,乃知贵人枉殁之状。三公上奏,"请依光武黜吕太后故事,贬窦太后尊号,不宜合葬先帝",百官亦多上言者。帝手诏曰:"窦氏虽不遵法度,而太后常自减损。朕奉事十年,深惟大义:礼,臣子无贬尊上之文,恩不忍离,义不忍亏。按前世,上官太后亦无降黜,其勿复议!"丙申,葬章德皇后。

9　烧当羌迷唐率众八千人寇陇西,胁塞内诸种羌合步骑三万人击破陇西兵,杀大夏长。诏遣行征西将军刘尚、越骑校尉赵世副之,将汉兵、羌、胡共三万人讨之。尚屯狄道,世屯枹罕。尚遣司马寇盱监诸郡兵,四面并会。迷唐惧,弃老弱,奔入临洮南。尚等追至高山,大破之,斩虏千馀人。迷唐引去,汉兵死伤亦多,不能复追,乃还。

4　夏季,四月丁卯(二十八日),将乐成王刘党的儿子刘巡封为乐成王。

5　五月,将皇后的父亲、屯骑校尉阴纲封为吴房侯,阴纲以"特进"身份离开官位,前往邸第。

6　六月,发生旱灾和蝗灾。

7　秋季,八月,鲜卑侵犯肥如,辽东太守祭参被指控怯懦无能、作战失利,下狱处死。

8　闰八月辛巳(十四日),皇太后窦氏驾崩。当初,梁贵人死后,宫廷保守秘密,没有人知道和帝是梁贵人所生。至此,舞阴公主之子梁扈派堂兄梁禅向太尉、司徒、司空三府上书,提出"汉朝旧制,一向尊崇皇帝生母,然而梁贵人亲自诞育皇上,却没有尊号,请求申议"。太尉张酺向和帝报告了实情,和帝伤感哀痛良久,说道:"您认为应当怎样?"张酺建议为梁贵人追加尊号,并查找各位舅父,给予他们应有的名分。和帝听从了他的建议。适逢梁贵人的姐姐、南阳人樊调的妻子梁嬺上书自诉道:"我的父亲梁竦屈死在牢狱之中,尸骨不得掩埋;母亲年过七十,同弟弟梁堂等在极远的边域,不知道是死是活。我请求准许安葬父亲的朽骨,让我的母亲和弟弟返回故郡。"和帝召见梁嬺,这才知道生母梁贵人枉死的惨状。三公上书:"请依照光武帝罢黜吕太后的先例,贬去窦太后的尊号,不应让她与先帝合葬。"文武百官也纷纷上言。和帝亲手写诏作答:"窦氏家族虽不遵守法律制度,但窦太后却常常自我减损。朕将她当作母亲,侍奉了十年。深思母子大义:依据礼制,为臣、为子者没有贬斥尊长的道理;从亲情出发,不忍将太后之墓与先帝之墓分离;从仁义考虑,不忍作有损于窦太后的事情。考察前代,上官桀被诛杀,而上官太后也不曾遭到贬降罢黜。对此事不要再作议论!"闰八月丙申(二十九日),安葬窦太后。

9　烧当羌部落首领迷唐率领部众八千人侵犯陇西郡,并裹胁塞内各羌人部落,共计步兵、骑兵三万人,打败了陇西郡郡兵,杀死大夏县令。和帝下诏,派遣刘尚代理征西将军,以越骑校尉赵世为刘尚的副手,率领汉兵和羌、胡兵,共三万人,进行讨伐。刘尚驻扎在狄道,赵世驻扎在枹罕。刘尚派司马寇盱监督各郡郡兵,从四面一同会合。迷唐感到恐惧,抛弃了部落中的老弱成员,逃到临洮之南。刘尚等人追击到高山,大败迷唐军,斩杀、俘获一千馀人。迷唐退走,汉军也有大量死伤,不能再继续追赶,于是回师。

10 九月庚申，司徒刘方策免，自杀。

11 甲子，追尊梁贵人为皇太后，谥曰恭怀，追复丧制。冬，十月乙酉，改葬梁太后及其姊大贵人于西陵。擢樊调为羽林左监。追封谥皇太后父竦为褒亲愍侯，遣使迎其丧，葬于恭怀皇后陵旁。征还竦妻子；封子棠为乐平侯，棠弟雍为乘氏侯，雍弟翟为单父侯，位皆特进，赏赐以巨万计，宠遇光于当世，梁氏自此盛矣。

清河王庆始敢求上母宋贵人冢，帝许之，诏太官四时给祭具。庆垂涕曰："生虽不获供养，终得奉祭祀，私愿足矣！"欲求作祠堂，恐有自同恭怀梁后之嫌，遂不敢言，常泣向左右，以为没齿之恨。后上言："外祖母王年老，乞诣雒阳疗疾。"于是诏宋氏悉归京师，除庆舅衍、俊、盖、暹等皆为郎。

12 十一月癸卯，以光禄勋河南吕盖为司徒。

13 十二月丙寅，司空张奋罢。壬申，以太仆韩稜为司空。

14 西域都护定远侯班超遣掾甘英使大秦、条支，穷西海，皆前世所不至，莫不备其风土，传其珍怪焉。及安息西界，临大海，欲渡，船人谓英曰："海水广大，往来者逢善风，三月乃得渡，若遇迟风，亦有二岁者。故入海，人皆赍三岁粮，海中善使人思土恋慕，数有死亡者。"英乃止。

十年(戊戌,98)

1 夏，五月，京师大水。

10 九月庚申(二十四日),和帝颁策将刘方免官,刘方自杀。

11 九月甲子(二十八日),和帝追尊梁贵人为皇太后,谥号"恭怀",追补服丧。冬季,十月乙酉(十九日),将梁太后及她的姐姐梁大贵人之墓改葬到章帝陵墓之西。将樊调擢升为羽林左监。追封皇太后之父梁竦为褒亲愍侯,派使者迎接他的灵柩,葬在梁太后墓旁。召回梁竦的妻子儿女;将梁竦的儿子梁棠封为乐平侯,将梁棠的弟弟梁雍封为乘氏侯,将梁雍的弟弟梁翟封为单父侯,全都位居特进,他们所得的赏赐极多,所蒙受的恩宠和优待荣耀于当世,梁氏家族从此兴盛了。

清河王刘庆这才敢请求为母亲宋贵人祭扫坟墓,和帝应许,下诏命令太官春夏秋冬四季供应祭祀之物。刘庆流泪说道:"虽然不能在母亲生前供养,但最终能为她进行祭祀,我的心愿满足了!"他想请求为母亲建造祠堂,但又害怕有自比梁太后的嫌疑,于是不敢开口,他经常对左右随从悲泣,认为这是终身之憾。后来,他上书说:"我的外祖母王年事已高,请准许她到洛阳治病。"于是和帝下诏,准许宋氏全家返回京城,并将刘庆的舅父宋衍、宋俊、宋盖、宋暹等全都任命为郎。

12 十一月癸卯(初八),将光禄勋、河南人吕盖任命为司徒。

13 十二月丙寅(初一),将司空张奋免官。十二月壬申(初七),将太仆韩稜任命为司空。

14 西域都护、定远侯班超派遣属官甘英出使大秦帝国和条支王国,甘英抵达西海海岸,沿途所经,都是前代之人所未到过的地方,他在各处都全面了解风土人情,收集带走珍奇的物产。当他到达安息国西部边界的时候,遇到了大海,他打算渡过大海,船夫告诉他说:"海水广阔,航海者遇到顺风,要用三个月才能到达彼岸;如果遇到逆风,也有用两年的。所以,渡海的人都带上三年的口粮。海上容易使人怀恋乡土,经常有人死亡。"甘英这才作罢。

汉和帝永元十年(戊戌,公元98年)

1 夏季,五月,京城雒阳发生水灾。

2 秋,七月己巳,司空韩稜薨。八月丙子,以太常太山巢堪为司空。

3 冬,十月,五州雨水。

4 行征西将军刘尚、越骑校尉赵世坐畏懦征,下狱,免。谒者王信领尚营屯枹罕,谒者耿谭领世营屯白石。谭乃设购赏,诸种颇来内附。迷唐恐,乃请降。信、谭遂受降罢兵。十二月,迷唐等帅种人诣阙贡献。

5 戊寅,梁节王畅薨。

6 初,居巢侯刘般薨,子恺当嗣,称父遗意,让其弟宪,遁逃久之,有司奏绝恺国。肃宗美其义,特优假之,恺犹不出。积十馀岁,有司复奏之,侍中贾逵上书曰:"孔子称'能以礼让为国乎何有'。有司不原乐善之心,而绳以循常之法,惧非长克让之风,成含弘之化也。"帝纳之,下诏曰:"王法崇善,成人之美,其听宪嗣爵,遭事之宜,后不得以为比。"乃征恺,拜为郎。

7 南单于师子死,单于长之子檀立,为万氏尸逐鞮单于。

十一年(己亥,99)

1 夏,四月丙寅,赦天下。

2 帝因朝会,召见诸儒,使中大夫鲁丕与侍中贾逵、尚书令黄香等相难数事,帝善丕说,罢朝,特赐衣冠。丕因上疏曰:"臣闻说经者,传先师之言,非从己出,不得相让。相让则道不明,若规矩权衡之不可枉也。难者必明其据,说者务立其义,

2 秋季,七月己巳,司空韩棱去世。八月丙子(十五日),将太常、太山人巢堪任命为司空。

3 冬季,十月,有五个州大雨成灾。

4 代理征西将军刘尚、越骑校尉赵世被指控畏惧敌人、怯懦无能,被召回京城,下狱,免去官职。谒者王信率领刘尚的部队,驻扎在枹罕;谒者耿谭率领赵世的部队,驻扎在白石。耿谭便悬赏招降,有不少羌人部落前来依附。迷唐感到恐惧,就向汉军请降。于是王信、耿谭接受归降而罢兵。十二月,迷唐等率领本族人到京城朝见进贡。

5 十二月戊寅(十九日),梁节王刘畅去世。

6 起初,居巢侯刘般逝世,他的儿子刘恺应当继位。但刘恺声称遵从父亲的遗愿,要将爵位让给弟弟刘宪,自己却逃走了,刘恺逃走后很久,有关部门上书请求撤除他的封国。章帝赞美刘恺的义行,特别优待宽容,可刘恺还是不肯露面。过了十余年,有关部门重申原来的请求,侍中贾逵上书说:"孔子说:'能够以礼让治国吗? 这有什么困难?'有关部门不推究刘恺乐于为善的本意,而依照平常的法则处理此事,这恐怕不能鼓励礼让的风气,也不能成全宽容仁厚的教化。"和帝采纳了他的意见,下诏说:"王法推崇善举,助人完成美事,现准许刘宪袭爵,这是对特殊情况的权宜处理,以后不得以此为例。"于是征召刘恺,将他任命为郎。

7 南匈奴单于师子去世,前单于长的儿子檀继位,此即万氏尸逐鞮单于。

汉和帝永元十一年(己亥,公元 99 年)

1 夏季,四月丙寅(初九),大赦天下。

2 和帝利用朝会之机召见儒生,让中大夫鲁丕和侍中贾逵、尚书令黄香等,就儒家经书中的难点互相质疑,和帝赞同鲁丕的观点,散朝后,特别赏赐他礼服冠帽。于是鲁丕上书说:"我听说,讨论经书,乃是传述先师的理论,并非发表个人见解,不能相互退让。如果相互退让,道理就难以明白,如同圆规、方矩、秤锤、尺寸的标准不可随意增减一样。质疑的一定要说清根据,解答的务必讲明观点,

浮华无用之言,不陈于前,故精思不劳而道术愈章。法异者各令自说师法,博观其义,无令皂荛以言得罪,幽远独有遗失也。"

十二年(庚子,100)

1　夏,四月戊辰,秭归山崩。

2　秋,七月辛亥朔,日有食之。

3　九月戊午,太尉张酺免。丙寅,以大司农张禹为太尉。

4　烧当羌豪迷唐既入朝,其馀种人不满二千,饥窘不立,入居金城。帝令迷唐将其种人还大、小榆谷。迷唐以汉作河桥,兵来无常,故地不可复居,辞以种人饥饿,不肯远出。护羌校尉吴祉等多赐迷唐金帛,令籴谷市畜,促使出塞,种人更怀猜惊。是岁,迷唐复叛,胁将湟中诸胡寇钞而去,王信、耿谭、吴祉皆坐征。

十三年(辛丑,101)

1　秋,八月己亥,北宫盛馔门阁火。

2　迷唐复还赐支河曲,将兵向塞。护羌校尉周鲔与金城太守侯霸及诸郡兵、属国羌、胡合三万人至允川。侯霸击破迷唐,种人瓦解,降者六千馀口,分徙汉阳、安定、陇西。迷唐遂弱,远逾赐支河首,依发羌居。久之,病死,其子来降,户不满数十。

3　荆州雨水。

4　冬,十一月丙辰,诏曰:"幽、并、凉州户口率少,边役众剧,束脩良吏进仕路狭。抚接夷狄,以人为本,其令缘边郡口十万以上,岁举孝廉一人,不满十万,二岁举一人,五万以下,三岁举一人。"

那些华而不实的言辞,不在人前铺陈罗列,因此神思不劳苦而道理却愈发明白。当意见分歧时,让各自申说先师的理论,以便全面了解经典的大义。不使儒生们因言辞不当而获罪,不可唯独让那些精微深刻的见解有所遗漏。"

汉和帝永元十二年(庚子,公元 100 年)

1 夏季,四月戊辰(十六日),秭归山发生山崩。

2 秋季,七月辛亥朔(初一),出现日食。

3 九月戊午(初九),将太尉张酺免职。九月丙寅(十七日),将大司农张禹任命为太尉。

4 烧当羌人部落首领迷唐到京城雒阳朝见以后,他的残馀部众已不足两千人,饥饿穷困无法生存,全部迁入金城居住。和帝命令迷唐率领部众返回大、小榆谷。而迷唐认为,汉朝修筑了河桥,军队来往无常,而旧地已不能再居住。于是推辞说部众饥饿,不肯远行。护羌校尉吴祉等赐给迷唐很多金帛,命他购买谷物牲畜,催促早日出塞。但羌人却更加猜疑和惊恐。这一年,迷唐再度叛乱,裹胁湟中地区各胡人部落,攻杀抢掠而去,王信、耿谭、吴祉三人全都因罪被征召入京。

汉和帝永元十三年(辛丑,公元 101 年)

1 秋季,八月己亥(二十五日),洛阳北宫盛馔门楼失火。

2 迷唐又回到赐支河曲,率兵接近汉朝边塞。护羌校尉周鲔和金城太守侯霸,率领各郡郡兵、附属国的羌兵、胡兵,共三万人,到达允川。侯霸打败迷唐,烧当部落瓦解,六千馀人投降。东汉朝廷将他们分别迁徙到汉阳、安定和陇西。迷唐从此势力衰弱,他越过赐支河源头远逃,投靠到发羌部落定居。多年以后,迷唐病死,他的儿子前来归降,部众已不足数十户。

3 荆州大雨成灾。

4 冬季,十一月丙辰(十四日),和帝下诏说:"幽州、并州、凉州地区户口大多稀少,而边境差役繁重,奉公守法的优秀官吏升迁困难。安抚外族和与异国交往,人才最为重要。现规定:边疆人口十万以上的郡,每年推举孝廉一人;人口不足十万的郡,每两年推举孝廉一人;人口五万以下的郡,每三年推举孝廉一人。"

5 鲜卑寇右北平,遂入渔阳,渔阳太守击破之。

6 戊辰,司徒吕盖以老病致仕。

7 巫蛮许圣以郡收税不均,怨恨,遂反。辛卯,寇南郡。

十四年(壬寅,102)

1 春,安定降羌烧何种反,郡兵击灭之。时西海及大、小榆谷左右无复羌寇。隃糜相曹凤上言:"自建武以来,西羌犯法者,常从烧当种起,所以然者,以其居大、小榆谷,土地肥美,有西海鱼盐之利,阻大河以为固。又,近塞诸种,易以为非,难以攻伐,故能强大,常雄诸种,恃其拳勇,招诱羌、胡。今者衰困,党援坏沮,亡逃栖窜,远依发羌。臣愚以为宜及此时建复西海郡县,规固二榆,广设屯田,隔塞羌、胡交关之路,遏绝狂狡窥欲之源。又殖谷富边,省委输之役,国家可以无西方之忧。"上从之,缮修故西海郡,徙金城西部都尉以戍之,拜凤为金城西部都尉,屯龙耆。后增广屯田,列屯夹河,合三十四部。其功垂立,会永初中,诸羌叛,乃罢。

2 三月戊辰,临辟雍飨射,赦天下。

3 夏,四月,遣使者督荆州兵万馀人,分道讨巫蛮许圣等,大破之。圣等乞降,悉徙置江夏。

5　鲜卑进攻右北平,继而侵入渔阳,渔阳太守迎战,打败鲜卑军。

6　十一月戊辰(二十六日),司徒吕盖因年老患病退休。

7　巫山蛮人许圣因本郡官府征收赋税不均,心怀怨恨,于是起兵造反。十二月辛卯(十九日),攻打南郡。

汉和帝永元十四年(壬寅,公元102年)

1　春季,安定郡原已归降的羌人烧何部落造反,被郡兵剿平。至此,西海及大、小榆谷一带,不再有羌人叛乱。隃麋国相曹凤上书说:"自从光武帝建武以来,西羌人犯法作乱,常由烧当部落发起。所以如此的原因,是由于烧当部落所居住的大、小榆谷,土地肥沃,享有西海的渔业、盐业收益,以大河作为固守的屏障。再者,靠近边塞的各部落,易于作乱,而汉朝又难以进行讨伐,所以他们能够强大起来,经常称雄于其他部落,并倚仗自己的实力和骁勇,招揽引诱羌人、胡人,如今烧当部落衰落困窘,孤立无援,仓惶逃亡,到远方投靠发羌部落。我认为应当乘这个时机重建恢复西海郡县,规划、控制大、小榆谷,大范围地进行屯田,切断边塞内外羌人、胡人的交往通道,遏止切断狂妄狡猾者觊觎的源泉。同时广种粮食,使边疆富庶,减少由内地向边塞运输粮秣的差役,这样,国家便可以没有西方的忧虑。"和帝听从了他的建议,下令对原西海郡进行修缮整治,命金城西部都尉府迁往该地戍守,又将曹凤任命为金城西部都尉,驻扎龙耆。随后扩大垦田面积,在黄河两岸屯兵,共计有三十四部。这一事业即将告成时,恰逢安帝永初年间羌人各部落叛乱,于是废止。

2　三月戊辰(二十七日),和帝临幸太学,饮宴射箭,举行缲射之礼,大赦天下。

3　夏季,四月,派使者督领荆州兵一万馀人,分路讨伐巫山蛮人许圣等,大败叛军。许圣等乞求投降,东汉朝廷将巫山蛮人全部迁徙安置到江夏。

4　陰皇后多妒忌，寵遇浸衰，數懷恚恨。后外祖母鄧朱，出入宮掖，有言后與朱共挾巫蠱道者。帝使中常侍張慎與尚書陳褒案之，劾以大逆無道，朱二子奉、毅，后弟輔皆考死獄中。六月辛卯，后坐廢，遷于桐宮，以憂死。父特進綱自殺，后弟軼、敞及朱家屬徙日南比景。

5　秋，七月壬子，常山殤王側薨，無子，立其兄防子侯章為常山王。

6　三州大水。

7　班超久在絕域，年老思土，上書乞歸曰："臣不敢望到酒泉郡，但願生入玉門關。謹遣子勇隨安息獻物入塞，及臣生在，令勇目見中土。"朝廷久之未報，超妹曹大家上書曰："蠻夷之性，悖逆侮老，而超旦暮入地，久不見代，恐開姦宄之原，生逆亂之心。而卿大夫咸懷一切，莫肯遠慮，如有卒暴，超之氣力不能從心，便為上損國家累世之功，下棄忠臣竭力之用，誠可痛也！故超萬里歸誠，自陳苦急，延頸逾望，三年于今，未蒙省錄。妾竊聞古者十五受兵，六十還之，亦有休息，不任職也。故妾敢觸死為超求哀，丐超餘年，一得生還，復見闕庭，使國家無勞遠之慮，西域無倉卒之憂，超得長蒙文王葬骨之恩，子方哀老之惠。"帝感其言，乃徵超還。八月，超至雒陽，拜為射聲校尉。九月，卒。

4　阴皇后忌妒心十分强烈,因和帝对她的宠幸逐渐减退,心中常怀怨恨。她的外祖母邓朱,出入往来于内宫,有人指控阴皇后和她一同施用巫蛊。和帝让中常侍张慎与尚书陈褒审讯核实,张、陈二人以"大逆无道"的罪名对阴皇后进行弹劾,邓朱和两个儿子邓奉、邓毅,以及阴皇后的弟弟阴辅都在狱中被拷打而死。六月辛卯(二十二日),阴皇后因罪罢黜,被迁到桐宫,因忧愁而死。她的父亲、特进阴纲自杀,弟弟阴轶、阴敞及邓朱的家属被流放到日南郡比景县。

5　秋季,七月壬子(十三日),常山殇王刘侧去世。因无子嗣,将他的哥哥防子侯刘章立为常山王。

6　有三个州发大水。

7　班超久在遥远的边域,因年老而思念故乡,上书请求回国,奏书说:"我不敢企望能到酒泉郡,但愿能活着进入玉门关。现在派遣我的儿子班勇随同安息国的进贡使者入塞,趁我尚在人世,让班勇亲眼看到中原的风土。"奏书呈上,朝廷久不答复。班超的妹妹班昭,因嫁曹寿而被称为曹大家,为班超上书说:"蛮夷生性欺老,而班超已经年迈,随时可能故世,却久不被人替代,我担心这将打开奸恶的源泉,使蛮夷萌生叛逆之心。但大臣们都只顾眼前,不肯作长远考虑。如果猝然有变,班超力不从心,将对上损害国家累世建立的功业,对下毁弃忠臣竭力经营的成果,实在是令人痛惜!因此,班超万里思归,向朝廷表示忠诚,陈述困苦急迫之情,伸长脖颈遥望,至今已经三年,但朝廷却没有考虑批准他的请求。我曾听说,在古代,十五岁当兵,六十岁复员,也有休息之日,年老便不再任职。因此我胆敢冒死代班超哀求,请在班超的馀年,让他能够活着回来,再次看到京都城阙和皇家宫廷,使国家没有远方的忧虑,西域没有猝然的变故,而班超也能蒙受周文王埋葬骸骨的厚恩和田子方哀怜老马的仁慈。"和帝被班超的奏书所感动,于是召班超回国。本年八月,班超抵达雒阳,被任命为射声校尉。九月,班超去世。

超之被征,以戊己校尉任尚代为都护,尚谓超曰:"君侯在外国三十馀年,而小人猥承君后,任重虑浅,宜有以诲之!"超曰:"年老失智。君数当大位,岂班超所能及哉! 必不得已,愿进愚言:塞外吏士,本非孝子顺孙,皆以罪过徙补边屯。而蛮夷怀鸟兽之心,难养易败。今君性严急,水清无大鱼,察政不得下和,宜荡佚简易,宽小过,总大纲而已。"超去,尚私谓所亲曰:"我以班君当有奇策,今所言,平平耳。"尚后竟失边和,如超所言。

8 初,太傅邓禹尝谓人曰:"吾将百万之众,未尝妄杀一人,后世必有兴者。"其子护羌校尉训,有女曰绥,性孝友,好书传,常昼修妇业,暮诵经典,家人号曰"诸生"。叔父陔曰:"尝闻活千人者子孙有封。兄训为谒者,使修石臼河,岁活数千人,天道可信,家必蒙福。"绥后选入宫为贵人,恭肃小心,动有法度,承事阴后,接抚同列,常克己以下之,虽宫人隶役,皆加恩借,帝深嘉焉。尝有疾,帝特令其母、兄弟入亲医药,不限以日数,贵人辞曰:"宫禁至重,而使外舍久在内省,上令陛下有私幸之讥,下使贱妾获不知足之谤,上下交损,诚不愿也!"帝曰:"人皆以数入为荣,贵人反以为忧邪!"每有宴会,诸姬竞自修饰,贵人独尚质素,其衣有与阴后同色者,即时解易,若并时进见,则不敢正坐离立,行则偻身自卑,帝每有所问,常逡巡后对,不敢先后言。阴后短小,举指时失仪,左右掩口而笑,贵人独怆然不乐,为之隐讳,若己之失。帝知贵人劳心曲体,叹曰:"修德之劳,乃如是乎!"后阴后宠衰,

班超被召,戊己校尉任尚受命继任西域都护,任尚对班超说:"您在外国三十多年,而由我接替您的职务,责任重大,但我的见识短浅,希望您能予以指教!"班超说:"我年纪已老,智力衰退。而您多次担任高官,难道我班超能比得上吗! 一定要我提建议,我就想贡献一点愚见:塞外的官吏士兵,本来就不是孝子顺孙,都是因为犯有罪过,而被迁徙塞外,守边屯戍。而西域各国,心如鸟兽,难于扶植,却容易叛离。如今您性情严厉急切,但清水无大鱼,明察之政不得人心,应当采取无所拘束、简单易行的政策,宽恕他们的小过,只总揽大纲而已。"班超走后,任尚私下对自己的亲信说:"我以为班君会有奇策,而他今天所说的这番话,不过平平罢了。"任尚后来终于断送了西域和平,正如班超的预言。

　　8　当初,太傅邓禹曾对人说:"我率领百万兵众,却不曾错杀一人,后世必有子孙兴起。"他的儿子、护羌校尉邓训,有个女儿名叫邓绥,性情孝顺友爱,喜好读书,经常白天学习妇女的活计,晚上诵读儒家经典,家人称她为"女学生"。她的叔父邓陔说:"我曾听说,救活一千人的,子孙将会受封。我的兄长邓训当谒者时,奉命修石臼河,每年救活数千人,天道可以信赖,我家必定蒙福。"后来,邓绥被选入后宫,当了贵人。她谦恭小心,举止合乎法度,侍奉阴皇后以及同其他嫔妃相处时,总是克制自己,居人之下,即使是对宫人和做杂役的奴仆,也都施以恩惠和帮助,和帝对她深为赞赏。邓绥曾患病,和帝特命她的母亲和兄弟入宫照料医药,不限定天数,邓绥辞让说:"皇宫是最重要的禁地,而让外戚久住在内,上会给陛下召来宠幸私亲的讥讽,下将使我遭到不知足的非议,上下都要受损,我实在不愿如此!"和帝说:"人们都以亲属多次进宫为荣耀,你反而以此为忧虑吗!"每逢宴会,嫔妃们都争着修饰自己,唯独邓贵人喜欢朴素无华。她的衣服如有和阴皇后一样颜色的,便立即脱下换掉,若是和阴皇后同时进见,则不敢正坐或并立,行走时微躬上身,表示自己身份卑微,每当和帝有所询问,她总是退让在后,不敢先于阴皇后开口。阴皇后身材矮小,举止时有不合礼仪之处,左右随从掩口窃笑,唯独邓贵人忧而不乐,为阴皇后隐瞒遮掩,仿佛是自己的过失一样。和帝知道邓贵人的苦心和委屈,叹息道:"修养德性的辛劳,竟到了这种境界!"后来,阴皇后失宠,

贵人每当御见,辄辞以疾。时帝数失皇子,贵人忧继嗣不广,数选进才人以博帝意。阴后见贵人德称日盛,深疾之。帝尝寝病,危甚,阴后密言:"我得意,不令邓氏复有遗类!"贵人闻之,流涕言曰:"我竭诚尽心以事皇后,竟不为所祐。今我当从死,上以报帝之恩,中以解宗族之祸,下不令阴氏有人豕之讥。"即欲饮药。宫人赵玉者固禁止之,因诈言"属有使来,上疾已愈",贵人乃止。明日,上果瘳。及阴后之废,贵人请救,不能得;帝欲以贵人为皇后,贵人愈称疾笃,深自闭绝。冬,十月辛卯,诏立贵人邓氏为皇后。后辞让,不得已,然后即位。郡国贡献,悉令禁绝,岁时但供纸墨而已。帝每欲官爵邓氏,后辄哀请谦让,故兄骘终帝世不过虎贲中郎将。

9　丁酉,司空巢堪罢。

10　十一月癸卯,以大司农沛国徐防为司空。防上疏,以为:"汉立博士十有四家,设甲乙之科以勉劝学者。伏见太学试博士弟子,皆以意说,不修家法,私相容隐,开生奸路。每有策试,辄兴净讼,论议纷错,互相是非。孔子称'述而不作',又曰'吾犹及史之阙文'。今不依章句,妄生穿凿,以遵师为非义,意说为得理,轻侮道术,浸以成俗,诚非诏书实选本意。改薄从忠,三代常道;专精务本,儒学所先。臣以为博士及甲乙策试,宜从其家章句,开五十难以试之,解释多者为上第,引文明者为高说。若不依先师,义有相伐,皆正以为非。"上从之。

邓贵人每当遇到和帝召见,就借病推辞。当时和帝接连失去皇子,邓贵人担心后嗣不多,屡次挑选才人进献,以博取和帝的欢心。阴皇后见邓贵人的德望一天比一天高,十分嫉妒。和帝曾经卧病,情况非常危险,阴皇后暗中说:"我若是能够得意,就不让邓家再留下活口!"邓贵人听到这番话,流泪说道:"我全心全意地侍奉皇后,竟然得不到她的护佑。我今天应当跟随皇上去死,以上报皇上的大恩,中解家族的灾祸,下不使阴氏如吕太后那样有'人彘'的讥讽。"说完,就要喝毒药自杀。有个叫赵玉的宫人坚决阻止她,于是谎称:"适才有差人来,皇上的病已经好了。"邓贵人这才作罢。次日,和帝果然病愈。及至阴皇后被罢黜,邓贵人求情挽救,没有成功。和帝打算将邓贵人立为皇后,而邓贵人却愈发谦恭,她声称病重,闭门深居,把自己隔绝起来。这一年冬季,十月辛卯(二十四日),和帝下诏,将邓贵人立为皇后。邓贵人表示辞让,不得已,然后才即位为皇后。她下令:各郡、各封国一律不再进贡物品,每年四季只供应纸墨而已。每当和帝想封邓氏家族官爵时,邓皇后总是苦苦哀求,表示谦让,因此在和帝生前,她的哥哥邓骘的官职没有超过虎贲中郎将。

9　十月丁酉(三十日),和帝将司空巢堪罢免。

10　十一月癸卯(初六),和帝将大司农、沛国人徐防任命为司空。徐防上书指出:"汉朝设立十四家博士,规定科别等级,用以鼓励学者。但是,我看到,太学考察博士弟子,都是凭个人的意见立说,并不钻研本家的理论,而私自互相包容,开辟邪门歪道。每当进行策试,总是发生争执,议论纷纷,互相批驳。孔子称自己'阐述先代圣贤的成说,自己并不创作',又说:'在我年轻时,还曾赶上见到史书上有缺文。'如今人们不依照经书原文的章句,自己妄加发挥,认为遵循先师是错误的,而自己的意见才正确合理,对传统经典学术轻蔑不敬,逐渐成为风气,这实在不符合陛下遴选人才的本意。改变浅薄的习俗,遵从忠诚之道,这是夏、商、周三代的一贯法则;专注而精心地研究经典大师的理论,是儒家学者的首要任务。我认为,对于博士和科别等级的策试,应当依从各家的经典传本,提出五十个试题,解释周详的为上等,引文出处明确的为优秀。如果不根据先师学说,而个人见解发生了冲突,都一律作为错误予以纠正。"和帝听从了他的意见。

11　是岁,初封大长秋郑众为鄭乡侯。

十五年(癸卯,103)

1　夏,四月甲子晦,日有食之。时帝遵肃宗故事,兄弟皆留京师,有司以日食阴盛,奏遣诸王就国。诏曰:"甲子之异,责由一人。诸王幼稚,早离顾复,弱冠相育,常有《蓼莪》、《凯风》之哀。选懦之恩,知非国典,且复宿留。"

2　秋,九月壬午,车驾南巡,清河、济北、河间三王并从。

3　四州雨水。

4　冬,十月戊申,帝幸章陵。戊午,进幸云梦。时太尉张禹留守,闻车驾当幸江陵,以为不宜冒险远游,驿马上谏。诏报曰:"祠谒既讫,当南礼大江;会得君奏,临汉回舆而旋。"十一月甲申,还宫。

5　岭南旧贡生龙眼、荔枝,十里一置,五里一候,昼夜传送。临武长汝南唐羌上书曰:"臣闻上不以滋味为德,下不以贡膳为功。伏见交趾七郡献生龙眼等,鸟惊风发;南州土地炎热,恶虫猛兽,不绝于路,至于触犯死亡之害。死者不可复生,来者犹可救也。此二物升殿,未必延年益寿。"帝下诏曰:"远国珍羞,本以荐奉宗庙,苟有伤害,岂爱民之本,其敕太官勿复受献!"

6　是岁,初令郡国以日北至按薄刑。

11　这年,和帝打破常例,首次将大长秋郑众封为鄛乡侯。

汉和帝永元十五年(癸卯,公元 103 年)

1　夏季,四月甲子晦(三十日),出现日食。当时,和帝遵循章帝的前例,把兄弟们都留在京城。有关部门认为,日食意味着阴气过盛,上书请求派遣诸位亲王前往封国就位。和帝下诏说:"甲子那天出现日食,责任在朕一人身上。诸位亲王幼年时便早早地失去了父母的照顾,长大以后互相扶持,经常有《诗经》的《蓼莪》篇和《凯风》篇中所吟咏的悲哀。手足亲情使我恋恋不舍,明知这样违背国法,但姑且再次让他们留居京城。"

2　秋季,九月壬午(二十日),和帝去南方巡视,清河王、济北王、河间王三王一同随从前往。

3　有四个州大雨成灾。

4　冬季,十月戊申(十七日),和帝临幸章陵。十月戊午(二十七日),又临幸云梦。当时太尉张禹在京城留守,他听说和帝要临幸江陵,认为不应冒险远行,便派官府驿马传送奏书进行劝阻。和帝下诏答复道:"祭祀先祖陵庙已毕,本当南下观瞻长江,恰好收到阁下的奏书,我只到达汉水便掉转车驾返回。"十一月甲申(二十三日),返回京城皇宫。

5　以往,岭南地区进贡鲜龙眼和荔枝,十里设一个驿站,五里设一个岗亭,日夜不停地传送。临武县令、汝南人唐羌上书说:"我听说,在上位的人不因享受美味而为有德,在下位的人不因进贡美味而为有功。我看到交趾州的七郡进贡鲜龙眼等物,一路疾驰,鸟惊风动。南方州郡土地炎热,毒虫猛兽在路上到处可见,传送贡物的人甚至会遭到死亡的危害。已死的人不能复活,后来的人仍可挽救。而将这两种水果献上殿堂,也不一定能使人延年益寿。"和帝下诏说:"边远地区进贡珍奇的美味,本是用来供奉宗庙。如果因此造成伤害,岂是爱护人民的本意!现在下令:太官不再接受此类贡品!"

6　本年,首次命令各郡、各封国从夏至日开始审理轻刑案件。

十六年(甲辰,104)

1　秋,七月,旱。

2　辛酉,司徒鲁恭免。

3　庚午,以光禄勋张酺为司徒;八月己酉,酺薨。冬,十月辛卯,以司空徐防为司徒,大鸿胪陈宠为司空。

4　十一月己丑,帝行幸缑氏,登百岯山。

5　北匈奴遣使称臣贡献,愿和亲,修呼韩邪故约。帝以其旧礼不备,未许,而厚加赏赐,不答其使。

元兴元年(乙巳,105)

1　春,高句骊王宫入辽东塞,寇略六县。

2　夏,四月庚午,赦天下,改元。

3　秋,九月,辽东太守耿夔击高句骊,破之。

4　冬,十二月辛未,帝崩于章德前殿。初,帝失皇子,前后十数,后生者辄隐秘养于民间,群臣无知者。及帝崩,邓皇后乃收皇子于民间。长子胜,有痼疾;少子隆,生始百馀日,迎立以为皇太子,是夜,即皇帝位。尊皇后曰皇太后,太后临朝。是时新遭大忧,法禁未设,宫中亡大珠一箧。太后念欲考问,必有不辜,乃亲阅宫人,观察颜色,即时首服。又,和帝幸人吉成御者共枉吉成以巫蛊事,下掖庭考讯,辞证明白。太后以吉成先帝左右,待之有恩,平日尚无恶言,今反若此,不合人情;更自呼见实核,果御者所为,莫不叹服以为圣明。

汉和帝永元十六年(甲辰,公元 104 年)

1　秋季,七月,发生旱灾。

2　七月辛酉(初四),将司徒鲁恭免职。

3　七月庚午(十三日),将光禄勋张酺任命为司徒。八月己酉(二十二日),张酺去世。冬季,十月辛卯(初五),将司空徐防任命为司徒,将大鸿胪陈宠任命为司空。

4　十一月己丑,和帝出行,临幸缑氏,登上百岯山。

5　北匈奴派遣使者称臣进贡,愿意和亲通好,请求重新修订呼韩邪单于时代的旧约。和帝认为北匈奴不具备呼韩邪单于的礼数,没有接受请求,只给厚重的赏赐,不派使者回报。

汉和帝元兴元年(乙巳,公元 105 年)

1　春季,高句骊国王宫侵入辽东郡边塞,抢掠该郡下属六县。

2　夏季,四月庚午,大赦天下,改年号。

3　秋季,九月,辽东郡太守耿夔进攻高句骊,将高句骊军打败。

4　冬季,十二月辛未(二十二日),和帝在章德前殿驾崩。当初,和帝的儿子接连夭亡,前后达十馀人,后出生的皇子就被秘密地送到民间养育,群臣无人知晓。及至和帝驾崩,邓皇后才将皇子从民间收回。长子刘胜,身患久治不愈的顽疾;幼子刘隆,出生才一百多天。于是邓皇后将刘隆接回宫中,立为皇太子,当夜,刘隆即位为皇帝。邓皇后被尊称为皇太后,临朝摄政。当时刚刚遭受大丧,法律、禁令还不完备,在混乱之间,宫中丢失大珠一箱。邓太后想到,如果要审问,必会牵累无罪受冤的人。于是她亲自查看宫人,审视涉嫌者的面容神色,盗珠人当即自首认罪。再有,和帝的一个宠幸者叫吉成,侍从们一同诬陷他施用巫蛊害人,吉成被交付掖庭进行审讯,供词、证据都很清楚。但邓太后认为吉成是和帝身边的人,对他有恩,平时尚且不讲自己的坏话,如今反而采取这种手段,不合乎人情。于是她亲自下令传见吉成,进行核实,查出果然是出自侍从们的陷害,众人无不赞叹佩服,认为太后圣明。

5 北匈奴重遣使诣敦煌贡献,辞以国贫未能备礼,愿请大使,当遣子入侍。太后亦不答其使,加赐而已。

6 雒阳令广汉王涣,居身平正,能以明察发擿奸伏,外行猛政,内怀慈仁。凡所平断,人莫不悦服,京师以为有神,是岁卒官,百姓市道,莫不咨嗟流涕。涣丧西归,道经弘农,民庶皆设槃案于路,吏问其故,咸言:"平常持米到雒,为吏卒所钞,恒亡其半,自王君在事,不见侵枉,故来报恩。"雒阳民为立祠、作诗,每祭,辄弦歌而荐之。太后诏曰:"夫忠良之吏,国家之所以为治也,求之甚勤,得之至寡,今以涣子石为郎中,以劝劳勤。"

5　北匈奴再次派遣使者到敦煌进贡,解释说:由于我国贫穷,不能礼数周全,希望能请汉朝使者前来,北匈奴将派遣王子到汉朝充当人质。邓太后也没有派使者回报,只给予赏赐而已。

6　雒阳令、广汉人王涣,为人正直,办事公平,能够洞察暗藏的奸邪,予以惩治。从表面看,他施行苛猛之政,而内心却十分仁慈。凡是他所作的判决,人们无不心悦诚服,整个京城都认为他似有神明相助,本年,王涣在任上去世,百姓围住道路,无不叹息流泪。王涣的灵柩向西运回家乡,途经弘农时,当地人民全都在路旁设案摆盘,进行祭祀,官吏询问缘故,他们一致说道:"我们以往运米到雒阳,受到官吏和士卒的掠夺,总要损失一半。而自从王君到任,我们就不再遭受侵害和冤屈了,因此前来报恩。"雒阳人民为王涣建立祠庙,并作诗纪念他。每逢祭祀的时候,就奏乐歌颂这些诗篇。邓太后下诏说:"有了忠良的官吏,国家才得到治理,朝廷十分殷切地寻求这种官吏,但却极少得到,现任命王涣的儿子王石为郎中,以勉励那些任职劳苦而勤奋的官吏。"

卷第四十九　汉纪四十一

起丙午(106)尽乙卯(115)凡十年

孝殇皇帝
延平元年(丙午,106)

1　春,正月辛卯,以太尉张禹为太傅,司徒徐防为太尉,参录尚书事。太后以帝在襁褓,欲令重臣居禁内。乃诏禹舍宫中,五日一归府;每朝见,特赞,与三公绝席。

2　封皇兄胜为平原王。

3　癸卯,以光禄勋梁鲔为司徒。

4　三月甲申,葬孝和皇帝于慎陵,庙曰穆宗。

5　丙戌,清河王庆、济北王寿、河间王开、常山王章始就国;太后特加庆以殊礼。庆子祜,年十三,太后以帝幼弱,远虑不虞,留祜与嫡母耿姬居清河邸。耿姬,况子曾孙也;祜母,犍为左姬也。

6　夏,四月,鲜卑寇渔阳,渔阳太守张显率数百人出塞追之。兵马掾严授谏曰:"前道险阻,贼势难量,宜且结营,先令轻骑侦视之。"显意甚锐,怒,欲斩之,遂进兵。遇虏伏发,士卒悉走,唯授力战,身被十创,手杀数人而死。主簿卫福、功曹徐咸皆自投赴显,俱没于陈。

7　丙寅,以虎贲中郎将邓骘为车骑将军、仪同三司。骘弟黄门侍郎悝为虎贲中郎将,弘、闾皆侍中。

孝殇皇帝

汉殇帝延平元年(丙午,公元106年)

1 春季,正月辛卯(十三日),将太尉张禹任命为太傅,将司徒徐防任命为太尉,参与主管尚书事务。邓太后因皇帝是个婴孩,尚在襁褓之中,打算让重要的大臣住在宫内。于是下诏,命张禹留居宫中,每五天回家一次;每逢朝见,都专门为他唱名,让他单独就座,不与三公同席。

2 将皇兄刘胜封为平原王。

3 正月癸卯(二十五日),将光禄勋梁鲔任命为司徒。

4 三月甲申(初七),将和帝安葬在慎陵,庙号称为穆宗。

5 三月丙戌(初九),清河王刘庆、济北王刘寿、河间王刘开、常山王刘章从此前往封国就位。邓太后对刘庆特别优待,礼遇超过其他亲王。刘庆的儿子刘祜,当时十三岁,邓太后因殇帝幼小单弱,担心将来发生不测,就让刘祜和他的嫡母耿姬留下,住在清河国设在京城的官邸。耿姬是耿况的曾孙女;刘祜的生母是犍为人左姬。

6 夏季,四月,鲜卑侵犯渔阳。渔阳太守张显率领数百人出塞追击。兵马掾严授劝谏道:"前方道路险恶而阻碍重重,敌人的实力难以估量,我军应暂且安营扎寨,先命轻装骑兵进行侦察。"张显锐气正盛,听后大怒,要将严授处斩。于是汉军向前挺进,途中遇到鲜卑军伏兵袭击,汉军全部逃散,唯独严授奋力迎战,身受十处创伤,亲手格杀数人后战死。渔阳郡主簿卫福、功曹徐咸二人都自动赶来营救张显,一同阵亡。

7 四月丙寅(十九日),将虎贲中郎将邓骘任命为车骑将军、仪同三司。将邓骘的弟弟、黄门侍郎邓悝任命为虎贲中郎将,邓弘、邓阊二人为侍中。

8 司空陈宠薨。

9 五月辛卯,赦天下。

10 壬辰,河东垣山崩。

11 六月丁未,以太常尹勤为司空。

12 郡国三十七雨水。

13 己未,太后诏减太官、导官、尚方、内署诸服御、珍膳、靡丽难成之物,自非供陵庙,稻粱米不得导择,朝夕一肉饭而已。旧太官、汤官经用岁且二万万,自是裁数千万。及郡国所贡,皆减其过半;悉斥卖上林鹰犬;离宫、别馆储峙米糒、薪炭,悉令省之。

14 丁卯,诏免遣掖庭宫人及宗室没入者皆为庶民。

15 秋,七月庚寅,敕司隶校尉、部刺史曰:"间者郡国或有水灾,妨害秋稼,朝廷惟咎,忧惶悼惧。而郡国欲获丰穰虚饰之誉,遂覆蔽灾害,多张垦田,不揣流亡,竞增户口,掩匿盗贼,令奸恶无惩,署用非次,选举乖宜,贪苛惨毒,延及平民。刺史垂头塞耳,阿私下比,不畏于天,不愧于人。假贷之恩,不可数恃,自今以后,将纠其罚。二千石长吏其各实核所伤害,为除田租刍稿。"

16 八月辛卯,帝崩。癸丑,殡于崇德前殿。太后与兄车骑将军骘、虎贲中郎将悝等定策禁中,其夜,使骘持节以王青盖车迎清河王子祜,斋于殿中。皇太后御崇德殿,百官皆吉服陪位,引拜祜为长安侯。乃下诏,以祜为孝和皇帝嗣,又作策命。有司读策毕,太尉奉上玺绶,即皇帝位,太后犹临朝。

8 司空陈宠去世。

9 五月辛卯(十五日),大赦天下。

10 五月壬辰(十六日),河东郡垣山发生山崩。

11 六月丁未(初一),将太常尹勤任命为司空。

12 有三十七个郡和封国大雨成灾。

13 六月己未(十三日),邓太后下诏,削减太官、导官、尚方、内署的各种御用衣服车马、珍馐美味和各色奢靡富丽精巧难成的物品,除非供奉皇陵祠庙,否则稻谷粱米不得加工精选,每日早晚只吃一餐肉食。以往太官、汤官的费用每年将近两万万钱,至此裁减为数千万钱。连同各郡、各封国的贡物,都削减一半以上;将上林苑的猎鹰、猎犬全部卖掉;各地离宫、别馆所储备的存米、干粮、薪柴、木炭,也一律下令减少。

14 六月丁卯(二十一日),下诏遣散掖庭部分宫人,并将罚入掖庭当奴婢的皇族成员一律免罪,使他们成为平民。

15 秋季,七月庚寅(十五日),敕令司隶校尉和部刺史:"近来有些郡和封国发生水灾,伤害了秋天的庄稼,朝廷检讨自己的过失,深为忧虑惶恐。然而各地方官府为了要得到丰产的虚名假誉,便隐瞒灾情,夸大垦田面积;不去统计逃亡人数,却竞相增加户口;掩盖盗匪活动情况,使罪犯得不到惩处;不依照规定次序任用官吏,举荐人才不当;贪婪苛刻的祸害,加在人民的身上。而刺史却低头塞耳,徇私包庇,在下面互相勾结,不知畏惧上天,也不知愧对于人。不能让他们一再地仗恃朝廷的宽容恩典,从今以后,将加重对不法官员的处罚。现命令两千石官员各自核查百姓受灾情况,免除他们应向国家交付的田赋禾秆。"

16 八月辛丑,殇帝驾崩。八月癸丑(初八),将殇帝入殓后,灵柩停放在崇德前殿。邓太后与她的哥哥车骑将军邓骘、虎贲中郎将邓悝等在宫中商议大计,决定了继位人选,当夜,派邓骘持符节,用已封王的皇子才能乘坐的青盖车将清河王的儿子刘祜接来,在殿中斋戒。皇太后登上崇德殿,文武百官都穿上吉服陪同出席。刘祜被引导上殿,皇太后将他封为长安侯。随即下诏,将刘祜立为和帝的后嗣,接着又颁布册立皇帝的诏命。有关官员宣读完毕后,太尉献上皇帝的御玺,刘祜便正式即位。邓太后仍旧临朝摄政。

17　诏告司隶校尉、河南尹、南阳太守曰："每览前代，外戚宾客浊乱奉公，为民患苦，咎在执法怠懈，不辄行其罚故也。今车骑将军骘等虽怀敬顺之志，而宗门广大，姻戚不少，宾客奸猾，多干禁宪，其明加检敕，勿相容护。"自是亲属犯罪，无所假贷。

18　九月，六州大水。

19　丙寅，葬孝殇皇帝于康陵。以连遭大水，百姓苦役，方中秘藏及诸工作事，减约十分居一。

20　乙亥，殒石于陈留。

21　诏以北地梁慬为西域副校尉。慬行至河西，会西域诸国反，攻都护任尚于疏勒。尚上书求救，诏慬将河西四郡羌、胡五千骑驰赴之。慬未至而尚已得解，诏征尚还，以骑都尉段禧为都护，西域长史赵博为骑都尉。禧、博守它乾城，城小，梁慬以为不可固，乃谲说龟兹王白霸，欲入共保其城。白霸许之，吏民固谏，白霸不听。慬既入，遣将急迎段禧、赵博，合军八九千人。龟兹吏民并叛其王，而与温宿、姑墨数万兵反，共围城，慬等出战，大破之。连兵数月，胡众败走，乘胜追击，凡斩首万馀级，获生口数千人，龟兹乃定。

22　冬，十月，四州大水，雨雹。

23　清河孝王庆病笃，上书求葬樊濯宋贵人冢旁。十二月甲子，王薨。

24　乙酉，罢鱼龙曼延戏。

17　邓太后对司隶校尉、河南尹、南阳太守下诏说："每每查阅前代史事,看到皇后家族及其宾客仗势横行,使奉公而不徇私情的官员陷于混乱,给人民带来痛苦,这是由于执法不严,没有立即施行惩罚的缘故。如今车骑将军邓骘等虽然怀有恭敬顺从的心意,但家族庞大,亲戚不少,宾客奸诈狡猾,对国家的法律禁令多有冒犯,现命令对邓氏家族的不法行为要公开地加以检束,不许包容袒护。"从此以后,邓氏家族亲属犯罪,官员都不予以宽免。

18　九月,有六个州发生水灾。

19　九月丙寅,将殇帝安葬于康陵。因国家接连遭受水灾,人民苦于徭役,所以陵墓中的随葬之物及各项工程都予以裁减,只留十分之一。

20　九月乙亥(初一),陈留郡天降陨石。

21　朝廷任命北地人梁慬为西域副校尉。梁慬行到河西时,恰逢西域各国背叛了汉朝,在疏勒向西域都护任尚发动进攻。任尚上书朝廷求救,朝廷便命令梁慬率领河西四郡——敦煌、武威、酒泉、张掖的羌、胡骑兵五千人急速前去救援。梁慬还没有到达,任尚已经解围,朝廷将任尚召回,任命骑都尉段禧为西域都护,任命西域长史赵博为骑都尉。段禧和赵博据守在它乾城,它乾城是个小城,梁慬认为不能固守,于是用诈术游说龟兹王白霸,声称愿意进入龟兹,和他共同守城。白霸同意了梁慬的建议,龟兹的官员和百姓极力进行劝阻,但白霸不听。梁慬进入龟兹城以后,派将领急速前去迎接段禧和赵博,汉军汇合为八九千人。龟兹的官员和百姓一同背叛了龟兹王,与温宿、姑墨两国联合造反,军队达数万人,一同围攻龟兹城,梁慬等出城迎战,大破联军。战争持续了数月,联军兵败退走,梁慬乘胜追击,共斩杀一万余人,生擒数千人,龟兹局势才告平定。

22　冬季,十月,有四个州发生水灾和雹灾。

23　清河王刘庆病重,上书请求死后葬在樊濯宋贵人墓旁。十二月甲子(二十一日),刘庆去世。

24　十二月乙酉,废止杂戏"鱼龙曼延"。

25　尚书郎南阳樊准以儒风寖衰，上疏曰："臣闻人君不可以不学。光武皇帝受命中兴，东西诛战，不遑启处，然犹投戈讲艺，息马论道。孝明皇帝庶政万机，无不简心，而垂情古典，游意经艺，每飨射礼毕，正坐自讲，诸儒并听，四方欣欣。又多征名儒，布在廊庙，每谳会则论难衎，共求政化，期门、羽林介胄之士，悉通《孝经》，化自圣躬，流及蛮荒，是以议者每称盛时，咸言永平。今学者益少，远方尤甚，博士倚席不讲，儒者竞论浮丽，忘謇謇之忠，习觇觎之辞。臣愚以为宜下明诏，博求幽隐，宠进儒雅，以俟圣上讲习之期。"太后深纳其言，诏："公、卿、中二千石各举隐士、大儒，务取高行，以劝后进，妙简博士，必得其人。"

孝安皇帝上
永初元年(丁未, 107)

1　春，正月癸酉朔，赦天下。

2　蜀郡徼外羌内属。

3　二月丁卯，分清河国封帝弟常保为广川王。

4　庚午，司徒梁鲔薨。

5　三月癸酉，日有食之。

6　己卯，永昌徼外僬侥种夷陆类等举种内附。

7　甲申，葬清河孝王于广丘，司空、宗正护丧事，仪比东海恭王。

25　尚书郎、南阳人樊准因儒家学风日渐衰颓,上书说:"我听说,君主不可以不学习。光武皇帝承受天命,使汉朝中兴,东征西伐,顾不上安居休息。但他仍然放下武器,讲说儒家学问,停鞍歇马,讨论圣人之道。孝明皇帝日理万机,事事经心,但却爱好古籍,留意儒家经典,每当行过缩射礼后,都坐在正位上,亲自讲解经书,儒生们则一同聆听,四方都欢欣喜悦。他还广召著名的儒家学者,将他们安置在朝廷,每逢宴会,便亲切地和他们讨论疑难,共同研究治国和教化之道,即便是期门、羽林的武士军官,也都人人通晓《孝经》,儒学的影响从圣明的君王身上开始,扩展到野蛮荒凉之地,因此,每当人们称颂盛世的时候,都谈到明帝永平年代。如今学者日益减少,京城以外的远方尤其严重,博士把坐席放在一旁,不再讲学,儒生则竟相追求华而不实的理论,忘掉了正直忠诚的原则,只熟悉谄媚阿谀的言词。我认为应当颁布诏书,明告天下,广泛寻访隐居的学者,提拔渊博的儒士,等到将来圣上上学的时候,为他讲解经书。"邓太后认为樊准的意见很对,予以采纳,下诏说:"三公、九卿和中两千石官员,要各自举荐隐士、大儒,被举荐者务必具有高尚的德行,以劝导晚生后进,从中精选博士,一定可以得到适合的人选。"

孝安皇帝上
汉安帝永初元年(丁未,公元 107 年)

1　春季,正月癸酉朔(初一),大赦天下。

2　蜀郡边境外的羌人归附汉朝。

3　二月丁卯(二十五日),分割清河国部分封土,将安帝的弟弟刘常保封为广川王。

4　二月庚午(二十八日),司徒梁鲔去世。

5　三月癸酉(初二),出现日食。

6　三月己卯(初八),永昌郡边境外夷人僬侥部落的首领陆类等人,率领全体部众归附汉朝。

7　三月甲申(十三日),将清河王刘庆安葬在广丘,由司空、宗正负责治丧,礼仪比照东海恭王刘彊。

8　自和帝之丧,邓骘兄弟常居禁中。骘不欲久在内,连求还第,太后许之。夏,四月,封太傅张禹、太尉徐防、司空尹勤、车骑将军邓骘、城门校尉邓悝、虎贲中郎将邓弘、黄门郎邓阊皆为列侯,食邑各万户,骘以定策功增三千户。骘及诸弟辞让不获,遂逃避使者,间关诣阙,上疏自陈,至于五六,乃许之。

9　五月甲戌,以长乐卫尉鲁恭为司徒。恭上言:"旧制立秋乃行薄刑,自永元十五年以来,改用孟夏。而刺史、太守因以盛夏征召农民,拘对考验,连滞无已;上逆时气,下伤农业。按《月令》'孟夏断薄刑'者,谓其轻罪已正,不欲令久系,故时断之也。臣愚以为今孟夏之制,可从此令;其决狱案考,皆以立秋为断。"又奏:"孝章皇帝欲助三正之微,定律著令,断狱皆以冬至之前。小吏不与国同心者,率十一月得死罪贼,不问曲直,便即格杀,虽有疑罪,不复谳正。可令大辟之科,尽冬月乃断。"朝廷皆从之。

10　丁丑,诏封北海王睦孙寿光侯普为北海王。

11　九真徼外、夜郎蛮夷,举土内属。

12　西域都护段禧等虽保龟兹,而道路隔塞,檄书不通。公卿议者以为"西域阻远,数有背叛,吏士屯田,其费无已"。六月壬戌,罢西域都护,遣骑都尉王弘发关中兵迎禧及梁慬、赵博、伊吾卢、柳中屯田吏士而还。

8 自从和帝驾崩,邓骘兄弟一直住在皇宫。邓骘不愿久在宫中,一再请求回家,太后应允。夏季,四月,将太傅张禹、太尉徐防、司空尹勤、车骑将军邓骘、城门校尉邓悝、虎贲中郎将邓弘、黄门郎邓阊全都封为侯爵,各自享有一万户的食邑。邓骘因协助册立皇帝有功,增加三千户。邓骘和他的弟弟们推辞谦让,但未获批准。于是他们躲开朝廷的使者,绕路前往皇宫大门,上书陈述自己的请求,前后达五六次,邓太后这才应允。

9 五月甲戌(初三),将长乐卫尉鲁恭任命为司徒。鲁恭上书说:"以往制度规定,立秋之日才开始审理轻刑案件。但自从永元十五年以来,将时间改到了孟夏四月。而州刺史、郡太守便在盛夏时节传讯农民,拘捕、审讯、拷问、核实,连续拖延不断。对上违背了天时,对下伤害了农业。考查《月令》所说'孟夏断薄刑'的含义,是说对于罪行轻微并已定案的犯人,不愿使他们长期地遭受囚禁,因此要及时判决。我认为,如今的孟夏四月判决制度,可以照此施行;而其他案件的审讯、拷问、核实,则自立秋开始。"他还上书说:"孝章皇帝想有助于天、地、人'三正'的开端,制定律令,规定审理判决罪案一律在冬至之前结束。而那些不与国家同心的执法小官,却大都在十一月捕到被控犯有死罪的犯人后,不问是非曲直便立即处死,尽管罪状可疑,也不再重新审理。我建议,对死刑重罪的判决,可延长到十二月底再审判。"朝廷将他的建议全部采纳。

10 五月丁丑(初六),邓太后下诏,将前北海王刘睦的孙子、寿光侯刘普封为北海王。

11 九真郡边境外的蛮夷及夜郎国蛮夷归附汉朝,将全部土地并入汉朝。

12 西域都护段禧等虽然保住了龟兹,但通往中原的道路已被堵塞,命令、文件无法传递。公卿中议论此事的人认为:"西域阻碍重重而距离遥远,又屡次反叛,官兵在那里屯戍垦田,经费消耗没有止境。"六月壬戌(二十二日),东汉朝廷撤销西域都护,派遣骑都尉王弘征调关中兵,将段禧和梁慬、赵博以及伊吾庐和柳中的屯田官兵接回中原本土。

13　初，烧当羌豪东号之子麻奴随父来降，居于安定。时诸降羌布在郡县，皆为吏民豪右所徭役，积以愁怨。及王弘西迎段禧，发金城、陇西、汉阳羌数百千骑与俱，郡县迫促发遣。群羌惧远屯不还，行到酒泉，颇有散叛，诸郡各发兵邀遮，或覆其庐落。于是勒姐、当煎大豪东岸等愈惊，遂同时奔溃。麻奴兄弟因此与种人俱西出塞，滇零与锺羌诸种大为寇掠，断陇道。时羌归附既久，无复器甲，或持竹竿木枝以代戈矛，或负板案以为盾，或执铜镜以象兵，郡县畏懦不能制。丁卯，赦除诸羌相连结谋叛逆者罪。

14　秋，九月庚午，太尉徐防以灾异、寇贼策免。三公以灾异免，自防始。辛未，司空尹勤以水雨漂流策免。

仲长统《昌言》曰：光武皇帝愠数世之失权，忿强臣之窃命，矫枉过直，政不任下，虽置三公，事归台阁。自此以来，三公之职，备员而已；然政有不治，犹加谴责。而权移外戚之家，宠被近习之竖，亲其党类，用其私人，内充京师，外布州郡，颠倒贤愚，贸易选举，疲驽守境，贡残牧民，挠扰百姓，忿怒四夷，招致乖叛，乱离斯瘼，怨气并作，阴阳失和，三光亏缺，怪异数至，虫螟食稼，水旱为灾。此皆戚宦之臣所致然也，反以策让三公，至于死、免，乃足为叫呼苍天，号咷泣血者矣！又，中世之选三公也，

13　起初,烧当羌人部落首领东号的儿子麻奴跟随父亲前来归降,居住在安定郡。当时,归降的羌人诸部落分散于各个郡县,全都遭受汉人官吏和民间豪强的驱使,悲愁怨恨日益深重。后来,王弘西行迎接段禧,要征调金城、陇西、汉阳数千羌人充当骑兵,一同前往,于是郡县官府紧急发遣,强迫羌人从军。羌人担心会被派到远方屯戍,不能再返回家乡,行进到酒泉的时候,已有不少人逃离反叛,诸郡各自派兵进行拦截,有些郡兵捣毁了羌人住宿的庐落。于是勒姐、当煎部落的首领东岸等人愈发惊恐,便一同溃逃。麻奴兄弟因此与本部落的人一同西行出塞,而滇零与锺羌各部落则大肆抢掠,切断了陇道。这时,羌人因归附汉朝已久,不再拥有武器,他们便有人手持竹竿、树枝代替戈、矛,有人用木板桌案当作盾牌,还有人拿着铜镜,伪装兵器,郡县官府畏惧怯懦,不能制止。六月丁卯(二十七日),朝廷赦免羌人各部落中互相勾结进行谋反叛逆者的罪行。

14　秋季,九月庚午(初一),太尉徐防因天灾、天象异常和叛匪作乱而被颁策罢免。太尉、司徒、司空三公由于天灾或天象异常而遭罢免,徐防乃是首例。九月辛未(初二),司空尹勤因大雨水灾被颁策罢免。

仲长统《昌言》说:光武皇帝因西汉数世失去权柄而愤慨,对强悍之臣窃取帝位深为痛恨,因此他矫枉过正,权力不交给臣下,虽然设立了三公,政事却归尚书台总理。从此以后,三公的作用,只是充数而已;但当国家治理不善的时候,仍对三公加以谴责。而实权却转移到皇后家族,宠信则施加到皇帝身边的宦官。这些人亲近自己的同类同党,任用亲戚朋友,在内充斥京城,在外遍布州郡。他们颠倒贤能与愚劣,利用举荐人才的机会,进行私人交易。使无能不才者守卫疆土,贪婪凶残者统治人民。黎民百姓受到搅扰,四方外族又被激怒,终于导致反叛,带来战乱流亡和忧患疾苦。怨愤之气一时并发,阴阳失和,日、月、星三光出现亏缺,怪异不断降临,害虫吃掉庄稼,水旱带来灾难。这样的局面都是外戚宦官所造成的,而朝廷反而颁策责备三公,甚至将三公处死、免官,足以使人为此呼叫苍天,号啕泣血。再者,从西汉中叶起,选任三公,

务于清悫谨慎,循常习故者,是乃妇女之检柙,乡曲之常人耳,恶足以居斯位邪!势既如彼,选又如此,而欲望三公勋立于国家,绩加于生民,不亦远乎!昔文帝之于邓通,可谓至爱,而犹展申徒嘉之志。夫见任如此,则何患于左右小臣哉!至如近世,外戚、宦竖,请托不行,意气不满,立能陷人于不测之祸,恶可得弹正者哉!曩者任之重而责之轻,今者任之轻而责之重。光武夺三公之重,至今而加甚;不假后党以权,数世而不行。盖亲疏之势异也!今人主诚专委三公,分任责成,而在位病民,举用失贤,百姓不安,争讼不息,天地多变,人物多妖,然后可以分此罪矣!

15 壬午,诏:太仆、少府减黄门鼓吹以补羽林士;厩马非乘舆常所御者,皆减半食;诸所造作,非供宗庙园陵之用,皆且止。

16 庚寅,以太傅张禹为太尉,太常周章为司空。

大长秋郑众、中常侍蔡伦等皆秉势豫政,周章数进直言,太后不能用。初,太后以平原王胜有痼疾,而贪殇帝孩抱,养为己子,故立焉。及殇帝崩,群臣以胜疾非痼,意咸归之。太后以前不立胜,恐后为怨,乃迎帝而立之。周章以众心不附,密谋闭宫门,诛邓骘兄弟及郑众、蔡伦,劫尚书,废太后于南宫,封帝为远国王而立平原王。事觉,冬,十一月丁亥,章自杀。

都务必从清廉忠厚而又谨慎小心,循规蹈矩而又熟悉旧典的人中擢拔,这些人所具有的,乃是妇女的德行,他们不过是民间乡里的常人罢了,怎么足以身居三公高位呢!三公的势力既然已是那样低落,人选又是如此平庸,却希望三公为国家建立功勋,为人民取得政绩,这岂不是差距太大了吗?从前,汉文帝对待邓通,可以说是宠爱之至,但仍使申徒嘉得以实现自己的意图,惩罚了邓通。受到这般信任,那么对皇帝左右的小臣又有什么顾忌呢!可是到了近代,外戚、宦官的请托,官员如果不执行,馈献不够丰足,立刻便会陷入意外的灾祸,哪还能够弹劾纠正他们呢!从前,对三公信任多而责罚轻,如今,对三公信任少而责罚重。光武帝夺去三公的大权,如今则剥夺得更为彻底;光武帝制定不让皇后家族掌权的政策,几代之后却已不再遵行。其原因就在于皇帝与三公和外戚的亲疏关系不同。如今,若是君王真能信赖三公,将权力交给他们,责令完成重任,而三公身居高位却为害人民,不能举荐任用贤才,致使百姓不安,纠纷不断,天地变化无常,人间妖物大量出现,到了那个时候,才可以让三公分担此罪!

15 九月壬午(十三日),诏书命令:太仆、少府裁减黄门乐队,用来增补羽林武士的名额;厩苑中的官马,凡不是皇上经常使用的,一律将食料减半;各项工程,凡不是用来供应皇家宗庙和陵园的,一律暂停。

16 九月庚寅(二十一日),将太傅张禹任命为太尉,将太常周章任命为司空。

大长秋郑众和中常侍蔡伦等依靠权势干预朝政,周章曾多次直率地进言劝谏,但邓太后未能采纳。当初,邓太后认为平原王刘胜有久治不愈的顽疾,而贪图殇帝是个婴孩,还在怀抱之中,便将他收养为自己的儿子,立为皇帝。及至殇帝驾崩,群臣认为刘胜的病并非不可痊愈,便一致属意于刘胜。但邓太后因先前没有立刘胜,怕他将来怀恨,就将刘祜接来,立为皇帝。周章认为群臣并不归心于太后,于是密谋政变:关闭宫门,诛杀邓骘兄弟及郑众、蔡伦,胁迫尚书写诏,罢黜邓太后,软禁于南宫,把安帝贬到遥远的封国为王,将平原王立为皇帝。但事机泄露,冬季,十一月丁亥(十九日),周章自杀。

17 戊子,敕司隶校尉、冀、并二州刺史:"民讹言相惊,弃捐旧居,老弱相携,穷困道路。其各敕所部长吏躬亲晓喻:若欲归本郡,在所为封长檄;不欲,勿强。"

18 十二月乙卯,以颍川太守张敏为司空。

19 诏车骑将军邓骘、征西校尉任尚将五营及诸郡兵五万人,屯汉阳以备羌。

20 是岁,郡国十八地震,四十一大水,二十八大风,雨雹。

21 鲜卑大人燕荔阳诣阙朝贺。太后赐燕荔阳王印绶、赤车、参驾,令止乌桓校尉所居宁城下,通胡市,因筑南、北两部质馆。鲜卑邑落百二十部各遣人质。

二年(戊申,108)

1 春,正月,邓骘至汉阳。诸郡兵未至,锺羌数千人击败骘军于冀西,杀千馀人。梁慬还,至敦煌,逆诏慬留为诸军援。慬至张掖,破诸羌万馀人,其能脱者十二三。进至姑臧,羌大豪三百馀人诣慬降,并慰譬,遣还故地。

2 御史中丞樊准以郡国连年水旱,民多饥困,上疏:"请令太官、尚方、考功、上林池籞诸官,实减无事之物;五府调省中都官吏、京师作者。又,被灾之郡,百姓凋残,恐非赈给所能胜赡,虽有其名,终无其实。可依征和元年故事,遣使持节慰安,尤困乏者徙置荆、扬孰郡。今虽有西屯之役,宜先东州之急。"

17　十一月戊子(二十日),太后训令司隶校尉及冀州、并州两州刺史:"人民受到谣言的惊扰,抛弃了旧居,扶老携幼,在路上贫困交加。司隶校尉及冀州、并州两位刺史,要命令下属官员亲自对百姓进行劝导,说明情况;如果他们愿意返回原郡,由当地官府为他们出具公文;如果不愿返回,也不勉强。"

18　十二月乙卯(十八日),将颍川太守张敏任命为司空。

19　诏书命令车骑将军邓骘和征西校尉任尚,率领屯骑、步兵、越骑、长水、射声等五营兵及各郡郡兵,共五万人,进驻汉阳,以防备羌军进攻。

20　本年,有十八个郡和封国发生地震,四十一个郡和封国大水成灾,二十八个郡和封国发生风灾和雹灾。

21　鲜卑首领燕荔阳到汉朝宫廷朝贺。邓太后将王爵印信绶带和三匹马驾驶的赤车赐给燕荔阳,命他定居在乌桓校尉的驻地宁城附近,开通边塞贸易,还特地修建了南北两个宾馆,用来接待人质。鲜卑一百二十个部落分别将人质送到汉朝。

汉安帝永初二年(戊申,公元108年)

1　春季,正月,邓骘抵汉阳。各郡郡兵还没有到达,锺羌部落数千人便在冀县以西打败邓骘军,杀死一千余人。当时梁慬刚从西域回国,到达敦煌郡时,接到诏书,让他留下来担任各部队的后援。梁慬军到达张掖,打败羌军各部队一万余人,逃脱者仅占十分之二三。梁慬军开到姑臧,羌人首领三百余人向他投降,梁慬对他们全都进行安抚开导,遣送他们返回故地。

2　御史中丞樊准因各地连年水旱成灾,许多百姓饥饿贫困,上书说:"请命令太官、尚方、考功、上林等各官署,核实裁撤无用之物;太傅、太尉、司徒、司空、车骑将军等五府,调整减少中央官吏及在京城营造建筑的工匠。再者,受灾各郡的百姓凋零残破,恐怕官府的赈济不能拯救他们,虽然有赈济之名,却最终收不到赈济之实。建议依照汉武帝征和元年的先例,派遣使者持符节前往灾区进行慰问,将特别贫困的灾民迁徙安置到荆州、扬州所属的丰产郡。目前虽然西方有战事,也应先解救东方的急难。"

太后从之,悉以公田赋与贫民,即擢准与议郎吕仓并守光禄大夫。二月乙丑,遣准使冀州、仓使兖州禀贷,流民咸得苏息。

3　夏,旱。五月丙寅,皇太后幸雒阳寺及若卢狱录囚徒。雒阳有囚,实不杀人而被考自诬,羸困舆见,畏吏不敢言,将去,举头若欲自诉。太后察视觉之,即呼还问状,具得枉实。即时收雒阳令下狱抵罪。行未还宫,澍雨大降。

4　六月,京师及郡国四十大水,大风,雨雹。

5　秋,七月,太白入北斗。

6　闰月,广川王常保薨,无子,国除。

7　癸未,蜀郡徼外羌举土内属。

8　冬,邓骘使任尚及从事中郎河内司马钧率诸郡兵与滇零等数万人战于平襄,尚军大败,死者八千馀人,羌众遂大盛,朝廷不能制。湟中诸县,粟石万钱,百姓死亡不可胜数,而转运难剧。故左校令河南庞参先坐法输作若卢,使其子俊上书曰:"方今西州流民扰动,而征发不绝,水潦不休,地力不复,重之以大军,疲之以远戍,农功消于转运,资财竭于征发,田畴不得垦辟,禾稼不得收入,搏手困穷,无望来秋,百姓力屈,不复堪命。臣愚以为万里运粮,远就羌戎,不若总兵养众,以待其疲。车骑将军骘宜且振旅,留征西校尉任尚,使督凉州土民转居三辅,休徭役以助其时,止烦赋以益其财,

邓太后听从了樊准的建议,将国家所有的公田全部交给贫民使用,并随即擢升樊准,将他和议郎吕仓一同任命为代理光禄大夫。二月乙丑(二十九日),派遣樊准为使者前往冀州,派遣吕仓为使者前往兖州,对灾民进行赈济,于是流亡的百姓全都得以复苏。

3 夏季,发生旱灾。五月丙寅(初一),邓太后亲临雒阳地方官府及若卢监狱,审查囚犯的罪状。有个雒阳的囚犯,实际上并没有杀过人,但被屈打成招,自认有罪。他十分瘦弱,身有伤残,被人抬上来进见,却因惧怕官吏而不敢开口。将要离去的时候,他抬起头来,像要为自己申诉。邓太后看到后,有所察觉,便马上把他叫回来询问情况,查清了全部冤屈事实。于是立即将雒阳令逮捕入狱,抵偿罪过。太后起驾,还没有回到皇宫,一场丰沛的及时雨便从天而降。

4 六月,京城及四十个郡和封国出现水灾、风灾和雹灾。

5 秋季,七月,金星进入北斗星座。

6 闰七月,广川王刘常保去世。因无子嗣,封国撤除。

7 闰七月癸未,蜀郡边境外的羌人归附汉朝,将全部土地并入中国。

8 冬季,邓骘命令任尚及从事中郎、河内人司马钧率领各郡郡兵,在平襄同滇零率领的数万羌军交战,任尚军大败,八千馀人战死。羌军于是声势大振,实力强盛,朝廷不能控制。湟中地区各县的谷价,每石达一万钱,死亡的百姓多得无法统计,但粮食运输十分艰难。原左校令、河南人庞参因先前被控犯法而在若卢监狱做苦工,让他的儿子庞俊上书说:"目前,西部地区的人民正在大批地流亡,动荡不宁,但徭役征发仍然不停,水灾没有止休,地力不能恢复,又因大军出动而增加开支,因戍守远方而使人民疲劳。农业劳动力被消耗于运输,百姓资财因征发而枯竭,田地得不到开垦,庄稼无法收割,人们急得搓手而一筹莫展,即使到了明年秋天,也不会有指望,百姓的力量已经用尽,不能再承受负担。我认为,从万里之外运粮到遥远的羌人地区,还不如集合部队,休养生息,等待敌人衰败。车骑将军邓骘应当暂且整军回师,留下征西校尉任尚,命他负责将凉州的士人和平民迁居到三辅地区。停止征发徭役,使百姓不误农时;免除繁重的赋税,以增加百姓的资财,

令男得耕种,女得织纴,然后畜精锐,乘懈沮,出其不意,攻其不备,则边民之仇报,奔北之耻雪矣。"书奏,会樊准上疏荐参,太后即擢参于徒中,召拜谒者,使西督三辅诸军屯。十一月辛酉,诏邓骘还师,留任尚屯汉阳为诸军节度。遣使迎拜骘为大将军。既至,使大鸿胪亲迎,中常侍郊劳,王、主以下候望于道,宠灵显赫,光震都鄙。

9 滇零自称天子,于北地招集武都参狼、上郡、西河诸杂种羌断陇道,寇钞三辅,南入益州,杀汉中太守董炳。梁慬受诏当屯金城,闻羌寇三辅,即引兵赴击,转战武功、美阳间,连破走之,羌稍退散。

10 十二月,广汉塞外参狼羌降。

11 是岁,郡国十二地震。

三年(乙酉,109)

1 春,正月庚子,皇帝加元服,赦天下。

2 遣骑都尉任仁督诸郡屯兵救三辅。仁战数不利,当煎、勒姐羌攻没破羌县,锺羌攻没临洮县,执陇西南部都尉。

3 三月,京师大饥,民相食。壬辰,公卿诣阙谢。诏:"务思变复,以助不逮。"

4 壬寅,司徒鲁恭罢。恭再在公位,选辟高第至列卿、郡守者数十人,而门下诸生或不蒙荐举,至有怨望者。恭闻之,曰:"学之不讲,是吾忧也,诸生不有乡举者乎!"终无所言,亦不借之议论。学者受业,必穷核问难,道成,然后谢遣之。学者曰:"鲁公谢与议论,不可虚得。"

让男子能够耕种田地,女子能够从事纺织。然后养精蓄锐,乘着敌人懈怠的机会,出其不意,攻其不备,发动突然袭击,那么便可以为边疆人民报仇,为往昔的失败雪耻了。"奏书呈上,恰好樊准正上书保荐庞参,邓太后便召见庞参,将他由刑徒擢拜为谒者,命令他西上三辅,监督驻扎在该地区的各部队。十一月辛酉(二十九日),邓太后下诏,命邓骘回师,留下任尚驻扎汉阳,负责各军的调度。邓太后派使者迎接邓骘,将他任命为大将军。邓骘到达雒阳以后,邓太后又派大鸿胪亲自出迎,中常侍前往郊外慰劳,亲王、公主以下的群臣则在路旁等候,邓骘所得的恩宠和荣耀极为显赫,声势震动京城内外。

9　羌人首领滇零在北地自称天子,召集武都的参狼部落,以及散布在上郡、西河的杂种羌人,切断陇道,进攻抢掠三辅地区,并南下进入益州,杀死汉中太守董炳。梁慬接受诏命,本当驻守金城,但听说羌军进攻三辅,便立即率兵赶来迎敌。他转战于武功、美阳一带,接连将敌军击败赶跑,羌人略向后撤,有所离散。

10　十二月,广汉郡边塞外的羌人参狼部落归降。

11　本年,有十二个郡和封国发生地震。

汉安帝永初三年(乙酉,公元109年)

1　春季,正月庚子(初九),安帝举行成年加冠礼,大赦天下。

2　派遣骑都尉任仁率领各郡驻军救援三辅。任仁屡战屡败,羌人当煎、勒姐部落攻陷破羌县,锺羌部落则攻陷临洮县,俘虏了陇西南部都尉。

3　三月,京城雒阳发生饥荒,出现人吃人的现象。三月壬辰(初二),三公九卿前往宫门请罪。诏书回答:"大家要一心改过向善,以助我完成力所不及的重任。"

4　三月壬寅(十二日),将司徒鲁恭罢免。鲁恭曾两次出任三公,由他遴选征召的成绩优秀的官吏,升任九卿和郡太守的有几十人,而那些长期跟随他的学生门徒,却往往得不到举荐,有人甚至产生了怨恨。鲁恭听到这个情况后,说:"学问讲解得不明白,才是我所操心的事。诸位儒生不是可以由故乡郡县来举荐吗!"他到底不肯开口举荐,也不借此发表议论。学生向他学习,他总是对难点穷根究底地不断提问,学业完成以后,才同学生辞别,让他们离去。学者们说:"鲁公的辞别和议论,都不易得。"

5　夏,四月丙寅,以大鸿胪九江夏勤为司徒。

6　三公以国用未足,奏令吏民入钱谷得为关内侯、虎贲、羽林郎、五官、大夫、官府吏、缇骑、营士各有差。

7　甲申,清河愍王虎威薨,无子。五月丙申,封乐安王宠子延平为清河王,奉孝王后。

8　六月,渔阳乌桓与右北平胡千馀寇代郡、上谷。

9　汉人韩琮随匈奴南单于入朝,既还,说南单于云:"关东水潦,人民饥饿死尽,可击也。"单于信其言,遂反。

10　秋,七月,海贼张伯路等寇滨海九郡,杀二千石、令、长。遣侍御史巴郡庞雄督州郡兵击之,伯路等乞降,寻复屯聚。

11　九月,雁门乌桓率众王无何允与鲜卑大人丘伦等及南匈奴骨都合七千骑寇五原,与太守战于高渠谷,汉兵大败。

12　南单于围中郎将耿种于美稷。冬十一月,以大司农陈国何熙行车骑将军事,中郎将庞雄为副,将五营及边郡兵二万馀人,又诏辽东太守耿夔率鲜卑及诸郡共击之。以梁慬行度辽将军事。雄、夔击南匈奴奥鞬日逐王,破之。

13　十二月辛酉,郡国九地震。

14　乙亥,有星孛于天苑。

15　是岁,京师及郡国四十一雨水,并、凉二州大饥,人相食。

16　太后以阴阳不和,军旅数兴,诏岁终飨遣卫士勿设戏作乐,减逐疫侲子之半。

5　夏季,四月丙寅(初七),将大鸿胪、九江人夏勤任命为司徒。

6　三公因国家经费不足,上书请求准许官吏和百姓在缴纳钱财和谷物之后,成为关内侯、虎贲、羽林郎、五官、大夫、政府官吏、缇骑武士、五校营士,依缴纳数量的多少,各分等级。

7　四月甲申(二十五日),清河愍王刘虎威去世,没有子嗣。五月丙申(初七),将乐安王刘宠的儿子刘延平封为清河王,作为清河孝王刘庆的后嗣。

8　六月,渔阳郡的乌桓部落与右北平的胡人部落,共一千余人,进攻代郡、上谷。

9　汉人韩琮随同南匈奴单于进京朝见,回去以后,他向南匈奴单于建议:"函谷关以东发生水灾,人民因饥饿几乎死尽,我们可以向汉朝发动攻击。"单于听信了他的话,于是反叛。

10　秋季,七月,海匪张伯路等攻打沿海九郡,杀死郡县长官。东汉朝廷派遣侍御史、巴郡人庞雄指挥州郡地方军进行讨伐,张伯路等人求降,但不久又再度集结。

11　九月,雁门郡的乌桓率众王无何允与鲜卑大人丘伦等,联合南匈奴的骨都,共七千骑兵,进攻五原郡,与五原郡太守在高渠谷交战,汉军大败。

12　南匈奴单于在美稷包围了中郎将耿种。冬季,十一月,东汉政府任命大司农、陈国人何熙代理车骑将军职务,以中郎将庞雄为副手,统领五营兵及边境各郡郡兵,共两万余人,又命令辽东郡太守耿夔率领鲜卑兵及诸郡兵,一同参战。任命梁慬代理度辽将军职务。庞雄、耿夔进攻南匈奴奠鞬日逐王,打败南匈奴军。

13　十二月辛酉(初五),有九个郡和封国发生地震。

14　十二月乙亥(十九日),天苑星座出现异星。

15　本年,京城雒阳和四十一个郡和封国大雨成灾,并州、凉州发生严重饥荒,出现人吃人的现象。

16　邓太后因天地阴阳失调,又接连发生战事,征调军队,于是下诏:在年终为退役的皇家卫士举行宴会时,不再安排游戏和奏乐,将参加大傩仪式的逐疫童子的数量减少一半。

四年(庚戌,110)

1　春,正月,元会,彻乐,不陈充庭车。

2　邓骘在位,颇能推进贤士,荐何熙、李郃等列于朝廷,又辟弘农杨震、巴郡陈禅等置之幕府,天下称之。震孤贫好学,明欧阳《尚书》,通达博览,诸儒为之语曰:"关西孔子杨伯起。"教授二十馀年,不答州郡礼命,众人谓之晚暮,而震志愈笃。骘闻而辟之,时震年已五十馀,累迁荆州刺史、东莱太守。当之郡,道经昌邑,故所举荆州茂才王密为昌邑令,夜怀金十斤以遗震。震曰:"故人知君,君不知故人,何也?"密曰:"暮夜无知者。"震曰:"天知,地知,我知,子知,何谓无知者!"密愧而出。后转涿郡太守。性公廉,子孙常蔬食、步行。故旧或欲令为开产业,震不肯,曰:"使后世称为清白吏子孙,以此遗之,不亦厚乎!"

3　张伯路复攻郡县,杀守令。党众浸盛。诏遣御史中丞王宗持节发幽、冀诸郡兵,合数万人,征宛陵令扶风法雄为青州刺史,与宗并力讨之。

4　南单于围耿种数月,梁慬、耿夔击斩其别将于属国故城,单于自将迎战,慬等复破之,单于遂引还虎泽。

5　丙午,诏减百官及州郡县奉各有差。

6　二月,南匈奴寇常山。

7　滇零遣兵寇褒中,汉中太守郑勤移屯褒中。任尚军久出无功,民废农桑,乃诏尚将吏民,还屯长安,罢遣南阳、颍川、汝南吏士。

汉安帝永初四年(庚戌,公元 110 年)

1 春季,正月,在举行元旦朝会时,取消奏乐和在广庭之上陈列御用车驾的仪式。

2 邓骘身居大将军之位,颇能推举贤能人才,他举荐何熙、李郃等进入朝廷任职,还延聘弘农人杨震、巴郡人陈禅等做自己的幕僚,受到天下人的称赞。杨震自幼孤弱贫困而好学,通晓欧阳氏解释的《尚书》,而且知识丰富,博览群书,儒家学者们称他为:"关西孔子杨伯起。"他教生授徒二十多年,不接受州郡官府的延聘征召,人们认为杨震年岁已大,步入仕途已晚,但他的志向却愈发坚定。邓骘听到杨震的名声以后,将他聘为幕僚。当时,杨震已经五十多岁,接连出任荆州刺史和东莱太守。在前往东莱郡的路上,途经昌邑,他先前所举荐的荆州茂才王密正担任昌邑县令,夜里,王密揣着十斤黄金来送给杨震。杨震说:"故人了解你,你却不了解故人,这是为什么?"王密说:"黑夜之中,没有人知道。"杨震说:"天知,地知,我知,你知,怎能说没有人知道!"于是王密惭愧地出门走了。杨震后转任涿郡太守。他公正清廉,子孙经常以蔬菜为食,徒步出行。有的故人旧友劝杨震为子孙置办产业,但杨震不肯,他说:"使后代人说他们是清官的子孙,把这当作遗产留下,不也很丰厚吗?"

3 张伯路再次进攻郡县,杀死郡太守和县令。跟随他的人逐渐增多。朝廷下诏,派遣御史中丞王宗持符节,征调幽州、冀州的各郡郡兵,合计数万人,征召宛陵县令、扶风人法雄,将他任命为青州刺史,与王宗合作,一道进行讨伐。

4 南匈奴包围耿种已达数月,梁慬、耿夔在原先是属国都尉治所的旧城与南匈奴军交锋,斩杀敌将,单于亲自率兵迎战,梁慬等再次打败敌军,于是单于退回虎泽。

5 正月丙午(二十一日),下诏削减文武百官及州郡县各级官吏的俸禄,依照等级,各有差别。

6 二月,南匈奴军进攻常山。

7 滇零派兵进攻褒中,汉中郡太守郑勤进驻褒中,以抵抗羌军。任尚的大军出征已久而没有战功,人民无法从事农业和桑蚕之业,于是朝廷下诏命令任尚率领官吏和百姓回到长安,让南阳、颍川、汝南的官兵复员,返归本郡。

乙丑，初置京兆虎牙都尉于长安，扶风都尉于雍，如西京三辅都尉故事。

谒者庞参说邓骘：“徙边郡不能自存者入居三辅。”骘然之，欲弃凉州，并力北边。乃会公卿集议，骘曰：“譬若衣败坏，一以相补，犹有所完，若不如此，将两无所保。”郎中陈国虞诩言于太尉张禹曰：“若大将军之策，不可者三：先帝开拓土宇，劬劳后定，而今惮小费，举而弃之，此不可一也。凉州既弃，即以三辅为塞，则园陵单外，此不可二也。谚曰：‘关西出将，关东出相。’烈士武臣，多出凉州，土风壮猛，便习兵事。今羌、胡所以不敢入据三辅为心腹之害者，以凉州在后故也。凉州士民所以推锋执锐，蒙矢石于行陈，父死于前，子战于后，无反顾之心者，为臣属于汉故也。今推而捐之，割而弃之，民庶安土重迁，必引领而怨曰：‘中国弃我于夷狄！’虽赴义从善之人，不能无恨。如卒然起谋，因天下之饥敝，乘海内之虚弱，豪雄相聚，量材立帅，驱氐、羌以为前锋，席卷而东，虽贲、育为卒，太公为将，犹恐不足当御。如此，则函谷以西，园陵旧京非复汉有，此不可三也。议者喻以补衣犹有所完，诩恐其疽食侵淫而无限极也！”禹曰：“吾意不及此，微子之言，几败国事！”诩因说禹：“收罗凉土豪桀，引其牧守子弟于朝，令诸府各辟数人，外以劝厉答其功勤，内以拘致防其邪计。”禹善其言，

二月乙丑(初十)，首次在长安设置京兆虎牙都尉，在雍设置扶风都尉，如同西汉在三辅地区设置都尉的旧制。

谒者庞参向邓骘建议："将边疆各郡因贫困而无法生存的人民迁徙到三辅居住。"邓骘同意庞参的建议，打算放弃凉州，集中力量对付北方的边患。于是他召集公卿进行商议，说道："这就好比是破衣服，牺牲其中的一件去补另一件，还能得到一件整衣，不然的话，就两件全都不保了。"郎中、陈国人虞诩对太尉张禹说："大将军邓骘的计策不可行，理由有三点：先帝开疆拓土，历尽辛劳，才取得了这块土地，而现在却因害怕消耗一点经费，便将它全部丢弃，这是不可行的第一点。丢弃凉州以后，便以三辅为边塞，皇家祖陵墓园便失去屏障而暴露在外，这是不可行的第二点。俗话说：'关西出将，关东出相。'猛士和武将，多数出在凉州，当地民风雄壮勇武，惯于从军作战。如今羌人、胡人所以不敢占据三辅而在我汉朝心腹之地作乱的缘故，是因为凉州在他们的背后。而凉州的人民之所以手执兵器，冒着流矢飞石冲锋陷阵，父亲死在前面，儿子继续作战，并无反顾之心，是由于他们归属于汉朝。如今将凉州推开不管，割断抛弃，而人民安于乡土而不愿迁徙，必然引颈哀叹：'朝廷把我们丢给了夷狄！'哪怕是忠义善良之人，也不能没有怨恨。假如突然有人起事，乘着天下饥馑和国力虚弱的时机，群雄聚会，依据才能推选领袖，驱使氐人、羌人做前锋，席卷东来，即使是用古代勇士孟贲和夏育当士兵，用姜太公做大将，仍然恐怕难以抵挡。果真如此，那么函谷关以西，历代帝陵和旧京长安将不再归汉朝所有，这是不可行的第三点。倡议者用补破衣作比喻，认为还可以保留一件，而我担心局势正如恶疮，不断侵蚀溃烂而没有止境！"张禹说："我没有考虑到这些，如果没有你这番话，几乎要坏了国家大事！"于是虞诩向张禹建议："收揽网罗凉州当地的英雄豪杰，将州郡长官的子弟带到朝廷来，命中央各官府分别任用数人，表面上是一种奖励，用来回报他们父兄的功勋劳绩，而实质上是将他们控制起来，作为人质，以防叛变。"张禹赞赏他的意见，

更集四府，皆从诩议。于是辟西州豪桀为掾属，拜牧守、长吏子弟为郎，以安慰之。

邓骘由是恶诩，欲以吏法中伤之。会朝歌贼宁季等数千人攻杀长吏，屯聚连年，州郡不能禁，乃以诩为朝歌长。故旧皆吊之，诩笑曰："事不避难，臣之职也。不遇槃根错节，无以别利器，此乃吾立功之秋也！"始到，谒河内太守马棱。棱曰："君儒者，当谋谟庙堂，乃在朝歌，甚为君忧之！"诩曰："此贼犬羊相聚，以求温饱耳，愿明府不以为忧！"棱曰："何以言之？"诩曰："朝歌者，韩、魏之郊，背太行，临黄河，去敖仓不过百里，而青、冀之民流亡万数，贼不知开仓招众，劫库兵，守成皋，断天下右臂，此不足忧也。今其众新盛，难与争锋，兵不厌权，愿宽假辔策，勿令有所拘阂而已。"及到官，设三科以募求壮士，自掾史以下各举所知，其攻劫者为上，伤人偷盗者次之，不事家业者为下，收得百馀人。诩为飨会，悉贳其罪，使入贼中诱令劫掠，乃伏兵以待之，遂杀贼数百人。又潜遣贫人能缝者佣作贼衣，以采线缝其裾，有出市里者，吏辄禽之。贼由是骇散，咸称神明，县境皆平。

8　三月，何熙军到五原曼柏，暴疾，不能进。遣庞雄与梁慬、耿种将步骑万六千人攻虎泽，连营稍前。单于见诸军并进，大恐怖，顾让韩琮曰："汝言汉人死尽，今是何等人也！"

再次召集大将军、太尉、司徒、司空等四府进行商议,众人一致同意虞诩的意见。于是征辟凉州地区有势力和有影响的人士到四府担任属官,并将当地刺史、太守和其他州郡高级官员的子弟任命为郎,进行安抚。

邓骘因放弃凉州的计划未被采纳,从此对虞诩怀恨,打算用吏法进行陷害。恰好朝歌县叛匪宁季等数千人造反,杀死官吏,聚众作乱连年,州郡官府无法镇压,于是邓骘便任命虞诩为朝歌县令。虞诩的故人旧友都为他深感忧虑,虞诩却笑着说:"做事不避艰难,乃是臣子的职责。不遇到盘根错节,就无法识别锋利的刀斧,这正是我建功立业的时机!"他一到任,便去拜见河内太守马棱。马棱说:"您是一位儒家学者,应当在朝廷做谋士,如今却到了朝歌,我很是为您担忧!"虞诩说:"朝歌的这群叛匪,只是像狗群羊群那样聚在一起,以寻求温饱罢了,请阁下不要担忧!"马棱问:"为什么这样讲?"虞诩说:"朝歌位于古代韩国与魏国的交界处,背靠太行山,面临黄河,离敖仓不过百里,而青州、冀州逃亡的难民数以万计,但叛匪却不懂得打开敖仓,用粮食招揽民众,抢劫武库中的兵器,据守成皋,斩断天下的右臂,这说明对他们不值得忧虑。如今他们的势力正在高涨,我们难于以强力取胜,兵不厌诈,请允许我放开手脚去对付他们,只是不要有所约束阻碍即可。"及至上任以后,虞诩制定了三个等级,用来招募勇士,命掾史及以下官员各自就所了解的情况进行保举:行凶抢劫的,属上等;打架伤人,偷盗财物的,属中等;不经营家业、不从事生产的,属下等。共收罗了一百多人。虞诩设宴招待他们,将他们的罪行一律赦免,命混入匪帮,诱使叛匪进行抢劫,而官府则设下伏兵等候,于是杀死叛匪数百人。虞诩还秘密派遣会缝纫的贫民为叛匪做衣服,这些人用彩线缝制裙衣,叛匪穿上以后,在集市街巷一露面,就被官吏抓获。叛匪因此惊骇四散,都说有神灵在帮助官府,于是朝歌县境内全部平定。

8 三月,何熙率军到达五原曼柏,突然身患急病,不能继续前进。于是派庞雄与梁慬、耿种率领步骑兵一万六千人,进攻虎泽,汉军连营行动,逐渐向前推进。南匈奴单于见汉朝各路兵马一同进军,大为惊恐,责备韩琮道:"你说汉人已经死光,现在来的是什么人!"

乃遣使乞降,许之。单于脱帽徒跣,对庞雄等拜陈,道死罪。于是赦之,遇待如初,乃还所钞汉民男女及羌所略转卖入匈奴中者合万馀人。会熙卒,即拜梁慬为度辽将军。庞雄还,为大鸿胪。

9　先零羌复寇襃中,郑勤欲击之,主簿段崇谏,以为"虏乘胜,锋不可当,宜坚守待之"。勤不从,出战,大败,死者三千馀人,段崇及门下史王宗、原展以身扞刃,与勤俱死。徙金城郡居襄武。

10　戊子,杜陵园火。

11　癸巳,郡国九地震。

12　夏,四月,六州蝗。

13　丁丑,赦天下。

14　王宗、法雄与张伯路连战,破走之。会赦到,贼以军未解甲,不敢归降。王宗召刺史太守共议,皆以为当遂击之,法雄曰:"不然。兵凶器,战危事,勇不可恃,胜不可必。贼若乘船浮海,深入远岛,攻之未易也。及有赦令,可且罢兵以慰诱其心,势必解散,然后图之,可不战而定也。"宗善其言,即罢兵。贼闻,大喜,乃还所略人。而东莱郡兵独未解甲,贼复惊恐,遁走辽东,止海岛上。

15　秋,七月乙酉,三郡大水。

16　骑都尉任仁与羌战累败,而兵士放纵,槛车征诣廷尉,死。护羌校尉段禧卒,复以前校尉侯霸代之,移居张掖。

于是派使者求降,汉军表示应许。南匈奴单于脱掉帽子,赤着双足,向庞雄等人下拜,责备自己犯了死罪。于是东汉朝廷将他赦免,待遇照旧,单于则送还所掳掠的男女汉民,以及被羌人劫走后转卖到匈奴的汉民,共计一万余人。适逢何熙病故,朝廷便将梁慬任命为度辽将军。庞雄回到京城,被任命为大鸿胪。

9 羌人先零部落再次进攻褒中。汉中郡太守郑勤准备回击,主簿段崇进行劝阻,认为:"敌人乘胜而来,锐不可当。我们应当坚守城池,等待时机。"郑勤不听,出城迎战,汉军大败,死亡三千余人,段崇及门下史王宗、原展用身躯抵挡兵刃,保护郑勤,与郑勤一同战死。金城郡府迁移到襄武。

10 三月戊子(初四),汉宣帝陵园杜陵园失火。

11 三月癸巳(初九),有九个郡和封国发生地震。

12 夏季,四月,有六个州发生蝗灾。

13 四月丁丑(二十三日),大赦天下。

14 王宗、法雄与张伯路连续交战,张伯路兵败而逃。当赦令到达时,张伯路等因官兵没有解去盔甲,不敢投降。王宗召集州刺史和郡太守共同商议对策,众人都认为,敌人既然不投降,就应当进行攻击,而法雄却说:"这种见解不对。刀枪是凶恶的器物,战争是危险的行为,不可仗恃勇猛,没有必胜之人。叛匪如果乘船渡海,深入到遥远的岛屿,攻击他们就不容易了。我们乘着朝廷发布赦令的机会,可暂且放下武器,进行安抚劝诱,叛匪势必溃散瓦解。然后再去收拾他们,就可以不经过战斗而取胜。"王宗赞同他的意见,立即解除了官军的武装。叛匪听到消息后,十分高兴,便将所劫掠的俘虏释放。而唯独东莱郡官军没有解去盔甲,叛匪见了,再次惊疑恐慌,逃往辽东郡,停留在海岛上。

15 秋季,七月乙酉(初三),有三个郡发生水灾。

16 骑都尉任仁与羌军交战,接连失利,部下士兵又军纪败坏,为所欲为。朝廷下令将任仁用囚车押送到雒阳,交付廷尉后处死。护羌校尉段禧去世,朝廷再度委任前护羌校尉侯霸接替此职,并将校尉府迁到张掖。

17　九月甲申，益州郡地震。

18　皇太后母新野君病，太后幸其第，连日宿止。三公上表固争，乃还宫。冬，十月甲戌，新野君薨，使司空护丧事，仪比东海恭王。邓骘等乞身行服，太后欲不许，以问曹大家，大家上疏曰："妾闻谦让之风，德莫大焉。今四舅深执忠孝，引身自退，而以方垂未静，拒而不许，如后有毫毛加于今日，诚恐推让之名不可再得。"太后乃许之。及服除，诏骘复还辅朝政，更授前封，骘等叩头固让，乃止。于是并奉朝请，位次三公下，特进、侯上，其有大议，乃诣朝堂，与公卿参谋。

19　太后诏阴后家属皆归故郡，还其资财五百馀万。

五年(辛亥，111)

1　春，正月庚辰朔，日有食之。

2　丙戌，郡国十地震。

3　己丑，太尉张禹免。甲申，以光禄勋颍川李修为太尉。

4　先零羌寇河东，至河内，百姓相惊，多南奔渡河，使北军中候朱宠将五营士屯孟津，诏魏郡、赵国、常山、中山缮作坞候六百一十六所。羌既转盛，而缘边二千石、令、长多内郡人，并无守战意，皆争上徙郡县以避寇难。三月，诏陇西徙襄武，安定徙美阳，北地徙池阳，上郡治衙。百姓恋土，不乐去旧，遂乃刈其禾稼，发彻室屋，夷营壁，破积聚。时连旱蝗饥荒，

17 九月甲申(初三),益州郡发生地震。

18 邓太后的母亲新野君患病,邓太后前往新野君府省亲,连续留居数日。三公上表坚决反对这种举动,邓太后这才回宫。冬季,十月甲戌(二十三日),新野君去世,邓太后命令司空负责治丧,礼仪比照东海恭王刘强。邓骘兄弟请求辞官服丧,邓太后打算拒绝,询问曹大家班昭的意见,班昭上书说:"我听说,谦让的风格,是最大的美德。如今四位舅父坚持忠孝原则,自动引身退下高位,而陛下却因边境战乱不宁,不肯应允,如果将来有人对今日的做法提出点滴指责,我担心那谦让的美名便不可再得。"邓太后这才答应了邓骘等人的请求。及至服丧期满,邓太后下诏命令邓骘重新回来辅佐朝政,并再次授予以前曾欲加封的爵位,邓骘等一再叩头,坚决地辞让,邓太后这才作罢。于是,让他们参加朝会,地位在三公之下,在特进及侯之上,遇到国家大事,便前往朝堂,与三公九卿一同参议。

19 邓太后下诏,准许被贬逐的阴皇后的家属全部返回原郡,发还被官府没收的资产五百馀万。

汉安帝永初五年(辛亥,公元 111 年)

1 春季,正月庚辰朔(初一),出现日食。

2 正月丙戌(初七),有十个郡和封国发生地震。

3 正月己丑(初十),将太尉张禹免职。正月甲申(初五),将光禄勋、颍川人李修任命为太尉。

4 羌人先零部落攻打河东郡,到达河内郡。百姓惊慌不安,很多人南逃,渡过黄河,东汉朝廷派遣北军中候朱宠率领五营兵在孟津驻防,下诏命令魏郡、赵国、常山、中山等地修建堡垒,共六百一十六座。羌人势力已经转盛,但沿边郡县的两千石官员、县令、县长多数是内地人,并没有守土抗战的决心,全都争着上书请求将郡县官府内迁,以躲避兵灾祸难。三月,朝廷下令,将陇西郡府迁到襄武,安定郡府迁到美阳,北地郡府迁到池阳,上郡官府迁到衙县。百姓眷恋乡土,不愿离开故地,于是官府下令割去庄稼,拆除房屋,铲平营垒,毁掉粮仓。当时接连发生旱灾、蝗灾和饥荒,

而驱蹴劫掠,流离分散,随道死亡,或弃捐老弱,或为人仆妾,丧其太半。复以任尚为侍御史,击羌于上党羊头山,破之。乃罢孟津屯。

5 夫馀王寇乐浪。高句骊王宫与涉貊寇玄菟。

6 夏,闰四月丁酉,赦凉州、河西四郡。

7 海贼张伯路复寇东莱,青州刺史法雄击破之。贼逃还辽东,辽东人李久等共斩之,于是州界清静。

8 秋,九月,汉阳人杜琦及弟季贡、同郡王信等与羌通谋,聚众据上邽城。冬,十二月,汉阳太守赵博遣客杜习刺杀琦。封习讨奸侯。杜季贡、王信等将其众据樗泉营。

9 是岁,九州蝗,郡国八雨水。

六年(壬子,112)

1 春,正月甲寅,诏曰:“凡供荐新味,多非其节,或郁养强孰,或穿掘萌芽,味无所至而夭折生长,岂所以顺时育物乎!《传》曰:‘非其时不食。’自今当奉祠陵庙及给御者,皆须时乃上。”凡所省二十三种。

2 三月,十州蝗。

3 夏,四月乙丑,司空张敏罢。己卯,以太常刘恺为司空。

4 诏建武元功二十八将皆绍封。

5 五月,旱。

加上驱赶劫掠,百姓流离四散,沿路死亡,或者抛弃老弱,或者沦为他人的奴仆婢妾,人口损失超过半数。朝廷再次任命任尚为侍御史,在上党郡羊头山与羌军交战,打败了羌军。于是朝廷撤销在孟津的驻兵。

5　夫馀国国王进攻乐浪郡。高句骊国国王宫和涉貊部落进攻玄菟郡。

6　夏季,闰四月丁酉(十九日),在凉州与河西四郡——敦煌、酒泉、张掖、武威实行大赦。

7　海匪张伯路再次进攻东莱郡,被青州刺史法雄击败。叛匪逃回辽东郡,辽东人李久等一同将张伯路斩杀,于是青州全境平静。

8　秋季,九月,汉阳人杜琦和他的弟弟杜季贡、同郡人王信等与羌军勾结,聚众占领了上邽城。冬季,十二月,汉阳郡太守赵博派遣刺客杜习杀死了杜琦。朝廷将杜习封为讨奸侯。杜季贡、王信等率领部众据守在樗泉营。

9　本年,有九个州发生蝗灾,有八个郡和封国大雨成灾。

汉安帝永初六年(壬子,公元112年)

1　春季,正月甲寅(十一日),诏书说:"各地进贡的新鲜食物,多数违反时令,或者用火熏暖,强使成熟,或者萌芽时便从土中掘出,还未生出滋味,便已夭折,这难道是顺应天时化育万物吗!《论语》说:'非其时不食。'从今以后,供奉皇家陵园宗庙及御用的食物,一律等到成熟时再进献。"省减的食物共有二十三种。

2　三月,有十个州发生蝗灾。

3　夏季,四月乙丑,将司空张敏罢免。四月己卯(初七),将太常刘恺任命为司空。

4　诏书宣布,光武帝建武时期的元勋二十八将的封爵,无论曾否撤销,一律由其后裔继承。

5　五月,发生旱灾。

6 丙寅,诏令中二千石下至黄绶,一切复秩。

7 六月壬辰,豫章员溪原山崩。

8 辛巳,赦天下。

9 侍御史唐喜讨汉阳贼王信,破斩之。杜季贡亡,从滇零。是岁,滇零死,子零昌立,年尚少,同种狼莫为其计策,以季贡为将军,别居丁奚城。

七年(癸丑,113)

1 春,二月丙午,郡国十八地震。

2 夏,四月乙未,平原怀王胜薨,无子。太后立乐安夷王宠子得为平原王。

3 丙申晦,日有食之。

4 秋,护羌校尉侯霸、骑都尉马贤击先零别部牢羌于安定,获首虏千人。

5 蝗。

元初元年(甲寅,114)

1 春,正月甲子,改元。

2 二月乙卯,日南地坼,长百馀里。

3 三月癸亥,日有食之。

4 诏遣兵屯河内通谷冲要三十六所,皆作坞壁,设鸣鼓,以备羌寇。

5 夏,四月丁酉,赦天下。

6 京师及郡国五旱,蝗。

7 五月,先零羌寇雍城。

8 蜀郡夷寇蚕陵,杀县令。

9 九月乙丑,太尉李修罢。

6　五月丙寅(二十五日),诏书命令全国官员,上自中二千石,下至四百石到二百石的小吏,一律恢复原来的俸禄。

7　六月壬辰(二十一日),豫章郡员溪原山发生山崩。

8　六月辛巳(初十),大赦天下。

9　侍御史唐喜讨伐汉阳叛匪王信。打败叛军,将王信斩杀。杜季贡逃亡而去,投奔羌人首领滇零。本年,滇零去世,他的儿子零昌继位,零昌年龄还小,同一部族的狼莫为他出谋划策,将杜季贡任命为将军,分兵驻扎到丁奚城。

汉安帝永初七年(癸丑,公元 113 年)

1　春季,二月丙午,有十八个郡和封国发生地震。

2　夏季,四月乙未(二十九日),平原王刘胜去世,没有子嗣。邓太后将乐安夷王刘宠的儿子刘得封为平原王。

3　四月丙申晦(三十日),出现日食。

4　秋季,护羌校尉侯霸、骑都尉马贤在安定郡进攻羌人先零部落的分支牢羌,歼敌一千人。

5　发生蝗灾。

汉安帝元初元年(甲寅,公元 114 年)

1　春季,正月甲子(初二),改年号。

2　二月乙卯(二十四日),日南郡发生地裂,长一百馀里。

3　三月癸亥(初二),出现日食。

4　朝廷下诏,派兵驻守河内郡关隘要冲三十六处,各处全都修筑堡寨,设置战鼓,以防备羌人进攻。

5　夏季,四月丁酉(初七),大赦天下。

6　京城雒阳及五个郡和封国发生旱灾、蝗灾。

7　五月,羌人先零部落进攻雍城。

8　蜀郡夷人进攻蚕陵县,杀死县令。

9　九月乙丑(初七),将太尉李修罢免。

10　羌豪号多与诸种钞掠武都、汉中,巴郡板楯蛮救之,汉中五官掾程信率郡兵与蛮共击破之。号多走还,断陇道,与零昌合,侯霸、马贤与战于枹罕,破之。

11　辛未,以大司农山阳司马苞为太尉。

12　冬,十月戊子朔,日有食之。

13　凉州刺史皮杨击羌于狄道,大败,死者八百馀人。

14　是岁,郡国十五地震。

二年(乙卯,115)

1　春,护羌校尉庞参以恩信招诱诸羌,号多等帅众降。参遣诣阙,赐号多侯印,遣之。参始还治令居,通河西道。

2　零昌分兵寇益州,遣中郎将尹就讨之。

3　夏,四月丙午,立贵人荥阳阎氏为皇后。后性妒忌,后宫李氏生皇子保,后鸩杀李氏。

4　五月,京师旱,河南及郡国十九蝗。

5　六月丙戌,太尉司马苞薨。

6　秋,七月辛巳,以太仆泰山马英为太尉。

7　八月,辽东鲜卑围无虑。九月,又攻夫犁营,杀县令。

8　壬午晦,日有食之。

9　尹就击羌党吕叔都等,蜀人陈省、罗横应募刺杀叔都,皆封侯,赐钱。

10 羌人首领号多与诸部落在武都、汉中二郡掳掠抢劫。巴郡的板楯蛮人前往救援。汉中郡五官掾程信率领郡兵与蛮人一同作战,打败羌军。号多逃归,切断陇道,与零昌会合,侯霸、马贤同羌军在枹罕交战,打败羌军。

11 九月辛未(十三日),将大司农、山阳人司马苞任命为太尉。

12 冬季,十月戊子朔(初一),出现日食。

13 凉州刺史皮杨在狄道与羌军交战,皮杨大败,八百馀人战死。

14 本年,有十五个郡和封国发生地震。

汉安帝元初二年(乙卯,公元115年)

1 春季,护羌校尉庞参用恩德信义招抚引诱各羌人部落,号多等率领部众归降。庞参派他们前往京城朝见。东汉朝廷赐予号多侯爵印信,让他返回。庞参从此将护羌校尉府迁回令居,打通了河西走廊与内地之间的道路。

2 零昌分兵攻打益州,朝廷派遣中郎将尹就进行讨伐。

3 夏季,四月丙午(二十一日),将贵人、荥阳人阎氏立为皇后。阎皇后生性忌妒,宫女李氏生下皇子刘保,阎皇后便将她毒死。

4 五月,京城雒阳发生旱灾,河南及十九个郡和封国发生蝗灾。

5 六月丙戌(初二),太尉司马苞去世。

6 秋季,七月辛巳(二十八日),将太仆、泰山人马英任命为太尉。

7 八月,辽东郡鲜卑人包围了无虑县。九月,又进攻夫犁营,杀死县令。

8 九月壬午晦(三十日),出现日食。

9 尹就讨伐与羌军勾结的吕叔都等,招募蜀郡人陈省、罗横刺杀了吕叔都,朝廷将陈、罗二人封为侯爵,并赏赐钱财。

10　诏屯骑校尉班雄屯三辅。雄，超之子也。以左冯翊
司马钧行征西将军，督关中诸郡兵八千馀人。庞参将羌、胡
兵七千馀人，与钧分道并击零昌。参兵至勇士东，为杜季贡
所败，引退。钧等独进，攻拔丁奚城，杜季贡率众伪逃。钧令
右扶风仲光等收羌禾稼，光等违钧节度，散兵深入，羌乃设伏
要击之，钧在城中，怒而不救。冬十月，乙未，光等兵败，并
没，死者三千馀人，钧乃遁还。庞参既失期，称病引还。皆坐
征，下狱，钧自杀。时度辽将军梁慬亦坐事抵罪。校书郎中
扶风马融上书称参、慬智能，宜宥过责效。诏赦参等，以马贤
代参领护羌校尉，复以任尚为中郎将，代班雄屯三辅。

怀令虞诩说尚曰："兵法：弱不攻强，走不逐飞，自然之势
也。今虏皆马骑，日行数百里，来如风雨，去如绝弦，以步追
之，势不相及，所以虽屯兵二十馀万，旷日而无功也。为使君
计，莫如罢诸郡兵，各令出钱数千，二十人共市一马，以万骑
之众，逐数千之虏，追尾掩截，其道自穷。便民利事，大功立
矣！"尚即上言，用其计，遣轻骑击杜季贡于丁奚城破之。

太后闻虞诩有将帅之略，以为武都太守。羌众数千遮诩
于陈仓崤谷，诩即停军不进，而宣言"上书请兵，须到当发"。
羌闻之，乃分钞傍县。诩因其兵散，日夜进道，兼行百馀里，
令吏士各作两灶，日增倍之，羌不敢逼。或问曰："孙膑减灶
而君增之；兵法日行不过三十里，以戒不虞，而今日且二百里；

10　诏书命令屯骑校尉班雄在三辅驻防。班雄是班超之子。命左冯翊司马钧代理征西将军职务,指挥关中各郡郡兵八千馀人。庞参率领羌、胡兵七千馀人,与司马钧分路进军,一同攻打零昌。庞参军到达勇士以东,被杜季贡击败,庞参撤退。司马钧孤军挺进,攻克丁奚城,杜季贡带领兵众假装逃跑。司马钧命右扶风仲光率兵收割羌人的庄稼,仲光等却违背司马钧的调度,分散兵力,深入敌区。于是羌人设下埋伏,对仲光进行拦腰袭击,司马钧在城中得到消息,大为愤怒,不肯救援。冬季,十月乙未(十三日),仲光等战败,全军覆没,死亡三千馀人,于是司马钧逃归内地。庞参既然未能按期到达预定地点,便声称患病,撤退返回。司马钧和庞参都被指控有罪,召回京城,逮捕下狱,司马钧自杀。当时,度辽将军梁慬也因遭到指控而被判罪。校书郎中、扶风人马融上书说,庞参、梁慬机智而有才干,应当宽宥过失,让他们戴罪立功。于是朝廷下令将庞参、梁慬赦免,任命马贤接替庞参,兼任护羌校尉,再次任命任尚为中郎将,接替班雄驻防三辅。

怀县县令虞诩向任尚建议道:"依据兵法:弱的不去进攻强的,走的不去追赶飞的,这是自然之势。如今羌兵全都骑马,每天可行数百里,来时像疾风骤雨,去时像离弦飞箭,而我军用步兵追赶,势必追不上,所以,尽管集结兵力二十馀万,旷日持久,却没有战功。我为阁下打算,不如让各郡郡兵复员,命他们每人出数千钱,二十人合买一匹马,这样便可以一万骑兵,去驱逐数千敌寇,或者追踪,或者截击,羌人自然无计可施,走投无路。既方便了人民,也有利于战事,大功便可以建立了!"于是任尚根据虞诩的建议上书,被朝廷采纳。任尚派轻骑兵在丁奚城打败了杜季贡。

邓太后听说虞诩有将帅的韬略,将他任命为武都郡太守。数千羌军在陈仓崤谷集结,要拦截虞诩,虞诩得知后,立即下令部队停止前进,宣称:"我已上书请求援兵,等援兵到后,再动身出发。"羌军听说以后,便分头前往邻县劫掠。虞诩乘羌军兵力分散的机会,日夜兼程,前进了一百馀里,他让官兵每人各做两个灶,以后每日增加一倍,于是羌军不敢逼近。有人问虞诩:"以前孙膑使用过减灶的计策,而您却增加灶的数量;兵法说每日行军不超过三十里,以保持体力,防备不测,而您如今却每天行军将近二百里:

何也?"诩曰:"虏众多,吾兵少,徐行则易为所及,速进则彼所不测。虏见吾灶日增,必谓郡兵来迎,众多行速,必惮追我。孙膑见弱,吾今示强,势有不同故也。"既到郡,兵不满三千,而羌众万馀,攻围赤亭数十日。诩乃令军中,强弩勿发,而潜发小弩。羌以为矢力弱,不能至,并兵急攻。诩于是使二十强弩共射一人,发无不中,羌大震,退。诩因出城奋击,多所伤杀。明日,悉陈其兵众,令从东郭门出,北郭门入,贸易衣服,回转数周。羌不知其数,更相恐动。诩计贼当退,乃潜遣五百馀人于浅水设伏,候其走路。虏果大奔,因掩击,大破之,斩获甚众,贼由是败散。诩乃占相地势,筑营壁百八十所,招还流亡,假赈贫民,开通水运。诩始到郡,谷石千,盐石八千,见户万三千;视事三年,米石八十,盐石四百,民增至四万馀户,人足家给,一郡遂安。

11　十一月庚申,郡国十地震。

12　十二月,武陵澧中蛮反,州郡讨平之。

13　己酉,司徒夏勤罢。

14　庚戌,以司空刘恺为司徒,光禄勋袁敞为司空。敞,安之子也。

15　前虎贲中郎将邓弘卒。弘性俭素,治欧阳《尚书》,授帝禁中。有司奏赠弘骠骑将军,位特进,封西平侯。太后追弘雅意,不加赠位、衣服,但赐钱千万,布万匹。兄骘等复辞不受。诏封弘子广德为西平侯。将葬,有司复奏发五营轻车骑士,礼仪如霍光故事。太后皆不听,但白盖双骑,门生挽送。后以帝师之重,分西平之都乡,封广德弟甫德为都乡侯。

这是什么道理?"虞诩说:"敌军兵多,我军兵少,走慢了容易被追上,走快了对方便不能测知我军的底细。敌军见我军的灶数日益增多,必定以为郡兵已来接应,我军人数既多,行动又快,敌军必然不敢追赶。孙膑是有意向敌人示弱,而我如今是有意向敌人示强,这是由于形势不同的缘故。"虞诩到达郡府以后,兵员不足三千,而羌军有一万余人,围攻赤亭达数十日。虞诩便向部队下令,不许使用强弩,只许暗中使用小弩。羌人误认为汉军弓弩力量微弱,射不到自己,便集中兵力猛烈进攻。于是虞诩命令每二十只强弩集中射一个敌人,射无不中,羌军大为震恐,纷纷退下。虞诩乘胜出城奋战,杀伤众多敌人。次日,他集合全部兵众,命令他们先从东门出城,再从北门入城,然后改换服装,往复循环多次。羌人不知城中有多少汉军,于是更加惊恐不安。虞诩估计羌军将要撤走,便秘密派遣五百余人在河道浅水处设下埋伏,守住羌军的逃路。羌军果然大举奔逃,汉军乘机突袭,大败羌军,杀敌擒虏数量极多,羌军从此溃败离散。于是虞诩查看研究地形,修建营堡一百八十处,并招回流亡的百姓,赈济贫民,开通水路运输。虞诩刚到任时,谷价每石一千钱,盐价每石八千钱,仅存户口一万三千户;而在任三年之后,米价每石八十钱,盐价每石四百钱,居民增加到四万多户,人人富足,家家丰裕,从此一郡平安。

11 十一月庚申(初九),有十个郡和封国发生地震。

12 十二月,武陵郡澧中蛮人反叛,被州郡官府剿平。

13 十二月己酉(二十八日),将司徒夏勤罢免。

14 十二月庚戌(二十九日),将司空刘恺任命为司徒,将光禄勋袁敞任命为司空。袁敞是袁安之子。

15 前虎贲中郎将邓弘去世。邓弘生性节俭朴素,研究欧阳氏解释的《尚书》,曾在宫中教授安帝。有关机构建议追赠邓弘为骠骑将军,位居特进,并封为西平侯。邓太后追念邓弘平素的志向,不加赠官爵及衣服,只赐钱一千万,布一万匹。邓弘的哥哥邓骘等人仍然辞让,不肯接受。太后下诏,将邓弘的儿子邓广德封为西平侯。下葬之前,有关机构再次上奏,请求征调北军五营的轻车骑士护灵,礼仪如同西汉霍光的旧例。邓太后一概不准,只许使用白盖丧车,派两名骑士护卫,由邓弘的学生门徒送葬。后来,因邓弘曾做过安帝的老师,地位重要,便分割西平国的封土,将邓广德的弟弟邓甫德封为都乡侯。

卷第五十　汉纪四十二

起丙辰(116)尽甲子(124)凡九年

孝安皇帝中

元初三年(丙辰,116)

1　春,正月,苍梧、郁林,合浦蛮夷反。二月,遣侍御史任逴督州郡兵讨之。

2　郡国十地震。

3　三月辛亥,日有食之。

4　夏,四月,京师旱。

5　五月,武陵蛮反,州郡讨破之。

6　癸酉,度辽将军邓遵率南单于击零昌于灵州,斩首八百馀级。

7　越嶲徼外夷举种内属。

8　六月,中郎将任尚遣兵击破先零羌于丁奚城。

9　秋,七月,武陵蛮复反,州郡讨平之。

10　九月,筑冯翊北界候坞五百所以备羌。

11　冬,十一月,苍梧、郁林、合浦蛮夷降。

12　旧制:公卿、二千石、刺史不得行三年丧,司徒刘恺以为"非所以师表百姓,宜美风俗"。丙戌,初听大臣行三年丧。

13　癸卯,郡国九地震。

14　十二月丁巳,任尚遣兵击零昌于北地,杀其妻子,烧其庐舍,斩首七百馀级。

孝安皇帝中

汉安帝元初三年(丙辰,公元 116 年)

1　春季,正月,苍梧、郁林、合浦三郡蛮夷反叛。二月,朝廷派遣侍御史任逴指挥州郡兵进行讨伐。

2　有十个郡和封国发生地震。

3　三月辛亥(初二),出现日食。

4　夏季,四月,京城雒阳发生旱灾。

5　五月,武陵郡蛮人反叛,州郡官府进行讨伐,打败叛军。

6　五月癸酉(二十五日),度辽将军邓遵率领南匈奴单于在灵州进攻零昌,斩杀八百馀人。

7　越巂边境外的夷人,整个部落归附汉朝。

8　六月,中郎将任尚派兵在丁奚城打败羌人先零部落。

9　秋季,七月,武陵蛮人再次反叛,被州郡官府剿平。

10　九月,在冯翊北部边界修筑堡寨五百处,防备羌军。

11　冬季,十一月,苍梧、郁林、合浦三郡蛮夷投降。

12　以往制度规定:三公、九卿、两千石官员、刺史,当父母去世时,不得守丧三年,司徒刘恺认为"这种做法不能成为百姓的表率,不能倡导优良风俗"。十一月丙戌(十一日),首次允许大臣守丧三年。

13　十一月癸卯(二十八日),有九个郡和封国发生地震。

14　十二月丁巳(十二日),任尚派兵在北地进攻零昌,杀死零昌的妻子儿女,焚烧他们的营帐,将七百馀人斩首。

四年(丁巳,117)

1　春,二月乙巳朔,日有食之。

2　乙卯,赦天下。

3　壬戌,武库灾。

4　任尚遣当闐种羌榆鬼等刺杀杜季贡,封榆鬼为破羌侯。

5　司空袁敞,廉劲不阿权贵,失邓氏旨。尚书郎张俊有私书与敞子俊,怨家封上之。夏,四月戊申,敞坐策免,自杀。俊等下狱当死。俊上书自讼。临刑,太后诏以减死论。

6　己巳,辽西鲜卑连休等入寇,郡兵与乌桓大人於秩居等共击,大破之,斩首千三百级。

7　六月戊辰,三郡雨雹。

8　尹就坐不能定益州,征抵罪。以益州刺史张乔领其军屯,招诱叛羌,稍稍降散。

9　秋,七月,京师及郡国十雨水。

10　九月,护羌校尉任尚复募效功种羌号封刺杀零昌。封号封为羌王。

11　冬,十一月己卯,彭城靖王恭薨。

12　越巂夷以郡县赋敛烦数,十二月,大牛种封离等反,杀遂久令。

13　甲子,任尚与骑都尉马贤共击先零羌狼莫,追至北地,相持六十馀日,战于富平河上,大破之,斩首五千级,狼莫逃去。于是西河虔人种羌万人诣邓遵降,陇右平。

14　是岁,郡国十三地震。

汉安帝元初四年(丁巳,公元 117 年)

1 春季,二月乙巳朔(初一),出现日食。

2 二月乙卯(十一日),大赦天下。

3 二月壬戌(十八日),武库失火。

4 任尚派遣羌人当阗部落的榆鬼等人刺杀了杜季贡,朝廷将榆鬼封为破羌侯。

5 司空袁敞,为人廉正刚直,不阿附权贵,失去了邓氏家族的好感。尚书郎张俊有一封写给袁敞之子袁俊的私信,被仇家得到,仇家上书告密。夏季,四月戊申(初五),袁敞被指控有罪,颁策免官,自杀而死。张俊等人下狱,被判处死刑。张俊上书鸣冤,为自己辩护。临刑时,邓太后下诏免他一死,判处轻于死刑一等的刑罚。

6 四月己巳(二十六日),辽西郡鲜卑人连休等入侵边塞,辽西郡郡兵与乌桓大人於秩居等一同迎战,大败鲜卑军,斩杀一千三百人。

7 六月戊辰(二十六日),有三个郡发生雹灾。

8 中郎将尹就因未能平定益州,被召回京城问罪。朝廷命令益州刺史张乔接管尹就的部队,张乔招抚引诱羌人投降,羌军稍有瓦解。

9 秋季,七月,京城雒阳及十个郡和封国大雨成灾。

10 九月,护羌校尉任尚又收买羌人效功部落的号封,刺杀了零昌。朝廷封号封为羌王。

11 冬季,十一月己卯(初九),彭城靖王刘恭去世。

12 越巂夷人因郡县官府征收赋税繁重,十二月,大牛部落封离等人反叛,杀死遂久县令。

13 十二月甲子(二十五日),任尚与骑都尉马贤一同进攻羌人先零部落首领狼莫,追击到北地,双方相持六十多天,在富平县黄河之畔交战,大败羌军,斩杀五千人,狼莫逃走。于是西河郡的羌族虔人部落一万人前往度辽将军邓遵处归降,陇右地区平定。

14 本年,有十三个郡和封国发生地震。

五年(戊午,118)

1　春,三月,京师及郡国五旱。

2　夏,六月,高句骊与涉貊寇玄菟。

3　永昌、益州、蜀郡夷皆叛应封离,众至十馀万,破坏二十馀县,杀长吏,焚掠百姓,骸骨委积,千里无人。

4　秋,八月丙申朔,日有食之。

5　代郡鲜卑入寇,杀长吏。发缘边甲卒、黎阳营兵屯上谷以备之。冬,十月,鲜卑寇上谷,攻居庸关,复发缘边诸郡黎阳营兵、积射士步骑二万人屯列冲要。

6　邓遵募上郡全无种羌雕何刺杀狼莫,封雕何为羌侯。自羌叛十馀年间,军旅之费,凡用二百四十馀亿,府帑空竭,边民及内郡死者不可胜数,并、凉二州遂至虚耗。及零昌、狼莫死,诸羌瓦解,三辅、益州无复寇警。诏封邓遵为武阳侯,邑三千户。遵以太后从弟,故爵封优大。任尚与遵争功,又坐诈增首级、受赇枉法赃千万已上,十二月,槛车征尚,弃市,没入财物。邓骘子侍中凤尝受尚马,骘髡妻及凤以谢罪。

7　是岁,郡国十四地震。

8　太后弟悝、阊皆卒,封悝子广宗为叶侯,阊子忠为西华侯。

六年(己未,119)

1　春,二月乙巳,京师及郡国四十二地震。

2　夏,四月,沛国、勃海大风,雨雹。

3　五月,京师旱。

汉安帝元初五年(戊午,公元 118 年)

1 春季,三月,京城雒阳及五个郡和封国发生旱灾。

2 夏季,六月,高句骊国与涉貊部落一同进攻玄菟郡。

3 永昌、益州、蜀郡三郡的夷人全体反叛,响应封离,部众多达十馀万,他们攻陷二十馀个县,杀死官吏,放火焚烧房屋,抢劫百姓,致使尸骨堆积,千里无人。

4 秋季,八月丙申朔(初一),出现日食。

5 代郡的鲜卑人向内地进攻,杀死官吏。朝廷征调沿边地方军队和黎阳营兵驻扎上谷,以进行防御。冬季,十月,鲜卑军入侵上谷,攻打居庸关,朝廷再次增调沿边各郡郡兵和黎阳营兵、弓弩手等,步、骑兵共两万人,分驻要塞。

6 度辽将军邓遵收买上郡羌人全无部落的雕何刺杀了狼莫,朝廷将雕何封为羌侯。自从羌人反叛,十馀年间,军费开支共计两百四十多亿,国库枯竭,边疆及内地百姓的死亡人数多得无法统计,并州、凉州两州因此而空虚衰败。及至零昌、狼莫死后,羌人各部落瓦解,三辅和益州不再有战争的警报。朝廷将邓遵封为武阳侯,享有三千户食邑。因邓遵是邓太后的堂弟,所以封赐优厚。任尚与邓遵争功,又因被指控虚报斩杀敌人数量、枉法贪赃一千万钱以上,十二月,将他用囚车押回京城,在闹市斩首,尸体暴露街头,财产没收。邓骘的儿子、侍中邓凤曾接受过任尚的赠马,于是邓骘用剃发的髡刑来惩罚自己的妻子和邓凤,向朝廷谢罪。

7 本年,有十四个郡和封国发生地震。

8 邓太后的弟弟邓悝、邓阊都在本年去世,将邓悝的儿子邓广宗封为叶侯,将邓阊的儿子邓忠封为西华侯。

汉安帝元初六年(己未,公元 119 年)

1 春季,二月乙巳(十二日),京城雒阳及四十二个郡和封国发生地震。

2 夏季,四月,沛国、勃海发生风灾和雹灾。

3 五月,京城雒阳发生旱灾。

4 六月丙戌，平原哀王得薨，无子。

5 秋，七月，鲜卑寇马城塞，杀长吏，度辽将军邓遵及中郎将马续率南单于追击，大破之。

6 九月癸巳，陈怀王竦薨，无子，国除。

7 冬，十二月戊午朔，日有食之，既。

8 郡国八地震。

9 是岁，太后征和帝弟济北王寿、河间王开子男女年五岁以上四十馀人，及邓氏近亲子孙三十馀人，并为开邸第，教学经书，躬自监试。诏从兄河南尹豹、越骑校尉康等曰："末世贵戚食禄之家，温衣美饭，乘坚驱良，而面墙术学，不识臧否，斯故祸败之所从来也。"

10 豫章有芝草生，太守刘祗欲上之，以问郡人唐檀，檀曰："方今外戚豪盛，君道微弱，斯岂嘉瑞乎！"祗乃止。

11 益州刺史张乔遣从事杨竦将兵至楪榆，击封离等，大破之，斩首三万馀级，获生口千五百人。封离等惶怖，斩其同谋渠帅，诣竦乞降。竦厚加慰纳，其馀三十六种皆来降附。竦因奏长吏奸猾，侵犯蛮夷者九十人，皆减死论。

12 初，西域诸国既绝于汉，北匈奴复以兵威役属之，与共为边寇。敦煌太守曹宗患之，乃上遣行长史索班将千馀人屯伊吾以招抚之。于是车师前王及鄯善王复来降。

13 初，疏勒王安国死，无子，国人立其舅子遗腹为王。遗腹叔父臣磐在月氏，月氏纳而立之。后莎车畔于窴，属疏勒，疏勒遂强，与龟兹、于窴为敌国焉。

4　六月丙戌（二十六日），平原哀王刘得去世，没有子嗣。

5　秋季，七月，鲜卑军攻打马城要塞，杀死官吏，度辽将军邓遵和中郎将马续率领南匈奴单于进行追击，大败鲜卑军。

6　九月癸巳（初四），陈怀王刘竦去世，因无子嗣，封国撤除。

7　冬季，十二月戊午朔（初一），出现日全食。

8　有八个郡和封国发生地震。

9　本年，邓太后征召和帝的弟弟、济北王刘寿和河间王刘开五岁以上的子女，共四十余人，以及邓氏家族的近亲子孙三十余人，为他们建立官舍，教学儒家经书，邓太后亲自监督考试。她下诏给堂兄、河南尹邓豹和越骑校尉邓康等人说："处于末世的皇亲国戚和官宦人家，穿暖衣，吃美食，乘坚车，驱良马，但对待学术，却如面向墙壁而目无所见，不知道善恶得失，这就是灾祸与败亡的由来。"

10　豫章郡发现灵芝草，太守刘祇打算作为祥瑞献给朝廷，询问本郡人唐檀的意见，唐檀说："如今外戚之势大盛，君王权力衰微，这怎能是祥瑞呢！"刘祇这才作罢。

11　益州刺史张乔派从事杨竦率兵进驻楪榆，讨伐以封离为首的叛乱夷人，大败叛军，斩杀三万余人，俘虏一千五百人。封离等十分惊恐，杀死共同谋反的其他首领，前来拜见杨竦，请求归降。杨竦对封离进行安抚，并给予优厚的待遇，其余的三十六个部落也都前来归降。于是杨竦上书举报奸恶狡猾、欺压蛮夷的地方官吏共九十人，这些人全都被判处轻于死刑一等的刑罚。

12　起初，西域各国同汉朝断绝关系以后，北匈奴重新以武力相威胁，驱使西域各国向自己臣服，并一同侵犯汉朝边境。敦煌太守曹宗对此感到忧虑，便请示朝廷，派遣代理长史索班率领一千余人驻扎伊吾，对西域各国进行招抚。于是车师前王及鄯善王再度前来归降。

13　当初，疏勒王安国去世时，没有子嗣，国人将安国舅父之子遗腹拥立为王。遗腹的叔父臣磐在月氏国，月氏国将他送回疏勒，立为疏勒王。后来，莎车国背叛了于窴国而臣属于疏勒国，疏勒国便强盛起来，与龟兹、于窴两国互相抗衡。

永宁元年(庚申,120)

1　春,三月丁酉,济北惠王寿薨。

2　北匈奴率车师后王军就共杀后部司马及敦煌长史索班等,遂击走其前王,略有北道。鄯善逼急,求救于曹宗,宗因此请出兵五千人击匈奴,以报索班之耻,因复取西域。公卿多以为宜闭玉门关,绝西域。太后闻军司马班勇有父风,召诣朝堂问之。勇上议曰:"昔孝武皇帝患匈奴强盛,于是开通西域,论者以为夺匈奴府藏,断其右臂。光武中兴,未遑外事,故匈奴负强,驱率诸国;及至永平,再攻敦煌,河西诸郡,城门昼闭。孝明皇帝深惟庙策,乃命虎臣出征西域,故匈奴远遁,边境得安;及至永元,莫不内属。会间者羌乱,西域复绝,北虏遂遣责诸国,备其逋租,高其价直,严以期会,鄯善、车师皆怀愤怨,思乐事汉,其路无从。前所以时有叛者,皆由牧养失宜,还为其害故也。今曹宗徒耻于前负,欲报雪匈奴,而不寻出兵故事,未度当时之宜也。夫要功荒外,万无一成,若兵连祸结,悔无所及。况今府藏未充,师无后继,是示弱于远夷,暴短于海内,臣愚以为不可许也。旧敦煌郡有营兵三百人,今宜复之,复置护西域副校尉,居于敦煌,如永元故事,又宜遣西域长史将五百人屯楼兰,西当焉耆、龟兹径路,南强鄯善、于窴心胆,北扞匈奴,东近敦煌。如此诚便。"

尚书复问勇:"利害云何?"勇对曰:"昔永平之末,始通西域,初遣中郎将居敦煌,后置副校尉于车师,既为胡虏节度,

汉安帝永宁元年(庚申,公元 120 年)

1　春季,三月丁酉(十一日),济北惠王刘寿去世。

2　北匈奴率领车师后王军就一同杀死后部司马及敦煌长史索班等人,乘胜赶走车师前王,控制了西域北道。鄯善国形势危急,向曹宗求救,于是曹宗上书朝廷,请求出兵五千人进攻匈奴,为索班雪耻,并就此重新收回西域。朝中公卿多数认为应当关闭玉门关,和西域断绝关系。邓太后听说军司马班勇有其父之风,便召他到朝堂进见,询问他的意见。班勇建议道:"从前孝武皇帝因匈奴强盛而感到忧虑,于是开通了西域,评论者认为,这一举动是夺取了匈奴的宝藏,切断了匈奴的右臂。光武帝使大业中兴,未能顾及外部事务,因此匈奴得以仗恃强力,驱使各国服从;到了永平年间,匈奴两次进攻敦煌,致使河西地区各郡的城门白天关闭。孝明皇帝深思熟虑,制定国策,命虎将出征西域,匈奴因此向远方逃遁,边境才得到了安宁;及至永元年间,异族无不归附汉朝。但不久之前又发生了羌人叛乱,汉朝与西域的关系再度中断,于是北匈奴派遣使者,督责各国缴纳拖欠的贡物,并提高价值,严格规定缴纳期限。鄯善、车师两国全都心怀怨愤,愿意臣属于汉朝,但却找不到途径。从前西域之所以时常发生叛乱,都是由于汉朝官员对他们管理不当,并加以迫害的缘故。如今曹宗只是为先前的失败感到羞耻,要向匈奴报仇雪恨,并不研究从前的战史,也未衡量当前战略的利弊。在遥远的蛮荒建立功业,可能性极其微小,如果导致战争连年,祸事不断,则将后悔不及。况且如今国库并不充足,大军虽出,却没有后继,这是向远方的异族显示我们的弱点,向天下暴露我们的短处,我认为不可批准曹宗的请求。从前敦煌郡有营兵三百人,现在应当恢复,并重新设置护西域副校尉,驻扎敦煌,如同永元年间的旧例,还应派遣西域长史率领五百人驻扎楼兰,在西方控制焉耆、龟兹的通道,在南方增强鄯善、于窴的信心胆量,在北方抵抗匈奴,在东方护卫敦煌。我确信这是上策。"

尚书又向班勇询问:"这个计策有什么好处和弊病?"班勇回答说:"从前,在永平末年,刚刚恢复与西域的交通,第一次派遣中郎将驻守敦煌,后来又在车师设置了副校尉,既指挥胡人,调解他们的冲突,

又禁汉人不得有所侵扰,故外夷归心,匈奴畏威。今鄯善王尤还,汉人外孙,若匈奴得志,则尤还必死。此等虽同鸟兽,亦知避害,若出屯楼兰,足以招附其心,愚以为便。"

长乐卫尉镡显、廷尉綦毋参、司隶校尉崔据难曰:"朝廷前所以弃西域者,以其无益于中国而费难供也。今车师已属匈奴,鄯善不可保信,一旦反覆,班将能保北虏不为边害乎?"勇对曰:"今中国置州牧者,以禁郡县奸猾盗贼也。若州牧能保盗贼不起者,臣亦愿以要斩保匈奴之不为边害也。今通西域则虏势必弱,虏势弱则为患微矣。孰与归其府藏,续其断臂哉?今置校尉以扞抚西域,设长史以招怀诸国,若弃而不立,则西域望绝,望绝之后,屈就北虏,缘边之郡将受困害,恐河西城门必须复有昼闭之儆矣!今不廓开朝廷之德而拘屯戍之费,若此,北虏遂炽,岂安边久长之策哉!"

太尉属毛轸难曰:"今若置校尉,则西域骆驿遣使,求索无厌。与之则费难供,不与则失其心,一旦为匈奴所迫,当复求救,则为役大矣。"勇对曰:"今设以西域归匈奴,而使其恩德大汉,不为钞盗,则可矣。如其不然,则因西域租入之饶,兵马之众,以扰动缘边,是为富仇雠之财,增暴夷之势也。置校尉者,宣威布德,以系诸国内向之心而疑匈奴觊觎之情,而无费财耗国之虑也。且西域之人,无他求索,其来入者不过禀食而已。今若拒绝,势归北属夷虏,并力以寇并、凉,则中国之费不止十亿。置之诚便。"

又防禁汉人,不许对胡人有所侵扰,所以外族归心于汉朝,匈奴畏惧汉朝的威望。当今的鄯善王尤还,是汉人的外孙,如果匈奴得逞,那么尤还必死。这些外族虽然如同鸟兽,也知道逃避危害,我们如果在楼兰驻军,便足以使他们归心,我认为这样做是有利的。"

长乐卫尉镡显、廷尉綦毋参、司隶校尉崔据提出诘难,说:"朝廷先前所以放弃西域,是由于西域不能给汉朝带来利益,而且费用庞大,难以供应的缘故。目前车师已经臣属于匈奴,鄯善也不可信赖,一旦局势有变,班将军能担保北匈奴不来侵害边疆吗?"班勇回答说:"如今汉朝设置州牧,是为了禁止郡县的坏人盗匪。如果州牧能够担保盗匪不作乱,我也愿以腰斩来担保匈奴不侵害边疆。现在若是开通西域,那么匈奴的势力就必定削弱,匈奴的势力削弱,那么危害也就轻微了。这与把宝藏交还给匈奴,并为它接上断臂相比哪一个更好呢?如今设置西域校尉是用来保护安抚西域,设置长史是用来招揽怀柔各国。假如放弃西域而不设置校尉、长史,那么西域就会对汉朝绝望,绝望之后就会屈从北匈奴,汉朝的沿边各郡就将受到侵害,恐怕河西地区必定又将有白天关闭城门的警报了!现在不推广朝廷的恩德,而吝惜屯戍的费用,这样下去,北匈奴就会气焰高涨,这难道是保护边疆安全的长久策略吗?"

太尉属毛轸诘难道:"如今要是设置了校尉,那么西域各国就会络绎不绝地派遣来使,索求赏赐,不知满足。若是给予他们,那么费用太多而难以供应,若是不给他们,就会失掉归顺之心。而一旦受到匈奴的逼迫,还要再向汉朝求救,那时便需动用兵力,费事就更大了。"班勇答复道:"假设我们现在把西域交给匈奴,使匈奴感激汉朝的恩德,以使它从此不再侵略作乱,那么就可以这样办。假如不然,匈奴就会因为得到了西域,而利用西域丰厚的贡物和众多的兵马,骚扰攻击汉朝的边境。这是为仇人增加财富,为横暴的敌国增强实力。设置校尉,是为了宣扬推广汉朝的国威和恩德,以维系西域各国的归附之心,动摇匈奴的觊觎之意,不会带来消耗国家资财的忧虑。况且西域之人,并没有其他的要求,使节来到汉朝,不过是供应他们膳食而已。现在若是拒绝西域各国,它们势必归属北方的匈奴人。如果各种力量联合起来,一同侵略并州、凉州,那么国家的开支将不止十亿。我相信,设置西域校尉确实是有利的。"

于是从勇议,复敦煌郡营兵三百人,置西域副校尉居敦煌。虽复羁縻西域,然亦未能出屯。其后匈奴果数与车师共入寇钞,河西大被其害。

3　沈氐羌寇张掖。

4　夏,四月丙寅,立皇子保为太子,改元,赦天下。

5　己巳,绍封陈敬王子崇为陈王,济北惠王子苌为乐成王,河间孝王子翼为平原王。

6　六月,护羌校尉马贤将万人讨沈氐羌于张掖,破之,斩首千八百级,获生口千馀人,馀虏悉降。时当煎等大豪饥五等,以贤兵在张掖,乃乘虚寇金城,贤还军出塞,斩首数千级而还。烧当、烧何种闻贤军还,复寇张掖,杀长吏。

7　秋,七月乙酉朔,日有食之。

8　冬,十月己巳,司空李郃免。癸酉,以卫尉庐江陈褒为司空。

9　京师及郡国三十三大水。

10　十二月,永昌徼外掸国王雍由调遣使者献乐及幻人。

11　戊辰,司徒刘恺请致仕,许之,以千石禄归养。

12　辽西鲜卑大人乌伦、其至鞬各以其众诣度辽将军邓遵降。

13　癸酉,以太常杨震为司徒。

14　是岁,郡国二十三地震。

15　太后从弟越骑校尉康,以太后久临朝政,宗门盛满,数上书太后,以为宜崇公室,自损私权,言甚切至,太后不从。康谢

于是朝廷采纳了班勇的建议,恢复敦煌郡设置营兵三百人的制度,并设置西域副校尉驻守敦煌。朝廷虽然再次控制西域,却未能越出边境,到西域驻兵。后来,匈奴果然屡次同车师一道侵犯内地,河西地区受到严重伤害。

3 羌人沈氏部落攻打张掖郡。

4 夏季,四月丙寅(十一日),将皇子刘保立为太子,改年号,大赦天下。

5 四月己巳(十四日),将前陈敬王刘羡的儿子刘崇封为陈王,继承刘羡,将济北惠王刘寿的儿子刘苌封为乐成王,将河间孝王刘开的儿子刘翼封为平原王。

6 六月,护羌校尉马贤率领一万兵众,在张掖郡讨伐羌人沈氏部落,打败羌军,斩杀一千八百人,俘虏一千馀人,其馀的全部投降。当时,当煎部落首领饥五等人,因马贤的部队集中在张掖,便乘虚而入,攻打金城,马贤率军由张掖返回,追击直到塞外,斩杀数千人后班师。烧当、烧何二部落听说马贤大军返回金城,又再次进攻张掖,杀害官吏。

7 秋季,七月乙酉朔(初一),出现日食。

8 冬季,十月己巳,将司空李郃免官。十月癸酉(二十日),将卫尉、庐江人陈褒任命为司空。

9 京城雒阳及三十三个郡和封国发生水灾。

10 十二月,永昌郡边境外的掸国国王雍曲调派遣使者进献乐舞和魔术艺人。

11 十二月戊辰(十六日),司徒刘恺请求退休,获得批准,被赐予每年一千石的终身禄,回乡养老。

12 辽西郡的鲜卑大人乌伦和其至鞬,各自率领部众向度辽将军邓遵投降。

13 十二月癸酉(二十一日),将太常杨震任命为司徒。

14 本年,有二十三个郡和封国发生地震。

15 邓太后的堂弟、越骑校尉邓康,因邓太后摄政已久,家族权势过盛,屡次向邓太后上书,认为应当抬高朝廷的威望,自行削减外戚的私权,言辞极其恳切,邓太后拒不采纳。于是邓康声称

病不朝，太后使内侍者问之。所使者乃康家先婢，自通"中大人"，康闻而诟之。婢怨恚，还，白康诈疾而言不逊。太后大怒，免康官，遣归国，绝属籍。

16　初，当煎种饥五同种大豪卢忽、忍良等千馀户别留允街，而首施两端。

建光元年(辛酉，121)

1　春，护羌校尉马贤召卢忽，斩之，因放兵击其种人，获首虏二千馀，忍良等皆亡出塞。

2　幽州刺史巴郡冯焕、玄菟太守姚光、辽东太守蔡讽等将兵击高句骊，高句骊王宫遣子遂成诈降而袭玄菟、辽东，杀伤二千馀人。

3　二月，皇太后寝疾。癸亥，赦天下。三月癸巳，皇太后邓氏崩。未及大敛，帝复申前命，封邓骘为上蔡侯，位特进。

丙午，葬和熹皇后。

太后自临朝以来，水旱十载，四夷外侵，盗贼内起，每闻民饥，或达旦不寐，躬自减彻以救灾厄。故天下复平，岁还丰穰。

上始亲政事，尚书陈忠荐隐逸及直道之士颍川杜根、平原成翊世之徒，上皆纳用之。忠，宠之子也。初，邓太后临朝，根为郎中，与同时郎上书言："帝年长，宜亲政事。"太后大怒，皆令盛以缣囊，于殿上扑杀之，既而载出城外，根得苏，太后使人检视，根遂诈死。三日，目中生蛆，因得逃窜，为宜城山中酒家保，积十五年。成翊世以郡吏亦坐谏太后不归政抵罪。帝皆征诣公车，拜根侍御史，翊世尚书郎。或问根曰："往者遇祸，天下同义，知故不少，何至自苦如此？"根曰："周旋民间，

有病,不去朝见,邓太后派内宫侍者前去探问。这位侍者先前做过邓康家的婢女,而通报自己是"中大人",邓康听到以后,辱骂了这位侍者。侍者心怀怨恨,回宫后,便报告说邓康装病,并且出言不逊。邓太后大怒,将邓康免官,遣回封国,将他从宗室谱籍中除名。

16　当初,与饥五同族的当煎部落首领卢悤、忍良等一千馀户单独居住在允街。此时,他们摇摆不定,待机而动。

汉安帝建光元年(辛酉,公元 121 年)

1　春季,护羌校尉马贤征召卢悤,将他斩杀,乘机发兵攻击卢悤的部众,斩杀两千馀人,忍良等全部逃亡出塞。

2　幽州刺史巴郡人冯焕、玄菟郡太守姚光、辽东郡太守蔡讽等率兵进攻高句骊,高句骊国王宫派遣他的儿子遂成诈降而袭击玄菟郡和辽东郡,杀伤两千馀人。

3　二月,邓太后病重。二月癸亥(十二日),大赦天下。三月癸巳(十三日),邓太后驾崩。还未等到将遗体放入棺木,安帝便重申先前发布的命令,将邓骘封为上蔡侯,位居特进。

三月丙午(二十六日),安葬邓太后。

自从邓太后临朝摄政以来,水旱灾害达十年,四方异族从外入侵,盗贼叛匪在内纷起,每当听说民间饥馑,邓太后往往通宵不眠,亲自裁膳撤乐,削减个人享受,以拯救灾难。因此天下重新安定,恢复了丰收年景。

安帝开始亲自接管政事,尚书陈忠举荐"隐逸"及"直道"之士颍川人杜根、平原人成翊世等人,安帝全部接纳而予以任用。陈忠是陈宠之子。当初,邓太后主持朝政,杜根任郎中,他与当时的一位郎官共同上书说:"皇上已经长大,应当亲自主持政事。"邓太后大怒,命人将他们全都装入白绢制的袋中,在殿上当场摔死,然后用车运出城外,杜根苏醒过来,邓太后派人查看尸体时,他便装死。三天之后,他的眼中长出了蛆虫,才得以逃走,成为宜城山中一家酒铺的佣工,长达十五年。成翊世原是郡府的官吏,也因劝谏邓太后归还大权而被判罪。安帝命二人前往公车报到,将杜根任命为侍御史,将成翊世任命为尚书郎。有人问杜根说:"从前您遇到灾祸时,天下人都认为您是义士,您的知交故人不少,何至于让自己这样受苦?"杜根说:"奔走躲藏于民间,

非绝迹之处,邂逅发露,祸及亲知,故不为也。"

4 戊申,追尊清河孝王曰孝德皇,皇妣左氏曰孝德后,祖妣宋贵人曰敬隐后。初,长乐太仆蔡伦受窦后讽旨诬陷宋贵人,帝敕使自致廷尉,伦饮药死。

5 夏,四月,高句骊复与鲜卑入寇辽东,蔡讽追击于新昌,战殁。功曹掾龙端、兵马掾公孙酺以身扞讽,俱殁于陈。

6 丁巳,尊帝嫡母耿姬为甘陵大贵人。

7 甲子,乐成王苌坐骄淫不法,贬为芜湖侯。

8 己巳,令公卿下至郡国守相各举有道之士一人。尚书陈忠以诏书既开谏争,虑言事者必多激切,或致不能容,乃上疏豫通广帝意曰:"臣闻仁君广山薮之大,纳切直之谋,忠臣尽謇谔之节,不畏逆耳之害,是以高祖舍周昌桀、纣之譬,孝文喜袁盎人豕之讥,武帝纳东方朔宣室之正,元帝容薛广德自刎之切。今明诏崇高宗之德,推宋景之诚,引咎克躬,谘访群吏。言事者见杜根、成翊世等新蒙表录,显列二台,必承风响应,争为切直。若嘉谋异策,宜辄纳用;如其管穴,妄有讥刺,虽苦口逆耳,不得事实,且优游宽容,以示圣朝无讳之美。若有道之士对问高者,宜垂省览,特迁一等,以广直言之路。"书御,有诏,拜有道高第士沛国施延为侍中。

那不是隐匿踪迹的处所，一旦被人碰见而暴露身份，就会给亲友带来灾祸，所以我不肯那样做。"

4　三月戊申(二十八日)，安帝将生父、清河孝王刘庆追尊为孝德皇，生母左氏为孝德后，祖母宋贵人为敬隐后。当初，长乐太仆蔡伦曾秉承窦皇后的旨意诬陷宋贵人，安帝命他自己前往廷尉受审，蔡伦服毒而死。

5　夏季，四月，高句骊又和鲜卑一同入侵辽东郡，辽东太守蔡讽在新昌追击敌军，战死。功曹掾龙端、兵马掾公孙酺用身体保卫蔡讽，一同阵亡。

6　四月丁巳(初七)，安帝将嫡母耿姬尊为甘陵大贵人。

7　四月甲子(十四日)，乐城王刘苌因骄奢淫逸，触犯法律，被贬为芜湖侯。

8　四月己巳(十九日)，安帝命令三公九卿，下至郡太守、封国相，各举荐一位品德学问优秀的人士。尚书陈忠认为，皇帝既然已经下诏公开征求意见，恐怕提意见的人必定多有激烈的言辞，或许导致皇帝不能相容，于是上书预先疏通皇帝的心意，奏书说："我听说，仁爱的君王胸怀开阔，像高山和湖泽一样博大，能容纳尖锐直率的批评，使忠臣能够尽到勇于直言的职责，不怕因讲出逆耳的意见而遭到迫害，因此，高祖不计较周昌将他比作夏桀、商纣，文帝嘉奖袁盎警惕'人彘'再现的讥讽，武帝采纳东方朔对错用宣室殿招待公主宠臣的批评，元帝宽容薛广德以自刎相逼的举动。如今陛下公布诏书，发扬商王武丁的圣德，推广宋景公的赤诚，引咎自责，征求官员们的批评。议论时事的人看到杜根、成翊世等人新近受到表彰擢用，荣耀地身居御史台和尚书台，必然闻风响应，竞相贡献恳切直率的意见。如果是良谋奇策，应当立即采纳，而如果是狭隘浅陋的管穴之见，或是讥刺有误，尽管难吸取，不顺耳，与事实不符，也请暂且大度宽容，以显示圣明王朝百无禁忌的美德。假若被举荐的人在对答时有高明的见解，则应留意查看，特别提升一级任用，以提倡直率批评，广开言路。"安帝看了奏书，下诏，将有道之士中考试成绩优秀者沛国人施延任命为侍中。

初,汝南薛包,少有至行,父娶后妻而憎包,分出之。包日夜号泣,不能去,至被殴扑,不得已,庐于舍外,旦入洒扫。父怒,又逐之,乃庐于里门,晨昏不废。积岁余,父母惭而还之。及父母亡,弟子求分财异居,包不能止,乃中分其财,奴婢引其老者,曰:"与我共事久,若不能使也。"田庐取其荒顿者,曰:"吾少时所治,意所恋也。"器物取朽败者,曰:"我素所服食,身口所安也。"弟子数破其产,辄复赈给。帝闻其名,令公车特征,至,拜侍中。包以死自乞,有诏赐告归,加礼如毛义。

9　帝少号聪明,故邓太后立之。及长,多不德,稍不可太后意,帝乳母王圣知之。太后征济北、河间王子诣京师,河间王子翼,美容仪,太后奇之,以为平原怀王后,留京师。王圣见太后久不归政,虑有废置,常与中黄门李闰、江京候伺左右,共毁短太后于帝,帝每怀忿惧。及太后崩,宫人先有受罚者怀怨恚,因诬告太后兄弟悝、弘、阊先从尚书邓访取废帝故事,谋立平原王。帝闻,追怒,令有司奏悝等大逆无道,遂废西平侯广宗、叶侯广德、西华侯忠、阳安侯珍、都乡侯甫德皆为庶人,邓骘以不与谋,但免特进,遣就国;宗族免官归故郡,没入骘等赀财田宅;徙邓访及家属于远郡。郡县迫逼,广宗及忠皆自杀。又徙封骘为罗侯。五月庚辰,骘与子凤并不食而死。骘从弟河南尹豹、度辽将军舞阳侯遵、将作大匠畅皆自杀;唯广德兄弟以母与阎后同产,得留京师。复以耿夔为度辽将军,

当初,汝南人薛包在少年时就有突出的孝行,薛包的父亲在娶了继母之后,便厌恶薛包,让他分出去另立门户。薛包日夜号哭,不肯离开,以致遭到殴打,不得已,就在房舍之外搭起一个小屋居住,早晨便回家洒扫庭院。父亲发怒,再次把他赶走,他就把小屋搭在乡里大门的旁边,每日早晚都回家向父母请安,不荒废定省的礼仪。过了一年多,他的父母感到惭愧而让他回家。及至父母去世,薛包的侄儿要求分割家财并搬出去居住,薛包不能阻止,便将家产分开,挑出年老的奴婢,说:“他们和我一起做事的时间长,你使唤不动。”田地房舍则选择荒芜破旧的,说:“这些是我年轻时经营过的,有依恋之情。”家什器具则选择朽坏的,说:“这些是我平素所使用的,身、口觉得安适。”侄儿曾屡次破产,薛包总是重新给予赈济。安帝听到了他的名声,便命公车单独将他征召入京。到达后,任命为侍中。薛包以死请求辞官,于是安帝下诏,准许他离官回乡,对他的礼敬优待如同毛义前例。

　　9　安帝在幼年时,人们都说他聪明,所以邓太后将他立为皇帝。但等到长大以后,却有很多不好的品质,渐渐不合太后的心意,安帝的奶娘王圣了解这个情况。邓太后曾征召济北王和河间王的儿子们前来京城,其中,河间王的儿子刘翼相貌堂堂,邓太后认为他不同寻常,便让他做平原怀王刘隆的继承人,留在京城。王圣见邓太后久不归还政权,担心安帝会被废黜,经常同中黄门李闰和江京围在安帝身边,一同诋毁太后,安帝每每感到怨愤和恐惧。及至邓太后驾崩,先前因受处罚而怀恨的宫人便诬告邓太后的兄弟邓悝、邓弘、邓阊曾向尚书邓访索取废黜皇帝的历史档案,策划改立平原王刘翼。安帝听到后,回想往事而大怒,命令有关部门弹劾邓悝等大逆不道,于是废掉西平侯邓广宗、叶侯邓广德、西华侯邓忠、阳安侯邓珍,都乡侯邓甫德的爵位,将他们全部贬为平民;邓骘因不曾参与密谋,只免去特进之衔,遣回封国;邓氏宗亲一律免去官职,返回原郡,没收邓骘等人的资财、田地和房产;将邓访及其家属,放逐到边远的郡县。在郡县官员的迫害下,邓广宗、邓忠二人自杀。后又将邓骘改封为罗侯。五月庚辰(初一),邓骘和他的儿子邓凤一同绝食而死。邓骘的堂弟、河南尹邓豹,度辽将军、舞阳侯邓遵,以及将作大匠邓畅,全部自杀。唯独邓广德兄弟因母亲与阎皇后是亲姐妹,得以留在京城。安帝重新任命耿夔为度辽将军,

征乐安侯邓康为太仆。丙申,贬平原王翼为都乡侯,遣归河间。翼谢绝宾客,闭门自守,由是得免。

初,邓后之立也,太尉张禹、司徒徐防欲与司空陈宠共奏追封后父训,宠以先世无奏请故事,争之,连日不能夺。及训追加封谥,禹、防复约宠俱遣子奏礼于虎贲中郎将骘,宠不从。故宠子忠不得志于邓氏。骘等败,忠为尚书,数上疏陷成其恶。

大司农京兆朱宠痛骘无罪遇祸,乃肉袒舆榇上疏曰:"伏惟和熹皇后圣善之德,为汉文母。兄弟忠孝,同心忧国,社稷是赖;功成身退,让国逊位,历世贵戚,无与为比,当享积善履谦之祐。而横为宫人单辞所陷,利口倾险,反乱国家,罪无申证,狱不讯鞫,遂令骘等罹此酷陷,一门七人,并不以命,尸骸流离,冤魂不反,逆天感人,率土丧气。宜收还冢次,宠树遗孤,奉承血祀,以谢亡灵。"宠知其言切,自致廷尉。陈忠复劾奏宠,诏免官归田里。众庶多为骘称枉者,帝意颇悟,乃谴让州郡,还葬骘等于北芒,诸从兄弟皆得归京师。

10　帝以耿贵人兄牟平侯宝监羽林左军车骑;封宋杨四子皆为列侯,宋氏为卿、校、侍中大夫、谒者、郎吏十馀人;阎皇后兄弟显、景、耀,并为卿、校,典禁兵。于是内宠始盛。

征召乐安侯邓康,任命为太仆。五月丙申(十七日),将平原王刘翼贬为都乡侯,遣回河间。刘翼不再会见宾客,紧闭大门而深居自守,因此得以免罪。

当初,邓氏立为皇后,太尉张禹、司徒徐防曾打算同司空陈宠一同奏请追封邓皇后的父亲邓训,但陈宠认为前代没有这种奏请先例,便与他们争辩,一连数日不能定夺。及至和帝为邓训追加封号和谥号时,张禹、徐防又约陈宠一同派儿子向虎贲中郎将邓骘送礼祝贺,陈宠不肯答应。因此,陈宠的儿子陈忠在邓氏家族当政时未能得志。及至邓骘等人失势,陈忠被任命为尚书,屡次上书弹劾,终于使邓氏家族陷于重罪。

大司农、京兆人朱宠,痛心于邓骘无罪而遭遇祸难,于是脱光上衣,抬着棺材,上书为邓骘鸣冤,奏书说:"我认为和熹邓皇后具有圣明善良的品德,是汉朝的文母。她的兄弟忠孝,共同忧心国事,受到王室的倚重;迎立皇上以后,大功告成,便引身自退,拒受封国,辞去高位,历代的皇后家族,都不能与此相比,他们应当由于善良和谦让的行为而得到保佑。但他们却横遭宫人片面之辞的诬陷,宫人们口舌锋利,危言耸听,扰乱了国家,罪名没有明白的证据,判案也没有经过审讯,结果竟使邓骘等人遭受这样的惨祸,一家七口,全都死于非命,尸骨分散各地,冤魂不能返回家乡,违背天意而震动人心,全国各地一片颓丧。应当准许他们的尸骨还葬祖坟,优待保护留下的孤儿,让邓家的宗祠有人祭祀,以告慰亡灵。"朱宠知道他的言辞激切,自动前往廷尉投案。于是陈忠又弹劾朱宠,安帝下诏将朱宠免官,让他返归乡里。很多民众为邓骘鸣冤,安帝有所觉悟,于是责备迫害邓氏家族的州郡官员,准许邓骘等人的尸骨运回北芒山安葬,邓骘的堂兄弟们也都得以返回京城洛阳。

10 安帝将嫡母耿贵人的哥哥年平侯耿宝任命为羽林左军车骑总监;将祖母宋贵人之父宋杨的四个儿子全都封为列侯,宋氏家族中担任卿、校、侍中大夫、谒者、郎官的有十馀人;阎皇后的兄弟阎显、阎景、阎耀,全都担任卿、校,统御皇家禁军。从此,安帝内宠的权势开始兴盛。

帝以江京尝迎帝于邸，以为京功，封都乡侯，封李闰为雍乡侯，闰、京并迁中常侍。京兼大长秋，与中常侍樊丰、黄门令刘安、钩盾令陈达及王圣、圣女伯荣扇动内外，竞为侈虐。伯荣出入宫掖，传通奸赂。司徒杨震上疏曰："臣闻政以得贤为本，治以去秽为务；是以唐、虞俊乂在官，四凶流放，天下咸服，以致雍熙。方今九德未事，嬖幸充庭。阿母王圣，出自贱微，得遭千载，奉养圣躬，虽有推燥居湿之勤，前后赏惠，过报劳苦。而无厌之心不知纪极，外交属托，扰乱天下，损辱清朝，尘点日月。夫女子、小人，近之喜，远之怨，实为难养。宜速出阿母，令居外舍，断绝伯荣，莫使往来。令恩德两隆，上下俱美。"奏御，帝以示阿母等，内幸皆怀忿恚。

而伯荣骄淫尤甚，通于故朝阳侯刘护从兄瓌，瓌遂以为妻，官至侍中，得袭护爵。震上疏曰："经制，父死子继，兄亡弟及，以防篡也。伏见诏书，封故朝阳侯刘护再从兄瓌袭护爵为侯；护同产弟威，今犹见在。臣闻天子专封，封有功；诸侯专爵，爵有德。今瓌无他功行，但以配阿母女，一时之间，既位侍中，又至封侯，不稽旧制，不合经义，行人喧哗，百姓不安。陛下宜鉴镜既往，顺帝之则。"尚书广陵翟酺上疏曰："昔窦、邓之宠，倾动四方，兼官重绶，盈金积货，至使议弄神器，改更社稷，岂不以势尊威广以致斯患乎！及其破坏，头颡堕地，愿为孤豚，岂可得哉！夫致贵无渐，失必暴；受爵非道，

安帝因江京当年曾前往清河国驻京官邸迎接自己入宫即位,认为江京有功,将他封为都乡侯,将李闰封为雍乡侯,二人全都提升为中常侍。江京兼任大长秋,与中常侍樊丰、黄门令刘安、钩盾令陈达,以及王圣和王圣的女儿伯荣在内外活动,竞相显示奢侈和暴虐。伯荣能够出入皇宫,便从事串通奸恶和传送贿赂的勾当。司徒杨震上书说:"我听说,执掌政权,以得到贤才为基本条件;治理国家,以铲除奸恶为主要任务。因此唐尧虞舜时代,俊杰之士当权,'四凶'之类的恶人遭到流放,天下全都敬服,因此达到人心和睦。如今具备《尚书》所提出的'九德'的人未在朝中任职,而壁幸奸佞之辈却充斥宫廷。奶娘王圣,出身微贱,遇到千载难逢的机会,奉养皇上,虽然有精心侍候的辛勤,但先后对她的赏赐与恩德,已经超过对功劳的报答。然而她贪得无厌,不知法纪的限度,勾结宫外之人,接受请托贿赂,扰乱大局,损害朝廷,玷污了陛下日月般的圣明。女子和小人,接近他们,他们便高兴,疏远他们,他们便怨恨,委实难以豢养。陛下应当尽早让奶娘出宫,命她在外面居住,切断伯荣和宫廷的联系,不许她往来奔走。这样可以同时发扬皇恩与圣德,对上对下两全其美。"奏书呈上,安帝让奶娘等人传阅,他们全都心怀愤慨和怨恨。

而伯荣在这些人当中,最为骄奢淫逸,她与已故朝阳侯刘护的堂兄刘瓖通奸,刘瓖便娶她做妻子,官位达到侍中,得以继承刘护的爵位。杨震上书说:"传统制度规定:父亲去世,儿子继承;兄长去世,弟弟继承,这是为了防止篡位。我看到诏书颁下,命令已故朝阳侯刘护的远房堂兄刘瓖继承刘护的爵位,封为侯爵。然而刘护的亲弟弟刘威,如今还在人世。我听说,天子有赐封的权力,赐封给有功的人;诸侯有赏爵的权力,赏爵给有德的人。如今刘瓖并没有其他的功劳德行,只因娶了奶娘的女儿,一时之间,既官居侍中,又晋封侯爵,与传统制度不符,与儒家经义不合,使行人在路上喧哗,百姓感到不安。陛下应当以史为鉴,遵循帝王的法则。"尚书、广陵人翟酺上疏说:"先前窦家、邓家的荣宠,使四方震动,他们身兼数官,家中黄金满门,财物堆积,甚至干涉摆布皇帝,这难道不是由于他们的权势太尊而威望太大,才导致了这种祸患吗?及至他们败亡之时,人头落地,即使是想做一只猪仔,难道能办得到吗?尊贵的身份如果不是逐步达到,就会突然地丧失;爵位如果不是通过正道获得,

殃必疾。今外戚宠幸,功均造化,汉元以来未有等比。陛下诚仁恩周洽,以亲九族,然禄去公室,政移私门,覆车重寻,宁无摧折!此最安危之极戒,社稷之深计也。昔文帝爱百金于露台,饰帷帐于皂囊,或有讥其俭者,上曰:‘朕为天下守财耳,岂得妄用之哉!’今自初政以来,日月未久,费用赏赐,已不可算。敛天下之财,积无功之家,帑藏单尽,民物凋伤,卒有不虞,复当重赋,百姓怨叛既生,危乱可待也。愿陛下勉求忠贞之臣,诛远佞谄之党,割情欲之欢,罢宴私之好,心存亡国所以失之,鉴观兴王所以得之,庶灾害可息,丰年可招矣。”书奏,皆不省。

11 秋,七月己卯,改元,赦天下。

12 壬寅,太尉马英薨。

13 烧当羌忍良等,以麻奴兄弟本烧当世嫡,而校尉马贤抚恤不至,常有怨心,遂相结,共胁将诸种寇湟中,攻金城诸县。八月,贤将先零种击之,战于牧苑,不利。麻奴等又败武威、张掖郡兵于令居,因胁将先零、沈氏诸种四千馀户缘山西走,寇武威。贤追到鸾鸟,招引之,诸种降者数千,麻奴南还湟中。

14 甲子,以前司徒刘恺为太尉。初,清河相叔孙光坐臧抵罪,遂增禁锢二世。至是,居延都尉范邠复犯臧罪,朝廷欲依光比。刘恺独以“《春秋》之义,善善及子孙,恶恶止其身,所以进人于善也。如今使臧吏禁锢子孙,以轻从重,惧及善人,非先王详刑之意也”。陈忠亦以为然。有诏:“太尉议是。”

祸殃必定迅速来临。如今外戚宠幸,功劳与天地相等,自汉初以来未曾有过。陛下诚然是仁爱恩宠备至,以亲近九族,然而官爵禄位不由朝廷掌握,政权转移到了私门,重蹈前人的覆车之路,难道会不危险吗?这是关系王位安危的最深刻的戒条,是重要的国家大计。从前文帝吝惜花费百金修建露台,用包装奏章的黑色布袋制成帷帐,有人讥笑他的俭省,他却说:'朕只是为天下守财罢了,难道可以随意浪费吗?'如今自陛下亲政以来,时间不长,赏赐费用已经无法统计。聚敛天下之财,堆积到没有功勋的人家里,使国库空虚,民间凋敝,一旦突然发生不测的变故,还要再加重赋税,百姓有了怨恨背叛之心,危险和动乱就会随之而来。愿陛下尽力物色忠贞之臣,惩罚疏远奸佞之辈,割舍自己喜爱的东西,放弃宴乐自私的爱好,不忘亡国之君如何失败的教训,研究创业之君如何成功的原因,众灾害便可止息,丰年便可到来了。"奏书呈上,安帝全都不予理会。

11　秋季,七月己卯(初一),改年号,大赦天下。

12　七月壬寅(二十四日),太尉马英去世。

13　羌人烧当部落的忍良等人,认为麻奴兄弟本是烧当首领的嫡系子孙,但校尉马贤却没有给予适当的抚恤优待,因而常怀怨恨之心,便互相勾结,一同裹胁其他部落侵犯湟中地区,进攻金城郡各县。八月,马贤率领羌人先零部落进行回击,在牧马场交战,未能取胜。麻奴等又在令居打败了武威、张掖两郡的郡兵,乘胜裹胁先零、沈氐各部落四千余户,沿山向西而行,进攻武威。马贤追到鸾鸟县,采用招抚引诱的手段,各部落归降的有数千户,麻奴向南返回湟中地区。

14　八月甲子(十六日),将前任司徒刘恺任命为太尉。当初,清河国相叔孙光犯有贪污罪而受到相应惩罚,除了叔孙光本人,还禁止他的子孙两代当官。本年,居延都尉范邠也犯了贪污罪,朝廷准备依照叔孙光的先例进行处罚。唯独刘恺认为:"根据《春秋》大义,对善行的报偿应当延及子孙,对恶行的惩处应当限于罪犯自身,目的是为了引导人们向善。如今禁止赃官的子孙当官,以轻从重,让善良无罪之人感到恐惧,这不符合先王慎于使用刑罚的原意。"尚书陈忠也赞同刘恺的意见。安帝下诏说:"太尉的主张正确。"

15 鲜卑其至鞬寇居庸关。九月,云中太守成严击之,兵败,功曹杨穆以身扞严,与之俱殁。鲜卑于是围乌桓校尉徐常于马城。度辽将军耿夔与幽州刺史庞参发广阳、渔阳、涿郡甲卒救之,鲜卑解去。

16 戊子,帝幸卫尉冯石府,留饮十馀日,赏赐甚厚,拜其子世为黄门侍郎,世弟二人皆为郎中。石,阳邑侯鲂之孙也,父柱尚显宗女获嘉公主,石袭公主爵,为获嘉侯,能取悦当世,故为帝所宠。

17 京师及郡国二十七雨水。

18 冬,十一月己丑,郡国三十五地震。

19 鲜卑寇玄菟。

20 尚书令祋讽等奏,以为“孝文定约礼之制,光武皇帝绝告宁之典,贻则万世,诚不可改,宜复断大臣行三年丧”。尚书陈忠上疏曰:“高祖受命,萧何创制,大臣有宁告之科,合于致忧之义。建武之初,新承大乱,凡诸国政,多趣简易,大臣既不得告宁而群司营禄念私,鲜循三年之丧以报顾复之恩者,礼义之方,实为凋损。陛下听大臣终丧,圣功美业,靡以尚兹。《孟子》曰:‘老吾老以及人之老,幼吾幼以及人之幼,天下可运于掌。’臣愿陛下登高北望,以甘陵之思揆度臣子之心,则海内咸得其所。”时宦官不便之,竟寝忠奏。庚子,复断二千石以上行三年丧。

袁宏论曰:古之帝王所以笃化美俗,率民为善,因其自然而不夺其情,民犹有不及者,而况毁礼止哀,灭其天性乎!

15　鲜卑首领其至鞬侵犯居庸关。九月，云中郡太守成严进行回击，战败，功曹杨穆用身体保卫成严，和他一同战死。于是鲜卑军在马城包围了乌桓校尉徐常。度辽将军耿夔和幽州刺史庞参征调广阳、渔阳、涿郡三郡部队救援，鲜卑军解围离去。

16　九月戊子（初十），安帝临幸卫尉冯石家，留居饮宴十馀天，赏赐十分丰厚，将冯石的儿子冯世任命为黄门侍郎，将冯世的两个弟弟全都任命为郎中。冯石是阳邑侯冯鲂的孙子，他的父亲冯柱娶明帝的女儿获嘉公主为妻，冯石继承了公主的爵位，被封为获嘉侯，他很会取悦于人，所以受到安帝的宠爱。

17　京城雒阳及二十七个郡和封国大雨成灾。

18　冬季，十一月己丑（十二日），有三十五个郡和封国发生地震。

19　鲜卑军进攻玄菟郡。

20　尚书祋讽等人上书指出："孝文皇帝制定简单的礼仪，光武皇帝革除官吏告假奔丧的制度，这是给万世留下的法则，实在不应更改，应当重新取消大臣守丧三年的规定。"尚书陈忠上书说："高祖承受天命，萧何创立制度，大臣有守丧三年的规定，合乎孝子哀悼父母的原则。光武帝建武初年，刚刚经受了大乱，国家的各项规章制度，多趋于简单易行，既然大臣不得告假奔丧，而下面的官员们追求私利，便很少有人守丧三年，以报答父母的养育之恩，这就使礼义方面确实受到了损害。陛下准许大臣守丧三年，在神圣美好的功业中，没有哪一项比这更为崇高。《孟子》说：'尊敬我的长辈，推及别人的长辈；爱护我的幼儿，推及别人的幼儿，天下便可把握运转在手掌上。'我愿陛下登高遥望北方，用陛下对甘陵的思念推想臣子的心情，那么天下之人就可以各得其所。"当时，宦官认为守丧三年的制度对自己不便，竟将陈忠的奏章搁置下来。十一月庚子（二十三日），安帝重新取消两千石以上官员守丧三年的规定。

袁宏评论说：古代的帝王所以能使美好的风俗更为淳厚，率领百姓向善，是由于顺其自然而不强行剥夺人的感情，然而有些百姓仍然不能受到教化，更何况破坏礼制而不让为父母尽哀，毁灭了天性呢！

21　十二月，高句骊王宫率马韩、涉貊数千骑围玄菟，夫馀王遣子尉仇台将二万馀人与州郡并力讨破之。是岁，宫死，子遂成立。玄菟太守姚光上言，欲因其丧，发兵击之，议者皆以为可许。陈忠曰："宫前桀黠，光不能讨，死而击之，非义也。宜遣使吊问，因责让前罪，赦不加诛，取其后善。"帝从之。

延光元年（壬戌，122）

1　春，三月丙午，改元，赦天下。

2　护羌校尉马贤追击麻奴，到湟中，破之，种众散遁。

3　夏，四月，京师、郡国四十一雨雹，河西雹大者如斗。

4　幽州刺史冯焕、玄菟太守姚光数纠发奸恶，怨者诈作玺书，谴责焕、光，赐以欧刀，又下辽东都尉庞奋，使速行刑。奋即斩光，收焕。焕欲自杀，其子绲疑诏文有异，止焕曰："大人在州，志欲去恶，实无他故。必是凶人妄诈，规肆奸毒。愿以事自上，甘罪无晚。"焕从其言，上书自讼，果诈者所为，征奋，抵罪。

5　癸巳，司空陈褒免。五月庚戌，宗正彭城刘授为司空。

6　己巳，封河间孝王子德为安平王，嗣乐成靖王后。

7　六月，郡国蝗。

21　十二月,高句骊国国王宫率领马韩、涉貊的数千骑兵包围玄菟郡,夫馀国国王派儿子尉仇台率领两万馀人同州郡官府一同进行讨伐,打败敌军。本年,宫去世,他的儿子遂成即位。玄菟郡太守姚光上书,打算乘宫去世的机会,发兵进攻高句骊,朝中讨论此事的人都认为可以批准这个建议。陈忠却说:"原先由于宫的凶恶狡猾,姚光没有能够打败高句骊,如今宫去世而我们乘机进攻,这是不义。我们应当派使节前去吊丧,借此机会责备他们先前的罪过,予以宽恕而不施加惩罚,以便将来取得善意的回报。"安帝采纳了他的建议。

汉安帝延光元年(壬戌,公元 122 年)

1　春季,三月丙午(初二),改年号,大赦天下。

2　护羌校尉马贤追击羌人烧当部落首领麻奴,到达湟中地区,打败羌军,麻奴的部众纷纷逃散。

3　夏季,四月,京城雒阳及四十一个郡和封国发生雹灾,河西地区的冰雹,有的巨大如斗。

4　幽州刺史冯焕、玄菟太守姚光曾多次督察举发奸人恶行,他们的仇人便伪造诏书,谴责冯焕、姚光,赐给他们刑刀,并下令给辽东郡尉庞奋,命他迅速行刑。庞奋立即将姚光斩首,逮捕了冯焕。冯焕打算自杀,他的儿子冯绲疑心诏书文字不同寻常,劝阻冯焕说:"您担任州刺史时,一心铲除奸恶,确实没有其他的问题。一定是凶狠的仇人妄自造假,发泄奸恶怨毒。希望您自己就此事上书朝廷,再安心去死,也不算晚。"冯焕按照他的主意,上书为自己辩护,才发现果然是仇人策划的阴谋,于是朝廷征召庞奋入京,处以应得的刑罚。

5　四月癸巳(十九日),将司空陈褒免官。五月庚戌(初七),将宗正、彭城人刘授任命为司空。

6　五月己巳(二十六日),将河间孝王刘开的儿子刘德封为安平王,作为乐成靖王刘党的继承人。

7　六月,各郡和封国普遍发生蝗灾。

8　秋,七月癸卯,京师及郡国十三地震。

9　高句骊王遂成还汉生口,诣玄菟降,其后涉貊率服,东垂少事。

10　虔人羌与上郡胡反,度辽将军耿夔击破之。

11　八月,阳陵园寝火。

12　九月甲戌,郡国二十七地震。

13　鲜卑既累杀郡守,胆气转盛,控弦数万骑,冬,十月,复寇雁门、定襄;十一月,寇太原。

14　烧当羌麻奴饥困,将种众诣汉阳太守耿种降。

15　是岁,京师及郡国二十七雨水。

16　帝数遣黄门常侍及中使伯荣往来甘陵,尚书仆射陈忠上疏曰:"今天心未得,隔并屡臻,青、冀之域,淫雨漏河,徐、岱之滨,海水盆溢,兖、豫蝗蟓滋生,荆、扬稻收俭薄,并、凉二州羌戎叛戾,加以百姓不足,府帑虚匮。陛下以不得亲奉孝德皇园庙,比遣中使致敬甘陵,朱轩骈马,相望道路,可谓孝至矣。然臣窃闻使者所过,威权翕赫,震动郡县,王、侯、二千石至为伯荣独拜车下,发民修道,缮理亭传,多设储偫,征役无度,老弱相随,动有万计,略遗仆从,人数百匹,顿踣呼嗟,莫不叩心。河间托叔父之属,清河有陵庙之尊,及剖符大臣,皆猥为伯荣屈节车下,陛下不问,必以为陛下欲其然也。伯荣之威,重于陛下,陛下之柄,在于臣妾,水灾之发,必起于此。昔韩嫣托副车之乘,受驰视之使,江都误为一拜,

8 秋季,七月癸卯(初一),京城洛阳及十三个郡和封国发生地震。

9 高句骊国国王遂成将所劫掠的俘虏、牲畜还给中国,到玄菟郡投降,随后,涉貊也归顺了中国,东部边境从此平安无事。

10 羌族虔人部落与上郡的胡人一同反叛,被度辽将军耿夔击败。

11 八月,汉景帝的陵墓阳陵的陵园及寝庙失火。

12 九月甲戌,有二十七个郡和封国发生地震。

13 鲜卑部落多次杀害汉朝的郡太守之后,胆量越来越大,拥有射箭骑兵数万人,冬季,十月,再次侵犯雁门、定襄,十一月,侵犯太原。

14 羌人烧当部落首领麻奴饥饿困窘,率领部众向汉阳太守耿种投降。

15 本年,京城雒阳及二十七个郡和封国大雨成灾。

16 安帝屡次派遣黄门、常侍等宦官及宫廷使者伯荣在甘陵与京城之间往来,尚书仆射陈忠上疏说:"如今未能上合天心,水旱灾害不断发生。青州、冀州,雨水不停而河堤溃漏;徐州、泰山沿海一带,海水倒灌;兖州、豫州,蝗虫繁殖成灾;荆州、扬州,水稻歉收;并州、凉州,羌人叛乱,加上百姓贫穷,国库空虚。陛下因不能亲自侍奉孝德皇的陵园寝庙,连续派遣宫廷使者到甘陵祭祀,朱红色的车辆由并辔双马驾驶,在道路上前后相望,可以说尽了最大的孝心。然而我听说,使者经过之地,威风权势显赫,震动了郡县,亲王、侯爵和两千石官员甚至为伯荣在车前独拜,征发百姓筑路,修缮驿站,储备大量物资,徭役没有限度,老弱相随受到差遣,役夫动辄就数以万计,还要贿赂使者的仆从缣帛,每人达数百匹,百姓倒在地上呻吟哀叹,无不捶胸哀痛。河间王是陛下的叔父,清河王国内有陛下父母的陵墓,以及皇帝任命的大臣,他们全都为伯荣在车下屈节,如果陛下不加追问,人们必然认为陛下的本意就是如此。伯荣的威风超过了陛下,陛下的权柄掌握在臣仆婢妾手中,水灾的发生,必定是由于这个原因。从前武帝的宠人韩嫣乘坐备用御车,领受巡察的使命,江都王误以为皇帝驾临而为之下拜,

而嫣受欧刀之诛。臣愿明主严天元之尊,正乾刚之位,不宜复令女使干错万机。重察左右,得无石显漏泄之奸? 尚书纳言,得无赵昌谮崇之诈? 公卿大臣,得无朱博阿傅之援? 外属近戚,得无王凤害商之谋? 若国政一由帝命,王事每决于己,则下不得逼上,臣不得干君,常雨大水必当霁止,四方众异不能为害。"书奏,不省。

时三府任轻,机事专委尚书,而灾眚变咎,辄切免三公,陈忠上疏曰:"汉兴旧事,丞相所请,靡有不听。今之三公,虽当其名而无其实,选举诛赏,一由尚书,尚书见任,重于三公,陵迟以来,其渐久矣。臣忠心常独不安。近以地震,策免司空陈褒,今者灾异,复欲切让三公。昔孝成皇帝以妖星守心,移咎丞相,卒不蒙上天之福,徒乖宋景之诚。故知是非之分,较然有归矣。又尚书决事,多违故典,罪法无例,诋欺为先,文惨言丑,有乖章宪。宜责求其意,割而勿听,上顺国典,下防威福,置方员于规矩,审轻重于衡石,诚国家之典,万世之法也!"

17　汝南太守山阳王龚,政崇宽和,好才爱士。以袁阆为功曹,引进郡人黄宪、陈蕃等。宪虽不屈,蕃遂就吏。阆不修异操而致名当时,蕃性气高明,龚皆礼之,由是群士莫不归心。

韩嫣因此受到了刑刀的诛杀。我愿圣上加强元首的尊严,端正君权的位置,不应再让女人做使者干预政务。慎重地考察左右,有没有石显攻击陈咸泄露机密那种奸恶? 尚书和纳言,有没有赵昌诬陷郑崇那种欺诈? 公卿大臣,有没有朱博依附傅氏皇后家族而取得援助那种事情? 外戚近亲,有没有王凤谋害王商那种阴谋? 如果国家大事一律由皇帝发号施令,大政方针总是由陛下自己决定,那么在下位的人就不能威胁在上位的人,臣子就不能干预君王,连续不断的大雨和洪水就必然会停止,四方各种灾异就不能造成危害。"奏书呈上,安帝未予理会。

当时,太尉、司徒、司空三府没有实权,机密要事由尚书专门负责,然而每当认为过失而导致了灾异的时候,就谴责罢免三公,陈忠上书说:"汉朝建立以来形成了一个传统,丞相所提的建议,皇上无不听从。但如今的三公,尽管有一样的名称,而实质却已不同,选拔、举荐、处罚、奖赏,一概由尚书负责,尚书受到的信任,超过了三公,这一颓势产生以来,逐渐发展,为时已久了。我内心常常独自不安。最近由于发生地震,颁策罢免了司空陈褒,如今又有灾异,还要谴责三公。从前孝成皇帝因火星靠近心宿,把责任推给了丞相,但到底没有得到上天的赐福,而徒然违背了宋景公爱护大臣的美德。所以,知道是非的标准,责任就明确地有所归属了。还有,尚书裁决事务,多数违背旧有的制度,定罪判刑不依照律例,从一开始就诋毁和欺骗,语言尖刻恶毒,违背规章和法律。陛下应当追究其中的用意,弃割而不听从,对上遵循国家法典,对下防止臣子作威作福,用方矩圆规制定方圆,依据秤砣审度轻重,这诚然是国家的制度,万世的法则!"

17 汝南太守、山阳人王龚,为官崇尚宽厚平和,喜爱人才贤士。他任命袁阆为功曹负责人事,本郡人黄宪、陈蕃等受到举荐。尽管黄宪不肯服从征召,陈蕃却因此就任官职。袁阆并不标新立异,当时却很有名望,陈蕃则性格气质清高爽朗,王龚对他们全都以礼相待,因此士人们无不对王龚十分向往。

宪世贫贱,父为牛医。颍川荀淑至慎阳,遇宪于逆旅,时年十四,淑竦然异之,揖与语,移日不能去,谓宪曰:"子,吾之师表也。"既而前至袁阆所,未及劳问,逆曰:"子国有颜子,宁识之乎?"阆曰:"见吾叔度耶?"是时同郡戴良,才高倨傲,而见宪未尝不正容,及归,罔然若有失也。其母问曰:"汝复从牛医儿来邪?"对曰:"良不见叔度,自以为无不及;既睹其人,则瞻之在前,忽然在后,固难得而测矣。"陈蕃及同郡周举尝相谓曰:"时月之间,不见黄生,则鄙吝之萌复存乎心矣。"太原郭泰,少游汝南,先过袁阆,不宿而退;进,往从宪,累日方还。或以问泰,曰:"奉高之器,譬诸氿滥,虽清而易挹。叔度汪汪若千顷陂,澄之不清,淆之不浊,不可量也。"宪初举孝廉,又辟公府。友人劝其仕,宪亦不拒之,暂到京师,即还,竟无所就,年四十八终。

范晔论曰:黄宪言论风旨,无所传闻。然士君子见之者靡不服深远,去玭吝,将以道周性全,无德而称乎!余曾祖穆侯以为:"宪,隤然其处顺,渊乎其似道,浅深莫臻其分,清浊未议其方,若及门于孔氏,其殆庶乎!"

二年(癸亥,123)

1 春,正月,旄牛夷反,益州刺史张乔击破之。

2 夏,四月戊子,爵乳母王圣为野王君。

黄宪家世贫贱,父亲是一名牛医。颍川人荀淑来到慎阳,在旅店遇到黄宪,黄宪当时十四岁,荀淑对他大感惊异,拱手为礼而交谈,很久都不肯离去,他对黄宪说:"您就是我的老师。"接着他前往袁阆处,没来得及讲寒暄的话,迎面便说:"贵郡有个像颜回那样的人,你可认识他?"袁阆说:"是遇到了我们的黄叔度吗?"当时,同郡人戴良富有才华而心气高傲,而见了黄宪,却总是十分恭敬,等到回家后,则感到惘然若有所失。他的母亲问道:"你又是从牛医儿子那里来吗?"戴良回答说:"我没看到黄叔度时,自以为没有地方不如他;相见以后,却好像看他就在前面,而忽然又在后面出现,实在高深莫测。"陈蕃与同郡人周举曾交谈,一致认为:"如果三个月不见黄宪,那么卑鄙可耻的念头就会重新在内心萌芽了。"太原人郭泰,少年时曾在汝南郡游历,他先去拜访袁阆,没有留下过夜便告辞了;又去拜访黄宪,却一连住了几天才返回。有人问郭泰是什么原因,郭泰说:"袁奉高的才具,好比泉水,虽清但容易舀取。而黄叔度却像千顷汪洋,无法使它澄清,也无法使它混浊,不可估量。"黄宪最初曾被本郡推举为孝廉,后来又受到三公府的征召。黄宪的友人劝他去做官,他也并不拒绝,但只是暂时前往京城,随即就回来了,竟什么官也没做,黄宪四十八岁时逝世。

范晔评论说:黄宪的言论与见解,没有留下有关的传闻。然而那些有节操有学问的人见了他,无不佩服他的高深,清除了自己的不良杂念,这莫非是由于他的道德灵性至全至圣,而无法言说吗?我的曾祖父穆侯认为:"黄宪其人,处身立世柔顺随和,像大道理一样渊浩,或浅或深都不能达到他的分寸,或清或浊都不能道出他的境界,至于孔子门下的学生,大概差不多是这样的吧!"

汉安帝延光二年(癸亥,公元 123 年)

1 春季,正月,旄牛夷人反叛,被益州刺史张乔击败。

2 夏季,四月戊子(二十日),将奶娘王圣封为野王君。

3　北匈奴连与车师入寇河西,议者欲复闭玉门、阳关以绝其患。敦煌太守张珰上书曰:"臣在京师,亦以为西域宜弃,今亲践其土地,乃知弃西域则河西不能自存。谨陈西域三策:北虏呼衍王常展转蒲类、秦海之间,专制西域,共为寇钞。今以酒泉属国吏士二千馀人集昆仑塞,先击呼衍王,绝其根本,因发鄯善兵五千人胁车师后部,此上计也。若不能出兵,可置军司马,将士五百人,四郡供其犁牛、谷食,出据柳中,此中计也。如又不能,则宜弃交河城,收鄯善等悉使入塞,此下计也。"朝廷下其议。陈忠上疏曰:"西域内附日久,区区东望扣关者数矣,此其不乐匈奴、慕汉之效也。今北虏已破车师,势必南攻鄯善,弃而不救,则诸国从矣。若然,则虏财贿益增,胆势益殖,威临南羌,与之交通,如此,河西四郡危矣。河西既危,不可不救,则百倍之役兴,不訾之费发矣。议者但念西域绝远,恤之烦费,不见孝武苦心勤劳之意也。方今敦煌孤危,远来告急,复不辅助,内无以慰劳吏民,外无以威示百蛮,蹙国减土,非良计也。臣以为敦煌宜置校尉,按旧增四郡屯兵,以西抚诸国。"帝纳之,于是复以班勇为西域长史,将兵五百人出屯柳中。

4　秋,七月,丹阳山崩。

5　九月,郡国五雨水。

6　冬,十月辛未,太尉刘恺罢。甲戌,以司徒杨震为太尉,光禄勋东莱刘憙为司徒。大鸿胪耿宝自候震,荐中常侍李闰兄于震曰:"李常侍国家所重,欲令公辟其兄。宝唯传上意耳。"

3　北匈奴接连与车师侵入河西地区,议论此事的官员主张再次关闭玉门关和阳关,以杜绝外患。敦煌太守张珰上书说:"我在京城时,也曾认为应当放弃西域,而如今亲自踏上这块土地,才知道如果放弃西域,那么河西地区就不能独自存在。我谨献上有关西域的上中下三策:北匈奴呼衍王经常辗转来往于蒲类海和秦海之间,控制西域地区,带领西域各国一同侵略汉朝。现在可以派酒泉属国的部队两千余人集合到昆仑塞,先去攻打呼衍王,除掉祸根,随即征调鄯善国军队五千人威胁车师后国,这是上策。如果不能出兵,可以设置军司马,领兵五百人,由河西四郡供给犁、牛、粮食,出塞进据柳中,这是中策。如果还不行,那么就应放弃交河城,收揽鄯善等友好国家的人民,让他们全部进入塞内,这是下策。"朝廷让群臣讨论张珰的建议。陈忠上书说:"西域归心汉朝已久,有不少国家热诚地向东仰望,到边关探询请求,这是他们不满匈奴、仰慕汉朝的证明。如今北匈奴已经打败了车师,势必向南进攻鄯善,如果我们放弃他们而不去援救,各国就要归附北匈奴了。若是如此,那么北匈奴的财富就会愈发增多,胆量就会愈发变大,将逼近南羌地区,与羌人勾结,这样河西四郡就危险了。河西地区既然危险,不可不去救援,那么就要征发百倍的徭役,动用无数的资财了。议论此事的人,只想到西域距离极远,照顾这一地区花费太多,却看不到孝武皇帝苦心操劳的本意。目前敦煌孤立危险,从远方向朝廷告急,而如果再不给予帮助,将对内无法安慰官吏和人民,对外无法向各异族示威,势必削减自己的领土,这不是好计策。我认为应当在敦煌设置校尉,依照旧例增加河西四郡的驻军,以镇抚四方各国。"安帝采纳了他的意见,于是重新将班勇任命为西域长史,率兵五百人出塞,驻扎柳中。

4　秋季,七月,丹阳郡发生山崩。

5　九月,有五个郡和封国大雨成灾。

6　冬季,十月辛未(初六),将太尉刘恺罢免。十月甲戌(初九),将司徒杨震任命为太尉,将光禄勋、东莱人刘熹任命为司徒。大鸿胪耿宝亲自去见杨震,向他推荐中常侍李闰的哥哥,说:"李常侍受到圣上的倚重,想让三公征召他的哥哥当官。我只是传达上面的意思罢了。"

震曰:"如朝廷欲令三府辟召,故宜有尚书敕。"宝大恨而去。执金吾阎显亦荐所亲于震,震又不从。司空刘授闻之,即辟此二人。由是震益见怨。时诏遣使者大为王圣修第;中常侍樊丰及侍中周广、谢恽等更相扇动,倾摇朝廷。震上疏曰:"臣伏念方今灾害滋甚,百姓空虚,三边震扰,帑藏匮乏,殆非社稷安宁之时。诏书为阿母兴起第舍,合两为一,连里竟街,雕修缮饰,穷极巧伎,攻山采石,转相迫促,为费巨亿。周广、谢恽兄弟,与国无肺府枝叶之属,依倚近幸奸佞之人,与之分威共权,属托州郡,倾动大臣,宰司辟召,承望旨意,招来海内贪污之人,受其货赂,至有臧锢弃世之徒,复得显用。白黑浑淆,清浊同源,天下灌哗,为朝结讥。臣闻师言,上之所取,财尽则怨,力尽则叛,怨叛之人,不可复使,惟陛下度之!"上不听。

7　鲜卑其至鞬自将万馀骑攻南匈奴于曼柏,奠鞬日逐王战死,杀千馀人。

8　十二月戊辰,京师及郡国三地震。

9　陈忠荐汝南周燮、南阳冯良学行深纯,隐居不仕,名重于世。帝以玄纁羔币聘之。燮宗族更劝之曰:"夫修德立行,所以为国,君独何为守东冈之陂乎?"燮曰:"夫修道者度其时而动,动而不时,焉得亨乎!"与良皆自载至近县,称病而还。

杨震说:"如果圣上有意让主管官员征召,本应有尚书发出的敕令。"耿宝十分恼恨地离去。执金吾阎显也向杨震推荐自己亲近的人,杨震又未听从。司空刘授听说后,便立即征召这两个人做自己的掾属。从此杨震愈发受到怨恨。当时安帝下诏派遣使者为王圣大修宅第,而中常侍樊丰及侍中周广、谢恽等人更互相怂恿,结党营私,扰乱动摇了朝廷纲纪。杨震上书说:"我认为,如今灾害越发严重,百姓贫困,西北东三方边境战乱不息,国库空虚,这恐怕不是国家安宁之时。但诏书颁下,要为奶娘兴修宅第,将两坊合为一体,占据整条街道,雕刻装饰,极为精巧,为了凿山采石,官员层层催逼,耗费资财亿万计。周广和谢恽兄弟,本非王室的近亲或旁支,而依靠皇上身边得宠的奸佞,和他们一同作威作福,窃取权力,向州郡官府请托,在大臣之间奔走,主管官员征辟人才的时候,也要顺从他们的意思,他们招揽天下贪婪之人,收受贿赂,甚至有些因赃罪而被禁止当官的人,也新出任显要的官职。黑白混淆,清浊不分,天下人为此大哗,纷纷讥刺朝廷。我听先师说过,在上面的人向人民索取,财富尽时人民便会怨恨,精力尽时人民便会背叛,怨恨和背叛的人民不可再供驱使,请陛下思量!"安帝不肯听取他的意见。

7 鲜卑首领其至鞬亲率骑兵一万馀人,在曼柏向南匈奴发动进攻,南匈奴奠鞬日逐王战死,一千馀人被杀。

8 十二月戊辰(初四),京城雒阳和三个郡和封国发生地震。

9 陈忠举荐汝南人周燮、南阳人冯良,称赞他们学识高深,品行纯正,隐居乡间而不入仕途,在当世享有盛名。于是安帝用黑色绸缎和羔皮做礼品,征聘他们做官。周燮家族的人进一步劝说周燮道:"培养道德,砥砺品行,目的是为国效力,您为什么偏偏要守在东山坡呢?"周燮说:"培养品德学问的人,要等待时机而动。时机未到就动,怎么能行得通呢!"他和冯良都自己坐车到邻近县界,声称有病,然后回家。

三年(甲子,124)

1　春,正月,班勇至楼兰,以鄯善归附,特加三绥,而龟兹王白英犹自疑未下。勇开以恩信,白英乃率姑墨、温宿,自缚诣勇,因发其兵步骑万馀人到车师前王庭,击走匈奴伊蠡王于伊和谷,收得前部五千馀人,于是前部始复开通。还,屯田柳中。

2　二月丙子,车驾东巡。辛卯,幸泰山。三月戊戌,幸鲁,还,幸东平,至东郡,历魏郡、河内而还。

3　初,樊丰、周广、谢恽等见杨震连谏不从,无所顾忌,遂诈作诏书,调发司农钱谷、大匠见徒材木,各起冢舍、园池、庐观,役费无数。震复上疏曰:"臣备台辅,不能调和阴阳,去年十二月四日,京师地动,其日戊辰,三者皆土,位在中宫,此中臣、近官持权用事之象也。臣伏惟陛下以边境未宁,躬自菲薄,宫殿垣屋倾倚,枝拄而已。而亲近幸臣,未崇断金,骄溢逾法,多请徒士,盛修第舍,卖弄威福,道路讙哗,地动之变,殆为此发。又,冬无宿雪,春节未雨,百僚焦心,而缮修不止,诚致旱之征也。惟陛下奋乾刚之德,弃骄奢之臣,以承皇天之戒!"震前后所言转切,帝既不平之,而樊丰等皆侧目愤怨,以其名儒,未敢加害。会河间男子赵腾上书指陈得失,帝发怒,遂收考诏狱,结以罔上不道。震上疏救之曰:"臣闻殷、周哲王,小人怨詈,则还自敬德。今赵腾所坐,激讦谤语,为罪与手刃犯法有差,乞为亏除,全腾之命,以诱刍荛舆人之言。"帝不听,

汉安帝延光三年(甲子,公元124年)

1　春季,正月,班勇抵达楼兰,因鄯善王归附汉朝,朝廷特别赐给他三条绶带的印信,然而龟兹王白英仍然独自犹豫不定。班勇用恩德和信义进行开导,白英这才带领姑墨、温宿两国王,将自己捆绑起来,向班勇归降,班勇乘机征调龟兹等国的步骑兵一万馀人,前往车师前国王庭,在伊和谷赶走匈奴伊蠡王,收容车师前国军队五千馀人,于是车师前国开始重新与汉朝建立联系。班勇返回,在柳中垦田屯戍。

2　二月丙子(十三日),安帝到东方巡视。二月辛卯(二十八日),临幸泰山。三月戊戌(初五),临幸鲁,归途中临幸东平,后到达东郡,经过魏郡、河内而返回京城。

3　起初,樊丰、周广、谢恽等人见杨震接连进谏却未被采纳,因而无所顾忌,后来便伪造诏书,征调大司农的钱粮、大匠现有的徒夫、木材,各自兴建巨宅、林园池塘和亭台楼阁,劳役及费用无法统计。杨震再次上书说:"我身在三公之位,未能调和阴阳,去年十二月四日,京城发生地震,那一天是戊辰日,地与戊、辰三者都属土,而地震的位置在中宫,这是宦官幸臣掌权用事的征象。我想到,陛下由于边境未获平静,自己十分俭省,皇宫的墙垣殿堂倾斜,只用支柱撑起而已,然而那些亲近的宠臣,却不能尊崇与陛下同心的原则,他们骄傲奢侈超过法律的限制,大量征调役夫,大修宅第,作威作福,致使行人在路上喧哗,地震的灾变,恐怕就是为此而发。还有,去冬无积雪,春天未下雨,百官感到心焦,但修缮未停止,这诚然是导致干旱的征兆。愿陛下振奋帝王的阳刚之德,抛弃那些骄傲奢侈之臣,以回报上天的警告!"杨震前后的言论由温和转为激烈,安帝已感到不满,而樊丰等人全都对杨震侧目而视,十分愤恨,但由于杨震是知名的儒者,他们未敢加害于他。恰在此时,河间男子赵腾上书分析批评朝廷得失,安帝发怒,于是将赵腾逮捕,送到诏狱审问,以欺骗主上、大逆不道定罪。杨震上书营救赵腾,说:"我听说,殷代、周代的圣明君王,受到小人的抱怨和诟骂后,反而自我警戒,进一步修养品德。如今赵腾受到指控的原因,是用激烈的言辞进行诽谤,罪行与持刀杀人犯法有所不同,我请求为赵腾减刑,保全他的性命,以劝诱草野民众为国进言。"安帝不听,

腾竞伏尸都市。及帝东巡,樊丰等因乘舆在外,竞修第宅,太尉部掾高舒召大匠令史考校之,得丰等所诈下诏书,具奏,须行还上之,丰等惶怖。会太史言星变逆行,遂共谮震云:"自赵腾死后,深用怨怼,且邓氏故吏,有恚恨之心。"壬戌,车驾还京师,便时太学,夜,遣使者策收震太尉印绶。震于是柴门绝宾客。丰等复恶之,令大鸿胪耿宝奏:"震大臣,不服罪,怀恚望。"有诏,遣归本郡。震行至城西夕阳亭,乃慷慨谓其诸子、门人曰:"死者,士之常分。吾蒙恩居上司,疾奸臣狡猾而不能诛,恶嬖女倾乱而不能禁,何面目复见日月!身死之日,以杂木为棺,布单被,裁足盖形,勿归冢次,勿设祭祀!"因饮鸩而卒。弘农太守移良承樊丰等旨,遣吏于陕县留停震丧,露棺道侧,谪震诸子代邮行书。道路皆为陨涕。

太仆征羌侯来历曰:"耿宝托元舅之亲,荣宠过厚,不念报国恩,而倾侧奸臣,伤害忠良,其天祸亦将至矣。"历,歙之曾孙也。

4　夏,四月乙丑,车驾入宫。

5　戊辰,以光禄勋冯石为太尉。

6　南单于檀死,弟拔立,为乌稽侯尸逐鞮单于。时鲜卑数寇边,度辽将军耿夔与温禺犊王呼尤徽将新降者连年出塞击之,还使屯列冲要。耿夔征发烦剧,新降者皆怨恨,大人阿族等遂反,胁呼尤徽欲与俱去。呼尤徽曰:"我老矣,受汉家恩,宁死,不能相随!"众欲杀之,有救者,得免。阿族等遂将其众亡去。中郎将马翼与胡骑追击,破之,斩获殆尽。

赵腾终于被处死,横尸于都市街头。及至安帝去东方巡视,樊丰等因皇上在外而竞相大修宅第,太尉部掾高舒叫来大匠令史询问核查,得到了樊丰等人伪造发下的诏书,杨震将全部情况写成奏书,准备等安帝回京后呈上,樊丰等人大为惶恐。这时,恰好太史报告说有星发生变化,出现了逆行现象,于是樊丰等人便一同诋毁杨震说:"自从赵腾死后,杨震深为不满,而且他是邓氏家族的旧人,有怨恨之心。"三月壬戌(二十九日),安帝回到京城雒阳,临时在太学休息,当夜,派使者颁策,收回杨震的太尉印信。于是杨震紧闭门户,不再会见宾客。樊丰等人又感到厌恶,指使大鸿胪耿宝上奏说:"杨震本是大臣,竟不服罪而心怀怨恨。"于是安帝下诏,将杨震遣回原郡。杨震到雒阳城西的夕阳亭便满怀慷慨地对他的儿子、门徒们说:"死亡,乃是士的平常遭遇。我蒙受皇恩而身居高位,痛恨奸臣狡诈,却不能进行诛杀;痛恨淫妇作乱,却不能予以禁止,还有什么面目再见日月!我死以后,要以杂木作棺材,用单被包裹,仅足以盖住身体即可,不要归葬祖坟,不要祭祀!"于是服毒而死。弘农郡太守移良遵照樊丰等人的意思,派官吏在陕县留住杨震的丧车,使棺木暴露在大道之旁,并谪罚杨震的儿子们为驿站传递文书。路上的行人都为他们洒泪。

太仆、征羌侯来历说:"耿宝是圣上的嫡亲舅父,荣耀和恩宠过分,但却不想着报效国恩,反而倾向奸臣,伤害忠良,上天给他的灾祸也快要来临了。"来历是来歙的曾孙。

4　夏季,四月乙丑(初二),安帝入宫。

5　四月戊辰(初五),将光禄勋冯石任命为太尉。

6　南匈奴单于檀去世,他的弟弟拔继位,此即乌稽侯尸逐鞮单于。当时,鲜卑屡次侵犯边境,度辽将军耿夔与南匈奴温禺犊王呼尤徽率领新归降的部落连年出塞作战,返回后,则让他们到各要塞驻守。耿夔的征调频繁而辛苦,新归降的人都十分怨恨,其首领阿族等人于是反叛,胁迫呼尤徽,要呼尤徽与他们一同离去。呼尤徽说:"我老了,身受汉朝之恩,宁可死,也不能跟随你们!"阿族等要把他杀掉,因有人相救,才得免一死。阿族等便率领部众逃走。中郎将马翼率胡人骑兵进行追击,打败叛军,叛变者几乎全部被斩杀、俘获。

7　日南徼外蛮夷内属。

8　六月,鲜卑寇玄菟。

9　庚午,阆中山崩。

10　秋,七月辛巳,以大鸿胪耿宝为大将军。

11　王圣、江京、樊丰等谮太子乳母王男、厨监邴吉等,杀之,家属徙比景。太子思男、吉,数为叹息。京、丰惧有后害,乃与阎后妄造虚无,构谗太子及东宫官属。帝怒,召公卿以下,议废太子。耿宝等承旨,皆以为当废。太仆来历与太常桓焉、廷尉犍为张皓议曰:"经说,年未满十五,过恶不在其身。且男、吉之谋,太子容有不知。宜选忠良保傅,辅以礼义。废置事重,此诚圣恩所宜宿留!"帝不从。焉,郁之子也。张皓退,复上书曰:"昔贼臣江充造构谗逆,倾覆戾园,孝武久乃觉寤,虽追前失,悔之何及。今皇太子方十岁,未习保傅之教,可遽责乎!"书奏,不省。九月,丁酉,废皇太子保为济阴王,居于德阳殿西钟下。来历乃要结光禄勋祋讽、宗正刘玮、将作大匠薛皓、侍中闾丘弘、陈光、赵代、施延、太中大夫九江朱伥等十馀人,俱诣鸿都门证太子无过。帝与左右患之,乃使中常侍奉诏胁群臣曰:"父子一体,天性自然,以义割恩,为天下也。历、讽等不识大典,而与群小共为谯哗,外见忠直而内希后福,饰邪违义,岂事君之礼!朝廷广开言路,故且一切假贷,若怀迷不反,当显明刑书。"谏者莫不失色。薛皓先顿首曰:"固宜如明诏。"历怫然,廷诘皓曰:"属通谏何言,而今复背之?大臣乘朝车,处国事,固得辗转若此乎!"乃各稍自引起。历独守阙,连日不肯去。帝大怒,尚书令陈忠与诸尚书遂共劾奏历等,帝乃免历兄弟官,削国租,黜历母武安公主不得会见。

7　日南郡边境外的蛮夷之人归附汉朝。

8　六月,鲜卑军侵犯玄菟郡。

9　六月庚午(初八),阆中县发生山崩。

10　秋季,七月辛巳,将大鸿胪耿宝任命为大将军。

11　王圣、江京、樊丰等人诋毁太子的奶娘王男和厨监邴吉等人,王男等被杀,家属被流放到比景。太子刘保思念王男和邴吉,屡屡为此叹息。江京、樊丰怕有后患,便与阎皇后凭空捏造证据,罗织罪名诬陷太子和太子宫的官员。安帝发怒,召集三公九卿及以下群臣,讨论废黜太子。耿宝等人秉承旨意,一致认为应当废黜。太仆来历、太常桓焉、廷尉犍为人张皓提出异议说:"经典说,年龄不到十五岁的人,过失与罪恶不由自身负责。况且王男、邴吉的奸谋,太子或许并不知晓,应当为他挑选忠良之臣做保傅,用礼义进行辅佐。废黜太子之事重大,这实在是圣恩所应留驻之处!"安帝不听。桓焉是桓郁之子。张皓退下,又上书说:"从前奸臣江充捏造证据,进行诬陷,使戾太子遇祸,武帝很久以后才觉悟过来,尽管追补从前的过失,但后悔又怎么来得及。如今皇太子年方十岁,没有受过保傅的教育,能够骤然责备他吗?"奏书呈上,安帝置之不理。九月丁酉(初七),将皇太子刘保废黜,贬为济阴王,居住在德阳殿西侧钟楼下。于是来历约集光禄勋祋讽、宗正刘玮、将作大匠薛皓、侍中闾丘弘、陈光、赵代、施延、太中大夫九江人朱伥等十馀人,一同到鸿都门谏诤,说太子没有过失。安帝和他的左右亲信感到不安,便让中常侍用诏命威胁群臣说:"父子一体,本是天性,以大义割断亲情,乃是为了天下。来历、祋讽等不识大节,与众小人一同鼓噪喧哗,表面上看是忠诚直正,而内心却是在希求以后的好处,掩饰邪念,违背正义,这难道是侍奉君王之礼! 朝廷广开言路,所以姑且暂行宽恕,倘若执迷不返,就要显示刑法的威严。"劝谏的人无不大惊失色。薛皓首先叩头道:"我们自然要服从诏命。"来历愤然,当廷诘问薛皓说:"刚才一道进谏时说的是什么话? 而现在又背叛它! 大臣乘坐朝廷之车,处理国家的大事,原本可以这样反复不定吗?"于是进谏的官员们逐渐各自起身退下。来历独自一人,守在鸿都门下,一连几天不肯离去。安帝大怒,尚书令陈忠和各位尚书便一同上书弹劾来历等人,于是安帝将来历兄弟免官,削减来历的封国赋税收入,贬黜来历的母亲武安公主,不许她入宫晋见。

12　陇西郡始还狄道。

13　烧当羌豪麻奴死，弟犀苦立。

14　庚申晦，日有食之。

15　冬，十月，上行幸长安。十一月乙丑，还雒阳。

16　是岁，京师及诸郡国二十三地震，三十六大水、雨雹。

12　陇西郡官府开始迁回狄道。

13　羌人烧当部落首领麻奴去世,他的弟弟犀苦继位。

14　九月庚申晦(三十日),出现日食。

15　冬季,十月,安帝出行,临幸长安。十一月乙丑(初六),返回雒阳。

16　本年,京城雒阳与二十三个郡和封国发生地震,有三十六个郡和封国出现水灾、雹灾。

卷第五十一　汉纪四十三

起乙丑(125)尽癸酉(133)凡九年

孝安皇帝下

延光四年(乙丑,125)

1　春,二月乙亥,下邳惠王衍薨。

2　甲辰,车驾南巡。

3　三月戊午朔,日有食之。

4　庚申,帝至宛,不豫。乙丑,帝发自宛。丁卯,至叶,崩于乘舆。年三十二。

皇后与阎显兄弟、江京、樊丰等谋曰:"今晏驾道次,济阴王在内,邂逅公卿立之,还为大害。"乃伪云"帝疾甚",徙御卧车。所在上食、问起居如故。驱驰行四日,庚午,还宫。辛未,遣司徒刘熹诣郊庙、社稷,告天请命。其夕,发丧。尊皇后曰皇太后。太后临朝。以显为车骑将军、仪同三司。太后欲久专国政,贪立幼年,与显等定策禁中,迎济北惠王子北乡侯懿为嗣。济阴王以废黜,不得上殿亲临梓宫,悲号不食。内外群僚莫不哀之。

5　甲戌,济南孝王香薨,无子,国绝。

6　乙酉,北乡侯即皇帝位。

7　夏,四月丁酉,太尉冯石为太傅,司徒刘熹为太尉,参录尚书事;前司空李郃为司徒。

孝安皇帝下

汉安帝延光四年(乙丑,公元 125 年)

1 春季,二月乙亥,下邳惠王刘衍去世。

2 甲辰(十七日),安帝去南方巡视。

3 三月戊午朔(初一),出现日食。

4 庚申(初三),安帝抵宛城,身体顿觉不适。乙丑(初八),从宛城出发。丁卯(初十),抵达叶县,就死在车上。年仅三十二岁。

皇后和她的兄弟阎显等,以及宦官江京、樊丰等密谋说:"如今皇帝死在道上,他的亲生儿子济阴王却留在京都雒阳,消息一旦传出,如果公卿大臣集会,拥立济阴王继承帝位,将给我们带来大祸。"于是谎称"皇帝病重",将尸首抬上卧车。所过之处,贡献饮食、问候起居,和往常一样。车队急行四天,于庚午(十三日)返抵皇宫。辛未(十四日),派司徒刘熹前往郊庙、社稷,祷告天地。当晚,发丧。尊皇后为皇太后。太后临朝主政。任命其兄阎显为车骑将军,仪同三司。太后为了长期把持朝廷大权,想选立一个年幼的皇帝,于是和阎显等在禁宫中定策,决定迎立济北王的儿子、北乡侯刘懿继位。而济阴王因在此前已遭废黜,反而不得上殿在棺木前哀悼父亲,他悲痛号哭,饮食不进。宫廷内外文武百官,无不为之哀伤。

5 甲戌(十七日),济南孝王刘香去世,无子继承,封国撤销。

6 乙酉(二十八日),北乡侯刘懿即皇帝位。

7 夏季,四月丁酉(十一日),任命太尉冯石为太傅,司徒刘熹为太尉,参与主管尚书事务;前任司空李郃为司徒。

8　阎显忌大将军耿宝位尊权重，威行前朝，乃风有司奏："宝及其党与中常侍樊丰、虎贲中郎将谢恽、侍中周广、野王君王圣、圣女永等更相阿党，互作威福，皆大不道。"辛卯，丰、恽、广皆下狱，死，家属徙比景。贬宝及弟子林虑侯承皆为亭侯，遣就国，宝于道自杀。王圣母、子徙雁门。于是以阎景为卫尉，耀为城门校尉，晏为执金吾，兄弟并处权要，威福自由。

9　己酉，葬孝安皇帝于恭陵，庙曰恭宗。

10　六月乙巳，赦天下。

11　秋，七月，西域长史班勇发敦煌、张掖、酒泉六千骑及鄯善、疏勒、车师前部兵击后部王军就，大破之，获首虏八千余人，生得军就及匈奴持节使者，将至索班没处斩之，传首京师。

12　冬，十月丙午，越巂山崩。

13　北乡侯病笃，中常侍孙程谓济阴王谒者长兴渠曰："王以嫡统，本无失德，先帝用谗，遂至废黜。若北乡侯不起，相与共断江京、阎显，事无不成者。"渠然之。又中黄门南阳王康，先为太子府史，及长乐太官丞、京兆王国等并附同于程。江京谓阎显曰："北乡侯病不解，国嗣宜以时定，何不早征诸王子，简所置乎！"显以为然。辛亥，北乡侯薨。显白太后，秘不发丧，更征诸王子，闭宫门，屯兵自守。

十一月乙卯，孙程、王康、王国与中黄门黄龙、彭恺、孟叔、李建、王成、张贤、史泛、马国、王道、李元、杨佗、陈予、赵封、李刚、魏猛、苗光等聚谋于西钟下，皆截单衣为誓。丁巳，京师及郡国十六地震。是夜，程等共会崇德殿上，因入章台门。时江京、刘安及李闰、陈达等俱坐省门下，程与王康共就斩京、安、达。以李闰权势积为省内所服，欲引为主，

8 阎显妒忌大将军耿宝位尊权重,在前朝很有威望,于是指使有关官吏弹劾:"耿宝和他的同党中常侍樊丰、虎贲中郎将谢恽、侍中周广、野王君王圣、王圣的女儿永等人,互相结党营私,作威作福,都大逆不道。"辛卯(初五),樊丰、谢恽、周广都被捕下狱处死,家属流放比景。耿宝和侄儿林虑侯耿承都贬为亭侯,遣归封国,耿宝在途中自杀。王圣母子,流放雁门。于是,阎显又任命其弟阎景为卫尉,阎耀为城门校尉,阎晏为执金吾,兄弟都在当权机要部门,任意作威作福。

9 己酉(二十三日),将安帝埋葬在恭陵,庙号恭宗。

10 六月乙巳(二十日),大赦天下。

11 秋季,七月,西域长史班勇征发敦煌、张掖、酒泉等郡六千骑兵和鄯善、疏勒、车师前国的军队,进击车师后国国王军队,取得大捷,斩首八千余人,生擒军就和匈奴持节使者,将其带到索班阵亡处斩首,把人头传送到京都雒阳。

12 冬季,十月丙午(二十二日),越嶲郡发生山崩。

13 北乡侯刘懿病危,中常侍孙程私下对济阴王谒者长兴渠说:"济阴王是皇帝嫡子,原本没有过失,先帝听信奸臣谗言,竟被废黜。如果北乡侯的病不能痊愈,我与你联合除掉江京、阎显,没有不成功之理。"长兴渠同意。此外,中黄门、南阳郡人王康,先前曾担任太子府史,以及长乐太官丞、京兆人王国等人,也都赞成孙程的意见。与此同时,江京也向阎显建议:"北乡侯的病不愈,继位人应该按时确定,何不及早征召诸王之子,从中选择可以继位的人?"阎显认为有理。辛亥(二十七日),北乡侯去世。阎显急忙禀告太后,暂时秘不发丧,再征召诸王之子进宫,关闭宫门,驻兵把守。

十一月乙卯(初二),孙程、王康、王国和中黄门黄龙、彭恺、孟叔、李建、王成、张贤、史泛、马国、王道、李元、杨佗、陈予、赵封、李刚、魏猛、苗光等,在西钟楼下秘密聚会,每人撕下一幅衣襟,作为盟誓。丁巳(初四),京都雒阳和十六个郡和封国发生地震。当晚,孙程等先在崇德殿上集合,然后攻进章台门。当时,江京、刘安和李闰、陈达等正好都坐在禁门下,孙程和王康一齐动手,斩杀江京、刘安和陈达。因李闰长久享有权势,为宫内人所信服,想让他来领头,

因举刀胁闳曰:"今当立济阴王,毋得摇动!"闳曰:"诺。"于是扶闳起,俱于西钟下迎济阴王即皇帝位,时年十一。召尚书令、仆射以下从辇幸南宫,程等留守省门,遮扞内外。帝登云台,召公卿、百僚,使虎贲、羽林士屯南、北宫诸门。

阎显时在禁中,忧迫不知所为,小黄门樊登劝显以太后诏召越骑校尉冯诗、虎贲中郎将阎崇将兵屯平朔门以御程等。显诱诗入省,谓曰:"济阴王立,非皇太后意,玺绶在此。苟尽力效功,封侯可得。"太后使授之印曰:"能得济阴王者,封万户侯;得李闳者,五千户侯。"诗等皆许诺,辞以"卒被召,所将众少"。显使与登迎吏士于左掖门外,诗因格杀登,归营屯守。

显弟卫尉景遽从省中还外府,收兵至盛德门。孙程传召诸尚书使收景。尚书郭镇时卧病,闻之,即率直宿羽林出南止车门,逢景从吏士拔白刃呼曰:"无干兵!"镇即下车持节诏之,景曰:"何等诏!"因斫镇,不中。镇引剑击景堕车,左右以戟叉其胸,遂禽之,送廷尉狱,即夜死。

戊午,遣使者入省,夺得玺绶,帝乃幸嘉德殿,遣侍御史持节收阎显及其弟城门校尉耀、执金吾晏,并下狱,诛,家属皆徙比景。迁太后于离宫。己未,开门,罢屯兵。壬戌,诏司隶校尉:"惟阎显、江京近亲,当伏辜诛,其馀务崇宽贷。"封孙程等皆为列侯:程食邑万户,王康、王国食九千户,黄龙食五千户,彭恺、孟叔、李建食四千二百户,王成、张贤、史泛、马国、王道、李元、杨佗、陈予、赵封、李刚食四千户,魏猛食二千户,苗光食千户:是为十九侯,加赐车马、金银、钱帛各有差。李闳以先不豫谋,故不封。擢孙程为骑都尉。

所以举刀胁迫李闰说："你必须答应拥戴济阴王为帝,不得动摇!"李闰回答："是。"于是,大家将李闰扶起来,都到西钟楼下迎济阴王即皇帝位,当时济阴王年仅十一岁。接着召集尚书令,仆射以下官吏跟随御车,进入南宫,孙程等留守禁门,断绝内外交通。皇帝登上云台,召集公卿百官,派遣虎贲和羽林卫士分别驻守南宫和北宫的所有宫门。

阎显这时正在宫中,闻讯后惊惶失措,不知如何应变,小黄门樊登劝阎显用太后诏命征召越骑校尉冯诗、虎贲中郎将阎崇,率军驻守平朔门,以抵御孙程等人的进攻。于是,阎显用征召的办法引诱冯诗入宫,并对他说:"济阴王即位,不是皇太后的旨意,皇帝玺印还在这里。如果你能尽力效劳,可以得到封侯。"太后派人送来印信说:"能拿获济阴王的,封万户侯;拿获李闰的,封五千户侯。"冯诗等人虽都承诺,但报告说"因仓促被召,带兵太少"。阎显派冯诗等和樊登去左掖门外迎接增援的将士,冯诗等趁机斩杀樊登,归营固守。

阎显的弟弟卫尉阎景仓促从宫中返回外府,收兵抵达盛德门。孙程传诏书命令尚书使逮捕阎景。当时,尚书郭镇正卧病在床,一听到命令,立即率领值班的羽林卫士,从南止车门出来,正遇上阎景的部属拔刀大叫:"不要挡道!"郭镇立即下车持节宣读诏书,阎景说:"什么诏书!"于是举刀砍郭镇,没有砍中。郭镇拔剑将阎景击落车下,羽林卫士用戟叉住他的胸脯,将其活捉,送至廷尉狱囚禁,当夜处死。

戊午(初五),派使者入北宫,夺到皇帝玺印,于是,皇帝亲临嘉德殿,派遣侍御史持符节,将阎显及其弟城门校尉阎耀、执金吾阎晏一并逮捕,下狱处死,家属全都流放比景。将太后迁往离宫。己未(初六),打开宫门,撤走驻兵。壬戌(初九),下诏给司隶校尉:"除阎显、江京近亲应当被诛杀外,其他的人,均须从宽处理。"孙程等都被封为列侯:孙程食邑万户,王康、王国食邑九千户,黄龙食邑五千户,彭恺、孟叔、李建各食邑四千二百户,王成、张贤、史泛、马国、王道、李元、杨佗、陈予、赵封、李刚,各食邑四千户,魏猛食邑两千户,苗光食邑千户,号为十九侯,同时,按照等级,赏赐不同数量的车马、金银和钱帛。李闰因没有参与首谋,所以没有封侯。擢升孙程为骑都尉。

初,程等入章台门,苗光独不入。诏书录功臣,令王康疏名,康诈疏光入章台门。光未受符策,心不自安,诣黄门令自告。有司奏康、光欺诈主上。诏书勿问。以将作大匠来历为卫尉。祋讽、间丘弘等先卒,皆拜其子为郎。朱伥、施延、陈光、赵代皆见拔用,后至公卿。征王男、邴吉家属还京师,厚加赏赐。帝之见废也,监太子家小黄门籍建、傅高梵、长秋长赵熹、丞良贺、药长夏珍皆坐徙朔方。帝即位,并擢为中常侍。

初,阎显辟崔骃之子瑗为吏,瑗以北乡侯立不以正,知显将败,欲说令废立,而显日沉醉,不能得见,乃谓长史陈禅曰:"中常侍江京等惑蛊先帝,废黜正统,扶立疏孽。少帝即位,发病庙中,周勃之征,于斯复见。今欲与君共求见说将军,白太后,收京等,废少帝,引立济阴王,必上当天心,下合人望,伊、霍之功不下席而立,则将军兄弟传祚于无穷;若拒违天意,久旷神器,则将以无罪并辜元恶,此所谓祸福之会,分功之时也。"禅犹豫未敢从。会显败,瑗坐被斥。门生苏祗欲上书言状,瑗遽止之。时陈禅为司隶校尉,召瑗谓曰:"弟听祗上书,禅请为之证。"瑗曰:"此譬犹儿妾屏语耳,愿使君勿复出口!"遂辞归,不复应州郡命。

14　己卯,以诸王礼葬北乡侯。

15　司空刘授以阿附恶逆,辟召非其人,策免。十二月甲申,以少府河南陶敦为司空。

16　杨震门生虞放、陈翼诣阙追讼震事。诏除震二子为郎,赠钱百万,以礼改葬于华阴潼亭,远近毕至。有大鸟高丈馀集震丧前,郡以状上,帝感震忠,诏复以中牢具祠之。

起初,孙程等攻入章台门,唯独苗光没有进去。诏书命王康呈报功臣名单时,王康谎报苗光攻入章台门。后因苗光尚未来得及接到封赏的符策,内心惶恐不安,便向黄门令自首。于是,有关官吏弹劾,王康和苗光欺蒙皇上。皇帝下诏不必追究。任命将作大匠来历为卫尉。因祋讽、同丘弘等前已病故,将他俩的儿子都任命为郎。朱伥、施延、陈光和赵代,也都得到提拔任用,后来官至公卿。征召王男、邴吉家属返回京都洛阳,给予厚赏。先前皇帝被废黜时,监太子家小黄门籍建、傅高梵、长秋长赵熹、丞良贺、药长夏珍都坐罪,被流放到朔方郡。皇帝即位后,全都擢升为中常侍。

　　起初,阎显征聘崔骃的儿子崔瑗为下属官员,崔瑗因北乡侯非先帝嫡子而继位为帝,预见阎显肯定要失败,打算说服阎显,废黜北乡侯,改立济阴王为帝,可是阎显日日沉醉,见不到面,他于是对长史陈禅说:"中常侍江京等迷惑先帝,废除皇家正统,另立旁支。北乡侯即位后,就在庙中发病。周勃废黜吕后所立惠帝后宫子少帝的迹象,今又重复出现。我打算和你一同面见将军阎显,说服他禀告太后,逮捕江京等人,废黜北乡侯,拥立济阴王为帝,定然上得天心,下合人望。这样,伊尹、霍光的功劳,我们不必离开座位便可建立。而将军兄弟的封爵也可世代相传;如果抗拒天意,使帝位久缺,我们虽无罪,却要和首恶同罪,这正是福祸交关、建功立业的关键时刻。"陈禅犹豫,未敢听从。不久,阎显失败,崔瑗也坐罪免官。崔瑗的门生苏祗,准备上书呈报上述往事,崔瑗急忙加以制止。当时陈禅正担任司隶校尉,召见崔瑗说:"你尽管让苏祗上书,我愿出面为你作证。"崔瑗说:"这就如同小孩、妻妾私下谈话一样,但愿您不要再提此事!"于是,就告辞归乡,不再接受州郡的征聘。

　　14　己卯(二十六日),用诸侯王礼仪埋葬北乡侯。

　　15　司空刘授因攀附叛逆,所征聘的官吏也不是适当人选,被免官。十二月甲申(初一),擢升少府、河南郡人陶敦为司空。

　　16　杨震的门生虞放、陈翼,到朝廷为杨震鸣冤。皇帝下诏,任命杨震的两个儿子为郎,赠钱一百万,用三公的礼仪将杨震改葬在华阴潼亭,远近的亲友,全都赶来吊丧。当时有一只一丈馀高的大鸟降落在灵堂之前,郡太守将此情景呈报朝廷,皇帝为杨震的忠心所感,下诏再用一猪一羊的中牢进行祭祀。

17　议郎陈禅以为："阎太后与帝无母子恩,宜徙别馆,绝朝见。"群臣议者咸以为宜。司徒掾汝南周举谓李郃曰:"昔瞽瞍常欲杀舜,舜事之逾谨;郑武姜谋杀庄公,庄公誓之黄泉;秦始皇怨母失行,久而隔绝。后感颍考叔、茅蕉之言,复修子道。书传美之。今诸阎新诛,太后幽在离宫,若悲愁生疾,一旦不虞,主上将何以令于天下!如从禅议,后世归咎明公。宜密表朝廷,令奉太后,率群臣朝觐如旧,以厌天心,以答人望!"郃即上疏陈之。

孝顺皇帝上
永建元年(丙寅,126)

1　春,正月,帝朝太后于东宫,太后意乃安。

2　甲寅,赦天下。

3　辛未,皇太后阎氏崩。

4　辛巳,太傅冯石、太尉刘熹以阿党权贵免。司徒李郃罢。

5　二月甲申,葬安思皇后。

6　丙戌,以太常桓焉为太傅;大鸿胪朱宠为太尉,参录尚书事;长乐少府朱伥为司徒。

7　封尚书郭镇为定颍侯。

8　陇西锺羌反,校尉马贤击之,战于临洮,斩首千馀级,羌众皆降。由是凉州复安。

9　六月己亥,封济南简王错子显为济南王。

10　秋,七月庚午,以卫尉来历为车骑将军。

11　八月,鲜卑寇代郡,太守李超战殁。

17　议郎陈禅认为:"阎太后与皇帝既无母子恩情,应该将太后迁到另外的馆舍,不再朝见。"其他文武官员也都赞同。但司徒掾、汝南郡人周举却对李郃说:"从前,瞽瞍多次想要谋杀儿子虞舜,而舜对父亲更为孝顺;郑庄公的母亲武姜谋杀庄公,庄公发誓:不到黄泉,不再相见;秦始皇怨恨母亲淫乱失行,久不见面。后来他们分别被颍考叔、茅蕉的劝谏所感动,重修孝道。史书上对这些事,都十分称道。现在,阎显兄弟等刚刚伏诛,太后又被幽禁在离宫,如果悲愁生病,一旦发生意外,皇上将何以号令天下! 如果采纳陈禅的意见,后世将把罪过归到您的身上。应该密奏朝廷,请求皇帝继续供养太后。率领文武百官朝见跟过去一样,以顺天心,以符人愿!"李郃立即向皇帝上书陈辞。

孝顺皇帝上
汉顺帝永建元年(丙寅,公元 126 年)

1　春季,正月,汉顺帝前往东宫朝见阎太后,于是,太后的心情才安定下来。

2　正月甲寅(初二),大赦天下。

3　正月辛未(十九日),阎太后去世。

4　正月辛巳(二十九日),太傅冯石和太尉刘熹因巴结权贵,都被免职。同日,司徒李郃也被罢官。

5　二月甲申(初二),埋葬安思皇后(即阎太后)。

6　丙戌(初四),擢升太常桓焉为太傅;大鸿胪朱宠为太尉,参与主管尚书事务;长乐少府朱伥为司徒。

7　封尚书郭镇为定颍侯。

8　陇西锺羌反叛,校尉马贤率军进击,在临洮会战,斩杀锺羌一千馀人,锺羌残馀部众全都归附。从此以后,凉州重新得到安定。

9　六月己亥(十九日),封济南简王刘错的儿子刘显为济南王。

10　秋季,七月庚午(二十一日),任命卫尉来历为车骑将军。

11　八月,鲜卑攻打代郡,太守李超阵亡。

12　司隶校尉虞诩到官数月,奏冯石、刘熹,免之,又劾奏中常侍程璜、陈秉、孟生、李闰等,百官侧目,号为苛刻。三公劾奏:"诩盛夏多拘系无辜,为吏民患。"诩上书自讼曰:"法禁者,俗之堤防;刑罚者,民之衔辔。今州曰任郡,郡曰任县,更相委远,百姓怨穷。以苟容为贤,尽节为愚。臣所发举,臧罪非一。三府恐为臣所奏,遂加诬罪。臣将从史鱼死,即以尸谏耳!"帝省其章,乃不罪诩。

中常侍张防卖弄权势,请托受取,诩案之,屡寝不报。诩不胜其愤,乃自系廷尉,奏言:"昔孝安皇帝任用樊丰,交乱嫡统,几亡社稷。今者张防复弄威柄,国家之祸将重至矣。臣不忍与防同朝,谨自系以闻,无令臣袭杨震之迹!"书奏,防流涕诉帝,诩坐论输左校。防必欲害之,二日之中,传考四狱。狱吏劝诩自引,诩曰:"宁伏欧刀以示远近!喑呜自杀,是非孰辨邪!"浮阳侯孙程、祝阿侯张贤相率乞见,程曰:"陛下始与臣等造事之时,常疾奸臣,知其倾国。今者即位而复自为,何以非先帝乎!司隶校尉虞诩为陛下尽忠,而更被拘系;常侍张防臧罪明正,反构忠良。今客星守羽林,其占宫中有奸臣。宜急收防送狱,以塞天变。"时防立在帝后,程叱防曰:"奸臣张防,何不下殿!"防不得已,趋就东箱。程曰:"陛下急收防,无令从阿母求请!"帝问诸尚书,尚书贾朗素与防善,证诩之罪。帝疑焉,

12　司隶校尉虞诩到任几个月,已将太傅冯石和太尉刘熹弹劾免官,又弹劾中常侍程璜、陈秉、孟生、李闰等,文武百官都感到不满,纷纷指责他太苛刻。于是,三公联名上奏弹劾:"虞诩违反常法,于盛夏之季,大肆逮捕和关押无罪的人,吏民深受其害。"虞诩也向顺帝上书,为自己申辩说:"法令是整齐风俗的堤防;刑罚是驾驭百姓的衔铁和缰绳。然而,现在的官府,州一级委任给郡,郡一级委任给县,层层往下推卸责任,百姓怨恨,投诉无门。并且,当今的风气,都以苟且容身为贤能,尽忠职守为愚蠢。我所查获的贪赃枉法案件,各种各样,盘根错节。三公因恐被我举报,所以先来诬陷我。但我决不怕死,定会追随史鱼之后,向皇上尸谏。"顺帝看了奏章,于是不对虞诩降罪。

因中常侍张防利用权势,接受贿赂和请托,虞诩曾多次请求将他法办,都未得到朝廷批准。因此,虞诩不胜愤慨,于是,自投廷尉监狱,上书顺帝说:"过去,安帝任用樊丰,废黜皇室正统,几乎使社稷灭亡。现在,张防又玩弄权势,亡国之祸,将再降临。我不愿意和张防同列朝廷,谨自囚廷尉狱以报,免得让我重蹈杨震的覆辙!"奏章呈上后,张防在顺帝面前痛哭流涕地为自己申诉洗刷,于是,虞诩坐罪,被遣送到左校罚作苦役。而张防仍然不肯放过虞诩,必欲置之死地,所以,两天之内,虞诩被传讯拷打四次。狱吏劝虞诩自杀,虞诩回答说:"我宁愿伏刑刀死于市,让远近的人都知道!如果不声不响地自杀,又有谁能分辨是非?"为此,浮阳侯孙程和祝阿侯张贤相继请求面见顺帝,孙程说:"陛下当初和我们起事的时候,非常痛恨奸臣,深知任用奸佞,会使国家倾覆。而今即位以后,却又自己纵容和包庇奸佞,又怎么能责备先帝不对?司隶校尉虞诩为陛下尽忠,却被逮捕囚禁;中常侍张防自己贪赃枉法,证据确凿,反而设计陷害忠良。今观天象,客星守羽林,是宫中有奸臣的征兆。应该急捕张防下狱,以堵塞上天所降的灾异。"当时,张防正站立在顺帝背后,孙程大声呵斥张防说:"奸臣张防,为何不下殿去!"张防迫不得已,疾步退入东厢。孙程又对顺帝说:"陛下,请立即下令逮捕张防。不要让他去向您的奶母求情!"顺帝又征求尚书们的意见,尚书贾朗跟张防素来交情很好,竭力证明虞诩有罪。顺帝疑惑不解,

谓程曰:"且出,吾方思之!"于是诩子颉与门生百馀人,举幡候中常侍高梵车,叩头流血,诉言枉状。梵入言之,防坐徙边,贾朗等六人或死或黜,即日赦出诩。程复上书陈诩有大功,语甚切激。帝感悟,复征拜议郎;数日,迁尚书仆射。

诩上疏荐议郎南阳左雄曰:"臣见方今公卿以下,类多拱默,以树恩为贤,尽节为愚,至相戒曰:'白璧不可为,容容多后福。'伏见议郎左雄,有王臣蹇蹇之节,宜擢在喉舌之官,必有匡弼之益。"由是拜雄尚书。

13 浮阳侯孙程等怀表上殿争功,帝怒。有司劾奏"程等干乱悖逆,王国等皆与程党,久留京都,益其骄恣。"帝乃免程等官,悉徙封远县;因遣十九侯就国,敕雒阳令促期发遣。

司徒掾周举说朱伥曰:"朝廷在西钟下时,非孙程等岂立!今忘其大德,录其小过;如道路夭折,帝有杀功臣之讥。及今未去,宜急表之!"伥曰:"今诏指方怒,吾独表此,必致罪谴。"举曰:"明公年过八十,位为台辅,不于今时竭忠报国,惜身安宠,欲以何求!禄位虽全,必陷佞邪之讥;谏而获罪,犹有忠贞之名。若举言不足采,请从此辞!"伥乃表谏,帝果从之。

对孙程说:"你们先出去,让我好好想一想!"于是,虞诩的儿子虞颛和门生一百馀人,举着旗帜,等候拦住中常侍高梵的座车,向高梵叩头流血,申诉虞诩被冤枉的情况。高梵回宫后,将情况报告给顺帝。结果,张防因罪被流放到边疆,尚书贾朗等六人,有的处死,有的免官,并于当天释放虞诩。孙程又上书陈述虞诩有大功,措辞甚为直率激烈。顺帝感动醒悟,又任命虞诩为议郎。几天后,擢升为尚书仆射。

于是,虞诩上书顺帝,保荐议郎、南阳郡人左雄说:"依我看来,当今公卿以下的官吏,大多属于专会拱手作揖而不敢说话的好好先生,把到处讨好广结善缘的人视为贤能,而把为国尽忠尽职的人视作愚蠢,甚至还互相告诫说:'不可做白璧,和气多后福。'我认为议郎左雄,具有作为朝廷大臣必须具备的忠直气节,应该提拔为出纳王命的喉舌之官,一定会对扶正和辅佐朝廷有所裨益。"因此,顺帝任命左雄为尚书。

13 浮阳侯孙程等人因带着奏章,上殿争功,顺帝勃然大怒。于是,有关官吏弹劾:"孙程等人干乱朝政,抗命叛逆,王国等人和孙程结党,长期逗留京都洛阳,更使他们骄纵放肆。"因此,顺帝将孙程等人免官,全都改封偏远地区,又下令十九侯各自前往他们的封国,命洛阳令督促他们,限期动身。

司徒掾周举向司徒朱伥进言:"当初,皇帝在西钟楼下时,如果不是孙程等人尽力,怎能即位为帝?现在却忘记人家的大德,计较他们的微小过失。如果他们在回封国的途中有人死亡,则皇帝就会遭受屠杀功臣的非议。趁着孙程等人尚未动身,应该迅速奏明皇上,加以劝阻。"朱伥回答说:"现皇上正在发怒,如果我单独为此事上奏,一定会受到皇帝的降罪谴责。"周举又说:"您年龄已经超过八十岁,位居宰相高位,不在此时尽忠报国,而明哲保身,请问您还想得到什么?果真如此,虽然能保全自己的俸禄和官位,但定会被人谴责为奸佞之辈;而因谏诤而获罪,还能留下忠贞的美名。如果我的意见您认为不能接受,我就从此告别!"于是,朱伥就上表劝谏,顺帝果然采纳。

程徙封宜城侯。到国，怨恨恚怼，封还印绶、符策，亡归京师，往来山中。诏书追求，复故爵土，赐车马、衣物，遣还国。

14　冬，十月丁亥，司空陶敦免。

15　朔方以西，障塞多坏，鲜卑因此数侵南匈奴；单于忧恐，上书乞修复障塞。庚寅，诏："黎阳营兵出屯中山北界；令缘边郡增置步兵，列屯塞下，教习战射。"

16　以廷尉张皓为司空。

17　班勇更立车师后部故王子加特奴为王。勇又使别校诛斩东且弥王，亦更立其种人为王。于是车师六国悉平。

勇遂发诸国兵击匈奴，呼衍王亡走，其众二万馀人皆降。生得单于从兄，勇使加特奴手斩之，以结车师、匈奴之隙。北单于自将万馀骑入后部，至金且谷。勇使假司马曹俊救之，单于引去，俊追斩其贵人骨都侯。于是呼衍王遂徙居枯梧河上，是后车师无复虏迹。

二年（丁卯，127）

1　春，正月，中郎将张国以南单于兵击鲜卑其至鞬，破之。

2　二月，辽东鲜卑寇辽东玄菟，乌桓校尉耿晔发缘边诸郡兵及乌桓出塞击之，斩获甚众，鲜卑三万人诣辽东降。

3　三月，旱。

4　初，帝母李氏瘗在雒阳北，帝初不知；至是，左右白之，帝乃发哀，亲到瘗所，更以礼殡。六月乙酉，追谥为恭愍皇后，葬于恭陵之北。

孙程改封为宜城侯。他到封国以后,怨恨不满。将印信和符策都退还朝廷,擅自逃归京都洛阳,躲藏在附近的山中。于是,顺帝下诏搜寻孙程,找到以后,恢复他原来的封爵和食邑,赏赐车马和衣物,遣送他回到封国。

14　冬季,十月丁亥(初九),将司空陶敦免官。

15　因朔方郡以西,障塞多已损坏,鲜卑因此不断侵犯南匈奴,单于忧愁恐惧,上书朝廷,请求修复障塞。庚寅(十二日),顺帝下诏:"征调黎阳营兵到中山北界驻防;令沿边各郡增设步兵,分布驻扎在各边塞,进行军事训练。"

16　擢升廷尉张皓为司空。

17　班勇改立车师后国前任国王的儿子加特奴为王。又派遣部将斩杀东且弥王,并另立其本族人为王。于是,车师等西域六国全都归附汉朝。

其后,班勇就征发西域各国的军队进击匈奴,呼衍王逃走,其部众两万馀人全都投降。单于的堂兄被活捉,班勇让加特奴亲手将他斩杀,以此结下车师和匈奴之间的仇恨。于是,北单于亲自率领一万馀骑兵攻打车师后王国,抵金且谷。班勇派遣代理司马曹俊前去救援,单于率军后撤,曹俊追击,并斩杀其贵人骨都侯。于是,呼衍王迁到枯梧河畔居住,车师从此再也没有匈奴的足迹。

汉顺帝永建二年(丁卯,公元127年)

1　春季,正月,中郎将张国率领南单于军队进击鲜卑首领其至鞬,将其击破。

2　二月,辽东鲜卑攻打辽东玄菟郡,乌桓校尉耿晔征发沿边各郡郡兵和乌桓的军队出塞讨伐,斩杀和俘虏甚多,鲜卑三万人到辽东郡投降。

3　三月,发生旱灾。

4　当初,顺帝的母亲李氏埋葬在洛阳城北,顺帝先前不知道。直到现在,顺帝身边的人才将此事禀报。于是,顺帝为母亲发丧举哀,亲自到埋葬的地方,改以皇后的礼仪殡殓。六月乙酉(十一日),追谥为恭愍皇后,埋葬在恭陵的北面。

5　西域城郭诸国皆服于汉,唯焉耆王元孟未降,班勇奏请攻之。于是遣敦煌太守张朗将河西四郡兵三千人配勇,因发诸国兵四万馀人分为两道击之,勇从南道,朗从北道,约期俱至焉耆。而朗先有罪,欲徼功自赎,遂先期至爵离关,遣司马将兵前战,获首虏二千馀人,元孟惧诛,逆遣使乞降。张朗径入焉耆,受降而还。朗得免诛,勇以后期征,下狱,免。

6　秋,七月甲戌朔,日有食之。

7　壬午,太尉朱宠、司徒朱伥免。庚子,以太常刘光为太尉、录尚书事,光禄勋汝南许敬为司徒。光,矩之弟也。敬仕于和、安之间,当窦、邓、阎氏之盛,无所屈桡。三家既败,士大夫多染污者,独无谤言及于敬,当世以此贵之。

8　初,南阳樊英,少有学行,名著海内,隐于壶山之阳,州郡前后礼请,不应。公卿举贤良、方正、有道,皆不行。安帝赐策书征之,不赴。是岁,帝复以策书、玄纁,备礼征英,英固辞疾笃。诏切责郡县,驾载上道。英不得已,到京,称疾不肯起,强舆入殿,犹不能屈。帝使出就太医养疾,月致羊酒。其后帝乃为英设坛,令公车令导,尚书奉引,赐几、杖,待以师傅之礼,延问得失,拜五官中郎将。数月,英称疾笃,诏以为光禄大夫,赐告归,令在所送谷,以岁时致牛酒。英辞位不受,有诏譬旨,勿听。

5 西域所有的城邦国家都已归服汉朝,只有焉耆王元孟尚未投降,班勇上奏朝廷,请求出兵讨伐。于是朝廷派敦煌太守张朗率河西四郡之兵三千人配合班勇,然后,班勇征发西域各国之兵共四万馀人,分两路进击焉耆,班勇从南道,张朗从北道,约定日期,到焉耆城下会师。而张朗因先前有罪,急于求功,为自己赎罪,就赶在约定日期之前,抵达爵离关,并派遣司马率军提前进攻,斩首两千馀人,元孟害怕被杀,于是派使者请求投降。张朗便直接进入焉耆城,受降而回。结果,张朗得以免除诛杀,而班勇因在约定日期之后抵达,被调回京都洛阳,下狱,免官。

6 秋季,七月甲戌朔(初一),出现日食。

7 壬午(初九),太尉朱宠和司徒朱伥,都被免官。庚子(二十七日),擢升太常刘光为太尉,主管尚书事务,将光禄勋、汝南郡人许敬任命为司徒。刘光,即刘矩的弟弟。许敬曾在和帝与安帝时期做官,当窦、邓、阎氏权势鼎盛之时,他也无所畏缩和屈服。待三家垮台后,许多居官在位的人,都沾有污点,唯独许敬没有遭到非议,因此当代人都很敬佩他。

8 当初,南阳郡人樊英,从小学问、品行兼优,闻名天下,隐居在壶山南麓,州郡官府曾先后多次征聘他出来当官,他不应命。朝廷公卿大臣荐举他为贤良、方正、有道,他都不肯动身。安帝赐策书征召,他还是不愿意去。同年,安帝又用策书和黑色的缯帛,非常礼敬地征召樊英,而他以病重为理由坚决推辞。诏书严厉谴责州郡官府办事不得力,于是州郡官府把樊英抬到车上上路。樊英迫不得已,才来到京都雒阳,到洛阳后,樊英又称病不肯起床,于是,用轿子强行将他抬进金銮宝殿,但他还是不肯屈从而接受官职。安帝只好下令将他抬走,到太医处养病,每月送给羊肉和美酒。其后,安帝又特地为樊英设立讲坛,命公车令走在前面引路,尚书陪同,赏赐小桌和手杖,用尊敬老师的礼节来对待他,询问朝廷大政的得失,将他任命为五官中郎将。数月之后,樊英又声称病重,安帝下诏,将他任命为光禄大夫,准许回家养病,令当地官府送谷米,每年四季送给牛肉和美酒。樊英请求辞去职位,有诏书晓告皇帝旨意,不予批准。

英初被诏命，众皆以为必不降志。南郡王逸素与英善，因与其书，多引古譬谕，劝使就聘。英顺逸议而至。及后应对无奇谋深策，谈者以为失望。河南张楷与英俱征，谓英曰："天下有二道，出与处也。吾前以子之出，能辅是君也，济斯民也。而子始以不訾之身怒万乘之主，及其享受爵禄，又不闻匡救之术，进退无所据矣。"

臣光曰：古之君子，邦有道则仕，邦无道则隐。隐非君子之所欲也。人莫己知而道不得行，群邪共处而害将及身，故深藏以避之。王者举逸民，扬仄陋，固为其有益于国家，非以徇世俗之耳目也。是故有道德足以尊主，智能足以庇民，被褐怀玉，深藏不市，则王者当尽礼而致之，屈己以访之，克己以从之，然后能利泽施于四表，功烈格于上下。盖取其道不取其人，务其实不务其名也。

其或礼备而不至，意勤而不起，则姑内自循省而不敢强致其人，曰：岂吾德之薄而不足慕乎？政之乱而不可辅乎？群小在朝而不敢进乎？诚心不至而忧其言之不用乎？何贤者之不我从也？苟其德已厚矣，政已治矣，群小远矣，诚心至矣，彼将扣阍而自售，又安有勤求而不至者哉！荀子曰："耀蝉者，务在明其火，振其木而已。

樊英刚接到诏书时，大家都认为，他一定不会贬抑自己的志气，而去应命。南郡人王逸平素和樊英很要好，因而特地写信给他，引用了许多古代的比喻，劝他接受朝廷的征召。于是，樊英听从了王逸的建议，而前往洛阳。可是，后来他在应对皇帝的提问时，没有什么奇谋远策，大家都很失望。河南人张楷和樊英同时接受征聘，他对樊英说："天下只有两条路，即出仕和隐退。我先前认为，如果你应召出仕，一定会辅佐君王，拯救百姓。然而，开始时，你不惜贵重之极的生命，敢于去激怒君王，可是，等到做了官，享受爵禄之后，却听不到你有扶正补救的方法，真是进退都没有依据了。"

臣司马光说：古代的正人君子，当国家政治清明时，他就出来做官，国家政治暴虐时，他就隐退为民。隐退为民，本来不是正人君子所愿意的。但他们深知，没有人真正了解自己，则正道不能得到推行，而和一群奸佞之辈共事，终将伤害自己，所以，才隐藏自己的才能，远远躲开。圣明的君王之所以选用避世隐居的逸民，和提拔出身卑微的人，原本是因为他们对国家有益，并不是以此来迎合世俗的视听。所以，在道德上足以使君主尊敬，在智慧和才能上足以庇护百姓的人，就犹如身穿粗布衣而怀美玉一样，深藏不售，而圣明的君王应该竭尽礼节，将他征聘到手；降低自己的身份，向他请教；克制自己，听从他的意见。然后，才能使恩泽普施于四方，功业留传千古。因为圣明的君王所用的是隐士逸民的治国方法，而不是隐士逸民本身，注重实际效果，而不是重视虚名。

如果礼节很完备，情意很殷勤，而贤才仍不愿出来做官，则圣明的君王不应该采取强制手段，而应该冷静地深自反省：难道是我的品德太薄，而不够使他仰慕？政治太混乱使他无法辅佐？奸佞当权，使他不敢出来做官？我的诚意不够，使他忧虑自己的意见不会被采纳？为什么贤才不接受我的征聘？假如，我的品德已厚，朝政已清明，奸佞已疏远，诚意已到，那么，贤才定将叩门求见而自荐，哪里会有再三征召而不肯应聘的！荀子说："晚上燃火捕蝉，必须把火光照亮，再摇动树枝就行了。

火不明，虽振其木，无益也。今人主有能明其德，则天下归之，若蝉之归明火也。"或者人主耻不能致，乃至诱之以高位，胁之以严刑。使彼诚君子邪，则位非所贪，刑非所畏，终不可得而致也；可致者，皆贪位畏刑之人也，乌足贵哉！

若乃孝弟著于家庭，行谊隆于乡曲，利不苟取，仕不苟进，洁己安分，优游卒岁，虽不足以尊主庇民，是亦清修之吉士也。王者当褒优安养，俾遂其志。若孝昭之待韩福，光武之遇周党，以励廉耻，美风俗，斯亦可矣，固不当如范升之诋毁，又不可如张楷之责望也。

至于饰伪以邀誉，钓奇以惊俗，不食君禄而争屠沽之利，不受小官而规卿相之位，名与实反，心与迹违，斯乃华士、少正卯之流，其得免于圣王之诛幸矣，尚何聘召之有哉！

9　时又征广汉杨厚、江夏黄琼。琼，香之子也。厚既至，豫陈汉有三百五十年之厄以为戒，拜议郎。琼将至，李固以书逆遗之曰："君子谓伯夷隘，柳下惠不恭。不夷不惠，可否之间，圣贤居身之所珍也。诚欲枕山栖谷，拟迹巢、由，斯则可矣；若当辅政济民，今其时也。自生民以来，善政少而乱俗多，必待尧、舜之君，此为士行其志终无时矣。尝闻语曰：'峣峣者易缺，皦皦者易污。'盛名之下，其实难副。近鲁阳樊君被征初至，朝廷设坛席，犹待神明，虽无大异，而言行所守，

如果火光不亮，只摇树枝，也没有用处。而今，君王如能发扬厚德，则天下的人都会归心，犹如蝉去投奔亮光。"有些人主因贤才不应征聘而感到羞耻，于是，用高位来引诱他，用严刑峻法来威胁他。假如他是一个真正的正人君子，则对高位一定不贪婪，对严刑一定不畏惧，君主最终还是得不到他；能够得到的，都是贪图高位和贪生怕死的人，又怎么值得尊重？

如果能以孝悌著称于家庭，品行高尚闻名于乡里，不要不义之财，不采取不正当手段谋求做官，洁身自好，安守本分，悠然自得地过日子，虽然才能不足以辅佐君主和造福百姓，但也还属于品行洁美的善人。圣明的君王应该给予褒奖和优待，成全他的志向。如汉昭帝对待韩福，光武帝对待周党，用以奖励廉耻，美化风俗，这也就足够了。实在不应该如范升去加以诋毁，也不要如张楷加以指责和抱怨。

至于那些假装伪善来窃取荣誉，故意做出一鸣惊人的怪事来提高声望，不要朝廷俸禄而和屠夫酒贩一样争取小利，拒绝做小官而想爬上宰相和九卿的高位的人，他们的名与实恰恰相反，心里想的和行动做的完全不一样，他们就是华士、少正卯之流，得免于圣明君王的诛杀，就是很幸运的了，还有什么值得征召的？

9 这时，朝廷又征召广汉郡人杨厚、江夏郡人黄琼。黄琼，即黄香的儿子。杨厚到雒阳以后，向朝廷上奏，预言汉朝到三百五十年左右，将会面临险恶的命运，提出了警告，他被任命为议郎。黄琼快到雒阳时，李固派人送给他一封信，信上说："正人君子认为伯夷心胸太狭隘，而柳下惠则又太傲慢。既不能效法伯夷，又不能效法柳下惠，而是选择在两者之间，这才是圣贤做人的准则。如果真正愿意头枕山峰，身卧山谷，步巢父、许由的后尘，那就罢了；如果认为应该出来辅佐朝廷、拯救百姓，现在正是时候。自从有人类以来，善政少而暴政多，一定要等有了唐尧、虞舜一样的君主，才出来推行自己救国救民的理想，恐怕永远没有这种机会。我曾经听说过这样一句话：'峣峣者易缺，皦皦者易污。'盛名之下，其实难副。最近，鲁阳人樊英受到征召，初到时，朝廷专门为他设立讲坛，犹如对待神明。他虽然没有提出什么奇谋深策，但言行谨慎，

亦无所缺。而毁谤布流,应时折减者,岂非观听望深,声名太盛乎!是故俗论皆言'处士纯盗虚声'。愿先生弘此远谟,令众人叹服,一雪此言耳!"琼至,拜议郎,稍迁尚书仆射。琼昔随父在台阁,习见故事。及后居职,达练官曹,争议朝堂,莫能抗夺。数上疏言事,上颇采用之。

李固,郃之子,少好学,常改易姓名,杖策驱驴,负笈从师,不远千里,遂究览坟籍,为世大儒。每到太学,密入公府,定省父母,不令同业诸生知其为郃子也。

三年(戊辰,128)

1 春,正月丙子,京师地震。

2 夏,六月,旱。

3 秋,七月,茂陵园寝灾。

4 九月,鲜卑寇渔阳。

5 冬,十二月己亥,太傅桓焉免。

6 车骑将军来历罢。

7 南单于拔死,弟休利立,为去特若尸逐就单于。

8 帝悉召孙程等还京师。

四年(己巳,129)

1 春,正月丙寅,赦天下。

2 丙子,帝加元服。

3 夏,五月壬辰,诏曰:"海内颇有灾异,朝廷修政,太官减膳,珍玩不御。而桂阳太守文砻,不惟竭忠宣畅本朝,而远献大珠以求幸媚,今封以还之!"

也没有什么失误。可是,对他的诋毁和谴责到处流传,他的声誉随着时间的推移而降低,岂不是因为大家对他的期望太高,他的声名太盛! 因而,世俗的舆论都说'所谓隐居之士,纯粹盗取虚名'。但愿先生这次能够提出深远的建议,让大家赞叹佩服,以洗刷这种舆论!"黄琼到达雒阳以后,先被任命为议郎,后来逐渐被擢升为尚书仆射。黄琼过去曾跟随其父黄香在尚书台,熟悉典章制度,所以,等到后来他自己在这里任职时,对尚书诸曹的事务都很精通。每当在朝堂争议国家大事时,大家都不能不接受他的意见。他曾经多次向朝廷上奏言事,也往往被皇帝所采纳。

李固,即李郃的儿子,自幼喜爱读书,经常改换姓名,执鞭赶驴,载着书箱,不远千里,投奔名师。结果,终于遍览群书,成为当代的大儒。他每次到太学,都要秘密地进入三公府,去向父母请安,不让同学们知道他是李郃的儿子。

汉顺帝永建三年(戊辰,公元 128 年)

1 春季,正月丙子(初六),京都雒阳发生地震。

2 夏季,六月,发生旱灾。

3 秋季,七月,汉武帝陵园茂陵寝殿发生火灾。

4 九月,鲜卑侵犯渔阳郡。

5 冬季,十二月己亥(初四),太傅桓焉被免官。

6 车骑将军来历被罢官。

7 南单于栾提拔去世,他的弟栾提休利继位,号为去特若尸逐就单于。

8 顺帝将孙程等十九侯,全都召回京都雒阳。

汉顺帝永建四年(己巳,公元 129 年)

1 春季,正月丙寅(初一),大赦天下。

2 丙子(十一日),顺帝行成年加冠礼。

3 夏季,五月壬辰(二十九日),顺帝下诏说:"全国许多地方都发生了程度不同的灾异。朝廷正在整顿政治,太官减省皇帝饮食,不再进献珍贵的玩赏物品。然而,桂阳郡太守文砻,不想着尽忠宣扬朝廷遇灾减省的善政,反而从遥远的地区进贡大颗珍珠,以谄媚邀宠,今将原物封好退回!"

4　五州雨水。

5　秋，八月丁巳，太尉刘光、司空张皓免。

6　尚书仆射虞诩上言："安定、北地、上郡，山川险厄，沃野千里，土宜畜牧，水可溉漕。顷遭元元之灾，众羌内溃，郡县兵荒，二十馀年。夫弃沃壤之饶，捐自然之财，不可谓利。离河山之阻，守无险之处，难以为固。今三郡未复，园陵单外，而公卿选懦，容头过身，张解设难，但计所费，不图其安。宜开圣听，考行所长。"九月，诏复安定、北地、上郡还旧土。

7　癸酉，以大鸿胪庞参为太尉、录尚书事。太常王龚为司空。

8　冬，十一月庚辰，司徒许敬免。

9　鲜卑寇朔方。

10　十二月乙卯，以宗正弘农刘崎为司徒。

11　是岁，于寘王放前杀拘弥王兴，自立其子为拘弥王，而遣使者贡献，敦煌太守徐由上求讨之。帝赦于寘罪，令归拘弥国，放前不肯。

五年(庚午，130)

1　夏，四月，京师旱。

2　京师及郡国十二蝗。

3　定远侯班超之孙始尚帝姑阴城公主。主骄淫无道；始积忿怒，伏刃杀主。冬，十月乙亥，始坐腰斩，同产皆弃市。

4 五个州下大雨,发生水灾。

5 秋季,八月丁巳(二十五日),太尉刘光和司空张皓,都被免官。

6 尚书仆射虞诩上书说:"安定郡、北地郡、上郡,山川险要,沃野千里,土地适合畜牧,河水可以灌溉农田和运输粮秣。可是,近遭战乱,诸羌部落纷纷溃逃到中国境内,郡县战乱饥荒,历时二十馀年。舍弃富饶肥沃的土地,抛掉自然的财富,对国家不能说是有利。并且,现在的边界,远离山川要隘,在无险之处,难以固守。因三郡没有恢复,在长安的皇帝园陵,没有屏障。然而,公卿怯懦,得过且过,故意夸大其词,提出种种疑难,只知计算耗费,而不管国家安全。建议陛下广泛听取意见,采用最好的策略。"九月,顺帝下诏,命安定郡、北地郡、上郡的郡治,重新迁回原来的地方。

7 癸酉(十二日),擢升大鸿胪庞参为太尉、主管尚书事务。太常王龚为司空。

8 冬季,十一月庚辰(二十日),司徒许敬被免官。

9 鲜卑侵犯朔方郡。

10 十二月乙卯(二十五日),擢升宗正、弘农郡人刘崎为司徒。

11 同年,西域于窴国王放前诛杀拘弥国王兴,并擅自立他的儿子为国王,尔后,派遣使者向朝廷进贡,敦煌郡太守徐由请求朝廷出兵讨伐。顺帝下诏,赦免于窴国王放前擅自诛杀的大罪,仅令他归还拘弥国,放前不肯遵命。

汉顺帝永建五年(庚午,公元 130 年)

1 夏季,四月,京都雒阳发生旱灾。

2 京都洛阳和十二个郡国蝗虫成灾。

3 定远侯班超的孙子班始,娶顺帝的姑姑阴城公主为妻。因公主骄横荒淫,班始久积愤怒,于是,用刀杀死公主。冬季,十月乙亥(二十日),班始因坐罪被腰斩,他的同母兄弟姊妹,都被绑赴闹市刑场处死,陈尸示众。

六年(辛未,131)

1 春,二月庚午,河间孝王开薨,子政嗣。政慠很不奉法,帝以侍御史吴郡沈景有强能,擢为河间相。景到国,谒王,王不正服,箕踞殿上。侍郎赞拜,景峙不为礼,问王所在。虎贲曰:"是非王邪!"景曰:"王不正服,常人何别! 今相谒王,岂谒无礼者邪!"王惭而更服,景然后拜。出,住宫门外,请王傅责之曰:"前发京师,陛见受诏,以王不恭,相使检督。诸君空受爵禄,曾无训导之义!"因奏治其罪,诏书让政而诘责傅。景因捕诸奸人,奏案其罪,杀戮尤恶者数十人,出冤狱百馀人。政遂为改节,悔过自修。

2 帝以伊吾膏腴之地,傍近西域,匈奴资之以为钞暴。三月辛亥,复令开设屯田,如永元时事,置伊吾司马一人。

3 初,安帝薄于艺文,博士不复讲习,朋徒相视怠散,学舍颓敝,鞠为园蔬,或牧儿、荛竖薪刈其下。将作大匠翟酺上疏请修缮,诱进后学,帝从之。秋,九月,缮起太学,凡所造构二百四十房,千八百五十室。

4 护乌桓校尉耿晔遣兵击鲜卑,破之。

5 护羌校尉韩皓转湟中屯田置两河间,以逼群羌。皓坐事征,以张掖太守马续代为校尉。两河间羌以屯田近之,恐必见图,乃解仇诅盟,各自儆备。续上移田还湟中,羌意乃安。

汉顺帝永建六年(辛未,公元131年)

1　春季,二月庚午(十七日),河间孝王刘开去世,儿子刘政做他的继承人。刘政骄傲凶狠,不遵守法令,顺帝认为侍御史、吴郡人沈景刚强而有能力,于是擢升他为河间国相。沈景到国就任,晋见河间王刘政时,刘政衣冠不整,双腿叉开,傲慢无礼地坐在大殿上。侍郎唱名,让沈景拜见刘政,但沈景站在那里不行礼,反问:"大王在哪里?"虎贲卫士说:"这不就是大王吗?"沈景说:"大王不穿大王的衣服,和常人有何区别?今天是诸侯王国相晋见诸侯王,岂是晋见无礼之徒?"刘政深感惭愧,急忙换上正式礼服,沈景这才下拜。沈景参拜完毕出来,在宫门外,请出河间王傅,责备说:"先前我从京都洛阳动身,在金銮殿上接受诏书,皇帝认为河间王态度不恭敬,命我检查督责。你们空受朝廷爵禄,连一点教导的工作都没做?"于是沈景奏请朝廷,要求将他们治罪。顺帝下诏责备刘政和河间王傅。其后,沈景又逮捕一批奸佞之徒,奏请查办他们的罪恶,诛杀其中情节特别恶劣的数十人,还平反冤狱,释放出一百余人。刘政于是改变节操,悔过自新。

2　顺帝认为伊吾一带土地肥沃,又靠近西域,匈奴一直利用这个地区进行劫掠和骚扰。三月辛亥(二十九日),下令恢复伊吾屯田,与和帝永元年间一样,设置伊吾司马一人。

3　当初,由于安帝轻视典籍,博士不再讲习,门徒学生逐渐懈怠和离散,太学的房舍倒塌敝旧,校园成为菜园或荒地,牧童、樵夫在里面割草和砍柴。将作大匠翟酺上奏,请求加以修缮,诱导后生求学,顺帝采纳了他的建议。秋季,九月,重新修缮太学,共建房二百四十幢,一千八百五十间。

4　护乌桓校尉耿晔派兵攻击鲜卑,将其击破。

5　护羌校尉韩皓将湟中地区的屯田转移到即赐支河和逢留大河两河之间,以逼近西羌诸部落。正当这时,韩皓因事获罪,被调回京都洛阳,由张掖郡太守马续接任护羌校尉。两河之间的羌人诸部落,认为屯田地区靠近他们,恐怕受到攻击,于是,互相解除仇怨,订立誓约,各自加强戒备。马续急忙上奏朝廷批准,将屯田地区仍然撤回到湟中,羌人这才放心。

6 帝欲立皇后，而贵人有宠者四人，莫知所建，议欲探筹，以神定选。尚书仆射南郡胡广与尚书冯翊郭虔、史敞上疏谏曰："窃见诏书，以立后事大，谦不自专，欲假之筹策，决疑灵神。篇籍所记，祖宗典故，未尝有也。恃神卜筮，既未必当贤，就值其人，犹非德选。夫岐嶷形于自然，倪天必有异表，宜参良家，简求有德，德同以年，年钧以貌；稽之典经，断之圣虑。"帝从之。

恭怀皇后弟子乘氏侯商之女，选入掖庭为贵人，常特被引御，从容辞曰："夫阳以博施为德，阴以不专为义。螽斯则百，福所由兴也。愿陛下思云雨之均泽，小妾得免于罪。"帝由是贤之。

阳嘉元年(壬申,132)

1 春，正月乙巳，立贵人梁氏为皇后。

2 京师旱。

3 三月，扬州六郡妖贼章河等寇四十九县，杀伤长吏。

4 庚寅，赦天下，改元。

5 夏，四月，梁商加位特进，顷之，拜执金吾。

6 冬，耿晔遣乌桓戎末廆等钞击鲜卑，大获而还。鲜卑复寇辽东属国，耿晔移屯辽东无虑城以拒之。

6　顺帝打算选立皇后,而贵人中受到宠爱的共有四人,不知选定哪一位,有人建议在神灵前抽签,由神灵决定。尚书仆射南郡人胡广与尚书冯翊人郭虔、史敞联名上书进谏说:"我们拜读诏书,陛下认为选立皇后是件大事,谦恭地不愿意自己决定,希望用抽签的方法,请求神灵决定。可是,所有古书记载,以及祖宗前例,都未曾采取过这种方法。依靠在神灵前祷告占卜,未必能得到贤良,即使得到,也不是根据衡量品德来选定的。聪明智慧会形于外表,大贤大德一定与众不同,最好的办法是,除了四位贵人外,再增选良家女儿,从其中物色品德最好的;品德一样好,物色年龄较大的;年龄一样大,挑选外貌美丽的;然后再稽查典籍,最后由陛下考虑决定。"顺帝采纳。

和帝母亲恭怀皇后的侄女,即乘氏侯梁商的女儿,被选进皇宫,封为顺帝的贵人,唯独她常被召唤侍奉顺帝,但她总是婉言推辞说:"阳刚应以广泛施舍为德,阴柔应以不专享有为义。子孙繁盛,是福气降临的基础。希望陛下想到云雨之恩应该大家均沾,我也可以免罪。"因此,顺帝认为她最贤淑。

汉顺帝阳嘉元年(壬申,公元 132 年)

1　春季,正月乙巳(二十八日),封贵人梁氏为皇后。

2　京都雒阳发生旱灾。

3　三月,扬州六郡妖贼章河等人,攻打四十九个县,杀伤地方官吏。

4　庚寅(十三日),大赦天下,改年号。

5　夏季,四月,皇后之父梁商,被赐为特进,不久,又被任命为执金吾。

6　冬季,耿晔派乌桓酋长戎末魔等攻击鲜卑,大胜而回。鲜卑部落遂反攻辽东属国,耿晔移兵屯驻辽东郡所属的无虑城,以抵御鲜卑的进攻。

7　尚书令左雄上疏曰："昔宣帝以为吏数变易,则下不安业;久于其事,则民服教化。其有政治者,辄以玺书勉励,增秩赐金,公卿缺则以次用之。是以吏称其职,民安其业,汉世良吏,于兹为盛。今典城百里,转动无常,各怀一切,莫虑长久。谓杀害不辜为威风,聚敛整办为贤能;以治己安民为劣弱,奉法循理为不治。髡钳之戮,生于睚眦;覆尸之祸,成于喜怒。视民如寇雠,税之如豺虎。监司项背相望,与同疾疢,见非不举,闻恶不察。观政于亭传,责成于期月。言善不称德,论功不据实。虚诞者获誉,拘检者离毁。或因罪而引高,或色斯而求名,州宰不覆,竞共辟召,踊跃升腾,超等逾匹。或考奏捕案,而亡不受罪,会赦行赂,复见洗涤,朱紫同色,清浊不分。故使奸猾枉滥,轻忽去就,拜除如流,缺动百数。乡官、部吏,职贱禄薄,车马衣服,一出于民,廉者取足,贪者充家。特选、横调,纷纷不绝,送迎烦费,损政伤民。和气未洽,灾眚不消,咎皆在此。臣愚以为守相、长吏惠和有显效者,可就增秩,勿移徙;非父母丧,不得去官。其不从法禁,不式王命,锢之终身,虽会赦令,不得齿列。若被劾奏,亡不就法者,

7　尚书令左雄上书说:"过去宣帝认为,地方官吏如果经常调动,则下民不能安居乐业;如果任职的时间较长,人民才能接受教化。对于有政绩的官吏,则用诏书勉励,增加官秩,赏赐黄金,公卿大臣职位空缺,就按照次序录用他们。所以,地方官吏都很称职,人民也得以安居乐业,汉代优秀的地方官吏,以那一时期最为鼎盛。而现在,一个县的县令或县长,就经常更换,各人都抱着临时观点,没有长久打算。并且,滥杀无罪小民的被认为有威严,擅长搜刮钱财的被认为贤良能干;相反,能够约束自己安定人民的被认为低劣懦弱,奉公守法被认为没有治理能力。一点小的怨恨,则处以髡钳之刑,官吏的一时喜怒,可以酿成伏尸惨祸,把人民看作仇敌,征收苛捐杂税,比虎狼还要凶暴。朝廷派出的监察官吏,虽然是前后相继,接连不断,但他们和地方官吏也具有同样的弊病,见到错误不检举,听到邪恶不调查。仅在驿站视察政情,要求一年内做出政绩。赞扬地方官吏的善政,和他本人的品德不相符合;褒奖功绩,又没有事实根据。因此,地方官吏中,善于弄虚作假的,获得声誉;踏实肯干的反而遭到诋毁。有人因罪状无法掩盖,他就声称轻视富贵,弃官而去,以表示清高;有人因瞧见上司的脸色不好,就立即辞职,以表示自己有先见之明。而州官不了解其中内情,争相延聘,反而使他们得到越级提升,比正常的升迁更为迅速。即令是奏准将其逮捕法办,他们仍设法逃亡,逍遥法外,遇到大赦,或者行贿,便将过去的罪行一笔勾销,朱和紫同色,清和浊不分。遂使奸猾之辈,到处充斥,他们不在乎被任官和被免职,任免官吏如流水一样,官职缺额动不动数以百计。乡官、部吏,由于职位卑微,俸禄不多,他们的车马衣服,都是出自人民,清廉的只要自己够用就满足了,贪婪的还要满足他的家属。于是,除了国家法定的常赋以外,又巧立所谓特选、横调等名目,不断搜刮人民,再加上送往迎来,费用浩大,损政伤民。和气未洽,灾难不消,原因都在于此。我认为,郡太守、诸侯国相和县令、长等官吏中,恩惠和慈爱人民有明显成效者,可以就地增加位次和俸禄,不要调动;不是因父母死亡,不让离职。而不遵守法令,不奉用王命的人,要将其禁锢终身,不许再做官,即使遇到赦令,也不把他们包括在内。对于受到弹劾,就弃官逃亡,不愿接受法办的人,

徙家边郡，以惩其后。其乡部亲民之吏，皆用儒生清白任从政者，宽其负算，增其秩禄。吏职满岁，宰府州郡乃得辟举。如此，威福之路塞，虚伪之端绝，送迎之役损，赋敛之源息，循理之吏得成其化，率土之民各宁其所矣。"帝感其言，复申无故去官之禁，又下有司考吏治真伪，详所施行。而宦官不便，终不能行。

雄又上言："孔子曰'四十不惑'，《礼》称强仕。请自今，孝廉年不满四十，不得察举，皆先诣公府，诸生试家法，文吏课笺奏，副之端门，练其虚实，以观异能，以美风俗。有不承科令者，正其罪法。若有茂材异行，自可不拘年齿。"帝从之。

胡广、郭虔、史敞上书驳之曰："凡选举因才，无拘定制。六奇之策，不出经学；郑、阿之政，非必章奏；甘、奇显用，年乖强仕；终、贾扬声，亦在弱冠。前世以来，贡举之制，莫或回革。今以一臣之言，划戾旧章，便利未明，众心不厌。矫枉变常，政之所重，而不访台司，不谋卿士；若事下之后，议者剥异，异之则朝失其便，同之则王言已行。臣愚以为可宣下百官，参其同异，然后览择胜否，详采厥衷。"帝不从。

将他和家属放逐到边郡，警告以后的官员。对于在乡、部直接和人民接触的官吏，都选用家世清白、有能力从政的儒生担任，减免他们应交的算赋，增加俸禄。任职一年以后，朝廷和州郡官府才能征辟保举。如能这样，地方官吏作威作福的路被堵塞，弄虚作假的端绪被断绝，送旧迎新的差役减少，横征暴敛的根源止息，奉职守法的官吏得以完成其教化，全国各地的人民都能各得其所。"顺帝深为他的话所感动，下诏重申官吏不能无故离职的禁令，并命有关方面制订出考核官吏政绩真伪的详细规则，呈报后予以施行。但宦官认为这对他们不利，于是从中作梗，所以，终于不能实行。

左雄又上书说："孔子说：'四十岁而有断是非的能力。'《礼记》说：'四十岁智力强盛，才出来做官。'请从现在开始，孝廉科的人选，年龄未满四十岁的，地方官府不得举荐。凡是被举荐的孝廉，都应先到司徒府报到，如果是儒生，则要考试他所师承的那门学问，如果是在职的文史，则要考试起草上奏朝廷的表章。并将他们的副本，送到皇宫的端门，由尚书检查虚实，观察他们的才能，建立良好的政风。凡是不遵守上述规定的，依法定罪。如果有特殊的才干和能力，当然也可以不限年龄。"顺帝听从。

胡广、郭虔、史敞联名上书反驳说："凡选举都是根据才能，不要拘泥于某种固定的制度。陈平六出奇计以佐高帝，不是出自儒家的经学；子产治理郑国、晏子治理东阿时所取得的政绩，也不是因为他们善于起草上奏的表章；甘罗和子奇受到重用时，年龄离四十岁还差得很远；终军和贾谊名扬天下，都在二十岁左右。从汉室以来，实行荐举制度，从来没有改变过。现在，陛下仅听用一位臣子的建议，无端违背先朝的传统典章，便利并不明显，因而人心不满。纠正错误和变更常规，是重要的政事，而既未征求三公府等有关官署的意见，也未和文武百官商议；如果诏书颁下，有人有反驳的意见，要是不准有异议，则朝廷很难实行；要是准许有异议，则圣旨已经下达。我以为，应把这件事交付文武百官，充分听取赞成和反对双方的意见，然后选择决定。"顺帝不听从。

辛卯，初令"郡国举孝廉，限年四十以上；诸生通章句，文吏能笺奏，乃得应选。其有茂才异行，若颜渊、子奇，不拘年齿"。

久之，广陵所举孝廉徐淑，年未四十；台郎诘之，对曰："诏书曰：'有如颜回、子奇，不拘年齿。'是故本郡以臣充选。"郎不能屈。左雄诘之曰："颜回闻一知十，孝廉闻一知几邪？"淑无以对；乃罢却之。郡守坐免。

袁宏论曰：夫谋事作制，以经世训物，必使可为也。古者四十而仕，非谓弹冠之会必将是年也，以为可仕之时在于强盛，故举其大限以为民衷。且颜渊、子奇，旷代一有，而欲以斯为格，岂不偏乎！

然雄公直精明，能审核真伪，决志行之。顷之，胡广出为济阴太守，与诸郡守十馀人皆坐谬举免黜。唯汝南陈蕃、颍川李膺、下邳陈球等三十馀人得拜郎中。自是牧、守畏栗，莫敢轻举。迄于永嘉，察选清平，多得其人。

8　闰月庚子，恭陵百丈庑灾。

9　上闻北海郎𫖮精于阴阳之学。

二年（癸酉，133）

1　春，正月，诏公车征𫖮，问以灾异。𫖮上章曰："三公上应台阶，下同元首，政失其道，则寒阴反节。今之在位，竞托高虚，纳累钟之奉，亡天下之忧。栖迟偃仰，寝疾自逸，

辛卯，顺帝第一次下令"郡、国荐举孝廉，限年四十岁以上；儒生必须精通儒家经典，文吏必须善于起草上奏的表章，才得应选。如果有像颜回和子奇一样的特殊才能，则不受年龄的限制。"

后来，广陵郡所荐举的孝廉徐淑，年龄不满四十岁。尚书郎诘问他，他回答说："诏书上说得明白：'如果有像颜回和子奇一样的特殊才能，则不受年龄的限制。'所以，本郡才让我来应选。"尚书郎无法反驳。尚书令左雄又诘问说："颜回听到一件事，可知道十件事，但不知孝廉听到一件事，可知道几件事？"徐淑无话可说，于是，被罢黜送回故乡，郡太守也受到牵连而被免官。

袁宏评论说：计划一件事情，建立一项制度，用来治理天下，作为事物必须遵循的准则，一定要可以实施才行。古代所说的四十岁而做官，不是说一定要四十岁才可以开始做官，只不过认为当官年龄应在强盛之年，所以举出一个大的年龄界限，作为标志而已。况且，颜回、子奇，隔许多代才能出一个，而要把他当作标准，岂不失之太偏？

然而，左雄公正精明，能洞察人情真伪，坚决地推行自己的主张。不久，胡广出任济阴郡太守，他与其他郡的太守共十余人，都因为受到荐举不实的指控，或被免职，或被贬黜。在被荐举的孝廉中，仅有汝南郡人陈蕃、颍川郡人李膺、下邳国人陈球等三十余人被任命为郎中。从此以后，州牧和郡太守深怀戒惧，不敢轻率举荐孝廉。直到永嘉年间，举荐和选拔孝廉，始终清廉公正，为朝廷录用了不少人才。

8 闰月庚子（二十八日），安帝陵园恭陵寝殿百丈走廊发生火灾。

9 顺帝听说北海国人郎颛精通阴阳之学。

汉顺帝阳嘉二年（癸酉，公元 133 年）

1 春季，正月，顺帝下诏，命公车征召郎颛，询问有关天象变异之事。郎颛上书说："三公在天上，象征着天之台阶；在人世间，和帝王同等重要，政治离开正道，则寒阴和时节相反。现在身居朝廷显职的人，只知争相请托，谋求高位虚名，享受丰厚的俸禄，却不知忧国忧民。他们整日养尊处优，无所事事，甚至佯装卧病在床，贪图安逸，

被策文,得赐钱,即复起矣,何疾之易而愈之速!以此消伏灾眚,兴致升平,其可得乎!今选牧、守,委任三府;长吏不良,既咎州、郡,州、郡有失,岂得不归责举者!而陛下崇之弥优,自下慢事愈甚,所谓'大网疏,小网数'。三公非臣之仇,臣非狂夫之作,所以发愤忘食,恳恳不已者,诚念朝廷,欲致兴平。臣书不择言,死不敢恨!"因条便宜七事:"一,园陵火灾,宜念百姓之劳,罢缮修之役。二,立春以后阴寒失节,宜采纳良臣,以助圣化。三,今年少阳之岁,春当旱,夏必有水,宜遵前典,惟节惟约。四,去年八月,荧惑出入轩辕,宜简出宫女,恣其姻嫁。五,去年闰十月,有白气从西方天苑趋参左足,入玉井,恐立秋以后,将有羌寇畔戾之患,宜豫告诸郡,严为备御。六,今月十四日乙卯,白虹贯日,宜令中外官司,并须立秋然后考事。七,汉兴以来三百三十九岁,于时三期,宜大蠲法令,有所变更。王者随天,譬犹自春徂夏,改青服绛也。自文帝省刑,适三百年,而轻微之禁,渐已殷积。王者之法,譬犹江、河,当使易避而难犯也。"

二月,颙复上书荐黄琼、李固,以为宜加擢用。又言:"自冬涉春,讫无嘉泽,数有西风,反逆时节,朝廷劳心,广为祷祈,荐祭山川,暴龙移市。臣闻皇天感物,不为伪动。灾变应人,要在责己。若令雨可请降,水可攘止,则岁无隔并,太平可待。然而灾害不息者,患不在此也!"书奏,特拜郎中;辞病不就。

可是，一旦接到封官授爵的策书，能得到皇帝的赐钱时，则会重新从病床上爬起来，什么病都没有了，患病为何那么容易，而痊愈又何其迅速！采取这种态度，想要消除灾难，建立太平盛世，怎么能够做到？现在举荐州牧和郡太守，全都委托三公负责。既然州郡属吏不能称职，就责备州牧和郡太守，那么州牧和郡太守有过失，又为何不去责备举荐他们的人？而陛下反而更加优待他们，这就使他们怠慢政事的劣习愈演愈烈，正如俗语所说：'大网疏，小网数。'三公不是我的仇人，我也不是疯子在这里发狂，所以发愤忘食，恳切陈辞的原因，只不过想到朝廷渴望达到太平盛世的苦心。我笔下放肆，即令被杀，死而无恨！"于是，向朝廷提出七项建议："一，皇帝坟墓园陵失火，应该体恤老百姓的劳苦，停止修缮的差役。二，立春以后气候阴寒，不合时节，应该选择良臣，辅佐圣王教化。三，今年是少阳之年，春季当有旱灾，夏季必有水患，应该遵照以前的典章制度，厉行节约。四，去年八月，火星出入轩辕星座，应该挑选合乎释放条件的宫女出宫，准许她们自由婚嫁。五，去年闰十月，有白色的云气从西方天苑星座向着参宿的左足移动，进入玉井星座，恐怕立秋以后，将有西羌进犯和反叛，应该事先通知有关各郡，严加守备防御。六，本月十四日乙卯，白色的虹穿过太阳，应该下令朝廷和地方官府，一律必须等到立秋以后，再审理诉讼。七，汉朝建立以来，迄今三百三十九年，已经超过了三个周期，应该大幅度删除修改法令，有所变更。圣明的君王应该顺应天心，犹如由春入夏，脱去青色衣服，改穿绛色衣服。自从文帝减轻刑罚，已三百年，然而那些微小的禁令，已渐渐积少成多。圣明君王的法令，犹如长江和黄河，应该使百姓容易避开，而难于冒犯。"

二月，郎𫖮再次上书举荐黄琼、李固，认为朝廷应对他们二人加以擢用。又说："自去冬到今春，一直没有降雨，并且多次刮西风，和时节恰恰相反，朝廷忧虑，到处祈祷，祭祀山川，在烈日之下，舞龙过市，祈求上天降雨。我曾经听说，皇天虽然爱护万物，但决不会为虚伪的祈求所感动。灾异是针对人世而降的，最重要的在于责备自己。如果人们一祈求天就降雨，或者一祭祀就没有水灾，岂不是年年丰收，太平可以坐等得到。然而，灾害所以不能停息，是由于病源并不在这里！"奏书呈上后，顺帝拜授郎𫖮为郎中，郎𫖮称病，不肯就职。

2　三月，使匈奴中郎将赵稠遣从事将南匈奴兵出塞击鲜卑，破之。

3　初，帝之立也，乳母宋娥与其谋，帝封娥为山阳君，又封执金吾梁商子冀为襄邑侯。尚书令左雄上封事曰："高帝约，非刘氏不王，非有功不侯。孝安皇帝封江京、王圣等，遂致地震之异。永建二年封阴谋之功，又有日食之变。数术之士，咸归咎于封爵。今青州饥虚，盗贼未息，诚不宜追录小恩，亏失大典。"诏不听。

雄复谏曰："臣闻人君莫不好忠正而恶谗谀，然而历世之患，莫不以忠正得罪，谗谀蒙幸者，盖听忠难，从谀易也。夫刑罪，人情之所甚恶，贵宠，人情之所甚欲，是以时俗为忠者少而习谀者多。故令人主数闻其美，稀知其过，迷而不悟，以至于危亡。臣伏见诏书，顾念阿母旧德宿恩，欲特加显赏。按尚书故事，无乳母爵邑之制，唯先帝时阿母王圣为野王君，圣造生谗贼废立之祸，生为天下所咀嚼，死为海内所欢快。桀、纣贵为天子，而庸仆羞与为比者，以其无义也；夷、齐贱为匹夫，而王侯争与为伍者，以其有德也。今阿母躬蹈俭约，以身率下，群僚蒸庶，莫不向风；而与王圣并同爵号，惧违本操，失其常愿。臣愚以为凡人之心，理不相远，其所不安，古今一也。百姓深惩王圣倾覆之祸，民萌之命危于累卵，常惧时世复有此类，怵惕之念未离于心，恐惧之言未绝于口。乞如前议，岁以千万给奉阿母，内足以尽恩爱之欢，外可不为吏民所怪。梁冀之封，事非机急，宜过灾厄之运，然后平议可否。"于是冀父商让还冀封，书十馀上，帝乃从之。

2　三月,使匈奴中郎将赵稠派从事率南匈奴军队出塞攻击鲜卑部落,将其击破。

3　当初,顺帝被拥立为皇帝,乳母宋娥曾参与密谋,顺帝便封宋娥为山阳君,另外,又封执金吾梁商的儿子梁冀为襄邑侯。尚书令左雄上密封奏章说:"高帝曾经约定,非姓刘的不封王,非有功的不封侯。安帝封江京、王圣等人,于是招致发生地震的灾异。永建二年赐封参与密谋的功臣,又有日食的灾变。天文、历法和占卜之士,都把这些灾害的原因,归罪于封爵。而今,青州正发生饥馑,盗贼还没有平息,陛下不应该顾念个人之间的小恩小惠,使朝廷大典受到伤害。"顺帝下诏,不予听从。

左雄再次进谏说:"我曾听说,虽然没有一个君主不喜爱忠良正直,而厌恶阿谀谄媚,然而历代的忧患,无不是由于忠良正直的获罪,而阿谀谄媚的受宠,这大概是因为听忠言难,听阿谀奉承的话容易的缘故。犯罪服刑,甚为人心所厌恶;而富贵荣宠,甚为人心所喜好,所以,时俗风气都是做忠良正直的人少,习惯阿谀谄媚的人多。因此,让君主经常听到的都是为他歌功颂德的话,而批评他的过错的话却很难听到,君主执迷不悟,最终危亡。我拜读诏书,陛下眷念乳母宋娥过去的恩德,要特别加以重赏。但是,根据尚书台所掌握的成例,从来没有乳母封爵食邑的先例,只有先帝曾封乳母王圣为野王君,而王圣却造谣陷害,酿成罢黜皇太子的大祸,她在世时,遭到天下人的诅咒,身死之后,天下人无不拍手称快。桀、纣虽然贵为天子,可是,连奴仆都羞与为伍,是因为他们暴虐无道;伯夷和叔齐,都不过是卑贱小民,而王侯都争着与他们同列,是因为他们有崇高的品德。而今,乳母宋娥亲身实行节俭,以身作则,朝廷文武百官和全国百姓,无不闻风仰慕;而竟然和王圣一样,封爵赐号,恐怕违背她本人的节操,不是她的夙愿。我认为,凡是人的想法,按理都不会相差很远,感到于心不安的,古今是一样的。百姓对于王圣颠覆国家的祸害,记忆犹深,人民的性命,危如累卵,一直恐怕历史重演,惊恐戒备之心并没有消失,还在经常不断地议论这场大祸。请求陛下采纳我从前的建议,每年供奉乳母一千万钱,对内足以尽恩爱的欢娱,对外也不会遭到吏民的责怪。至于梁冀的封爵,不是那么紧急的事,应该等到朝廷度过这段灾难时期,然后再讨论是否可行。"于是,梁冀的父亲梁商辞退朝廷给梁冀的封爵,前后上书十馀次,顺帝才允许。

夏，四月己亥，京师地震。五月庚子，诏群公、卿士各直言厥咎，仍各举敦朴士一人。左雄复上疏曰："先帝封野王君，汉阳地震，今封山阳君而京城复震，专政在阴，其灾尤大。臣前后瞽言，封爵至重，王者可私人以财，不可以官，宜还阿母之封以塞灾异。今冀已高让，山阳君亦宜崇其本节。"雄言切至，娥亦畏惧辞让。而帝恋恋不能已，卒封之。

是时，大司农刘据以职事被谴，召诣尚书，传呼促步，又加以捶扑。雄上言："九卿位亚三事，班在大臣，行有佩玉之节，动则有庠序之仪。孝明皇帝始有扑罚，皆非古典。"帝纳之，是后九卿无复捶扑者。

4　戊午，司空王龚免。六月辛未，以太常鲁国孔扶为司空。

5　丁丑，雒阳宣德亭地坼，长八十五丈。帝引公卿所举敦朴之士，使之对策，及特问以当世之敝，为政所宜。李固对曰："前孝安皇帝变乱旧典，封爵阿母，因造妖孽，改乱嫡嗣，至今圣躬狼狈，亲遇其艰。既拔自困殆，龙兴即位，天下喁喁，属望风政。积敝之后，易致中兴，诚当沛然，思惟善道，而论者犹云'方今之事，复同于前'。臣伏在草泽，痛心伤臆！实以汉兴以来三百馀年，贤圣相继十有八主，岂无阿乳之恩？岂忘贵爵之宠？然上畏天威，俯案经典，知义不可，故不封也。

夏季,四月己亥(二十九日),京都雒阳发生地震。五月庚子(初一),顺帝下诏,命三公、九卿等朝廷大臣,对朝政直言不讳地提出批评,并各向朝廷荐举一名敦厚和朴实的官吏。左雄又上书说:"先帝封王圣为野王君,汉阳郡发生地震,而今,陛下封宋娥为山阳君,而京都洛阳又发生地震,女人握权,灾难尤其严重。我前后说了许多犹如瞎子一样的妄言,只是为了提醒陛下注意,封爵是一件至关重要的事情,帝王可以因私情赏人钱财,不可以因私情赏人官爵,应该让乳母宋娥归还封爵,用以堵塞灾异。而令,梁冀已经让还封爵,对山阳君,也应该尊重她本人的节操。"由于左雄措辞至为激烈恳切,宋娥也很畏惧,表示辞让。可是,顺帝仍眷恋不已,终于赐封。

这时,大司农刘据,因职事受到谴责。他应召到尚书台,被人大声吆喝催促快走,接着又用棍棒和鞭子殴打。左雄上书说:"九卿的地位,仅次于三公,在大臣行列中,行有佩玉的礼节,举止有学校的礼仪。明帝时,才开始用鞭子笞打朝廷大臣,但都不是古代的制度。"顺帝采纳,从此,九卿没有人再受到棍棒和鞭子的殴打。

4 戊午(十九日),司空王龚被免官。六月辛未(初二),擢升太常、鲁国人孔扶为司空。

5 丁丑(初八),京都雒阳的宣德亭,发生地裂,长八十五丈。于是,顺帝召集三公九卿荐举的敦厚和朴实人士,让他们商议对策,并对当代的弊病进行批评,对应该如何为政,提出建议。李固回答说:"从前,安帝破坏传统的典章制度,赐给乳母王圣封爵,因而使王圣得以兴风作浪,竟至改变皇太子的继承地位,以致使陛下陷于危境,亲遇艰险。现在,陛下既已摆脱困境,高升帝位,天下人民,抬头张口,渴望善政。政治腐败到了极点之后,反而容易成就中兴大业,诚然应该放宽胸襟,谋求实行善政。可是,人们还是议论说'现在的事,仍是跟从前一个样'。我虽身居草泽民间,也是痛彻心肝!自从汉王朝建立,迄今已有三百馀年,圣贤世代相继,共有十八位帝王,有哪一位帝王没有乳母的恩情?难道都不知道给乳母尊贵的封爵?只是因为畏惧上天的威严,又考查经典,知道在大义上不许可这样做,所以才没有赐给乳母封爵。

今宋阿母虽有大功、勤谨之德，但加赏赐，足以酬其劳苦。至于裂土开国，实乖旧典。闻阿母体性谦虚，必有逊让，陛下宜许其辞国之高，使成万安之福。夫妃、后之家所以少完全者，岂天性当然？但以爵位尊显，颛总权柄，天道恶盈，不知自损，故致颠仆。先帝宠遇阎氏，位号太疾，故其受祸曾不旋时，《老子》曰：'其进锐者其退速也。'今梁氏戚为椒房，礼所不臣，尊以高爵，尚可然也，而子弟群从，荣显兼加，永平、建初故事，殆不如此。宜令步兵校尉冀及诸侍中还居黄门之官，使权去外戚，政归国家，岂不休乎！又，诏书所以禁侍中、尚书、中臣子弟不得为吏、察孝廉者，以其秉威权，容请托故也。而中常侍在日月之侧，声势振天下，子弟禄任，曾无限极，虽外托谦默，不干州郡，而谄伪之徒，望风进举。今可为设常禁，同之中臣。昔馆陶公主为子求郎，明帝不许，赐钱千万，所以轻厚赐，重薄位者，为官人失才，害及百姓也。窃闻长水司马武宣、开阳城门候羊迪等，无他功德，初拜便真，此虽小失而渐坏旧章。先圣法度，所宜坚守，故政教一跌，百年不复，

现在,宋乳母虽有大功,而又有勤劳谨慎的大德,只要加以赏赐,就足够报答她的劳苦。如果分割土地,建立封国,的确是违背汉朝的传统制度。听说宋乳母秉性谦虚,对于赐给她封爵,定会辞让,陛下应该成全她辞让封国的高贵品德,也使她能享受万全之福。皇后、妃妾的家族很少能够保全的原因,难道是因为他们天性自然邪恶?只不过是因为封爵太尊,官位太高,又总揽权柄,天道厌恶满盈,而他们却不知道自我克制,所以导致衰败。先帝宠爱阎皇后及其家属,封爵和官位赏赐得太快,所以不久就遭受大祸,诚如《老子》所说:'凡是前进太快的,后退也一定很快。'现在,梁商的女儿身为皇后,按照《礼经》所说,天子不把妻子的父母当作臣属,所以,对梁商本人尊之以高爵,还可以说得过去,然而,对梁商的儿子和侄儿们,也都一个个授以显位,封以高爵,这种现象,在明帝永平年间和章帝建初年间,几乎是不可能的。所以,陛下应该命步兵校尉梁冀,以及梁氏家族中担任侍中的人,仍退回到原来所居的黄门之官,使权力从外戚手里归还国家,岂不是一项美政?再说,诏书之所以禁止侍中、尚书以及宫廷中其他官吏的子弟不能做吏,不得被州郡官府举荐为孝廉,是因为他们手中把持着威势和权力,可以私相请托的缘故。而中常侍成天在皇帝和皇后身边,其声名和威势可以震动天下,他们的子弟享受俸禄担任官职,都没有限度,即令他们表面上保持谦让和沉默,也没有去干预州郡官府,但实际上,州郡官府中的谄媚之徒,仍会望风举荐他们的子弟。因此,从现在起,也应该为他们设立固定的禁令,也应该和宫廷中其他官吏的子弟同样。过去,馆陶公主请求朝廷任命她的儿子为郎,明帝没有答应,仅赏给她钱一千万,明帝之所以不在乎巨额赏赐,而在乎小小官位,是因为如果任命官吏失才,将会危害百姓。我又听说,长水司马武宣、开阳城门候羊迪等,没有特殊的功劳和品德,刚一任命,没有经过试守一年,便直接担任官职,这虽然只是小的失误,但却逐渐破坏了过去的规章。先朝圣王制定的法令制度,后代君主应该坚决遵守,无论政事或教化,一旦遭到破坏,一百年都难恢复,

《诗》云:'上帝板板,下民卒瘅。'刺周王变祖法度,故使下民将尽病也。今陛下之有尚书,犹天之有北斗也。斗为天喉舌,尚书亦为陛下喉舌。斗斟酌元气,运乎四时;尚书出纳王命,赋政四海,权尊势重,责之所归,若不平心,灾眚必至,诚宜审择其人,以毗圣政。今与陛下共天下者,外则公、卿、尚书,内则常侍、黄门,譬犹一门之内,一家之事,安则共其福庆,危则通其祸败。刺史、二千石,外统职事,内受法则。夫表曲者景必邪,源清者流必洁,犹叩树本,百枝皆动也。由此言之,本朝号令,岂可蹉跌!天下之纪纲,当今之急务也。夫人君之有政,犹水之有堤防;堤防完全,虽遭雨水霖潦,不能为变;政教一立,暂遭凶年,不足为忧。诚令堤防穿漏,万夫同力,不能复救;政教一坏,贤智驰骛,不能复还。今堤防虽坚,渐有孔穴。譬之一人之身,本朝者,心腹也,州、郡者,四支也,心腹痛则四支不举。故臣之所忧,在腹心之疾,非四支之患也。苟坚堤防,务政教,先安心腹,整理本朝,虽有寇贼、水旱之变,不足介意也;诚令堤防坏漏,心腹有疾,虽无水旱之灾,天下固可以忧矣。又宜罢退宦官,去其权重,裁置常侍二人,方直有德者省事左右;小黄门五人,才智闲雅者给事殿中。如此,则论者厌塞,升平可致也!"

扶风功曹马融对曰:"今科条品制,四时禁令,所以承天顺民者,备矣,悉矣,不可加矣。然而天犹有不平之效,民犹有咨嗟之怨者,百姓屡闻恩泽之声而未见惠和之实也。古之足民者,非

《诗经》说:'君主反反复复,百姓尽受劳苦。'用以讽刺周厉王擅自改变祖宗的法令制度,使下民都深受其害。而今,陛下有尚书,就像上天有北斗。北斗是上天的喉舌,尚书也是陛下的喉舌。北斗掌握元气,运行四时;尚书接受天下奏章,传达君王诏命,将政令颁布到全国,权力至大,威势至重,责任至巨,如果尚书不公平正直,灾难一定降临,的确应该审慎加以选任,使尚书能辅佐君王,推行善政。而今和陛下共同治理天下的官吏,在朝廷,则有三公、九卿、诸位尚书,在宫廷,则有常侍、黄门,犹如一个大门之内的一家之事,平安时大家共同享福,危亡时大家共同遭殃。州刺史和郡太守、诸侯王相,对外代表朝廷统管职事,对内受朝廷法制的约束。如果立的标杆不正,则测出的日影必然歪斜,水源清洁的,水流也必然清洁,犹如一敲击树根,整个树的枝叶都会摇动。这样说来,朝廷号令,岂能失误? 维护治理天下的法令和制度,是当今最迫切的任务。君王管理妥善,犹如河川之有堤防;堤防完整,虽遭连绵大雨和水涝,也不会成灾;政事和教化一经确立,即令暂时遇到荒年,也不必忧虑。如果让堤防穿孔,虽万人同心协力,也无法再挽救;政事和教化一旦遭到破坏,即令贤人智者上下奔走,也不能重新恢复。现在,堤防虽然坚固,但已渐渐有了孔穴。犹如一个人的身体,朝廷是心腹,州、郡是四肢,心腹发生病痛,则四肢不能举动。所以,我所忧虑的,在于心腹的疾患,不是四肢的毛病。如能巩固堤防,致力于政事和教化,先安定心腹,整顿朝廷,虽有盗匪寇贼,水灾旱灾,也不足以放在心上;如果堤防被破坏,心腹有病,尽管没有水旱灾害,但国家前途却实在令人担忧了。还有,应该罢黜宦官,削减他们的权力,仅保留品德方正的常侍二人,在左右听候驱使;再保留有才智和高雅的小黄门五人,在宫中供职。如此,批评自会停止,天下太平就会达到!"

右扶风功曹马融回答说:"现在,各种法令条规,以及四时的禁令,凡是可以承受天命顺应民心的,都已具备,而且很完整,不能再有增添。可是,上天仍然有认为不公平的反应,百姓仍然嗟叹抱怨,原因在于百姓虽多次听到朝廷要施行善政的声音,却没有见到善政的实惠。上古所谓使人民富裕,并不是

能家赡而人足之,量其财用,为之制度。故嫁娶之礼俭,则婚者以时矣;丧祭之礼约,则终者掩藏矣;不夺其时,则农夫利矣。夫妻子以累其心,产业以重其志,舍此而为非者,有必不多矣!"

太史令南阳张衡对曰:"自初举孝廉,迄今二百岁矣,皆先孝行,行有馀力,始学文法。辛卯诏书,以能章句、奏案为限。虽有至孝,犹不应科,此弃本而取末。曾子长于孝,然实鲁钝,文学不若游、夏,政事不若冉、季。今欲使一人兼之,苟外有可观,内必有阙,则违选举孝廉之志矣。且郡国守相,剖符宁境,为国大臣,一旦免黜十有馀人,吏民罢于送迎之役,新故交际,公私放滥。或临政为百姓所便而以小过免之,是为夺民父母使嗟号也。《易》不远复,《论》不惮改,朋友交接且不宿过,况于帝王,承天理物,以天下为公者乎!中间以来,妖星见于上,震裂著于下,天诫详矣,可为寒心!明者销祸于未萌,今既见矣,修政恐惧,则祸转为福矣。"

上览众对,以李固为第一,即时出阿母还舍,诸常侍悉叩头谢罪,朝廷肃然。以固为议郎。而阿母、宦者皆疾之,诈为飞章以陷其罪。事从中下,大司农南郡黄尚等请之于梁商,仆射黄琼复救明其事。久乃得释,出为洛令,固弃官归汉中。融博通经籍,美文辞,对奏,亦拜议郎。衡善属文,通贯六艺,虽才高于世,而无骄尚之情。善机巧,尤致思于天文、阴阳、历算,作浑天仪,著《灵宪》。性恬憺,不慕当世;所居之官辄积年不徙。

能做到家给人足，而只是酌量财富的多少，制定适当的用度。所以，出嫁和娶妻的礼节都很节俭，则男女可以及时婚配；丧葬和祭奠的礼节简单，则死者可以及时掩埋；只要不误农时，农夫就能取得好的收成。既有妻子儿女的牵挂，又有家庭财产的顾虑，抛弃这些而去为非作歹的人，即使还有，也不会很多了！"

太史令、南阳郡人张衡回答说："自从创立荐举孝廉制度，迄今已有二百年之久，都是优先修养孝行，有了孝行，仍有馀力，才开始学习法令条文。而陛下颁布的辛卯诏书，却限于能读懂经书的章节和句子，会写上奏皇帝的表章。虽有大孝，还是不能应选，这是弃本逐末的办法。曾参对父母至孝，然而，实在迟钝笨拙，论文学不如言偃、卜商，论政事不如冉有、仲由。现在想使一个人兼备这些本领，纵然外表可观，内在必有欠缺，这就违背选举孝廉的本意了。而且，郡太守和诸侯王宰相，接受朝廷的任命，负责维护所辖境内的安宁，是国家的大臣，却一下子被罢黜了十馀人，官吏和人民都疲于送往迎来的差役，新旧交接时，公费私费都没有节制。有些人本来治理得不错，深得百姓的好感，却因一点小过将其免职，这是强夺人民的父母使他们哀叹。《周易》上说：不要走得太远才回头，《论语》上也说：有错不要害怕改正，连朋友之间相交，都不应该包庇过失错误，何况帝王承受天命，治理万物，以天下为公！今年上半年以来，天上出现妖星，地下发生地震，上天的警告，已经非常明显，令人寒心！聪明的人当灾祸还没有萌芽时便把它消灭。而今灾祸已经出现，应该心怀恐惧地整顿朝政，才会转祸为福。"

顺帝看了大家的对策，以李固为第一名，并立即命乳母宋娥搬出皇宫，回到她自己的私舍，各位中常侍都向皇帝叩头，请求恕罪，朝廷一片肃然。于是，任命李固为议郎。然而，乳母宋娥和宦官都非常痛恨李固，于是伪造匿名黑信，罗织罪状，诬陷李固。顺帝下令查办李固，诏书没有经过尚书台，而直接下达，大司农、南郡人黄尚等请求梁商出面营救，尚书仆射黄琼又上书辩明事实真相。过了很久，李固才被释放，调离朝廷担任洛县县令，李固辞官，回到故乡汉中。马融博学，精通儒家经书，文辞也很优美，对策后，也被任命为议郎。张衡擅长撰写文章，通晓儒家六经，虽然才华盖世，但毫不骄傲。他善于制作灵巧的装置，更致力于研究天文、阴阳、历法、算术等，曾制造"浑天仪"，著有《灵宪》。张衡性情恬淡，不羡慕世俗所看重的荣华富贵；他担任官职，往往多年也不见升迁。

6　太尉庞参,在三公中最名忠直,数为左右所毁。会所举用忤帝旨,司隶承风案之。时当会茂才、孝廉,参以被奏,称疾不会。广汉上计掾段恭因会上疏曰:"伏见道路行人、农夫、织妇皆曰:'太尉参竭忠尽节,徒以直道不能曲心,孤立群邪之间,自处中伤之地。'夫以谗佞伤毁忠正,此天地之大禁,人臣之至诚也!昔白起赐死,诸侯酌酒相贺;季子来归,鲁人喜其纾难。夫国以贤治,君以忠安。今天下咸欣陛下有此忠贤,愿卒宠任以安社稷。"书奏,诏即遣小黄门视参疾,太医致羊酒。后参夫人疾前妻子,投于井而杀之;雒阳令祝良奏参罪。秋,七月己未,参竟以灾异免。

7　八月己巳,以大鸿胪施延为太尉。

8　鲜卑寇马城,代郡太守击之,不克。顷之,其至鞬死。鲜卑由是抄盗差稀。

6 太尉庞参,在三公之中声名最为忠直,曾多次遭到皇帝左右的诋毁。正好庞参举用的人违背了顺帝的旨意,于是司隶校尉受人指使,对庞参进行弹劾。这时,正当朝廷会见茂才和孝廉,庞参因遭到弹劾,于是声称有病,没有出席。广汉郡上计掾段恭因为与会,得知此事,上书说:"我听到道路上的行人、农夫、织妇都说:'太尉庞参竭尽忠节,只因为他奉行正直之道,不肯委曲己意去奉承别人,因而得罪了奸佞之徒,使自己陷于孤立,处于被中伤的境地。'奸佞陷害忠良,这是天地间最大的禁忌,君主最重要的戒律!过去,白起被逼自杀,各国的国君饮酒祝贺;姬友来归附,鲁国人庆祝他来拯救国难。国家任用贤能,才可治理,君王依靠忠良,才会安全。而今,天下之人都庆幸陛下有庞参这样忠良和贤能的辅佐,希望陛下最终还是宠信他,以此来安定国家。"奏章呈上后,顺帝下诏,立即派遣小黄门代表皇帝问候庞参的病情,并派御医诊治,赏赐羔羊美酒。后来,因庞参的后妻忌妒前妻的儿子,将其投入井中加以谋杀,于是洛阳县令祝良将此事上奏,弹劾庞参有罪。秋季,七月己未(二十日),庞参终以天降灾异而被免官。

7 八月己巳(初一),擢升大鸿胪施延为太尉。

8 鲜卑进犯马城,代郡太守率军讨伐,未能取胜。不久,鲜卑首领其至鞬去世。从此以后,鲜卑对内地的抢劫和骚扰较以前减少。

卷第五十二　汉纪四十四

起甲戌(134)尽乙酉(145)凡十二年

孝顺皇帝下

阳嘉三年(甲戌,134)

1　夏,四月,车师后部司马率后王加特奴掩击北匈奴于阗吾陆谷,大破之,获单于母。

2　五月戊戌,诏以春夏连旱,赦天下。上亲自露坐德阳殿东厢请雨。以尚书周举才学优深,特加策问。举对曰:"臣闻阴阳闭隔,则二气否塞。陛下废文帝、光武之法,而循亡秦奢侈之欲,内积怨女,外有旷夫。自枯旱以来,弥历年岁,未闻陛下改过之效,徒劳至尊暴露风尘,诚无益也。陛下但务其华,不寻其实,犹缘木希鱼,却行求前。诚宜推信革政,崇道变惑,出后宫不御之女,除太官重膳之费。《易传》曰:'阳感天不旋日。'惟陛下留神裁察!"帝复召举面问得失,举对以"宜慎官人,去贪污,远佞邪。"帝曰:"官贪污、佞邪者为谁乎?"对曰:"臣从下州超备机密,不足以别群臣。然公卿大臣数有直言者,忠贞也;阿谀苟容者,佞邪也。"

孝顺皇帝下
汉顺帝阳嘉三年(甲戌,公元 134 年)

1　夏季,四月,汉朝驻车师后王国的车师后部司马,率领后王国国王加特奴,在阊吾陆谷向北匈奴发动突然袭击,大破北匈奴,俘虏了单于的母亲。

2　五月戊戌(初四),顺帝下诏,因春季和夏季连续大旱,大赦天下。顺帝亲到德阳殿东厢庭院中,露天而坐,祈求上天降雨。因尚书周举才学兼优,顺帝特地就此征询他的意见。周举回答说:"我曾经听说,阴阳闭隔,则二气一定闭塞不通。陛下废弃文帝、光武帝所建立的朴素节俭传统,而因袭促使秦朝灭亡的奢侈欲望,使宫廷内增加了许多怨恨的美女,而宫廷外却增加了许多已到婚龄而不得婚配的男子。自从发生大旱以来,整整过去一年了,而没有听说陛下有改过的表现,徒劳您以至尊之体露坐风尘,实在无益,陛下只是在问题的表面上下功夫,不去寻找它的实质所在,犹如缘木求鱼,也好比向后倒退却想前进一样,于事无补。应该诚心诚意地革除弊政,遵守先王制定的规章制度,改变目前奢侈腐化的混乱局面,释放后宫中未曾召幸过的美女,除去御膳房制作奢侈菜肴的费用。《易传》上说:'天子为善一日,上天立刻以善来回报。'请陛下留意裁夺!"顺帝再次召见周举,当面询问朝政上的得失,周举回答说:"应该慎重地任命官吏,铲除贪污,疏远奸佞。"顺帝又问:"谁是贪官污吏? 谁是奸佞之臣?"周举回答说:"我从下面的州刺史府,被擢升到掌管朝廷机密的尚书台,还没有能力辨别文武百官。然而,在三公、九卿等朝廷大臣中,凡是多次敢于直言不讳地批评朝政的,是忠贞之臣;只会阿谀奉承和随声附和的,则是奸佞之臣。"

太史令张衡亦上疏言:"前年京师地震土裂,裂者,威分;震者,民扰也。窃惧圣思厌倦,制不专己,恩不忍割,与众共威。威不可分,德不可共。愿陛下思惟所以稽古率旧,勿使刑德八柄不由天子,然后神望允塞,灾消不至矣!"

衡又以中兴之后,儒者争学《图》、《纬》,上疏言:"《春秋元命包》有公输班与墨翟,事见战国;又言别有益州,益州之置在于汉世。又刘向父子领校秘书,阅定九流,亦无《谶录》。则知《图谶》成于哀、平之际,皆虚伪之徒以要世取资,欺罔较然,莫之纠禁。且律历、卦候、九宫、风角,数有征效,世莫肯学,而竞称不占之书,譬犹画工恶图犬马而好作鬼魅,诚以实事难形而虚伪不穷也!宜收藏《图谶》,一禁绝之,则朱紫无所眩,典籍无瑕玷矣!"

3 秋,七月,锺羌良封等复寇陇西、汉阳。诏拜前校尉马贤为谒者,镇抚诸种。冬,十月,护羌校尉马续遣兵击良封,破之。

4 十一月壬寅,司徒刘崎、司空孔扶免,用周举之言也。乙巳,以大司农黄尚为司徒,光禄勋河东王卓为司空。

5 耿贵人数为耿氏请,帝乃绍封耿宝子箕为牟平侯。

太史令张衡也上书说:"前年,京都洛阳发生地震,大地崩裂。土地崩裂象征着权力分割;地震象征着人民受到惊扰。我深恐陛下厌倦处理政务,有些政事,自己不作裁决,或者不忍心处罚宠爱的人,导致与众人共享威权。然而,威权是不可分割的,恩德也是不可共有的。但愿陛下考虑古代君主所制定的规章,千万不要使刑、德八种权柄,脱离帝王之手,然后,神圣的威严,获得充实,灾异消失,不再来临!"

张衡还认为,东汉王朝建立以来,儒家学派的学者争相学习《图》《纬》这种神秘的预言书,因此他上书说:"《春秋元命包》一书中,载有公输般和墨翟,他俩的事都发生在战国时期;又提到别有益州,而益州的设置,是在汉代。并且,刘向、刘歆父子主管皇家图书馆,校订群书,核定九家学派学说时,也没有发现《谶录》这部书。由此可以推断,《图谶》成书于哀帝、平帝之际,都是虚妄之徒用来欺世盗名和骗取钱财的玩意,欺骗的意图非常明显,但朝廷却没有加以禁止。况且,律历、卦候、九宫、风角所作的预测,曾不断应验,世人不肯学习,却争相称赞荒诞无稽、而又绝对不会应验的神秘预言,正犹如画工厌恶画狗画马,却喜好画鬼怪,因为实实在在的事物很难画好,而虚无缥缈的东西,可以信笔乱画!因此,对于《图谶》这种神秘的预言书,朝廷应该加以收缴,一律禁绝,这样,朱色和紫色才不会混淆,圣人典籍也不致受到玷污!"

3　秋季,七月,钟羌首领良封等再次进犯陇西郡和汉阳郡。顺帝下诏,任命前任护羌校尉马贤为谒者,负责镇压和安抚诸种羌人。冬季,十月。护羌校尉马续派兵进击良封,将其击破。

4　十一月壬寅(十一日),司徒刘崎和司空孔扶,均被免职,这是由于顺帝采纳周举谏言的结果。乙巳(十四日),擢升大司农黄尚为司徒,光禄勋、河东郡人王卓为司空。

5　因耿贵人多次为她的娘家向顺帝说情,于是,顺帝封耿宝的儿子耿箕继承其父为牟平侯。

四年(乙亥,135)

1 春,北匈奴呼衍王侵车师后部。帝令敦煌太守发兵救之,不利。

2 二月丙子,初听中官得以养子袭爵。初,帝之复位,宦官之力也,由是有宠,参与政事。御史张纲上书曰:"窃寻文、明二帝,德化尤盛,中官常侍,不过两人,近幸赏赐,裁满数金,惜费重民,故家给人足。而顷者以来,无功小人,皆有官爵,非爱民重器、承天顺道者也。"书奏,不省。纲,皓之子也。

3 旱。

4 谒者马贤击锺羌,大破之。

5 夏,四月甲子,太尉施延免。戊寅,以执金吾梁商为大将军,故太尉庞参为太尉。

商称疾不起且一年。帝使太常桓焉奉策就第即拜,商乃诣阙受命。商少通经传,谦恭好士,辟汉阳巨览、上党陈龟为掾属,李固为从事中郎,杨伦为长史。

李固以商柔和自守,不能有所整裁,乃奏记于商曰:"数年以来,灾怪屡见。孔子曰:'智者见变思形,愚者睹怪讳名。'天道无亲,可为祇畏。诚令王纲一整,道行忠立,明公踵伯成之高,全不朽之誉,岂与此外戚凡辈耽荣好位者同日而论哉!"商不能用。

6 秋,闰八月丁亥朔,日有食之。

7 冬,十月,乌桓寇云中。度辽将军耿晔追击,不利。十一月,乌桓围晔于兰池城,发兵数千人救之,乌桓乃退。

汉顺帝阳嘉四年(乙亥,公元 135 年)

1　春季,北匈奴呼衍王侵犯车师后王国。顺帝命敦煌太守发兵救援,战事不利。

2　二月丙子(十六日),首次允许宦官以养子继承爵位。当初,顺帝之所以能够恢复帝位,是靠宦官的力量,因此,宦官得到皇帝的宠信,参与朝廷的政事。御史张纲上书说:"据我考察,文帝和明帝,德行教化,最有成就,而当时的中常侍,不过二人,赏赐宠爱的亲近,黄金不过数斤,珍惜经费,关心人民,所以,百姓家家富足。可是,近几年来,没有功劳的小人,都得到官禄爵位,这不是爱护人民、重视国家、顺应天道的办法。"奏章呈上后,顺帝不理。张纲,即张皓的儿子。

3　发生旱灾。

4　谒者马贤进击并大破锺羌种人。

5　夏季,四月甲子(初五),太尉施延被免官。戊寅(十九日),擢升执金吾梁商为大将军,任命前任太尉庞参为太尉。

梁商称病,坚决辞让,僵持了将近一年。于是,顺帝命太常桓焉,捧着任命策书到梁商家中,要拜授他为大将军,梁商这才到皇宫接受任命。梁商自幼通晓儒家的经传,谦虚恭敬,喜爱人才,曾延聘汉阳郡人巨览、上党郡人陈龟为掾属,李固为从事中郎,杨伦为长史。

李固因梁商为人柔弱温和,能守住自己,但没有能力整顿法纪,于是,向梁商上书说:"连年以来,灾变怪异,不断出现。孔子说:'聪明的人,见到灾变,应该考虑它形成的原因;愚蠢的人,见到怪异,却假装没有看见。'正因为天道不论亲疏,所以,可敬可畏。如果能够整顿朝廷纲纪,推行正道,选立忠良,则您就能继伯成之后,建立崇高的功业,成全永垂不朽的荣誉,那些沉湎于荣华富贵,追求高位的一般外戚,怎能与你同日而语!"但是,梁商不能采用。

6　秋季,闰八月丁亥朔(初一),出现日食。

7　冬季,十月,乌桓侵犯云中郡。度辽将军耿晔率军追击,不利。十一月,乌桓将耿晔包围在兰池城,东汉朝廷派救兵数千人前去增援,于是,乌桓才解围而去。

8　十二月丙寅,京师地震。

永和元年(丙子,136)

1　春,正月己巳,改元,赦天下。

2　冬,十月丁亥,承福殿火。

3　十一月丙子,太尉庞参罢。

4　十二月,象林蛮夷反。

5　乙巳,以前司空王龚为太尉。

龚疾宦官专权,上书极言其状。诸黄门使客诬奏龚罪;上命龚诟自实。李固奏记于梁商曰:"王公以坚贞之操,横为谗佞所构,众人闻知,莫不叹栗。夫三公尊重,无诣理诉冤之义。纤微感概,辄引分决,是以旧典不有大罪,不至重问。王公卒有他变,则朝廷获害贤之名,群臣无救护之节矣!语曰:'善人在患,饥不及餐。'斯其时也!"商即言之于帝,事乃得释。

6　是岁,以执金吾梁冀为河南尹。冀性嗜酒,逸游自恣,居职多纵暴非法。父商所亲客雒阳令吕放以告商,商以让冀。冀遣人于道刺杀放,而恐商知之,乃推疑放之怨仇,请以放弟禹为雒阳令,使捕之。尽灭其宗、亲、宾客百馀人。

7　武陵太守上书,以蛮夷率服,可比汉人,增其租赋。议者皆以为可。尚书令虞诩曰:"自古圣王,不臣异俗。先帝旧典,

8　十二月丙寅,京都洛阳发生地震。

汉顺帝永和元年(丙子,公元136年)

1　春季,正月己巳(十五日),改年号,大赦天下。

2　冬季,十月丁亥(初七),承福殿发生火灾。

3　十一月丙子(二十七日),太尉庞参被免职。

4　十二月,象林县蛮夷起兵反叛。

5　乙巳(二十六日),任命前任司空王龚为太尉。

王龚痛恨宦官专权,于是向皇帝上书,极力陈述他们的罪状。黄门宦官们便指使所豢养的门客,向朝廷诬告王龚犯罪。顺帝命王龚速往司法部门,亲自讲明真实情况。李固向梁商上书说:"王龚因具有坚贞的节操,无端遭受奸佞的陷害,大家听说这个消息,无不为之叹息恐惧。以三公的尊严地位,没有前往司法部门为自己申辩诉冤的道理。即令他对朝廷稍有不满,则往往让他自杀,所以,按照惯例,除非犯有大逆不道之罪,从不审问三公。假如王龚突然发生其他意外,则朝廷就会蒙受谋害贤能的恶名,文武大臣也将被认为没有营救和保护忠良的气节了!俗话说得好:'好人正处在患难之中,我们即使再饿,也顾不上吃饭。'这正是救人的时候!"于是,梁商立即向顺帝进言,事情才告平息。

6　同年,任命执金吾梁冀为河南尹。梁冀生性喜好饮酒,纵情作乐,为所欲为,居官多有暴虐不法的行为。其父梁商所亲信的门客、雒阳县令吕放,将上述情况报告梁商,梁商因此责备了梁冀。梁冀怀恨在心,竟派人在道路埋伏,刺死了吕放,而他又恐怕被父亲发觉,于是把罪行推到吕放的仇人身上,并请求任命吕放的弟弟吕禹为雒阳县令,让他来逮捕刺杀吕放的凶手。结果,吕禹大肆逮捕,竟将吕放的宗族、亲戚和宾客等一百馀人,全部诛杀。

7　武陵郡太守向朝廷上书,认为武陵郡内的蛮夷,已相继归服了汉朝,可以比照汉人,增加他们的田租和赋税。参加集议的人都认为可行。可是,尚书令虞诩却提出异议说:"自古以来,圣明的君王,对风俗习惯跟我们不同的民族,不当作自己的臣民。先帝已制定了规章,

贡赋多少,所由来久矣。今猥增之,必有怨叛。计其所得,不偿所费,必有后悔。"帝不从。澧中、溇中蛮各争贡布非旧约,遂杀乡吏,举种反。

二年(丁丑,137)

1 春,武陵蛮二万人围充城,八千人寇夷道。

2 二月,广汉属国都尉击破白马羌。

3 帝遣武陵太守李进击叛蛮,破平之。进乃简选良吏,抚循蛮夷,郡境遂安。

4 三月,司空王卓薨。丁丑,以光禄勋郭虔为司空。

5 夏,四月丙申,京师地震。

6 五月癸丑,山阳君宋娥坐构奸诬罔,收印绶,归里舍。黄龙、杨佗、孟叔、李建、张贤、史泛、王道、李元、李刚等九侯坐与宋娥更相赂遗,求高官增邑,并遣就国,减租四分之一。

7 象林蛮区怜等攻县寺,杀长吏。交趾刺史樊演发交趾、九真兵万馀人救之。兵士惮远役,秋,七月,二郡兵反,攻其府。府虽击破反者,而蛮势转盛。

8 冬,十月甲申,上行幸长安。扶风田弱荐同郡法真博通内、外学,隐居不仕,宜就加衮职。帝虚心欲致之,前后四征,终不屈。友人郭正称之曰:"法真名可得闻,身难得而见。逃名而名我随,避名而名我追,可谓百世之师者矣!"真,雄之子也。

明确规定武陵蛮夷应缴纳的赋税额,时间已经很久了。而今滥行增加,必然引起他们的怨恨和反叛,这样计算起来,朝廷所能得到的,肯定抵偿不了所耗费的,定会后悔。"顺帝没有采纳。其后,澧中和溇中蛮族百姓,都因所征收的贡布不是原来规定的数量而发生争执,于是杀掉征收赋税的乡吏,全族起兵反叛。

汉顺帝永和二年(丁丑,公元 137 年)

1　春季,武陵郡蛮族两万人包围充城,八千人攻打夷道。

2　二月,广汉属国都尉击破白马羌。

3　顺帝派武陵郡太守李进率军进击反叛的蛮族,将其击破平定。于是,李进选用贤良的官吏,安抚蛮族人民,郡境之内方告安宁。

4　三月,司空王卓去世。丁丑(三十日),擢升光禄勋郭虔为司空。

5　夏季,四月丙申(十九日),京都洛阳发生地震。

6　五月癸丑(初六),山阳君宋娥因勾结奸佞,以不实之辞诬陷他人而坐罪,顺帝下令收缴她的印信,并将她遣送回乡。黄龙、杨佗、孟叔、李建、张贤、史泛、王道、李元、李刚等九侯,因与宋娥互相贿赂,谋求高官和增加食邑,一律遣回他们的封国,减少所享用的封国租税的四分之一。

7　象林郡蛮族首领区怜等攻打所在县的官府,斩杀地方官吏。交趾刺史樊演征发交趾郡和九真郡兵一万馀人,前往救援。由于士兵害怕远征,秋季,七月,两郡士兵反叛,攻打太守府。太守府虽将反叛的士兵击破,然而,蛮族的势力转强。

8　冬季,十月甲申(初十),顺帝巡视长安。扶风人田弱向顺帝推荐同郡人法真,称法真精通儒家的内学和外学,即《七纬》和《六经》,隐居乡里,不肯出来做官,建议就地任命他为三公。顺帝非常虚心地想请到他,曾前后四次征召,法真始终不肯屈从。他的朋友郭正称赞说:"法真,可以听见他的名,却很难见到他这个人。他越是逃避名声,名声越是随着他;越是躲开名声,名声越是追着他,他这个人真可以说是百世之师!"法真,即法雄的儿子。

9　丁卯,京师地震。

10　太尉王龚以中常侍张昉等专弄国权,欲奏诛之。宗亲有以杨震行事谏之者,龚乃止。

11　十二月乙亥,上还自长安。

三年(戊寅,138)

1　春,二月乙亥,京师及金城、陇西地震,二郡山崩。

2　夏,闰四月己酉,京师地震。

3　五月,吴郡丞羊珍反,攻郡府。太守王衡破斩之。

4　侍御史贾昌与州郡并力讨区怜,不克,为所攻围;岁馀,兵谷不继。帝召公卿百官及四府掾属问以方略,皆议遣大将,发荆、扬、兖、豫四万人赴之。李固驳曰:"若荆、扬无事,发之可也。今二州盗贼磐结不散,武陵、南郡蛮夷未辑,长沙、桂阳数被征发,如复扰动,必更生患,其不可一也。又,兖、豫之人卒被征发,远赴万里,无有还期,诏书迫促,必致叛亡,其不可二也。南州水土温暑,加有瘴气,致死亡者十必四五,其不可三也。远涉万里,士卒疲劳,比至岭南,不复堪斗,其不可四也。军行三十里为程,而去日南九千馀里,三百日乃到,计人禀五升,用米六十万斛,不计将吏驴马之食,但负甲自致,费便若此,其不可五也。设军所在,死亡必众,

9 丁卯,京都雒阳发生地震。

10 太尉王龚因中常侍张昉等独揽朝廷大权,打算提出弹劾,要求皇帝诛杀他们。后由于宗族和亲戚中有人劝阻,并用杨震的遭遇作为前车之鉴,王龚才没有向皇帝上奏。

11 十二月乙亥(初二),顺帝从长安返回京都洛阳。

汉顺帝永和三年(戊寅,公元 138 年)

1 春季,二月乙亥(初三),京都洛阳及金城郡、陇西郡发生地震,二郡发生山崩。

2 夏季,闰四月己酉(初八),京都洛阳发生地震。

3 五月,吴郡丞羊珍起兵反叛,攻打郡太守府。太守王衡将叛军击破,并斩杀羊珍。

4 侍御史贾昌和州郡官府合力讨伐区怜,不仅没有取胜,反而受到区怜的围攻;过了一年多,援兵和粮秣都无法接济。于是,顺帝召集三公、九卿、文武百官以及四府掾属,询问对策,大家都主张派遣大将,征发荆州、扬州、兖州、豫州等四州士兵共四万人,前往交趾增援。可是,李固却反驳说:"如果荆州和扬州太平无事,便可以征发二州的士兵。而今,二州的盗贼,犹如磐石一样,结合在一起,不肯离散,武陵郡和南郡的蛮族反叛,还没有得到安定,而长沙郡和桂阳郡的士兵,已被征发多次,如果再次征发,骚扰人民,必然发生新的变乱,这是不可征发的第一个理由。再者,兖州和豫州的人民,突然被征入伍,远征万里之外,没有归期,而诏书逼迫和催促,急如星火,必然导致叛乱和逃亡,这是不可征发的第二个理由。南方的州郡,水土潮湿,气候炎热,再加上瘴气,以致死亡的人,必占十分之四五,这是不可征发的第三个理由。长途跋涉,行军万里,士卒疲劳不堪,等军队到达岭南,士卒已经没有战斗能力,这是不可征发的第四个理由。按照规定的正常速度,每天行军三十里,而到日南郡共有九千馀里,需要行军三百天才可到达,按每人每天口粮五升计算,需要用米六十万斛,还不包括将领、军吏的口粮和驴、马的饲料,即便是士兵自己随身携带,费用就如此巨大,这是不可征发的第五个理由。凡是军队战斗的地方,死亡的人一定很多,

既不足御敌,当复更发,此为刻割心腹以补四支,其不可六也。九真、日南相去千里,发其吏民犹尚不堪,何况乃苦四州之卒以赴万里之艰哉!其不可七也。前中郎将尹就讨益州叛羌,益州谚曰:‘虏来尚可,尹来杀我。’后就征还,以兵付刺史张乔。乔因其将吏,旬月之间破殄寇虏。此发将无益之效,州郡可任之验也。宜更选有勇略仁惠任将帅者,以为刺史、太守,悉使共住交趾。今日南兵单无谷,守既不足,战又不能,可一切徙其吏民,北依交趾,事静之后,乃命归本。还募蛮夷使自相攻,转输金帛以为其资,有能反间致头首者,许以封侯裂土之赏。故并州刺史长沙祝良,性多勇决,又南阳张乔,前在益州有破虏之功,皆可任用。昔太宗就加魏尚为云中守,哀帝即拜龚舍为泰山守。宜即拜良等,便道之官。”四府悉从固议,即拜祝良为九真太守,张乔为交趾刺史。乔至,开示慰诱,并皆降散。良到九真,单车入贼中,设方略,招以威信,降者数万人,皆为良筑起府寺。由是岭外复平。

5　秋,八月己未,司徒黄尚免。九月己酉,以光禄勋长沙刘寿为司徒。

6　丙戌,令大将军、三公举刚毅、武猛、谋谟任将帅者各二人,特进、卿、校尉各一人。

如果抵御不了敌人的进攻，势必再次征调援兵，这就犹如挖割心腹去补四肢，这是不可征发的第六个理由。九真和日南，两郡相隔仅一千里，征发当地的吏民，尚且不堪忍受，更何况征发四州的士兵，让他们忍受万里远征的痛苦呢！这是不可征发的第七个理由。从前，朝廷派中郎将尹就去讨伐益州的叛羌，益州有谚语说："虏来尚可，尹来杀我。'其后，将尹就调回京都，把军队交付给益州刺史张乔。张乔依靠原有军队的将领和军吏，一个月之内，便将叛羌击破歼灭。这证明由朝廷派遣大将没有益处，而州郡等地方官吏却是足以胜任。应该重新选派既勇敢而又有谋略，既仁惠而又可胜任将帅的人，担任州刺史和郡太守，命他们都驻守在交趾郡。而今，日南郡兵力单薄，又无粮秣，守既守不住，战又不能战，可以暂时放弃它，先把官吏和人民，迁徙到北方的交趾郡，等到乱事平定之后，再命他们返回日南郡。另外，招募和收买蛮夷，让他们互相攻杀，朝廷则供给金帛资助他们。如果有人能够使用反间计离间敌人内部，斩杀蛮夷首领的，朝廷则许以封侯，赐以食邑。前任并州刺史、长沙郡人祝良，勇敢果断；南阳郡人张乔，从前在益州建立过平定叛羌的功勋，他们都可以受到信任和重用。过去，汉文帝就在原地任命魏尚为云中郡太守，哀帝命使者到楚地拜授龚舍为泰山郡太守。应该就在原地拜授祝良等人，命他们直接前往交趾郡任职。"四府完全同意李固的意见，于是，顺帝在原地任命祝良为九真郡太守，张乔为交趾郡刺史。张乔到任以后，对叛蛮开诚布公地进行安抚和诱劝，叛军全部投降或解散。祝良到九真郡之后，单独乘车，进入叛军大营，给他们指出生路，用威力和信誉进行招抚，叛军投降的有数万人，他们一同为祝良修筑郡太守府的官舍。从此，五岭以外地区，恢复和平。

5 秋季，八月己未（二十日），司徒黄尚被免官。九月己酉，擢升光禄勋、长沙郡人刘寿为司徒。

6 丙戌（十七日），顺帝命大将军、三公向朝廷举荐意志刚强果断，武力勇猛，富有谋略，可以担任将帅的人才，每人推荐二人，特进、九卿、校尉，每人推荐一人。

初，尚书令左雄荐冀州刺史周举为尚书；既而雄为司隶校尉，举故冀州刺史冯直任将帅。直尝坐臧受罪，举以此劾奏雄。雄曰："诏书使我选武猛，不使我选清高。"举曰："诏书使君选武猛，不使君选贪污也！"雄曰："进君，适所以自伐也。"举曰："昔赵宣子任韩厥为司马，厥以军法戮宣子仆，宣子谓诸大夫曰：'可贺我矣！吾选厥也任其事。'今君不以举之不才误升诸朝，不敢阿君以为君羞，不寤君之意与宣子殊也。"雄悦，谢曰："吾尝事冯直之父，又与直善。今宣光以此奏吾，是吾之过也。"天下益以此贤之。

是时，宦官竞卖恩势，唯大长秋良贺清俭退厚。及诏举武猛，贺独无所荐。帝问其故，对曰："臣生自草茅，长于宫掖，既无知人之明，又未尝交加士类。昔卫鞅因景监以见，有识知其不终。今得臣举者，匪荣伊辱，是以不敢。"帝由是赏之。

7　冬，十月，烧当羌那离等三千馀骑寇金城，校尉马贤击破之。

8　十二月戊戌朔，日有食之。

9　大将军商以小黄门南阳曹节等用事于中，遣子冀、不疑与为交友。而宦官忌其宠，反欲陷之。中常侍张逵、蘧政、杨定等与左右连谋，共谮商及中常侍曹腾、孟贲，云"欲征诸王子，图议废立，请收商等案罪"。帝曰："大将军父子，我所亲，腾、贲，我所爱，必无是，但汝曹共妒之耳。"逵等知言不用，惧迫，遂出，矫诏收缚腾、贲于省中。帝闻，震怒，敕宦者李歆急呼腾、贲释之，收逵等下狱。

最初，尚书令左雄推荐冀州刺史周举为尚书；接着，左雄任司隶校尉，又推荐前任冀州刺史冯直有将帅之才。因冯直曾经犯过贪污罪，周举便就此弹劾左雄。左雄说："圣旨让我推荐武力勇猛的人才，不是让我推荐品行清白高洁的人才。"周举回答说："圣旨是让你推荐武力勇猛的人才，但也没有教你推荐犯有贪污罪的人！"左雄又说："我推荐了您，反受您的打击，恰恰是自作自受。"周举回答说："过去，赵宣子任用韩厥为司马，韩厥却用军法将赵宣子的奴仆杀掉，赵宣子对各位大夫说：'你们应该向我祝贺，我推荐韩厥，他果然尽忠职守。'而今，承蒙您不嫌弃我没有才能，而误将我推荐到朝廷，所以，我不敢迎合您，让您蒙羞，可是，想不到您的看法，和赵宣子完全不一样。"于是，左雄大为高兴，便向周举道歉说："我曾经做过冯直父亲的部属，又和冯直是好朋友。如今你因此而弹劾我，正是我的过错。"从此，天下的人对左雄更为尊敬。

这时，宦官倚仗皇帝的宠信，争相卖弄权势，唯有大长秋良贺清净简约，谦让厚道。等到皇帝下诏，命令人推荐武力勇猛的人才时，独有良贺没有举荐。顺帝问他什么原因，良贺回答说："我出生于荒野民间，在宫廷中长大，既没有识别人才的聪明，又没有和有才能的人士交往。过去，卫鞅由宦官景监推荐，有识之士就预见到他没有好结果。现在，能得到我推荐的人，他不仅不会引以为荣，反而觉得是一种耻辱，因此，我不敢举荐。"顺帝从此赏识良贺。

7　冬季，十月，烧当羌人首领那离等，率领三千馀骑兵，侵犯金城郡，护羌校尉马贤将其击破。

8　十二月戊戌朔（初一），出现日食。

9　大将军梁商，因为小黄门、南阳郡人曹节等在宫中当权，就命自己的儿子梁冀、梁不疑和曹节等结交。而其他宦官忌妒曹节受宠，反而想要陷害他。中常侍张逵、蘧政、杨定等，和他们左右的亲信勾结密谋，一同向顺帝诬告梁商和中常侍曹腾、孟贲，说"梁商等准备征召诸王的儿子前来京都雒阳，图谋废黜顺帝，另立新的皇帝，请将梁商等收捕治罪"。顺帝说："大将军父子，是我所亲信的，曹腾、孟贲，是我所宠爱的，一定没有这回事，只是你们都忌妒他们罢了。"张逵等知道他们的谗言，没有被顺帝采纳，恐惧杀身大祸降临到自己头上，于是退下，假传圣旨，在宫中逮捕曹腾和孟贲。顺帝闻讯以后，大发雷霆，命宦官李歙急速传命释放曹腾、孟贲，并将张逵等人逮捕下狱。

四年(己卯,139)

1　春,正月庚辰,逵等伏诛。事连弘农太守张凤、安平相杨皓,皆坐死。辞所连染,延及在位大臣。商惧多侵枉,乃上疏曰:"《春秋》之义,功在元帅,罪止首恶。大狱一起,无辜者众,死囚久系,纤微成大,非所以顺迎和气,平政成化也。宜早讫竟,以止逮捕之烦。"帝纳之,罪止坐者。

二月,帝以商少子虎贲中郎将不疑为步兵校尉。商上书辞曰:"不疑童孺,猥处成人之位。昔晏平仲辞鄪殿以安其富,公仪休不受鱼飧以定其位。臣虽不才,亦愿固福禄于圣世。"上乃以不疑为侍中、奉车都尉。

2　三月乙亥,京师地震。

3　烧当羌那离等复反;夏,四月癸卯,护羌校尉马贤讨斩之,获首虏千二百馀级。

4　戊午,赦天下。

5　五月戊辰,封故济北惠王寿子安为济北王。

6　秋,八月,太原旱。

五年(庚辰,140)

1　春,二月戊申,京师地震。

2　南匈奴句龙王吾斯、车纽等反,寇西河,招诱右贤王合兵围美稷,杀朔方、代郡长吏。夏,五月,度辽将军马续与中郎将梁并等发边兵及羌、胡合二万馀人掩击,破之。吾斯等复更屯聚,攻没城邑。天子遣使责让单于。单于本不预谋,

汉顺帝永和四年(己卯,公元 139 年)

1　春季,正月庚辰(十三日),张逵等人伏法被诛。弘农郡太守张凤和安平国宰相杨皓,因被张逵等人牵连,都坐罪处死。受口供牵连的,还涉及在位的朝廷大臣。梁商恐惧案情不断扩大,势将牵连许多无辜者,于是上书说:"按照《春秋》上面所讲的道理,功勋归于元帅,罪恶仅惩办首恶。大狱一起,无辜的人必然众多,身犯死罪的囚犯,长久关押在监狱,则细微小事,会牵连成大事,这不能顺应和气,治平政事,成就教化。应该及早结案,停止逮捕的烦扰。"顺帝采纳,治罪仅限于现有罪犯。

二月,顺帝任命梁商的小儿子虎贲中郎将梁不疑为步兵校尉。梁商上书辞让说:"梁不疑还是一个孩子,竟担任成人才可以担任的官职。过去,晏婴辞让鄐殿的土地,用来保全自己的财富;公仪休不接受别人的赠鱼,用来保全自己的高位。我虽然没有才能,也希望在圣主之世,保全我的财富和地位。"于是,顺帝改任梁不疑为侍中、奉车都尉。

2　三月乙亥(初九),京都雒阳发生地震。

3　烧当羌人首领那离等再次反叛。夏季,四月癸卯(初八),护羌校尉马贤率军进行讨伐,将那离斩首,并斩杀和俘虏一千二百馀人。

4　戊午(二十三日),大赦天下。

5　五月戊辰(初三),封已故济北王刘寿的儿子刘安,继其父为济北王。

6　秋季,八月,太原郡发生旱灾。

汉顺帝永和五年(庚辰,公元 140 年)

1　春季,二月戊申(十七日),京都洛阳发生地震。

2　南匈奴句龙王吾斯和车纽等反叛,攻打西河郡,并劝说右贤王,合兵包围美稷,杀害朔方郡、代郡的地方官吏。夏季,五月,度辽将军马续和护匈奴中郎将梁并等,征发边防军,以及羌人和胡人的军队,共两万多人,向南匈奴叛军发动突然袭击,将其击破。吾斯等收拾残部,又重新聚集起来,攻陷城邑。顺帝派遣使者严辞谴责南匈奴单于。单于休利本来没有参与吾斯等人反叛的阴谋,

乃脱帽避帐，诣并谢罪。并以病征，五原太守陈龟代为中郎将。龟以单于不能制下，逼迫单于及其弟左贤王皆令自杀。龟又欲徙单于近亲于内郡，而降者遂更狐疑。龟坐下狱，免。

大将军商上表曰：“匈奴寇畔，自知罪极。穷鸟困兽，皆知救死，况种类繁炽，不可单尽。今转运日增，三军疲苦，虚内给外，非中国之利。度辽将军马续，素有谋谟，且典边日久，深晓兵要。每得续书，与臣策合。宜令续深沟高垒，以恩信招降，宣示购赏，明为期约，如此，则丑类可服，国家无事矣！”帝从之，乃诏续招降畔虏。

商又移书续等曰：“中国安宁，忘战日久。良骑夜合，交锋接矢，决胜当时，戎狄之所长而中国之所短也；强弩乘城，坚营固守，以待其衰，中国之所长而戎狄之所短也。宜务先所长而观其变，设购开赏，宣示反悔，勿贪小功以乱大谋。”于是右贤王部抑鞮等万三千口皆诣续降。

3 己丑晦，日有食之。

4 初，那离等既平，朝廷以来机为并州刺史，刘秉为凉州刺史。机等天性虐刻，多所扰发，且冻、傅难种羌遂反，攻金城，与杂种羌、胡大寇三辅，杀害长吏。机等并坐征。于是拜马贤为征西将军，以骑都尉耿叔为副，将左右羽林五校士及诸州郡兵十万人屯汉阳。

但因受到朝廷的谴责，感到惶恐不安，于是，摘下帽子离开营帐，亲自跑到梁并那里去认罪。正在这时，梁并因病被朝廷召回京都洛阳，任命五原郡太守陈龟接替护匈奴中郎将。而陈龟认为南单于不能控制部下，于是逼迫单于及他的弟弟左贤王一道自杀。陈龟还打算将南单于的近亲都迁徙到内地各郡，因而已经降附的南匈奴部众更加狐疑不安。结果，陈龟坐罪下狱，被免官。

大将军梁商上书说："匈奴背叛，四处劫掠，自知罪大恶极。穷鸟和困兽都知道救死，何况匈奴种族繁盛，不可能消灭净尽。而今粮秣转运与日俱增，军队疲劳艰苦，挖空内地，填补边疆，不是中国之福。度辽将军马续素有谋略，并且主管边防之事时间已经很久，深晓用兵的要求。每次接到马续的书信，他的谋略与我相合。应该命马续深挖壕沟，高筑壁垒，用恩德信义，招抚归降，公布悬赏条例，明确规定期限，这样的话，则匈奴可以归附，国家可以无事！"顺帝采纳，于是，下诏命马续招降反叛的匈奴。

梁商又写信给马续等人说："中国境内安宁，忘掉战争的时间已经很久。善骑良马进行夜袭，交锋时迅速放箭，当时立刻决定胜负，这是匈奴的长处，却是中国的短处；可是，利用强弩，登城守卫，深沟坚壁，固守军营，等待敌人气势衰竭，这是中国的长处，却是匈奴的短处。应该先发挥我们的长处，而观察敌人的变化，再设立奖赏，晓以朝廷招降之意，启发匈奴人反悔之心，千万不要贪图小功，而乱了大谋。"于是，右贤王的部下抑鞮等一万三千人，都向马续投降。

3 己丑晦（三十日），出现日食。

4 当初，烧当羌人首领那离等反叛被平定后，朝廷任命来机为并州刺史，刘秉为凉州刺史。来机、刘秉天性暴虐刻薄，他们不断进行侵扰和征调，使羌族人民不堪忍受，于是，且冻种和傅难种羌人就起兵反叛，攻打金城郡，又与其他种的羌人、胡人联合，大举侵犯三辅地区，杀害地方官吏。来机、刘秉都坐罪，被调回京都洛阳。于是，任命马贤为征西将军，骑都尉耿叔为副帅，率左右羽林五校士以及各州郡郡兵，共十万人，屯驻汉阳郡。

5　九月，令扶风、汉阳筑陇道坞三百所，置屯兵。

6　辛未，太尉王龚以老病罢。

7　且冻羌寇武都，烧陇关。

8　壬午，以太常桓焉为太尉。

9　匈奴句龙王吾斯等立车纽为单于，东引乌桓，西收羌、胡等数万人攻破京兆虎牙营，杀上郡都尉及军司马，遂寇掠并、凉、幽、冀四州。乃徙西河治离石，上郡治夏阳，朔方治五原。十二月，遣使匈奴中郎将张耽将幽州、乌桓诸郡营兵击车纽等，战于马邑，斩首三千级，获生口甚众。车纽乞降，而吾斯犹率其部曲与乌桓寇钞。

10　初，上命马贤讨西羌，大将军商以为贤老，不如太中大夫宋汉，帝不从。汉，由之子也。贤到军，稽留不进。武都太守马融上疏曰："今杂种诸羌转相钞盗，宜及其未并，亟遣深入，破其支党，而马贤等处处留滞。羌、胡百里望尘，千里听声，今逃匿避回，漏出其后，则必侵寇三辅，为民大害。臣愿请贤所不可，用关东兵五千，裁假部队之号，尽力率厉，埋根、行首以先吏士，三旬之中，必克破之。臣又闻吴起为将，暑不张盖，寒不披裘；今贤野次垂幕，珍肴杂遝，儿子侍妾，事与古反。臣惧贤等专守一城，言攻于西而羌出于东，且其将士将不堪命，必有高克溃叛之变也。"安定人皇甫规亦见贤不恤军事，审其必败，上书言状。朝廷皆不从。

5 九月,命令扶风、汉阳两郡,修筑陇道坞壁三百座,每座坞壁都派兵把守。

6 辛未(十四日),太尉王龚,因年老有病,被罢官。

7 且冻羌人攻打武都郡,焚烧陇关。

8 壬午(二十五日),擢升太常桓焉为太尉。

9 南匈奴句龙王吾斯等,拥立车纽为单于,东方和乌桓联合,西方集结羌人、胡人,约数万人,攻破京兆虎牙大营,斩杀上郡都尉和军司马,大肆劫掠并州、凉州、幽州和冀州。于是东汉朝廷将西河郡太守府迁往离石,上郡太守府迁往夏阳,朔方郡太守府迁往五原。十二月,派遣使匈奴中郎将张耽,率领幽州和乌桓各郡的地方军,进击车纽等,在马邑会战,斩杀匈奴军三千人,俘虏了很多人。车纽请求投降,而吾斯仍率领部众,跟乌桓结合,继续劫掠。

10 最初,顺帝命马贤率军讨伐西羌,大将军梁商认为马贤年纪已老,不如任命太中大夫宋汉,顺帝没有听从。宋汉,即宋由的儿子。马贤到军中上任以后,一直拖延不肯前进。武都郡太守马融向朝廷上书说:"而今,西羌诸种部众,互相攻劫抢掠,应该趁他们还没有汇合到一起,迅速派兵深入叛军,击破各个支党,可是马贤等却处处逗留拖延。羌人和胡人,在百里以外,即可望见他们扬起的尘土,在千里以外,即可听到他们行军的声音,他们躲开汉军的锋芒,避免正面冲突,绕到汉军的背后,直接侵犯和劫掠三辅地区,给人民带来很大的祸害。我请求把马贤认为不能作战的关东各郡的地方军五千人,仅借用部队的称号,我愿尽力率领和激励他们,誓不后退,作为前锋,预计三十天左右,必然可以大破叛羌。我又听说,吴起为将,夏天再炎热,也不张开伞盖;冬天再寒冷,也不穿皮衣。而今,马贤即令在野外宿营,也是摆满珍味佳肴,妻妾儿女,侍奉左右,事事和古代名将相反。我恐怕马贤等专守一个城池,声称攻打西方而羌人却在东方出现,使得他部下的将领和士兵,不堪奔命,必将有如同郑国高克一样溃败的叛变。"与此同时,安定郡人皇甫规也发现马贤不能忧虑军事,估计他一定会失败,于是也上书汇报情况。顺帝都没有采纳。

六年(辛巳,141)

1　春,正月丙子,征西将军马贤与且冻羌战于射姑山,贤军败,贤及二子皆没,东、西羌遂大合。闰月,巩唐羌寇陇西,遂及三辅,烧园陵,杀掠吏民。

2　二月丁巳,有星孛于营室。

3　三月上巳,大将军商大会宾客,宴于雒水。酒阑,继以《薤露之歌》。从事中郎周举闻之,叹曰:"此所谓哀乐失时,非其所也,殃将及乎!"

4　武都太守赵冲追击巩唐羌,斩首四百馀级,降二千馀人。诏冲督河西四郡兵为节度。

安定上计掾皇甫规上疏曰:"臣比年以来,数陈便宜:羌戎未动,策其将反;马贤始出,知其必败;误中之言,在可考校。臣每惟贤等拥众四年,未有成功,悬师之费,且百亿计,出于平民,回入奸吏,故江湖之人,群为盗贼,青、徐荒饥,襁负流散。夫羌戎溃叛,不由承平,皆因边将失于绥御,乘常守安则加侵暴,苟竞小利则致大害,微胜则虚张首级,军败则隐匿不言。军士劳怨,困于猾吏,进不得快战以徼功,退不得温饱以全命,饿死沟渠,暴骨中原。徒见王师之出,不闻振旅之声。酋豪泣血,惊惧生变,是以安不能久,叛则经年,臣所以搏手扣心而增叹者也!愿假臣两营、二郡屯列坐食之兵五千,出其不意,与赵冲共相首尾。土地山谷,臣所晓习,兵势巧便,臣已更之;

汉顺帝永和六年(辛巳,公元 141 年)

1 春季,正月丙子(二十一日),征西将军马贤和且冻羌人在射姑山会战,马贤的军队大败,马贤和他的两个儿子全都阵亡,于是,东羌和西羌都大规模地汇合。闰月,巩唐羌人攻打陇西郡,军锋到达三辅地区,焚烧西汉历代皇帝坟墓陵园,屠杀劫掠官吏和人民。

2 二月丁巳(初三),有异星出现在营室星座旁。

3 三月上巳(初九),大将军梁商,在雒水之滨,大宴宾客。酒席将散时,接着演奏常用来作挽歌的《薤露之歌》。从事中郎周举听到后,叹息说:"这正是所谓的哀乐不合时,歌唱得不合场所,难道祸殃将要降临了吗!"

4 武都郡太守赵冲追击巩唐羌人,斩杀四百多人,招降两千多人。顺帝下诏,命赵冲督率河西四郡的地方军队,负责节制。

安定郡上计掾皇甫规上书说:"我连年以来,曾经多次向陛下提出建议:当羌人尚未发动时,我预计他们将要反叛;马贤统率大军刚开始出发时,我观察到他必然失败;要是有人认为这是侥幸说中的意见,那么可以进行查考核对。我每每想到,马贤等人统军四年,没有得到成功,出兵远征的费用已将近一百亿,这些经费,虽然出自平民百姓,却都流入贪官污吏之手,所以,江湖之人,群起而为盗贼,青州和徐州一片饥荒,百姓背负小孩四散逃亡。羌人之所以反叛,不是由于天下太平而引起的,都是因为守边将帅不懂安抚治理之道,对于平常安分守己的羌人则加以虐待,只贪图小利终于招致大祸。发生战事时,偶尔获得微小的胜利则向朝廷虚报杀伤人数,一旦军队打了败仗便隐瞒不上报。战士辛苦怨愤,受制于奸猾的官吏,进不能速战以立功,退不得温饱以保全性命,活活饿死在沟渠里,尸骨露在原野之中。只看见朝廷的军队出塞御敌,却听不到他们凯旋的消息。而羌人的首领极其悲痛地无声哭泣,非常惧怕会发生意外的变故,所以,不能保持长期的安定,一旦起兵反叛,则要经年累月,我所以搓手捶胸,叹息不已,就是这个原因!我请求陛下,将扶风雍营和京兆虎牙营两营以及安定、陇西两郡暂时没有战斗任务的五千士兵借拨给我,我将对羌人发动出其不意的攻击,和赵冲前后互相呼应。羌人地区的土地和山谷等地理形势,我素来就熟悉,用兵的战略和战术,我也已有经验;

可不烦方寸之印,尺帛之赐,高可以涤患,下可以纳降。若谓臣年少、官轻,不足用者,凡诸败将,非官爵之不高,年齿之不迈。臣不胜至诚,没死自陈!"帝不能用。

5　庚子,司空郭虔免。丙午,以太仆赵戒为司空。

6　夏,使匈奴中郎将张耽、度辽将军马续率鲜卑到谷城,击乌桓于通天山,大破之。

7　巩唐羌寇北地。北地太守贾福与赵冲击之,不利。

8　秋,八月,乘氏忠侯梁商病笃,敕子冀等曰:"吾生无以辅益朝廷,死何可耗费帑藏! 衣衾、饭含、玉匣、珠贝之属,何益朽骨! 百僚劳扰,纷华道路,只增尘垢耳。宜皆辞之。"丙辰,薨,帝亲临丧。诸子欲从其诲,朝廷不听,赐以东园秘器、银镂、黄肠、玉匣。及葬,赐轻车、介士,中宫亲送。帝至宣阳亭,瞻望车骑。壬戌,以河南尹、乘氏侯梁冀为大将军,冀弟侍中不疑为河南尹。

　　臣光曰:成帝不能选任贤俊,委政舅家,可谓颇矣。犹知王立之不材,弃而不用。顺帝援大柄,授之后族,梁冀顽嚚凶暴,著于平昔,而使之继父之位,终于悖逆,荡覆汉室。校于成帝,暗又甚焉!

9　初,梁商病笃,帝亲临幸,问以遗言。对曰:"臣从事中郎周举,清高忠正,可重任也。"由是拜举谏议大夫。

10　九月,诸羌寇武威。

用不着一寸见方的印信,也用不着赏赐一尺布帛,最好的结果,是铲除祸患,最低限度,也可以使羌人降服。如果认为我年龄小,官位又低,不足以任用,可那些战败的将帅,并不是官爵不高,年龄不老。我以万分至诚,冒着死罪向陛下陈情。"顺帝不能采纳。

5 庚子(十六日),司空郭虔被免官。丙午(二十二日),擢升太仆赵戒为司空。

6 夏季,使匈奴中郎将张耽、度辽将军马续,率领鲜卑部众,推进到谷城,在通天山进击乌桓,将其打败。

7 巩唐羌人攻打北地郡。北地郡太守贾福和赵冲率军迎战,失利。

8 秋季,八月,乘氏忠侯梁商病重,告诫他的儿子梁冀等人说:"我活着的时候,没能辅佐朝廷,死后怎可耗费国家库藏!装殓的衣服单被,放在口中的含饭含玉,用作葬服的金缕玉衣,以及珠宝贝壳之类东西,对死人又有什么益处!劳累和骚扰文武百官,一路上弄得繁华盛丽只是增加尘土和污垢罢了。应该都加以谢绝。"丙辰(初四),梁商去世,顺帝亲来吊丧。他的儿子们准备遵照遗嘱来办理丧事,朝廷不许,赏赐东园制作的葬具一副,棺用白银雕花,椁用黄心柏木,以及玉衣一件。等到安葬时,又派武装士兵驾兵车护送,皇后梁妠亲自送灵。顺帝到宣阳亭,遥望丧葬车队。壬戌(初十),擢升河南尹、乘氏侯梁冀为大将军,梁冀的弟弟侍中梁不疑为河南尹。

> 臣司马光说:西汉成帝不能选任贤能,把政权交给舅父家族,可谓昏庸。但他总还知道王立没有才能,摒弃不用。顺帝把朝廷大权交给皇后家族,而梁冀顽钝嚣张,凶狠暴虐,平时已很明显,却使他继承其父官位,终于导致狂悖叛逆,颠覆东汉王朝。跟成帝比较,昏庸更甚!

9 起初,梁商病重,顺帝亲自到梁家探望,问他遗言。梁商回答说:"我的从事中郎周举,清廉高洁,忠良正直,可以委以重任。"因此,顺帝任命周举为谏议大夫。

10 九月,羌人诸种攻打武威郡。

11　辛亥晦，日有食之。

12　冬，十月癸丑，以羌寇充斥，凉部震恐，复徙安定居扶风，北地居冯翊。十一月庚子，以执金吾张乔行车骑将军事，将兵万五千人屯三辅。

13　荆州盗贼起，弥年不定。以大将军从事中郎李固为荆州刺史。固到，遣吏劳问境内，赦寇盗前衅，与之更始。于是贼帅夏密等率其魁党六百馀人自缚归首，固皆原之，遣还，自相招集，开示威法。半岁间，馀类悉降，州内清平。奏南阳太守高赐等赃秽。赐等重赂大将军梁冀，冀为之千里移檄，而固持之愈急，冀遂徙固为泰山太守。时泰山盗贼屯聚历年，郡兵常千人追讨，不能制。固到，悉罢遣归农，但选留任战者百馀人，以恩信招诱之。未满岁，贼皆弭散。

汉安元年（壬午，142）

1　春，正月癸巳，赦天下，改元。

2　秋，八月，南匈奴句龙吾斯与奥鞬、台耆等复反，寇掠并部。

3　丁卯，遣侍中河内杜乔、周举、守光禄大夫周栩、冯羡、魏邵、栾巴、张纲、郭遵、刘班分行州郡，表贤良，显忠勤；其贪污有罪者，刺史、二千石驿马上之，墨绶以下便辄收举。乔等受命之部，张纲独埋其车轮于雒阳都亭，曰："豺狼当路，安问狐狸！"

11　辛亥晦(三十日),出现日食。

12　冬季,十月癸丑(初二),因羌人的劫掠,比比皆是,整个凉州都为之震动和惊恐,再把安定郡太守府迁到右扶风,北地郡太守府迁到左冯翊。十一月庚子(二十日),擢升执金吾张乔为行车骑将军事,率军一万五千人,驻守三辅。

13　荆州盗贼纷起,经年不能平定。于是,朝廷任命大将军从事中郎李固为荆州刺史。李固到任后,派遣官吏到所管辖的境内各地,进行慰问,对于盗贼从前的行为,一律予以赦免,让他们重新做人。于是,盗贼首领夏密等率领他手下的头目六百多人都将自己捆绑起来,自首投降,李固一律宽赦他们的罪过,并让他们回去,互相招集,宣扬朝廷的声威和法令。半年之内,残馀的盗贼全都投降,州内恢复平静。李固又向朝廷弹劾南阳郡太守高赐等贪赃枉法。高赐等用贵重礼物贿赂大将军梁冀,于是,梁冀为高赐等发出一日奔驰千里的紧急军情文书,向李固求情,然而,李固不但不听,反而追查更急,于是,梁冀将李固调任为泰山郡太守。当时,泰山郡的盗贼聚集经年,郡太守府常派出上千名郡兵追剿和讨伐,都不能取胜。李固到任后,将郡兵全部解散,遣送回家务农,仅选择留下善战的郡兵约一百多名,用恩德和威信招降盗贼。不到一年,盗贼全部散去。

汉顺帝汉安元年(壬午,公元 142 年)

1　春季,正月癸巳(十四日),大赦天下,改年号。

2　秋季,八月,南匈奴句龙王吾斯和奠鞬、台者等再次起兵反叛,攻打劫掠并州。

3　丁卯(二十一日),东汉朝廷派遣侍中河内郡人杜乔、周举,代理光禄大夫周栩、冯羡,魏邵、栾巴、张纲、郭遵、刘班,分别到各州郡进行视察,表扬有德行和忠于职守的地方官吏,对于贪赃枉法的人,属于刺史、郡太守等两千石以上的官吏,将他们的罪行用驿马迅速上奏朝廷;属于县令及以下的官吏,便就地直接逮捕法办。杜乔等接受朝廷使命后,分别出发到各州郡视察,只有张纲,把他的车轮埋在雒阳城的都亭,他说:"豺狼当道,怎么去问狐狸!"

遂劾奏："大将军冀、河南尹不疑，以外戚蒙恩，居阿衡之任，而专肆贪叨，纵恣无极，谨条其无君之心十五事，斯皆臣子所切齿者也。"书御，京师震竦。时皇后宠方盛，诸梁姻戚满朝，帝虽知纲言直，不能用也。杜乔至兖州，表奏泰山太守李固政为天下第一，上征固为将作大匠。八使所劾奏，多梁冀及宦者亲党。互为请救，事皆寝遏。侍御史河南种暠疾之，复行案举。廷尉吴雄、将作大匠李固亦上言："八使所纠，宜急诛罚。"帝乃更下八使奏章，令考正其罪。

梁冀恨张纲，思有以中伤之。时广陵贼张婴寇乱扬、徐间积十馀年，二千石不能制，冀乃以纲为广陵太守。前太守率多求兵马，纲独单车之职。既到，径诣婴垒门。婴大惊，遽走闭垒。纲于门罢遣吏民，独留所亲者十馀人，以书喻婴，请与相见。婴见纲至诚，乃出拜谒。纲延置上坐，譬之曰："前后二千石多肆贪暴，故致公等怀愤相聚，二千石信有罪矣，然为之者又非义也。今主上仁圣，欲以恩德服叛，故遣太守来，思以爵禄相荣，不愿以刑罚相加，今诚转祸为福之时也。若闻义不服，天子赫然震怒，荆、扬、兖、豫大兵云合，身首横分，血嗣俱绝。二者利害，公其深计之！"婴闻，泣下曰："荒裔愚民，不能自通朝廷，不堪侵枉，遂复相聚偷生，若鱼游釜中，知其不可久，且以喘息须臾间耳！今闻明府之言，乃婴等更生之辰也！"乃辞还营。明日，将所部万馀人与妻子面缚归降。纲单车入婴垒，

于是，向朝廷上书弹劾："大将军梁冀、河南尹梁不疑，因身为外戚而蒙受皇恩，肩负辅佐皇帝的重任，然而，却大肆贪污，任情纵欲，谨列举出他目无君王的十五件大事，这都是做臣子应该切齿痛恨的。"奏章呈上去后，京都洛阳为之震惊。当时，皇后梁妠正大受宠幸，梁姓家族亲戚布满朝廷，顺帝虽知道张纲说得对，但不能采纳。杜乔到兖州视察以后，向朝廷上表，称泰山郡太守李固的政绩为天下第一，于是，顺帝将李固征召到京都洛阳，任命他为将作大匠。此外，八位使者向朝廷所弹劾的地方官吏，多数是梁冀和宦官的亲友和同党。由于皇亲和宦官互相请托和庇护，所有的弹劾案都被搁置。侍御史、河南郡人种暠对此非常痛恨，再一次进行弹劾。廷尉吴雄、将作大匠李固也上书请求说："八位使者所举发和弹劾的地方官吏，应迅速惩处。"顺帝才把八位使臣的弹劾奏章，重新交付给有关官吏，命令调查核实定罪。

　　因为梁冀痛恨张纲，总想找一个机会来陷害他。当时，广陵郡的盗贼首领张婴在扬州、徐州一带反叛了十多年，历任郡太守都无法镇压下去，于是梁冀就任命张纲为广陵郡太守。以前的广陵郡太守都请求朝廷多派兵马，而张纲却只乘一车前去上任。抵达广陵以后，就径直到张婴营垒大门，求见张婴。张婴大吃一惊，急忙下令紧闭营门。张纲在门外将所有跟他前来的官吏和百姓都打发回去，仅留下十几个亲信，然后写信给张婴，请他出来见面。张婴看到张纲这样诚恳，于是出营拜见。张纲尊张婴为上座，然后开导他说："过去历任郡太守多数都是一味贪婪和残暴，使得你们心怀愤怒，聚众起兵，郡太守的确有罪，然而，你们这样做也不符合大义。而今，主上仁爱圣明，准备用恩德消除叛乱，所以才派我来，想荣赐给你们封爵和官位，不愿意对你们施加刑罚，今天确实是转祸为福的大好时机。如果听到这些道理，还不肯归附朝廷，天子赫然盛怒，征调荆州、扬州、兖州、豫州的大军像云一样集合，你们就将身首异处，子孙灭绝。二者的利害，请你好好考虑。"张婴听后，流着眼泪说："我们这些野蛮的愚民，自己不能上通朝廷，不堪忍受残酷迫害，才聚集在一起，苟且偷生，像鱼游锅中，自己也知道不能长久，只不过暂时苟延残喘而已！今日听到您的开导，正是我们再生之时。"于是，张婴告辞回营。次日，率领他的部众一万多人和妻子儿女把手臂捆绑在背后，向张纲投降。然后，张纲独自乘车进入张婴的营垒，

大会,置酒为乐,散遣部众,任从所之;亲为卜居宅、相田畴;子孙欲为吏者,皆引召之。人情悦服,南州晏然。朝廷论功当封,梁冀遏之。在郡一岁,卒。张婴等五百馀人为之制服行丧,送到犍为,负土成坟。诏拜其子续为郎中,赐钱百万。

是时,二千石长吏有能政者,有雒阳令任峻、冀州刺史京兆苏章、胶东相陈留吴祐。雒阳令自王涣之后,皆不称职。峻能选用文武吏,各尽其用,发奸不旋踵,民间不畏吏,其威禁猛于涣,而文理政教不如也。章为冀州刺史,有故人为清河太守,章行部,欲案其奸藏,乃请太守为设酒肴,陈平生之好甚欢。太守喜曰:"人皆有一天,我独有二天!"章曰:"今夕苏孺文与故人饮者,私恩也;明日冀州刺史案事者,公法也。"遂举正其罪,州境肃然。后以摧折权豪忤旨,坐免。时天下日敝,民多愁苦,论者日夜称章,朝廷遂不能复用也。祐为胶东相,政崇仁简,民不忍欺。啬夫孙性,私赋民钱,市衣以进其父,父得而怒曰:"有君如是,何忍欺之!"促归伏罪。性惭惧诣阁,持衣自首。祐屏左右问其故,性具谈父言。祐曰:"掾以亲故受污秽之名,所谓'观过斯知仁矣'。"使归谢其父,还以衣遗之。

大摆筵席,饮酒作乐,遣散张婴的部众,听任各人选择愿意投奔的地方;张纲又亲自为他们选择定居的住宅,寻觅耕地;想当地方官吏的,也都加以推荐任用。人们心悦诚服,当地一片和平。朝廷评论功绩,应当封张纲侯爵,但受到了梁冀的阻挠。张纲在广陵郡任职一年后去世。张婴等五百多人为他穿丧服举哀,将他的灵柩护送回家乡犍为,下葬时,又为他运送泥土,筑成坟墓。顺帝下诏,任命张纲的儿子张续为郎中,并赐钱一百万。

当时,在刺史、郡太守等两千石以上州郡高级官吏中,有才能和政绩的官吏,还有雒阳令任峻、冀州刺史京兆尹人苏章、胶东国宰相陈留郡人吴祐。自从王涣以后,所有的雒阳令,都不能称职。任峻接任雒阳令后,善于选用文武官吏,使他们各尽其才,举发奸罪十分迅速,转足之间即可破案,民间也不再畏惧官吏,任峻的威严和震慑能力超过王涣,然而,在用礼义来处理政事和推行教化方面,却不如王涣。苏章出任冀州刺史时,他的一位老朋友是清河郡太守,苏章巡视部属,准备查问他的贪赃枉法罪行。于是他请这位太守备下美酒佳肴,畅叙平生友情,甚为欢洽。太守高兴地说:"别人都只有一个天,唯独我有两个天!"苏章说:"今天晚上,我苏孺文跟老朋友喝酒,这是私情;明天,冀州刺史调查案情,则是国法。"于是举发了他的罪恶,全州肃然。苏章后因打击权贵而违背皇帝圣旨,被坐罪免官。当时,朝政日趋凋敝,人民更加忧愁困苦,议论时事的人日夜称赞盼望苏章,但朝廷始终不能再任用他。吴祐出任胶东国宰相,为政崇尚仁爱简约,使百姓都不忍心欺骗他。有一位乡啬夫,名叫孙性,私自赋敛百姓钱财,买衣服送给自己的父亲,父亲得到衣服,则勃然大怒说:"你有这样好的长官,怎么忍心去欺骗他!"催促他回去认罪。孙性怀着惭愧和畏惧的心情,拿着衣服,到官府向吴祐自首。吴祐教左右退出,询问缘故,孙性就把父亲所说的话,全都告诉了吴祐。吴祐安慰他说:"你因为孝敬父亲,所以蒙受了贪污的恶名,真是所谓'从他的过失上,可以看出他仁爱的品德'。"他命孙性回家代自己向父亲道谢,又把衣服赠给了孙性的父亲。

4 冬,十月辛未,太尉桓焉、司徒刘寿免。

5 罕羌邑落五千馀户诣赵冲降,唯烧何种据参栾未下。甲戌,罢张乔军屯。

6 十一月壬午,以司隶校尉下邳赵峻为太尉,大司农胡广为司徒。

二年(癸未,143)

1 夏,四月庚戌,护羌校尉赵冲与汉阳太守张贡击烧当羌于参栾,破之。

2 六月丙寅,立南匈奴守义王兜楼储为呼兰若尸逐就单于。时兜楼储在京师,上亲临轩授玺绶,引上殿,赐车马、器服、金帛甚厚。诏太常、大鸿胪与诸国侍子于广阳门外祖会,飨赐,作乐、角抵、百戏。

3 冬,闰十月,赵冲击烧当羌于阿阳,破之。

4 十一月,使匈奴中郎将扶风马寔遣人刺杀句龙吾斯。

5 凉州自九月以来,地百八十震,山谷坼裂,坏败城寺,民压死者甚众。

6 尚书令黄琼以前左雄所上孝廉之选,专用儒学、文吏,于取士之义犹有所遗,乃奏增孝悌及能从政为四科;帝从之。

4　冬季,十月辛未(二十六日),太尉桓焉、司徒刘寿,均被免官。

5　罕羌村落五千餘户,向赵冲投降,唯有烧何种羌人,仍据守参栾,不肯归附。甲戌(二十九日),撤销张乔在三辅地区的军事防御。

6　十一月壬午(初七),擢升司隶校尉、下邳国人赵峻为太尉,大司农胡广为司徒。

汉顺帝汉安二年(癸未,公元143年)

1　夏季,四月庚戌(初八),护羌校尉赵冲和汉阳郡太守张贡,对据守在参栾的烧当种羌人,发动攻击,将其击破。

2　六月丙寅(二十五日),东汉朝廷封南匈奴守义王兜楼储为单于,号为呼兰若尸逐就单于。这时,兜楼储正好在京都洛阳,顺帝亲自主持仪式,颁授单于玺印,引单于上殿,赏赐车马、器物、衣服、金银、丝织品,甚为丰厚。又下令,命太常、大鸿胪以及所有外国派到中国充当人质的王子在广阳门外举行宴会,给兜楼储饯行,奏乐,还表演了摔跤和杂技等节目。

3　冬季,闰十月,赵冲率军在汉阳郡的阿阳县进击烧当种羌人,将其击破。

4　十一月,使匈奴中郎将右扶风人马寔,派人刺杀句龙王吾斯。

5　自九月以来,凉州共发生地震一百八十次,山崩谷裂,城郭和官府房舍全都遭到破坏,被压死的百姓很多。

6　尚书令黄琼认为,前任尚书令左雄所上奏的关于孝廉科的选举制度,只限于推荐精通经学的儒者和通晓公文格式的官吏,不完全符合选拔人才的原则,还有所遗漏,于是上书皇帝,请求增加"孝悌"和"有能力从政"两科以及"儒学""文吏"两科,共为四科;顺帝采纳。

建康元年(甲申,144)

1　春,护羌从事马玄为诸羌所诱,将羌众亡出塞,领护羌校尉卫琚追击玄等,斩首八百馀级。赵冲复追叛羌到建威鹯阴河,军渡竟,所将降胡六百馀人叛走。冲将数百人追之,遇羌伏兵,与战而殁。冲虽死,而前后多所斩获,羌遂衰耗。诏封冲子为义阳亭侯。

2　夏,四月,使匈奴中郎将马寔击南匈奴左部,破之。于是胡、羌、乌桓悉诣寔降。

3　辛巳,立皇子炳为太子,改元,赦天下。太子居承光宫,帝使侍御史种暠监太子家。中常侍高梵从中单驾出迎太子,时太傅杜乔等疑不欲从而未决,暠乃手剑当车曰:"太子,国之储副,人命所系。今常侍来,无诏信,何以知非奸邪?今日有死而已!"梵辞屈,不敢对,驰还奏之。诏报,太子乃得去。乔退而叹息,愧暠临事不惑。帝亦嘉其持重,称善者良久。

4　扬、徐盗贼群起,盘互连岁。秋,八月,九江范容、周生等寇掠城邑,屯据历阳,为江、淮巨患。遣御史中丞冯绲督州兵讨之。

5　庚午,帝崩于玉堂前殿。太子即皇帝位,年二岁。尊皇后曰皇太后。太后临朝。丁丑,以太尉赵峻为太傅,大司农李固为太尉,参录尚书事。

6　九月丙午,葬孝顺皇帝于宪陵,庙曰敬宗。

7　是日,京师及太原、雁门地震。

汉顺帝建康元年(甲申,公元 144 年)

1 春季,护羌从事马玄因受羌人的引诱,率领塞内的羌人逃出塞外,兼护羌校尉卫琚,率军追击马玄等人,斩杀八百余人。赵冲又率军追击叛羌,挺进到建威鹯阴河,刚刚渡河完毕,他所率领的六百多名归降的胡人叛逃。赵冲率领数百人前往追击,在途中遭到叛羌的伏击,赵冲在与叛羌的战斗中阵亡。赵冲虽然战死,但前后斩杀和俘虏的叛羌甚多,于是,羌人的势力也衰退下去。顺帝下诏,封赵冲的儿子为义阳亭侯。

2 夏季,四月,使匈奴中郎将马寔率军攻击南匈奴左部的部众,将其击破。于是,胡人、羌人、乌桓人,全向马寔归降。

3 辛巳(十五日),立皇子刘炳为太子,改年号,大赦天下。太子住在承光宫,顺帝派侍御史种暠做太子宫中的总管。中常侍高梵奉皇后之命,乘一辆车子前来迎接太子,当时,太傅杜乔等感到怀疑,不想让高梵把太子接走,但又不敢决定,于是种暠手提宝剑,站在车前说:"太子,是国家的王位继承人,关系着人民的生命。而今常侍前来,没有诏书和符信,怎么知道不是奸谋?今天,只有一死。"高梵理屈,无法回答,急忙驱车回宫奏报。拿来顺帝诏书后,才得以将太子接走。杜乔事后连连叹息,自愧不如种暠遇事不乱。顺帝也夸奖种暠持重谨慎,称赞了很久。

4 扬州、徐州的盗贼蜂拥而起,相互联合,连年不息。秋季,八月,九江贼帅范容、周生等攻打劫掠城市和村落,据守历阳县,已经成为长江和淮河之间的巨大祸害。东汉朝廷派遣御史中丞冯绲督率州的地方军队,前往讨伐。

5 庚午(初六),顺帝在玉堂前殿驾崩。太子刘炳即皇帝位,是为冲帝,年仅二岁。尊皇后梁妠为皇太后。皇太后临朝主管朝政。丁丑(十三日),任命太尉赵峻为太傅,擢升大司农李固为太尉,参与主持尚书事务。

6 九月丙午(十二日),将顺帝安葬在宪陵,庙号敬宗。

7 当日,京都雒阳,以及太原郡、雁门郡,均发生地震。

8　庚戌，诏举贤良方正之士，策问之。皇甫规对曰："伏惟孝顺皇帝初勤王政，纪纲四方，几以获安。后遭奸伪，威分近习，受赂卖爵，宾客交错，天下扰扰，从乱如归，官民并竭，上下穷虚。陛下体兼乾坤，聪哲纯茂，摄政之初，拔用忠贞，其馀维纲，多所改正，远近翕然望见太平，而灾异不息，寇贼纵横，殆以奸臣权重之所致也。其常侍尤无状者，宜亟黜遣，披扫凶党，收入财贿，以塞痛怨，以答天诫。大将军冀、河南尹不疑，亦宜增修谦节，辅以儒术，省去游娱不急之务，割减庐第无益之饰。夫君者，舟也；民者，水也；群臣，乘舟者也；将军兄弟，操楫者也。若能平志毕力，以度元元，所谓福也；如其怠弛，将沦波涛，可不慎乎！夫德不称禄，犹凿墉之趾以益其高，岂量力审功，安固之道哉！凡诸宿猾、酒徒、戏客，皆宜贬斥，以惩不轨。令冀等深思得贤之福，失人之累。"梁冀忿之，以规为下第，拜郎中，托疾，免归，州郡承冀旨，几陷死者再三，遂沉废于家，积十馀年。

9　扬州刺史尹耀、九江太守邓显讨范容等于历阳，败殁。

10　冬，十月，日南蛮夷复反，攻烧县邑。交趾刺史九江夏方招诱降之。

11　十一月，九江盗贼徐凤、马勉攻烧城邑。凤称无上将军，勉称皇帝，筑营于当涂山中，建年号，置百官。

8　庚戌(十六日),皇太后下诏,命文武百官荐举"贤良方正"的人才,策问政事。皇甫规对策说:"我认为,顺帝即位初年,勤劳帝王政事,治理四方,几乎使天下得到安宁。可是,后来受到奸佞的包围,朝廷大权旁落到左右亲近之手,他们收取贿赂,出卖官爵,宾客相互往来,天下大乱,人民不堪忍受,投奔乱匪的心情,犹如还归故乡一样的迫切,全国的官吏和人民,都已穷困殆尽,举国上下,空虚到了极点。陛下以慈母之身,君临天下,聪明圣哲,纯洁高尚,刚一开始摄政,就选拔任用忠诚坚贞的人才,其他法令规章,也多有改正,远近和睦,可望见到太平盛世,然而,灾异没有止息,盗贼横行,大概是奸佞的权力太重所造成的。常侍中表现特别不好的,应该迅速罢黜和遣退,不仅要驱除这群作恶的人,还要没收他们所受的贿赂赃物,以此来安抚人民的痛苦和怨恨,回答上天的告诫。大将军梁冀、河南尹梁不疑,也应该努力加强修养谦恭的节操,辅之以学习儒家的美德,省去娱乐方面不急需的开支,削减家宅房舍没有益处的装饰。君王是船;人民是水;文武百官是船上的乘客;将军兄弟是划桨的水手。如果大家齐心尽力,普度众生,这就是福;如果懈怠松弛,势将被波涛所吞没,怎能不慎重!一个人的德行,如果和他所担任的职位不相称,犹如拼命挖墙脚,却希望墙壁加高一样,怎是量力审功,追求安全的方法!凡是老奸巨猾、酒肉朋友、嬉戏宾客,都应该加以贬黜斥退,以此惩罚不轨的行为。应命梁冀等人好好考虑得到贤才的福气,和结交非人的严重后果。"因此梁冀对皇甫规非常愤恨,将他的对策列为下等,仅拜授他为郎中,后来又找借口,说皇甫规有病,将他免职,并遣送回乡,州郡等地方官吏奉承梁冀的意旨陷害皇甫规,皇甫规有几次差点都被他们害死,于是,皇甫规被埋没困顿在家,长达十馀年之久。

9　扬州刺史尹耀和九江郡太守邓显率军前往历阳县讨伐范容等人,兵败被杀。

10　冬季,十月,日南郡的蛮夷再次起兵反叛,攻打焚烧县城和村落。交阯刺史九江郡人夏方,招诱他们归降。

11　十一月,九江郡盗贼徐凤、马勉攻打焚烧城市和村落。徐凤自称无上将军,马勉自称皇帝,在当涂山中建筑营垒,建立年号,设置文武百官。

12 十二月，九江贼黄虎等攻合肥。

13 是岁，群盗发宪陵。

孝冲皇帝
永嘉元年（乙酉，145）

1 春，正月戊戌，帝崩于玉堂前殿。梁太后以扬、徐盗贼方盛，欲须所征诸王侯到乃发丧。太尉李固曰："帝虽幼少，犹天下之父。今日崩亡，人神感动，岂有人子反共掩匿乎！昔秦皇沙丘之谋及近日北乡之事，皆秘不发丧，此天下大忌，不可之甚者也！"太后从之，即暮发丧。

征清河王蒜及渤海孝王鸿之子缵皆至京师。蒜父曰清河恭王延平。延平及鸿皆乐安夷王宠之子，千乘贞王伉之孙也。清河王为人严重，动止有法度，公卿皆归心焉。李固谓大将军冀曰："今当立帝，宜择长年、高明有德、任亲政事者，愿将军审详大计，察周、霍之立文、宣，戒邓、阎之利幼弱！"冀不从，与太后定策禁中。丙辰，冀持节以王青盖车迎缵入南宫。丁巳，封为建平侯，其日，即皇帝位，年八岁。蒜罢归国。

2 将卜山陵，李固曰："今处处寇贼，军兴费广，新创宪陵，赋发非一。帝尚幼小，可起陵于建陵茔内，依康陵制度。"太后从之。己未，葬孝冲皇帝于怀陵。

12　十二月，九江郡盗贼黄虎等率军攻打合肥县。

13　同年，一群盗贼发掘了安葬顺帝的宪陵。

孝冲皇帝
汉冲帝永嘉元年(乙酉，公元145年)

1　春季，正月戊戌(初六)，冲帝在玉堂前殿驾崩。梁太后因扬州、徐州的盗贼正在兴盛之时，打算等到征召的各诸侯王、王子们抵达京都洛阳以后，再发布冲帝去世的消息。太尉李固说："冲帝虽然年龄幼小，但他仍然是全国的君父。今天已经去世，人民和神明，无不为之悲痛，哪里有做子民的反而共同隐瞒君父去世消息的做法？过去，秦始皇死后的沙丘之谋以及最近的迎立北乡侯之事，都是秘不发丧，这是天下最大的禁忌，绝对不可以这样做！"梁太后听从，便于当天晚上发丧。

梁太后下令征召清河王刘蒜以及渤海孝王刘鸿的儿子刘缵都到京都洛阳。刘蒜的父亲，是清河恭王刘延平。刘延平和刘鸿，都是乐安王刘宠的儿子，千乘贞王刘伉的孙子。清河王刘蒜，为人严肃庄重，行动举止遵循法令制度，三公九卿都从心里归服。李固对大将军梁冀说："现在确定继位皇帝，应当选择年长、高超明智而有道德、能够亲自处理朝廷政事的人，请将军仔细考虑国家大计，体察当初周勃之所以选立文帝、霍光之所以选立宣帝的道理，以邓氏家族和阎氏家族之选立幼弱的前事为戒！"梁冀不听，与梁太后在宫中决策。丙辰(二十四日)，由梁冀持节，用封王的皇子乘用的青盖车，迎接刘缵进入南宫。丁巳(二十五日)，刘缵被封为建平侯，并于当天即皇帝位，年仅八岁。清河王刘蒜，则被遣回封国。

2　朝廷准备为冲帝刘炳选择墓地，修建陵园，李固说："现在，处处都是盗贼，军事费用浩大，如果要重新修建一个像宪陵那么大的陵园，征收赋税和调发徭役，就不是一个小的数目。况且冲帝年龄幼小，可以在顺帝宪陵之内修建一个陵园安葬，依照殇帝康陵的制度。"梁太后听从。己未(二十七日)，安葬冲帝，陵墓称为怀陵。

3 太后委政宰辅,李固所言,太后多从之,宦官为恶者一皆斥遣,天下咸望治平,而梁冀深忌疾之。

初,顺帝时所除官多不以次;及固在事,奏免百馀人。此等既怨,又希望冀旨,遂共作飞章诬奏固曰:"太尉李固,因公假私,依正行邪,离间近戚,自隆支党。大行在殡,路人掩涕,固独胡粉饰貌,搔头弄姿,槃旋偃仰,从容冶步,曾无惨怛伤悴之心。山陵未成,违矫旧政,善则称己,过则归君;斥逐近臣,不得侍送。作威作福,莫固之甚矣!夫子罪莫大于累父,臣恶莫深于毁君,固之过衅,事合诛辟。"书奏,冀以白太后,使下其书;太后不听。

4 广陵贼张婴复聚众数千人反,据广陵。

5 二月乙酉,赦天下。

6 西羌叛乱积年,费用八十馀亿。诸将多断盗牢禀,私自润入,皆以珍宝货赂左右。上下放纵,不恤军事,士卒不得其死者,白骨相望于野。左冯翊梁并以恩信招诱叛羌,离湳、狐奴等五万馀户皆诣并降,陇右复平。

7 太后以徐、扬盗贼益炽,博求将帅。三公举涿令北海滕抚有文武才。诏拜抚九江都尉,与中郎将赵序助冯绲,合州郡兵数万人共讨之。又广开赏募,钱、邑各有差。又议遣太尉李固,未及行。三月,抚等进击众贼,大破之,斩马勉、范容、周生等千五百级。徐凤以馀众烧东城县。夏,五月,

3　梁太后将朝廷大权交给三公等辅佐大臣,李固所提出的建议,梁太后大都予以采纳。凡是作恶的宦官,一律被排斥和遣退,天下之人都期望政治清平,然而梁冀却对此深恶痛绝。

当初,顺帝时所任命的官吏,多数不按常规的次序;等到李固当政时,奏准免职的有一百多人。这批被免职的官吏,对李固当然很怨恨,又迎合梁冀的意旨,于是他们共同向朝廷呈奏匿名诬告信,诬陷李固说:"太尉李固,假公济私,表面上依照正道办事,实际上却从事邪恶的勾当,挑拨离间皇室和近亲的关系,培植和加强自己的党羽。冲帝停枢在堂,连路上的行人,都掩面哭泣,唯独李固在脸上涂抹胡粉,搔首弄姿,盘旋俯仰,不慌不忙地按照常规走路,没有凄惨悲伤的心情。冲帝的陵园还没有建成,就改变原来的朝政,将功劳归于自己,过失归于君王;排斥退逐皇帝身边的近臣,使他们不能侍奉送葬。作威作福,没有人能超过李固!做儿子最大的罪恶,莫过于连累父母,做臣子最大的罪恶,莫过于诽谤君王,李固的过错和罪恶,理应诛杀。"奏章呈上后,梁冀面见梁太后,请求将奏章交给有关官吏调查征办,梁太后没有听从。

4　广陵郡盗贼张婴又聚众数千人,再次起兵反叛,攻占广陵郡。

5　二月乙酉(二十四日),大赦天下。

6　由于西羌诸种连年起兵反叛,东汉朝廷支出的军事费用,高达八十多亿。各位将领多数都吃空缺,克扣军饷,以饱私囊,又都用金银财宝,贿赂左右,上下放任和包庇,不知忧虑军事,以致士卒不应死而死的,白骨相望,堆积旷野。左冯翊梁并用朝廷恩德和信义招揽引诱叛变的羌人,于是离湳、狐奴等五万馀户,都向梁并投降,陇右恢复安宁。

7　梁太后因为徐州、扬州的盗贼日益炽烈,命文武百官广泛推荐可以胜任将帅的人才。三公荐举涿县县令、北海国人滕抚,称他有文武全才。梁太后下诏,任命滕抚为九江郡都尉,和中郎将赵序一道协助御史中丞冯绲汇合州郡的地方军队数万人,共同前往征剿。又公开悬出赏格,按照剿灭盗贼功劳的高下,赏赐金钱或食邑。还商议派遣太尉李固亲自率军出征,还没有来得成行。三月,滕抚等进击各路盗贼,将其击破,斩杀贼帅马勉、范容、周生等一千五百人。贼帅徐凤率领残馀部众,焚烧东城县。夏季,五月,

下邳人谢安应募,率其宗亲设伏击凤,斩之。封安为平乡侯。拜滕抚中郎将,督扬、徐二州事。

8 丙辰,诏曰:"孝殇皇帝即位逾年,君臣礼成。孝安皇帝承袭统业,而前世遂令恭陵在康陵之上,先后相逾,失其次序。今其正之!"

9 六月,鲜卑寇代郡。

10 秋,庐江盗贼攻寻阳,又攻盱台。滕抚遣司马王章击破之。

11 九月庚戌,太傅赵峻薨。

12 滕抚进击张婴。冬,十一月丙午,破婴,斩获千馀人。丁未,中郎将赵序坐畏懦、诈增首级,弃市。

13 历阳贼华孟自称黑帝,攻杀九江太守杨岑。滕抚进击,破之,斩孟等三千八百级,虏获七百馀人。于是东南悉平,振旅而还。以抚为左冯翊。

14 永昌太守刘君世,铸黄金为文蛇,以献大将军冀。益州刺史种暠纠发逮捕,驰传上言。冀由是恨暠。会巴郡人服直聚党数百人,自称天王,暠与太守应承讨捕,不克,吏民多被伤害;冀因此陷之,传逮暠、承。李固上疏曰:"臣伏闻讨捕所伤,本非暠、承之意,实由县吏惧法畏罪,迫逐深苦,致此不详。比盗贼群起,处处未绝。暠、承以首举大奸而相随受罪,臣恐沮伤州县纠发之意,更共饰匿,莫复尽心!"太后省奏,乃赦暠、承罪,免官而已。金蛇输司农,冀从大司农杜乔借观之,乔不肯与;冀小女死,令公卿会丧,乔独不往,冀由是衔之。

下邳国人谢安响应朝廷的悬赏招募,率领他的宗族和亲戚设下埋伏,击斩徐凤。于是,朝廷封谢安为平乡侯。擢升滕抚为中郎将,督率扬州和徐州的事务。

8　丙辰(二十六日),梁太后下诏说:"殇帝即位超过了一年,君臣名分已经确定。孝安帝继承了传统的帝业,然而前朝却将安帝的陵园恭陵排列在殇帝的陵园康陵之上,先后差错,次序颠倒。现在加以改正!"

9　六月,鲜卑攻打代郡。

10　秋季,庐江郡的盗贼攻打寻阳县,其后,又攻打盱台县。滕抚派遣司马王章将其击破。

11　九月庚戌(二十二日),太傅赵峻去世。

12　滕抚进击贼帅张婴。冬季,十一月丙午(十九日),击破张婴,斩杀和俘虏一千多人。丁未(二十日),中郎将赵序因临阵胆小怯懦和虚报杀贼人数,被斩于闹市,尸体暴露街头。

13　历阳县盗贼华孟,自称黑帝,攻杀九江郡太守杨岑。滕抚率军进击,将其击破,斩杀华孟等三千八百人,俘虏七百多人。于是东南地区全部平定,滕抚整顿军队,班师而回。任命滕抚为左冯翊。

14　永昌郡太守刘君世,用黄金铸成一条有花纹的蛇,奉献给大将军梁冀。益州刺史种暠将刘君世举发逮捕,并派人驾驿站车马将此情况上奏朝廷。因此,梁冀痛恨种暠。正好巴郡人服直聚集自己的同党数百人,并自称天王,种暠和巴郡太守应承率军前往讨伐剿捕,受到挫败,致使许多官吏和人民受到伤害。梁冀于是对种暠进行陷害,命令逮捕种暠和应承,押解到京都洛阳问罪。李固上书说:"根据我所得到的情报,这次讨伐和剿捕造成的伤害,本不是种暠和应承的指示,实际是由于县级官府的官吏畏法惧罪,没有能够准确了解盗贼的形势,强迫和驱赶人民作战,以致造成这场伤害。盗贼连续不断地纷纷而起,处处都未断绝,如果像种暠和应承这样首先向朝廷举发盗贼,却紧跟着就受到惩罚,我恐怕将使州县官吏举发盗贼的忠心受到伤害,以后便一同掩饰隐瞒真实情况,没有人再肯尽忠心!"梁太后看到奏章后下令赦免种暠和应承的罪,仅将他们二人免官。金蛇被没收后,交付给司农掌管的国库保管,梁冀向大司农杜乔借看,杜乔不肯借给他。另外,梁冀的小女儿去世,命三公和九卿都去吊丧,唯独杜乔不肯前往,梁冀从此对杜乔衔恨。